べとべとさん ▶P654

おとろし

▶P156

児《こ》啼《なき》爺《じじい》

▶P305

グギャー

鎌《かま》鼬《いたち》

▶P212

ぬらりひょん

▶P533

海坊主《うみぼうず》

▶P113

ザーッ
ザザ

手《て》足《あし》の神《かみ》 ▶P885

トントン

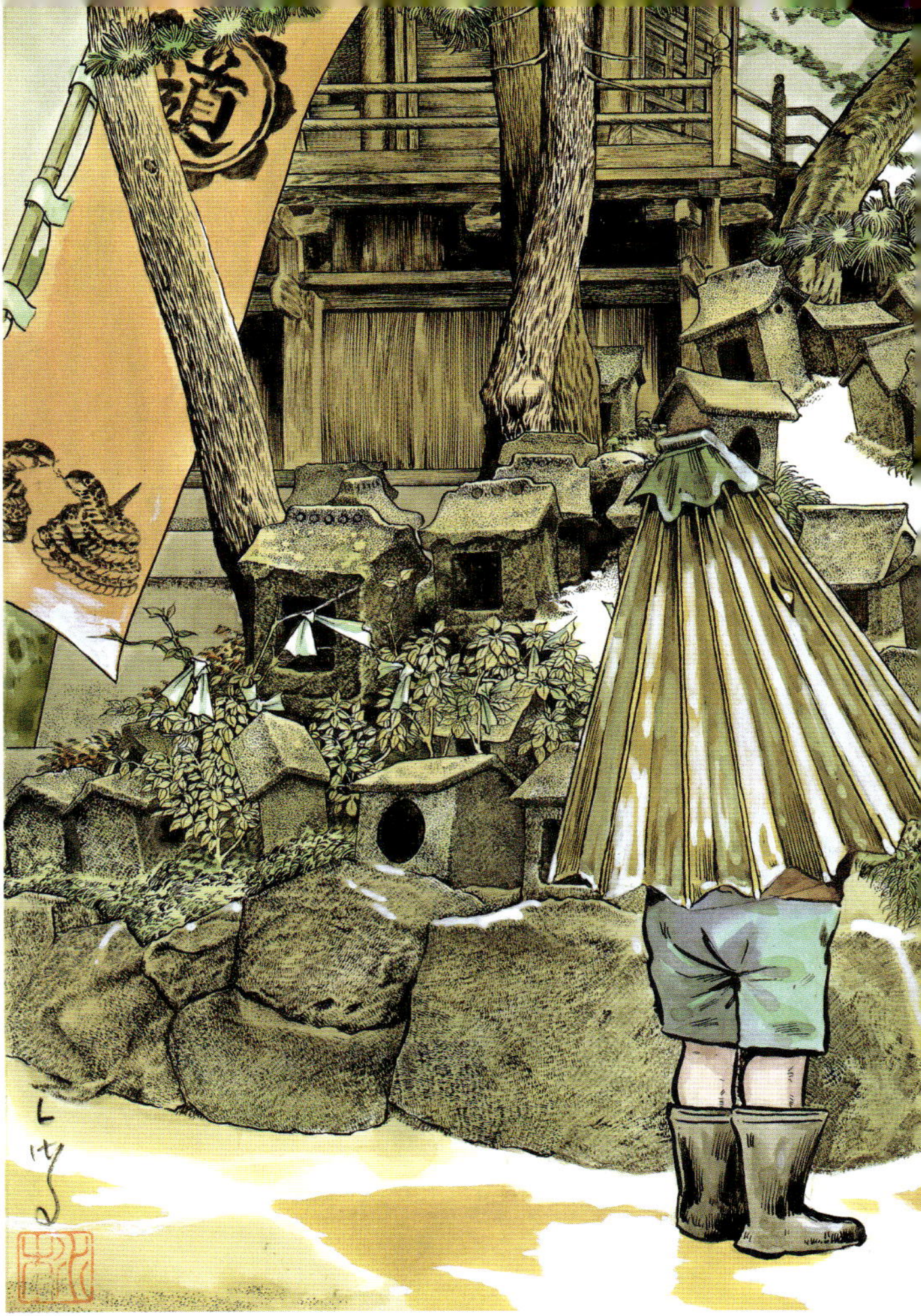

道《どう》通《つう》様《さま》 ▶P886

コロポックル ▶P314

講談社文庫

決定版　日本妖怪大全

妖怪・あの世・神様

水木しげる

講談社

決定版　日本妖怪大全　もくじ

妖怪

「あ行」

［か行］

［た行］

「な行」

「ら・わ行」

あの世

神仏

「あ行」

「か行」

「さ行」

決定版　日本妖怪大全――妖怪・あの世・神様

本文デザイン　相京厚史（next door design）

一　妖怪　一

青《あお》行《あん》灯《どん》

怪談話は怪をよぶと、昔からいわれている。百物語の怪談会では、百筋の灯芯を灯し、怖い話が一話終わるたびに一つ灯芯を消して、すべて消し終えると怪が起こるという。

浮世絵師・鳥山石燕《とりやませきえん》の『今昔画図《こんじゃくがず》続百鬼《ぞくひゃっき》』によれば、百物語の会で行灯《あんどん》に青紙を使い、鬼を談ずれば、灯がまさに消えようとするときに、妖怪・青行灯が出るという。

『怪談老の杖』という本に、厩橋《うまやばし》（現・群馬県前橋市）の城内にて、宿直の若き諸士が集まって百物語をした話がある。

行灯を青紙で覆《おお》い、傍《かたわ》らに一面の鏡を立てて、それを別室の大書院に置き、定めの通り行灯の中に灯芯百筋を入れる。話が終わったら一筋ずつ消しに行き、鏡に自分の顔を映してから退くという、一種の度胸試しだった。

八十二話目までは何事もなかったが、八十三話を終えて灯芯一筋を消した者が、部屋の壁に不気味なものを見た。

それは女の首吊り死体で、年のころは十八、九ほど。白装束に髪を散らし、人々が集まってきても、夜が明けてきても、なかなか消えなかったそうだ。

青行灯という妖怪そのものが現れた例はないのだが、石燕のいう青行灯とは、こうした百物語のときに出現する怪しいものをいっているのだろう。

青鷺火《あおさぎのひ》

青鷺火について、浮世絵師・鳥山石燕《とりやませきえん》は、「年を経た青鷺が夜間に飛ぶときは、その羽が光り、光が目に映じて、くちばしは尖ってすさまじい」と、『今昔画図《こんじゃくがず》続百鬼《ぞくひゃっき》』に記している。

ここでいう青鷺とは五位鷺《ごいさぎ》のことのようで、竹原春泉斎の『桃山人夜《とうさんじんや》話《わ》』にも五位の光として描かれており、五位鷺が息をついているのを闇夜に見れば、火が青く光るように見えるなどと記されている。

また、江戸時代の百科事典である寺島良安の『和漢三才図《わかんさんさいず》会《え》』にも、五位鷺は夜飛ぶと光って火の玉のように見えるとある。月夜にはもっとも明るく光り、もし五位鷺の大きいものが岸辺に立つと、人が佇んでいるように見え、これに出会った人は驚いて、妖怪だと思ってしまうほどだという。

こうした例からすると、青鷺火は妖怪というよりも、不思議な現象として捉えられていたようだ。

昔の夜は今と比べようもなく暗かったから、月夜に白っぽい鳥を見ればボウッと光っているように見えたのかも知れない。近代の民俗資料にも、鴨や山鳥が光りながら飛ぶところを見たという話がたくさん残っているので、まったくのウソともいえないようだ。

青《あお》女《にょう》房《ぼう》

荒れた古御所には、ぼうぼう眉毛に鉄漿《かね》（既婚女性が歯を黒く染めるのに用いた液。お歯黒）を黒々とつけた妖怪・青女房が出る、などと浮世絵師・鳥山石燕の『画図百鬼夜行』にある。

そもそも青女房とは、青二才などと同じで、若くて未熟な女房をいう言葉らしい。しかし、石燕がいう青女房は、どうやら女の生霊のようなもののようである。

昔、京から美《み》濃《の》尾《お》張《わり》へ下る男がいたが、夜中に出発してまもなく、青味がかった衣を着た女に出会った。

「民部の大夫某の家はどこでしょう。どうかそこへ連れていって下さい」

などとその女がいうので、男はしぶしぶその屋敷の門まで送り届けた。女は礼を述べ、素性を名乗ったかと思うと、その場でかき消すように姿を消してしまったのである。

するとその直後、屋敷で誰かが亡くなったらしく、屋敷中がバタバタしはじめた。

気味が悪くなった男は旅を中止して、翌日、知人にその屋敷の様子を聞いてみた。すると、民部の大夫某に捨てられた女房が生き霊となって大夫の前に現れ、ついに取り殺したのだ、ということだった。これは『今昔物語集』にある話だ。

赤頭《あかあたま》と小僧《こぞう》の妖怪《ようかい》

昔、鳥取県の名和《なわ》村（現・西伯郡《さいはくぐん》大山《だいせん》町《ちょう》）に、十二俵もの米俵を梯子に乗せて運ぶ、赤頭という力自慢の男がいた。

あるとき、観音堂で休んでいると、どこからともなく四、五歳ぐらいの小僧がやってきて、いきなり堂の柱に五《ご》寸釘《すんくぎ》を素手《すで》で刺しはじめた。そうかと思うと、刺したり抜いたりして遊びはじめ、よく見ればそれをみな指一本でやっていた。

小僧に負けじと赤頭もやってみたが、指一本どころか、両手を使ってようやく刺したという情けない始末。その上、刺したのはいいが柱から抜くことができない。

小僧はこの様子を見て、ケラケラ笑いながらどこかに行ってしまったという。

力自慢にできないことをいとも簡単にこなす怪しい小僧の話だが、実は赤頭にも不思議な話が伝わっている。

赤頭の死後、村の若者などが力を授けて貰いたいといって、その墓にお籠もりすることがあった。真夜中になると、誰かが背中を押してくるようで、あまりの重さに我慢できなくなるのだという。

死して後にも怪力を示したのだから、赤頭も妖怪みたいな人間だったのかもしれない。

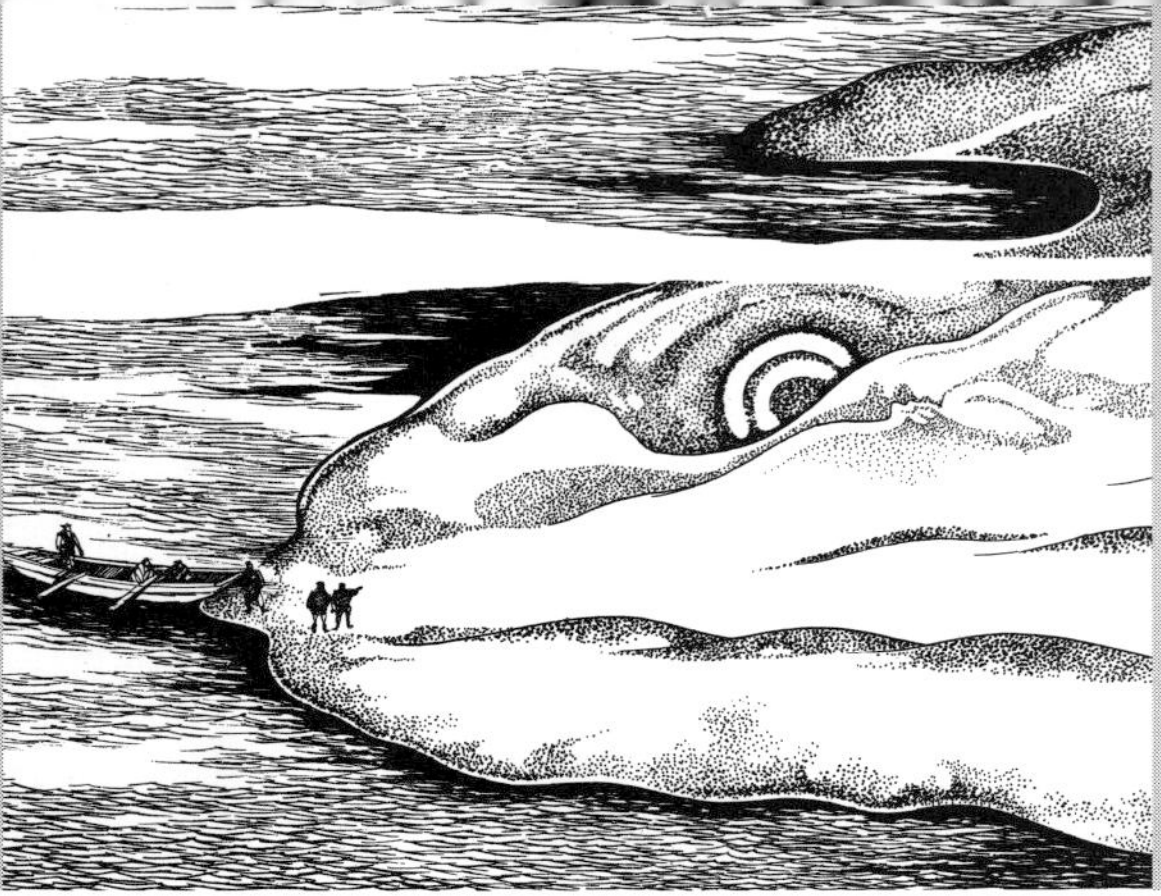

赤《あか》えい

昔、安房《あわ》の野島ヶ崎（現・千葉県南房総市）に現れたという、体長が三里（約十二キロメートル）もある、とてつもない巨大魚である。

あまりにも体が大きいので、当然、背には砂がたまる。ある程度たまると、これを落とそうとして海上に浮かんでくる。そのとき、島だと思って船を寄せると、たちまち水底に沈んでしまい、船は波に呑まれて壊れてしまうという。

あるとき、遭難して海を漂い続けた船があり、船乗りたちがこれを島だと思って上陸したことがあった。

みんなで喜んではみたものの、人家を探してみても人の気配はなく、ただ見なれない草木が岩の上に茂り、その梢には多くの藻屑がかかっていた。岩の隙間には穴があり、魚などがすんでいた。二、三里（約八～十二キロメートル）ほど歩きまわったが、家もなく人もおらず、水溜まりで水を飲もうとしても、塩辛くて飲めたものじゃない。

しかたなく船に戻って十町（約一キロメートル）ほど離れたところ、その島と思ったものは海に沈んでしまい、そこには大海原が広がっているだけだった。

これは竹原春泉斎の『桃山人夜《とうさんじんや》話《わ》』にある話だが、これほどまでに大きいと魚でも妖怪とみなされたわけだ。

アカカナジャー

木の精とも水の精ともいう、沖縄にいるといわれる妖怪である。

滅多に人前に現れないが、時々漁業を手伝ってくれるという。

その姿は、五、六歳の子供のよう。ボサボサの髪の毛と身体の色が赤く、そこから赤い髪という意味の方言で、アカカナジャーとよばれるようになった。

アカカナジャーは、漁業を手伝ってはくれるが、タコが嫌いで、タコを見ると逃げ出してしまう。

大嫌いなタコを使っていたずらしようものなら、怒ったアカカナジャーによってきっと仕返しをされてしまう。

普段は明るく、人に害を与えるようなことはしないが、タコのことになると人（妖怪）が変わったようになるらしい。

アカカナジャーと仲良くなると、海の上を歩けるようになるともいわれ、子供たちの間では人気者だが、仲良くなって海の上を歩いた人の話というのは、まだ聞かない。

沖縄にすんでいる妖怪というのは友好的なものが多いが、このアカカナジャーも例外ではないようだ。

赤《あか》舌《した》

浮世絵師・鳥山石燕の『画図百鬼夜行』では赤舌だが、『化物づくし』『百怪図巻』といった絵巻物では、赤口の名前で描かれている妖怪。

石燕の『画図百鬼夜行』や絵巻物には名前があるだけなので、どういう妖怪なのか、あまりはっきりしていなかったのだが、名前は陰陽道《おんみょうどう》でいうところの赤舌神がその由来だと考えられている。暦注にはこの神が支配する赤舌日や赤口日なるものがあり、公事《くじ》や起訴、契約などに凶の日であるという。この神が妨害するというのである。

石燕はこの妖怪をあたかも水門の番をしているかのように描いているが、実はこの絵、赤舌という妖怪を象徴する絵柄になっているようなのだ。

赤は淦《あか》、閼伽《あか》に通じ、ともに水を表している。舌に関しては「舌は禍《わざわ》いの門」という諺《ことわざ》があり、「あか」が水であれば、その門は水門にあたる。赤舌の口と水門は対であり、その禍のもとである口や水門が開いているということは、万事に対して凶ということを示している。

つまり、赤舌は禍をもたらす神であり、その口が開いているかぎりは、吉事に恵まれないということなのだろう。

アカナー

アカナーは沖縄の月の影にまつわる昔話に登場し、猿に似た心優しい妖怪だという。

その昔、アカナーは猿と同じ屋敷にすんでいた。庭にはよく実をつける一本の桃（楊梅《やまもも》）の木があり、猿はこの桃を独占したくてたまらなかった。そこである日、猿はアカナーの殺害を思い立ち、こんな提案をした。

「桃を売って、お金を二人で分けよう。でも売るだけじゃ面白くないな。売り競べで負けた方を殺すことにしようか」

嫌がるアカナーを無理やり承知させると、猿はさっそく二人分の桃を取りはじめた。自分の籠《かご》には熟れた桃を、アカナーには青桃を多く入れて……。猿は町で桃を売りつくすと、急いで家に戻ってアカナーを殺す準備をした。一方、アカナーは一つも売れず、涙を流して、十五夜の月にお祈りをした。

「このままでは友だちに殺されてしまう。お月様、どうぞ私を助けて下さい」

すると月は、天から天久《あめく》の山に籠を降ろし、アカナーを天上に救い上げたのである。

以来、月にはアカナーが水を汲《く》んでいる姿が映って見えるようになったという。

あかなめ

あかなめは風呂場の垢をなめる妖怪で、誰もいない夜に現れるという。『古今百物語評判』という江戸時代の本には、垢ねぶりなる妖怪のことが書かれているが、これも同じものだろう。

別に垢をなめるだけで何もするわけではないが、妖怪が家の中に入ってくるということは、あまり気持ちのいいものではない。

そこで、あかなめさんにきていただかなくてもいいようにするには、風呂桶を綺麗にして垢をためないようにしなくてはいけない。

「あかなめがくるぞ」といえば、誰もあまりいい気持ちはしないから、風呂桶を洗うことになる。というわけで、あかなめはいわば教訓的な妖怪と見るべきだろう。

昔の風呂桶は木でできていて、家の中の日当たりの悪いところにあった。だから、いつも木がヌルヌルしていて、蛞蝓《なめくじ》や蝦蟇《がま》が生息していたものである。家の中で便所とともに、もっとも妖怪のすみつきやすいところだった。

すみつきやすいというのは、私が子供のときに感じていたことで、風呂に入るということは、私のような田舎の子供には恐怖だったのである。

灯無蕎麦《あかりなしそば》

これは江戸本所《ほんじょ》（現・東京都墨田区南部）七不思議の一つである。

本所南割下水に毎晩のように出ていた蕎麦屋《そばや》で、行灯には「二八そば、切りうどん」と書かれていた。店が出ているのに、いつも人影がなく、行灯に火が入っていないので真っ暗なのだ。

「おかしいな、少し待ってみるか……」

などといって、行灯に火をつけたら、もうそのときにはこの妖怪にやられたことになる。というのも、この行灯に火を灯した者は、家に帰るとかならず災いが起こるといわれるからだ。家に帰ったら、さっきまでピンピンしていた家人がポックリ死んでいた……なんてことが実際にあったらしい。

この行灯に火を入れてもたちまち消えてしまい、無理に点火しても同じように消えてしまうともいわれている。

また、この灯無蕎麦とは反対の、消えずの行灯という不思議も、本所あたりではうわさになった。一晩中明かりがついているのに人影がなく、火が消えたのを見た者がいないという蕎麦屋だ。

これらはいわば、人の形をしていない一種の幽霊のようなものなのだろう。

悪《あく》四《し》郎《ろう》妖《よう》怪《かい》

昔、芸州《げいしゅう》（現・広島県）真定山《しんじょうざん》に、石川悪四郎という名前の妖怪がいた。その山の麓に五太夫という少年武士がいて、あるとき近所の男から真定山の妖怪を見に行こうと誘われたので、登ってみることにした。

この山は、よくない場所として有名で、二人はかろうじて頂上まで登ったものの、黒雲が絶え間なく行き過ぎ、雨が降ったり地面が震動したりと、恐ろしいことこの上ない。この状況にうろたえて連れは先に帰ってしまったが、夜道は危険だと判断した五太夫は野宿することにした。

翌朝、無事に下山したが、それからというもの、五太夫の家には妖怪が頻繁に現れるようになった。しかし、五太夫は剛勇だったので、少しも動じなかった。すると妖怪は考えたのか、何日か過ぎてから、一人の出家僧《しゅつけそう》に化けてやってきた。

「御身は何と勇気ある人か。この上は我らも真定山を立ち去ることにしよう」

妖怪は姿を隠し、三尺（約九十センチメートル）ほどのねじ棒を残していった。

五太夫はこの棒を広島の慈光寺《じこうじ》に納め、事の顚末《てんまつ》を絵巻物にしてまとめた。

つまり、これが悪四郎妖怪というわけである。

悪路神《あくろじん》の火《ひ》

伊勢《いせ》国田丸領間弓村（現・三重県度会《わたらい》郡玉城町）に、昔、悪路神の火なる怪しい火が現れたという。出るのは雨の夜が多く、地上二、三尺（約六十〜九十センチメートル）の高さをフラフラと飛び、誰かが提灯《ちょうちん》を灯すかのように道を往来する。もしその火に出会えばかならず疫病《えきびょう》となり、長い間寝こむことになるといわれる。

この火と出会いそうになったなら、すぐに地面に伏せて、火が過ぎ去るのを待てばよいそうで、行きあたらないかぎり病気にはならず、疫病とはいっても伝染はしないという。

静かな夜に火の玉に出会うのは、気持ちのいいものではない。妖火というやつは、見ただけでも何となく何かありそうな気のするものだ。疫病になるなどと誰かがいい出すと、何となくそんな気になる。

同時に、その火が謎を含んでいることから、想像力の強い者はその火の背後のことまで色々想像したりするので、どうしてもそういうものを見ると神秘主義者になってしまう。

もっとも、科学者が人魂《ひとだま》を捕らえてみたら蚊《か》の集団だったとか、燐《りん》だったとかいった話をよく聞くが、何しろ火のお化けは種類が多いから、ぜんぶ蚊だとか燐で片づけられない。本当の妖怪もあるかもしれない。

足《あし》洗《あらい》邸《やしき》

天井から大きな血まみれの足が下りてくる、そんな怪奇現象が起こる屋敷が江戸本所（現・東京都墨田区南部）にあったそうで、本所七不思議の一つに数えられている。

昔、小宮山左膳という侍《さむらい》が、いじめられていた狸《たぬき》を助けてやった。狸はお礼として、姿をくらます前にこんなことをいう。

「お手近な女に気をつけなさい」

しかし、左膳にはその忠告に思いあたる節がなかった。

家には一人息子と召し使いのお玉がいたが、実はこの女が自分の男と共謀し、左膳の屋敷を乗っ取る計画を練っていた。そして狸の忠告通り、息子が外出したすきに、左膳は殺されてしまった。

犯人が解らず悲嘆に暮れる息子の前に、狸は血まみれの左膳の姿となって現れ、自分は左膳に助けられた狸で、左膳はお玉とその男に殺されたと告げる。その後、左膳の息子は、狸の力を借りて見事に仇《かたき》を討《う》った。

それからというもの、小宮山の屋敷では、何かよくないことが起きそうになると、天井から血まみれの足が下りてきて、「足を洗え！」と声がするようになったという。伝説ではこれとは異なる話もいくつかあったようだ。

足長手長《あしながてなが》

江戸時代の百科事典である『和漢三才図会』には、足長国に足長人がおり、手長国に手長人がいて、常に足長人は手長人を背負って、海で漁をするなどと記されている。

昔、長崎県平戸《ひらど》の神崎《かんざき》山の近くの海で、ある人が小船で夜釣りをしていた。風がやんで静かな夜だった。ふと海辺を見ると、何者かが火をかかげてさまよっている。よく見ると、腰から上は常人と変わらないが、足の長さが九尺（約二・七メートル）ほどもある。驚いて従者に尋ねると、

「あれは足長というもので、現れるとかならず天気が変わるといわれます」

という。

「こんなによい月の晩に、そうそう天気が変わるものか」

おかしなことをいう従者だと思いつつ、しばらく船を漕《こ》ぎ進めると、にわかに黒雲がたちこめ、雨が降りはじめた。雨は次第に激しさを増し、城下に帰ることが出来なくなった。その人は、近くの宿に泊まるはめになったという。

これは松浦静山の『甲子夜話《かっしやわ》』にある話だが、このように足長だけが現れることもあったようである。この他、山をまたぐほど大きな足長手長の話も、山形県の鳥海山《ちょうかいさん》や福島の磐梯山《ばんだいさん》など各地に伝わっている。

足《あし》まがり

香川県の高松地方に現れた妖怪。

慌てて夜道を歩いていると、いきなり足に柔らかいものが絡《から》みついてくる。驚いて触ってみると、それは綿のようなものだった――。こんな体験をする人が、昔は高松に多かったそうだ。

とにかく、邪魔になって歩けないのだが、そもそも歩行の邪魔をする妖怪だから仕方がない。「まがる」という方言も、邪魔という意味があるそうだ。

一説に、これは狸の仕業だともいわれ、ある人が絡みつかれたとき、その綿のようなものを手で握りしめてみると、それは尻尾のようなものだったという話もある。

このような足にまとわりつく妖怪は、すねこすりやノツゴなど各地に伝わっているが、狸の仕業とされているのは、足まがりだけのようである。

四国の場合、何か怪しいことがあると、「ありゃあ、狸が化けているんだ」などと、何でも狸のせいにされる傾向がある。たとえば狐火《きつねび》という怪火があるが、これが四国だと狸の火になるという具合。

いずれにしても、足まがりは狸がいたずらをするものと考えられていたのだろう。

小豆洗《あずきあら》い

小豆とぎ、小豆サラサラ、小豆投げなどともいい、ほぼ全国にその伝承が残る妖怪である。現れる場所はほぼ決まっていて、どこにでも出るというわけではない。大抵は夜の谷川のほとりとか橋の下に出て、ショキショキと小豆をとぐような音をさせる。ときには「小豆とごうか、人とって食おうか、ショキショキ……」などと歌をうたうこともあるという。

山梨に現れたのは、古い橋の下で、この橋を明け方通ると小豆を洗う音がした。音は十町（約一キロメートル）行っても、耳から離れなかったそうで、甲府の人たちは狢《むじな》の仕業と考えていたという。

地方によっては、蝦蟇《がま》が小豆洗いに化けるというところもあり、大晦日《おおみそか》の晩だけ出るというところもある。

小豆洗いの正体は様々にいわれているが、いずれにしろ姿は見えずに音だけが聞こえるということは共通しているようだ。

昔の夜は静寂が支配していたから、小川のせせらぎの音もきっとはっきり聞こえたことだろう。そのせせらぎにまじって、ショキショキ……、という音が聞こえても、何だか不思議ではないような気もする。

小豆《あずき》はかり

昔、江戸・麻布に二百俵取りの武士がいて、その屋敷には小豆はかりという化け物が出るとの話だった。そこで、化け物に興味を持った友人が、ある晩、泊まってみることにした。

騒がしいと出ないとのことなので、案内役の武士と二人でだまって寝室で待っていると、やがて天井から妙な音が聞こえはじめた。それはどしどしと天井を踏むような音で、その音が止むと、今度はパラパラと小豆をまくような音。小豆の音はだんだんと大きくなり、しまいには大量の小豆を天井にばらまく音が響いた。そうかと思うと、またパラパラという音に戻り、しばらくすると止んでしまった。

それでも二人がだまっていると、今度は庭の飛石を下駄で歩く音や、手水鉢の水をかける音までしはじめた。友人がいきなり障子をあけてみたが、そこには何もいなかった。

これは何も怖くないなと友人がいうと、武士は、

「この通り何も怖いことはない。時々、上から土や紙屑《かみくず》を落とすこともあるが、その他には何も悪いことはしない」

といったという。

名前に小豆のついた妖怪ではあるが、小豆洗いの類とは違うようで、どちらかというとポルターガイストのようなものに近い妖怪なのだろう。

小豆婆《あずきばばあ》

小豆洗いと同じ妖怪だが、その姿を老婆とする地方もある。その場合は小豆婆とか、小豆とぎ婆などとよばれている。

埼玉県の川越市《かわごえし》あたりでは、雨の降りそうな夕方に小川へ行くと小豆婆が現れ、子供を食べてしまうということである。

群馬県の高崎城のあたりでは、鐘撞《かねつ》き堂の近くを流れる小川に、夜になると小豆とぎ婆が現れ、「小豆とぎやしょか、人取って食いやしょか、ショキショキ……」と、小豆洗いと同じような歌をうたい、小豆をとぐ音をたてる。そこを通ろうとすると、明るい光に包まれてしまうという。そんなときには、親指を握って気を静めると、光は消えてしまうそうだ。

山梨県では小豆そぎ婆とよび、神社の近くにある大木などにすんでいて、夜になると、ザアザアと小豆をとぐ音をたて、「小豆おあんなすって」などといって、通行人に小豆を食べろと話しかけるという。その声にうろたえた人は、大きな笊《ざる》で木の上にすくい上げられてしまうといわれている。

小豆洗いが比較的無害なのに対して、小豆婆は何かしらの害をなすものが多いようだ。

アゼハシリ

稲荷をおろしたり、死霊などをよび出したりしていると、まったく関係のない、いわゆる霊界で位のない狐狸《こり》が出てくることがある。それに乗り移られたものは、奇妙な格好をするようになるが、このことを佐賀県ではアゼハシリとよんでいる。

　具体的な話がないので、なぜこのようなよび方をするのかよく分からないが、「田んぼの畦《あぜ》を走る動物などが憑《つ》く」というような意味なのかもしれない。

　アゼハシリではないが、この稲荷おろしを大阪でやると、難波のお福と阿波座の団尻吉兵衛という狸がよく出てきたそうだ。

　お福はお太福茶屋という料理屋の人形に憑いている狸で、稲荷おろしのとき、このお福がやってくると、代さん（神の乗り移る者）がしきりに髪の格好を気にするような手つきをするので、すぐにそれがきたと分かる。

　一方、団尻吉兵衛のときには、代さんが口囃子、手拍子するので、やはりすぐ正体が分かる。この二匹が出てこないと、稲荷おろしも物足りない気がするという。

　いずれにしても、動物の霊、とくに狐狸の場合は、人に憑く怪しい動物と信じられていたことは確かなようだ。

安《あ》宅《たけ》丸《まる》

安宅丸は、全長約六十九メートルという、江戸時代では日本一の巨船だった。志の低い者や罪人が甲板に踏みこむと、たちまち唸り声をあげて乗船拒否をするという、不思議にも魂の籠もった船、つまり船霊が宿った船だった。

安宅丸は徳川家光に愛用されたが、その後は岸に繋がれたままだった。

ところがある大嵐の日、勝手に江戸湾へと向かい、「伊豆へ行こう、伊豆へ行こう」と、建造された場所に帰ると泣き騒いだのである。もちろん、安宅丸がだ。

逃走した安宅丸は、三浦半島で捕らえられ、再度こんなことがあってはたまらないと、とうとう廃船にされた。

ところが解体された船材を買った酒屋市兵衛がこれを穴蔵の蓋として使ったところ、突然、雇い人の女性に憑き物が取り憑き、おかしくなってしまった。もしや……、と思った市兵衛がこの蓋を取って丁重に扱うと、女性はやっと普通の状態に戻ったという。

船霊はいわば船の守護霊で、航海の安全を願って船中に祀られる霊である。安宅丸の場合は、船霊が船自身と同化し、意思（自意識）にまで高まった例なのだろう。

悪鬼《あっき》

この世に様々な悪をばらまく鬼たちのことである。とくに病気の蔓延は鬼の仕業とされ、大きな流行病が襲来すると、人々は鬼の退散を祈った。平安時代の都などでは、そうした病気をもたらす悪鬼を退散させるための儀式がよく行われ、記録にも残されている。

この絵の悪鬼は、室町時代のものである。中世の人々は、こういう形を頭に描いて恐怖したのだろう。

昔、但馬《たじま》（現・兵庫県）に小さな寺があった。

あるとき、若い僧と老いた僧が道に迷ってこの寺に入り、寂しい一夜を明かそうとしていた。

やがて真夜中、二人の僧が寝静まったころ、不意に壁を破って堂内に入りこんできたものがあった。それは悪鬼で、やにわに年老いた僧に噛《か》みついた。

若い僧は、一心に法華経《ほけきょう》を唱えていた。ほどなく悪鬼は年老いた僧を噛み殺し、年若い僧は仏像の腰のあたりに抱きついて、力の続くかぎり法華経を唱えあげた。

間もなく夜が明けた。若い僧の抱いていたのは毘沙門天《びしゃもんてん》で、この像の功徳《くどく》により、危うく一命をとりとめたのだった。というような悪鬼の話が、『大日本国法華経験記《だいにほんこくほけきょうげんき》』に記されている。

後追《あとお》い小僧《こぞう》

神奈川県の丹沢東部山中に入ると、何者かが後を追ってくるような気配を感じることがあるという。振り向くと何者かが隠れた様子があるが、何とも正体がつかめない。これは、山霊あるいは後追い小僧とよばれる妖怪の仕業なのだという。

いつも後ろから追ってくるわけではなく、道案内するかのように前を歩くこともある。夜間には提灯を灯《とも》して現れて、こちらが合図をしたり声をかけたりすると、スッと物陰にでも入ったように消えてしまう。しかし、夜間よりもむしろ昼間の、とくに午後に出ることが多かったらしい。

妖怪といっても気配を感じさせるだけで、けっして人には害を与えないといわれているが、何度も同じようなことをくり返す場合には、岩や木の切り株の上に握り飯や干し柿、飴玉、薩摩《さつま》芋《いも》などを置いてくるとよいそうだ。そうすることで、気配は消えてしまう。

山はあの世に近い異界として、死者の霊が集まりやすい場所と、昔から信じられてきた。こうしたことから、後追い小僧は生者になついて現れる霊と考えられていたのだろう。

鐙口《あぶみくち》

この鐙口という妖怪は、江戸時代の妖怪絵師、鳥山石燕《とりやませきえん》が『画図《がず》百器徒然袋《ひゃっきつれづれぶくろ》』に描いたものである。

この妖怪は、武将が馬に乗って足を踏み掛ける馬具が化けたもので、その形は舌鐙《したあぶみ》ともよばれる鐙の一種だった。

武将と運命をともにする舌鐙は、その主《あるじ》の戦死とともに野に捨てられる。それがやがて化けて鐙口となり、帰らぬ主人を忠犬のように、いつまでも待っているというのである。

要は器物に特定の人物の念のようなものが移り、妖怪化したものなのだろう。

このような器物の妖怪をまとめて付喪神《つくもがみ》というが、純粋（?）な付喪神とは、長い年月の間にいつしか霊が移り、不思議な現象を起こすものをいう。

たとえば、室町時代に描かれたという『付喪神絵巻』には、煤払《すすはら》いで捨てられた武具や食器などが、粗末に扱われたことを恨んで、人間に復讐する話が記されている。

そんな古い話でなくても、沖縄では古い杓文字《しゃもじ》はミシゲーという妖怪になるというし、昔話でも捨てられた木槌《きづち》や食器が妖怪化する話がある。

油赤子《あぶらあかご》

昔、近江は大津八町（現・滋賀県大津市）に、火の玉のようなものが飛行したことがあった。

土地の人がいうには、以前、滋賀の里に油を売るものがいて、この油というのが夜ごとに大津辻の地蔵のところから盗んできたものだった。やがてこの油売りは死んだが、やはり地蔵様の罰《ばち》があたったのだろう。死んでからも成仏《じょうぶつ》できずに、迷いの火となってしまったということだった。

また、このあたりの家々では、不思議な幼児が現れて、行《あん》灯《どん》の油をなめるという怪事があったが、これは例の油売りの再生した姿だろうと人々は話し合った。

一説には、火のようなものが飛んできて家の中に入り、赤ん坊の姿となって行灯の油をペロペロとなめ、再び火となって飛び去るという。

これを油赤子というのだが、昔の田舎の行灯は、魚油だったので猫が好んだというから、白猫の場合は油赤子に見えなくもない。それに、昔の油は、魚油といっても精製したものでなく、漁師が魚をとってきた船にたまる魚の油をすくって灯したというから、猫が好むのは当然だと思われる。

油返《あぶらがえ》し

油ナニナニという火の妖怪は、各地に色々あるが、摂津《せっつ》の昆陽《こや》（現・兵庫県伊丹市）には油返しという怪火が伝わっている。

初夏の闇夜や寒い冬の夜、昆陽の池の北堤あたりに現れたといい、池の南の千僧《せんぞう》の墓から出て、昆陽池、瑞ヶ池《ずがいけ》の堤を通って、天神川のほとりから中山へ上がるというのが、お決まりのコースだったようだ。

地元では、「油返しは、パッパッ、パッパッとつくと、オチャ、オチャ、オチャと話し声がし、トボ、トボ、と、セングリ、セングリと後へ帰らずにせいて灯る」と、火の中から話し声が聞こえるなどともいっている。

この火の正体については、中山寺の油を盗んだ者の魂だとか、北堤にいる狐の嫁入り、千僧の墓にいる狼が火を灯しているのだなどと、地元で色々といわれているものの、あまりはっきりとしていないようである。

また、直接関係はないが、油返しが灯る昆陽池の北堤下の田の中に、ノボセママという名前の森がある。美しい松の森ということだが、そこへ行くと「フーイ」といって転び、死んでしまうのだといわれている。不思議な話は似たような場所に集まるのだろう。

油《あぶら》すまし

熊本県天草《あまくさ》の草隅越《くさずみごえ》とよばれる山道は、昔から油すましという妖怪がいるとのことだった。

あるとき、孫を連れたお婆さんがこの草隅越という山道にさしかかったとき、「昔はここらに、油すましが出たそうな」と話すと、ガサガサという音がして、「今でもいるぞー」といって、油すましが出てきたという。

この「すまし」というのがどういう意味なのかはよく分からないが、油すましと同じような現れ方をする妖怪が、下島のうそ峠にも現れた。

ある夜遅く、二人の旅人がここを通り、「昔はここに、血のついた手が落ちてきたそうだ」といった瞬間、「今もー」と声がして、血のしたたる手が坂を転げ落ちてきた。二人はびっくりしてその場を逃げ出し、しばらくしてまた、「ここには生首が落ちてきたそうだ」というと、上の方から、「今ああ……も……」と声がして、生首が転げ落ちてきたという。

この他、同じパターンの話は、九州にはいくつか伝わっている。

油坊《あぶらぼう》

近江国野洲《やす》郡の欲賀《ほしが》（現・滋賀県守山市）という村では、春の終わりから夏にかけての夜に出現する怪火のことを、油坊といっていた。

その焔《ほむら》の中に、多くの僧の姿を見るそうで、昔、比叡山《ひえいざん》の僧侶で、灯油料を盗んだ者の亡霊が、油坊の怪火になったと伝えられる。

『古今百物語評判』には、こんな話もある。比叡山全盛の時代に、中堂の油料として一万石ばかり知行があり、東近江の住人がこの油料を司って、富み栄えていた。その後、時代とともに知行がなくなると、不本意に思った東近江の住人はそのことを思いながら死んだ。以来、東近江の住み家から毎夜のように光る物が飛び出し、中堂の油火の方へ行くので、その光物を油坊あるいは油盗人とよんだという。

実際、油坊が油を盗むわけではないが、人々はその者の執念が油火を離れられないため、やって来るのだろうといった。

ある日、油坊を仕留《しと》めようという者があり、弓矢や鉄砲を持ちだして待った。すると黒雲たちこめる中に光る物があり、あっという間に若者たちの頭上にやってきた。驚きのあまり、まったく手出しができなかったという。

天草《あまくさ》の河童《かっぱ》

熊本県天草地方でのこと。ある酒飲みの親父が顔を赤くして家へ帰る途中、堤の上に三歳くらいの子供が遊んでいるのが見えた。近づいてみると、それは河童だった。親父に気づいた河童は、「こらっ爺《じじい》、酒を飲ませろっ!!」

といった。気の弱い人なら、この時点で逃げ出すところだが、親父は剛胆《ごうたん》とみえ、

「馬鹿。河童なんぞにやる酒があるか!!」

と、いい返してやった。河童もさきほどの勢いはどこへやら、まるで駄々をこねる子供のように、飲ませろとせがむ。そこで仕方なく、

「明日、田植えを手伝ってくれるなら、飲ませんこともないがのぉ」

というと、河童は喜んで手伝うと約束する。

「ほれっ、徳利《とっくり》をやるわい」

と、親父が徳利を投げてやると、河童は四、五四ですぐ飲み干してしまった。

翌日、親父が田んぼに行ってみると、何と、一面綺麗に田植えが終わっている。

親父は喜んでいたものの、河童をこき使った報いか、しばらくしてから気がふれてしまったそうだ。間が抜けているような河童でも、人間に祟《たた》ることは簡単なのだろう。

尼入道《あまにゅうどう》

日本の各地に現れる妖怪に見越入道《みこしにゅうどう》なるものがいる。見ているとどん大きくなって、しまいには見ている方が倒れてしまうというものだが、これはその女性版といったところ。

山道に出没し、見ていると、首が長く伸びてきて、まるでろくろ首のようでもある。しかしその首は美しい女性の首ではなくて、毛深く、太い。口は耳まで裂け、舌は異様に長く、この舌で、見る者の顔をペロリとなめる。なめられた方はその毒気にあたって、気絶してしまうから、これに出会ったらすぐさま逃げ去るのがよい。

見越入道は、見上げれば見上げるほど大きくなっていくから、逆にどんどん見下げていくとよいとか、「見越入道、見越した」というと消え去るなどといわれている。だからこの尼入道に関しても、そのような呪文が効くかもしれない。

しかし、山道でいきなりこんなものに出くわして、冷静にそういった対処のできる人もそういないだろう。

また、見越入道の正体は、ある地方では鼬《いたち》が化けたものといわれているが、伝承だけではっきりと分かってはいない。それは尼入道も同じだ。

天逆毎《あまのざこ》

天邪鬼《あまのじゃく》や天狗《てんぐ》の祖先ともいうべき妖怪神である。
江戸時代の天狗論者である諦忍《ていにん》は、『天狗名義考』に『先代旧事本紀』を引用し、「天狗神とよばれる人身獣首の姫神は、須佐之男命《すさのおのみこと》（天照大神《あまてらすおおみかみ》の弟神）の体内にたまった猛気が、吐物となって口外に出て化した女神である」として、天狗の元祖だろうと語っている。

また、江戸時代の百科事典である『和漢三才図会』には、「姫神であって体は人、首から上は獣である。鼻が高く耳が長く牙は長い。ともかくも意のままにならないと怒る。大力の神でも千里の彼方へはね飛ばし、強固な刀矛でもかんでズタズタにしてしまう。何事もおだやかにすることができず、左にあるものは右に、前にあるものは後ろであるといい、自ら天逆毎姫と云う」とある。

つまり天逆毎は、何でもあべこべにしないと気がすまず、なおかつ激しい性格の女妖怪だったのだろう。しかし、神話の時代を除けば、天逆毎の話というのはほとんどない。

諦忍は天狗の元祖といっているが、むしろ天邪鬼の元祖といった方がいいかもしれない。

天邪鬼《あまのじゃく》

「あいつは天邪鬼みたいなやつだ」などと、普段の会話で使われるように、古い妖怪のわりには、現代でもその名前はよく知られている。

人をそそのかし、欲望をかきたてて悪事に走らせるこの妖怪は、『古事記』や『日本書紀』に登場する天探女《あめのさぐめ》が元々の姿なのだそうだ。

もっとも、天探女は天から地上に派遣されたスパイのような役割で、別に何でも逆に答えるなどはしないのだが。

天邪鬼は時代や土地によって様々な伝承がある。仏教が広まった時代では仏の教えの邪魔をする存在として扱われ、地方によってはダイダラボッチのような巨人とされる。しかし、もっとも一般的なイメージは、昔話の『瓜子《うりこ》姫《ひめ》』に登場するような、ずる賢い性格のものだろう。瓜子姫を食い殺し、生皮をかぶって姫になりすましたりしている。

山形県の昔話では天邪鬼が人と反対の行動ばかりする由来を語っている。

昔、天邪鬼は人がよすぎるほどの天の神だった。あるとき、欲張りな人間の、「年や月日を自由になるようにしてくれ」との願いを叶えたため、日天《にってん》、月天《がってん》から叱られ、以来、世の中を恨んでへそ曲がりになったのだそうだ。

アマビエ

弘化三年(一八四六)というから、江戸時代のこと。肥後《ひご》(現・熊本県)の海中に、毎夜光るものが出たという。

土地の役人が行ってみると、海中から怪しい化け物が現れた。その姿は、全体的には人魚のようだが、髪の毛が長く、顔には鳥のようなくちばしがあった。役人が驚いていると、化け物はこんなことをいいはじめた。

「私はアマビエというものである。当年から六年の間は諸国豊作である。しかし、病気が流行ったら、私の写し絵を早々に人々に見せよ」

そんな予言めいたことをいい残し、再び海中に潜《もぐ》ってしまったという。

予言といえば、人魚のような姿をした神社姫や、牛が産み落とす件《くだん》という予言の上手な妖怪がいるが、このアマビエもそれらの親類かもしれない。それにしても、海中からいきなり出てきて予言などというのは、やはり神に近い妖怪なのだろう。いや、妖怪というより神怪とでもいうべきものか……。

西洋では、海中にすむ生きものには、すべて予言の能力があるなどといわれている。中でも人魚についての伝説は多く、半人半魚のものが海中から現れて予言をするといった例は、あまり珍しくもないようだ。

アマビト

青森県西津軽地方では、人が死ぬ前に魂《たましい》だけが脱けて歩くことを、アマビトという。

家の戸を開けるような音を立てたり、近所の建築現場へ出かけ作業を手伝って帰ったりと、様々な話がある。

このような現象は全国各地にある。たとえば柳田國男の『遠野物語』には、死ぬ間際の人が自分の菩《ぼ》提寺《だいじ》を訪ねたという話がある。

寺の和尚《おしょう》が世間話をしながらその人に茶をすすめたのだが、帰るときの様子がおかしいので、小僧に後を追わせると、角を曲がったところで姿を消してしまった。

その日、数人の知人がこの人に会ったそうだが、この人は病気でとても外出できる状態ではなく、その日のうちに亡くなってしまった。あとになって、和尚が茶碗を置いたところを調べると、その人が飲んだはずの茶は、畳の敷合わせに全部こぼしてあったという。

遊離魂とも生霊《いきりょう》ともいえるが、本人が死ぬ間際のほんのちょっとした間のことで、幻のようでもあり、実際にそれを見た人でも、あまり恐ろしいという感じはないらしい。

まだ生きている人の脱けた魂というのは、死者のそれとはやはり違うものなのだろう。

網切《あみきり》

清少納言《せいしょうなごん》風にいえば、「春はあけぼの、夏は化け物」という感じだろうか、夏は妖怪たちの活躍する季節である。

夏につきものの蚊帳《かや》というのも、中に入ってみるとどことなく神秘的な感じがする。妖異譚《たん》の小道具によく出てくるわけで、雷神を除《よ》けるのに蚊帳を吊るというのも、何かのいわれがあるのかもしれない。

この蚊帳を朝になってたたもうとすると、鋭い刃物で切られでもしたかのように、スッパリと切れていることがある。昔の人は、これを網切の仕業《しわざ》だとした。

その他、漁師の用いる魚網や、あるいは洗濯物が干してあるのをスッパリとやってしまうのもいる。まさか、そんないたずらをするものもいないだろうから、これも網切の仕業とされた。

夏になるといつも蚊帳を吊ったものだが、上の方が切り裂かれているのを発見すると、誰もいないときに網切がきてやったのだという思いがしてくる。

静かな誰もいないときに、蚊帳のほつれを発見するほど不可思議な気持ちのすることはない。多分この網切も、そうした気持ちに支えられて生き続けた妖怪なのだろう。

雨女《あめおんな》

昔、中国巫山《ふざん》の神女《しんにょ》は、朝には雲となり、夕には雨になるとかいわれている。だから、雨女も、大方この類《たぐい》だろうというようなことが、鳥山石燕の『今昔《こんじゃく》 百鬼拾遺《ひゃっきしゅうい》』という本に記されている。

妖怪というよりは、雨神のようなもうすこし神聖なものとして考えられているのだろう。

神農氏《しんのうし》のころの雨神を赤松子《せきしょうし》といった。氷玉散という薬を服用する術に長けていて、その術は火の中に入っても火傷《やけど》をしないですむというものだった。後にその処方を神農氏に教えたという。

赤松子は常に崑崙山《こんろんさん》にある西王母《せいおうぼ》の石室に出入りし、風雨に乗って天上と地上を行き来していた。そのうち、神農氏の娘が赤松子のあとを追って、やはり仙術を学び、やがて赤松子とともに姿を消した。しばらくたって、再び赤松子は雨神となり、人間界を巡り歩いたという。

日本には赤松子のような雨神の話はあまりなく、水神が雨を司ると考えられていた。

雨は自然の恵みであり、雨が降らないと農作物は干あがってしまう。そこで、日本では雨乞《あまご》いをしてきたのだが、その雨を降らせてもらうために祈る神が水神だったわけである。

雨降《あめふ》り小僧《こぞう》

雨降り小僧は、江戸時代の浮世絵師・鳥山石燕が、『今昔《こんじやく》画図続百鬼《がずぞくひやつき》』という本の中で描いている妖怪である。石燕によれば、この妖怪は雨師《うし》に仕える子供の妖怪であるという。

雨師というのは中国の雨神のことであるから、やはりその弟子か何かだろう。

東北の方には狐と雨降り小僧の話がある。

あるとき、峠の狐が雨降り小僧にいった。

「魚をやるから雨を降らせておくれ。雨降りの晩に、娘の嫁入りをするから……」

小僧が、

「承知した」と返事をすると、あたりはたちまちほんのりと暗くなった。

小僧は手に持った提灯を振った。すると、にわかに雨が降りだした。

その中を、狐の嫁入りの行列が続いたという。

雨の妖怪というのも案外いるもので、徳島県には傘さし狸《だぬき》なる妖怪がいたという。

雨の降る夕方に現れては、通行人を手招きするといわれ、傘を持っていない人がついつられて行くと、とんでもないところに引っぱって行かれるそうだ。

飴屋《あめや》の幽霊《ゆうれい》

昔、とある飴屋で、毎晩のようにみすぼらしい女が飴を買いにくることがあった。ある晩、怪しんだ飴屋の親父が女のあとをつけてみると、女は墓場に入って、見えなくなった。すると、女が消えたあたりの墓場から、赤ん坊の声がする。その墓は、お腹に子供を宿したまま死んだ女を埋葬したものだったが、赤ん坊だけは生きていた。そして、死んだ女が幽霊となり、赤ん坊を飴で育てていたのである。

飴屋の親父はびっくりしたものの、赤ん坊が不憫《ふびん》でならず、連れて帰って育てることにした。

飴屋には時々母親の幽霊が現れて、赤ん坊を見守っていたが、しまいには飴屋の親父に何かにつけて協力し、ここを掘れば水が出るとか、失《う》せ物《もの》があったときは、どこどこに落ちているとか、知らせてくれた。おかげで飴屋は繁盛し、幽霊の生んだ子は後に高僧になったという。

これは子育て幽霊ともよばれ、各地に似たような話が伝わっている。

子育て幽霊の赤ん坊は、成長すると高僧になるというパターンが多く、各地の寺院の開山伝説として伝えられている。

あやかし

ものすごく長い鰻《うなぎ》のようなもので、九州、四国、関東地方の外海に現れたという。

地方によってはイクチとよばれ、常陸《ひたち》（現・茨城県）の海でこれに襲われた記録が『譚海《たんかい》』という古書にある。それによると次のようだ。

外海にイクチという魚がいて、時々船に入ってくる。イクチが入ると船が沈むというので、船頭は非常に恐れていた。太さはそれほどでもないが、長さが何千メートルもあり、船を乗り越えるのに二、三日はかかる。その際、船中におびただしい油をこぼすので、船の者たちは油で船が沈まぬよう、ただひたすら笠で油を受けとめて海中に流すという。

また、根岸鎮衛《ねぎしやすもり》の『耳袋《みみぶくろ》』には、八丈島あたりの海辺にもサイズの小さいイクチがいるという話が載っている。それは目も口もない鰻のようなもので、海上でクルクルと輪になって遊んでいることがあるが、いわゆるイクチが船をまたぐというのは長く伸びて動くのではなく、丸くなってまわっているのだ、などと書かれている。

「いくじなし」という言葉は、このイクチから出たものだという説もあるようだ。

いきすだま

いきすだまとは、生きている人の霊、すなわち生霊のことである。生霊といっても、その人自身の姿で現れるものもあれば、その人の発する念のような、形のないものもある。いきすだまというのは後者になるのだろう。

また、その人が自覚して生霊となるのとそうでないのがあり、特定の人を祟《たた》ってやると考えるのがいきすだまになる。

生霊というのはすさまじく、「アイツが病気にでもなればいい」とチラッと思っただけで、人に取り憑いてしまうこともあるようだ。

そもそもいきすだまというよび名は、平安時代によく使われたもので、『源氏物語』の六《ろく》条《じょう》御《のみ》息所《やすどころ》にまつわるエピソードがとくに知られている。

六条御息所は光源氏《ひかるげんじ》の愛人で、正妻である葵《あおい》の上《うえ》に対して嫉妬《しっと》心《しん》を抱いていた。その尋常ではない嫉妬心はやがていきすだまとなって現れ、出産間近の葵の上を苦しめることになる。そのため葵の上は、夕霧《ゆうぎり》を産んだあとに死んでしまう。『源氏物語』は創作だが、当時の人々の霊魂《れいこん》観を読み取るということでは、大変貴重な資料といえよう。

生霊《いきりょう》憑《つ》き

昔、京都の松任屋《まつとうや》徳兵衛《とくべえ》という問屋に、松之助という若い息子がいた。

近所の娘がこの松之助に深い思いを寄せていたのだが、そのあまりにも強い想いはやがて生き霊となり、松之助を苦しめるようになった。

松之助は哀れなほどに疲労し、とうとう病《やまい》の床に伏せってしまう。心配した両親は、さる和尚に加持祈禱《かじきとう》を頼んだが、娘の執念は思いのほか深く、松之助から簡単に離れようとしない。けれども、祈禱の験《げん》があったというべきか、この娘が突然死んでしまった。

これで憑《つ》き物《もの》も落ちたとみなが安心していると、今度は娘が幽霊になって松之助に取り憑いてしまった。

またもや和尚がよび出され、祈禱をはじめた。娘の霊は生きているときの方が強かったらしく、娘は和尚の験力に引かれて、丁寧にあいさつをすると、松之助から離れていった。

後に松之助は健康を取り戻し、この哀れな娘の冥福《めいふく》を祈ったという。これは享保《きょうほう》十四年（一七二九）ころの話である。

生霊となるのは、とくに女性の場合が多かったようだ。

池《いけ》の魔《ま》

日本の各地によく自殺の名所などといわれる場所がある。そこに佇《たたず》んでいると、まるで魅入られでもしたかのように身を投げてしまうという、そんなところである。

三重県志摩近くの度会郡《わたらいぐん》四《し》郷村《ごうむら》（現・伊勢市）にも、昔そうした池があったという。

夕方、一人で池の畔《ほとり》を通ると、自然とそこにはまらなければならないような気がして、知らないうちに池に吸いこまれてしまうといわれていた。これを土地の人は「池の魔に憑かれる」といって、その池の近くを通ることを恐れていた。

あるとき志摩から帰る途中のある番頭が、夕暮れどきにここを通りかかると、突然、財布と下駄とを置き、その池に身を投げてしまった。志摩を立つその日の朝には、結婚したばかりの妻のところへ帰ることを嬉しそうに話していた。自殺する動機はどうしても考えられない、というのがその番頭を知る人たちの共通した意見だった。そうした番頭のような人でさえ、この池を通りかかると身を投げなくてはならない気分に襲われるというのは、やはり池の魔に憑かれたせいだろうというのである。

こんな話は随分あったという。

囲碁《いご》の精《せい》

昔、江戸牛込《うしごめ》の清水昨庵という碁《ご》の好きな人が、柏木村（今の新宿附近）の円照寺のあたりを散歩していた。

寺の前にくると、色の黒い人と白い人がいて、話しかけてきた。

「もし。あなた、碁はやられますかな」

「はぁ。下手の横好きですが多少は……」

などと話すうち、馴染《なじ》みになった。

名前を聞くと、色の黒い人は、

「私は山にすむ者で、知玄《ちげん》と申す」

白い人は、

「私は海辺の者で、知白《ちはく》という者だ」

と、いったと思うと、あっという間に姿が消えてしまった。

あとで調べると、どうやら碁の精だということが分かった。

このような趣味に打ちこむ人の前には、その趣味に関した神や精が現れるようだ。

新潟の佐渡島にも、囲碁好きな名主の前に碁の神様が現れ、碁の極意を授《さず》けたなどという話が残っている。

イジコ

青森県浪岡町《なみおかまち》（現・青森市）の羽《は》黒平《ぐろだいら》というところには、昔、昼なお暗い杉林があり、ときおりイジコが出ると恐れられていた。

町から帰ってきたある村人が、その杉林の中までくると、赤ん坊の「オギャー」という張り裂けるような泣き声を聞いた。振り返ると、杉の枝に火だるまのように赤いイジコがゆらゆら揺れていたという。イジコとは小児を入れる藁《わら》でつくった籠《かご》のことで、ある老人の話では、昔は浪岡町に近い村の神社にも下がったという。

その老人が、弟とともに馬ソリで弘前《ひろさき》から帰ってくるときだった。それまで元気だった馬が、神社の近くまで来ると急にいなき、雪の上に座りこんでしまった。いくら手綱を引いても動かない。

仕方なく兄弟でソリから降りてみると、神社のあららぎの木の枝に、真っ赤に燃えたイジコが下がっていた。二人は馬を置いたまま逃げ帰ったということである。

この妖怪はつるべ火のような、「木から下がる火」という妖怪の仲間なのだろう。イジコが下がる場所は、かならず木があるところなので、木そのものと関係があるようである。

いしなげんじょ

九州北部の島の多い地方の海で、五月ごろによく現れたという妖怪である。

五月といっても旧暦だから、今の六月の梅雨のころ。湿っぽくて靄《もや》の深い夜に漁師が釣りに出かけると、立ちこめた靄の中に現れる。現れるといっても、はっきりした姿が出るわけではない。小島の岩陰が見えたと思うと、突然ガラガラと岩の崩れ落ちる音がする。

漁師は驚いて船を返し、翌日、晴れ間を選んでその場所にもう一度行ってみても、何もないのである。いわば海の天狗《てんぐ》礫《つぶて》の類なのだが、これが妖怪いしなげんじょの仕業なのである。

これとよく似たものが奄美大島にも伝わっている。海塞《ふさ》ぎとも山塞がりともいうのだが、沖合で船を漕《こ》いでいると、いつの間にか前方を塞ぐように山が現れる。慌てず目をつむり、念仏を唱えると消えるという。また、新潟の佐渡島にもタテエボシという妖怪がいて、海上で突然目の前に高々と立ちはだかったかと思うと、船に倒れこんでくるといわれている。

海上では様々な怪異が起こるが、これらはほんの一例に過ぎないようだ。

イジャロコロガシ

長野県南佐久郡に、古びたお堂があった。その中から、時々夜遅く、イジャロコロガシという化け物が出た。イジャロというのは笊《ざる》のことで、転がってきて人の前に来ると、人の形になる。多くは子供が驚かされたという。

よく徳利などの器物が、坂道を転がってくる妖怪があるが、イジャロコロガシのように、転がってきて人の形になる妖怪というのは珍しい。

笊ではないが、奈良県山辺地方にシングリマクリという籠《かご》を転がす妖怪がいる。

山辺郡山添《やまぞえ》村の助命に八王子神社というお宮があり、ここに百段ほどの石段がある。夕方になるとこの石段にシングリマクリが現れ、シングリ（竹製の魚を入れる籠）を転がすといわれている。

このシングリの中には、親のいうことを聞かない子供が入れられているそうで、いたずらばかりする子供は、「シングリマクリがやって来るぞ」と親に脅かされたという。

このように物を転がす妖怪というのは、意外と各地にあるようで、笊や籠の他、薬缶《やかん》や肥桶《こえおけ》が転がるとする地方もある。

異獣《いじゅう》

昔、越後《えちご》（現・新潟県）の山中であったことだ。

竹助という者が、商品を届けるために越後十日《とおか》町《まち》から堀内の問屋へと急いでいた。

途中、遅い昼食を食べていると、谷間の根笹を押し分けて、妙な獣《けもの》がやってきた。頭の毛は長く背中まで垂れ、猿に似ているが人間よりも大きい姿だった。その獣が昼飯の焼き飯をくれというそぶりをするので、用心しながら投げ与えると、獣は嬉しそうに食いはじめた。安心した竹助は、

「明日もここを通って帰ることになる。そうしたら、また焼き飯をやろう」

といって、大きな荷物を背負いかけた。と、それより前に獣が軽々と荷物を肩にかけ、先に立って歩きはじめたのである。

獣は堀内近くまで来ると荷を下ろし、山へ駆け登って帰っていった。

「その速いことといったら、まるで疾風《しっぷう》のごとくだった」

と、竹助は堀内の問屋で語ったという。

この異獣の正体は、果たして何だったのだろうか。当時は竹助だけではなく、山稼ぎをする者がしばしばこの異獣を見たと、『北越雪譜《ほくえつせっぷ》』に記されている。

磯《いそ》女《おんな》

名前の通りに、磯にいる女の妖怪である。日本各地の沿岸部に現れたようだが、磯女とよぶのは、九州地方でのことである。

長崎県五島《ごとう》列島の北端、宇久島《うくじま》に現れたものは船を襲うといわれ、乳から上が人間で、下の方は幽霊のようにぼんやりとしていて、はっきりしないという。

熊本県天草市深海《ふかみ》町での磯女は、夜中にとも綱《づな》を伝って船に入りこんでくる。長い髪の毛を眠っている人の上にかぶせて、その先で生き血を吸い、吸われた人はあとで死んでしまうといわれている。

そのため島原半島の小浜あたりでは、よその港に碇泊《ていはく》して船中で寝るときは、苫《とま》（菅や茅《かや》などで粗く編んだむしろ）の毛を三本、着物の上に乗せておく。こうしておけば、磯女に生き血を吸われないという。

鹿児島県の長島に出る磯姫も人間の生き血を吸うといわれ、絶世の美女なのだという。たとえ急いで顔をそむけても、見た人はすぐに死んでしまうほど恐ろしいものである。

磯に現れる女の妖怪は各地にいるといったが、とくに九州地方の磯女は、人の生き血を吸うなど、性質が凶暴であるようだ。

いそがし

いそがしに取り憑かれると、やたらにあくせくとし、じっとしていると何か悪いことをしているような気分になる。逆にあくせくしていると、奇妙な安心感に包まれる。

多分、昔からこの憑き物はいたと思われるが、人々が気づき出したのは、江戸時代のことらしい。

というのは、この犬みたいな顔をしたいそがしという憑き物が、初めに描かれたのは江戸時代だからである。

私は、四、五年前に、このいそがしの絵を発見したのだが、何年経ってもいそがしの正体が分からない。

そこで、私がこういうものだろうと想像して描くわけだが、現代はあまりにもこれに取り憑かれた者が多くて、これを憑き物といってよいのか判断が難しいほどである。

昔の日本人は、あくせく働いて節約するのがモットーだった。

しかし、その胸中には、大きくいえば生存の不安といったものが働いていることは確かである。狭いところに人口が多いから、その気持ちは分かるが、それでは何となく幸福になれないような気がする。

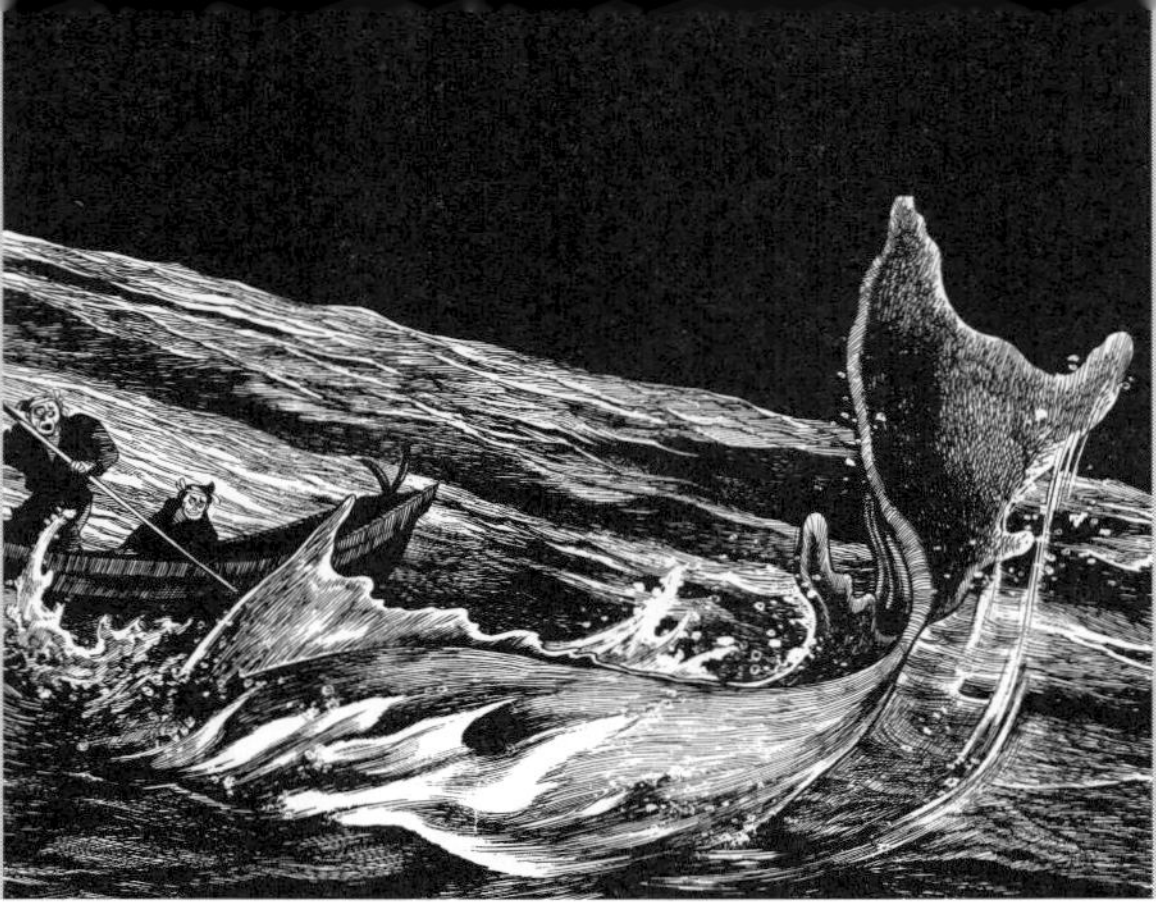

磯撫《いそな》で

西日本の近海に出現するといわれる妖怪だ。

姿は鮫に似ているが、尾ヒレが大きく、しかもそこにおろし金のような針がついていて、これで船人を引っかけ、水中に引きずりこんでしまうのである。

その襲い方は水面を蹴《け》散《ち》らして現れるのではなく、あたかも撫《な》でるように近づいてきて、巧みに行う。磯撫でという名前の由来も、実はここにあるのである。

沖合で小船に乗っていて、水面の色が変わったなと思っていると、ふわりと尾ヒレが浮かびあがる。

それがまるで団扇《うちわ》で風を送るかのように近づいた途端に、針が着物に引っかかり、釣りあげられてしまうのである。

「うーっ、磯撫でだったのか」と気づいたときにはもう遅い。

磯撫では、獲物へ間近に迫るまでは絶対に姿を見せないから、水面の色が変わったことに気がついた時点で、すでに手遅れといえる。

船人にとっては脅威であり、また防御の仕様もないというのが致命傷である。

その上、魚を釣るのが商売の船人が、逆に釣りあげられてしまうのだから、因果なものである。

板《いた》鬼《おに》

これは『今昔物語集』にある話である。

ある年の夏、宿直《とのい》の役にあたる二人の侍が、話をしながら夜を過ごしていた。ふと東の棟の上を見ると、一枚の板が突き出ている。誰がこのようなものを……と、二人がいぶかしく思っていると、その板は二メートルばかり伸び、やがてひらひらとこちらへ飛んできた。さては鬼に違いあるまいと、二人は太刀を抜いてかまえた。

ところが、板は近くの格子の隙間からこそこそと入っていった。その部屋には何人かの侍が寝ており、苦しそうな声が何度かあがった。さっそく二人が行ってみると、寝ていた侍たちは平たく潰《つぶ》されて死んでいる。驚いて問題の板を探してみたが、外へ出たとも思えないのに、どこにもなかった。

二人の侍は寄らば斬らんと太刀を持ってかまえたので、板は他にそれ、代わりによく寝入っていた侍を襲って殺したのだろう。

それ以来、男たるものはいかなるときにも、太刀を持つことだけは何としても忘れてはならないと、みなして戒め合ったという。

このように、『今昔物語集』が編まれたころの鬼は、様々な物に変化すると考えられていたようだ。

東北地方で、民間の巫女《みこ》が死者の霊をよび出して話をさせることを「イタコの口寄せ」という。ほとんどが盲目の女性で、呪文を唱えながら自己催眠に入り、やがて死者は生前い い残したことなどをしゃべりはじめるのである。イタコになる女性は、子供のころに病気で目が見えなくなったりした人が多く、幼少のうちから師匠に弟子入りして修行するのだという。三、四年経つと入巫式《にゅうふしき》という、いわばイタコになるための試験がある。この卒業試験の際に神憑き状態になることができれば、一年の御礼奉公のあとに独立の資格が与えられるという。

このイタコが大勢集まることで有名なのが、青森県は恐山《おそれざん》で行われる恐山大祭だ。イタコたちは、七月二十日から二十四日の間に恐山円通寺の参道に集まって、参詣者に応じて口寄せを行う。この口寄せには生きている人の霊をよぶ「生き口」と、死んだ人の霊をよぶ「死に口」、神霊をよんで占う「神口」の三通りがあるという。恐山にはあらゆる霊が集まるとされているから、どんな人の霊でもよぶことができるそうだ。

鼬《いたち》寄《よ》せ

福島県檜枝岐《ひのえまた》村には、鼬寄せといって、鼬の霊力を借りて行う卜占《ぼくせん》があった。天候や作柄はもちろん、病気が平癒《へいゆ》するか否かまで占ったそうである。

その方法は、鎮守様（社殿）の前に祭壇をこしらえ、鼬の霊を取り憑かせる依人《よりびと》の両手に幣束《へいそく》を持たせて座らせておく。

そして五人から十人ほどで囲み、「だいけんにっそん日のう神、だいじょうがっそん月のう神しんとうがし」と呪文を唱えながら印を結ぶ。さらに「玉のごとく、鏡のごとく、剣のごとく、清く美しく……」と唱えていくと、依人は徐々に神懸かり状態に陥っていく。

これにより、鼬が憑いた依人は、本人では知るはずのない内容を口走り、人々の問に対して託宣《たくせん》を下すようになる。

あるとき、村の若者が集まって、面白半分に鼬寄せをしたことがあった。鼬が取り憑いた依人は、膝の上に両肘をつき、しゃがんだままで跳ねまわったという。その後、「どこからきた鼬だ」「どこそこの沢からきた」などの他愛もない問答をしたそうである。

実は鼬を寄せるのは簡単だそうで、逆に離す場合の方が難しく、鼬を離す専門の唱詞があるという。

イチジャマ

イチジャマというのは沖縄でいう生霊のことである。これを故意に人へと取り憑かせて苦しめる呪法のこともイチジャマといっている。

その呪法というのは、イチジャマブトキ（イチジャマ仏）という人形を鍋の中に入れて煮ながら、「頭、頭、頭……」などと唱える。すると、呪いの対象となる相手は、突然激しい頭痛に襲われるというのである。

さらに、この呪法を行う者のこともイチジャマと称し、中《なか》頭《がみ》郡に住むイチジャマは、わざわざ呪術を用いなくても、心の中で「あいつが憎い」と思うだけで、その相手は病気になったり、不意の怪我をしたりすると信じられている。

イチジャマが取り憑いたかどうかということは、ユタ（巫《み》女《こ》）が見ればすぐに分かるという。どこで判断するのかというと、脈の打ち方に特徴があるらしい。

生霊が取り憑くという話は各地で聞かれるが、沖縄のイチジャマは生邪魔であるという。こうしてあてはめられた漢字を見れば、その性格がよく摑《つか》めるのではないだろうか。

イチジャマは人間に取り憑くだけでなく、牛、馬、豚などの家畜に憑くことがあり、場合によっては畑の作物が損害を受けることもあるという。

一《いち》目《もく》入《にゅう》道《どう》

佐渡の加茂湖には、頭の上に大きな目を一つだけつけた主《ぬし》がすむと伝えられ、人はこれを一目入道とよんでいた。

ある日、一目入道は馬にいたずらをして馬主に捕らえられてしまった。水中では天下無敵でも、陸上ではどうすることもできない。

「毎日魚を瑠璃《るり》の鉤《かぎ》にかけておきますから、どうぞ勘弁して下さい。ただし、鉤だけはお返し下さい」

涙ながらに懇願する一目入道を見て、馬主は二つ返事で許してやった。

翌朝、馬主が湖のほとりへ行ってみると、はたして生き生きした魚が鉤にかけてある。喜んでそれを取り、鉤だけは湖水の中へ返してやった。

しかしあるとき、瑠璃の鉤を懐中にしたまま返さないで帰ったところ、その後は魚を貢がないばかりか、毎年正月十五日になると、一目入道が馬主の家を襲って、様々な妨害をするようになった。馬主は気味悪さに、一晩中念仏を唱えて、危難をまぬがれようと祈願した。

そして、一目入道の祟りがなくなったとき、集落（現佐渡市潟端《かたばた》）に観音堂が建てられ、瑠璃の鉤は、本尊の白毫《びゃくごう》（仏の眉間にあって光を放つという白い毛）にはめられたという。

一軒家《いっけんや》の妖獣《ようじゅう》

ある家で、深夜になるとかならず梁《はり》を伝ってやってくるものがいた。

いつも寝静まってからなので気がつかなかったが、ある夜、ふと目を覚ました妻が、梁の上にいるものを見つけて叫び声をあげた。

その声で夫も起き出し、震える妻の視線の先を見ると、人面で身体が毛むくじゃらの獣のようなものが梁の上にいる。しかも、少し離れたところにもう一匹。どうやらオスとメスの番《つがい》のようである。

二匹は人間のことには無関心で、互いの逢瀬《おうせ》を楽しんでいるようにも見えた。

危害を加えてくる気配はなさそうだが、頭上に訳の分からない化物がいてはと、夫婦は早々に引越しすることにした。

それからその番の妖獣がどうなったかということは、夫婦はもちろん知らない。

家の中に出現する妖怪は珍しくないが、この妖獣のように、人間には関心がなく、ただ逢引きの場所として、人家のしかも梁の上を使ったとなると、その行動や性格はちょっと人間では理解できない。もっとも、天井裏などは家の中でも異界であり、何が住みついているか知れたものではないが。

イッシャ

昔、鹿児島県徳之島の母間《ぼま》あたりの人々は、雨の降る夜には、犬《いぬ》田《た》布《ぶ》岳《だけ》からイッシャという妖怪が降りてくると信じていたという。その姿は、破れ傘にボロ蓑《みの》を身につけた子供のようで、いつも片足で跳ねて移動する。

これと出会ったときは、トウモロコシの茎を自分の股に挟んで尻尾のように振って見せるとよいそうで、イッシャは自分の仲間だと思って悪さをしない。そうしないと、山道を迷わされてしまい、何日も山中をさまよったという人が、昔は何人もいたそうだ。

お人好しな面もあり、人間をだますつもりが逆に利用されたりする。「あなたの尻尾は素晴らしい」などとほめると、イッシャは有頂天になって、漁の手伝いをしてくれる。漁師が自慢の声を張り上げて歌をうたうと、イッシャは、「ワイド、ワイド」などといって、上機嫌で船を漕ぐ。すると船は矢のように速く進むという。イッシャが船にいると、面白いように大漁になるらしい。

ただ、魚の片眼だけ食べる性質があるので、捕れた魚はほとんど片眼になってしまう。このイッシャの食べ残した目玉を祀《まつ》ると、大漁になるといい伝えるところもあるから、イッシャは一部では信仰の対象にもなっていたのだろう。

一《いっ》反《たん》木《も》綿《めん》

一反（約十メートル）ほどの白い布が、夕方や夜などにヒラヒラと飛来する。昔、鹿児島県の大隅《おおすみ》地方に現れたという妖怪で、志布志《しぶし》湾近くにそびえる権現山あたりでは、とくに子供たちから怖がられていたようだ。

見た目はまったく恐ろしくなく、それどころかぼんやりした人などは、洗濯物が風にあおられて飛んでいるくらいにしか思わない。

ところが、これが人を襲うというのだから妖怪も見かけによらない。

ある夜、一人の男が家路を急いでいた。すると、空からスーッと白い布が男の前に落ちてきた。驚いて足を止めると、その白い布が今度は男の首に巻きついてきた。

そのとき、男はすばやく脇差《わきざ》しを抜き、白い布を切った。すると、白い布は消えたが、男の手には血しぶきがついていたという。

一反木綿はこうして人の首に巻きついたり、または顔面を覆ったりして、息の根を止めてしまうのである。

物の精ではないかという説もある。しかし、一体それが何なのかということになると、一向に分からない。

五《いっ》つ塚《づか》の怪女《かいじょ》

昔、新潟県古志《こし》郡岩野村（現・長岡市）の信濃川にほど近い野原に、五つ塚という古い塚が並ぶ場所があった。

岩野村の勘右衛門という男は、隣村の油屋で油搾《あぶらしぼ》りの仕事をしていたが、ある夜、五つ塚の前を通って帰宅することになった。

一の塚、二の塚と通り過ぎ、ふと前方を見れば、三の塚のそばに恐ろしい姿でこちらを睨《にら》んでいる女がいた。勘右衛門があまりの恐ろしさに腰を抜かしていると、怪女はヒタヒタと歩み寄り、

「俺の姿を見たな……。俺のことを一言でも口外してみい。そのときは……」

といったかと思うと、ふっと消えてしまった。勘右衛門は悪い夢でも見たかのように、ふらふらと家に帰り着いた。

勘右衛門はこのことを誰にも話さずに、十年ばかりを過ごした。しかし、村の若衆が怪談話で盛り上がっているとき、例の怪女のことを思い出し、思わず五つ塚での体験をみんなに語ってしまったのである。

翌朝、勘右衛門は見るも無惨な姿で、五つ塚近くの崖下で見つかった。なぜかその遺体は、睾丸《こうがん》が抜かれていたという。この怪女の正体はよく分からない。

一本足《いっぽんあし》

　奈良県吉野郡上北山村の北方に、伯母《おば》ヶ峰《みね》という山がある。ここに猪笹王《いざさおう》という一本足の妖怪が現れ、今も「果ての二十日」だけは、伯母ヶ峰の厄日《やくび》として警戒されているという。

　昔、射馬兵庫《いまひょうご》という狩人が、背中に熊笹の生えた猪《いのしし》を見つけた。さっそく鉄砲で狙ったのだが、仕留め損なってしまった。

　しばらくしたころ、紀州湯《ゆ》の峰《みね》温泉に、そのときの猪が野武士に化けて湯治にきた。しかし、正体を現して寝ているところを、宿の亭主に見られてしまった。

「姿を見られた上は仕方がない。私は伯母ヶ峰の猪笹王だが、先日、射馬兵庫という者に撃たれて、今は亡霊となった。恨みを晴らしたいが、奴の鉄砲と犬が邪魔だ。何とか世話をしてくれ」

　祟《たた》りを恐れた土地の役人は、兵庫に交渉してみたが、兵庫は何としても聞かない。すると、直接恨みを晴らすのを諦めたのか、亡霊は一本足の鬼となって伯母ヶ峰に現れ、旅人を襲って食うようになったのである。

　その後、丹誠《たんせい》という上人《しょうにん》が伯母ヶ峰の地蔵尊にこの鬼を封じたのだが、毎年十二月二十日だけは、鬼を自由にするという条件をつけたのだった。

一《いっ》本《ぽん》ダタラ

雪の山中に、幅三十センチメートルばかりの大足跡を見ることがある。それも二本足ではない。一本足の跡である。これは一本ダタラという妖怪の足跡で、紀州（現・和歌山県、三重県南部）は熊野の山中に、今もすんでいるといわれている。実際にこの妖怪を見たという者はいないらしいが、一本足で一つ目、人の姿に似た獣《けもの》のように考えられているようである。

しかし、土地によっては特徴が異なり、奈良県の伯母ヶ峰での一本ダタラは、電信柱に目鼻をつけたような姿で、くるくると宙返りをしながら、雪の多い日に一本足の足跡を残すという。十二月二十日に山へ行くとこの妖怪に出くわすというので、土地の人はその日になると絶対に山入りしない。さらに、大猪の霊が化けた一本足のことも一本ダタラとよぶことがある。和歌山県西牟婁《にしむろ》郡富里《とみさと》村（現・田辺市）にいたっては、河童《かっぱ》や山童《やまわろ》の仲間であるカシャボのことを一つダタラとよぶといい、相撲《すもう》を好む妖怪とされている。

このように、同じ名前の妖怪でも、土地によって少しずつ違いがあるようである。いずれにしても、山にすむ妖怪、山の神といったものは、一つ目一本足という通説があって、この一本ダタラも例外ではない。

以《い》津《つ》真《ま》天《でん》

以津真天という妖怪は、『太平記《たいへいき》』に記された怪鳥である。

建武《けんむ》元年（一三三四）の秋、都は紫宸殿《ししんでん》の上空に、夜ともなると怪鳥が現れ、「いつまでも……、いつまでも……」と、不気味な声で鳴いた。

不吉に思った公卿《くぎょう》たちは、源頼政の化け物退治の例にならい、今回も弓の名手に退治させることにした。そこで抜擢されたのが、隠岐《おき》次《じ》郎《ろう》左《ざ》衛《え》門《もん》広有《ひろあり》だった。

やがていつものように怪鳥が現れた。口からは炎を吐き、見るからに不気味である。広有はすばやく鏑矢《かぶらや》（音が出る矢）を放ち、見事に怪鳥を射落とした。

近寄って見れば、それは人面の怪しい鳥。身体は蛇のようで、両足には剣のような鋭い爪がある。羽を伸ばすと五メートル近くもあった――という話だ。

これが出現したころというのは、疫病で何人もの死者が出た年で、都の外れにはいくつもの死体が積み重なっていた。それら死者たちの怨念《おんねん》からか、死体をいつまで放っておくのかと訴えるように、「いつまで、いつまで」と鳴く怪鳥が出現するようになったのである。つまり、報われない人間の霊が、鳥の姿をとって現れたということなのだろう。

犬神《いぬがみ》

中国、四国、九州一帯にその伝承が分布する犬神は、人に憑依《ひょうい》する犬の霊である。これには突発的に起こるものと、家に伴って伝承するものと、二通りあるという。突発的に憑依する例では、犬神に取り憑かれた者は、大食いとなったり、熱病で寝こんでしまったりする。犬神に憑かれたと分かると病人は、医者にはかからず、祈禱師《きとうし》にお祓《はら》いを頼まなければならない。それで、その祈禱師というのは村に何人かいるが、これがいずれも、なかなか繁盛していたということである。

　家に伴って伝えられる例では、家で犬神を神として祭祀《さいし》すれば、それを自由に使役《しえき》できるようになるというものである。その特徴について、愛媛県のある地方に伝わる伝承によれば、犬神は家人には見えるが他人には見えず、しかもその数が常に家族の数と一致しているといわれている。

　犬神の起源については諸説あって、縛りつけておいた犬の目の前に食物を置き、食べたい欲望を集中させておいてその首を断り落とし、それを祀《まつ》ったのがはじまりであるとか、悪い犬がいて困るので海中の岩に置き去りにし、その犬が死んで人に祟る、などの話が伝わっている。

隠《いぬ》神《がみ》刑《ぎょう》部《ぶ》狸《だぬき》

四国は狸《たぬき》の王国みたいなところだが、それだけ狸が多いと、親分格の狸が現れるものである。この隠神刑部狸は、伊《い》予《よ》（現・愛媛県）狸の代表で、八百八匹もの子分を持っていたという。

子分といっても、それぞれの狸たちも、その土地では親分なわけだ。すると、子分の子分というように数えると、隠神刑部狸はとんでもない数の狸たちを従えていたことになる。

しかもこの大親分狸、大胆にも松山城を乗っ取る計画をしていた。しかし、計画は失敗。それもそのはず、松山城側は、稲生武太夫という武士を広島の三次《みよし》から応援としてよんでいたのである。

武太夫といえば、山ン本五郎左衛門という魔王に認められた豪傑で、魔王からもらったという不思議な木槌《きづち》を携《たずさ》えていた。武太夫はその木槌を使って、狸たちをさんざんに打ちのめし、ついには八百八匹の子分もろとも、隠神刑部狸を洞窟に封じこめてしまった。

その封じこめられた洞窟は、今でも松山市久谷中組《くたになかぐみ》に、山《やま》口霊神《ぐちれいしん》という神社となって残っている。

井守《いもり》

昔、越前《えちぜん》（現・福井県）の湯尾《ゆのお》に古い城跡があり、そこに塵外《じんがい》という僧が庵《いおり》を結んで仏法の修行に励んでいた。

ある夜、塵外が書見していたところ、虻《あぶ》の鳴くような声が聞こえた。ふと見ると、近くに身の丈四、五寸（約十二〜十五センチメートル）の小人がいて、こちらに向かって何か話しかけている様子だった。

しかし、塵外は仏僧であるだけに落ち着いたもので、そのままだまって書見を続けると、その小人は、

「おのれ、返事もせぬ無礼者、それっ！」

と、かけ声をかけた。すると、その声に応じて、小人がうようよ現れ、彼に襲いかかってきた。塵外もこれにはたまらず逃げだした。

村人にこの話をすると、昔はこの地に戦乱があり、落城の折に多くの武士たちが死んだが、その魂が井守となって古井戸にすみついたのだという。戻ってみれば、なるほど古井戸に井守がうようよいる。塵外はさっそくお手のもののお経を唱え、武士たちの魂を弔うと、井守はたちまちにして死んでしまった。これで災いがなくなったとはいうものの、さすがに哀れであるので、塵外は村人たちと枯れ柴を集め、井守の亡骸《なきがら》を焼き、丁重に葬ってやったという。

いやみ

いやみという妖怪は、仙台の城下によく出たという。ある日の夕暮れどき、小僧が米屋に使いにやらされた。米を笊《ざる》に入れて帰る道すがら、ふと見ると自分の前を若い女が歩いている。しばらく見ていると、どうもしばらく会わないでいる姉に似ていた。そう思うと懐かしさがこみ上げてきて、つい、声をかけてしまった。

「姉《あね》ちゃ！」

女はふり向いた。すると、その顔は自分の姉とは似ても似つかぬ、いやらしい顔つきの爺だった。あまりのショックに小僧は笊を落とし、ワアーッと泣きだしてしまった——。

これこそがいやみで、これと同じような話が中国、山陰地方にもある。

いやみとはよくいったもので、今の人でも、似たような経験をしたことがあるはずだ。すなわち、後ろ姿がものすごいグラマーなので、美人間違いなしと思って前にまわってみると、姿とは関係のない顔がくっついていて、驚くことがよくある（まあ、女性が男性を見ても同じことがあると思うが）。

これが爺だったとしたら、誰だって尻餅《しりもち》をつくほど驚くことだろう。

岩魚《いわな》坊主《ぼうず》

美濃恵那《みのえな》郡の付知《つけち》、加子母《かしも》（現・岐阜県中津川市）などの村々では、かつて毒もみといって、山椒《さんしょう》の皮汁を流して川の魚類を捕る漁法があった。

あるとき、村の若者たちが谷川で毒もみをして魚を捕らえ、やがてみんなで食事をすることにした。

すると、どこからともなく一人の坊主がやってきて、若者たちに毒もみを止めるように説得しはじめた。あまりにもしつこいので、体よく立ち去らせようとしたが、一向に動く様子も見えない。そこで食い残しの団子をすすめると、坊主は美味そうに食べる。よくよく腹がすいていると見えて、飯と汁を出すと平気でそれらを平らげ、やがてどこへともなく立ち去った。

やがて食事を終え、また漁をはじめると、人間ほどもある大岩魚が白い腹を見せて浮かび出た。みんなは大喜びで里へ持ち帰り、集まって料理をしようと腹を割いてみると、驚いたことに例の坊主にやった団子をはじめ、汁も飯もそのまま残っていた。居合わせた者は今さらのごとく驚き、誰ひとりこの岩魚を食べようとはしなかったという。

岩魚の精が坊主に化け、仲間を救けにきたのだろう。

陰火《いんか》

鬼火とか火の玉とかよばれるものは、日本全国で百種類をはるかに超えるが、そうした火の妖怪を大きく分けると、陽火《ようか》と陰火に分かれるという。

陽火は熱く、しばしば火災の原因になるが、水によって消滅する。陰火はその逆で、触れても熱さを感じず、水をかけるとますます燃えさかる。陰火が雨のそぼ降る夜に現れるのはこのためだと考えられる、などと江戸時代の百科事典である『和漢三才図会《わかんさんさいずえ》』に記されている。

陰火は燐光《りんこう》のように光るのみで、それ自体は何の影響もおよぼさない。

白または青白い色が多く、いかにも陰気な雰囲気をかもしだし、とぼとぼと静かに燃えて、うら寂しい。

よく幽霊とともに現れるのはこの陰火で、雨の降る日に現れる火の妖怪は、すべてこの陰火に分類されるといえよう。たとえば、滋賀県琵琶湖あたりでいう蓑火《みのび》や、新潟地方でいう簑虫《みのむし》、千葉県印《いん》旛《ば》沼《ぬま》のカワボタル、京都府亀岡地方の釣瓶火《つるべび》、奈良県橿原《かしはら》地方の小右衛門火などは、そのいい例だろう。

また、雨降りに関係なく現れる陰火も多く、沖縄の遺念火などがあげられる。

インガメ

昔、鹿児島県の屋久島では、病気になるとインガメが取り憑いていないかどうか、巫女《みこ》に見てもらうことがあった。この地方では、インガメ持ちとよばれるひとびとがかつていて、そのインガメの恨みが人に憑くなどとよくいわれていたらしい。インガメを人に憑かせるには、人形でも何でもいいから、神体となるものを神棚や仏壇に祀《まつ》って、朝、昼、晩、と祈るのだという。

この憑き物を落とすには祈禱《きとう》しかないわけで、巫女は一心不乱に祈る。そうして憑き物が落ちると、病人はうそのように元気になる。しかし、中にはなかなか落ちないインガメもいて、ちょっとやそっとの祈禱では功を奏しないこともある。こうなると祈禱する方も命がけだといわなければならない。

このインガメとは、どうやら犬神のことをいっているらしい。犬神とは、犬の霊を人に憑かせて病気にしたり、家を不幸にしたりする呪術の一つで、術者が意識して使役する場合もあるが、術者の思ったことを読み取って、勝手に行動するパターンも多い。そのため、術者の周辺では、その被害を受けたとする者が少なくなかったのである。犬神はあまり頭がよくないので、事の善悪が分からないからだという。

インネン

長崎県五島列島の最西端に位置する福江《ふくえ》島では、人に取り憑き、病気、不和をもたらす人格的霊的存在（生き霊、死霊、動物霊、河童、神仏の障《さわ》り）をインネンとよぶ。

それをホウニンとよばれるシャーマンが直接目にし、交流して言葉を交《か》わし、要求を受け入れてその霊による害を払うのである。

たとえばこんな話がある。農家のある主婦が、脇の下にできた腫れ物で夜も眠れなくなった。悪性腫瘍の疑いで手術をしたが、すぐに再発して三度の手術におよんだ。

そこで、ホウニンを訪ねると、こんなことをいわれた。

「あなたの屋敷内には多数の霊がいる。先祖ではないが、祀《まつ》ってほしいと知らせている。霊は腫れ物の数だけいる。大皿に飯を盛り、大木の下に置いて拝め」

土地の伝承によれば、主婦の住む地はかつて平家の末孫が居住し、墓地が存在していたということだった。

インネンによる病気は、内臓疾患、皮膚病や腫瘍、精神異常として表れるという。霊は生者に供養を望み、知らせとして病をもたらすのである。

これらインネンの研究は、佐々木宏幹著『聖と呪力』に詳しい。

遺念火《いんねんび》

沖縄では亡霊のことを「遺念」といい、この遺念火に関する話が多くある。ほとんど決まった場所に現れ、大抵は二人連れのような形で現れるので、これを男女の二人と見たてることが多いようである。駆け落ちの男女や、心中者の男女の遺念が化したものだろうか。

　沖縄でもっともよく知られているのが、識名《しきな》坂《ざか》の遺念火である。

　昔、識名に仲の良い夫婦がいて、あるとき、妻の帰りが遅いのを気にした夫は、悪友より「お前の妻は他の男と遊んでいる」とうそを吹きこまれ、悲観して川に身を投げてしまった。そうとは知らず、遅くまで行商に出て帰ってきた妻は、夫が自殺したことを知ると、同じ川に身を投げた。以来、識名坂には、夜ともなると二つの火が現れ、坂の上から川の方までをもつれ合いながら行き来するようになったのだという。

　人が死んだあとに火の玉になる話は多いが、遺念火は人魂《ひとだま》のようなものとはまったく違う。同じ人間の火とはいっても、病死した人と、事故や自殺した人とでは、これまたまったく異なった形の火として現れるのである。

うきもの

新潟県の岩船郡粟島《あわしま》でいう海の怪異である。

昔、新潟の村上藩に松野純之進という侍がいた。

ある年の五月、純之進は粟島に渡ることになり、船頭に船を出させた。薄曇《うすぐも》りで波の静かな日だった。

順調に海上を進んでいたとき、突然船頭が「あっ」と声をあげた。

「あんなところにうきものが……」

「島か？」

純之進が問うと、あんな場所に島はないという返事だった。

「巨大な魚かもしれません」

「ふむ。見届けよう。近づいてくれ」

船頭はためらったが、純之進はあとに退《ひ》かない。

そこでこわごわ船を近づけていったが、うきものは消えるように見えなくなってしまった。

うきものは五、六月の花曇り（桜の咲くころの明るい薄曇り）のような日などによく現れる。出てくる場所は、大抵一定しているそうである。

出てくる時期や場所が決まっているということは、海坊主のようなものではなさそうだ。

牛《うし》打《う》ち坊《ぼう》

昔、徳島県の板野郡あたりでは、牛や馬が死ぬと、「また、牛打ち坊に魅入られたな……」などといったそうである。

牛打ち坊とは、夜更けてから厩《うまや》、牛小屋に忍び入り、血を吸って牛馬を死にいたらしめる妖怪である。その姿は狸に似ていて黒く見えるが、誰も見極めた者はいないという。

こうした土地では、牛打ち坊の害を避けるために、ある呪いの祭りをする。それは、牛打ち坊の盆小屋と称する小屋をつくって焼き払うというもの。小屋を焼き払うことで、牛打ち坊も焼き払われると信じられたわけだ。

祭りの際には、子供らが村々をまわり、金銭、藁《わら》、竹をもらい集めて、牛打ち坊の盆小屋をつくる。このとき、寄付をしない家があると、「牛打ち坊を追いかけ、おかいこべったり、味噌べったり」などといってはやしたてる。それでも寄付をしない家には、小屋を焼き払うときに一緒に焼いた茄子《なす》を持ってきて、厩や牛小屋に投げ入れる。この焼き茄子を放りこまれると、三日以内に牛や馬が死んでしまうという。そのため、牛打ち坊の盆小屋への協力を惜しむ者はいなかったそうである。

牛鬼《うしおに》

牛の姿をした鬼のことで、主に西日本に多くその伝承が分布している。

山陰地方では海中にすんでいるといわれ、ときおり海岸に出てきては、浜にいる人を襲う。獰猛《どうもう》で、人を喰い殺すのを好み、その上執念深く、狙った獲物（おもに人間であるが）は逃さない。

また、四国や紀伊半島では川にすんでいるとされ、高知県土佐郡土佐山村（現・高知市）には牛鬼淵とよばれる淵《ふち》があって、こんな話が伝わっている。

この淵にはたくさんの魚がいたので、あるとき、村の長者がここに毒を流して魚を捕ろうと考えた。すると、それを祭した淵の主《ぬし》である牛鬼は、美女に化けて長者の夢枕に立ち、止めさせようとした。しかし長者はこれを聞き入れずに毒を流した。すると淵から例の美女が現れ、どこかへと去って行った。やがて捕った魚で酒宴をしていた長者の家は、山崩れに襲われて全滅したという。

また、愛媛県で牛鬼といえば、宇和島市の和霊神社《われいじんじゃ》の例祭に登場する、つくり物の牛鬼がよく知られる。元々は悪い妖怪としての牛鬼がモデルなのだが、今では神様の通り道を清める役目を持つ霊獣のような扱いになっているようだ。

丑《うし》の刻《とき》参《まい》り

丑の刻参りは人を呪う術の一種で、丑の刻詣《もう》でともいう。丑の刻、つまり午前一時から午前三時ごろの時間帯に神仏へ参拝し、呪う相手の形代《かたしろ》となる藁《わら》人形を、神木《しんぼく》に釘で打ちつけて呪詛《じゅそ》するものである。

呪詛者は白装束に鏡を胸にかけ、一本足の高下駄をはき(あるいは素足で)、頭には逆さの五徳《ごとく》(鉄瓶や湯沸かしを載せるもの)を載せ、その上に三本の蠟燭を灯す。手には金《かな》槌《づち》と五寸釘を持ち、その姿で神社などに詣でるのである。

この異様な姿で呪うと、七日目の満願の日に、相手は釘で打たれた部分がひどく痛み、死にいたると信じられていた。

丑の刻参りは江戸時代に流行したが、起源は奈良、平安時代の厭魅《えんみ》の呪法にある。

こうした呪術を呪詛とか因縁調伏《いんねんちょうぶく》などといい、自分の怨念(生き霊)や神霊、鬼神の霊力を操《あやつ》り、呪う相手に憑依《ひょうい》させて破滅させるものであるようだ。

だが、そうした行為によって呪詛者は人の心を失い、「人を呪わば穴二つ」の諺《ことわざ》のように、自らの心身も呪われ、危うくなるそうである。

後神《うしろがみ》

夜、暗い道を歩いているときに、何となく髪の毛を後ろに引かれるような恐怖を感じることがある。これは後神が現れる前兆で、何か出たような気になるのと同時に、後神が首筋に冷たい手をちょっとだけつける。これだけで大抵の人は縮み上がって驚いてしまう。

これが後神のいたずらで、何も出ないのに人間を恐怖のどん底に落とすのである。

この妖怪は、浮世絵師・鳥山石燕《とりやませきえん》の『今昔《こんじゃく》百鬼拾遺《ひゃっきしゅうい》』に描かれているものだが、その解説には、「うしろ神は臆病神につきたる神なり。前にあるかと思えば、後ろにあって、人の後ろ髪をひくという」などとある。

未練が残る、気を引かれるという意味で、後ろ髪を引かれるなどとよくいうが、石燕の解説をそのまま受け取れば、後神はそういう気持ちにさせる神というよりも、もっと直接的に後ろから髪の毛を引っ張るような行為をするようである。

もっとも、石燕は洒落好きな江戸の文化人だから、後ろ髪と後神というように、言葉遊びをしていることは確かなようだ。

臼負《うすお》い婆《ばばあ》

昔、佐渡国（現・新潟県佐渡市）の宿根木《しゅくねぎ》に、丸田重右衛門という侍《さむらい》がいた。あるとき、仲間とともに赤えいが多く集まる「あかえの京」というところで釣り糸を垂れていたが、どうしたわけか一匹の魚も釣れない。その上、雨がしとしとと降りだして、朦朦《もうもう》たる景色となった。

それでも釣りをやめないでいると、海底深くから、何やら白いものが浮かんできた。よく見ると人の形のようなものである。重右衛門が思わず声をあげると、釣り仲間はだまって見ていろという。

海面に現れ出たその化け物は、年を経《へ》た老婆のように見え、水に濡らした白髪をバラバラに乱し、口からは牙のようなものがはみ出ていた。そんな化け物が、両手を背中にまわして、何かを背負ったような姿で泳ぎまわっている。

やがて化け物はこちらを睨《にら》んだかと思うと、再び海底へと沈んでいった。化け物の足の裏が真っ白いのが印象的だった。重右衛門が仲間に尋ねると、

「あれは臼負い婆といって、二、三年に一度出現するのだ。別に心配することはない」

と語り聞かせるのだった。

この化け物は、海女房《うみにょうぼう》に近い妖怪であるらしい。

姥火《うばがび》

河内《かわち》（現・大阪府）の枚岡神社では、雨の降る夜にかぎって、三十センチメートルほどの火の玉が飛びまわるといい、これを見て驚かない者はいなかったという。

江戸時代のころまでは、有名な怪火だったようで、いくつかの古書に同じようなことが記されている。

一体この火は何者かというと、元々は人間だったという話がある。昔、毎夜のように枚岡神社の神灯の油を盗んでいた老婆がいたが、死んでから罰があたったのか、その亡霊が怪火になったのだという。

また、土地の者が夜道を歩いていると、姥火が飛んできて顔にあたったという話がある。落ちた火を近くでよく見ると、火と見えたのは間違いで、正体は鶏《にわとり》によく似た鳥だった。しかし、その鳥が遠く飛び去るところを見れば、丸い火の玉になって見えたという。青鷺火のような例もあるから、姥火の正体が鳥だったというのも、信じられない話ではない。

ともあれ、老婆が怪火になった話というのは、案外各地にあるもので、丹波（現・京都府中部、兵庫県東部）の保津川に出たものも姥火というそうだ。こちらは、幼児をさらっては売り飛ばしていた老婆が、死後、火となって現れるようになったというものである。

産女《うぶめ》

妊娠してお腹に子供を宿したまま死んだり、出産のとき、子供だけ生まれて母親がすぐに死んでしまったりした場合、その母親が十分に供養されず、成仏できないでいると、産女という幽霊となって現れるという。

山口県では、妊婦が死んだ場合はそのまま埋葬せず、赤児と母親を分離して埋めないと産女になるとされた。

産女は自分の赤児を抱き、出産のときの出血で下半身を真っ赤に染め、橋の袂《たもと》や道の端に現れて、さめざめと泣くという。

あるいは九州北部では海岸に現れるといわれるが、それらはみなあの世に近い場所と信じられていたところである。

通行人が産女とは知らずに、どうしたのかと思い声をかけると、「子供を抱いて下さい」といって、赤児をさし出す。そこでその赤児を抱いてやると、だんだん赤児が重くなり、それ以上抱いていられなくなる。そしてふと気がつくと、それは大きな石だった——、などという話が各地に伝えられている。

土地によっては、その重さに耐え、念仏を唱えて成仏させてあげると、お礼に驚くほどの怪力を授けられたという話もあるようだ。

馬鹿《うましか》

天保壬辰《てんぽうじんしん》の年（一八三二）に尾田淑によって制作された『百鬼夜行絵巻』には、ユーモアに満ちた妖怪がたくさん描かれており、大変面白い。

妖怪の類は、苦笑、どうもこうも、五体面、いそがしなど、奇妙な名前の連中ばかりである。その中でも馬鹿という妖怪は、とても変な妖怪である。

馬鹿といえば「ばか」と読み、古くは南北朝の昔から使われている言葉だそうである。「鹿をさして馬となす」という、中国の秦《しん》の時代の有名な故事から出たとする説があり、この故事から、権勢にへつらって、鹿のことを馬だといわれても、本当のことをいおうとしない愚か者を馬鹿というようになったという。

では、妖怪の馬鹿とはどんなものだろうか。馬鹿とは、馬鹿騒ぎ、馬鹿力などと、常軌《じょうき》を逸《いつ》したことやそうした様、あるいは通常考えられない行動力や行為を指していう言葉である。つまり、馬鹿とは、人間をそういう状態にしてしまう妖怪なのである。さらには、臆病になったり、取るに足らないつまらないことや、無益なことに人間を走らせたりするのが、この妖怪の性質だろう。人に取り憑き、馬鹿者にしてしまうのが馬鹿なのである。

馬《うま》憑《つ》き

温厚な馬でも、酷《ひど》い仕打ちをすれば、人に憑いて苦しめるという。

昔、三州野田（現・愛知県田原市）の中村にいた太郎助という男は、若いころ、何を思ったのか馬の背に鎌を打ちこんで殺したことがあった。そのときは何事もなくすんだが、四十五歳くらいになったとき、突然馬のようにいななきはじめ、馬屋の雑水を呑み干して、とうとう死んでしまった。

殺した馬の霊が取り憑いたのかどうか、それは分からないが、とにかくそのふるまいが馬のようだったという。

場所は同じく、野田の町のことである。

次兵衛という馬の仲買人は、五十歳になったころから馬の真似をするようになった。眼をむいていななき、桶《おけ》から水を呑むようになったのである。まわりの者は悪ふざけだろうと思っていたが、桶から雑水を呑み干すなど、ふざけてできることではない。みなは心配し、次兵衛を見守っていたが、次兵衛はそれから間もなく死んでしまった。原因は分からなかったが、やはり馬が取り憑いたのだろうということになった。

この仲買人も、何か馬にひどいことをしたのだろうか。

馬《うま》の足《あし》

古塀から枝をさし出している木の枝に、夜ともなると馬の足が下がって、これがブランブランしている。気がつかないでこの下を通ると、この足で蹴飛ばされてしまうという。まったく始末が悪いが、こんなのが福岡ではあちらこちらに出たという。

同じようなものは福岡以外にも出たようで、鹿児島県の馬の首が大きな木にぶら下がるという馬のクツや、岡山県苫田《とまた》郡の馬の目玉の他、山口県の岩国では竹垣から突然馬の足が突き出るなどの話が伝わっている。

また、榎《えのき》から馬の首がぶら下がるという岡山県のさがりも、これらの妖怪に近いものかもしれない。

昔は、あまり街灯などもないし、道も狭かったから、何かぶら下げたりしておいたままにすると、下を通った人の頭にあたるといったことはよくあることだったと思う。

夜、歩いていて、いきなりそういうようなものに突きあたると、まるで馬の足で蹴飛ばされたような気分になったのも、もっともだと想像される。

こんなことやら何やらが、馬の足出現のきっかけになっているのかもしれない。

海《うみ》狼《おおかみ》

備中《びっちゅう》国哲多《てつた》郡釜村（現・岡山県新見《にいみ》市）の二軒の家の飼い牛が、ある夜、突如として行方知れずになった。そして、何者かに食いちぎられた無惨な姿で、山中の谷間に放置されているのが見つかった。

　これは猛獣の仕業に違いないということになり、村人たちで相談した結果、猛獣退治の山狩りをすることになった。

　山狩り当日、猟銃を携えて集まったのは総勢五百人以上。一同そろって山に分け入ったが、猛獣らしき姿はどこにもない。しかし、日が暮れ出すと、樹林から一頭の猛獣が現れた。それは子牛ぐらいの大きさの、狼によく似た獣だった。口は耳元まで裂け、鋭い牙《きば》をのぞかせている。村人が銃で撃つと、猛獣は山に逃げこみ、それっきり姿を見せなかった。

　明くる日も、一同は山を取り囲む形で猛獣の出現を待った。やがて姿を現した猛獣は、前日よりいくらか衰弱していた。またもや弾丸の雨を降らせると、さすがの猛獣もこれにはたまらず、その場に倒れた。

　その姿をよく見ると、身体は青黒く、牙は三寸（約九センチメートル）もあり、さらに足には水かきがあったので、これはおそらく「海狼」というものだろうということになった。これにより牛の被害はなくなったという。

海和尚《うみおしょう》

和尚魚ともよばれるこの妖怪は、海坊主の一種であるらしい。

江戸時代の百科事典である『和漢三才図会《わかんさんさいずえ》』には、次のような特徴が記されている。

身体は亀あるいはスッポンで、頭髪がなく、大きいものは五、六尺（約一・五～一・八メートル）くらい。これを見るとよくないことが起こると漁師はいい伝えている。捕まえて殺そうとすると、海和尚は両手を組み、涙を流して救けを乞《こ》う。そこで、「命は救けてやろう。そのかわり、これからは私の漁の邪魔をしてはいけない」などといって聞かせると、西に向かって天を仰ぐ。これは承知しましたということらしい……とある。

一般に亀は神秘な生き物とされ、海亀の中には龍宮《りゅうぐう》の使いとされる例もあり、名前も正覚坊《しょうがくぼう》というように坊さんのようなものもある。

千葉県のある土地では海亀を神格化しており、捕らえたときは亀を車に乗せて家まで連れてきて、酒やご馳走を与えて帰し、金銭に換えることはしないという。

海和尚は、海坊主の仲間のうちでも、亀の形をしたものをいうのだろう。

海小僧《うみこぞう》

昔、静岡県賀茂《かも》郡南崎村（現・南伊豆町）の大瀬の下流の仏島で、ある人が釣りをしていると、釣り糸をたぐって海から上がってくるものがあった。それは目の際《きわ》まで毛をかぶった小僧で、上がってくるとニッコリ笑った。笑われる方は驚き、また、恐ろしかったとみえて、あとで地蔵尊まで建てたという。

岩手県下閉伊《しもへい》郡普代《ふだい》村でも、これと似たものを見たという人がいる。

海に潜《もぐ》ったら、三歳ぐらいの子供の姿をして、毛の生えた蓑《みの》を着たようなものがいたという。こんな怪しいことがあったので、普代の漁師たちは、海に潜るときにはかならず舟の舷《ふなばた》を叩いてから入るものだと戒《いまし》めあったそうだ。これは昭和十三年より以前のことのようである。

海にいる小僧、つまり水中の小僧ということであれば、海小僧も河童の一種だと思って差支えないようだ。というのも、河童の仲間には海にすむものもいるからだ。たとえば、三重県志摩地方には、シリコボシとよばれる河童がいて、水中で作業する海女《あま》さんに恐れられていた。河川や湖沼《こしょう》にすむ河童同様、悪さをするものもいれば、そうでないものもいるらしい。

海座頭《うみざとう》

海坊主《うみぼうず》の仲間で、船を手招きして難破させたり、船を丸ごと呑みこんだりする妖怪である。座頭というからには、海で死んだ盲人の怨霊《おんりょう》というようにも考えられるが、これは定かでない。

海坊主の目撃談では、民俗学者の早川孝太郎氏が体験したこんな話がある。昭和九年ごろ、調査で鹿児島県の黒島へ行った帰りに、早川氏は不思議なものを見たという。

黒島から鹿児島に向かう途中、開聞岳《かいもんだけ》を左手に見たところは、夜の十時か十一時をまわっていた。船尾の甲板《かんぱん》に立って白い航路の方を見やると、真っ黒な海上に一人の男の姿が見えた。どうやら溺れているのではなく、泳いでいるらしいと思った。しかし、それにしては泳ぎ方がおかしい。水上にその筋骨隆々《きんこつりゅうりゅう》の上半身を出して、立ち泳ぎのように直立し、さらに船と同じ速度で同じ間隔を保ちながら、あとをついてくるのである。

突然、奇怪な男が「あーあ」と大きな欠伸《あくび》をした。そのとき、「これは生きた人間ではないな」ということが頭に浮かび、その途端ゾッとしてすぐに船室に逃げ戻ったという。

早川氏はこれが何であるかは分からないとしているが、多分、海座頭というのはこんな感じなのだろう。

海女房《うみにょうぼう》

これは磯女《いそおんな》や濡《ぬ》れ女《おんな》といった海辺に現れる女の妖怪の仲間で、その話は島根半島平田市（現・出雲市）近くの十六島《うっぷるい》という漁村に伝わっている。

サバの豊漁に恵まれたある漁師の家は、樽《たる》にサバを塩漬けにして、上に重石《おもし》を乗せて保存していた。

あるとき、老人が一人で留守番していると、明かり取りの窓のあたりに、何やら怪しい目が光っているのに気づいた。身の危険を感じた老人はすぐさま屋根裏へと逃げこんで、様子をうかがうことにした。

入ってきたのは子供を連れた女の化け物だった。女はあたりを見回して樽の前にくると、子供を抱いたまま重石を軽々と動かし、中のサバをむしゃむしゃと食べはじめた。そして、子供にも食べさせながら、ブツブツいっている。

「爺はどこに行った。あとで口直しに食べようと思っていたのに……」

やがて満腹になったとみえて、化け物は去って行った。老人は危ういところで助かった——という話である。

磯女の仲間には凶暴な性質の妖怪が多いが、人を食ってしまうほどの妖怪はこの海女房くらいだろう。他の場合は人を殺しはするが、血を吸うだけだといわれている。

海《うみ》人《にん》魚《ぎょ》

人魚の伝説というのは世界各地で聞かれるが、ところ変わればその風貌も若干の違いがあるようである。

中国にも人魚はいる。その一つは海人魚とよばれ、『洽聞《こうもん》記《き》』という書物に記されている。

東海にいて大きいものは五、六尺（約一・五〜一・八メートル）、顔形はもちろん、手から爪にいたるまで美麗な女子で、色は玉のように白い。足はなく、半身は魚で鱗《うろこ》には細毛がある。髪は長く、たとえれば馬の尻尾のようであるという。

この海人魚の面白いところは、生殖器を備えているところで、交婚は自由である。だから、海辺に住む独身者が多く捕らえて、池や沼に養っているという。しかし、この海人魚は、中国の人魚の中でも例外といえるようである。というのも、語り伝えられているもののほとんどは、その交婚に自由意思をみとめられていないからである。

そうかと思うと、わが国には他に、髪を結ってもらうという粋《いき》な人魚の話もある。これなどは海人魚に近いかもしれない。海人魚はすなわち、遊女っぽい人魚とでもいったらよいだろうか。

海坊主《うみぼうず》

全国各地の海上に現れる妖怪で、土地や時代によって海法師、海座頭、海入道、船入道と様々なよび名があり、一般的に海坊主は巨大でしかも黒いといわれるが、目が光ってくちばしのあるものや、目も口も鼻もないただの黒坊主など、その姿や特徴も少しずつ違っている。

たとえば、東北の大入道《おおにゅうどう》みたいな海坊主は、漁があったとき、海の神様に初物を捧げなかったりすると、押し寄せてきて船を壊すとか、船主をさらっていくという。

中国にも海坊主がいて、漁船の網にかかったという話がある。そのときの海坊主は坊主頭の人間の形をしていたそうで、体長十センチぐらいの小人だったという。海坊主といっても、サイズは色々とあるわけである。

海坊主が出現したら、だまって見ないようにしなければならないことは、ほぼ共通していわれたことで、「あれは何だ」などといおうものなら、たちまち船をひっくり返されてしまう。そうでなくても、海坊主の出現は悪いことが起こる前兆だと、昔の船人たちは信じていた。

海坊主の正体についても様々にいわれ、魚が変化したものとか、オットセイなどの海獣類や海亀の見間違いといった説があげられる。

うわん

静かな夜道を歩いていて、古い家の近くを通ると、いきなり、「うわん」という声で脅《おど》かすものがいる。

これは、「うわん」と一声叫ぶだけの妖怪で、正体はまったく分からない。

昔、青森のある小金を貯めた男が、借金で夜逃げした者が住んでいたという古屋敷を買った。夫婦でその古屋敷を掃除すると、大きな蝙蝠《こうもり》や蝦蟇《がま》が飛び出してきた。気味の悪い家だと、夫婦はいやな気分になった。

そしてその晩、何とか片づけた屋敷で夫婦が寝ていると、家中「うわん」という声が響き、眠ることができなかった。あくる日、近所の人に、

「うわんという声がして、眠れなかった」

というと、近所の人は、

「そんなに大きな声なら、近所にも聞こえるはずだが……」

と、信じようとしない。近所に誰も聞いた者がいないことから、一晩中抱き合って寝たので、赤い目をしているのだろうと冷やかされた。しかし、それを聞いた古老は、

「古屋敷には、うわんという妖怪が昔からいるものだ。お前さんたちの聞いたその声は、きっとうわんの仕業だよ」

といったとか。

雲外《うんがい》鏡《きょう》

およそ器物の霊といわれるもののうちでも、もっとも古くからあったのが鏡の霊だと思われる。

形の丸いところが太陽や月を表し、また、魂を表している。魂は丸いと考えていた人が多かったし、タマシイという名称にもあらわれている。

中国の古書には、不思議な鏡の話がよくある。昔の鏡は金属でできていた。裏面に字や紋様が彫《ほ》ってあった。そういう古鏡に日光を反射させて白壁などに映すと、裏面の字や紋様が浮かんで出る。だが、鏡面自体には何の変化もない。これは、鏡師の不思議な技術によるものという説がある。

また、旧暦の八月十五夜の月明かりの中で、水晶の盆に水を汲み、その水で鏡の面に怪物の姿を描くと、鏡の中にその怪しいものがすみつくといわれる。あるいは、女の思いが鏡に籠《こ》もったという類いの話は、各地にたくさん見られるものだ。

鏡にまつわるこうした様々な不思議な話から、鏡も妖怪の仲間となり、人が寝静まったころに正体を現す雲外鏡となったのだろう。

江戸《えど》の金霊《かねだま》

上田秋成《うえだあきなり》の『雨月物語《うげつものがたり》』には黄金の精霊なるものが登場するが、妖怪としての金霊というのは、金の気であるという。

無欲でいると、埋蔵されている金銀の上に立ち上る気を見分けることができる、というのは唐詩の伝えるところであるが、論語でも「無欲善行の人に福がくる」といっている。

すなわち富貴は天の定めであるというわけだが、「金の気」を感じるのはなかなか難しいことだと思われる。

そもそも無欲でいるということが、まずできそうでできない。無欲というのは無気力とか無関係というのとはまた別のものだろう。

金霊の他にも金玉《かねだま》といわれるものがあり、これを拾って床の間に安置すると、大金持ちになるというが、これは「運のある人」の前に、ころころと転がってくるものらしい。一説に金玉は隕石《いんせき》のことだともいわれている。それが隕鉄《いんてつ》であれば、たしかに「金の玉」という名前もうなずける。どちらにしても、突然しかも偶然に舞いこんでくるもののようで、まさに金持ちになるのは「運」であるといえよう。

江戸《えど》の管狐《くだきつね》

人に取《と》り憑《つ》く狐《きつね》には色々あるが、管狐もその一つである。東京都千代田区のあたりに、昔、伊藤尚貞《いとうなおさだ》という名の町医者がいて、たびたびこの管狐に憑かれた人を治療したという。

管狐は初め手足の爪から入って、皮膚の下に入りこむらしく、その治療は、まず手足の指を縛ったのち、管狐が潜んでいるところを追いかける。追い詰めたところを切り裂くと、中から小さな毛玉が出てくる。これが「狐の精気」ということになる。そして、この狐に憑かれた人の家を調べると、かならず狐の死体があるという。その多くは天井に入りこんで死んでいるのである。

管狐に憑かれるとあまり飲食をしなくなり、いきなり生味《なまみ》噌《そ》を食べるようになるので、これは変だということになる。

そもそも管狐というのは、山伏《やまぶし》が霊山で修学を終えた後、金峯山《きんぷせん》や大峯《おおみね》など、山伏の官位を出す山から授《さず》かるものだという。竹筒の中に入れて飼うのだが、これを使って色々術をなすわけである。一度飼えば一生つきあわなくてはならず、捨ててもかならず戻ってくる。飼い主が死ぬと野良管狐（そんな言葉はないが）と化し、色々悪さをするようになるが、最終的には王子《おうじ》稲荷《いなり》に集まるそうである。

絵馬《えま》の精《せい》

昔、浅草に駒形道安《こまがたどうあん》という男がいて、絵馬の研究を熱心にしていた。

あるとき、外出先で大雨に降られ、家に帰ることができなくなってしまった。

「困ったな。ここらには宿もないし……」

そこで道安は、近くのお堂に入って雨をしのぐことにした。雨はなかなか止まず、そのうち道安はうとうとと眠ってしまった。

ふと気がつくと、すでに明け方になっている。道安は薄明かりのお堂の中を見まわすと、すみに幽霊みたいな老人がいるのに気がついた。

普通なら驚くところだが、不思議なことに、まったく恐怖を感じない。その老人はキョトンとしている道安を見て、

「お主、よほど絵馬が好きと見える。わしはその道に通じる者じゃが、お主にその秘法を伝授したいと思ってのう」

と優しいまなざしで語りかける。

「ぜひともお教え下さい」

と、道安はありがたく拝聴したという。

実はこの老人こそ絵馬の精だったのだ。研究熱心な者には、精でも霊でも加担するということだろうか。

襟立衣《えりたてごろも》

襟立衣というのは高僧が着る衣で、後頭部が隠れるほど襟を突き出した、独特の重ね着のことである。

この妖怪を描いた浮世絵師・鳥山石燕によれば、襟立衣は鞍馬《くらま》山《やま》の魔王僧正坊《そうじょうぼう》の衣だという。

僧正坊といえば、京の愛宕《あたご》山《やま》にすむ太郎坊《たろうぼう》と、日本一、二を競うほどの大天狗である。この僧正坊には、北九州英彦山《ひこさん》の豊前坊《ぶぜんぼう》、四国は白峯《しらみね》の相模坊《さがみぼう》、山陰は大山《だいせん》の伯耆坊《ほうきぼう》、それに信州の飯綱三郎《いいづなのさぶろう》、富士山の富士太郎、その他東海の木《こ》の葉《は》天狗までが、手にする羽団扇《はねうちわ》の風のままに従うといわれる。

その天狗の大将が着る衣であるのだから、もうそれだけで神力が秘められているといってもよいだろう。おそらく襟立衣は神力が取り憑いた、憑き物の一種と考えてよいかもしれない。

そんな神力が衣に取り憑くばかりか、そもそも鞍馬山全体が天狗の神力に取り憑かれているようである。

鞍馬山にある鞍馬寺の伝承によると、この山は日本で最も多くの天狗が集結しているところだそうで、山中のいたるところ、それこそ木陰や草むら、木の葉の露《つゆ》にまで天狗が宿っているとされている。

エンコウ

河童《かっぱ》のよび名は各地で色々あるが、エンコウとは中国、四国地方での名前である。川や池はもちろん、海中にもすむことがあるといわれ、金物を嫌う、相撲が好き、人に憑くなどといった特徴が語られる。

このエンコウを生け捕ったという土佐（現・高知県）の漁師たちの話によれば、エンコウは赤ん坊のような姿で、鰻《うなぎ》のようにぬるぬるした肌をしていたそうで、真っ赤な顔は猿に似ていたという。

高知県南国市あたりでは、このエンコウのお祭りが今でも行われている。猿猴《えんこう》祭りとよばれる地域の小さな祭りで、毎年六月のはじめごろ、川のそばに猿猴棚という簡素な祭壇をつくり、そこにエンコウの好物である胡瓜《きゅうり》を供えて、一年の水難除《よ》けを祈願するのである。

また、土佐でいう河童の仲間には、エンコウの他にシバテンという妖怪がいる。芝天狗ともよばれるこの妖怪は、河童や天狗というよりは山童《やまわろ》に近いもののようで、旧暦六月七日の祇園《ぎおん》の日に川に入ると、エンコウになるといわれている。

河童が山に入ると山童になり、山童が川に入ると河童になる、という性質はとくに西日本でよくいわれることである。エンコウとシバテンの関係もこれと同じことだろう。

エンコ婆《ばばぁ》

愛媛県の宇和地方では、河童の別名である猿猴のことを、エンコとよぶ。

南宇和郡城辺町《じょうへん》（現・愛南町《あいなん》）が村だったころ、ここにはエンコ婆やんという婆さんが住んでいた。

あるとき、婆さんが川を渡ろうとしたが、あいにく橋は洪水で流れてしまい、仕方なく飛び石伝いに川を渡ろうとした。そのとき、川の中から小坊主が現れて、こんなことをいった。

「婆さん、逆さに背負うてはくれないか」

そこで婆さん、逆さではおかしいからと、普通に小坊主を背負って、家まで帰った。

その晩から婆さんは寝こんでしまい、様子がおかしくなった。家人は、婆さんはエンコに取り憑かれたのだと悟り、湯責めでエンコを殺してしまおうとした。これに参ったエンコは、今後は悪事をしないからと許しを乞い、そのお詫びとして、毎日新鮮な魚を届けることを家の者たちに約束した。

そこで、鉤形《かぎがた》の鹿の角を戸口に吊しておいたところ、翌朝には川魚が鉤の股からあふれるほどかかっていた。

以来、この婆さんはエンコ婆やんとよばれるようになり、婆さんの家は大いに栄えたということである。

槐《えんじゅ》の邪神《じゃしん》

　昔、甲州（現・山梨県）身延山《みのぶさん》の麓《ふもと》に、大木が立ち並ぶ森があり、その中に大きな槐の木があった。その精霊を祀《まつ》るものか、そばには粗末な社《やしろ》があり、日暮れてからそこを通行する者は、金銀や衣類など金目のものを供えなければ、かならず祟りがあると恐れられていた。精霊とはいうものの、地元では大森の邪神とよばれていたのである。

　あるとき、貧しい農民が母親危篤《きとく》の知らせを受け、急いで実家に帰らなければならなくなった。大森の邪神の前を通るのが一番の近道だが、あいにく供え物がない。仕方なく、あとで供え物を持ってきますとその邪神に断って、先を急いだ。すると、邪神は甲冑《かっちゅう》をつけた武士となり、男を追いかけてきた。男は頭を地面にすりつけて謝り、やっと許してもらった。

　後日、貧乏ながらも五百文の銭を供えに行くと、邪神は金額が気に入らないとみえて、農民を鍋で煮て食べようとした。しかしそのとき、農民が日ごろから信仰している不動明王《ふどうみょうおう》の童子《どうじ》が現れ、邪神を退治し、今まで邪神が集めていた金目の品々を、農民に与えてくれたという。

　これは槐の精霊というよりも、大木にすみついた妖怪だったのだろう。

煙羅《えんら》煙羅《えんら》

田舎家などで、静かにあがる蚊取り線香の煙が、ときとして奇妙な形になることがある。じっとその煙を見ていると、人の顔に見えたり怪しい獣に見えたりしたものらしい。

蚊取り線香にかぎらず、竈《かまど》でも同じことで、煙が奇妙な形になるのは、この煙羅煙羅という妖怪の仕業であるという。

農家の竈、または焚《た》き火《び》など、昔の生活は火や煙と切り離せなかった。

昔の煙はそれぞれ特有の懐かしい香りがあり、それはまた古い伝承の世界への橋渡しの役目を果たしたのである。

今ではガスや電気の利用が進んで、火と煙はすっかり分けられているため、煙といえば公害というような悪いことしか思い浮かばない。

それに、昔の竈は、色々なものを燃していたから色々な煙が出た。子供のとき、松葉などを竈に入れると、それこそ煙羅煙羅みたいな煙が出たものである。

いずれにしても、ぼんやり無心に煙でも眺めるといった、心に余裕のある人間でないと、この妖怪は見られなかっただろうと思われる。

おいがかり

おいがかりは、広島県の比婆《ひば》郡あたりでいわれた正体不明の妖怪である。

何しろ、歩いていると後ろから覆いかかってくるというから、よく姿も見えないだろうし、多分その出現時間も夜だろうから、余計その正体はつかみにくくなる。

後ろから覆いかぶさる以外のことはよく分からないが、日本のこの手の妖怪は驚かすだけで、生命の危機におよぶことは少ないようだ。もっとも、ショックで寝こむことはあっただろうが。

昔はこんな妖怪がどこの地方にもいたものである。

新潟県の佐渡には衾《ふすま》という妖怪がいて、夜道を歩いていると、フワッと風呂敷のようなものを頭にかぶせられてしまうという。愛知県の佐久島では布団かぶせとよんでおり、やはり夜道で布団を頭にかぶせて、窒息させてしまうのだという。

おいがかりも多分、こんな感じの妖怪なのではないだろうか。

夜道などで得体の知れないナニかが覆いかぶされば、誰だって驚かずにはいられない。おいがかりは、このように人の恐怖心を煽《あお》る妖怪なのかもしれない。

置行堀《おいてけぼり》

江戸本所《ほんじょ》（現・東京都墨田区南部）七不思議の中でも、一番有名な話である。

思いもかけぬ大漁で、鼻歌まじりに家路をたどっていた釣り人が、薄暗くなった堀端を通りかかると、「置いてけ、置いてけ」と声がする。

何だろう、どうせ空耳だろうと思いながらもやはり不安になり、足を早めて家へ着いてみると、魚籠《びく》の中は空になっている。

これは本所の錦糸堀《きんしぼり》（場所については諸説ある）で起こった怪異であるが、埼玉県川越市にも同じような話がある。

魚を釣るとよく釣れるが、帰りかけるとどこからともなく、「置いてけ、置いてけ」と声がかかり、釣った魚を全部返すまでその声はやまぬという。

置行堀の話に共通しているのは、大体こういったものである。とくに魚がからんだ話が多いところから、正体は川獺《かわうそ》の化けたものだろうという人が多かった。しかし、中には女の姿を見たという人もある。

江戸っ子は洒落っ気があるから、この怪談を自慢にし、本所七不思議は絵になって、土産物として売られたりもしたほどだった。

笈《おい》の化物《ばけもの》

山伏などが物を入れて背負う足のついた箱を笈というが、これが古くなって化けたものを笈の化物という。

『本朝《ほんちょう》続《しょく》述《じゅ》異記《ついき》』という本によると、その昔、足利直義《あしかがただよし》の館《たち》に笈の化物が出たという。それは体が笈の形で、その上に山伏とおぼしき人の頭があり、笈の脚の部分が鷹《たか》か鷲《わし》のような脚をしている。そして、口に折れた刀をくわえて、火を吐く。こんな姿をしたものが、直義の寝室に出たというのである。

中世に書かれた『付喪《つくも》神記《がみき》』には、「器物百年を経て、化して精霊を得てより、人の心をたぶらかす、これを付喪神という」とある。

付喪神というのは、器物や道具が百年を経れば、精霊を得て（憑いて）心を持つようになる、すなわち化けて妖怪になるというものである。

そこで家の中で化けられても困るので、九十九年目にはお祓《はら》いをして清めなければならなかった。人間の都合で家の奥にしまわれたり、放置されたり、あるいは捨てられると、その悔しさと無念さで、化けて出るのである。笈の化物も、そうした付喪神の一種なのだろう。

応声虫《おうせいちゅう》

元禄《げんろく》十六年（一七〇三）の京都でのこと。屏風《びょうぶ》屋七左衛門の息子である長三郎は、奇病を患《わずら》っていた。にわかに高熱を発し、腹部に不気味な出来物ができたのである。それはまるで人間の口のような形をし、驚いたことに長三郎が口をきくと、同じようにしてしゃべるのだった。さらに腹の口は飯までも食べ、口に入るものなら何でも食べてしまう。食べ過ぎてはいけないと食物を控えたが、そうするとたちまち長三郎は高熱を発し、腹の口は大声でわめき散らした。そこで、当時名医で名高い菅玄際という医者に診てもらうと、「この病気はおそらく応声虫だろう」と、たちどころに診断を下した。

玄際はあらゆる薬を腹の口に飲ませてみて、とくに嫌がって飲まない薬を記録し、そんな薬を五、六種類ほど調合した。すると薬を飲ませた次の日、早くも腹の口の声は嗄《か》れはじめ、二日ばかり続けると、長三郎の肛門から長さ一尺一寸（約三十三センチメートル）の虫が出てきた。それは頭に角が一本生えたトカゲそっくりの虫で、すかさず打ち殺した。それから四ヵ月ほどすると長三郎は、もとのように元気になったという。

その虫こそ、この奇妙な病気の原因だったわけである。

苧《お》うに

浮世絵師・鳥山石燕《とりやませきえん》は、『画図百鬼夜行』の中で、苧うにという鬼女を描いている。

苧《お》とは麻糸を紡《つむ》いで束ねた房のことであるが、苧うにのうねった多量の髪の毛は、まさに苧を積み上げたようにも見える。鳥山石燕はこの妖怪について何も語っていないが、深山《しんざん》幽谷《ゆうこく》にすむ山姥《やまうば》の一種であるらしい。

苧を績む山姥の例では、新潟県に話が伝わっている。

昔、西頸城《にしくびき》郡小滝村（現・糸魚川《いといがわ》市）の山に、山姥がすんでいた。

山岸七兵衛の家で女衆が集まって苧を績《う》んでいると、山姥がやってきて、

「俺も績んでくれる」

といって手伝いはじめた。

山姥はゲシャゲシャと麻を口に噛んでは引き出し、あっという間に一桶もの苧を績んでしまった。そして、山姥が辞して外へ一歩出たかと思えば、もう影も形も見えなかった。

今でも七兵衛家の後ろの石には、そのときの山姥の足跡が残っているという。

苧うにという妖怪は、山姥の中でも麻を績むことに関係するものをいうのだろうか。

大頭小僧《おおあたまこぞう》

豆腐を持っているので豆腐小僧と思われがちだが、これは紅葉豆腐を持っている大頭小僧である。

雨のそぼ降る夜に、豆腐屋を脅かして、一丁せしめてきたのである。

一見可愛い子供だが、大頭小僧は化け物の親玉・見越入道《みこしにゅうどう》の孫であるという。すなわちれっきとした化け物だ。

しかし大頭小僧は、せいぜい豆腐屋を脅かすくらいで、人に危害を加えるようなことはしない。

また豆腐小僧は鼬《いたち》が化けたものであるという説があるが、大頭小僧は先に述べたように見越入道の孫で、動物の変化であるとはいわれていない（もっとも見越入道も鼬が化けたものであると、地方によってはいい伝えられている）。

そして豆腐小僧は江戸時代の安永《あんえい》（一七七二〜一七八一）ごろに生まれたと考えられ、この大頭小僧はそれよりも少し後のものだとされている。

見かけも性質も豆腐小僧とほとんど変わりなく、ただ大頭小僧の方が、その名の通り、頭が大きい。

また、大頭小僧は、足先がちょっと動物的で、素足で歩くのが特徴だ。

狼《おおかみ》の霊《れい》

昔、越後（現・新潟県）の山里に、弥三郎という男と年老いた母親が暮らしていた。

あるとき、弥三郎が弥彦山《やひこやま》に行った折、狼の群れに襲われ、慌てて近くの木に登った。しかし、狼たちは重なりあって登ってくる。もうダメかと思ったとき、一番下にいた狼がつぶれて、狼たちは重なりあって崩れた。

すると、木の下で狼たちが何やら相談をはじめた。それは人の言葉で、弥三郎の婆をよぼうという内容。

なぜ狼が自分の母親を知っているのか不思議に思っていると、にわかに怪しい黒雲が湧き上がり、いきなり雲の中から毛むくじゃらの太い腕が現れ、弥三郎のえり首をつかんだ。すかさず腰の鉈《なた》を抜き、これをスパッと切った瞬間、悲鳴があがり、その声に狼たちは恐れをなして逃げて行った。

落ちていた腕を持ち帰ると、母親が布団の中でうんうんうなっている。心配しながらも、先ほどの出来事を話すと、母親は「その腕を見せろ」というなり、布団の中から狼の姿を現し、腕を奪い取って逃げてしまった。

狼は本物の母を食い殺して、母親になりすましていたのである。床下からは、母親のものと思われる人骨が見つかったという。

大《おお》かむろ

何か雨戸のあたりで音がしたので障子を開けると、大きな顔のお化けがニューッと現れる。これを大かむろといって、狸が化けたものとされる。

元々妖怪というのは、その姿形を目撃したという人は極《ご》少《く》ない。だまされたとか、奇妙な体験をしたといった話ばかりで、しかと形を見届けにくいものだから、狐狸が化かすといわれれば、そうとも受けとれる。

狸の本場は四国の徳島と佐渡島だが、徳島の狸は少し盛大すぎて、どんな妖怪でも狸の仕業とされ、もの真似、いたずら、化け方などを入れると、かなりの妖怪がその中に含まれてしまう。

もの真似としては、鋸《のこぎり》の音とか蹄《ひづめ》の音、狸列車という汽車の音から、葬式、婚礼といったものや、小豆洗《あずきあら》いという小豆の音をさせる妖怪の真似までもする。

他の土地では砂かけ婆とよばれるような妖怪も、狸の仕業とされる。さらに火の玉とか高入道といったものに化けるから、徳島では妖怪が狸に占領されて、他の妖怪の数が少ない。狸憑きといって、人にも憑くことがあるから、まったく妖怪を一手に引き受けた感がある。この大かむろも、そうした化け方の大家《たいか》の狸ならではの驚かせ方である。

大首《おおくび》

鉄漿《かね》を黒々とつけた首だけの妖怪である。髪がすだれのように長くて、姿はよく分からないが、多分、首だけだったのだろう。一般にお歯黒は女性がするものといわれていたから、大首は女の首にかぎられているようである。

山口県岩国にはこんな話が伝わっている。上口という土地の、ある家の召し使いの女は、季節になると御城山という古城で蕨《わらび》を採るのを日課としていた。ある日、いつものように朝の御城山に登ったところ、どこからともなく三メートルばかりもの女の首が現れ、古城の台の上から女を見おろし、にやにやと笑いかけた。女は恐ろしさのあまりに、転がりながら帰り、以後その山には近づかなかったという。

小さいものよりは大きいものの方が迫力はあるから、びっくりするのはもちろんだが、古い書物には大首に関して次のような歌が残されている。

大凡《おおよそ》の大いなるもの皆おそるべし
いはんや雨夜の星明かりに
鉄漿をくろぐろとつけたる女の首を
おそろしなんともおろかや

また、江戸時代の小説には、よくこの大首が登場していて、葛飾北斎《かつしかほくさい》が描いた大首なども残っている。

大蜘蛛《おおぐも》

昔、信濃下水内郡《しもみのちぐん》飯山（現・長野県飯山市）に硫黄《いおう》というところがあって、そこに母と息子二人で暮らす貧しい農家があった。その子はふとした病気がこじれて寝たきりだったが、時々「蜘蛛がくる、蜘蛛がくる」といってはもだえ苦しんだ。

看病の母親は蜘蛛を踏み殺してやろうと思うが、あいにくその姿は見えない。しかし、子を思う気持ちが通じてか、その母親の目にも蜘蛛の姿が見えるようになって、ある日、褥《しとね》の下にいた大蜘蛛を押さえつけることができた。

ただ、大蜘蛛の力にはどうすることもできず、不思議な蜘蛛の通力によって母親の身はだんだん糸でしばられはじめ、目もかすみだした。

母親の助けを求める声を聞いた人々は、斧《おの》や鉈《なた》で蜘蛛の糸を断ち切り、蜘蛛を切り刻んだ。その蜘蛛はこの世にないほどの大蜘蛛だった。

大蜘蛛が退治されてから息子の病気も快方に向かったが、何度も蜘蛛に血を吸われていたものとみえ、体の皮の剥《は》げたところも多かった。

一命をとりとめたとはいえ、病《やまい》平癒《へいゆ》のあともしばらくは杖《つえ》がなくては歩けなかったという。

大鯉《おおごい》

二位大納言《にいのだいなごん》の姫が生んだ子供は、生まれながらに髪は肩まで垂れ、歯はすべて生えそろっていた。こんな子は鬼神の類に違いないと思った父、熊野《くまの》別当湛増《べっとうたえます》（諸説あり）は、この子を自分の妹に捨て与え、妹はこれに鬼若《おにわか》と名付けて育てることにした。

やがて成長した鬼若は、法師になるため比叡山《ひえいざん》で学問に精を出し、夜は体力を試すために山を徘徊した。

そんなある日、比叡山の奥深いところにある古池に、金色に光る物が出没し、これに殺された者が何人かいるといううわさを伝え聞いた鬼若は、剣を持って池に出向いた。

池はほの暗く、不気味な色で静まりかえっている。その水面に眩いばかりの光を放って現れたのは、巨大な姿をした緋《ひ》鯉《ごい》だった。そして、その緋鯉が、鬼若に向かってパックリとその大きな口を開けて迫ってきたのである。

鬼若は少しも臆することなく剣を抜いて鯉の背に飛び乗ると、その背に剣を突き刺した。その途端に大鯉の放っていた金色の光も消え失せ、池はみるみる静かになったという。

この大鯉を退治した鬼若こそ、後の武蔵坊弁慶《むさしぼうべんけい》となる。

大きな鯉が怪異をなした話は他にもあるが、昔から日本人は鯉に神秘的なものを感じていたのだろう。

大座頭《おおざとう》

ぼろぼろに破れた袴《はかま》をはき、杖《つえ》をついて、木《ぼく》履《り》を鳴らしながら歩く。

ことに風雨の夜に徘徊《はいかい》するといわれ、ある人がこの大座頭に出会ったので、どこへ行くのか尋《たず》ねたところ「いつも倡家《しょうか》に三絃《さんげん》を弄《ろう》す」と答えたという。

倡家とは女郎屋のことで、そこで三味線を弾くというのである。

妖怪の姿を多く描いた江戸時代の浮世絵師・鳥山石燕《とりやませきえん》の『今昔百鬼拾遺《こんじゃくひゃっきしゅうい》』にあるものなので、妖怪ということになってはいるが、その風体からしても、答えにしても、かなり人間臭い。

ただ、伝えられていないのではっきりとは分からないが、大座頭というからには、背丈は常人などよりはずっと大きいのだろう。

古書に、座頭が大猫の化け物と張り合う話があるが、その座頭は四、五人力で、背丈はやはり高かったという。

もちろんこの古書に出てくる力持ちの座頭と大座頭が同一であるというのではない。大座頭は怪力ではなさそうだし、風流を好むようだからである。

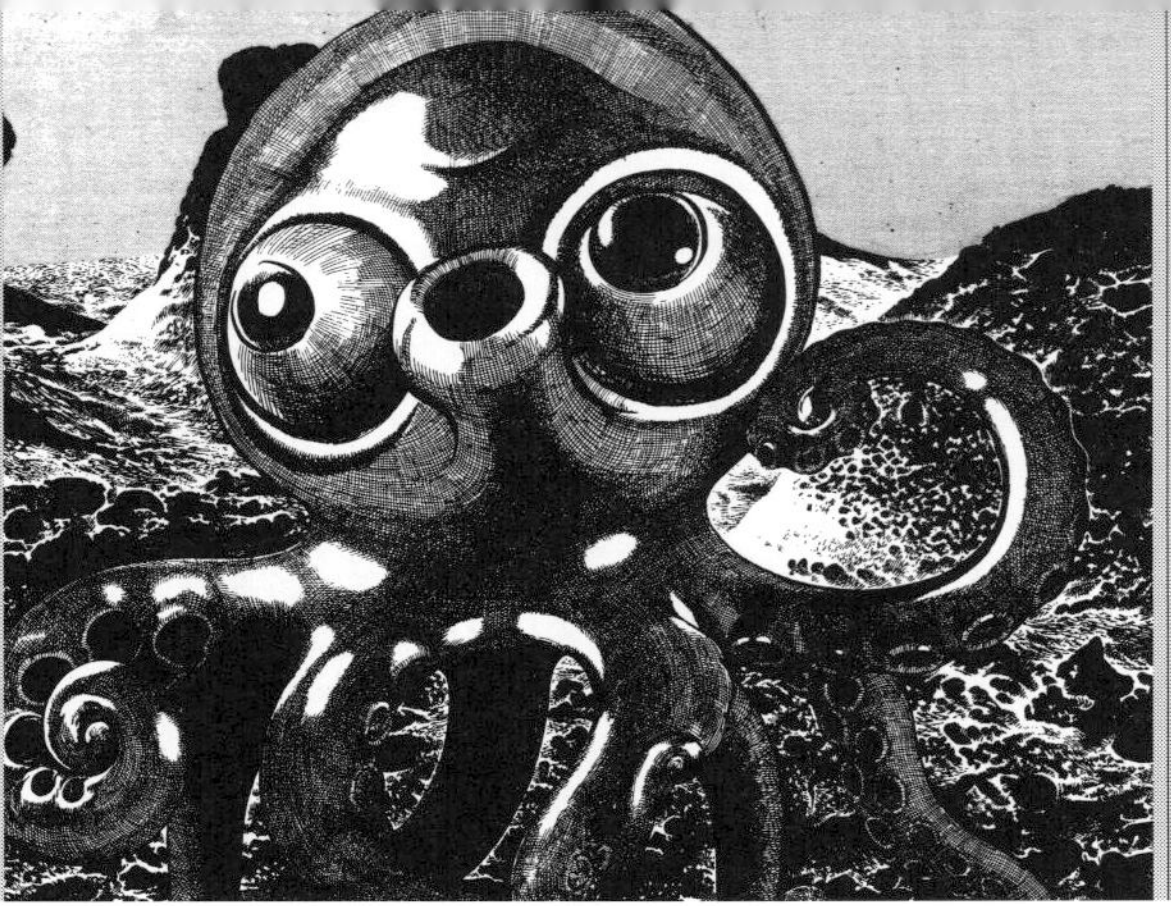

大蛸《おおだこ》の足《あし》

瀬戸内海に浮かぶ大三《おおみ》島《しま》の漁村に、お浜という十七歳になる美しい娘がいた。

ある日、じじ岩・ばば岩というところで潮干狩りをしていると、岩の主である大蛸が、こちらの様子をじっと見つめていた。お浜はびっくりして逃げ帰ったものの、大蛸は家までやってきて、嫁にしたいといいだした。断れば村を全滅させるという。

すぐには返事ができず、何日もお浜が迷っていると、大蛸は毎晩のように暴風を起こす。そこでお浜は、嫁に行く条件として、こんなことをいい出した。

「あなたの八本足が気に入りません。ついては私に毎日一本ずつ切らせ、あなたが二本足になったとき、私は喜んで嫁に行きます」

大蛸はしぶしぶ承知し、お浜は毎日一本ずつ切りに行った。とうとう六本めを切り終え、嫁に行く日になった。

お浜は船で沖に出た。そして大蛸が現れると、隠し持った刃物で残る二本の足も切ろうとしたが、まったくの徒労に終わった。大蛸はお浜を抱いて海に沈んでしまったのである。

その後、お浜の父親が毎日のように海に潜《もぐ》り、お浜の行方を探したが、結局、何も得られなかったという。

大《おお》旅《たび》渕《ぶち》の蛇神《じゃしん》

昔、土佐長岡郡本山郷天坪の字穴内《あざあなない》（現・高知県大豊町）赤割川《あかわれがわ》と称する川の川上に、大旅渕という深い渕があって、昔から蛇神がすむといわれていた。渕に金物などを入れると非常に暴れ、たちまち暴風雨を起こし、人々はみなそれを恐れていた。

ある村の一人のもの好きな男が、ある日渕へ釣りに出かけたところ、ひっきりなしに魚が釣れた。たちまち魚籠《びく》にいっぱいになったので、急いで家へ帰って蓋《ふた》を開けてみると、たくさんの魚はすっかり木の葉に変わっていたという。

また、同じ村に国見《くにみ》山《やま》という強力無双《ごうりきむそう》の力士がいて、ある日よそからの帰途、夜半にこの渕の傍らを通ったところ、恐ろしく大きな大蛇が悠然と横たわっているのに出くわした。

通れないから通してくれとたのんでも、蛇はなかなか動かないので、面倒だとばかりに、乱暴にも手ごろな松を引きぬいて大蛇の背を打ち叩き、退くのを待って家に帰った。

その後、夜な夜な蛇神が枕元に立って苦悶を訴え、そのため力士は大熱を出してついに悶《もだ》え死んでしまった。その最期《さいご》には、体のところどころに蛇の鱗《うろこ》のようなものが生えていたという。

大入道《おおにゅうどう》

巨大な人の形をした化け物のことで、それが男のように見えるものを大入道という。その大きさは二メートルくらいのものから、山をかかえるほど大きなものまで、色々とあるようである。

江戸時代の中ごろ、今の愛知県豊橋あたりにすむ善右衛門という者が見たという大入道は、身の丈が一丈三、四尺だったというから、大体四メートルぐらいである。これは大入道としては小さい方になるだろう。

大きいものでは滋賀県の伊吹山《いぶきやま》での話がある。

秋のある夜、伊吹山の麓で大雨が降り、大地が鳴動《めいどう》した。間もなく、野原から巨大な入道が姿を現した。大入道は、体の左右に松明《たいまつ》のようなあかりを灯して、ずんずんと進んで行く。地震だと驚いて、外に出ようとする村人たちを、村の古老たちは「地震じゃない、外へ出るな」といって制した。しばらくすると静かになったので、人々が外に出てみると、道の草が焼け焦げて倒れ、その跡が山頂まで続いていた。

これは大入道のなせるわざであり、近くの明神湖から現れ、伊吹山頂まで行ったものだと、古老が説明したという。

伊吹山の大入道は正体不明だが、土地によっては、大入道の正体を狐狸《こり》や川獺《かわうそ》、鼬《いたち》が化けたものとする場合もある。

大坊主《おおぼうず》

因幡《いなば》（現・鳥取県）には、相撲の祖神・野見宿禰《のみのすくね》を祀《まつ》る徳《とく》尾《お》の森がある。大木が繁って昼さえ暗く、夜は目の前で鼻をつままれても分からないほどである。誰いうともなく、この森には怪しい大坊主が現れるという評判がたった。

その正体を見破ろうと、鳥取藩の羽田《はた》半弥太《はんやた》という荒武者が森に出向き、近くに茶屋があったので寄ることにした。亭主に怪物を見届けに行くことを伝えると、亭主はぜひとも退治して下さいなどと愛想よく調子を合わせた。

やがて夜も更《ふ》け、森の中に怪しい風が一吹きしたかと思うと、突然半弥太の前に雲衝くばかりの大男が姿を現した。

大坊主は目を光らせて睨みつけたが、半弥太が恐れる気配をまったく見せなかったからか、張り合い抜けしたらしく、そのまま姿を消してしまった。

道を引き返した半弥太は、茶店の亭主を起こすと、今しがた見たことを語った。するとその亭主は、

「これくらいの大きさで」

というやいなや、雲衝くばかりの大坊主に変化したのである。さすがの半弥太もそのまま気絶してしまい、あとで気づくと茶屋はなく、そこは草の生い茂った野原だったという。まんまと大坊主にだまされてしまったというわけである。

御《お》釜《かま》踊《おど》り

御釜踊りとは、明治維新以前に、子供たちの間で流行った遊びのようなものだという。

一人の子供を中心に座らせて、それを取り囲むように他の子供たちが手を取り合って輪をつくる。そして子供たちが一斉に「青山、葉山、羽黒《はぐろ》の権現《ごんげん》、ならびに豊川大明神《とよかわだいみょうじん》、後先いわずに、中は窪《くぼ》んだ御釜の神様」と大声で唱えながら、手を振って踊る。これを繰り返しているうちに、もし中央の子供も踊り上がってきたら、その子供には御釜の神様が憑いたことになるのだという。

明治時代の哲学者にして妖怪学者でもある井上円了《いのうええんりょう》は、西洋に見られるダンシングマニアによく似たものとして、この御釜踊りを『妖怪学講義』で紹介している。

ダンシングマニアは、救世主と聖母マリアの降臨を幻視するなどして、自我を喪失するまで何時間にもわたって踊り続けるものだという。そして、最終的には痙攣《けいれん》を起こし、口から泡を吹いて気絶してしまう。いわゆる神懸かりの状態になってしまうのである。

井上はその起源についてはよく分からないとしながらも、御釜踊りはそうした西洋の風俗がキリスト教に混じってわが国に伝来したのではないかといっている。

拝《おが》む者《もの》

伊豆七島の三宅島《みやけ》では、巫女《みこ》を拝む者とよんでいた。占い師であるとともに、病気を治す巫医《ふい》でもあるとする。生まれながらの巫女ではなく、ごく普通の女性だったものが、大天狗に取り憑かれることで変容するのだという。

昭和十年代のころ、島の神着《かみつき》村（現・三宅村）に五十歳ほどの拝む者がいた。この巫女は、羽黒山（山形県にある修験霊場）の大天狗に憑かれ、拝む者になったという。

あるとき、大勢の村人が路傍《ろぼう》の松の大木《き》を伐っていると、この拝む者が通りかかり、

「天狗の木だから、伐ってはならぬ」

と警告した。しかし、村人はかまわず根元から伐り離してしまった。ところが、いくら引っ張っても直立したまま大木は倒れない。村人が集まって呆れていると、突然もの凄い音を立てて木が倒れ、多くの怪我人を出したという。

一般に憑き物持ちは、精神力が低下し、病的になるが、拝む者は憑かれた後はむしろシャーマンとして強い精神力を持つようになる。透視力、治癒力を有する超人的存在になると考えられている。

憑依《ひょうい》するという大天狗も、憑き物というより神に近い霊と考えてよいだろう。

於菊虫《おきくむし》

於菊虫というのは、虫のお化けである。

安政《あんせい》（一八五四～一八六〇）のころ、播磨《はりま》（現・兵庫県）に於菊虫という妖虫が出現し、日本中の評判になった。それがちょうど、播州皿屋敷で殺されたお菊の捨てられた井戸から出たというので、群衆が井戸に集まったという。

妖怪などではなく、芋虫《いもむし》の変わったやつではないかという人もいるが、当時の人はお菊の霊が虫に取り憑いたのだろうと考えたから、大いに評判になった。

また、大和《やまと》（現・奈良県）北葛城郡《きたかつらぎ》にも、同じ名前の妖虫の話が伝わっている。

ある櫛《くし》屋にお菊という娘がいたが、家は貧乏で食物の足りない有り様だった。あるとき、お菊は村の米倉から米を盗もうとするが、運悪く村人に見つかって殺されてしまった。

それからというもの、毎年春先になると、この土地に蛍のように光を放つ虫が一面に現れるようになった。その虫は櫛のような形をしているため、お菊の怨念が虫になったのだといわれたという。

人の霊、それも怨念を抱いた霊は、ときとして他の生物に生まれ変わるという。この於菊虫も、そのよい例だろう。

送《おく》り犬《いぬ》

送り犬は、送り狼ともよばれ、夜道を歩く人間のあとについてくるという妖怪である。とくに山間部に多く語られる。

その性質は地方によって若干の違いがあるが、山の妖怪から夜道を行く人を守ってくれるかわり、無事家にたどり着いたあかつきには、履いていた草履《ぞうり》や塩をあげなくてはいけない——というようなことが共通して伝わっている。

しかし、人間が転べばすぐにとって食おうとするなど、やはり恐ろしい妖怪だったことには間違いない。江戸時代の『和漢三才図会』にも、こんなことが書かれている。

夜、山道を歩いている人がいれば、その頭上を何回も飛び越す。そのとき転倒すると、たちまち食いつく。これを送り狼という。狼を恐れず、手向かわなければ害はない、などと記されている。

兵庫県加東《かとう》郡（現・加東市）では、転んでも、「まず一服」と休むような声を出せば、それでもう食おうとはしないという。

要するに、人間を家まで送ってくれて、食うか食わぬかという犬の話である。

静岡県の伊豆半島北部では、送り犬ならぬ送り鼬《いたち》というのがいて、夜、道行く人のあとについてくるが、草履を投げてやれば、それからはついてくるのをやめるという。

送《おく》り提灯《ちょうちん》

江戸本所《ほんじょ》（現・東京都墨田区南部）七不思議の一つ。

早春のある夜、浅草か吉原あたりで、一杯引っかけてきた帰りとおぼしい武士が、千鳥足で法恩寺《ほうおんじ》の前を通りかかった。その供の者というのが臆病者と見え、この近辺の怖い話を思い出してはびくびくしている。

武士の方は、酒の勢いもあって強気である。すると前の方に提灯の灯が見える。急に心強い感じがして、前方をよく見ると腰元《こしもと》風の女が立っている。

「どちらへ行かれる？」

「つい、そこでございます」

などと会話を交わして、連れだって歩いて行く。

「さて、手前はここで……」

「私も、ここで……」

そういって別れて、女の後ろ姿を見送ると、しばらく行かぬ間に、ぼんやりと消えてしまう。それで、あれは送り提灯だったかということになり、新たに強い恐怖心に囚われるというのが、当時の筋書きだったらしい。

また、提灯を持たない人の前に灯火だけが現れ、ついたり消えたりを繰り返しながら、どこまで追っても追いつかないという怪火であるともいわれている。

送《おく》り拍子木《ひょうしぎ》

江戸本所（現・東京都墨田区南部）七不思議の一つに数えられている妖怪である。

ある日のこと、ただでさえ静かな本所の夜に、あいにく雨まで降っていた。このあたりには津軽藩の辻行灯《つじあんどん》が立っていて、普段の夜ならこれも心強いものだが、雨の夜はぼんやりと見え、かえって不気味に感じられる。

こういう夜こそ、町内の安全を戒《いまし》めるために夜まわりが出る。しかし、夜まわりにしても、いい気持ちはしない。それでも笠の紐《ひも》をしっかりしめて、恐る恐る足をふみ出し、

「火の用心、さっしゃりやしょー……」

とよばわると、どこからかチョン、チョンと拍子木の音がする。

はて、まだ拍子木を打った覚えはないのにと思うと、またチョーンと陰に籠もった響きがする。

これはもはや気のせいではない——。そう思うとぶるぶると体中が震えてきて、夜まわりは雨の中を一目散に番小屋へと逃げこんでしまうのだった。

これが本所七不思議の一つ、送り拍子木である。当時の夜まわりは、しばしばこういう目にあったという。

オケツ

岡山県では、お産のときに注意しないとオケツというものが生まれるという。

俗に鬼子といって、生まれたばかりなのに歯が生え揃っていたり、長い髪の毛があったりすると、昔は忌み嫌って捨ててしまうということがあった。

このオケツもそうしたものの一種なのだろうが、こちらはもっとすさまじい。

亀に似た姿で背中には蓑毛《みのげ》のようなものがあり、恐ろしいことに胎内から出るとすぐに縁の下に駆けこもうとするのである。

捕まえて早く殺してしまえばいいのだが、殺し損ねて床下に逃げこみ、産婦が寝ている真下にくると、産婦は途端に死んでしまうといわれている。

埼玉県南部でいう血塊《けつかい》とほぼ同じで、このようなお産の際に現れる妖怪を「産怪《さんかい》」などと総称していうそうである。

昔のお産は、今と比べようもなく難しいものだったから、そこで命を落とす女性も少なくなかったことだろう。そんな生死の境にあたるときに、このオケツが現れるのである。いや、現れるというよりも、あらかじめ女性に取り憑いているのかもしれない。

オゴメ

東京都三宅島でいう山の怪物である。姿は見えないが、木の上で赤子のような声を出して鳴き、また、「オゴメ笑い」といって、変な高笑いをする。

この妖怪は怪鳥だという話もあり、ウグメともよぶそうである。ウグメといえば、産婦の妖怪である産女《うぶめ》の地方名でもあるが、どうやらこのオゴメも産女の一種であるようだ。

といっても、産婦の方ではなく、鳥の姿をした方である。鳥の姿をした産女は姑獲鳥《うぶめ》と書き表し、元々は中国の妖怪なのだった。

姑獲鳥は、羽毛を着ると鳥の姿に変身し、羽毛を脱ぐと女性の姿になる鬼神の一種で、好んで他人の子供を奪って自分の子とする習性があるという。

この子供に害をなす怪鳥・姑獲鳥が日本に伝わると、いつしか子供を抱いて現れる産女と同一視されることになり、ウブメといえば鳥の姿をしたものと、産婦の姿をしたものが想像されるようになったのだろう。

オゴメが怪鳥の一種といわれるのは、元々は中国からの情報がもとになっていると見て間違いなさそうで、中国の姑獲鳥の鳴き声が赤ん坊のような声だということも、見事にオゴメの特徴と一致する。

長壁《おさかべ》

姫路城《ひめじじょう》にすんでいるという妖怪で、松浦静山《まつらせいざん》の『甲子夜話《かっしやわ》』には、次のようなことが書かれている。

常に天守閣《てんしゅかく》の上層にいて、人の入ることを嫌う。年に一度、その城主のみが対面するが、このとき長壁は、老婆の姿で現れるという。

静山自身が、ある年、雅楽頭《うたのかみ》忠以《ただもち》朝臣《あそん》にこのことを問うと、「なるほど、世間ではそのようにいわれているが、天守閣は別に変わったこともない」というのが、その答えだった。天守閣は狭く、器物を置くにも不便であるし、何も置かないようにしていたら、自然と行く人もいなくなったに過ぎないというのである。天守閣には昔から、日の丸のついた鎧《よろい》がただ一つあるだけだともいった。

その後、東観《とうかん》という人が姫路に泊まったおり、宿の主に長壁のことを問うと、城中にそのようなこともあるが、ここでは長壁とはいわずに、その名をハッテンドウというとの答えが返ってきた。天守閣の脇にその祠《ほこら》があり、「城主もそのように仰せらるる」とのことだった。

長壁に興味津々だった松浦静山は肥前《ひぜん》国平戸《ひらど》藩の殿様だったが、長壁が登場する娯楽小説が二、三あるところをみると、当時はかなり有名な妖怪だったのだろう。

おさん狐《きつね》

おさん狐は、中国地方でよく知られていた化け狐である。長州岩国《いわくに》（現・山口県岩国市）の藩士、岡田某の家来に、剛胆《ごうたん》が自慢という秋田団十郎という男がいた。

ある夜、団十郎が隣村に行こうと字壙山の一ツ橋まできたとき、様子がおかしい一人の婦人に出会った。団十郎はおさん狐が化けたものかと考え、ひそかにあとをつけることにした。やがて一の石橋まできたとき、婦人は橋を渡ろうとして、ピョンと飛び上がった。「やはり狐か！」と、団十郎は抜き打ちに斬りつけ、さっそくその死体を見てみた。やはり狐である。

団十郎は主に告げるべく家に戻り、再び確認をしに現場へと戻ると、狐だった死体は婦人の姿に変じていた。団十郎は人殺しをしたかと混乱し、もう一度家に戻って主にその旨を告げた。

夜が明けて、今度は主がその場所に赴くことにした。団十郎は気が動転していたからである。主がきてみると、そこには一匹の傷ついた老狐が横たわっているだけだったので、団十郎が気を取り直したところで一件落着となった。

以来、狐を斬った刀は秋田家に伝えられ、狐に憑かれたときは、これを戴《いただ》くと正気に戻るといわれたという。

和尚《おしょう》の幽霊《ゆうれい》

関ヶ原の合戦で徳川方についた中村忠一は、伯耆《ほうき》の国（現・鳥取県）を治めることになったが、この男、なかなか欲が深かった。

ここに大山寺《だいせんじ》という有名な寺があって、寺の領地として十一の村を持っていたのだが、忠一はこれを取り上げてしまった。これに対して猛烈に怒ったのが、豪円《ごうえん》という和尚だった。寺を大きくするために働いた中心人物である。しかし、豪円がいくら藩とかけあっても、決定事項はどうにもならなかった。

そのうち豪円は病気で死んでしまうが、その死の間際、「わしの身体は城を見下ろす場所に埋めてくれ。わしの一念で、かならず中村一族を滅ぼしてやる……」といい残した。その遺言通り、豪円は城下を見下ろす山の中腹に葬《ほうむ》られた。

それからというもの、夜ともなると町の上空を和尚の霊が飛びまわるようになった。やがて和尚の呪いによるものか、中村一族は次々と不幸に見舞われ、とうとう断絶してしまったということである。

僧とはいっても、人間であるからには、怨みを持てば怨霊となって祟るわけである。

白粉婆《おしろいばばあ》

冬の能登《のと》半島、雪の原野。樹も山もすっぽりと雪のしとねに覆われた一面の銀世界。しーんと静まりかえったその雪の原野を、サクッ、サクッと、かすかな音を立てて通って行くものがいる。

白い衣を身に着けて杖をつき、曲がった腰でひょこひょこと歩く。老いさらばえた婆である。頭には大きな笠をかぶり、その古ぼけた大笠には雪がいっぱい積もっている。もう一方の手には、徳利を大事そうににぎりしめている。

年老いた顔は、不思議と白粉をはたいたように白い。それもそのはず、白粉婆は、脂粉仙娘《しふんせんろう》なる白粉の女神に侍女として仕える妖婆なのだという。

寒さしのぎの酒を女神に差し出すつもりなのか、白粉婆はこうして雪の中を歩いて行く。

奈良県吉野郡十津川《とつがわ》村あたりにも同じ名前の妖怪がいて、こちらは鏡をじゃらじゃらと引きずってくる山の妖怪とされている。

十津川村の白粉婆は、とくに雪が降っているときに現れるとはかぎらず、振る舞いも能登の場合とは異なる。同じ名前の妖怪でも、能登と十津川村の白粉婆は、別物として見た方がよさそうである。

恐山《おそれざん》の霊《れい》

青森県下北半島の恐山は、曹洞宗《そうとうしゅう》田名部《たなぶ》円通寺《えんつうじ》を開いた聚《じゅ》覚《がく》が再興した日本有数の霊山である。

霊魂が集まるところとされ、人の霊魂ばかりか、獣でも鳥でも、その霊はみなここに集まると信じられている。

死んだ親類縁者の霊に再び会いたい場合、この山に集まるイタコ（目の見えない巫女）に口寄せをしてもらう。イタコは恐山にさまようその霊をよび出し、自らの体に取り憑かせ、自分の口を使わせて語らせるのである。

このようにイタコは霊媒の能力を必要とするが、恐山という場所がそれをより可能にしていると思われる。

しかし、何もイタコに頼らなくても、恐山では普通の人が会いたいと思う人物の霊を見ることが可能なのだという。恐山菩提寺にある湯治場では、冥土にある者の面影を見ることができるというのである。

夕方に湯治場の窓を見ていると、会いたいと念じている人があの世からこの世にやってくる。そして、窓の外を通って、地蔵堂の方へと行くのが見えるという。ただし、霊に声をかけるのはタブーとされていて、思い余って禁を破り、その霊に話しかけると、かならず恐ろしい目にあうといわれている。

オッケルイペ

オッケルイペは、アイヌの人たちに伝わる屁《へ》の妖怪である。

オッケオヤシともよばれ、家の中に一人でいるときなど、とつぜん炉《ろ》の中でポアッと音を発する。

オッケルイペというのは、アイヌの言葉で、オッケ（屁）、ルイ（猛烈）、ペ（者）となり、つまりは「屁っこき野郎」という意味になる。別名であるオッケオヤシの場合は、「屁のお化け」という意味になるそうである。

これが現れると（もちろん姿は見えないが）、あっちでポアッ、こっちでポアッとやられて、臭くてかなわない。そんなときには、こちらも負けずにポアッとやり返してやると、恐れ入って退散する。

臭いのが間に合わないときは、「ポアッ」と、口で音の真似をするだけでも退散してしまうそうだ。

アイヌの昔話には、オッケルイペが屁をしたために、川下りの船が舳先《へさき》から裂けて壊れてしまったという話がある。船に乗っていた人々は、怒ってオッケルイペを殴り殺してしまったが、その正体は黒狐だったという。

こんな感じで、アイヌの昔話には、よくオッケルイペが登場するそうだ。

オッパショ石《いし》

徳島県徳島市西二軒屋町二丁目の無縁墓地内に、オッパショ石という奇《き》石《せき》がある。昔から名のある力士の墓だと伝えられているそうだが、何でもこの墓ができて二、三ヵ月したころ、不思議にものをいいだし、それが背負ってくれという意味の「オッパショ、オッパショ」と聞こえたというので、こんな名前でよばれるようになったのだという。

　ある人がこのうわさを聞きこみ、そんなことが本当にあるかときてみると、うわさ通りに、

「オッパショ、オッパショ」

と、石がしゃべり出した。

「何が負《お》っぱしょだ。そんなにいうなら、負ぶってやろう」

と、気丈な男はその石を背負った。しかし、最初は軽く感じたものの、次第に重くなってきた。我慢できなくなった男は、往来目がけて力任せに投げ出すと、落ちた拍子に、石は真っ二つに割れてしまった。それからというもの、オッパショ石は、もうウンともスンともいわなくなったという。

　このオッパショ石、現在もちゃんと残っており、しばらく二つに割れたままだったそうだが、今はコンクリートで繋《つな》げられている。

音霊《おとだま》

『曾我物語《そがものがたり》』で知られる曾我兄弟にまつわる怪異である。

昔、源頼朝《みなもとのよりとも》が富士の裾野《すその》で巻狩り（狩り場を四方から取り囲み、獣を追い立てて捕まえる狩り）をした。その際に起こった事件が、曾我兄弟による親の仇討ちだった。ところが、兄の十郎祐成は仁田四郎忠常に殺され、弟五郎時致も捕まえられて打ち首となって死んだ。やがて富士の裾野は、もとの静けさに返った。

しかし、そこに曾我兄弟の無念さが残り、大空に「十郎祐成」と名乗り、あるいは「五郎時致」とよばわって、昼夜を分かたず戦う音が絶えなかった。そして何も知らずにそこを通り、音を聞いた者は、たちまちその場で死んでしまうか、たとえその場から逃げ延びた者でも、気が狂ったり、兄弟の言葉を口走ったりして苦しみもがいたという。

この事態を重くみた頼朝は、兄弟の霊を神として祀ることにした。すると成仏できたのか、その場所で戦う物音は聞こえなくなったという。

十郎、五郎の兄弟は、ともに武士の鑑とうたわれるほどの人物だったが、怨みを抱きながら死ぬと、怨霊となって人々を苦しめたのである。霊が音をもって怪異を示したわけだから、音霊と名付けた次第。

おとろし

家というのはすむ人がいなくなると、途端にうらぶれてしまうものである。人がいっぺんに年老いてしまったような、ものの哀れといったものを感じさせるが、同時に廃屋《はいおく》というのは、何かの怪しい気配を感じさせるものである。

俗にいう「お化け屋敷」であるが、敏感な子供というのは、そこで何かの気配をちゃんと感じ取っているもので、もしかしたら、それがおとろしだったのかもしれない。

竹藪の中などに時々ある古い家、そんなところの土塀の上に、このおとろしを見かけることがあるというのだ。人が中を覗きこもうとすると、ドーンと落ちてきて脅かしたりする。鬼と似ていて、顔も体も赤いのだという。

しかし、本当のところ、このおとろしは神様を守る妖怪で、だから、普段は人の忘れ去ったような神社などにすみついている。

そして、そこでいたずらする者があると、もの凄い音を立てたり、上から一気に落ちてきたりして、殺してしまうこともあるといわれている。

人を戒《いまし》めるわけであるが、もっぱら鳥居の上にいて、不信心な者が通ると、上からドサッと落ちてくるという話が一番多い。

鬼《おに》

今でこそ鬼といえば知らない者がいないほど有名な妖怪だが、そもそも鬼とは、姿を見せないという意味の隠《おん》なる言葉からきているとする説がある。

昔、といっても平安時代のころには、鬼は様様な災厄、つまり、災害や病気の流行などをひき起こす邪悪なものとされていた。もちろん姿を見せないのが普通だったが、形を現す鬼もその当時からいたことは確かである。板や壺《つぼ》に変化した鬼、闇夜で若い男に化けて女を食べた鬼など、色々と姿を変えて出現していたようだ。

鬼といえば頭には二本の角、筋骨隆々の体には虎皮《とらがわ》のフンドシをつけている姿がよく知られるが、これは邪気の訪れる方向である鬼門《きもん》に関係している。

鬼門とは昔の方角でいう丑寅《うしとら》（北東）のこと。この丑寅から、鬼の角は牛の角、フンドシは虎の皮というような姿になったのだという。これが現代人の想像する鬼であり、大体江戸時代のころに成立したイメージらしい。また、鬼という漢字は中国から輸入したものだが、あちらでいう鬼は霊のことを意味する言葉なので、日本の鬼とは別物のようである。

鬼熊《おにくま》

信州木曾（現・長野県木曾川上流域）では、年を経た熊を鬼熊といったそうだ。

滅多にお目にはかからないものだが、時々夜更けに里へとやってきては、家畜小屋から牛馬を引きずり出し、山に持って帰って食べてしまう。その際は人のように立って歩くという。

鬼熊の力はもの凄く、猿などは手のひらで押すだけで死んでしまうばかりか、直径二メートルもある大石を動かして、谷底に落としたことがある。その石を大人が十人がかりで持ち上げようとしたが、ビクともしなかったというから大変な力である。今でもその石が木曾の山奥にあるという。

こんな恐ろしい熊だが、昔、狩りの名人が鬼熊を捕まえたことがある。その方法は、まず井桁《いげた》に組んだ大木と藤蔓《ふじづる》で鬼熊のいる穴を塞《ふさ》ぎ、そこから色々な木を穴に突っこむと、鬼熊は邪魔だとばかりに奥へと詰めこむ。それを繰り返すと、次第に身の置き場がなくなり、鬼熊は穴から出てくる。そこを待ちかまえて槍《やり》で突くのである。

村に持ち帰って皮を剝《は》いでみたところ、その大きさたるや六畳敷きはあったという。妖怪というより妖獣というべきか。

鬼火《おにび》

鬼火は日本中にあるが、性質や名前は地方によって少しずつ違っている。いずれにしろ、正体不明の怪火のことをいうらしく、近寄ると熱く、ものを燃やすこともある。

火魂《ひだま》という沖縄の鬼火は、鳥みたいな格好をして空を飛びまわる。台所の裏の火消し壺の中にすんでおり、ときおり家に火をつけたりする。そこでこれを追い払うために、屋根に狛犬《こまいぬ》（シーサー）を置くという。

昔、沖縄の中年男が夜道を歩いていると、何となく煙草《たばこ》を一服吸いたくなって、懐《ふところ》を探したが火をつけるものがない。困っていると、道の真ん中で燃えているものがある。焚《た》き火《び》かと思って近づいてみると、岩が燃えているのだった。男はありがたいと煙草の火をつけて吸った。

しかし、その男は家に帰ると、しばらくして死んでしまった。

その話を聞いた村の古老は、

「火魂に男の精を吸い取られたのだよ」

といったという。

山形県の湯殿山《ゆどのさん》では、杉林からたくさんの鬼火が次々と出現し、それぞれに顔が浮き出て、一斉にゲラゲラと笑った、などという話が伝わっている。

鬼《おに》一口《ひとくち》

浮世絵師・鳥山石燕《とりやませきえん》は、『伊勢物語《いせものがたり》』を引用して、一口で人間を食べてしまう鬼一口を描いた。それは、在原業平《ありわらのなりひら》と藤原高子《ふじわらのたかいこ》にまつわるエピソードがもとになっている。

平安時代初期に歌の名人として知られた在原業平は、皇太后藤原順子に仕える藤原高子という少女に、長年密かに恋心を抱いていた。ところがある日、それと察した家人が高子を家の奥深い部屋に隠し、業平の来訪をことごとく拒絶するのだった。業平は恋焦がれ、悩んだ挙げ句、ある夏の夜更け、高子を盗み出し、京を走り去った。やっと芥川の川べりまで辿《たど》り着くと、二人は月光の下で初めて言葉を交わした。

やがて雲行きが怪しくなり、雨が降り出したので、北山科《きたやましな》の荒れ果てた校倉《あぜくら》（倉庫）に高子を隠すと、業平は弓を持って入口に待機した。その晩は稲妻が閃《ひら》めき、雷鳴が轟《とどろ》いていた。

翌朝、校倉の中を見ると、高子の姿は掻《か》き消《け》すように見えなくなってしまっていた――。

『今昔物語集《こんじゃくものがたりしゅう》』によれば、それは校倉に住む鬼が、高子の頭と着物を残して一口で喰ってしまったのだという。その鬼とは、どうやら藤原一族という巨大な鬼だったらしい。

お歯《は》黒《ぐろ》べったり

昔は嫁入りをすると、歯を鉄漿《かね》で黒く染めたものである。それをお歯《は》黒《ぐろ》といったが、この黒い歯をむき出しにして笑った様を想像すると、どうにも不気味な感じで、もうそれだけで妖怪の範疇《はんちゆう》に入る感じである。

お歯黒べったりはいうまでもなく女の妖怪で、夕闇迫る町外れの、人気のない神社とか寺に現れる。

美しい着物を着て、ときには花嫁姿でいることもあるが、いずれも顔を隠している。そこで、通る人は親切心や好色心を出して、つい声をかけてしまう。

すると待ってましたとばかりに振り返って、己の顔を見せるのだが、これがツルリとしたのっぺら坊である。「ギャッ」と驚くと、今度は白い顔の下がぱっくりと割れ、お歯黒の歯でニタニタと笑う。目鼻がなくて黒い歯ばかりである。

このお歯黒べったりを、狸や狢《むじな》の化けたものと説《と》く人もあるようだが、ある人は、「お歯黒を着けた女の執念が、集まってできたように見える」といっている。

豆腐《とうふ》のように色の白い女が、お歯黒をつけて笑ったとしたら（美人は別だが）、かなり迫力があったと思う。

そうしたことから、この妖怪は当時の人には相当恐怖感をもって迎えられたのではないかと想像する。

オハチスエ

アイヌの人たちに伝わる妖怪で、その名前は「空《あ》き家《や》の番人」という意味になる。

無断で空き家にすみ、全身は毛むくじゃら、魚の皮でつくった粗末な服を着た爺の姿をしている。よく切れる刀を持ち、多くの人畜を殺傷したという話が樺太《カラフト》の各地に伝説として語られているから、性質はかなり凶暴だと想像される。

古い時代のアイヌの人たちは、北海道でも樺太でも、春から秋にかけては海辺の夏村に住み、そこにある小屋で魚を取って暮らし、秋の末に冬村に移って寒い時季を過ごしたという。このオハチスエというのは、どうもその人々のいなくなった時期に忍びこんでくるらしい。

出会った人の話によると、このオハチスエは、何でもいちいち人の動作を真似るのだという。たとえば、煙草《たばこ》を吸うとオハチスエも煙草を吸い、煙管《キセル》をトントンと叩いて灰を落とすと、やはり同じように真似る。たまたま橇《そり》を引く犬がこの妖怪に襲いかかると、切れ味抜群の刀で切り刻まれてしまい、その人は這々《ほうほう》の体《てい》で逃げたということである。

ロシアの方には、誰もいないはずの風呂場に現れる妖怪がいるが、その系統のものかも知れない。空き家には、昔から何かがいるような気配があるものだ。

オバリヨン

おんぶお化けともいうお化けで、他にもブッツァリティ、バロンバロンなどの名前で各地に伝わっている。
夜、草の生《お》い繁《しげ》ったような道を通ると、「オバリヨン」と一声叫んで、人の肩につかまるものがある。同時に肩が急に重くなり、振り放そうとしても、ピッタリとくっついて離れない。これには大抵の人間が参ってしまう。
ある力持ちの男が、「オバリヨン」とか、「負ぶわれよう」とか叫んで肩につかまるこのお化けを家まで連れて帰り、庭石に強く叩きつけたところ、お化けは消えて小判がザラザラと落ちたとか、小判入りの壺《つぼ》が落ちてきたとかいう話もある。
田舎などで、木の生い繁った暗い夜道を歩くと、何も肩に触らなくても、何者かが肩にのしかかるような気分になるものだ。何しろ、暗い藪の小道には藪蚊《やぶか》などもいることだろうし、誰でも早く抜け出したいと思うものだが、足に竹の根でも引っかかって転んだりすると、恐怖はさらに倍加する。怖いけれども、用心しながら早く通り抜けようとするから、背中に何か重いものがのしかかるような気分になってしまうのだ。たまたま木の枝でも触れようものなら、「ヒャッ、オバリヨン」ということになる。

オボ

四国のノツゴ、岡山のすねこすりなどのように、歩いていると足にまとわりついてくる妖怪というのも数多い。群馬県利根《とね》郡利根村柿平《かきだいら》（現・沼田市）でいうオボもそんな妖怪である。鼬《いたち》の化けたようなものだといわれ、足刀の下《さ》げ緒《お》とか、着物の小褄《こづま》を切って与えると、足に絡《から》まることがないのだが、そうしないとうるさくてどうにも歩けないそうである。

利根村のある人は、小学校四年生のときに、オボの泣き声を聞いたという。

爺さんが山で炭焼きをしていて、その炭焼き小屋から学校に通っていたときのこと。ある秋の夕方、宇津野《うつの》の子供と遊んでいて遅くなり、山道を登りかけると、まわりの山々から赤ん坊の泣き声が聞こえてきた。恐ろしくなって駆け出すと、余計大きな声で泣く。夢中で山小屋に駆けこんで爺さんに話すと、爺さんは「それはオボの泣き声だ」といったそうだ。

また、新潟県南魚沼《みなみうおぬま》郡ではオボといえば怪獣の名で、新墓をあばき死人の脳みそを食うという。どうやらこれは山犬のことのようだが、名のある神秘な獣とされているらしい。

どうも妖怪というのは、慌てふためいているときとか、何かしているときに、突然現れるのが得意なようだ。

朧車《おぼろぐるま》

これは浮世絵師・鳥山石燕《とりやませきえん》が『今昔《こんじゃく》百鬼《ひゃっき》拾遺《しゅうい》』に描いた妖怪である。

昔、京都の賀茂《かも》の大路で、朧夜《おぼろよ》になると車の軋《きし》る音がすることがあった。外に飛び出した人々は、そこに異形のものを見て大いに驚いた――というようなことが、『今昔百鬼拾遺』に書かれている。

ここでいう異形のものとは、牛車の後ろに大きな顔のついた朧車のことである。これは、中世によくあった車争いの遺《い》恨《こん》が化したもので、一種の器物の霊になるのだろう。

車争いとは、祭りか何かのときに、見物の牛車が場所を取り合うことで、今風にいえば行楽地での駐車場の取り合いといったところだろうか。

人間の恨みが場所に止《とど》まってしまったり、器物に宿ってしまったりすることは大昔からよくあったことらしい。

今でも事故多発地帯では、誰も乗っていない自動車が出るなどという話を聞く。いわゆる幽霊自動車というべきものだが、これも朧車と同じものなのかもしれない。

このように古い時代と同じような怪異が起こるということは、今も昔も、人の念みたいなものは、まったく変わっていないのだろう。

オマク

生者や死者の思いが凝《こ》って人の姿となり、それが外に出て歩いて人の目に見えることを、岩手県の遠野《とおの》地方ではオマクといっていた。

柳田國男《やなぎたくにお》の「遠野物語拾遺《しゅうい》」には、こんな例がある。

ある夏の暑い日、とある人が友人と二人して川縁《かわべり》で話をしていると、川の流れの上に、実家の台所の有り様がはっきりと見え、そこに姉が子供を抱いている後ろ姿がありありと映った。間もなくこの幻は消えてしまったが、不思議に思ったその人は、「何か変事はなかったか」と、早速家に手紙を出した。すると、行き違いに電報が届いて、姉の子供が死んだという知らせがあったという。

他にも、こんな話がある。

土淵村の光岸寺が火災にあったので新築工事をしていると、そこに美しい娘が潜《くぐ》り戸を開けて入ってきた。現場の棟《とう》梁《りょう》は、「あの娘は俺の隣の家の娘だが、病気で寝こんでいて、外出できるはずがない。とうとう死ぬのか……」といった。その翌日、本当に娘は息を引き取ったのだという。

このように、人が死ぬとき、あるいは生きている人が、遠く離れた場所にとつぜん幻のように現れるという話は、遠野にかぎらず全国各地に伝わっている。

おまん稲荷《いなり》

江戸時代のこと。小石川に住む石野某の妻が、突然、妖怪に取り憑《つ》かれた。同時に、昼夜の区別なく鬼形の者が妻にまとわりつくようになった。心配した家族が妻に取り憑いた何者かに「お前は誰だ」と問うと、妻はこんなことをいう。

「我は代々屋敷の鎮守《ちんじゅ》、おまん稲荷の神霊である。かの鬼形の者は石野家代々の霊気である。霊気を払うには、法華経《ほけきょう》を十七日間読誦《どくじゅ》すれば、功徳《くどく》によって退散するだろう」

そこで本郷丸山の本妙寺の住職に話し、法華経の読誦を頼むと、十七日目に妻がいった。

「悪霊は退散した。我も帰ろうと思うが、五月十五日には、王子稲荷《いなり》へ参拝するついでに立ちよることにする」

そういい終えると、妻はバタッと倒れたが、命に別状はなかった。しかし、五月十五日になると、言葉通りに再度稲荷が取り憑いた。主人は本当に神であるのかを確かめるべく、一家の宝にしたいので、何か与えてはくれまいかというと、妻は筆で妙法の二文字を大書した。

「もはや我は帰らねばならぬ」

というと、妻はその場に倒れ、しばらくして正気を取り戻したという。おまん稲荷というのは、当時この界隈《かいわい》では名高い、霊験《れいげん》ある稲荷神社だったそうだ。

オモカゲ

秋田県鹿角地方では、人が死ぬ直前に、その人の魂《たましい》が知人のもとを訪れて姿を現したり、下駄の音をさせたりすることをオモカゲという。

戦争中に多かったようで、遠く離れた戦場にいるはずの息子が、いきなり母親に会いにきたと思ったら、実はその時刻に息子は死んでいた、などという話は珍しくない。会いにきたときには、もちろん軍服姿である。

つまり、オモカゲというのは、死者が肉親にその面影《おもかげ》を見せるということなのかもしれない。

いずれにしても、魂が挨拶にやってくるということで、霊現象ともいうべきものだが、そこには不思議と恐怖感のようなものはないらしい。しかし、こんな時刻にこんな人がこんなところにいるはずはない、もしや……と思っていたら、その時刻に息を引き取っていた、ということのショックはあるだろう。

だが、それでも、遠く離れていて長いこと逢えずにいたら、最期にもう一度だけ面影を見せてくれるというのは、肉親にとってはせめてもの慰《なぐさ》めになる。

これと同じ現象を、岩手県遠野地方ではオマクなどといっている。

女《おんな》の人魂《ひとだま》

人魂というと、普通、青白い光を放つ楕円形《だえんけい》のもの、あるいはシャボン玉のようにふわふわしたものなどの目撃談が多いが、これは女の首が飛んできて、憎いと思う男の喉《のど》に噛みつくというものである。だからこの女の人魂というものは、女の首だけが飛んでくるという抜け首に近い。

四国の宇和島《うわじま》には、こんな話がある。ある貧乏な侍がいて、城から下がってくると傘張りの内職をしていた。ある晩のこと、いつものように傘張りをしていると、襟首《えりくび》にふと冷たいものを感じた。雨漏《あまも》りでもしているのかと思って外を見ると月が出ている。天井の板にもしみはない。侍はおかしいなと思いながらも傘張りを続けた。するとまた、襟首がふっと冷たくなった。誰かになめられているようだ……と、首筋に手をやると、冷たいものが手に触れた。振り返ってみると、何と、女の首が侍の首をなめているのだった。

「お、お前は誰だ！」

「私は抜け首だよ。死んだ体から首が抜けて、ふらふらと飛んでいるのさ」

女の首はそういうと、すーっと消えてしまったという。これなどは抜け首だが、死んでいるというのだから、人魂に近いものだろう。

陰摩羅鬼《おんもらき》

口から青い炎を吐き、薄気味悪い声で鳴く人面の鳥で、寺に集まる屍《しかばね》の気が変化すると、陰摩羅鬼になるという。

『太平百物語』には、山城国《やましろ》（現・京都府）西の京に住む宅兵衛《たくべえ》という者が、ある夏の夜、近くの寺で陰摩羅鬼に出会ったという話がある。

宅兵衛が寺の縁側でうたた寝していると、誰かが自分の名前をよぶ声がする。

「宅兵衛、宅兵衛……」

驚いて目を覚ますと、羽を羽ばたかせる鳥がいた。その鳥というのが、鷺《さぎ》に似ていて色が黒く、目が灯火のように光り、鳴き声が人の言葉のよう。宅兵衛は急いでその場を離れ、ただちにこのことを長老に告げると、

「ここにはそのような化け物はいないはずだが。最近、寺に死人が持ちこまれ、仮に納め置いてある。おそらくそれが原因だろう。新しい屍の気が変じて、陰摩羅鬼というものになると『蔵経《ぞうきょう》』にある」などと語ったという。

この他、『怪談全書』という本にも、中国の宋代、鄭州《ていしゅう》の崔嗣《さいし》復《ふく》という者が、法堂の中でこの化け物を目撃したということが書かれている。

怪井守《かいいもり》

日本や中国では、井守は化けることがあると考えられたようである。普段は水の中にすんでいるが、これはと思う娘を見つけると若者の姿に変身。娘の前に現れて誘惑し、なかには夫婦の契《ちぎ》りを交《か》わしてしまう場合もある。娘はやがて挙動がおかしくなり、家族の者が怪しんで祈禱師《きとうし》に見てもらうと、「これは井守にたぶらかされている」ということで、勇敢な武士がこの井守を退治するのである。

新潟県の佐渡には、三メートルもの真っ黒い坊主に化けて人を害したという話もある。何百年も空き家になっていた屋敷に現れ、そこに移り住んだ家族が被害にあった。夜、家族が寝ていると、大坊主がやってきて、臭い息を吹きかける。その臭いを嗅《か》ぐと、酒に酔ったように前後不覚になってしまう。屋敷の堀が怪しいということでさらってみると、二メートル近い井守が六匹もいた。それをすべて殺すと、二度と怪異は起きなかったという。

強い毒を持っている井守は、そのことを他者に示すためだろうか、黒い体に真っ赤な腹という毒々しい色彩をしている。深山の渓流にいるが、里にも普通におり、春には集団で繁殖する。そうした光景は、人々の想像力を刺激してきたことだろう。

怪《かい》地《じ》蔵《ぞう》

相州小田原の風祭村（現・神奈川県小田原市）の新七という男が、薪を集めるために早川山に入った帰りのこと。一服しようと、麓の地蔵堂に腰を下ろした。

煙草を美味そうに吸っていると、ふと地蔵堂が目に入った。見ればそこにあるはずの石地蔵がない。どうしたことかと思っていると、向こうから石地蔵がゆらゆらと焼団子を食いながら歩いてくるではないか。

新七は自分の目を疑った。地蔵が賽銭で買い食いするはずもないから、これはきっと天狗か何かの仕業に違いないと思い、手に取った薪で地蔵を打ちつけた。すると、たちまち怪地蔵の姿は消え失せ、気がつくともう日暮れである。新七は身の毛のよだつ思いで家路を急いだ。

帰ってから近所の人に話すと、「それは大方狐狸の類に違いなく、薪で打ちつけたのなら今ごろは路上で死んでいるだろう」ということで、新七は近所の者と提灯を持って確認しに行くことにした。

すると、果たして一匹の古狸が頭を砕かれて死んでいた。新七たちは、よい獲物とばかりに持ち帰り、酒の肴にした。

地蔵はといえば、あとで見ればきちんと堂内に収まっていたという。

海人《かいじん》

『長崎見聞録』なる本に、海にすむ海人という妖怪が描かれている。

全身にある肉の皮のようなものが下に垂れ下がり、まるで袴《はかま》をはいているように見える。形は人間のようだが、手足には水掻《みずか》きがあって、陸地に上がっても数日間は死なない――などと書かれている。

まぁ、これを海人といったわけだが、『大和本草《やまとほんぞう》』なる書にもこの海人に言及した箇所がある。それにも、頭髪や眉毛はもちろん、腰のところにひらひらとした肉片がある以外は人とあまり変わらないが、手足の指には水鳥のような水掻きがあり、言葉は通じず、食物や水を与えても食べようとしないなどと記されている。

ある人は、古代の絶滅した一種族というが、何しろあまり見られない代物だからどうしようもない。

子供なんかがよく気づいたり見たりするというから、多分、霊的な何かではないだろうか。

即ち、「見よう」とすると見られないわけで、「知ろう」とするとダメらしい。自然と渾然《こんぜん》一体となった無心の状態がいいらしい。

貝児《かいちご》

昔は嫁入り道具として、様々な家財道具が母親から娘へ贈られたものである。現代のように古くなったからという理由で買い換えることもなく、大切に親から子へ伝えられていた。それが高貴な家ともなれば、先祖代々伝えられる調度や家財はざらで、ゆうに百年、二百年を経た道具も少なくはなかったのである。そんなやんごとなき御方《おんかた》（高貴な人）の調度に貝桶《かいおけ》というものがあった。

貝合わせや貝覆いの遊びに使う貝を入れておくための桶で、我が子の成長を心待ちに待つ親の心を象徴する嫁入り道具であり、八角形や印籠形をしたものが多かった。

貝合わせとは、蛤《はまぐり》などの貝の裏に花や鳥や人物の絵を描き、上の殻を陽とし、下の殻を陰として、それを一度バラバラにし、再び陰陽を取り合わせて遊ぶパズルだった。貝合わせの貝は、陰陽夫婦和合の意味を象徴することから、婚礼にはかならず親が娘に持たせたというわけである。

ところが、その貝桶が古びると、ときとして貝児という妖怪が生まれるという。子を思う親心が、むしろ迷う執心《しゅうしん》となって、子供姿の幻として現れるのである。あるいは子供が貝合わせの遊びに飽き、使われることもなくなった貝の妖怪なのかもしれない。

海難法師《かいなんほうし》

伊豆七島では、正月二十四日の夜は、海難法師という一種の水死者の霊が訪れるので、その日は身を清めて家に籠《こ》もるといわれていた。

この夜に亡霊の姿を見ると、悪いことが起こるといわれ、島の人は余計に家の中に閉じ籠もった。

昔、伊豆大島に島民を苦しめる悪代官がいたので、ある夜、村の若い者二十五人が代官屋敷を襲い、代官を殺害した。若者たちは追っ手から逃れるために丸木舟で海上に出たが、暴風雨に遭い丸木舟は転覆、二十五人は溺死した。それが正月の二十四日だった。

三宅島でも正月二十四日は恐ろしい日だとしており、早めに仕事を切り上げるなどして、外に出るようなことはしなかったという。この日の夜半には、薬師堂にすむカラ猫の一族が海難法師の供をして、「皿を貸せ、御器を貸せ」と叫びながら家々をまわり歩くといわれ、島民はこの声が聞こえないうちに寝てしまったという。

いずれにしても、暴風雨の風と波の音というのは、何かこの世で思いを果たせなかった者たちの、悲しく凄まじい合唱のように聞こえてくる。

貝《かい》吹《ふ》き坊《ぼう》

貝吹き坊は、岡山県和気《わけ》郡の熊山城跡にいたという妖怪で、法《ほ》螺《ら》貝《がい》を吹くような声を出し、どこにいるのか、誰もその姿は見なかったといわれる。

貝吹き坊ではないが、佐賀の唐津城の濠《ほり》にも正体不明の妖怪がいたという。これに会った人はみな気を失うといわれていたので、その姿を知る者はなかった。

あるとき、味地茂兵衛という儒者がこの妖怪のことを伝え聞くと、「城に妖怪がいるなど、恥ずべきことだ」といって、ただひとりその濠のところまで行って、出現を待つことにした。

白昼とはいえ、不気味な雰囲気の漂う場所だったが、茂兵衛はじっと待った。と、しばらくして濠の中から妖怪が現れた。

その顔の色は青く、目は大きく光を発して、茂兵衛をにらんで水の上に立った。しかし、茂兵衛はひるまず、妖怪の前に端座して目を見張って相対した。

すると、この妖怪は何としたことか、まるで氷が溶けるがごとくに次第に消えはじめ、ついには跡形もなくなってしまった。それからというもの、この濠には妖怪が出ることもなくなったという。

海妖《かいよう》

数十年も前のこと。五月のある日の午前一時ごろ、一隻の貨物船が海上にいた。

見張りの船員が前方に大きな汽船が碇泊《ていはく》しているのを発見、舵《かじ》を右に取るよう伝えた。貨物船は右に急カーブした。ところが、汽船は依然目の前。今度は舵を左に取ると、やっぱり船は前にいる。船員たちは衝突を避けられないだろうと覚悟したが、汽船はぶつからずにすーっと海上を走り抜け、蜃気楼《しんきろう》のように消えてしまっていた。

船員たちは薄気味悪さを感じていたが、今度は船のまわりに、ぽかり、ぽかりと火の玉が浮遊しているのが見えた。火の玉は船の中にまで入りこみ、船室に逃げこんだ船員たちは、ことの成り行きを見守っていた。

時刻は午前四時ごろとなり、船員の一人が恐る恐る甲板に出ていった。

すると、大きな火の玉はいきなりぱっと飛び散って、幾千もの粒となり、それから蛍のようになったかと思うと、突然海の上から消え去った。

空が白みはじめていたが、日の光であたりを見まわしてみると、汽船も火の玉もすっかりなくなっていたという。

これは幽霊船の類だろう。海上にはこの手の妖怪が多い。

餓鬼《がき》

仏教でいう六道の一つに餓鬼道というのがある。生前罪を犯した者は、この餓鬼道に落ちて餓鬼となり、飢えと渇きのために、いつも苦しまなければならないという。

六道とは、地獄、畜生、修羅《しゅら》、人、天、餓鬼といった六つの死後の世界のことで、仏教でいう輪廻《りんね》する六つの形のことをいう。

餓鬼道に落ちた者は、常に飢えに苦しむことになり、仮に食べ物を口にできても、それはすぐさま炎となって、けっして食べることができないのである。

江戸の石原村というところに、非常にけちで強欲な男がいたが、七十歳のときに生きながらにして餓鬼となった、という話が『因果《いんが》物語』にある。

一日に四、五升もの飯を食ってもなお食い足らず、ついに飢え苦しみながら死んでいった。ところが、その霊が嫁に取り憑き、嫁は「飯食いたい、飯食いたい」といって苦しんだ。

しかし、まわりの者が男の弔いを行ったために、嫁に憑いた男の霊も離れて、回復したという。

このように、餓鬼が人に憑くことを餓鬼憑きといい、途端に腹が減って仕方がなくなるという。

餓鬼憑《がきつ》き

昔、ある旅人が、伊勢から伊賀へ向かう街道で、後ろからきた男によび止められた。振り向くと、男は苦しそうな姿でこういった。

「私は大坂からきた者ですが、どうやら餓鬼に取り憑《つ》かれてしまったようです。お腹が減って一歩も歩けません。何か食べ物を持ち合わせてはいませんか」

声をかけられた旅人は、変なことをいう男だなと思いながらも、持っていた刻《きざ》み昆布を取りだして与えた。男は大いに喜んで、その刻み昆布を口にした。

男はしばらくすると落ち着いて、こんな話をした。

「餓鬼というのは目には見えません。餓死した物乞いなどの怨念がその場に残り、それが餓鬼となって人に取り憑くのです。これに取り憑かれると空腹になって、歩くこともできなくなってしまうのです」

いつもなら餓鬼に備えて、食料を持ち歩いているのだが、今日にかぎって落としてしまったらしいとのことだった。

餓鬼憑きは、私も中学一年生のころ、経験したことがある。確かに口に何か入れると、三十分くらいでその現象は治ってしまうのだ。医学的に調べてみて原因が分からないとすれば、やはり一種の霊が取り憑いたのだろう。

隠《かく》れ里《ざと》

昔、東北のある貧しい農民が畑を耕していると、木陰で美しい女が手招きをして、こんなことをいった。

「私とあなたは、夫婦になる運命。私の家においで下さい」

農民には妻子があったが、女の美しさについふらふらとあとについて行ってしまった。間もなく、今まで見たこともない景色のよいところに出ると、女は一軒の家に招いた。

そこで農民は二、三ヵ月を過ごしたが、やはり村に残してきた妻子のことが気になる。家には幸運を授けたから心配するなと女はいうが、それでも農民が考えこんでいると、

「今までのことを誰にも話さないと約束するのでしたら、帰しましょう」

といって、男を帰してくれた。

帰り着いた我が家は、万事幸運に恵まれ、楽な暮らしをしている様子。近くの寺で法事があったので、それを眺めていると、それは自分の法事だった。二、三ヵ月と思っていたのに、三年の月日が流れていたのである。

そのとき、男は妻子に見つかった。どこにいたのか問われて、最初は誤魔化《ごまか》していたが、とうとう本当のことをいってしまった。その言葉が終わらぬうちに、男はいきなり腰が曲がり、以前の貧乏に戻って、つまらぬ一生を送ったという。

隠《かく》れ婆《ばばぁ》

昔、兵庫県の神戸あたりでは、子供が夕方隠れんぼうをすると、隠れ婆がどこからともなく現れて、その子をさらっていくといわれた。

そのため、夕方まで隠れんぼうをして遊びほうける子供に、親は「隠れ婆につれて行かれるぞ」などといって戒めたのである。

隠れ婆は路地のすみ、または家の行き止まりなどにいて、子供たちの来るのを待っているのである。

島根県の出雲《いずも》地方では、これと似た妖怪のことを、コトリゾといっていた。子供を捕まえて油を搾《しぼ》り、南京皿を焼くために使うともいわれる。

東北などでは油取りの名もあって、人々から恐れられていたと、柳田國男の『妖怪談義』にも出ている。

長野県の埴科《はにしな》地方では袋かつぎといわれ、大きな袋を持っていたという。夕方まで隠れんぼうをして遊んでいる子供を捕まえると、その大きな袋に入れてどこかへさらっていく。

東京あたりでいう「人さらい」というのも同じものだろう。私の子供のときも、「コートバーズが夕方に来るから、外に出るな」とよくいわれたものである。コートバーズは今から考えると子取坊主という意味だったのだろう。

影《かげ》女《おんな》

物《もの》の怪《け》の宿った家には、月光がさすと女の影が映るといわれるが、男だけで暮らしていると、影女がすみつくことがあるという。

昔、ある武士が雨の日に友人を訪ね、門の前で傘をすぼめようとすると、窓に若い女の顔が見えた。誰か女がいるのかと聞けば、女房が死んでから女はいないという。しばし酒を酌《く》み交《か》わしていると、今度は障子に女の影が映ったので、

「やはり女がいるではないか」

と障子を指さすと、友人は、

「あれは影女だ。こんなときは化け物でも女っ気のあった方がいいものだね」

といって笑った。そうすると、庭に美しい女が現れたが、こちらには近づいてこなかった。

やがて酒もなくなったので外に出ると、門前に、変な老婆が首に鉦鼓《しょうこ》をかけて歩いているのが見える。

おかしな婆だと思って振り返ってみると、その老婆は門の前を行ったりきたりしていたという。

案外、これが影女の正体だったのかもしれない。いずれにしても、影女は影で見られるものだから、実体を捉えることは難しいようである。

元興寺《がごぜ》

敏達《びだつ》天皇のころ、ある農民が雷の精より子供を授かった。成長したその子供は大力の評判高く、ある日、朝廷主催の力試しで見事優勝する。そこで、農民にしておくのはもったいない人材だということになり、当時、蘇我馬子《そがのうまこ》が飛鳥に建てた元興寺《がんごうじ》の童子となった。

そのころの元興寺では、鐘撞《かねつ》き堂に霊鬼《れいき》が現れ、鐘を撞きに行った童子がかならず殺されてしまうので、力の強い童子が必要だったのである。

童子は元興寺の災いに終止符を打つべく、霊鬼退治を決意して、鐘撞き堂で夜の更けるのを待った。

やがて霊鬼が現れたが、大力童子を見るなり、慌てて逃げ出した。童子は霊鬼の頭髪をむんずと捕らえて引くと、霊鬼は頭髪と頭の皮を残して逃げ去ったという。

これは『日本霊異記』にある話であるが、その後、大力童子は寺に住み続け、大力を利用して田畑をつくり、後に名を道場法師と称されたという。

一昔前までは、妖怪のことをガゴジとかガゴゼとかいっていた地方があるが、これはこの元興寺に由来するのだといわれる。

累《かさね》

慶長年間（一五九六〜一六一五）の、下総《しもうさ》国豊田《とよた》郡（現・茨城県）での話。

与右衛門という男がある後家と一緒になった。しかし、その連れ子である助《すけ》があまりにも醜《みにく》く、与右衛門は常に嫌っていた。女房は悩んだ挙げ句、とうとうその子を殺してしまった。

やがて二人の間に子供が生まれ、累《るい》と名付けられた。だが、先の殺した子供に驚くほど似ており、まわりの者は「かさねて生まれてきたようだ」といって、その子を「るい」とはよばずに「かさね」とよんだ。

時が過ぎて累の両親は死に、その財産目あてに婿《むこ》にきた男によって、醜い累も殺されてしまった。

男はその後すぐに好きな娘と結婚したが、生まれる子供は次々と死んでいく。

これは累の怨霊《おんりょう》の仕業だと、当時名僧で名高い祐天上人《ゆうてんしょうにん》にいわれた男は、懺悔《ざんげ》して仏門に入り、累の成仏を念じたという。

これが累の怪談である。今でも茨城県常総《じょうそう》市羽生町《はにゅうまち》の法蔵《ほうぞう》寺《じ》には、累や助らの墓があり、累物の演劇や映画の関係者は、お参りするのが通例となっている。

傘《かさ》化《ば》け

骨傘というお化けが、浮世絵師・鳥山石燕《とりやませきえん》の『画図《がず》百器徒《ひやっきつれ》然袋《づれぶくろ》』に見える。詳しい解説があるわけでもないのでよく分からないが、破れ傘が描いてあるところをみると、古い傘は化けると考えられていたのだろう。

かの舌切り雀《すずめ》の昔話の絵に、ときたま傘の化け物が描いてあることもあるから「器物百年を経れば霊を得」て、一人歩きするのだろう。

昔から傘化けは、一つ目で舌を出して笑うから、愛嬌《あいきょう》のあるものである。

この傘化けの集団が川を泳いで渡った話を子供のときに読んだ覚えがあるが、何という本だったのか記憶にない。

絵によっては、二つ目で毛が生えているのもあり、大抵は夜歩くものとされる。

昔の夜は暗かったから、古い器物が夜になって化けるといっても、何となく納得できた。しかし、今のように明るいと、ネズミも出にくいように思う。

昔、鳥取県の溝口《みぞくち》というところに幽霊傘があって、大風の吹く日に人を大空に舞い上げるという話を聞いたことがあるが、それも一本足で一つ目だった。

鍛冶媼《かじがばばあ》

昔、土佐《とさ》の野根《のね》（現・高知県安芸《あき》郡東洋《とうよう》町）に鍛冶《かじ》屋があった。そこの妻が、室戸《むろと》まで刀の代金を取りに行き、夜道に迷って狼《おおかみ》に取り囲まれ、ついに食い殺されてしまった。

それからというもの、その妻の霊が狼に乗り移って、旅人を食い殺すようになったが、あるとき、郷士の逸作という者が白毛の狼を殺したところ、それから後は狼が人を食い殺すようなことはなくなった。

すなわち、この白毛の狼が、妻の霊のついた狼だったというわけで、これが鍛冶媼になるわけである。

これは『桃山人夜話《とうさんじんやわ》』によるものだが、室戸市の佐喜浜には、名前を鍛冶が嬶《かか》としてこんな話が伝えられている。

ある臨月の女が夕暮れの装束《しょうぞく》峠で狼に囲まれるが、通りかかった飛脚によって、大木の上に避難する。すると、手が出せない狼たちから、「佐喜浜の鍛冶が嬶をよんでこい」と声があり、しばらくすると鍛冶が嬶が現れ、木の上にいる二人を襲おうとする。しかし、飛脚が脇差しで応戦すると、鍛冶が嬶は血を流しながら逃げた。翌朝、飛脚がその血をたどると、佐喜浜の鍛冶屋までやってきた。主人に訳を話し、寝ていた鍛冶屋の婆を斬り殺して見れば、その正体は年を経た狼だったという。

火車《かしゃ》

昔、出雲《いずも》（現・島根県東部）とか薩摩《さつま》（現・鹿児島県西部）とか、西国に多く出現した妖怪で、ときには東国にも出現したという話である。

葬式のとき、にわかに大風雨が起こり、葬列の人々を倒すほど激しくなって、かついでいる棺桶を吹き飛ばし、桶の蓋《ふた》まで取ってしまうことがある。こうした状況を「火車に憑《つ》かれた」といって、大いに恐れ、また恥とした。

それは、その死者が生前に悪事を多くした罪により、地獄の火車が迎えにきたという民間伝承があったからである。

火車とは元々仏教より出た言葉で、『因果経《いんがきょう》』などにも出てくるが、火車に捕まったという話は、和漢とも多くある話である。

しかし、時代が下るにつれ、本来は地獄の迎えである火の車が、葬式のときに現れる猫のような姿をした妖怪として考えられるようになった。これは中国の魍魎《もうりょう》という妖怪とごちゃまぜに考えられるようになったためで、魍魎もやはり死体を奪うといわれたのである。

群馬県甘楽《かんら》郡ではテンマル、鹿児島県出水《いずみ》郡では葬式が終わると墓場にキモトリが出るといわれているが、これも火車の類だろう。

がしゃどくろ

野原で野たれ死にした人々の恨みが集まると、がしゃどくろという巨大な妖怪になるという。

昼間は姿を見せず、夜になるとどこからかガチガチと音をさせて歩いてきて、人を見つけると襲いかかる。

がしゃどくろではないが、『日本霊異記《にほんりょういき》』にこんな話がある。宝亀九年（七七八）の暮れのこと。備後《びんご》（現・広島県）葦田郡《あしだぐん》大山の里にすむ男が、深津の市の帰りに日が暮れてしまい、野宿をすることにした。ところが、近くで「目が痛い」という声がするので、夜が明けてから辺りを見まわすと、目の穴から筍《たけのこ》を生やしたどくろがあった。さては昨夜の声の主はこれだったのかと、男は筍を抜いて乾飯を供えてやった。すると、どくろが男に事の次第を話しはじめた。

「私は伯父にこの野原で殺され、どくろと化した。時を経るうちに、目から筍が生え、痛くてしかたがなかったが、あなたのご慈悲によって痛みを取りのぞくことができた。恩返しをしたいので、大晦日に私の両親のところにきてほしい」

男が教えられたところへ行くと、彼の霊が家の中に招き入れ、ご馳走をふるまい、財を授けて消え去った。そこへ両親がきて事の次第を聞き、息子殺害の犯人である伯父を捕らえることができた——という話である。

カシャボ

紀州（現・和歌山県、三重県南部）では、河童を色々な名前でよぶ。ドンガス、ガオロだとかいって、これが冬になって山に入ると、今度はカシャボというものになるという。頭は芥《け》子《し》坊主《ぼうず》（頭頂部だけ毛を残したもの）、青い衣を着ていて、六、七歳ぐらいのかわいい子供の形に見えるという。この他、頭を振るとガチャガチャと音が鳴るという特徴も伝えられる。

なかなか人なつっこいようで、カシャボはよく人の家のまわりにやってくる。その証拠に、家の戸口に灰をまいておくと、水鳥のような足跡を残すことがあり、和歌山県熊野のある家では、谷へ入ってくるカシャボは、一人ずつこの家の外で石を打ちつけて、自分たちがきたことを知らせるという。

しかし、妖怪であることには変わりなく、牛馬に害を加えるともいわれる。山で馬をつないでおくと隠してしまい、たとえ見つけることができても、馬はひどく苦しがって死ぬ恐れもあるという。

カシャボという名前については、いくつか説があって、火車という妖怪からきているのではないかという人もあれば、くすぐるという方言のカシャグに由来するという人もあって、そのあたりははっきりしていない。

カゼ

妖怪の一種であり、自然現象の風や、病気の名前としての風邪以外のものとして考えられている。

カゼに逢うと病気になるといわれ、行き逢い神のような憑《つ》き物としても全国的に知られている。

九州地方で多く、ことに宮崎県ではカゼに出遭う場所が決まっているという。そしてそこを通ってきたものは、大抵気分が悪くなるといわれる。

宮崎県児湯《こゆ》郡西米良《にしめら》村では、カゼに人名をつけてよぶ例がある。これは、誰かが他人を呪い、その祈りが効いて呪われた人が病死して、さらに他人にもその呪いが感染する場合、ウネメカゼ、ゴロカゼなどと人名をつけたのである。

長崎県五島《ごとう》列島では、一般に憑き物のことをカゼといい、憑かれたことを「風を負う」といういい方をする。

佐賀地方にも同様の言葉があって、風を負わないまじないとして、三度唾《つば》を吐《は》くなどという風習もある。狐の風を負ったときは、狸にまじなってもらえば正気に戻るといわれ、その理由として、狐よりも狸の方が才智に優れているからなんてことが伝えられる。

私も子供のとき、まじないとして、唾を吐かされたことがある。

火《か》前《ぜん》坊《ぼう》

火前坊は、浮世絵師・鳥山石燕《とりやませきえん》が『今昔《こんじゃく》百鬼拾遺《ひゃっきしゅうい》』に描いた妖怪である。

京都東山の葬送地だった鳥部山《とりべやま》に現れた異形のものであり、火に包まれた坊主の姿をしている。

平安時代の鳥部山は、皇族や有力な貴族が葬られたところで、いわば今でいう高級霊園みたいなものだったのだろう。

十世紀末あたりには、往生《おうじょう》を願う高僧が自ら身体に火をつけて焼死する火定三昧《かじょうざんまい》の地として知られ、庶民たちはありがたい儀式を一目見ようと、鳥部山に集まったそうだ。

そういう神聖な場所として知られていたものの、都で洪水や疫病《えきびょう》がたび重なると、死者が山のように出るわけで、鳥部山はその累々たる死体の捨て場となり、いつしか死のケガレた土地と化したのである。

清水寺《きよみずでら》の「清水の舞台」も、断崖下に死体を投棄するための張り出しのようになってしまった。

そんな土地に現れたのが、火前坊なのだ。炎に包まれた坊主の姿をしているのは、まぎれもなく火定三昧をした坊主の霊だろう。

往生を願って自殺したものの、この世に未練が残って妖怪化したのだろうか。

片脚上臈《かたあしじょうろう》

愛知県南設楽《みなみしたら》郡鳳来《ほうらい》町（現・新城《しんしろ》市）の栃《とち》の窪《くぼ》から、はだなし山にかけて現れるという、一本足の女妖怪である。

鳳来町付近の山吉田村阿寺《あてら》（現・新城市）には、七滝という滝がある。その滝の上に子抱き石という小石がたくさん出る場所があり、子供ができない婦人がこれを拾って持ち帰ると、懐妊するといういい伝えがあった。ここに行くときは、紙の鼻緒《はなお》でつくった草履を履かなければいけないそうで、片脚上臈はなぜかその片方だけを取ってしまうという。

また、猟師がとった獲物を奪ったりすることもある。そこで、獲物を一時的にどこかへ置いておく場合は、鉄砲と山刀を上に十字に組んでおいた。こうすれば、片脚上臈に盗まれないというのである。

上臈とは高貴な女性をいう言葉で、片脚上臈のまたの名を姫女郎《ひめんじょろう》というところからみると、この妖怪はどうやら山姥《やまんば》や山女《やまおんな》の一種であるらしい。といっても、一本足の山姥や山女の話はあまり聞かないから、どちらかというと山の神に近いのかもしれない。

山の神は片足であるとする地方は多く、片足神としての信仰も各地に見られる。

がたがた橋《ばし》

飛驒《ひだ》小坂《おさか》（現・岐阜県下呂《げろ》市）にあった小さな板橋は、山の中とはいえ隣村に通じる道なので人通りが多いところだった。ある夜のこと、橋の前に住む金右衛門は、数人の話し声と、ガタガタと板橋を渡る激しい音に気がついた。

「この夜更けに峠を越して、隣村まで行くことは容易なことではない」

と、門戸を開けてみたが、そこには誰もいない。ところが、その翌日も同じように、大勢の人々が板橋を渡る音がして話し声がする。そんなことが毎日続くようになった。

ある日、気味悪く思った金右衛門は、占いをする者を訪ねた。すると占い師のいうことは、

「家の前の道は、越中《えっちゅう》（現・富山県）の立山《たてやま》まで続いている。立山は霊が集まる山なので、通るのは亡者《もうじゃ》の群れに違いない」

とのことだった。

金右衛門は、さっそく家の者と相談し、こんなところには住んでいられないと、板橋から離れたところに移り住んだ。そして、亡者の追善《ついぜん》のために供養をし、経塚を建立した。以来、これといった変事も起こらなくなったというが、いつしか村人は、この橋をがたがた橋とよぶようになったという。

片耳豚《かたきらうわ》

奄美大島でいう影のない子豚の妖怪で、名瀬《なぜ》の市役所付近がもっとも出現率が高かったそうだ。

道を歩いていると、人間の股《また》を潜《くぐ》るといわれ、潜られた者は魂を抜かれて死ぬとか、腑抜《ふぬ》けになるとかいう。しかし、とっさに両足をはすかいに踏み交わして立てば、災難は免れるといわれている。

大正十一年のころ、与論島《よろんとう》から大勢の娘が紬織工《つむぎしょっこう》として出稼ぎにきていた。ある人の工場にも七、八名いて、みんなで慰安会に招待された夜のことだった。月があまりにも綺麗なので、みんなは浜に降りてしまったが、最年長のナベだけは帰ることにした。

少し行ったとき、前から犬のような黒いものがやってくる。よく見るとそれは影がない子豚だった。ナベはとっさに片耳豚の話を思いだし、全身総毛立つ思いがした。しかし、勝ち気で理性的な性格がものをいい、ナベは目をつぶって足をはすかいにして立ちどまった。長い時間が過ぎ、やがてみんなの声が聞こえてくると、ナベはほっとして目を開けた。片耳豚は消えていた。

その後、ナベは熱を出して寝こみ、回復してからも滅多《めった》に外出しなくなったという。

帷子辻《かたびらがつじ》

平安時代の初期、嵯峨天皇の皇后に橘《たちばなの》嘉智子《かちこ》という方がいた。この方は、京都の嵯峨野《さがの》に檀林寺《だんりんじ》を創設したので檀林皇后ともよばれた。この檀林皇后にまつわる伝説である。

檀林皇后が亡くなられたとき、その亡骸《なきがら》は粗末に扱われ、辻に捨てられてしまった。そうなると、まずは野犬、鳥の餌《えさ》である。さんざん食い荒らされたあとを、蟻《あり》、地虫がしゃぶりつくす。その後は日光と風と雨が受け持つ。かくして亡骸は消えてしまう。しかしそれから後も、人がそのあたりを通りかかると、野犬や鳥につつかれ、虫にまといつかれる檀林皇后の姿が現れたという。

どうやらこの帷子辻は、現在の京福《けいふく》電鉄の帷子《かたびら》ノ辻《つじ》駅周辺のことであるらしい。

今でこそ広隆寺《こうりゅうじ》や映画撮影所を訪れる人たちで、帷子ノ辻の太秦《うずまさ》近辺はにぎわっているが、平安時代ではこのあたりから一種の魔所になるのだった。

嵯峨《さが》化野《あだしの》はここからはじまり、人々はあまり近づかなかった。行き倒れは、こういうところに捨てられたのである。嵯峨化野念仏《ねんぶつ》寺は、この種の無縁仏を葬ってあるところとして名高いが、嵯峨化野の無縁仏とこの帷子辻の伝説は、何か因縁があるのだろうか。

片輪車《かたわぐるま》

寛文《かんぶん》年間（一六六一～一六七三）のこと。滋賀の甲賀《こうか》郡のある村に、毎晩夜更《よふ》けてから片輪車というものが現れた。

ある家の物好きな女房が、夜更けに車の音がするのを聞きつけ、そっと戸の隙間から覗《のぞ》いてみた。すると、ゴロゴロと火焔に包まれた小車が走ってきて、女房の家の前に止まった。見れば車輪が片方しかない小車に、女が乗っている。女はこちらを見ながらいった。

「私を見るよりも、まず自分の子供を見るがよい」

驚いた女房が寝床に行って見ると、子供の姿が見えない。女房は嘆き悲しみ、「罪科《つみとが》は　我にこそあれ　小車の　やるかた分からぬ　子をばかくして」と一首の歌を書いて、翌朝戸口に貼り付けて置いた。その晩になって、暗闇の中からゴロゴロと片輪車の音がして、門の前に止まったかと思うと、戸口の歌を高々と読み上げ、いかにも悲しそうに、

「子を返してやるぞ、しかし悲しいことに、一度人に姿を見られたからには、もうここに留《とど》まることはできぬ」といって、奪っていった子供を返し、そのままどこかへ立ち去ってしまった。

これをかぎりに、この里では二度と片輪車のうわさを聞かなかったという。

河童《かっぱ》

水の妖怪のナンバーワンであり、全国各地に出没する。全国規模だけあって、カッパ、ガタロ、カワワロというように、土地ごとに名前があり、姿の特徴も、甲羅《こうら》があったりなかったりと、細かい部分では異なる。

共通していわれる特徴では、たとえば相撲が大好きということがあげられる。人間が勝つともう一回もう一回と勝つまでせがむので、適当に負けてやらなければならない。また、馬を川に引きずりこむというのも、全国共通のいたずら。

さらに、悪い河童は人間の尻子《しりこ》玉《だま》をぬく。尻子玉は肛門《こうもん》の近くにあると信じられた想像上の内臓のことで、それで川べりの村では河童を恐れるのである。

中部、関西では、子供が川遊びするときは、仏壇に供《そな》えた御飯のお下がりを食べて、河童払いをさせる。あるいは、川べりで見知らぬ子供にあったら、お辞儀をするように教える。お辞儀をすると、相手もお辞儀を返す。もし河童であれば、それで頭の皿の水が流れてしまい、悪さをすることができなくなるからである。

河童の起源についても様々で、大工がつくった人形を川に捨てたものが河童になったとか、水の神様だったものが信仰されなくなって妖怪化したとか、色々といわれている。

河童石《かっぱいし》

河童は、春は里の小川に、秋は山に行くと信じられているが、その中継基地が河童石であるといわれている。大分県とか、三重県、和歌山県、熊本県など、河童石は色々なところにあるが、最近でも、精霊が宿る台座として信仰の対象になり、一般の人が近づくのを禁じているところもある。たとえば、その岩の上で遊んでいた子供が、足をすべらせて水中に落ち、多量の水を飲んで病気になったが、その岩にキュウリなどを供えて祀《まつ》ったところ、たちまち全快したという話もある。本来は精霊が宿るような聖なる石だったのだろうが、そうした霊性がなくなって、たんに河童にゆかりのある石として語られることが多い。

たとえば、大分県にこんな話がある。川の中の大石の近くで男が牛や馬を洗っていると、水中から手が出て、牛や馬の尻尾《しっぽ》を引っぱった。何者かと思って力まかせにその手をつかむと、すぽっと腕が抜けた。その夜、夢に河童が出てきて昼間の詫びを入れ、腕を返してくれと頼んだ。そのお礼として、岩の上に魚を置くという。男は哀れに思って承知すると、翌朝、岩上に魚がたくさん置いてあった。以来、その大石を河童石とよんでいるという。

河童《かっぱ》から身《み》を守《まも》る方法《ほうほう》

河童から身を守る方法というのは、全国で色々といわれているものである。いくら相手が妖怪でも、どこかに弱点があるもので、それを昔の人たちは長い時間をかけて探り当てていたのだ。

まずは、河童が嫌うものを身に着けておくということだ。河童は金物を嫌うというから、川で泳ぐときは金物をお尻にあてておくとよいとする地方がある。

身に着けるのではなく、食べておけば安心だというものもある。仏様に供えておいた御飯を食べて行くと、川で河童に襲われないそうで、仏壇の御飯を食べると河童には人間の目がピカピカ光ってとても恐ろしく見えるからだといわれている。

また、河童は瓢箪《ひょうたん》を嫌うとする地方では、瓢箪の汁を飲んでいると河童に引かれないそうである。

川を渡るときなどは「いにしえに　約束せしを　忘るなよ　川立男、氏は菅原」などと唱えると、河童に引かれないというのは主に九州地方である。これは、菅原道真《すがわらのみちざね》が九州の筑紫にいたとき、河童を捕らえて戒《いまし》め、川に返してやったという伝説によるものだといわれる。この他にも地方独特の河童除《よ》けの方法があるようだ。

河童《かっぱ》憑《つ》き

熊本地方の若い娘たちは、河童がすむ水辺ではふしだらな様を見せないようにと戒《いまし》められていた。雄《おす》河童がその姿を見て興奮し、取り憑《つ》いてしまうからである。

河童に憑かれた女は淫乱《いんらん》となり、見境なく甘ったるい声でいい寄るようになる。

河童は障子《しょうじ》の穴からも侵入することができ、家の者には姿が見えなくとも、通り道の障子紙が濡《ぬ》れて穴があいていたり、布団が濡れていたりして、河童がきたことが分かる。

大分県玖珠《くす》郡では、河童はとくに処女を狙って取り憑くという。取り憑かれると心身ともに消耗し、フラフラと行動するようになる。やがては死にいたるという。

河童憑きを落とすためには、どこの地方でも柱に荒縄で縛りつけ、祈禱《きとう》してもらう。ただしそのときに、取り憑かれた者、あるいは縛った縄を水で濡らしてしまうと、河童はたちまち力を得て縄を切り、河童憑きになった女が逃げ出してしまうといわれている。

対馬にも河童憑きの伝承があり、なかなか落ちないときは、枕元に河童が恐れる剣や鏡を置いて祈禱すると、効果があるという。

河童《かっぱ》の尻子玉《しりこだま》取り

この絵の原図はアダム・カバット氏の『江戸化物草紙《えどばけものぞうし》』という本に収録されていたものである。

河童が尻子玉を取るというのは子供のときから聞いていたが、それは水中で肛門から抜くという話であって、一般の人も河童は水中で下から手を伸ばして尻子玉を抜くと考えていたようだ。

岐阜県や長野県などに伝わる話では、溺れている者が急にゲラゲラ笑い出すと、もう助からないという。というのも、河童が人間から尻子玉を抜くと、なぜか人間はゲラゲラと笑い出すというのである。理由は分からないが、河童の怪しい術によるものなのだろう。いずれにしろ、河童は人の視線の届かない水中で尻子玉を抜くと思われていたわけである。

ところが江戸時代のこの河童の「尻子玉抜きの図」を見ると、水上でしかも上から抜いている。これは前代未聞だ。『江戸化物草紙』の著者も非常に驚いておられるようだったが、私はそれ以上に驚き、二、三時間、鼻の穴をふくらませたまま身動きが取れなかった。それは尻子玉を抜くという行為に対する常識が打ち破られたからである。

すなわち、この図に示された抜き方の手法というものがまさに天才的なのだ。

河童火《かっぱび》

河童は火が嫌いだとされるが、河童が火を貸してくれといって人間に接触する、「河童火やろう」という昔話が各地に伝承されている。

あるところに夫婦が住んでいて、妻が一人でいるところへ、見慣れない可愛い子供がやってくる。そして、いきなり「火を貸せ」などという。しかし妻は、「子供に火は危ないから」といって断った。すると子供はそのまま帰ったが、翌日またやってきて、同じように「火を貸せ」という。

こんなやりとりが続くので、妻が夫に相談すると、「それは人間ではなく、河童だろう。火をやってみればいい」とのことなので、翌日子供が来たとき、妻は「河童、火やろう」といって火を差し出した。すると子供は「いえいえ、ごめんなさい」といって、逃げていったという。

実はこの話、河童は「火を貸せ」といっているのではなく、「尻《ひ》を貸せ」といっているのだった。それを人間が火だと勘違いして、結果的に河童が嫌いな火で撃退する笑い話なのである。

しかし、奄美諸島のケンムンや沖縄のキジムナー、ブナガヤなど、南の方にいる河童の仲間は、盛んに火を灯すことで知られている。これなどは河童火というべきものだろう。

河童文字《かっぱもじ》

世に「河童文字」というものがある。和紙に筆を投げ付けたようなもので、俗に「詫び証文」などといわれる。誰が見ても意味が分からないし、第一、絵とも字ともつかないしろものである。「河童文字」にも色々あり、何も書いていない木の葉でも、水につければ文字が現れるという。

昔、熊本県八代《やつしろ》の日奈久《ひなぐ》から田浦《たのうら》に向かって夜道を行く男が、途中で出合った見知らぬ男から手紙をことづかった。

「この手紙を田浦に届けてくれ。男が待っているはずだ」

男はそういって、宛名も何もない白紙を渡した。どうも変だと思っているうちに、これは河童の手紙ではないかと思った。河童の字は水につけると見えることを思い出し、こっそり水につけてみた。すると手紙には、「この男を始末してくれ」と書いてある。そこで男は、「この男に宝物をやってくれ」と書き変えてしまった。

目的地に着くと、先ほどの男がいった通り、見知らぬ男が現れた。ことづかった手紙をわたすと、小首を傾げていたが、やがてたくさんの魚をくれた。その男は、魚を売って大儲けをしたという。

これは昔から「河童の文使《ふみづか》い」といわれている話で、これに似た話が、日本中にたくさんある。

桂男《かつらおとこ》

よく、月の中の隈《くま》を見て、「あれは兎《うさぎ》が餅《もち》つきをしている」などといったりする。また、「兎　兎　何見て跳ねる　十五夜お月さん　見て跳ねる」と童謡にも謡われているくらい、月と兎は縁の深いもののようである。

ところが、『桃山人夜話《とうさんじんやわ》』によれば、月の隈には兎ではなく、桂男という妖怪がいるというのである。

これをじーっと見つめていると、この桂男は動き出し、見る者に手招きをするようになる。すると招かれた人は、命が縮まってしまうという恐ろしいものである。

「月を長く見入りおれば、桂男招きて命縮むるよし」などと昔はいったものらしいが、これは老いるとどうしてもぼんやりと月などをながめることが多くなり、先の短くなってしまった我が身を嘆いた歌でもあるという。

こういう心境は、筆紙につくし難いものであると、この桂男を紹介する『桃山人夜話』の著者もいっている。

この桂男、元々は中国由来らしい。中国での伝承では、月には月宮殿という宮殿があり、そこに五百丈（約千五百メートル）もの桂の木があって、その木を伐《き》っているのが桂男なのだという。

金槌坊《かなづちぼう》

これは熊本県八代市《やつしろ》の松井家に伝わる『百鬼夜行絵巻《ひゃっきやぎょうえまき》』に描かれている妖怪である。

まるで烏《からす》のような顔をした妖怪が、金槌を今まさに振り下ろさんとしている絵柄なのだが、そこには何も解説がされていないので、どういう妖怪かは一切不明である。

元々この絵柄は、室町時代の土佐光信《とさみつのぶ》が描いたとされる『百鬼夜行絵巻』にあるもので、多くの絵師がこの巻物を手本に、妖怪絵巻を描いている。松井家に伝わる『百鬼夜行絵巻』も、そのうちの一つだろう。

土佐光信が描いた「槌」の妖怪は、ギョロリとした目で真っ黒い姿をしており、手には大きな木槌を持っている。そして、その足下には、これまた正体不明の真っ赤なブヨブヨとした妖怪がいて、そいつに向かって木槌を振り下ろそうとしているようなのだ。

土佐光信の『百鬼夜行絵巻』に登場する妖怪たちは、その多くが器物の変化《へんげ》として描かれている。つまりは、付喪神《つくもがみ》なのだ。木槌を持った妖怪も、本来は「木槌を持っている」のではなく、「木槌そのもの」の妖怪なのだろう。

金槌坊という妖怪も、それと同じことがいえるのではないだろうか。

蟹坊主《かにぼうず》

甲斐《かい》国東山梨《ひがしやまなし》郡岩下の里（現・山梨県山梨市）に、俗に蟹寺という寺が今もある。

昔、この寺は荒れ果てた無住《むじゅう》の寺だった。何度住職が変わっても、かならず一晩で姿を消してしまったからである。

ある日、一人の旅僧が村にやってきて、

「そんな怪しい寺なら、私が泊まってみようではないか」

と、村人の制止も聞かずに泊まることにした。やがて夜も更け、寝ていた旅僧は、何かざわざわとした音で目が覚めた。ふと部屋の中を見ると、真っ黒い坊主が立っている。するとその坊主は、

「両足八足大足二足横行自在両眼大差」

と問答をしかけてきた。旅僧はすかさず独鈷《とっこ》を手にすると、

「それは蟹だっ!!」

といいざまに、坊主をザックリと刺した。その途《と》端《たん》、凄《すさ》まじい叫び声とともに寺の床が鳴動し、その怪しい坊主が逃げて行った。それは大きな蟹だったのだ。あとを追った旅僧は、沢に逃げこんだ蟹を見つけたが、大蟹はすでに事切れていた。

以来、旅僧はこの寺の住職となり、寺は蟹寺とよばれるようになったのである。

金霊《かねだま》

金霊が好きな人は多い。金霊の出て行った家は滅び、入った家は栄えていくという。金霊はうなって飛んでくるというが、東京の足立《あだち》区のある家に金霊が飛んできて、その家の裏の藪《やぶ》に落ちたら、それからその家は栄えたそうである。

『兎園小説《とえんしょうせつ》』という本にも同じような話があり、文政《ぶんせい》八年（一八二五）、房州《ぼうしゅう》大井村（現・千葉県南房総市《みなみぼうそうし》）の農民が、朝五時ごろ、苗代《なわしろ》を見に行くと、雷鳴のような音とともに空から何かが降ってきた。落ちた場所に行ってみると、そこには光り輝く鶏卵《けいらん》のような玉があった。これぞうわさに聞く金霊だとして、喜んで持ち帰った。農民が日ごろから正直だからこのような恵みを得たのだと、『兎園小説』に書かれている。

私は、偶然五、六歳のころ金霊を見た。屋根の上で寝ていると、地震が起きたのでハッとして空を見上げると、十円玉みたいなものが飛んでいる。私はそれを見てから、地震のときは十円玉が空を飛ぶものだと思っていた。

金霊はいってみれば裕福になれるお守りのようなもので、これを大事に保存しておくとよいとする話が多い。

金《かね》の神《かみ》の火《ひ》

伊予《いよ》（現・愛媛県）の怒和島《ぬわじま》では、大晦日の夜更けになると、氏神様の後ろに丸い怪火が現れるという。しかもその怪火は、わめくような声をたてる。地元の人たちがこれを見ると、「歳徳神《としとくじん》がこられた」などというそうである。これを金の神の火という。

九州は天草にも似たようなものが出るといわれ、こちらは金ん主とよんでいる。これと力比べをして勝てば、大金持ちになるといわれていた。

これは各地に伝わる大歳《たいさい》の客という昔話の一形態であるらしい。大晦日の夜更けに歳神様《としがみさま》が現れて、福を授《さず》けてくれるといった話である。

歳神様は土地土地の話によって姿が違うが、天草の場合は武士の姿をしているといわれ、他の土地では荷馬の姿になっていると伝えられている。

夜半に松明を灯して、何頭かの荷馬が通る。最初にきた馬を捕まえれば、それには黄金が積んであったのに、気後れして最後にきた馬をとっ捕まえたら、荷物は全部銅銭だったとか……。それでも、けっこう金持ちにはなった、などといわれているのである。

かぶきり小僧《こぞう》

小さなおかっぱ頭の小僧で、変わった着物を着ている。下《しも》総《うさ》（現・千葉県北部、茨城県南部）の寂しい山道や夜道に出現して、通る人に、「水飲め、茶飲め」などと声をかける。

狢《むじな》が化けたものであるともいわれているが、このあたりの狢はどういうわけか子供の姿になるのが好きらしい。古書には次のような話も記されている。

上総《かずさ》（現・千葉県）の田舎で、長太郎という子供が二、三人の友達ととんぼ返りをして遊んでいると、一人の子供が着物をかぶって顔を隠し、くるくると宙返りをはじめた。

最初は近所の子かと思っていたが、何もしゃべらなければ顔も分からない。みんなで誰じゃ誰じゃと騒いだが、それでもやっぱりだまっている。着物を剝ぎ取ろうとしても、けっして離さない。何とか着物の中に手を差し入れて、やっと腕だけ引っ張り出すと、それは毛むくじゃらの腕で、人間ではなかった。

子供らは驚いて逃げだすと、その声を聞きつけた大人たちが棒などを持ってきた。化け物は林に逃げこんだが、そのうち着物を打ち捨てると、大きな狢の姿を現して、まっしぐらに走り去ってしまったという。

かぶそ

かぶそは、石川県鹿島《かしま》郡や羽咋《はくい》郡でいわれる水辺の妖怪である。

小猫ほどの大きさで、身体は黒く、前足が短く、尾の末端が太いといわれている。

夜道を行く人の提灯の火を消したり、人間を誑《たぶら》かして石や木の根と相撲を取らせたりする。また、十八歳くらいの美女に化けることもある。

主に夜間に現れ、人間にいたずらをしようとするときは、大抵あとからつけてきて、盛んによぶそうだから、そんなときには用心した方がいいそうである。

金沢ではこれを「かわそ」ともよんでいる。夏の水泳の時期になると、子供がキュウリに「カワソ大明神」と書いて川に流すという。

かぶそ、かわそはともに川獺《かわうそ》のことだろう。北陸地方では、川獺は狐狸《こり》以上によく化ける動物と信じられていたようで、いわゆる河童に近い性質も語られていた。

「カワソ大明神」にキュウリを供えるというのも、かわそを河童の一種とみなしている証拠みたいなもので、水神でもある河童、すなわちかわそに、水難事故が起きないように祈願するわけである。

蝦蟇《がま》

動物の怪異でいえば、昔から狐や狸の怪が多く伝えられているが、蝦蟇もまた怪をなすもので、古書には色々な話が記されている。

厩《うまや》に蝦蟇がすみつけば、馬の生気が衰え、ついには枯れ骨のようになるそうだ。人間も同じことで、蝦蟇が床下にすみつくと、その家の人はうつうつと衰え、患《わずら》ってしまうという。

ある古い家に住んでいた人が、原因不明の病気になって、日に日に衰えていった。

ある日、この家の縁側にきていた雀が、ついと縁の下に飛び入り、そのまま出てこないことがあった。病人は不審に思い、しばらく観察していると、庭にきた猫までもが、まるで吸いこまれるようにして縁の下に引き入れられ、行方知れずになるということが続いた。

思い余ったその人は、人を使って床を開けさせてみた。すると、床下の窪みには、とても大きな蝦蟇がいたのだ。その近くには毛髪や枯れ骨がおびただしく散らばっていた。犯人はこれに違いないと、蝦蟇を打ち殺し、床下を綺麗にすると、病人は日増しに回復したという。

蝦蟇の怪というのは、大体このような話が多いようだ。

鎌鼬《かまいたち》

ある男が道を歩いていると、突然ピューッと風が吹いてきた。何事もなさそうなので、そのまま家へ帰ると、女房が叫んだ。

「あんたどうしたの、その怪我は！」

見ると足からどくどくと血が流れ出ていた……。

　こういうことが、昔はしばしばあった。これは鎌鼬の仕業と考えられ、旋《つむじ》風《かぜ》に乗って現れるといわれていた。鎌鼬の爪は鎌のように鋭く、そのために切られても痛みを感じないのである。

　美濃《みの》や飛騨《ひだ》（現・岐阜県）の山間部にも、鎌鼬がよく出現した。この地方の鎌鼬は三人の神のようなものだといい、初めの神が突っかかり、次の神が刃物で切りつけ、三番目の神が血の出ない薬を付けていくといわれる。だから痛みがないのだという。

　また、新潟県の弥彦山《やひこやま》と国上山《くがみやま》の間にある黒坂というところでも、よく鎌鼬が出た。ここも山間部であることは、前の例とよく似ている。しかし、この黒坂の鎌鼬は凶暴で、山道で人がつまずいたり転んだりすると、途端に襲いかかった。そのため、人はここに差しかかると、転ばないように用心しながら歩いたという。鼬自体も一種の妖獣と考えられていたふしもあるから、そうよばれるようになったのであろう。

髪鬼《かみおに》

髪の毛は、日本女性の美しさの重要な一要素とされている。それだけに女の執念が籠もるともいわれ、どことなく不気味なものである。

この髪につく妖怪、または妖怪化した髪が、髪鬼なのである。

日に何寸（一寸は約三センチ）も伸び、切っても切っても伸びてくる。ただ伸びてくるだけではなく、その伸びた髪が怪しい行いをするようになるのだろう。

ある女は、隣家の女が美しい黒髪を持っているのをうらやみ、その女に様々な意地悪をした。そして、その女が苦悶《くもん》のうちに死ぬと、その祟《たた》りで意地悪をした女は髪鬼に取り憑かれたといわれる。急に黒々とした美しい髪になったので喜んでいると、それが髪鬼だったというわけである。

また、普段から不信心なくせに美しい髪を望んで、取ってつけたような善行をした結果、そうなったという話もある。

髪切《かみき》り

髪切りは、人が知らない間に、スッパリと髪の毛を切ってしまう。

突然に、しかも便所で髪を切られた事件が明治七年にあり、新聞沙汰にもなった。

三月十日の夜九時すぎ、東京は本郷三丁目のとある屋敷の召し使いぎんが、屋敷の裏にある共同便所に入ろうとしたときのこと。入ろうとした瞬間、何かゾーッとするような気持ちになり、同時に自分の髪の毛がパッとふり乱れ、突然乱れ髪となってしまった。驚きのあまり「キャッ」と叫ぶと、ぎんは近くの家へいきなり走りこみ、そのまま気を失って倒れてしまった。

家人はこの騒ぎに驚きながらも、ぎんを介抱して、ようやく正気に返らせた。そこで、事の次第を尋《たず》ねると、便所で突然髪を切られたということが分かり、さっそくみんなで現場を探索したが、そこにはぎんの結っていた髷《まげ》が、根元から切られて落ちているだけだった。

その後、ぎんは病に冒されて、親元で療養生活に入ってしまった。こんな事件を目のあたりにした家人は、白昼でもその便所に行くことを避けたという。これが髪切りの仕業なのである。

紙《かみ》舞《ま》い

藤沢衛彦《ふじさわもりひこ》の『妖怪画談全集　日本篇　上巻』によれば、紙舞いという妖怪は、神無月《かんなづき》、つまり十月にかぎって現れるそうで（といっても姿はないが）、風もないのに、紙がひとりでに一枚ずつ舞い飛ぶのだという。

神無月は神様が出雲（現・島根県）に集まるといわれていることと何か関係があるのかもしれないが、その理由についてはよく分かっていない。

紙舞いのいる家は、しまいには紙だけでなく、硯、墨、筆なども舞い、果てはきちんと畳んでおいた着物や帯までも舞ったといわれる（一種のポルターガイストか）。

また、強欲な金貸しが証文の束を見ながら算盤を弾いていたら、証文が一枚一枚空中に飛び去ったという話もある。

私も小さいとき、紙舞いを体験しているが、飛ぶはずのない紙が何枚も綺麗に飛ぶのだ。

多分、特別な風のせいだと思うが、見ている方はひとりでに紙がたくさん飛ぶので、思わず鼻の穴をふくらませて驚く。おそらくそうした紙の飛ぶ不思議を、昔の人は紙舞いといったのだろう。

瓶長《かめおさ》

これは浮世絵師・鳥山石燕《とりやませきえん》の『画図百器徒然袋《がずひやっきつれづれぶくろ》』に描かれている妖怪だが、どうも他の妖怪とは毛色が違っている。というのも、いかにも何か悪さをしそうな顔つきをしているのだが、これはまったく逆で、福が入った瓶なのだと石燕はいっている。それは、いくら汲《く》んでも水がつきない、幸せが入った瓶だというのである。

瓶の妖怪ということであれば、当然、付喪《つくも》神《がみ》の一種かと思うが、人間に福を与えてくれるような付喪神がいるとはオドロキだ。瓶の妖怪というのも、他にも探すとあるもので、『今昔《こんじやく》物語《ものがたり》集《しゆう》』には油瓶が人を取り殺す話が載っている。

藤原実資《ふじわらのさねすけ》という右大臣が、夜、大宮大路を歩いていると、前を油瓶が踊りながら進んで行く。怪しく思ってあとをつけると、ある人の屋敷の前で、油瓶は何度も繰り返し飛び上がった。どうやら門の鍵穴から中に入ろうとしているようだった。すると、その瓶は不思議にも小さな鍵穴から中に入って行った。後日、実資が人をやってその屋敷の様子を見に行かせると、何とそこの娘が物の怪に取り憑《つ》かれて死んでしまったとのことだった。

こちらの瓶妖怪は、瓶長の仲間というよりは、板鬼などの仲間なのだろう。

亀姫《かめひめ》

会津《あいづ》の猪苗代《いなわしろ》城には亀姫という妖怪が出るといわれ、城主の命がつきることを予言するという。

寛永《かんえい》十七年（一六四〇）の某月のことである。不思議な童《わらべ》が家老の前に現れて、

「まだ城主は亀姫様に謁見《えっけん》していない」

という。家老がこの子供の無礼を叱ると、

「姫路の長壁姫《おさかべひめ》と猪苗代の亀姫を知らずや、城主の命すでにつきたり」

といって消えてしまった。

翌年の正月朝、城代《じょうだい》が城主に拝礼しようと広間に行くと、広間の床の間に棺桶と葬式の道具が置かれている。そして夕方になって、餅をつく音がそこから聞こえてきた。

その日の怪異はそれだけだったが、一月十八日に至って城代の具合が悪くなり、二十日の朝、とうとう城代は息絶えてしまったのである。城主の代わりに、城代がその死を引き受けたということだろうか。

その年の夏、ある武士が二メートルばかりの大入道に出くわしたことがあった。彼がそれに切りつけると、何と古い狢《むじな》だった。そして不思議なことに、それ以来亀姫の怪異は消えたという。

蚊帳吊《かやつ》り狸《たぬき》

徳島県美馬《みま》郡三島《みしま》村舞中島《まいなかじま》（現・美馬市）では、昔、蚊帳吊り狸というものが出た。

夜中にこのあたりの寂しいところを歩くと、道の真ん中に蚊帳が吊ってあるのだ。

蚊帳といえば家の中で使う物だが、それが道に吊るされているのである。しかもこの蚊帳を潜《くぐ》らないと、先には進めない。

変だなと思いつつ潜ってみると、先には別の蚊帳が吊ってある。またそれを潜るとさらに蚊帳が吊ってあって、いくら行ってもきりがない。

これはおかしいと思い戻ろうとしても、またもや無数の蚊帳が吊ってあって際限がない。こうしてもとの場所に戻ることさえできなくなってしまい、一晩中その場所をウロウロすることとなる。

この蚊帳吊り狸に化《ば》かされた場合、よく心を落ち着かせて、丹田《たんでん》（下腹のあたり）に力を入れ、蚊帳を潜っていけば、ちょうど三十六枚目に脱出できるという。

徳島県には、圧倒的に狸の話が多い。蚊帳吊り狸の正体は解明されていないが、その名からすでに狸の仕業と決めつけているようである。

烏天狗《からすてんぐ》

身体は人間のようだが、背中には羽根があり、顔も鳥のような天狗を、烏天狗という。剣術が得意なので、手には刀や槍《やり》を持つことが多い。

愛媛県の西条《さいじょう》あたりにはこんな話がある。

ある夏のこと。西条在の村の人が、六歳になる男の子を連れて石鎚山《いしづちさん》に登った。山頂で背から子供を下ろして休んでいると、ふと気がついたときには子供の姿が消えていた。あちこち探したが見当たらず、人手も借りて探してみたが、やっぱり見つからなかった。

やむなく家に戻ってみると、どうしたものか、行方不明になった子が先に帰っていた。驚きながらも、ホッとして様子を聞いてみると、山頂の祠《ほこら》の裏で小便をしていたら、真っ黒い顔の大男が現れて、「こんなところで小便してはいけないよ。おじさんが坊やの家まで送ってあげるから目をつぶっておいで」とやさしくいわれ、気がついたらもう自分の家だった――などという。

これは烏天狗の仕業《しわざ》で、子供を家に送り届けてくれたわけである。

烏天狗にかぎらず、時間や空間を一気に超えるというのも天狗の能力の一つである。

ガラッパ

ガラッパというのは、奄美大島《あまみおおしま》とかトカラ列島といった南の島々にすむ河童の一種で、体が細くて手足が長く、座ると膝頭《ひざがしら》が頭より高くなるという足長河童である。

頭には皿があり、口から始終よだれを垂らしていて生臭い。

春は川辺に、秋は山にすむといわれ、山で人に憑《つ》くなど色々といたずらをする。何でもないところで道に迷ったり、いきなり木の枝に頭をぶつけたり、急に腹痛を起こしたり、目にゴミが入ったり、変な音が聞こえたりというような山での怪異は、大体ガラッパが関係しているといわれている。

だからといって、山の中でガラッパの悪口をいったりしてはいけない。履物を履いていればいいが、素足《すあし》で話すと、先にいるガラッパに悪口が聞こえて、仕返しをされるという。

ガラッパと友達になると魚がよく釣れるということも、南の河童の仲間に共通した特徴である。

いずれにしても、ガラッパは本土の河童よりも術というか神通力《じんつうりき》というようなものの種類が多い。山の神にも似ている。

こういうことは、原始的な神に近いということなのだろう。

画霊《がれい》

昔、勧修寺宰相家《かじゅうじさいしょうけ》に、女の絵が描かれている古い屏風《びょうぶ》があった。あるとき、「そんな屏風でも、貸してもらいたい」といって、穂波《ほなみ》殿の侍所《さむらいどころ》から使いがやってきたので、勧修寺家は喜んで貸した。するとその晩から、子供を抱いた怪しい女が、穂波殿の屋敷近くで毎夜のように現れるようになった。ある人がその女のあとをつけてみると、女は屏風のところでふっと消えた。さてはこの屏風の仕業《しわざ》かと、気味悪がってもとの勧修寺家に返してしまった。

以来、勧修寺家でもやはり同じようなことが起きるので、ある小侍《こざむらい》が「女はこの屏風の中の絵ではないか……」と勘づいて、試しに屏風に描かれた女の頭に、細い紙を貼りつけてみた。すると、その夜からは頭に紙をつけた女が庭に現れたのである。

これはおかしいということになり、宰相殿が絵師を集めてその屏風を見せた。絵師たちの話では、それは土佐光起《とさみつおき》（江戸時代前期の画家）の画で、貴重なものだという。そこでその絵を修理して大切にしまったところ、夜な夜な現れた女性も出なくなったという。

要するに、私の絵を大切にしてくれと、画霊が訴えたのだろう。

川赤子《かわあかご》

川赤子というのは、沼とか池で、「オギャー、オギャー」と泣く妖怪である。赤ん坊でも溺れているのではないかと思って、助けようと声のする方に行くと、今度は逆の方向から声がする。

親切すぎる田舎《いなか》の人は、さらにまた助けようと、慌てて逆の方向に走って行くと、また前に泣いていたあたりから、「オギャー、オギャー」と聞こえてくる。

川赤子だと早く気づけば慌てなくてもすむのだが、土地の古老ぐらいしか知らないので、大抵の者は慌てて足を踏み外し、池や沼に落ちてずぶ濡れになる。すると、気が狂わんばかりに泣いていた川赤子の声も、ようやくおさまるという。

このように声だけの妖怪らしく、その姿を見た者はいない。池とか沼の主のなせるわざだとか、河童の類《たぐい》だろうとか、色々いわれるが、その正体はよく分かっていない。

似たような話で、ある人が海岸で「メエー、メエー」と鳴く声を聞いたという。それは猫みたいで、近くとも遠くとも思える妙な鳴き声だった。あたりを探したが声の主はどこにも見当たらず、その間にも鳴き声はずっと続いて、実に不思議な気持ちになったという。これなども川赤子と同類のものだろう。

川獺《かわうそ》

昔から川獺は化《ば》けるといわれ、柳田國男《やなぎたくにお》の『妖怪談義《ようかいだんぎ》』にも、石川県能登《のと》地方の川獺は、二十歳前後の娘や碁盤縞《ごばんじま》の着物を着た子供に化けてくるとある。「誰だ」と尋ねると、人であるなら「オラヤ」と答えるところを、川獺は「アラヤ」と答え、「お前はどこのもんじゃ」と聞くと、どういう意味でか「カハイ」と答えるなどと書いてある。

青森県の津軽地方でも川獺を怪しい動物とみなし、生首に化けて川で漁をする者の網にかかって驚かすなどの話が伝わっている。川獺にだまされた人間は途端に元気がなくなり、何かに取り憑《つ》かれたような状態になるという。

また、宮城県の仙台城下には、川獺が大入道に化けた話がある。この怪事を聞いた藩主の伊達政宗《だてまさむね》が退治したところ、それは子牛ほどもある大きな川獺だったという。

この他にも、水辺にすむ動物だからか、土地によっては河童《かっぱ》に近い性質も語られていた。北陸地方のカワソ・カブソなどは、その例である。

いずれにしろ、昔は人里の近くにすみつき、狐狸《こり》などと同じように、人間をだましては驚かすことを常習としていたのだろう。

川獺《かわうそ》の化《ば》け物《もの》

昔、加賀《かが》（現・石川県）の金沢《かなざわ》城の堀に年を経《へ》た川獺がいて、人を誑《たぶら》かすことでよく知られていた。

ある日の夕方、女好きの若い男が、堀の近くで笠をかぶった女を引っかけた。しかし、うまく家まで連れてきたのはいいものの、よく観察するとどことなく気味の悪い女だった。そこで数人の仲間をよんで女の相手を頼み、自分は別の部屋に隠れていた。

仲間は代わる代わる女に挨拶をするが、女は笠も取らずにじっと座って、ただ「あの方にお会いしたい」とだけ答えた。

「あの男は急用ができて、夜《よ》更《ふ》けでないと帰らないのだ」

と、気を利かせた仲間がいうと、女は、

「それでは私がお迎えにあがりましょう」

といって、笠を取りながら外に出て行った。その顔は六、七十歳ばかりの老女に見えた。

仲間たちは若者を一室に寝かせると、念のため外で見張りをすることにした。だが、しばらくすると若者の悲鳴が聞こえ、びっくりして駆けつけてみれば、若者はすでに殺されていた。さらに驚いたことには、遺体の傍らには若者から引き抜かれた性器が置かれてあったという。

カワエロ

岐阜県揖斐《いび》郡の方には、カワエロとよばれる河童《かっぱ》の仲間がいる。

川の中にいるときにはけっして姿を見せないが、川底から出てくるとよく猿に化けるといわれ、その化けた猿の足跡はほとんど踵がないので、それと分かるという。

顔が白く、眉の黒い猿は、大抵カワエロが化けたものとされ、また、人が欲しがるものに化けては人をからかったりする。

武儀《むぎ》郡（現・関市）ではガワイロとよばれ、よく子供に化けては相撲を挑《いど》んでくるという。しかし、手を引いてしまえば簡単に抜けてしまうので、勝つことができるそうである。

ガワイロは他の河童の仲間にはない珍しい特徴がある。というのも、ガワイロの頭の皿には毒が入っていて、これを川に入れると水が粘《ねば》ってくるというのである。川で泳いでいる人は、この粘りで岸へ上がることができなくなり、もたもたしているうちに尻を取られてしまうというわけだ。

カワエロは、またの名をノシというが、岐阜県に近い尾張《おわり》（現・愛知県）では、河童のことをヌシとよんでいた時代があったというから、ノシという名前は、意外とこのヌシからきたよび方かもしれない。

川男《かわおとこ》

川の怪物といえば、河童と相場が決まっているような感があるが、川には川男というのもいる。

これは河童よりさらに人間に近い姿をしていて、『和漢三《わかんさん》才図会《さいずえ》』という古書に載《の》っている。

川男は、気のよさそうなというか、まるで人畜無害《じんちくむがい》といった顔つきをしている。実際、性格もおとなしいようで、二人ずつ並んで物語を語っていることが多いなどと、江戸時代の国語辞書である『和訓栞《わくんのしおり》』にも記されている。

高山の流れの大川にすんでいるらしく、美濃《みの》（現・岐阜県）などで、夜網《よあみ》に行って会った人が多いという。色が異常に黒く、背がやたらと高いそうで、そんなところから世間で背高ノッポの人のことを、「川男を見るがごとし」などといったそうだが、これはすでに死語だろう。

同じ川にすむ妖怪とはいえ、河童が全国各地あっちにもこっちにもその痕跡《こんせき》を残しているのに比べると、この川男に関する話というのは非常に少ない。少ないというよりも、『和漢三才図会』と『和訓栞』くらいにしか、載っていないようである。

川熊《かわぐま》

昔、秋田県の雄物川《おものがわ》に、川熊とよばれる妖怪がすんでいた。ある日、秋田の殿様が雄物川に舟を浮かべて猟《りょう》をしていると、水の中から黒い毛だらけの手が出てきて、殿様が持っていた鉄砲《てっぽう》を奪い取って行った。

「うむっ、不届き者めがっ！」

大いに怒った殿様は、家来にすぐに鉄砲を取り返すように命じ、家来はすぐさま水底に潜《もぐ》って、苦心の末に何とか川熊から鉄砲を取り返した。その鉄砲は「川熊の鉄砲」と名づけられ、殿様の家に代々伝えられているという。

また、雄物川の下流、河辺《かわべ》郡川添《かわぞえ》村椿川《つばきがわ》（現・秋田市雄《ゆう》和《わ》）には、川熊の手なるものが伝えられていたという。ある船頭が雄物川の岸に船を繋いでいたところ、深夜にガバッと水音がして、船縁に何者かが両手をかけた。びっくりした船頭が鉈《なた》でその手を切り落とした。朝になってから見れば、船の中にその手が転がっていて、それはまるで猫の手のようなものだったという。

川熊の名前は新潟の信濃《しなの》川《がわ》にも伝わっていて、洪水があって土手が切れたりすると、「あれは川熊の仕業だ」などといったそうである。熊とはいうものの、これらは普通の熊とは まったく違うようだ。

河虎《かわこ》

　享保《きょうほう》年間（一七一六〜一七三六）のころ、対馬《つしま》の仁位《にい》村に新九郎《しんくろう》という侍《さむらい》がいた。

　ある日の暮れ、新九郎が川辺を歩いていると、何かが水に飛びこむ音がした。新九郎は河虎だと思い、「こらっ」と叫んで、手ごろな石を川に投げこみ、そのまま帰宅した。

　その夜、新九郎が自身番の仕事で、雨上がりの道を歩いていたところ、歩くたびに何かが足にまとわりつくような感じがする。しかし新九郎は気にせずに歩いていた。

　その翌晩、新九郎は自分の腹に梅干しほどの出来物があるのを見つけた。摘《つま》もうとすると、何と出来物は逃げまわる。やっとのことで追いつめ、左手で握りしめた。昨日のことを思いだした新九郎は、

「河虎め、どうしてくれよう」

　といって、近くにあった錐《きり》を出来物に突き立てた。すると「キューッ」という声がしたので、新九郎は出来物を離してしまった。慌てて体中を探ったが、出来物はどこに行ったのか分からない。家の者にも頭から足の先まで探させたが、ついに見つけることはできなかったという。

　どうやら河虎は逃げ失せてしまったのだろう——という話が、『楽郊紀聞《らくこうきぶん》　対馬夜話《つしまやわ》』に記されている。

川猿《かわざる》

静岡県榛原《はいばら》郡あたりでいう川猿というものは、ときに童子《どうじ》の姿となり、人を化《ば》かすことがある。体中に魚の臭気があり、また、体の急所といえば股《また》と目であるから、この部分に矢があたれば大いに弱る。もしも組み合うようなことがあれば、体中の皮膚《ひふ》や肉をかき破られ、大変な重傷を受ける。性質は臆病《おくびょう》ではあるが、不思議にも自分を助けてくれた人の顔だけは、よく記憶していて忘れないという。

多分、河童《かっぱ》の親類ではないかと思うが、頭に皿がない。しかも酒好きなところを見ると、むしろ川獺に近いのかもしれない。しかし、河童の形や性質が多分に猿に似ているのは不思議である。

ところが、猿と河童は昔から仲が悪い。九州の方では、猿まわしが川を渡るとき、猿と河童が喧嘩《けんか》になることがあり、間抜けな猿は、河童に尻子玉を取られたりするらしいが、普通の猿は大抵河童を捕まえてくるといわれる。

一説には、河童は十二時間しか水に潜《もぐ》れないが、猿は二十四時間潜ることができるといわれ、河童より猿が強いとされる。

川猿は、その猿と河童と川獺の、合体したような妖怪なのだろう。

カワソ

四国の宇和《うわ》地方でいうカワソは、水辺や水中にすみ、通行人に取り憑いては、色々いたずらを働くといわれている。

大きな猫ほどの大きさで、色は鼠《ねずみ》色、歩くのが速く、人間がどんなに速く走っても追い着くことができなかったらしい。「カワソの千匹連れ」という言葉ができたほどなので、群棲《ぐんせい》していたようである。

あるとき、夜遅く海岸を通った人が、ピイピイという鳴き声を聞いた。暗闇を透かして見ると、何とそこにはカワソの大群がいたのだ。それも、肩車をしたり、列をつくったりしてひしめきあっており、その人は恐ろしくて、息もつかずに逃げ帰ったという。

カワソには、人間と背比べをするのを好むという奇妙な性質があり、「このくらいか、このくらいか」と人間に問うたびにどんどん大きくなっていき、しまいには入道のように巨大になっていく。適当なところで「見越した」といってやると、カワソは急に小さくなってどこかに消えてしまうのである。

カワソが背比べを挑《いど》んできても、まともに勝負をしないというのが、この地方の教訓であるらしい。

川太郎《かわたろう》

岩手県の雫石川《しずくいしがわ》のあたりでは、河童《かっぱ》のことを川太郎とよんでいたという。

南部太田村《なんぶおおた》（現・盛岡市）の助八《すけはち》という者の家に、よく川太郎が現れた。この川太郎はけっして人に害をなさず、むしろ子供らと遊ぶのが日課でもあるかのように、毎日やってきては、相撲をとったり、追いかけっこをしたりと、まるで子守りのようだった。しかしこの川太郎、年長者がくるとサッと隠れてしまい、子供らにも一緒に遊んでいることをいうなと口止めしていた。

だが、ある子供が親にポロッと話してしまったのである。その親は「子供が取られては大変だ！」と、川太郎を見つけだすやいなや、鎌《かま》でもってさんざんに斬りつけた。いくら川太郎でもこれには逃げるしかなかった。

翌日、子供らが遊んでいるところに、傷だらけの川太郎が現れ、こういった。

「約束を破るとはひどい。今度こんな目にあわせたら、北上川《きたかみがわ》や他の川の仲間を集めて、かならず復讐《ふくしゅう》するからな！」

このことを伝え聞いた大人たちは恐れをなし、それからは子供が川太郎と遊んでいても、見てみぬふりをしたという。

川天狗《かわてんぐ》

神奈川県津久井《つくい》郡の川に夜漁へ行くと、真っ暗闇の中を大きな火の玉が転がることがあるという。これが川天狗で、こんなときは、川原の石の上を洗い清めて、捕れた魚を供えると、火の玉は転がるのをやめるそうである。

また、投網《とあみ》を打ちに行くと、姿は見えないが、前方の少し離れたところに、同じように投網を打ちながら行く人影を見ることがある。これも川天狗だという。

一方、東京の川天狗は、人前に姿を現していたらしい。

小河内《おごうち》村（現・奥多摩町）の多摩川に大畑淵という巨大な淵があって、川天狗はそこにすんでいた。人に危害を加えるでもなく、いつも岩の上に腰かけ、物思いにふけっている姿をよく見かけたものだという。

ある年の秋ごろ、天狗は美しい娘を嫁にしたようで、岩の上で語り合う仲睦《なかむつ》まじい二人の姿が見られるようになった。

そんなある夜、天狗の嫁さんが膳椀《ぜんわん》を借りにある家を訪れた。快《こころよ》く貸してやると、翌朝には膳椀が戻されていて、中にはミミズが入っていた。患《わずら》ったとき飲むようにというただし書きとともに……。熱病の者にこのミミズを煎《せん》じて飲ませたら、不思議と熱が下がったという。

川者《かわのもの》

大分県では河童《かっぱ》のことを川者などとよぶことがある。地元では川者が人に取り憑《つ》くことはよく知られていることで、取り憑かれると病気になるといわれている。

病気といっても原因は憑き物によるわけだから、普通の医者に診てもらっても治らない。それ専門の法者《ほうじゃ》がいて、そこに行って治してもらう。すなわち川者を落としてもらうわけである。法者は病人を御幣《ごへい》で撫《な》でたあと、それを紙袋に入れて焼く。すると病人はうそのように正気を取り戻すという。一見単純な作業のようだが、法者以外の人がこんなことをしても憑物は落ちない。

一般に河童が取り憑くのは女性に多いといわれ、憑かれた女性は、親兄弟が目を覆うほどの媚態《びたい》を演じてみせるという。

また、大分県中津《なかつ》市新魚《しんうお》町の自性寺《じしょうじ》には河童の詫《わ》び証文というものが伝わっている。

これは、ある女性に憑いた河童が退散するときの誓約文《せいやくぶん》といわれており、天明《てんめい》六年（一七八六）六月十六日という日付けと「ケンヒキ太郎」という署名までされている。

ものの真偽はともかく、こんな古い時代から、河童に憑かれた人の話が残っているのはちょっと驚きである。

川姫《かわひめ》

福岡県築上《ちくじょう》郡の一部で話されていたという美女の化け物である。この川姫を見て心を動かすものがあれば、たちまち精気を抜かれてしまうという。

村の若い衆が水車場に集まっているとき、いつとはなしにまわっている水車のかげに、美しい女が立っていることがある。これが川姫だから、見つけたらすぐに下を向き、息を殺してしまわないといけない。大抵はその場にいる年寄りが戒《いまし》めの合図をする。

四国の琴平《ことひら》では、川姫ではなく川女郎《かわじょろう》という妖怪が出るそうである。これはべつに人に悪さをするのではなくて、大水が出て堤が切れそうになると、「家が流れるわよーっ」と泣くのだという。香川県の仲多度《なかたど》郡では、「今夜も川女郎が泣きよるわ。水が出たから」などということがあるそうである。

川に縁の深い妖怪といえば河童だが、これがときとして、水神や川の神と考えられるのに対して、この川姫はどちらかといえば、人身御供《ひとみごくう》や人柱《ひとばしら》といった、悲哀の伝説を連想させるところがあり、四国の川女郎などは、とくに無関係ではないように思われる。

カワボタル

千葉県の印旛沼《いんばぬま》でいう妖火で、新潟県の蓑虫火《みのむしび》や滋賀県の蓑火《みのび》など同じようなものだろう。火とはいっても熱くはなく、色がまるでホタルのように青白いので、このような名前がつけられたらしい。

夏から秋の雨の夜に現れることが多く、力任せに打ち叩くと砕け散り、それが手や船に付着すると、ぬるぬるしていてとても生臭いという。

あるとき、夜釣りをしていた男が、舟の上で丸い火の玉のようなものを見た。熱くはないが、手で払っても火は消えず、そのうち、火の玉の数が増えてきた。

男は何度も手で払いながら、舟上であたふたしていたが、やがて夜のとばりが下りるように火の玉は消えたという。

他にも何人もの者がカワボタルを目撃しており、投網《とあみ》で捕まえたら、網の中が一面青い火となったという話もある。

一説には狸《たぬき》や鼬《いたち》の仕業というが、『利根川図志《とねがわずし》』という古書によれば、カワボタルは亡者《もうじゃ》の陰火ともよばれるそうなので、死者の霊が火の玉となって現れると信じられた可能性もあるようだ。

このカワボタル、不思議なことに、大工と石屋には憑《つ》かないという。

岸涯小僧《がんぎこぞう》

岸涯小僧はその名のごとく岸辺にいて、魚をとり頭からバリバリと食べる。また雁木小僧とも書く。雁木というのは丸くてギザギザのついた一種の歯車で、口をあけたところが雁木車のようなのでこの名がある。

岸辺を通る魚屋は、岸涯小僧を見ると、一番安い大きな魚を一匹投げ出したというが、逃げながらバリバリと魚の頭をかみくだく音を聞くのは、さぞかし恐ろしいことだったのだろう。

魚の頭をバリバリとすごい音をさせて食べるのは、犬とか猫でもある。あるいは、川獺《かわうそ》なんかでもすごい音で食べるから、案外そういったものたちも岸涯小僧の中にふくまれていたのかもしれない。

戦後になってからソロモン群島の方に行ったとき、現地の人が魚を捕《と》っているのを見たことがある。そのとき、案内人のキャプテンが、四十センチメートルばかりの魚を、頭からそのままバリバリと凄まじい音を立てて食べはじめて驚いたことがある。岸涯小僧もかくやと思われるほどの音だった。歯もいいが、音もよかった。

昔は菓子なんかあまり食べないから、岸涯小僧みたいな歯をした人間はたくさんいたのかもしれない。

カンチキ

山梨県南都留《みなみつる》郡道志《どうし》村の小善地《こぜんじ》から、大栗《おおぐり》に出るところの湯本にカンチキという妖怪が出た。

カンチキはきわめて河童に似た属性を持っている。背中には亀甲《きっこう》を背負い、頭はざんばら髪を四方に振り乱し、顔は蒼《あお》黒《ぐろ》く、烏天狗《からすてんぐ》に似ていた。いつも人の尻ばかりを探しまわり、よくいたずらをした。水中に人を引く力はものすごく強いが、逆に押されればすぐひっくり返ってしまう。

昔、小椿のおかめ婆さんが十歳になる娘を連れて、蕨《わらび》採りに出かけた。大川に降りて丸木橋を渡ろうとしていると、娘がしきりに「川の向こうに子供がいる」という。だが、おかめ婆さんにはそれらしい姿は見えず、気にもとめずにそのまま丸木橋を渡りはじめた。

娘が橋の半ばまで渡りかけると、川向こうの子供は急に姿を消し、同時に娘は転落して急流にのまれた。びっくりしたおかめ婆さんは、そのまま激流《げきりゅう》に飛びこんで助けようとしたが、それはかなわなかった。

やがて娘は死骸《しがい》となって水面に浮かび上がったが、見るとお腹がカラッポで何もなかったという。

カンチキは人間の尻こぶ（肛門《こうもん》）から細い手を入れ、内臓をひき出して食べてしまうといわれている。

カンテメ

百五十年ほど昔の奄美大島でのこと。

カンテメという娘がある家に仕え、畑仕事や山仕事に身を投じていたが、あるとき岩加那《いわかな》という青年と知り合い恋仲になった。

ところが、家の主人がこれを認めず、それどころか、カンテメを激しく折檻《せっかん》し、とうとうカンテメを死に至らしめてしまった。

これを知った岩加那もショックで気が触れ、かつてカンテメと逢い引きをしていた場所で、毎晩のように三味線を弾いて暮らすようになった。

そんな岩加那の様子を見た人々は、「あれは夢幻《むげん》の世界でカンテメと逢っているのだ」などと話し合い、岩加那が口ずさむ歌をカンテメ節とよんだ。

それからというもの、このカンテメ節を酒宴の席などで歌うと、それまで喧騒《けんそう》を極めていた席がたちまち静まり返って、青白い顔をした娘が人々の間にそっと立ちまじるようになったという。

人が死ぬと魂《たましい》が昇華《しょうか》され、神あるいは仏として崇《あが》められるようになる場合があるが、岩加那にとってのカンテメはもはや人でも亡霊でもなく、神に近い存在だったのだろう。

関東《かんとう》のオサキ

埼玉県、茨城県、栃木県では「オサキが憑《つ》く」という表現がある。オサキはハツカネズミよりやや大きく鼬《いたち》のような形、色は茶、橙《だいだい》、灰、茶と灰の混合色といった具合に雑多で、頭から尾までに黒い一本線がある。これに憑かれた人はやたら大食いをするようになり、前歯で物を噛《か》むようになるという。

オサキが行動するときには、常に大群をなすといわれているが、中にはこれを飼っている家もあり、そうした家は俗にオサキ屋とよばれている。

近年では、昭和二十一年に、群馬県邑楽《おうら》郡のある女性が、オサキを憑けられたと騒ぎになったことがある。その年の夏に突然精神に異常をきたし、興奮しながら、「オーサキがきた、オーサキがきた」といって叫びまわるようになった。家の者も手がつけられず、やむなく屋内に監禁してしまった。それから約半年間、このような精神錯乱状態が続いた後、彼女は正常に戻ったという。この女性の家の近くにオサキを飼っている家があったので、そこのオサキを憑けられたのではないかとうわさされたという。

このようなことは五、六十年前までは、そう珍しいことではなかったらしい。

龕《がん》の精《せい》

龕というのは、死人を納める棺《ひつぎ》のことである。沖縄県の今《な》帰《き》仁村《じんそん》で、昔、牛になったり馬になったりして人を襲う化け物がいて、これがどうやら龕の精だったらしい。

また、人が今まさに死のうとしている家の前を、人の足音や荷物をかついだときのギーギーという音だけが通ることがあるそうで、これは龕の精が家の前を往復しているからだという。

葬儀で龕かつぎに行くものは、龕小屋を開けたら、巧みにこれをなだめなければならない。そして、しまうときは悪口をいいながら閉じるのである。こうしないと龕の精が出てきて、また人を連れにくるというわけなのだ。

龕の精にまつわる禁忌《きんき》は他にもあって、葬式のときに赤い着物や帯を身につけると、龕の精に魂を奪い取られるとか、葬式で龕を指さすと手が切れてしまうなどといわれている。しかし、もし思わず指をさしてしまったときは、指をくわえて七遍まわればいいとされている。

沖縄の方では、昔から棺の古板、すなわち龕の古板は化け物になるから焼かなければならないといわれ、今帰仁村には龕の古板が美女に化けて、男と愛を交わし合ったなどという話もある。

加牟波理入道《かんばりにゅうどう》

加牟波理入道は厠《かわや》の神であり、大晦日の夜、厠に行って、「加牟波理入道ほととぎす」と唱《とな》えると、一年間は便所で妖怪を見ないといわれる。

厠神は紫姑神《しこじん》とも書き、「昔、唐《とう》で李景《りけい》という人の本妻が、正月十五日に李景の愛人を厠で殺したため、毎年正月にこの愛人を祀《まつ》り、紫姑神と名づけた」と『古今百物語評判《こきんひゃくものがたりひょうばん》』に出ている。

昔から便所の神は、夫婦人形であるところが多い。

秋田県では土人形でこれをつくり、便所のすみに置く。出雲《いずも》（現・島根県）ではトウモロコシで男女一対の神をつくり、これで便所の不浄を払うという習慣があった。また閑所神《かんしょしん》といって、棚の上に数個の土人形を置く地方もあるが、これらはいずれも加牟波理入道の仲間である。子供などが、夜便所に行くのを怖がったりしないように守る神だった。

今は水洗便所だから別に怖くもないが、昔は二枚の板を渡しただけで下は深い糞壺だったので、夜など静かな暗い穴から手が出てきたりしても、不思議ではないような感じだった。

いずれにしても、便所の不安をなくするのが加牟波理入道の役目だったのだろう。

鬼《き》撃《げき》病《びょう》

『医心方《いしんほう》』という書は、鍼灸《しんきゅう》博士丹波康頼《たんばのやすより》が撰《せん》し、永観《えいかん》二年（九八四）に円融帝《えんゆうてい》に献上されたと伝えられる。その巻十四の第三に、「治鬼撃病」なるものが記されている。

この病気は、姿の見えない鬼が、人間に触れたり道具で撃ったりすることで罹《かか》るもので、その症状はまるで刃物で刺されたかのように、胸や腹部を絞られるような激痛が襲う。その痛む部分を手などで押さえると、吐血したり、鼻や口から出血したり、あるいは下血したりするという。

症状が軽度であれば苦しむだけですむが、重度であれば死に至る場合もあるとされ、鬼に取り憑かれる原因は、その人間の気血《きけつ》が虚弱《きょじゃく》していたり、精魂が衰微《すいび》していたりするためだと説明されている。

しかし、この鬼撃病には治療法がある。中国東晋《とうしん》初期の道士葛洪《かっこう》が著した『葛氏方《かっしほう》』には、上等の苦酒を両方の鼻孔《びこう》中に吹きこむか、あるいは人中（鼻と唇の間の溝）に灸《きゅう》を一壮《いっそう》すえると、ただちに癒《い》えるとある。

また『新録方《しんろくほう》』や『千金方《せんきんほう》』にも、鬼撃病の治療方法が記されているそうである。

キジムナー

沖縄独自の妖怪であり、セーマ、ブナガヤーといった名前でよばれることもある。ガジュマルの古びた木の精霊だといわれ、その姿は赤ん坊ほどの大きさで全身が毛に覆われている。魚や蟹《かに》を好むが、魚は片目だけをくり抜いて食べる。夜に提灯《ちょうちん》を持って歩いていると、その火を取って逃げることもあるが、出かける前に提灯をまたいでおけば防げるともいわれる。

また、旧暦八月十日は妖怪日といって、すべての妖怪が出る日とされているが、この日にキジムナーはよく火を出すので、キジムナーの火を見物に出る人が多いという。火とキジムナーとの関係というのは深く、原因不明の火もキジムナーの火とよばれ、この火が家の屋根から上がることを死の予兆としている。キジムナーはまた漁が上手で、そのときにも盛んに火を発して海上を往来するという。

首里《しゅり》付近ではキジムナーの宿る木に芋《いも》を置くと、一週間くらいでキジムナーと友達になれるといわれているが、キジムナーの嫌いな蛸《たこ》、屁《へ》、熱い鍋蓋《なべぶた》を出したり、宿っている老木を焼いたり、釘《くぎ》を打ちこんだりすると、その関係を絶ってしまう。そればかりか、遠隔の地でこの話をしても、たちまちのうちに報復されてしまうという。

鬼女《きじょ》

信濃《しなの》（現・長野県）から都へ上る旅人があった。木曾路《きそじ》で日が暮れて道に迷い、都合よく山中で一軒家を見つけた。一夜の宿を頼むと、五十歳ばかりの婆が快く許してくれた。どうやら一人暮らしらしく、他に人は見当たらない。旅人がほっとしていると、囲炉裏の方から美味そうな匂いがする。

「ほんの少しでよろしいですから、分けて下さい」

たまらず旅人がそういうと、婆はうるさそうに、

「これは人間の食べるものではない。夫が帰ってくるから、煮て待っているのだ」

などという。ふと婆の顔を見れば、口が耳元まで切れたものすごい形相。鬼婆だったのだ。しかも、煮ていたものは、人間の首や手足ではないか。驚いた旅人は一目散に逃げ出した。しかし、鬼婆も、

「おのれ、どこへもやるものか」

と叫びながら、どんどん追いかけてくる。

旅人はとある辻堂《つじどう》の中に走りこみ、小さくなって息を殺していた。すると、早くも鬼婆が追いついて、あっちこっちを探したけれども、どうしても旅人の姿が見えないので、さも残念そうにわめきながら、風のように去ってしまった。命拾いをした旅人は、やがて何ごともなく都へ急いだという。

鬼女紅葉《きじょもみじ》

京都の応天門《おうてんもん》放火の冤罪《えんざい》で伊豆に流罪《るざい》になった伴善男《とものよしお》の子孫に、奥州会津《あいづ》（現・福島県）で暮らす笹丸という男がいた。妻との間には第六天魔王に祈願して授かった呉葉という女の子がいて、成長するにつれ美しさを増し、琴をよく奏でるようになった。ところが、魔王の申し子である呉葉は野心家だった。豪農の息子から大金をだまし取って京の都に上ると、名を紅葉と改めて世に出る機会を狙った。

紅葉の美貌と琴の評判は源経基《みなもとのつねもと》の耳に届き、紅葉は側室として経基の寵愛《ちょうあい》を受ける。しかし紅葉は、邪魔に思った正妻を亡き者にしようとの企てが露見し、信濃の戸隠山に流されてしまう。その後、改心して村人に京の文化を教え、妖術で病を治すなどしていたが、再び邪悪な心がよみがえり、盗賊の首魁《しゅかい》となった。

紅葉の悪行はやがて京へと伝わり、紅葉討伐のために平《たいらの》維茂《これもち》が信濃守《しなののかみ》に任じられた。鬼女に変貌《へんぼう》した紅葉の恐るべき妖力に対し、維茂は別所北向観音に祈願してその加護を得て、これを打ち破ったという。

鬼女となった紅葉だが、里人が敬《うやま》う思いは消えず、十月二十日（あるいはその近くの日曜日）には、その霊を偲《しの》んで多くの人々が集まり、紅葉祭りで賑わうのである。

鬼《き》神《じん》

東大寺の東坊の南第二室は、昔から鬼神が出るとうわさされていたので、住む者も近づく者もいないという有様だった。

そのため、そこは荒室《あれべや》とよばれ、その名の通り荒れるに任せておいた。

ここに、十六歳で出家したという聖宝《しょうぼう》という僧がいる。はじめは元興寺《がんごうじ》に入って三論の法文を学び、それから東大寺において法相《ほうそう》と華《け》厳《ごん》とを兼修したが、年の若いこともあって、まだ定まった住房を持っていなかった。

そこで渡りに舟とばかりに聖宝が荒室に住むことになった。その最初の夜のことである。

さっそく鬼神たちが様々な姿を取って現れ、聖宝を誑《たぶら》かそうとした。

聖宝の目の前で、龍蛇と仏との格闘シーンなども展開されたが、意志堅固の聖宝は少しも恐れることなく、その日の勤めを全うしたのだった。

これにはさすがの鬼神も根負けして、早々に逃げだしてしまったようだ。以来、荒室は一変し、安心して修学に励める場所となったので、以降は相次いで一門の僧たちが居住するようになったという。

狐《きつね》憑《つ》き

人がおかしな動作をしたり、妙なことを口走ったりすると、昔は「狐が憑《つ》いた」といったものである。これは普通の動物の狐と違って姿は見えず、いきなり人に取り憑き、その人の心を占領する。代々その家系に小さな狐が憑いているともいわれ、鼬《いたち》くらいの大きさで皮ばかりのものだと説く人もいる。

昔、江戸の本所《ほんじょ》に住む人に狐が憑き、急に騒がしい性格になるということがあった。家人が困っていると、ある老人が狐を追いだすのに効き目があるといって薬を勧めてくれた。薬を粉末にして汁の中へ入れたところ、狐憑きは汁を一口飲んで大いに驚き、

「南無三《なむさん》、はかられた」

と叫ぶや、その場で七転八倒《しちてんばっとう》し、ついに悶絶《もんぜつ》して倒れた。その男が気づいたときは、狐は逃げ去っていたという。

江戸近郊の千住にもやはり狐の憑いた男がいた。これまた踊り狂ってやかましいことこのうえない。武士に頼んで脅かしてもらうことになったが、少々のことでは驚かないばかりか、逆にあざ笑う始末である。そこでその武士は本気で怒り、一刀のもとに斬り殺そうとしたところ、狐は慌てて逃げたという話もある。

狐《きつね》の風《かぜ》

佐賀県では、狐の風を負うと精神に異常を起こすといわれている。風を負うというのは悪病に罹《かか》ることで、つまり憑《つ》かれるということである。

旋風《つむじかぜ》に出くわしても風を負うといわれ、もしこれに出合ってしまったら、唾《つば》を三度吐《は》くとよいという。

この地方では狐を捕まえると、まわりの人々はその舌を分配してもらい、生のままで吸う風習があった。それは、狐の舌を生のまま吸うと、狐狸《こり》に化《ば》かされないといういい伝えがあるためだった。この舌はいかに小さく切っても、その断片を噛《か》んでいると、次第に大きくなって口一杯に広がるといわれている。

また、狐は人間に化けても一声以上の声を出せないので、往来《おうらい》で誰かに「もし」と一声だけかけられたら、返事をしないことになっている。だから逆に、人に声をかけるときは、「もしもし」と二声以上声をかけないと、狐ではないかと疑われてしまうという。

おおよそ、太古の蛇信仰《へびしんこう》の次に、どうやら狐信仰が現れたらしい。

『日本霊異記《にほんりょういき》』に、それらしい話があるとされるが、そのころはまだ、あまり力がなかったらしい。

狐《きつね》の祟《たた》り

今から百年近く前のことである。治郎兵衛という農民が山の中で死んだ雉《きじ》を見つけ、これを拾って帰った。

その日は夕刻から大雪が降っていたが、夜半《やはん》になると、その雪の中を一匹の狐が悲しそうにギャンギャンと叫びながら、治郎兵衛の家のまわりをまわりはじめた。

治郎兵衛は、狐が雉を返してほしいのだろうと思い、明け方に床を起きだすと、

「そんなに惜しくば返してやる」

といって、戸を開けて雉を投げつけようとした。しかし、狐は家の前ですでに息絶えていた。

それから間もなく、治郎兵衛の家には不幸が相次ぎ、結局一家離散《りさん》となってしまったのである。

村の古老は、「あの雉は狐の持ち物で、好物を得た狐は眷《けん》属《ぞく》を集めて宴会を開こうと予定していた。ところがこの雉を治郎兵衛に奪われてしまったのである。それでは自分の面子《メンツ》が立たない。治郎兵衛に返してもらいたいと、家のまわりをまわったのだが、雪のために命つきてしまった。そして狐は死んでから治郎兵衛の家に祟《たた》ったのだ」などと語ったという。

食べ物の怨みとは恐ろしいものだ。

狐《きつね》の嫁入《よめい》り

私がまだ子供のころ、天気がよくて陽が差しているのに雨が降ると、狐の嫁入りだといったものである。土地の古老が、「天気なのに雨の降る日は、出雲《いずも》か伯耆《ほうき》のどこかで狐の嫁入りが行われているのだ」というものだから、そうした天気の日には遊ぶのもしばらくやめて、狐の嫁入りの幻想にふけったものだった。

地方によって多少違うらしく、熊本では虹が空にかかると狐が嫁入りするといい、愛知では霰《あられ》が降ると狐が嫁入りするというところがある。また、福島では旧暦十月十日の夕方、擂《す》り鉢《ばち》を頭にかぶり、擂り粉木《こぎ》を腰に差して豆柿の下に立って見ると、狐の嫁入りが見えるという。

昔、上州《じょうしゅう》（現・群馬県）で煙草《たばこ》商人が目撃したものは、本格的なものである。日暮れにはるか彼方《かなた》から三百ばかり提《ちょう》灯《ちん》がやってきて、大名でもくるのかと高いところに登って見ていると、だんだん近づいてくる提灯には紋所《もんどころ》がなく、ただ赤く見えるだけの火だった。しかし、駕籠《かご》脇《わき》、中間《ちゅうげん》、徒《かち》の者《もの》、何一つ欠けることのない嫁入りの行列だったという。これは狐火を伴った狐の嫁入りである。

狐火《きつねび》

昔、長崎の平戸城下に住む武士が、狐の火が燃えているのを見て、若者とともにその火を取り囲んだことがある。すると、火は若者を飛び越えて逃げ、そのときにコトンという音がした。見ると、それは人骨のようなものだったという。

狐は尾を打ち合って火を出すとか、骨や玉を使って火を出すなどといわれる。また、吐《は》く息が光るという話もある。

昔、ある少年が、明け方に松明《たいまつ》のような妙な火を見たので、きっと狐火だろうと思って近づいてみると、稲田の畦道《あぜみち》の祠《ほこら》の前に、大小二、三十匹の狐がたわむれていた。火と思ったのは狐の吐く息で、ひょいと跳《と》び上がるとき、口の中よりフッと火が出る。大抵は口から二、三尺（約六十〜九十センチ）先で光り、光り続けることはなく、これが狐火の正体だろうといわれている。

この狐火の出る季節は冬で、しかも夜更《よふ》けてからだという。正岡子規《まさおかしき》にも、「狐火の　湖水にうつる　寒さ哉《かな》」という句があるくらいである。

また、狐火は集団で現れることもあり、ある目撃者の話によると、蛍の光より大きいのがポカリポカリと無数に連なったり、増えたりするので気味が悪くなるものだと語っていた。

鬼童《きどう》

源頼光《みなもとのよりみつ》といえば、四天王（坂田金時《さかたのきんとき》、渡辺綱《わたなべのつな》、卜部季武《うらべすえたけ》、碓井貞光《うすいさだみつ》）を従《したが》えた武将で、平安時代のゴーストバスターズといえる。酒呑童子《しゅてんどうじ》を退治したことで有名だが、この武将には鬼童という鬼にまつわる話もある。

頼光が弟の頼信《よりのぶ》の家に立ちよると、庭に鬼童が捕まえられていた。

「もっと太い縄で強く縛っておけ」

頼光はそう忠告すると、頼信の家に泊まることにした。やがて夜も更けた。鬼童は縄を切ると、ゴソゴソと天井に上がり、

「頼光め、強く縛れとかいうから、抜けだすのに苦労した。ぶち殺さなけりゃ気がすまねぇ」

と、頼光の寝床に窺《うかが》いよった。しかし頼光はすかさず気がついて、従者をよび集め、

「明日は鞍馬《くらま》に参詣《さんけい》する」

と大声で命じた。鬼童は先手を打って鞍馬に行き、途中牛を殺して腹の中に隠れていた。

鬼童の策略を察した頼光は、渡辺綱にわざと死んだ牛に矢を射させた。すると牛の腹から鬼童が勢い鋭く頼光に斬ってかかってきたが、頼光は笑って、何を小癪《こしゃく》なと一刀の下に斬り捨ててしまったという。

絹《きぬ》狸《だぬき》

狸が腹鼓《はらつづみ》を打つことはよく知られているが、これは衣《きぬ》を打つ狸である。

いわゆる化《ば》け狸で、その姿は人の目ではなかなか見ることができない。

何でも八丈島《はちじょうじま》産の上質の織物である黄《き》八丈《はちじょう》（黒八丈ともいわれる）を身にまとい、その衣を打つらしい。

衣を打つというのは、布を柔らかくするため、砧《きぬた》などを用いるのだが、この絹狸はそうした音をたてる。

おそらく、この絹狸を見たという人はいないから（目撃談は今のところないので）昔の人は音だけで、このような姿を想像したのだろう。日本の妖怪は、案外、音だけの場合が少なくないのだ。

また、狸は人に憑《つ》く動物霊としても恐れられていたから、この音は不吉なものとして響いたに違いない。

さらには、狸が人に化けることもよく知られており（化けるのは狐ばかりではない）、黄八丈を着た美しい娘が夜に歩いていたりすると、もしや絹狸ではないかと疑われることもあったらしい。

木《き》の子《こ》

兵庫県の山間部にいる子供の姿をした妖怪の仲間である。人間の三、四歳くらいの背格好で、洋服の代わりに木の葉を身につけているという。

そんなところから木の子という名前がついたのだろうが、その実、姿は影のようで、ありともなしとも定まらないともいわれている。

しかし、樵《きこり》や山で働くものはたびたびこの木の子を見かけ、そんなに珍しくもないといっている。油断をすると昼食などを取られてしまうことがあるから、そんなときには棒を振りまわして追っ払うという。

山中にすむ子供の姿をした妖怪といえば、多くは河童《かっぱ》の仲間と考えられているようで、この木の子もそうなら、和歌山県のカシャボ、九州地方に多いセコなども、みな親類とみなされているようだ。

例えば、岐阜県飛驒《ひだ》地方の山にはヤマガロとよばれるものがいる。ときおり樵の背負い荷物にそっと乗っかり、重みで気がついたときには弁当がすっかり盗まれてしまっているが、その他には人間に害を加えないという。

木の子と同じく、どことなく茶目っ気のある、愛すべきやつであるというのは土地の人の話である。

馬魔《ぎば》

頽馬《たいば》ともいって、馬を専門に狙う妖怪である。

道を歩いている馬が突然一陣の風に襲われるのだが、そのとき、緋《ひ》の衣を着て玉虫色の小さな馬に乗った魔女がひらひらと空から下りてきて、馬に組みつく。やがて組みつかれた馬のたてがみの中に、細い糸のような赤い光が差しこむと、馬は右に三度きりきりまわって、悲鳴をあげて倒れる。そこで魔女は笑いながら消え失せてしまう。この魔女こそが馬魔の正体なのだろう。

倒れた馬を見れば、尻の穴が内から外へ太い棒で突きだしたようになって開いているという。

もし、馬子《まご》でも馬上の人でも馬魔について心得ていれば、すぐ刀を抜いて馬の行く手を切り払うと、馬魔は襲いかかることなしにそれて行くといわれる。

また、馬を南向きに繋《つな》いだときにこの難にあうことが多いことから、心得のある馬子は馬を南向きに繋がないようにするという。

馬子にとっては命に関わることなので、昔は「馬魔除け」の留め針を、髷《まげ》にさして歩いたという。馬魔に襲われ、馬が右にまわろうとするとき、力任せに左へと引き、馬の尾の上にその針を打ちこめば馬は命が助かるそうである。

窮鬼《きゅうき》

滝沢馬琴《たきざわばきん》の『兎園小説《とえんしょうせつ》』に、窮鬼の話がある。
文政《ぶんせい》四年（一八二一）のころ、江戸番町のある武家の用人が、下総《しもうさ》（現・千葉県北部、茨城県南西部）に出かける途中、草加《そうか》の宿《しゅく》で一人の法師に出会った。年は四十歳あまり、身は痩《や》せ衰え、古い衣、白菅《しらすげ》の笠、頭陀袋《ずだぶくろ》をかけていた。

「貴僧はどこからどこへ」

と聞くと、法師は気味悪く笑って答えた。

「番町の某邸にいるが、越谷《こしがや》へ行く」

これを聞いた用人は首をかしげてしまった。

「その屋敷は、私の主人の屋敷だが……」

すると法師は笑いながらこういった。

「ははは、愚僧は世にいう貧乏神じゃ。あの一家は病人や災難が年中起こるじゃろう。あれはわしがいるからじゃ」

用人が驚いていると、

「あの屋敷はすでにどん底じゃ。そこで他家へ移ろうと思ってのう。今後は主家にも幸福が訪れる。心配なさるな」

などと、その法師はいうのだった。

用人と法師はそれで別れたが、用人が用をすまして武家屋敷に帰り、日々を過ごすと、法師のいった通り、家は次第に栄えはじめたということである。

旧鼠《きゅうそ》

文明《ぶんめい》（一四六九〜一四八七）のころ、那曾《なそ》の和太郎《わたろう》という郷士《ごうし》がいた。厩《うまや》の上に昔から鼠が一匹すみついていたが、別に害もないので代々そのままにしておいた。

その鼠は、夜は母屋《おもや》にやってきて猫と友達になり、鼠でありながら猫と争うこともなかった。猫はやがて五匹の子猫を産んだが、毒を食って死んでしまった。すると、その古鼠は夜な夜な現れて、猫の子に乳を与えて、その子猫を育てたという。

そのうち、いつの間にかその古鼠はどこかへ姿を消したらしいが、あまりの奇談なので曾良《そら》という男が、有名人なら色々なことを知っているだろうと思って、俳諧師《はいかいし》の芭蕉《ばしょう》にこの話をした。

「猫が鼠を育てたという話もあるのだから、その逆もあるだろう」

話を聞いた芭蕉は、そんなことをいったという。

また、昔、大和《やまと》（現・奈良県）の信貴《しぎ》に、毛の色が赤黒白の三毛の旧鼠がおり、常に猫を捕まえて食ったという話もある。

そういうことから考えてみると、猫も鼠も古くなれば同じように妖怪化するのである。

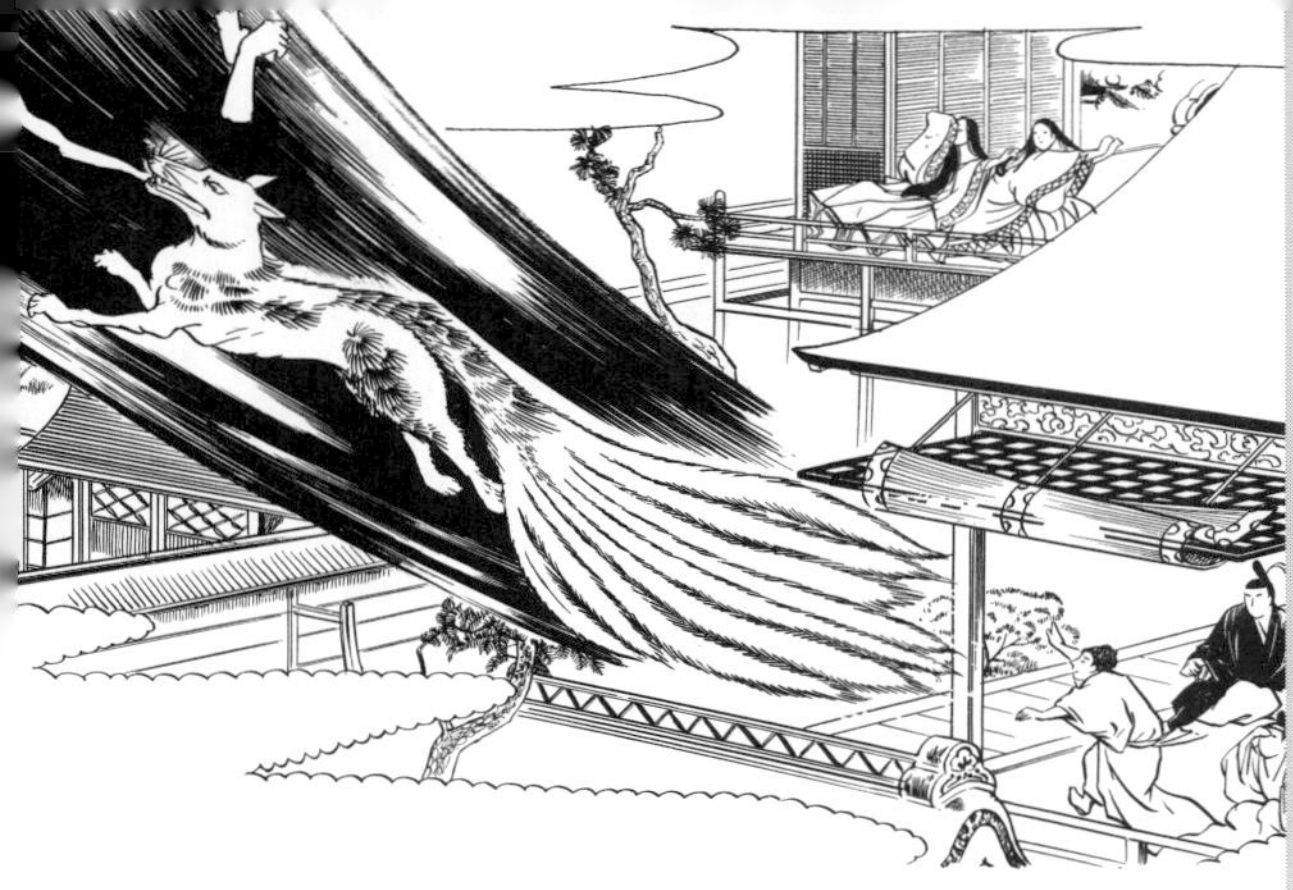

九尾《きゅうび》の狐《きつね》

大昔、この世が混沌《こんとん》として泥海《どろうみ》のようになっていた時代に、そこから立ちのぼる陰気が籠《こ》もって妖狐《ようこ》となった。それが年を経て不死身となり、全身が金毛に覆われ、長い尾が九つに裂けた。これを金毛九尾の狐という。

この狐が、中国の殷《いん》という古い国へ行って、絶世の美女に化けて王をだまし、残虐のかぎりをつくした。周《しゅう》の武王《ぶおう》が立ちあがってその国を滅ぼすと、今度はインドに現れ、華陽《かよう》夫人となって国の政治を誤らせた。

その後、日本から遣唐使《けんとうし》として中国に渡っていた吉備真備《きびのまきび》の船に少女に化けて乗りこみ、日本にやってくると、今度は捨て子に化けて武士に拾われ、頭がよく美人だったので、やがて宮廷に仕えるようになった。

玉藻前《たまものまえ》と名乗って天皇に近づいたが、名高い陰陽師《おんみょうじ》の安倍《あべの》泰成《やすなり》に見破られて狐の姿へと戻り、空を飛んで逃げて行った。しかし、泰成の神鏡の魔力によって荒涼《こうりょう》とした那須《なす》（栃木県内）の原野に落下。そこで駆けつけた軍勢に囲まれて、ついに退治されたのだが、その死体は殺生石《せっしょうせき》という石と化したと伝えられている。

殺生石は、硫化水素《りゅうかすいそ》や炭酸ガスなどをだし、今でも人畜に被害をおよぼしている。

狂骨《きょうこつ》

狂骨とは井戸の中の白骨であると鳥山石燕《とりやませきえん》は説《と》いている。

井戸に落ちたか、あるいは井戸に落とされて殺されたのか、いずれにしても激しい恨みを持っている妖怪である。

諺《ことわざ》やある地方の方言に、甚《はなは》だしいとか激しいという意味で「キョウコツ」という言葉がある。この狂骨にも関係する言葉らしい。というのも、狂骨に取り憑《つ》かれると、人に対して激しく恨むようになるからである。

京都の六道珍皇寺に伝わる、小野篁の冥土通いの井戸の例のように、古来、井戸はあの世とこの世の通路、もしくは出入口だと信じられていた。

狂骨は井戸で死んだ者の霊が成仏できずに、あの世とこの世の狭間《はざま》でさ迷い続け、それが一種の地縛霊《じばくれい》のようになり、井戸中に残る骨に憑いて実体化したもののようである。

骸骨、ドクロなどが野ざらしのままに放置され、辱《はずかし》められることがあると、化《ば》けて報復する場合もあるのだ。

経凛々《きょうりんりん》

信誓阿闍梨《しんせいあじゃり》という人は、幼時より法華経《ほけきょう》を受持し、日夜怠らず読誦《どくじゅ》した。しかしあるとき、永くこの世にいれば、知らずに罪業《ざいごう》をつくってしまうと考え、早く死んで悪業をつくらぬのが第一であると、自殺することにした。

しかし、毒を食ってみたが、一向に死ねそうもない。阿闍梨はすっかり悲観していた。

ところがほどなく天下に疫病《えきびょう》が流行って、阿闍梨も両親も感染し、共に枕を並べた。苦悩する阿闍梨の夢の中に鬼神が現れ、阿闍梨たちを冥土《めいど》へ連れて行こうとするのを、一鬼神が、「阿闍梨だけはよせ、これは法華の持者である」と制したところで夢から覚めた。起きると病が治っていたが、両親はすでに亡くなっていた。阿闍梨は悲しみ、法華経を一心に読誦した。すると夢の中で、今度は法華経の第六巻が空中から飛びだし、「汝《なんじ》が父母を蘇生《そせい》させようと祈る心に免じ、この度は命を延べて送り返す」とあった。

果たして夢から覚めると、両親はその言葉通りに蘇生していた。あまりの嬉しさに阿闍梨はことの次第を物語り、共に涙を流し、経の威力に改めて敬服したという。

この空中に飛んだ経こそ経凛々といわれるものだろう。

清《きよ》姫《ひめ》

昔、奥州白河《おうしゅうしらかわ》（現・福島県白河市）に安珍《あんちん》という修行者がいた。紀州熊野権現へは毎年のように参詣《さんけい》し、そのときの宿は真《ま》砂庄司《さごしょうじ》の家に定めていた。清姫はその庄司の娘だった。

ある年、安珍は清姫に向かって、嫁にして奥州へ連れて行くとたわむれにいった。安珍は美男だったので、清姫はたちまちのぼせ上がってしまった。そして安珍に、早く嫁にしてくれ、早く連れて行ってくれとせまった。だが、安珍は修行者であるので妻帯は難しい。たわむれの言葉を真に受けられて、ほとほと困り果てた。

やむなく、何とか誤魔化して逃げ出したが、清姫も気づいてすぐに追いかけてくる。切目川という川を渡り、危うく追いつかれそうになると、安珍は呪法を使って押しとどめようとした。けれども、清姫はいつしか蛇体と化し、なおも追いすがる。これまでと思った安珍は道成寺《どうじょうじ》に逃げこみ、捨て身の覚悟で大きな釣り鐘の中に隠れた。しかし蛇体となった清姫は、その大釣り鐘を七重に取り巻き、身を焦がす恋の炎で焼きつくしてしまったのである。

この清姫のように、女の想いの凄《すさ》まじさを蛇に喩《たと》えた話は多い。

切籠《きりこ》灯籠《どうろう》

お盆のときには、人間界では迎え火を焚《た》いて先祖の霊を迎え入れることになっているが、江戸時代の本には、その先祖（精霊）たちがどう過ごしているかを描いたものがある。

それによると、先祖の霊たちはたくさん集まって、精霊《しょうりょう》棚《だな》でくつろいでいる。

毎日ごちそうまで食べているが、その給仕の役目をしているのが、切籠灯籠の化け物である。

先祖代々が一度に集合するわけだから、給仕の方も大忙しだ。

切籠灯籠は「よろしくおあがりなさいませ」といって食物をすすめる。

先祖の霊たちの中には幼くして死んだ子供の霊もおり、母親が食べさせてやったりしている。

あるいは、後妻として死んだ者の霊のところには先妻がきて、喧嘩をはじめたりもする。

長寿を全《まっと》うした姑は、霊界においても小言をいい、みんなから煙たがられているようである。

この本によると、姿こそ違え（幽霊となっているから）食事の様子も人間模様も現世とほとんど変わりがないようだ。

金魚《きんぎょ》の幽霊《ゆうれい》

縄で縛られた藻《も》の花《はな》という女性が、金魚鉢に頭を突っこまれて殺された。その恨みが金魚鉢の金魚に乗り移って金魚の幽霊と化し、殺した蓑文太という男とその女を襲うという話が江戸時代の小説にある。

怨根《えんこん》が金魚に乗り移るというのも面白いアイディアだが、よく考えてみるとそんなこともあるのかもしれない。

よく戦時中に思ったものだが、華々しくみんなと一緒に死ぬのならまだしも、誰も見ていないところでただ一人死ぬのは何ともやりきれないものだ。その恨みともいうべきものは、息を引き取るとき枕にしていた石とか草に乗り移る、または乗り移りたいという衝動にかられる。

藻の花という女性のように、金魚鉢に頭を突っこまれて殺されるという場合、その金魚鉢の中の水に溶けた恨みが、金魚に乗り移るというのは、考えられないことではない。

以前私は、招かれて「霊会」に行ったことがある。そのとき「先生」たちは、「木や虫にも霊があり、死後空中に浮遊しておるから、人の霊にまじって、それこそ数えきれないほどいる」という話をしてくれた。そういうさまざまな霊も、特別な人には見えるという話だった。私には何も見えないものだから半信半疑だった。

金《きん》長《ちょう》狸《たぬき》

天保《てんぽう》年間（一八三〇〜一八四四）の阿波《あわ》（現・徳島県）でのこと。染物業を営む大和屋《やまとや》茂《しげ》右《え》衛門《もん》の屋敷の裏手に、直径十五センチほどの穴があいた。穴は狸のもので、奉公人たちは熱湯責めにしろだの、打ち殺せだのといいはじめた。

しかし温厚な茂右衛門はこれを制し、「狸というのは恩義を知るよし、大事にすればかならず一家を繁盛させてくれるものだ」と、毎日穴の口に握り飯や油揚げを供えた。

そんなある日、店の職人の萬吉《まんきち》という男が、茂右衛門に次のようにいった。

「私は今年で二百六歳になる金長という者。先ごろの洪水で避難してきたが、主人のご厚情により、眷属《けんぞく》一同感謝している。その恩義に報《むく》い、商売繁盛に努めるつもりだ」

萬吉には明らかに狸が取り憑《つ》いた様子だった。その後は狸の取り憑いた萬吉に、易《えき》を見てくれ、病気を診てくれという人々が押しかけ、また良く当たると大評判になった。

それからしばらくたって金長は修行に出かけ、一年ほどで帰ってくると、「今度、六右衛門という狸と決戦しなければならない」といって、萬吉の体から離れた。

金長はこの戦いには勝ったが、戦いの傷がもとで死んでしまったという。

クダ

クダ狐ともいわれる。漢字で管狐と書く場合もある。これらの名は、この動物らしきものを飼い慣らす人がいて、竹筒の管《くだ》に入れて持ち歩いたことに由来している。

クダは、山梨県、長野県、静岡県、愛知県などの各県の民間伝承にその名を見ることができる。一般には、子猫や鼬《いたち》ほどもなく、モルモットくらいのものだといわれている。そうでなければ、管に入れて持ち歩くこともできないだろう。

管に入れてこれを操る人は、管使いといわれる。元々は修《しゅ》験《げん》の道士だったが、後に金峯山《きんぷさん》で修行してこの術を授けられたという。これは一種の見世物のようなもので、この竹筒の管を持って呪文を誦《じゅ》してから問いかけをすると、中からいちいち返事をする。多くは吉兆を占うものだったらしい。

これならばあまり害にはならないが、信州あたりでクダといえば、家に憑くもので、縁組をすると嫁についてきて、たちまち七十五匹に増え、やがてその家は栄えるが、クダをおろそかにすると、衰えるといわれている。この地方でクダショウともいわれ、猫にこれが捕らえられているのを見た人がかなりいる。それは身体に黒が混じった、モルモットのようだったという。

俻部《くたべ》

江戸末期、越中《えっちゅう》（現・富山県）の立山に俻部という怪獣が出現した。その姿は人面の牛で、腹部の両横にも眼があったという。

山を登ってくる者の前に立ち現れ、人のように話し、次のように予言した。

「四、五年以内に原因不明の難病が流行し、多数の死者が出るだろう。しかし、己が姿を見た者だけは助かる。我の姿を絵にして、家に張っておけばその難を逃れるだろう」

この当時、政情不安定な江戸末期にあって、たちまちその出現と予言についてのうわさが広まり、全国を席巻した。

ところで俻部は、どうやら古代中国に一度だけ出現したという白沢《はくたく》なる聖獣と同類であるらしい。白沢の名で鳥山石燕《とりやませきえん》の『百鬼夜行拾遺《ひゃっきやぎょうしゅうい》』の巻末にも載せられている。神話によると、古代中国の王だった黄帝《こうてい》に、一万一千五百二十種にのぼる世界中の妖怪と鬼神の性質や特徴を教えたといわれているものである。

こうして悪鬼妖魔による災いから逃れる知識を伝えた聖獣として、現在白沢は漢方薬の守護神ともされ、あるいは一部で信仰されてもいる。俻部が越中に出現したというのも、有名な富山の薬売りと関係があるのだろう。

件《くだん》

子供のころ、「件という牛の腹から生まれる妖怪は、生まれるとすぐ何かを予言し、かならずその通りになるからすごいもんだ」と、私の親父がいっていた。

件は「件の通り」という意味らしいが、予言をすると間もなく死んでしまうというから、余計に不思議がったものである。以前、別府の「地獄巡り」というところに行ったとき、件の剝製《はくせい》を見て驚いた。

なるほど、件というのは、まんざらうそでもないのだなあと思った。もちろん、その剝製を本物だと思ったわけではないが……。

件は九州、四国地方の妖怪で、農家などで牛が生まれると、突然その子牛が、「二、三日中に、どこの家が火事になる」としゃべる。子牛が人語を発するので農民は大いに驚くわけだが、その子牛のいった通り、その家が二、三日中に火事になる。予言をすると子牛はすぐに死んでしまうので、二度驚くわけである。

農民が、近所の古老に聞くと、「それは牛ではない。件という妖怪だ」という。それで、農民ははじめて分かるといった具合……。

口《くち》裂《さ》け女《おんな》

大きなマスクをした女が薄暗がりに立っていて、通りがかりの者に振り向きざまにつぶやくようにいう。

「ねえ、私、綺麗？」

マスクをはずすと、そこには耳まで裂けた大きな口があった……。

この口裂け女は昭和五十四年、突如として出現し、アッという間に全国で有名になった。当時口裂け女に会った、または見たという話があちこちで聞かれ、

「ただニタニタ笑うだけでどこかへ消えてしまった」

「あの耳まで裂けた口で、通行人を食ってしまうのだ」

「どこかへ連れ去ってしまうのだ」

などと、様々な推測ともつかぬうわさが飛び交った。

地方によってその対処方法も異なり、口裂け女に出会ったらポマードと三回唱えるとか、べっこう飴をあげれば害をなさないなどと、「なぜ？」と首をひねりたくなるような方法がたくさん伝わっていた。

しかし、この口裂け女は世間をさんざん騒がせておいて、ある日ぷっつり消息を絶ってしまった。長くいると飽きられるとでも思ったのか、まったく現代の妖怪らしい。

沓頬《くつつら》

昔、中国鄭瓜《ていか》州の瓜《うり》畑に妖怪が現れた。

これを南宋《なんそう》の都杭州《こうしゅう》の霊隠寺（雲林禅寺）からやってきた僧が聞きつけ、御符《ごふ》をもってこれを退《しりぞ》けた。それからというもの、瓜畑に妖怪らしきものは現れなくなったという。

後に妖怪退治に使ったという例の御符を見てみると、それには「李下不正冠《りかにかぶりをたださず》」との五文字が書かれているのみだった。

「瓜田に履《くつ》をいれず、李下に冠を正さず」とは、中国の『文選』に記されている諺《ことわざ》である。

瓜畑で靴が脱げても、履き直そうとすると瓜を盗むように疑われる。また、同じようにスモモの木の下で冠を正そうとすると、スモモを盗むように見られてしまう。このように、疑われやすい行為は避けるようにせよという意味がある。

そこで鳥山石燕《とりやませきえん》は、この故事《こじ》を参考にして沓頬の妖怪名をつけ、瓜畑で瓜を盗む沓《くつ》の化物と、スモモの木の下でスモモを盗む冠の妖怪コンビを『画図《がず》百器《ひゃっき》徒然《つれづれ》袋《ぶくろ》』に描いた。

石燕はいかにもといった感じで付喪《つくも》神《がみ》の一種に仕立てあげている。

クネユスリ

「クネ」というのは、秋田地方の方言で生《い》け垣《がき》のことである。つまり、クネユスリは生け垣をひどく揺するという妖怪である。

秋田県仙北《せんぼく》市角館《かくのだて》町で、小豆《あずき》とぎという妖怪のそばにいるといわれているが、姿を見たものはまだいないという。

昔は（といっても何十年も前だが）、田舎などにはかなり古い生け垣があった。生け垣が色々な植物で構成されているところには蜘蛛《くも》の巣があったり、モズが持ってきた蛙《かえる》のミイラとか、カタツムリ、蜂などがいたり、様々な怪しいものの巣となっていたものである。

私は五、六歳のころ、その生け垣を探検するのが日課だったが、ときにこのクネユスリのように、誰もいないはずなのに、ひどく生け垣が動くことがあったものだ。蛇とかモグラなどが動くのかもしれないが、蔦《つた》や色々な植物に覆われているから、何が何だか分からない。

ただ不可思議な感じになって家に帰ったことがよくあったが、クネユスリというのも、そういう古い生け垣そのものが、妖怪の感じがするということから発した妖怪なのだろう。

首《くび》かじり

生前、飢《う》えた老人に食物を与えなかったり、旅人に食物を与えず飢え死にさせたりすると、その飢え死にしたものの霊が首かじりと化し、食物を与えなかった人が死んだとき、墓に現れて、その首を掘りだして食べるという。

また、施餓鬼《せがき》（亡者に食物を与える仏教行事）をされなかったり、供物が少なかったりして、ひもじい思いをしている妄鬼《もうき》の類が、勝手に墓を掘り起こし、首を出してかじるともいわれる。

墓場から死体を掘り起こして食べるといえば、魍魎という妖怪もいるが、首かじりは首だけをかじるので、魍魎とはちがうようだ。

人情を無視して、がめつくするなという教訓だろうか。

昔は土葬が多かったから、犬や猫が死人の首を掘りだし、かじるということもあったのだろうと想像される。

そうした場合、首かじりのせいにされたというふしがある。

ヨーロッパの方に、屍鬼《しき》と称する屍《しかばね》を食う鬼のようなものが墓場にすんでいるというが、首かじりもこの屍鬼と似たようなものかもしれない。

縊鬼《くびれおに》

昔、よく火消しなどが集まって酒を飲み、色々話をしたりすることがあった。こうした中でも、面白い話をする者はやはり決まっていた。

しかしあるとき、組の集まりがあるのに、肝心の面白い話をする男がいない。やがて門の外に現れたが、

「急用があるので、今日はこれで……」

という。組頭は茶碗に酒を注ぐと、何杯も無理やり男に飲ませた。そして、一席でも面白い話をしてみろという。男は酔って約束を忘れたらしく、長々としゃべりはじめた。

そのうち、門の外で誰かが首をくくったという騒ぎになった。それを聞いた組頭は、

「これでお前に憑《つ》こうとした縊鬼は離れた。お前はさっき、どんな約束をしたのだ」

すると男は、こう答えた。

「夢のようで、はっきり覚えていませんが……、何か首をくくらねばならないような気持ちでした」

すなわち、縊鬼というのは一種の憑き物のようなもので、川に落ちて死んだ者の霊が引っ張るとされ、川端で何となく死にたくなるのは、縊鬼のせいだといわれる。

蜘蛛火《くもび》

奈良県磯城《しき》郡纏向《まきむく》村（現・桜井市）に蜘蛛火とよばれる怪しい火が見られた。

これは、数百の蜘蛛が一塊の火となって虚空《こくう》を飛行するもので、もしこの火にあたってしまうようなことがあると、命を落とすといわれている。

年中現れるわけではないが、それだけに出会ったときの驚きも大きく、ある年の夏の夕方には次のようなことがあった。

数人の若者が野外に納涼に出かけたとき、突然南の空からもの凄い速さでこちらに向かって飛んでくる火の玉があった。「蜘蛛火だ」と誰かが叫んだので、一同は急いで家の中に飛びこんで雨戸を閉めた。

火の玉は庭の大木にあたって落ちたように思われたので、雨戸を少しだけ開けて様子をうかがうと、もはや火の影は絶えていた。一同は庭へ下り、月の光をたよりにあちこち探してみると、ミカンの実ほどの焼けた土の塊が、大木の根から一メートルほど離れたところに落ちていたという。

ある人はこの話を聞いて、蜘蛛火というのは隕石ではないかといったそうだが、蜘蛛火は飛んでくるとき尾をひいて、唸《うな》り声のようなものを発していたという。

海月《くらげ》の火《ひ》の玉《たま》

昔、加賀大聖寺《かがだいしょうじ》（現・石川県加賀市）のある侍《さむらい》が、全昌寺《ぜんしょうじ》の裏を夜中に通っていると、生温い風がさっと吹いて、向こうから火の玉が風に揺られながら飛んできた。

やがて、侍の近くに飛んできたので、抜き打ちに斬り捨てた。何の手ごたえもなく、ただ空を切るようだったが、火の玉は二つに割れ、侍の顔にヒタとはりついた。顔に糊《のり》を塗られたような感じがし、両手で払い落とそうとすると、ネバネバした松脂《まつやに》のようだった。

心配になって近くの家を叩き起こし、明かりをかざして見たところが、ネバネバするばかりで何であるか分からなかった。その翌日も一日中、顔に糊がついたようだった。

その後、古老に尋ねたところが、

「海にいる海月が、ときには風によって飛びまわることがあるが、暗い夜には火の玉のようであるから、あなたの見たものは、多分その類のものでしょう」

との話だった。なるほど、思い合わせてみれば、生臭いにおいがしたようにも思われると語っていたという。

海月の火の玉とは、ちょっと想像もつかないことではあるが、物はみんな魂を持っているという考え方からすれば、海月が火の玉になったとしても、少しもおかしくない。

倉《くら》ぼっこ

東北地方では、よく倉に子供の姿をした妖怪がいるといわれ、それを倉ぼっことか倉わらしとかよんでいる。

とくに悪さをするわけでもなく、倉の中で物音を立てたりするくらいだが、倉ぼっこが倉からいなくなると、その家の家運が傾《かたむ》くなどといわれているからバカにできない。

子供の姿をしているといっても姿を現すのはまれで、多くの場合は気配でその存在が分かるようだ。

遠野の村兵という家にいた倉ぼっこは、籾殻《もみがら》などを散らして置くと、小さな子供の足跡を残しておくので、それと分かったという。

また、遠野一日《ひと》市《いち》町の古屋酒屋という家にいた倉ぼっこは、土蔵に入ってきた人に「ほいほい」と声をかけた。実際に聞いた人の話では、子供の声のようだったという。

東北で家の中に現れる妖怪といえば座敷童子《ざしきわらし》が有名だが、座敷に出るものは座敷童子、土間のあたりをゴソゴソ這《は》いまわるものはノタバリコと、座敷童子にも色々と種類があるようだ。「いなくなると家運が傾く」といった特徴からも、倉ぼっこは倉にすみつく座敷童子なのだろう。

くら虫《むし》

人のような顔を持ち、蛇のような体には毛が生えている。草深いところにすんでいて、傍らを通る人があると、躍《おど》り出てその人を脅かし襲う。

薄暗いところで見ると一見蛇のようだが、よく見ると毛が生えていて妙だと感ずる。変だなと気がついたときにはもう遅く、人間のように頭髪まで有しているくら虫は歯を剝き出して襲いかかってくる。

江戸時代から伝えられる妖怪だが、いってみれば人面蛇ということになるだろうか。

人の顔をした子牛の「件《くだん》」や、壇《だん》ノ浦《うら》に沈んだ平家《へいけ》の怨《おん》霊《りょう》が化し、甲羅《こうら》に恐ろしい形相の顔が浮かんだ「平家蟹《へいけがに》」など、昔から人間以外の生き物に人の顔がついた場合は妖怪の仲間とみなされた。まれに現代でも人の顔をした樹木や魚などが世間で話題になるが、それと同じように、江戸の人々の間でも、人面ナニナニと名づけられる怪しい動物がたびたびうわさになったのである。

それにしてもこのくら虫、そもそも蛇なのに虫というのも奇妙な感じがする。思うに昔は蛇のことを長虫とよぶこともあったので、そういう意味からよばれていたものなのだろう。

鞍野郎《くらやろう》

源義朝《みなもとのよしとも》の家臣である鎌田正清《かまたまさきよ》は、主《あるじ》とともに源氏《げんじ》の地盤である東国に下り、鎌倉亀ヶ谷の居住を本拠地として、東国十五ヵ国におよぶ一大勢力を構築した。

義朝は平治《へいじ》元年（一一五九）十二月九日、藤原信頼《ふじわらののぶより》とともに平治の乱を起こすが、朝敵となって東国に敗走し、尾張《おわり》国の内海庄司長田忠致《おさだただむね》一門のもとに落ちのびた。主君義朝と婿《むこ》の鎌田正清はそこで大歓迎を受けた。

ところがそれは、ひそかに暗殺をはかる内海庄司長田忠致の策略だった。正清に酒をたらふく飲ませて殺害し、義朝を入浴中に暗殺したのである。

そのときの正清の恨みが憑《つ》いたのだろう。正清の乗っていた馬の鞍は鞍野郎という妖怪になった。

亡き武士の魂《たましい》のなせる業だろうか、この鞍は手（手のように見える部分）に竹を持って、常に戦闘態勢をとっている。

この時代の武具は、それを身につけた武将と運命をともにするが、人は死んでも物は残ることから、このような妖怪も生まれうるのだろう。

黒髪切《くろかみきり》

元禄《げんろく》（一六八八〜一七〇四）のはじめ、夜中に道行く人の髪を切るものがあった。切られた者は少しも気づかず、人にいわれてはじめて気づき、歩いてきた道を探してみると、結ったままの形で落ちていることが多かったという。

また、文化《ぶんか》七年（一八一〇）四月二十日の朝、江戸下谷《したや》の小島富五郎という人の家の召し使いが、朝起きて玄関の戸を開けようとしたとき、何となく頭が重い感じがしたと思ったら、忽然《こつぜん》として髪が落ちた。

やはりその一年前、小日向《こひなた》七軒屋敷《しちけんやしき》というところでも、髪を切られる事件があった。そのときは、眠気がさしてウトウトとしたところを切られたと、『半日閑話《はんにちかんわ》』という江戸時代の本に出ている。

何のために髪を切るのかは分からないが、自分の姿を見せずに眠気を誘って切るところがニクイ。

これを髪切り虫という妖怪の仕業《しわざ》だといいふらす人があったそうで、誰が考えたのか次のような呪《まじな》いもあった。

「異国より　悪魔の風の　吹きくるに　そこ吹きもどせ　伊勢の神風」

この歌を書いて門口に貼り、簪《かんざし》に巻きつければよいということだったが、あまり効き目はなかったらしい。

黒玉《くろだま》

夏の夜などに寝ていると、蚊帳《かや》をすりぬけて中に入ってくる、黒い塊《かたまり》のような妖怪である。

まず、寝ている人の足にとまり、それからだんだんと上に上がって行き、胸の上に乗って苦しめる。そのとき、気づいて目を覚ませば逃げて行くが、気づかずにいると、顔の上まできて呼吸困難にさせる。あまり苦しいので目を覚ますと、もうそこにはいない。

これは一種の幽霊ではないかという説もある。昔、幽霊はまず白い玉（一般に人魂《ひとだま》といわれているものだろう）が現れて、その中から出るものとされていたから、黒玉も幽霊が出る前の状態なのかもしれない。

いずれにしても、夏の夜、何となく胸が苦しくなって、目が覚めるということはよくあることだ。

これも、黒玉の仕業だと思われ、私もこれと同じような体験をしたことがある。

「金縛《かなしば》り」といって、寝ているときに体が動かなくなったりするのは、「霊」の仕業だとか何とかいっているが、案外この黒玉のせいかもしれない。

クロッポコ人《じん》

富山県東礪波郡《ひがしとなみ》利賀《とが》村細島（現・南砺市《なんと》）の古老たちのいい伝えによると、大昔の五箇山《ごかやま》の山頂には、クロッポコ人とよばれた小人族がすんでいたという。

クロッポコ人は、大人でも身長が一メートルぐらいと極めて体が小さく、その体格に似合った小さな洞穴を掘って住居としていたそうである。

とくに南向きの平坦なよい場所を見たて、石器時代さながらに鳥や猪《いのしし》などの獣《けもの》を弓で射てその肉を食べ、新鮮な山菜や栗、アケビなどの実を採取して暮らしていたようである。

現在はもちろんクロッポコ人を目撃したという人はいないし、その痕跡はまったくない。

しかしこれは、北海道に伝わるあのコロポックルと同類ではないだろうか。アイヌの伝説の小さな神、蕗の葉の下にすむという小人族である。その名で分かるようにあまりにも発音が類似している。

「コロポックル族」は北海道ばかりか、千島《ちしま》列島や樺太《カラフト》にもすんでいたといわれ、それぞれトイセコッチャカムイとかトイセウソクルなどとよばれていたそうである。

黒手《くろて》

昔、能登《のと》の戸《と》坂《さか》村（現・石川県金沢市）に、笠松《かさまつ》という者がいた。ある夜、その妻が厠《かわや》に行ったところ、怪しい者に尻を撫《な》でられた。笠松はこれを斬り殺そうと妻の衣服を着けて待っていると、案の定尻を撫でるものがある。すかさず斬り落とした手は、人間のものでも狐狸《こり》のものでもない。

大方妖怪の手だろうと、箱に入れてしまっておいたところ、ちょうど四、五日後くらいに、三人の行脚僧《あんぎやそう》がきた。笠松は例の厠の怪について語り、祈禱《きとう》を頼むつもりでその手を僧に渡した。すると、一人目の僧は、

「これは黒手という妖怪で厠にすんでおり、なかなか人の目にはふれないものである」

といって、次の僧に渡した。それが三人目の僧に渡ると、

「これこそわが手！　お前に斬られたのだ！」

と叫んで立ち上がるや、三メートルもある悪鬼《あつき》となり、部屋の障子を蹴破って逃げた。刀を抜いて追いかけたが見失ってしまい、残りの僧も忽然《こつぜん》と消え失せていた。

それから一ヵ月後、笠松が道を歩いていると、空から衾《ふすま》のようなものが舞いおり、笠松を包みこむと、二メートルほど引き上げて下に落とした。不思議に思って懐《ふところ》に手をやってみると、黒手の手を斬った短刀がなくなっていたという。

黒坊主《くろぼうず》

秋田県、岩手県、宮城県地方などに、よく出現したといわれる妖怪である。

深夜、隣に寝ているものの様子がおかしいので、行灯《あんどん》の光にすかしてみると、大きくて黒いぼんやりしたものが取りついている。

まるで黒い霧のようなのだが、よく見ると顔のようなものがみえ、その顔を寝ている者の口や鼻につけている。人が息をするたびに、黒い体が、もやもや、もやもやと動き、寝ている人は息苦しそうに、ぜいぜいいいながら、脂汗をながしている。

これは黒坊主が人の寝息を吸いとり、その中に含まれる精気を取りこんでいるのである。

とくに、体の弱い子供や病人などを襲うようである。体力が弱まっているために、妖怪黒坊主に魅入《みい》られやすいという。

また、城の奥御殿などに現れる黒入道という妖怪も、この黒坊主の一種らしい。

黒入道は形が定まらない黒いもので、寝ている人にのしかかって金縛《かなしば》りにする。さらに始末が悪いことに、後になってから手や背中が痛み出すなどの後遺症があるそうだ。

毛羽毛現《けうけげん》

便所脇の手水鉢《ちょうずばち》のあるような、じめじめとしたところの床下から、誰もいないときに現れて、手水鉢の水を飲むという。つまり、日当たりの悪い中庭などに、人のいないとき出現するのである。

これがすみつくと、その家の家族に病人が出たり、病気までいかなくても、家族の元気がなくなったりするといわれる。家の中に日光を入れなさいと、家庭の健康を忠告する妖怪なのかもしれない。

「希有怪訝《けうけげん》」ということばは国語辞典には、「珍しく不思議なこと、滅多に出会えないほどめずらしいこと」とある。「希有怪訝なご面相」などという言葉も、昔はあったらしい。

ヨーロッパの方にも、白いふわふわした毛玉のような妖怪がいるが、これもさして悪いことをするわけではなく、人が出会うとみんなびっくりするので、それが面白いらしい。毛羽毛現も、何とはなしに床下から出てきて、人を驚かすのが面白いのかもしれない。

大体、日本の家屋の床下というのは、やはり何かいてもおかしくない感じだ。そういうところに毛羽毛現がいるといわれると、何となくもっともらしい。

血塊《けっかい》

出産時になると現れると信じられており、これが縁の下に駆けこむと、その産婦の命が危ういという。埼玉県浦和方面で、出産のとき部屋に屏風《びょうぶ》を巡らすのは、これが縁の下に駆けこむことを防ぐためだといわれている。

神奈川県足柄上《あしがらかみ》郡三保《みほ》村（現・山北町）では、この名の怪物が産まれると、炉《ろ》の自在鉤《じざいかぎ》を登るといわれた。そのためこの地方の家では、囲炉裏《いろり》に血塊が登ったときに打ち落とすための杓文字《しゃもじ》を、自在鉤に用意していたという。

長野県下伊那《しもいな》郡にもケッケという怪獣の話があり、こちらも人間から産まれ出るものといわれているので、どうやら血塊のことらしい。

さらに、日野巌《ひのいわお》著『動物妖怪譚《どうぶつようかいたん》』によると、著者が子供のころ、見世物に血塊なるものが出たそうで、子猫くらいの灰色の動物を連れてきて、時々客の前で乳を飲ませていたという。とにかく人間の体内の血が集まってできたものだといい、赤と白の舌が二枚あるといってそれを客に見せたということである。後に著者がこの血塊なる動物の正体を探ると、それは何と南洋の夜猿《よざる》だったという。

ゲド

山陰地方の西にゲド持ちとよばれる家があった。金持ちだが非常に倹約家で、その家の子供は十分に学用品を揃えてもらえないこともあった。

ある秋の刈り入れのときだった。この家の稲を少しばかり盗んだものがいた。原因は分からないのだが、その者はそれから急に精神に異常をきたし、その家の名をいって、「ゲドが俺に噛《か》みつく。早く助けてくれ」などと大声で叫ぶようになった。床《とこ》の中で寝ていたかと思うと、突如目を覚まして、「あの家のゲドがやってきて、俺を噛む」と叫び、土蔵や自分の体も入らない小さな隙間《すきま》などに入ろうとして騒ぎまわった。

家人は心配して、一体そのゲドとはどんなものかと尋《たず》ねてみた。するとちょうど猫くらいの大きさで黒褐色をしているということだった。当人にははっきりと見えたのだろう。

それ以来、人々は、「あそこの家の稲を盗んだばかりに、ゲドを憑《つ》けられ、苦しんでいるんだ」とうわさしあうようになり、同時にその家もゲド持ちといって、恐れられるようになったという。

ゲドガキのバケモン

長崎県福江島の二《に》本楠《ほんくす》と玉之浦《たまのうら》字《あざ》荒川《あらかわ》との間に、ゲドガキというところがあって、昔からバケモンがすんでいた。

昔、玉之浦中須《なかす》に丑松《うしまつ》という子供がいた。ある夜、激しく泣いたので、その父が、

「ゲドガキのバケモンに食わすぞ」

としかった。すると戸外から、

「そんなら俺に食わせろ」

という大きな声が返ってきた。脅かしたはずの父は、逆に驚かされ、とっさに、

「これが一人前になったら、食わせるで……」

などと、その場逃れの返事をしてしまった。

その後、丑松はすくすく育ち、一人前の若者に成長した。

ある日、丑松がゲドガキを通ると、

「汝《なんじ》の父から、汝はもらったぞ」

といいながらバケモンが襲いかかってきた。丑松も力が強かったので大格闘となり、そのときは無事生還《せいかん》することができた。しかしバケモンはしつこく、後日、またもや襲いかかってきたのである。そして、ついに丑松はバケモンに食われてしまった。あまり妖怪をばかにすると、こういうこともあるので、やはり気をつけた方がいいかもしれない。

外《げ》法《ほう》頭《がしら》

『続日本紀《しょくにほんぎ》』によると、称徳天皇神護景雲《しょうとくてんのうじんごけいうん》三年（七六九）五月に、県犬養姉女《あがたいぬかいのあねめ》が称徳女帝を呪詛《じゅそ》しようとする目的で、天皇の御髪《おんかみ》を盗み出した。それを奈良の佐保川《さほがわ》で拾った髑髏《どくろ》に入れて大宮の内に持ち参り、厭魅《えんみ》を三度行ったという。ところがただちにそのことが発覚し、姉女は巫蠱《ふこ》の罪に問われ、遠流《おんる》に処せられたと記されている。

厭魅とは仏教伝来の飛鳥《あすか》時代に、中国から伝わった呪法で、平安時代にかけて流行した。呪う相手に見立てた人形に相手の名を書き、眼や胸に釘を打って土に埋めるというものである。

厭魅は主に人形を使用するが、場合によっては県犬養姉女のように、人の髑髏（頭蓋骨）を使うこともあるらしい。これを外法頭あるいは髑髏《どくろ》神《しん》という。

『増鏡』によれば、太政大臣藤原公相《だじょうだいじんふじわらのきんすけ》が葬《ほうむ》られたとき、その頭が異様に大きかったため、外法頭の呪法を使用する外法使いがその墓をあばき、首を切って持ち去ったとある。

外法頭は、頭が異様に大きく、またその人物が高貴であるほど良いらしい。ともかくライバルを倒す政治的陰謀の手段として、呪詛の強力な呪物だったようである。

倩《けら》兮《けら》女《おんな》

若い女性の華やいだ笑い声は、聞く者にこころよい印象を与える。一方、笑いというものは、世間で考えられているほど、明るいだけのものではない。なかには不吉なものもある。

柳田國男はその著作の中で、笑いは笑われる者にとっては恐怖であると書いている。この倩兮女は、まさしくそういう笑いの恐怖の妖怪である。

寂しい道を歩いて、何だか不安になってくる。すると、こんな道には何か出るのではないかと思いはじめる。そんなとき、どこからとも知れず女の大きな笑い声が、「ケラケラ」と聞こえてくる。はっと思って振り向くと、大きな女がこちらを見て笑っているから、大抵の者は二度びっくりし、慌てて駆けだそうとする。するとまた、さらに大きな声で、「ケラケラ」とくるから三度びっくりする。気の弱い人は気絶することもある。

倩兮女の笑い声は、大抵その人一人にしか聞こえないので、家に帰ってからあまり真剣になってその話をすると、かえってまた笑われるということになる。

おそらく、空き家などにすむうわんという、一声出して人を驚かせる妖怪の仲間なのだろう。

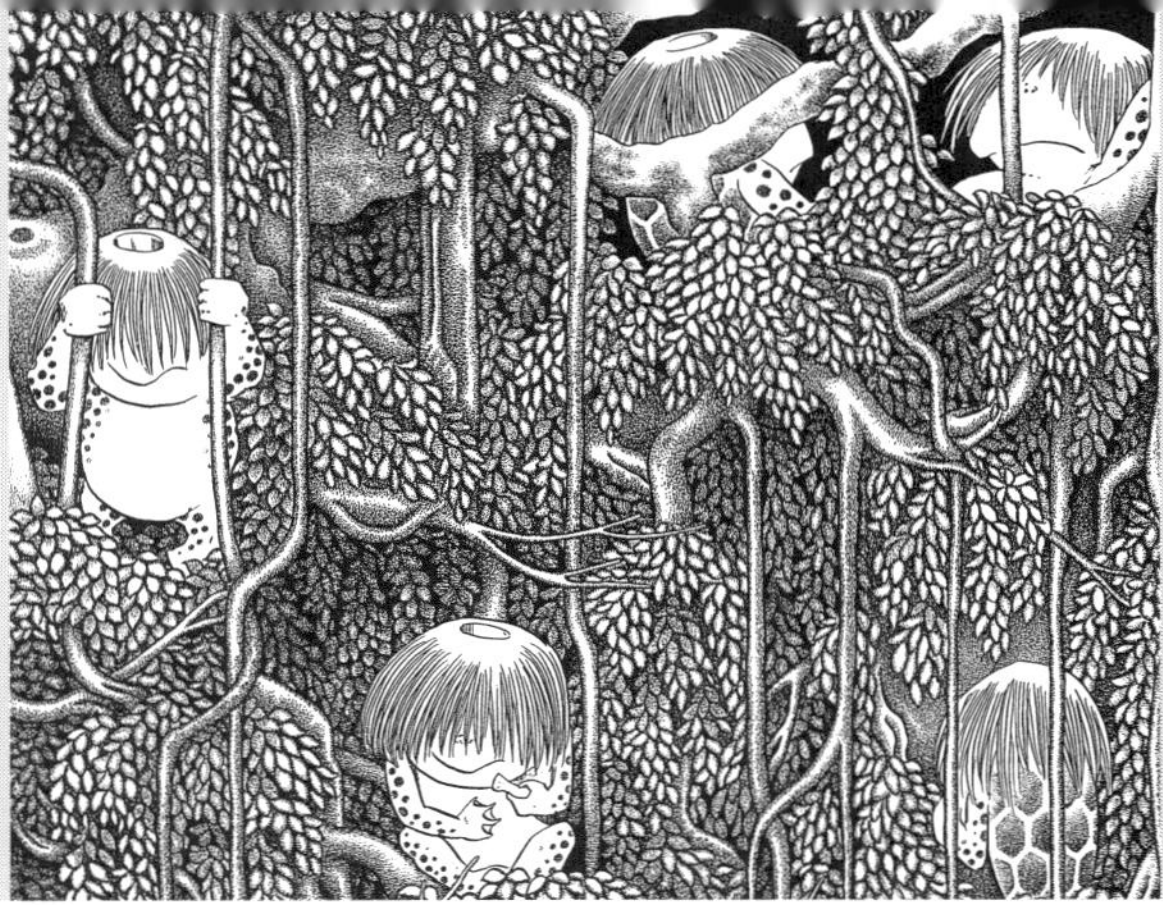

水蝹《けんもん》

「ケンムン」ともいう。鹿児島県の奄美《あまみ》群島にいる河童《かっぱ》の仲間である。沖縄のキジムナーに近い妖怪らしく、ガジュマルの林にすんでいる。

おかっぱ頭の上にある皿の中には油が入っていて、夜になるとここに火をつけて海岸に出てくるが、この油がこぼれると死んでしまう。相撲を好み、人に出会うとすぐに勝負を挑《いど》んでくるが、仇をなすことはしない。目が鋭く顔は赤いが、人間の五、六歳くらいの子供と大差のない姿をしていたらしい。

加計呂麻《かけろま》島（鹿児島県）にもたくさんの水蝹がいて、口で水蝹をよび出してよく子供に見せたお爺さんがいたそうである。戦争中は、この島に疎開していた人の中に、水蝹を見た人がかなりいたらしい。姿は見なくとも、水蝹のイタズラにはよくあったという。空襲を避けるために木の下に避難していると、炊いておいた粥《かゆ》がいつの間にか減ってしまう。それは水蝹が食べてしまうからで、姿はなく、ただカチャン、カチャンという食う音だけが聞こえたという。また水蝹は、夜道を歩いていると人を化かすようなことをする。一緒に歩いていてもパッと消えたりする。

水蝹は、昔、南方から流れ着いた神だともいわれている。

小《こ》池《いけ》婆《ばばあ》

雲州松江《うんしゅうまつえ》（現・島根県松江市）の小池という武家に仕えていた男が、あるとき山道で狼《おおかみ》の群れに襲われたので、大木の上に避難した。すると、狼たちは次々肩車をして、男がいるところに迫ったが、一頭分ほど高さが足りない。

「小池婆をよんでこい」

そう上の狼が吠え立てると、しばらくして一匹の大猫が、スルスルと狼の梯子《はしご》を登ってきた。覚悟を決めた男は刀を抜くと、眉間《みけん》を狙って素早く斬りつけた。すると、金物が落ちるような音がしたのと同時に、大猫も狼もたちまち姿をくらました。夜明けてからみれば、大木の下には茶釜の蓋《ふた》が落ちている。見ればこの蓋は見慣れた主家の品。

その蓋を手にして男が仕える屋敷に戻ってみると、そこでは主人の母親が額《ひたい》に大怪我をしたというので大騒動。その一方で、茶釜の蓋が紛失したといって探しまわる者がいた。男は奇怪に感じ、主人に話して蓋を見せた。主人は男の話にうなずき、奥の間に入って母の様子をうかがうと、ためらうことなく蒲団の上から刺し殺した。その中の死骸《しがい》は、母とは似つかぬ大きな猫だったのである。

小池婆とよばれたのが、すなわちこの老猫だったという恐ろしい話である。

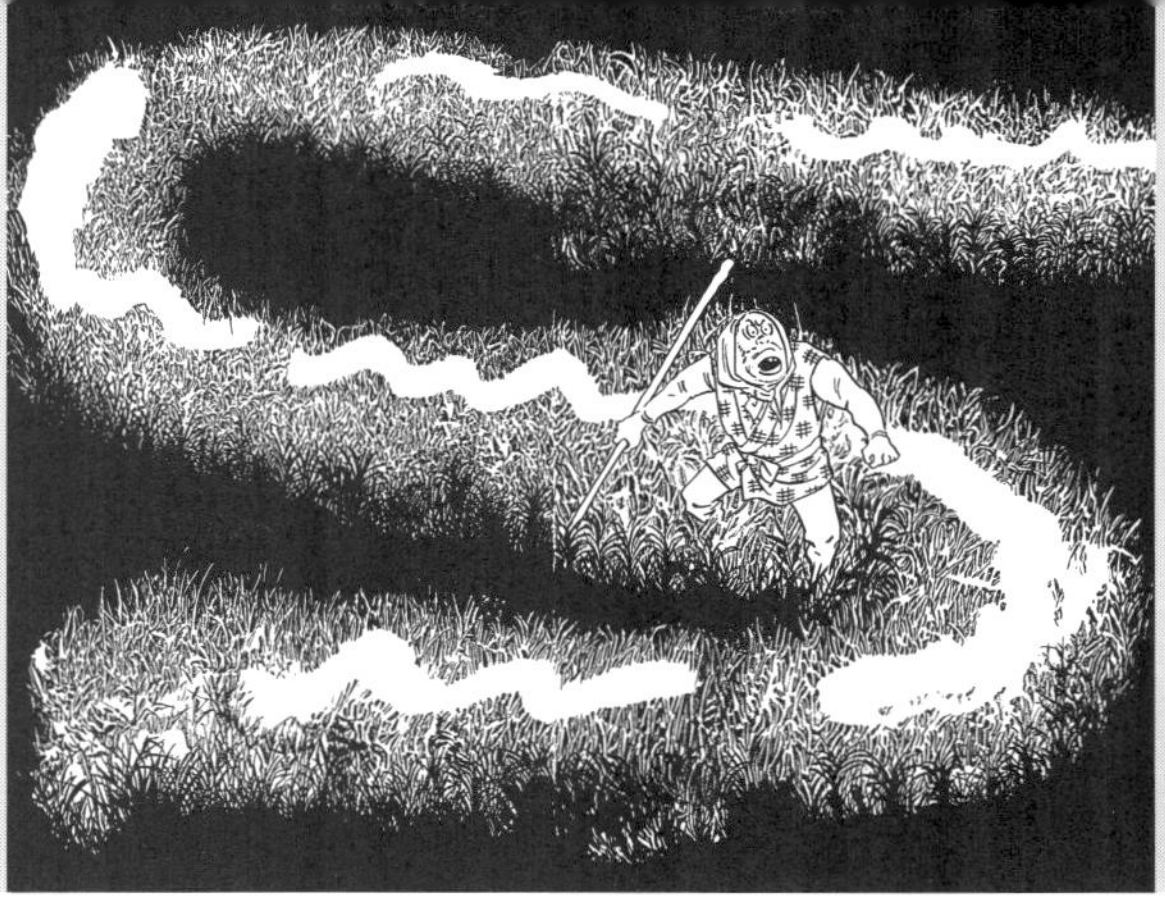

小右衛門火《こえもんび》

昔、奈良県下のある川堤《かわづつみ》に、一団の陰火が現れた。大きさは提灯《ちょうちん》ほどで地上九十センチばかりの高さのところを飛ぶ。雨のそぼ降る晩などには、一層よく出たそうで、これが墓地から墓地までの、約四キロメートルばかりの距離を飛ぶのである。

あるとき、松塚村《まつづか》（現・大和高田市《やまとたかだ》）の小右衛門《こえもん》という農民が、この火の正体を見届けようと堤の上にやってきた。そして、北に向かって歩いていると、火はちょうど進行方向より飛んできて、小右衛門と火がバッタリと出会ったのである。すると、火は小右衛門の頭の上を飛び越して、また以前と同じ高さで進んで行った。このとき流星のような音が聞こえたという。

また、一説には小右衛門はこの火を杖《つえ》でなぐりつけたといわれている。すると、数百の火となって小右衛門を取り囲んだので、さすがの小右衛門も大いに狼狽《ろうばい》し、この火を杖で打ち払い、やっとのことで逃げ帰った。

しかし、その夜から小右衛門は発熱し、病んで間もなく死んでしまった。以来、土地の人々はこの火を小右衛門火というようになったが、年が経つにしたがって火は少しずつ小さくなり、出ることもまれになったという。

虚空太鼓《こくうだいこ》

山口県大島郡大島町小松（現・周防大島町《すおうおおしま》）のはるか沖合、周防灘《なだ》の大畠瀬戸《おおばたけせと》の辺りでは、毎年旧六月のころになると、誰が叩くのか、夜になるとどこからともなく太鼓の音がするという。

対岸の大畠で聞くと小松の方で、小松側の方から聞くと笠佐島の方から聞こえ、音の所在地を探そうと思っても、けっして明らかにすることができず、大畠の瀬戸を離れると、その音はピタリと聞こえなくなるという。この不思議な音を地元では虚空太鼓とよんだ。

昔、安芸《あき》の宮島に帰ろうとした軽業師《かるわざし》の一行が、船で大畠瀬戸にさしかかったとき、急に海が嵐で荒れだし、乗りきれなくなった。おまけに夜のまっ暗闇の中では、誰の救いもかなわなかった。

時とともに激しくなる暴風雨のさなか、一行は手に持っていた太鼓を必死になって叩き続けた。遭難船のあることを海岸の人々に知らせようと笛を吹く者もあったが、それも空しくあえなく大波に呑まれ沈没した。

それ以来、軽業師たちが遭難したという季節になると、哀調を帯びた「虚空太鼓」の音が、海底から聞こえてくるようになったと伝えられている。

古庫裏婆《こくりばばあ》

昔、ある山寺に異様な老婆がいた。寺の庫裏《くり》に隠れすんで、檀家《だんか》が供《そな》える米や銭をかすめ取ったりする。それだけならまだしも、死んで墓に埋められたばかりの屍《しかばね》を掘り起こしては、髪の毛を抜き、皮をはいだ。その髪の毛を編んで着物とし、屍の肉は餌食《えじき》としていたのである。

老婆はもう齢《とし》も分からないほどに老いていたが、この寺の七代も前の住持《じゅうじ》が愛した美しい妻だったという。

あるとき、山道に迷った僧がこの古寺を見つけたので開門を願った。老婆が出てきて、僧を見ると次のようにいった。

「私は罪深い女なので、成仏《じょうぶつ》できません」

「いや、己を罪深いと思うことは成仏できる身である。拙僧に罪を語るがよろしい」

「私は寺へ行っては墓を掘り起こし、死骸《しがい》を食べているのです。一度食べたら、その味が忘れられません」

「お前がうわさに聞く古庫裏婆か」

老婆はそうだと答えた。

そしてその晩、古庫裏婆は僧を殺して食べてしまった。だから、今でも成仏できないでいるそうである。

小《こ》雨《さめ》坊《ぼう》

江戸時代のことである。ある旅人が、土砂降りの街道を急ぎ足で歩いていた。朝、宿を出発して、昼ごろには山の中に差しかかったが、このときにはもう雨もだいぶ小ぶりになって、薄明かりさえ見えはじめた。

男はほっとして、ふたたび足を早めた。そのうち、松の木のそばを通ると、坊主が姿を現し、男に向かって次のようにいった。

「旅の者よ、粟《あわ》をくれないか」

男はちょうど、背負った荷物の中に粟も入れておいたので、それを分けてやることにした。しかし、相手が何者なのか分からない。

「見たところ坊さんのようだが、何者だ」

坊主は笑いながら答えた。

「俺は小雨坊だ。こんな雨の日に山の中を歩く者から、粟をもらうことにしている」

こういうことがよくあるというので、当時、旅人は山中で雨に降られそうなときには、ちゃんと粟を用意したという。

坊さんの格好といい、施《ほどこ》しを受けることといい、この小雨坊は、巡礼の途中、山中で行き倒れになった僧の霊なのかもしれない。

コシュンプ

昔、北海道北見の斜里にイペランケという女性がおり、その夫が海で美しい斑《まだら》のあるアザラシを捕まえた。しかし、それはアザラシの化け物コシュンプで、夫はたちまち憑《つ》かれてしまった。その日から、夫はイペランケを邪魔に思い、虐待するようになった。

夫のあまりの変わりように、イペランケはきっと魔物に憑かれたのだと思い、ある晩、試みに家の入口で待ちかまえてみた。すると夜中ごろ、何者かが家の中に入ろうとしたので、手にしていたマサカリで一撃した。手ごたえがあり、見ると地面に女の片腕が残されていた。翌晩、とても美しい女がイペランケの夢の中に現れた。それは夫に憑いていたコシュンプで、泣きながら腕を返してほしいといい、

「今後あなたを一生不自由無く暮らせるようにします。ですからあなたの夫を下さい」

などという。夢から覚めてみると、しまっておいた女の片腕は消え失せていた。その後間もなく、夫は若くして死んだものの、イペランケはコシュンプがいった通り、一生不自由なく暮らすことができたという。

コシュンプには善悪二者があり、ときには好きな男の憑神《つきがみ》となり、とことんまで良い運命に導くこともある。

瞽女《ごぜ》の幽霊《ゆうれい》

享保《きょうほう》（一七一六～一七三六）のころの話である。北国の穂津美官治という武士が、江戸に向かう途中の宿屋に泊まったところ、一人の瞽女《ごぜ》の美しい声を聞いた。

容姿もさぞかし美しいだろうと想像した武士は、瞽女が寝静まるのを待って部屋に忍び入り、そのまま一夜を明かした。

武士は大いに満足したが、夜明けてから見ると女は恐ろしいほど醜い。武士は嫌になり、宿を出てからも嬉しそうについてくる女を、途中の峠で谷底深くに突き落としてしまった。

武士はそのまま江戸に赴き、一年経って帰国するときに、きたときと同じ道を通ってある山寺に泊まった。すると夜、女の幽霊が現れ、

「去年の秋を忘れたか。眼の見えぬ私を弄《もてあそ》んだ上に、よくも殺してくれたな」

といって武士の喉に嚙みつき、武士はその晩、息絶えたという。

古《こ》戦《せん》場《じょう》火《び》

戦場ヶ火ともよばれる。古戦場といわれる土地は、今では広々とした原っぱとなっているところが多いが、昔、そこで戦いがあったときは、何千何万の人々の血が流された。その血や、殺された人々の怨念《おんねん》が火となって、戦場跡を飛びまわる。それが古戦場火である。

例えば『宿直草』という本には、大坂夏の陣で死んだ者たちの亡魂が、戦場跡で火となって燃える話が書かれている。一メートルほどもある火がいくつも出て、消えては燃えるを繰り返し、その様子は海原に立つ波のようだったという。

よく事故で亡くなった人は、この世に未練が残り、なかなか成仏できずに、現世の人間に災いをもたらすというが、この古戦場火は悲しく飛びまわるだけである。

また、ある地方では、首のない馬に乗った首のない武者たちが、血みどろになって自分の首を探し歩く行列が見られるという。

古戦場とか、昔、争いごとのあったところなどは、今でも幽霊が出るとかいった話はよく聞かれ、夏の風物詩のようになっているが、こうした土地には、かならず死んだ人の怨念が残っているから、あまり足を踏み入れない方がいいだろう。うっかりすると、取り憑《つ》かれてしまう。

こそこそ岩《いわ》

昔、備前《びぜん》の御津《みつ》郡円城《えんじょう》村（現・岡山県加賀《かが》郡吉備中央《きびちゅうおう》町）にこそこそ岩という岩があり、夜分そこを通るとコソコソという物音がしたという。これは幅一・五メートルくらいの岩で、石の精がすむともいわれている。

このような物音をたてる岩石というのは、ほぼ全国にあるものだ。新潟県西頸城《にしくびき》郡の旧小滝村（現・糸魚川《いといがわ》市）には「物岩《ものいわ》」という大きな岩がある。

昔、山岸七兵衛という男がよく訴訟を起こしたが、これを恨めしく思っていた者が、あるとき殺害しようと七兵衛をさそい出した。そのとき七兵衛がこの岩のそばを通ると、「今度行きゃ殺されるぞ」と声がして、おかげで命拾いしたという。

奈良の松山（現・高市《たかいち》郡高取《たかとり》町）には、ことこと地蔵《じぞう》の話が残っている。昔、処刑場だったところを人が夜中に通ると、亡霊が出て「コトコト」と音をさせた。村人は亡霊を弔《とむら》うために地蔵堂を建てた。そのため、この地蔵を「ことこと地蔵」というようになったという。

岩石の精によるものか、人の霊が籠《こ》もったものかは分からないが、岩石が「音をだす」ということは、あり得る話だと思う。

小袖《こそで》の手《て》

慶長《けいちょう》（一五九六〜一六一五）のころのことだが、京都知恩《ちおん》院《いん》前に松屋七左衛門という町人がすんでいた。

あるとき、一人娘のために古着屋から立派な着物を買ってきたが、娘はその着物を着てから病気になってしまった。

そんなある日のこと、七左衛門が商売から帰って家に入ると、顔色の青い女が立っている。着ている着物はこの前娘に買ったものと同じである。不思議に思って見ているとパッと消えた。念のため、簞笥《たんす》を開けてみると、着物はそのままたたんで入っている。

どうにも気味が悪いので売り払おうと思い、簞笥から出してそばの衣桁《いこう》へかけると、間もなくこの小袖の両方の袖口から、女の手のような白いものがスーッと伸びた。家の者は仰《ぎょう》天《てん》して、さてこそ怪しい小袖であると、着物を解いてみたところ、肩先から大きく袈裟《けさ》がけに斬られている。一同は震えあがった。

これは大方、武家の屋敷へ奉公していた娘が、何か主人の怒りに触れることでもあって、手討《てう》ちとなった際に着用していた着物だったのだろうと、そのまま菩提所へ納め弔いをしたところ、娘の病気もようやく快方《かいほう》に向かったという。

五体面《ごたいめん》

妖怪五体面は、巨大な人間の頭部が胴体になっており、腕や足も頭部から生えているという一頭身の化け物である。その名の通り、五体（頭と両手両足）はあるが、胴に顔があるというわけである。

大名や小名、あるいは貴族の屋敷などに、主人が来客に応接したり対面したりするため設けられた座敷があるが、そこに来客があるとたびたびこの五体面が現れたという。

また、これは「腹出し」の妖怪の類で、酒の場で遊ばれるような「腹出奴《はらだしやっこ》」さながらの芸を見せて、客人を笑わせようとする。

大抵の人は、その変な様と百面相で、たちまち吹き出し笑ってしまうのだが、そこは武士や貴族など身分高き人々のこと、自尊心が高く、感情は貧しいときて笑う者は少ない。

そこで満足できない五体面は腹を立てて、今度は前後の見さかいなく暴れだすという。そしてさんざん屋敷内を乱すと、しまいには何もする気が失せて、その場に寝てしまうのである。

五体面は、自分のお笑い芸が理解されないと、怒りのあまり涙さえ流すこともあるそうだ。

木霊《こだま》

要は木の霊魂である。どの木にも宿るわけではなく、やはり特定の木ということになる。外見は普通の大木と変わりないが、これを切り倒すと、その人だけでなく村の人々にまで災難が降りかかることもあるから、他人事ではない。

八丈島の山奥にも、木霊が宿る木がそびえているというが、これは樹齢どのぐらいか見当もつかないそうだ。

我々の祖先は、巨木を神聖視し、霊が宿ると考えたわけだ。今でも老木に注連縄《しめなわ》の張ってあるのを見受けるが、これは木霊を信じている人が木を守っているのだと、私は思って見ている。

私が木に霊が宿ると強く感じたのは、ニューブリテン島の山奥に行ったときのことだった。南方の緑は美しいから、ほれぼれとしながら山をどんどん登っていった。胸のうちはとても気持ちよく、果てしなく広がる緑の中に、自分が溶けてしまうような錯覚《さっかく》を覚えた。

そのとき、外国の小説で、森の木々に誘われて木になった男の話を読んだことを思いだし、慌てて引き返した。「人間が木になる気分」というのは、ああいう気分だろうと今でもゾーッとするが、それほど人のいない山というのは、常識では考えられない何か（魔力や霊力か）を持っている。

コックリさん

昭和四十八年ころ、小中学生の間でコックリさんが爆発的に流行した。狐狗狸さんとも書かれるように、狐《きつね》などの霊をよび出して、知りたい事柄を教えてもらう儀式なのだが、その霊が人に取り憑《つ》いたり、あらぬ凶事を予言したりした例もあるそうである。

その一般的な方法は、一枚の紙に鳥居と五十音、数字、そして答えるための「はい」と「いいえ」などの文字を書き入れる。そして紙の上に十円硬貨を置き、三人がその硬貨を人差し指で押さえて、「コックリさん、コックリさん、おいで下さい」と唱える。すると十円硬貨に霊が乗り移り、三人それぞれの質問に答えてくれるという。

実は、コックリさんは明治二十年ごろにも大流行した歴史があり、当時の儀式装置は三本の竹の中央を紐《ひも》で三叉に結び、その上に飯櫃《めしびつ》の蓋《ふた》を載せたものだった。

妖怪の存在を否定した井上円了《いのうええんりょう》博士は、この装置が「こっくりこっくり」と傾《かたむ》くことから、コックリさんまたは御傾と名づけられたと説明している。また、発祥地は静岡県の下田であり、明治十七年ころに下田沖で難破したアメリカ帆船乗組員が、テーブル・ターニング（あるいはウィジャ盤）を人々に伝えたのがことの起こりだとも語っている。

五徳猫《ごとくねこ》

五徳とは、囲炉裏《いろり》などに置いて薬缶《やかん》や鍋の足になるものだが、この五徳をかぶった猫が五徳猫なのである。尻尾《しっぽ》が二つに分かれているということは、随分と長い年月を過ごしてきた証拠で、いわゆる猫又《ねこまた》の一種といえるだろう。

普通、猫にかぎらず動物は火を怖がるが、この五徳猫は怖がるどころか自分で火を起こすことなど朝飯前のようである。

この妖怪の他に、猫の化け物が勝手に囲炉裏で火を起こしたという話は聞かないが、猫の化け物が火の玉になって現れたという話はある。また、その目が炎《ほむら》のように赤かったという話もあるから、どこかしらで猫と火とは関係があるようだ。さらに、地獄の迎えである火車《かしゃ》は、後に猫の化け物のように解釈されるのだが、それも猫と火で、妙な関係がある。しかし、どういうわけで、五徳猫が五徳をかぶるようになったのかは、よく分からない。

室町時代の土佐光信画と伝わる『百鬼夜行絵巻』には、手に火吹き竹を持ち、頭に五徳を載せた妖怪が描かれている。姿を見た限り、これは猫の妖怪ではないのだが、何かしらの関係はありそうだ。

琴古主《ことふるぬし》

鳥山石燕の『画図百器徒然袋』に出てくるこの妖怪は、琴の付喪神《つくもがみ》だろう。

琴という楽器は随分と古くからあるもので、神話の世界にも出てくるし、土器《どき》などにも描かれている場合もある。いわば伝統的な楽器なのだ。

よく古道具屋などに冷やかしで入ると、古い琴があったりする。昔の琴は木や竹でできているから、もうそこにあるだけで歴史の匂いが漂うほどに薄汚れていたりする。しかも、それを使っていた人の念のようなものを感じる場合もあって、よほどいいシロモノでも、それを買おうとまでは思わない。何か夜になったら化けて出てきそうな、そんな鬼気迫る迫力があったりする。

琴古主も、かつての持ち主の念が琴に乗り移り、いつしか誰も弾く者がいなくなったとき、その音色を忘れさせないように、自ら奏でるのかもしれない。

室町時代の『百鬼夜行絵巻《ひゃっきやぎょうえまき》』にも、琴の妖怪が描かれているから、昔から琴は化けるものと考えられていたのだろうか。

児啼爺《こなきじじい》

人のあまり足をふみ入れないような深山で、時々、「オギャー、オギャー」と赤ん坊の泣き声が聞こえることがある。どうしてこんなところに赤ん坊がいるのだろうと思って、その泣く者を抱くと、赤ん坊はいきなりしがみついてきて離れない。

逃げ出そうとすると、重さが五十貫（約百八十八キログラム）にも百貫にもなり、抱いた者は動けなくなってしまう。そして、ついには命を奪われるといわれる。これは、徳島県の山奥などにいた児啼爺の仕業である。

これは「ごぎゃ啼き」ともよばれ、「ゴギャー、ゴギャー」と泣いて山中をうろつく。一説には一本足だともいい、この怪物が泣くと地震が起こるそうである。

また児啼婆というのもおり、姿は赤ん坊だが顔だけは老婆で、やはり抱こうとすると重くなる。ある老人がヒョイとつまみあげて家に持ち帰り、釜の中に入れて火を焚きつけると、カボチャに変身したという話が残っている。

こういう、山で赤ん坊の泣き声がするというのは、愛媛県の宇和島《うわじま》あたりでいうノツゴ、すなわち、山に捨てられた赤ん坊が妖怪となるといういい伝えと、案外関係があるのかもしれない。

子生弁天《こなしべんてん》の大入道《おおにゅうどう》

茨城県鹿島《かしま》郡旭《あさひ》村子生《こなし》（現・鉾田《ほこた》市）にある弁財天（厳《いつく》島《しま》神社）は、夜な夜な大入道が現れて、参詣《さんけい》人が途絶《とだ》えた時代があったという。

あるとき、旅の六部《りくぶ》（巡礼）がこの村を訪れ、名主に一夜の宿を乞《こ》うた。が、名主は部屋の空きがないといって、子生弁天の小屋に案内した。六部は、ここには大入道が出るのだが……という話を聞いてもまったく恐れず、むしろ喜んで旅装を解いた。その夜、何やら板戸を叩く音がする。板戸の外には大入道が立ち塞《ふさ》がっていて、

「俺の家に黙って泊まるとはひどい奴。しかし、俺のいうことを聞くなら許してやる。俺に従って社殿を三回まわれば泊めてやろう」

と叫ぶ。六部はそれを承知し、闇の中をついて歩いた。

「今夜初めてお目にかかる、おめでたいぞ、ヒョロリン、スッテンボーでもないようにノッペラボンーノボー……」

大入道は意味不明の文句を繰《く》り返しながら歩きだした。そこを六部は、大入道の脳天に金剛杖を打ち下ろす。途端、バーンと破裂《はれつ》音を立てて大入道は姿を消した。翌朝、その消えたあたりを見ると、大きな瓢箪《ひょうたん》が砕けて散乱していた。実は瓢箪が大入道の正体だったのである。

木葉天狗《このはてんぐ》

昔、静岡県の大井川で天狗を見た者がいた。夜更《よふ》けに、川の土手でじっと闇に目をこらしていると、鳶《とび》のような翼を伸ばした大きな鳥のようなものが、川面《かわも》に五、六匹飛んできて、上になり下になりして川の魚を捕っていた。伸ばした翼の幅は二メートルくらいもあり、これが俗にいう木葉天狗だろうと、『諸国里人談《しょこくりじんだん》』には記《しる》されている。

木葉天狗は一名境鳥《さかいどり》ともいい、その形はくちばしがあって顔は人に似て目が正面についている。両手両足も人間のようで、指も五本あるが、肩の後ろに二つの翼が生え、尻には尾羽もある。くちばしの黒いのが上等とされているようである。

天狗というと、高い鼻に山伏《やまぶし》姿という格好がすぐに連想されるようだが、これは近世のもので、昔の姿は前記の『諸国里人談』に出ているようなものだったと思われる。

また、地方によっては天狗は鼻が高いものだとは考えられていない。江戸時代の鳥山石燕《とりやませきえん》の画を見ても、天狗は鼻が高くなく、鳥に似た姿をしている。

平田篤胤《ひらたあつたね》あたりは、天狗を宇宙人の類か超自然のものと考えていたらしく、色々と天狗について興味深いことを記している。

小《こ》坊《ぼう》主《ず》

東北地方を中心に出没する座敷童子とよく似たものに、愛媛県宇和島《うわじま》地方の小坊主がいる。

ある人が山仕事から家に帰ってくると、薄暗いのでよくは分からないが、ユルイ（囲炉裏）のところに子供が四、五人、手を火にかざしてあたっているのが見えた。

どうも変だと思って家の中に入って行くと、こそこそと床の下へ潜りこんで、見えなくなってしまったという。

これは、ただ「坊主頭をした子供」というだけで、人間に対して何の害も与えない小人の一種かとも思われる。

何しろ誰もが見ることができるというわけではないし、ある特殊な人がチラッと見る程度だから、詳しいことはまるで判らない。

私も十八歳ぐらいのとき、山の近くの草原でチラッと小人みたいなものを見たような気がして、二、三日探しまわったことがあったが、結局何も発見できなかった。

ヨーロッパの小人というのも、そういった程度の、いわゆるチラッと見たといったことから想像が膨らんだものかもしれないと、勝手なことを考えてみたくもなる。

護法童子《ごほうどうじ》

護法とは、仏信者である修験者《しゅげんじゃ》や行者《ぎょうじゃ》を守護し、その使役《しえき》に服する鬼神あるいは神霊のことをいうが、姿が童子《どうじ》であることが多いために護法童子ともよばれる。『今昔物語集《こんじゃくものがたりしゅう》』や『宇治拾遺物語《うじしゅういものがたり》』にも護法童子が登場する。髪は赤く、目つきは恐ろしく、よく働くが時々節度をなくして残酷なこともしたという。

すなわち、護法童子を使役する場合には使役する当人（修験者）の能力が大きく関わってくるわけで、修験者の修行が深ければ深いほど護法童子の力は強くなるのである。

醍醐《だいご》天皇（八九七～九三〇）の世には、天皇が病気になった際、信貴山《しぎさん》（大阪と奈良の境にある）の命蓮《みょうれん》という聖が、剣の護法なる護法童子を天皇のもとへ遣わし、病気を治したという伝説もあり、『信貴山縁起絵巻《しぎさんえんぎえまき》』にその護法童子の姿を見ることができる。

また、護法というのはかならずしも童子の姿ばかりでなく、神霊や動物の姿をとって現れることもあり、憑き物などの悪霊となって人に取り憑くこともある。この場合も、護法が悪と働くのも善と働くのも、その使役する人間の心次第であることはいうまでもない。

小法師《こぼし》

三重県鳥羽《とば》市国崎《くざき》では、陰暦六月十四日の天王（牛頭天《ごずてん》王《のう》）様の日に海で泳ぐと、小法師にギンボ（肛門《こうもん》にあるという玉。おそらく尻子玉のことだろう）を抜かれて水死するといわれている。

小法師とは、海に出没する河童の一種であるらしく、近畿、東海地方を中心によく知られた妖怪だという。

志摩《しま》郡志摩町布施田《ふせだ》（現・志摩市）では、小法師に「尻」をつけて尻小法師とよんでおり、やはり天王祭の日に海で泳ぐと、尻小法師に尻から生き肝を抜かれてしまうなどというそうである。

志摩の海女《あま》たちの間では、海の中で龍宮《りゅうぐう》さん、つまり海の河童である尻小法師に行き逢ってしまうと、かならず死ぬと信じられており、水死した者があると、「尻小法師にやられたなぁ」などというそうだ。

海女によれば、ドーマン・セーマンという五芒星《ごぼうせい》と九字（どちらも魔よけの印）を縫《ぬ》い付けた鉢巻をしたり、山椒《さんしょう》の枝を糸にからめて首にかけ、胸の前に置いたりすると、襲われないということである。

コボッチ

　コボッチは鼬《いたち》に似た獣で、静岡県の旧磐田《いわた》郡の山村ではクダ狐ともいわれている。谷間やグミの林にすんでいて、通る人を誑かし、取り憑《つ》いたりもする。

　病人に取り憑くこともあって、そういうときは病人の口を借りて、見えないはずの遠くのことや未来のことを、千里眼で見たかのように語りだすのである。

　同じコボッチという名前の妖怪でも、遠江《とおとうみ》地方では特徴が違っていて、山中に現れる子供の姿をした妖怪だとか、年を経た河童が正体だなどといっていた。人間を騙して水中に引きずりこむだけでなく、火に取り憑いたり、取り憑いた病人に色々なことを語らせたりするという。

　遠江地方のコボッチは、水辺で一緒に泳ごうと誘ってくることもあるそうで、危うく水中に引きずりこまれそうになったという女性もいたらしい。

　よく山中で人間が動物に誑かされることがあるが、その場合は大抵の人が、化《ば》かされたときのことを覚えていない。だから、なかなか誑かすものの正体が見極められない。

　さらに、霊的なものというのは形を持っていないから（このコボッチの場合は一種の動物霊と考えられる）表現するのが大変である。

狐狸《こり》の闘《たたか》い

昔、佐渡島《さどがしま》には二つ岩の団三郎という化《ば》け狸《だぬき》の親分がいて、狐《きつね》の入島を許さなかった。

　これを聞いて、化け方の上手な狐が、諸国行《あん》脚《ぎゃ》にまわっていた団三郎に化けくらべの挑戦をした。

　しかし、団三郎の方が一枚上手で、とくに大名行列に化けるのが得意だと、狐に吹聴《ふいちょう》した。

　すると狐は、

「ふん、そんならいっぺん見せてくれ」

というので、団三郎はパッと姿を消すと、まもなく立派な大名行列が狐の前を通った。

「団三郎め、うまく化けやがったな」

　感心した狐が殿様の駕籠《かご》に近づくと、たちまち侍《さむらい》たちが狐を取り囲んで、生け捕りにしてしまった。

　実は、それは本物の行列だったのである。

　こんな風に、狐と狸の化け合戦は時々行われたが、団三郎には勝てなかったという。

　この他にも、関の寒戸、重屋の源助、徳和の善達などという化け狸が佐渡にいて、おしよせる狐と戦ってはいつも勝って、佐渡に狸王国ができたという。

古《こ》籠《ろう》火《び》

昔、上之《かみの》山《やま》藩松平《まつだいら》家の田村誠一郎という武士が、ある古屋敷に急に移り住むことになった。その古屋敷を掃除して、夕食の膳《ぜん》についていると、庭の古灯籠《ふるどうろう》が急にポーッと光るので家中のものが驚いた。

近くにすむ古老は、

「それは古籠火という妖怪だろう」

という。

古灯籠は自ら精気を発し、夜になると人もいないのに、何となく人のいるような気配を感じさせたり、ぼんやりと灯籠に光を宿すのである——とは、山田野理夫《のりお》著『東北怪談の旅』によるものである。

私が子供のころ、庭に古い灯籠があって、お盆の時期にお婆さんが蠟燭《ろうそく》をつけたことがあった。すると、今まで見たこともない幻想的な庭になって、「あっ」と驚いたことがあった。古い灯籠というのは我々の知らない遠い昔のことを何でも知っているように見えるから、これが誰もいない夜に化けても不思議ではない。何しろ、我々の生まれる前から庭に立っているのだから……。

コロポックル

アイヌの人たちに伝わる妖怪で、その名前にはアイヌ語で「蕗《ふき》の葉の下にすむ人」という意味がある。

妖怪といっても小人であり、何のいたずらも悪さもしない大人しいものだという。

大変気立てのよい連中で、裸で生活をしていたとか、アイヌの近くに集落をつくっていて、入《い》れ墨《ずみ》をアイヌに教えたとかいわれているが、とにかく「小さい人」だったようである。

北海道の原野に生えている鬼蕗《おにぶき》の葉は、一枚が非常に大きく、十分に傘の役割を果たしてくれるものだが、コロポックルはその下に数人は入ってしまう。

アイヌの人々と仲よく暮らしていたが、あるとき、アイヌの中に悪ふざけをしたものがいて、怒って北の海に姿を消してしまったという。

要するに、コロポックルはアイヌが北海道にやってくる以前に、北海道にすんでいた種族であるらしい。

坪井正五郎という学者は、日本人の祖先ではないかなどといっている。

狐者異《こわい》

食い意地の張った欲張りな妖怪である。あらゆるところに現れては物を食い散らし、死体までも食べてしまう。

狐者異とは、強情でけちな人のことで、生きている間は法を守らず、常に自分中心的な考えで行動し、恐れというものを知らない者のことをいう。こういう者が死ぬと、物事に対して執着の思いが強いためにあの世へは行かず、怪しい形を現すようになるのである。さらに仏の世界でも妨げをなすので、仏でさえ恐れて嫌うという、鼻つまみ者である……と、江戸時代の怪談絵本『桃山人《とうさんじん》夜《や》話《わ》』にも記されている。

仏典ではこのような者を狐にたとえ、そのため狐者異にも「狐」の文字が使われているのだろう。世に恐ろしきことを「こわい」というのは、ここから出た言葉だという。

死体を食べる妖怪というのはいくつかあるが、大正の末期には「好んで人糞を食べた男」がいた。呉の海兵団の二等機関兵だった某である。少年時代に人糞を口にしてからその味が忘れられず、以来、人目を忍んで人糞を食べていた。ところが、水兵生活に入ってからは、自由に人糞を食べることができず、それがかえって体に害をおよぼしたものか、体調を崩し、ついには気が触れてしまった。かなり妖怪化した人といえるが、変態もここまでくると「コワイ」ものである。

こんにゃく坊主《ぼうず》

紀州（現・和歌山県、三重県南部）の山の中に、昔、古寺があって、一人の坊さんが住んでいた。

ある冬のこと。この古寺に、今晩だけ泊めてもらえないかと旅の坊さんが訪ねてきた。寺の坊さんは退屈していたので、快《こころよ》く迎え入れ、風呂を沸かしてすすめた。すると旅の坊さんは、風呂に灰が入っていないかをしきりと気にする。そんなわけがないというと、喜んで入浴し、風呂上がりには上機嫌で四方《よも》山話《やまばなし》に興じた。

翌朝、旅の坊さんは托鉢《たくはつ》に行くといって早くから出て行ったが、夜になるとまた古寺に戻ってきて、今夜も泊めて欲しいといった。それからというもの、旅の坊さんは何日も滞在するようになったが、妙なことに、入浴の際には、決まって灰が入っていないかと聞いてくる。

そこである日、いたずら心を起こした寺の坊さんは、風呂の中にそっと灰を入れておいた。すると、その日の夜は、旅の坊さんがなかなか風呂から出てこない。心配して見に行くと、風呂桶には、こんにゃく玉だけが浮かんでいた。

旅の坊さんは、こんにゃくの化身《けしん》だったのである。こんにゃく玉は灰と一緒に煮て固めるものなのだという。

こんにゃく幽霊《ゆうれい》

奈良県天理市《てんり》の稲葉《いなば》と嘉幡《かばた》の間にある石橋は、こんにゃく橋とよばれている。そのいわれというのが、奇妙な幽霊に関係しているのだという。

昔、稲葉に孫兵衛という麹《こうじ》売りがいた。ある日、商売で出かけて帰りが遅くなったのだろう、この橋を渡るころには、日もとっぷりと暮れていた。

橋を渡れば家まではすぐなのだが、ここで孫兵衛は思いも寄らぬことで足止めを食らうことになってしまった。

というのも、孫兵衛の目の前に、忽然《こつぜん》と女の幽霊が姿を現したのである。幽霊が出ただけでも腰を抜かしそうなのに、なぜか女は口にこんにゃくをくわえ、恨めしそうな顔で孫兵衛を睨みつけている。

孫兵衛はギョッとした。そして、ガタガタと全身を震わせながらも、手を合わせて一心に念仏を唱《とな》えた。やがて念仏を九十九遍唱えたところで、ようやく女の幽霊は消え失せたのである。

この幽霊は、こんにゃく一つのことで夫婦喧嘩をして、そのために命を落とした女が化けて出たものなのだという。こんなことがあってから、その橋をこんにゃく橋とよぶようになったらしい。

牛蒡種《ごんぼだね》

牛蒡種というのは、飛騨《ひだ》や美濃《みの》（現・岐阜県）、信濃《しなの》（現・長野県）などでいわれていた憑《つ》き物で、それに取り憑かれた者が他の者に対して激しい憎悪を持って睨《にら》むと、その相手はたちどころに発熱し、頭痛をうったえ、やがて精神異常を引き起こすという。恨みの程度が軽い場合は、やがて何ヵ月か経つと回復するが、重いときは病床で苦悶《くもん》しながら息絶えてしまうこともある。

この牛蒡種に取り憑かれた者は、年齢、性別を問わず、誰でもこうした力を持ち、牛蒡種間では効力がない。しかも、人を苦しめて死に至らしめた場合でも、本人には何の変化もない。

昔、美濃のある村に牛蒡種に取り憑かれた女がおり、その夫が女房の怒りに触れるとたちまち病人になってしまうので、洗濯もすれば、針仕事もするといった具合に、端から見るとまるで女房の家来といった有様だった。

夫にとってはまさしく悲惨であるが、こうした力も、郡長とか村長とかいった人間に対しては、効力を持たない。牛蒡種の力の限界なのだろう。

囀《さえず》り石《いし》

上州《じょうしゅう》吾妻《あがつま》郡伊《い》参《さま》村（現・群馬県吾妻郡中之条《なかのじょう》町）の畑の中に、四メートルぐらいの三角形をした大きな石がある。

昔、中国地方の人間で、親の敵討《かたきう》ちのために諸国を尋《たず》ね歩いていた男が、上州に足を入れ、伊参村を訪れたときにはもう日暮れていた。やむなく野宿して一夜を明かすことにしたが、その寝床に選ばれたのが囀り石だった。

すると真夜中、男は人の声で目を覚ました。その声はどうやら石の中から出ている様子。そこでよく聞いてみると、石は自分が長年探している敵人のことを語っている。しかも、敵人の所在までも語ってくれた。

これはきっと、神仏が私を哀れんで教えてくださったのだろうと、まだ夜の明けない山道を教えられたところへ向けて出かけた。そして、首尾よく仇《あだ》を討ったという。

その後もこの石はしばしば人語を発した。それで囀り石と名づけられて、里人たちはその不思議さに恐れ、石の上に小さな祠《ほこら》を建てて囀り石の神と崇めていた。

しかしあるとき、通りかかった旅人が不意に石の囀りを聞き、驚いて石の角を斬り落とした。それ以来二度と囀ることはなくなったという。

逆女《さかおんな》

逆女は海とか井戸などに、逆さまに投げこまれて殺された女が、殺されるときの姿のまま（すなわち逆さま）亡霊となって出現するというもの。

大体、夜の寂しいところに現れるが、家の中や庭などに出ることもある。

あるときは、家の雪隠に出たという。

某家の下女が、夜中ふと目を覚まし、雪隠に行ったところ、突然この逆女が現れ、「キャーッ」と叫んで気絶してしまった。家の者が驚いて駆けつけたところ、亡霊はすでに消えていた。

またあるときは、夕刻、某家の縁側に父と子二人が腰かけているところへ、逆女がニューッと姿を現した。父子ともども、「うわーっ」と叫んで転げまわったが、何をするということもなくやがて消え去った。

この逆女、またの名を「逆さまの幽霊」といい、恨みを晴らすために出現するというが、一説には、成仏できない執念深い女が、逆さまの地獄に落ちるともいう。

江戸時代には、人気のない海岸で、この逆女に一心に祈っている僧の姿を描いた絵が発表されている。

逆柱《さかばしら》

自然に生えているときとは逆に、大工が上下を間違えて立てた木の柱は、人が寝静まっている夜中に腹を立てて軋《きし》むといわれる。古くから逆柱は、火災、家鳴《やな》りなど不吉なことの起こる原因とされ、大工たちに忌《い》まれてきた。

この逆柱で有名なものは日光の陽明門《ようめいもん》である。門口に向かって左側の柱で、彫刻が逆さまになっている。わざとこの柱を使って、災いを遠ざけたともいわれる。また、柱を逆さに立てられたので恨みをいう柱妖怪というものもあり、逆さに柱を立てると、そこから葉っぱ妖怪が出るともいう。

昔、小田原のある商家で祝い事があったとき、どこからか、「おれは首が苦しい」と、声がした。よく調べてみると、その声は座敷の柱から発せられていることが分かった。その柱は逆さになっていたので、それで苦しがっていたのだという。

小さい家でさえ夜中に便所に行ったりすると、何かが「いる」ような奇妙な存在感を覚えることがあるのだから、電気のない時代に、大きな家の古い柱を見るだけで、何となく様々なものがいるみたいな感じがしたのも無理はない。そうした「強い感じ」がなかったならば、妖怪もこうも様々な発達をとげなかっただろうと思われる。

さがり

岡山県邑久《おく》郡で、夜、ある男が道を歩いていると、古い一本の榎《えのき》があって、風もないのに木の枝がざわざわ音を立てていた。不思議に思って足を止めると、男は榎を見上げてびっくりした。枝に馬の首だけがぶら下がっていたからだ。馬の首は口を開けると、

「ヒン、ヒーン」

といななないた。男は仰天し転げるように道を逃げたという。

なぜ馬の首だけがぶら下がるのかは、何とも理由が分からないが、馬の首が下がるという怪異は、九州地方にも多く伝わっている。

熊本県玉名《たまな》郡南関《なんかん》町では、かつて旧道の出外れの柿の大木に馬の首が下がる場所があったといい、熊本県玉名市の場合は榎の大樹から馬の首が下がったそうである。これを見た者は、熱病にかかるということで、村人たちに大変恐れられていたという。これらに共通しているのは、馬の首は榎などの大木からぶら下がるということで、出る場所も決まっていたようである。

福岡県には馬の足が下がる場所もあったというから、これも何か関係がありそうだ。

佐《さ》倉《くら》惣《そう》五《ご》郎《ろう》の霊《れい》

江戸前期、下総《しもうさ》佐倉（現・千葉県佐倉市）領内の農民は、重税に苦しんでいた。税金を納められない者は捕らえられ、女子供は売り飛ばされる始末。名主たちは藩に対して嘆願《たんがん》を繰り返したが、まったく聞き入れられない。

そこで公津村（現・成田市）の名主だった佐倉惣五郎が、ときの将軍、家綱が寛永寺に参詣する折を狙って直訴した。

要求は聞き入れられたものの、このことが領主である堀田《ほった》正信《まさのぶ》の逆鱗《げきりん》に触れ、惣五郎夫婦は磔刑《たっけい》、子供四人は打ち首という極刑に処せられてしまった。

やがて惣五郎は、処刑と領主に対する復讐心《ふくしゅうしん》から怨霊《おんりょう》となって現れ、家臣を脅かし、その妻を殺したといわれている。手には直訴状《じきそじょう》を持って、農民の苦しさを訴えながら……。

というのが佐倉の伝説的な義民の「佐倉惣五郎譚《たん》」である。このころは義民となりえなくとも、生活の苦しさから人を恨んで死んでいった人も多かっただろうから、いずれにしても、怨霊となって現れるということは不思議ではない。ましてや直訴するくらいのパワーを持っていた人なら、死んでもその念は人一倍強く、直訴状を持って出現するくらいのことはやってくれそうな気がする。

さざえ鬼《おに》

およそ万物《ばんぶつ》は長い月日が経《た》つと変化し、またある種の霊力が身につくものらしい。さざえ鬼もその一つで、三十年も生き延びたさざえが妖怪と化したのである。

さざえに体と手足が生《は》えたもので、普段はおとなしく海中深くに潜んでいるが、月夜の晩などには海上に浮かび上がり、浮かれて踊るといわれている。

紀州（現・和歌山県、三重県南部）には、このさざえ鬼の恐ろしい話が伝わっている。

波切というところは、昔、海賊の本拠地だったところで、あるとき海賊の一人が海に溺れた女を助けて連れてきた。女は美しかったので、海賊たちは争って女を求め、女はどの海賊にも体を許した。

ところが、海賊たちはことごとく女に睾丸《こうがん》を取られてしまった。

好色女が海に投げこまれると、これがさざえと化し、やがて時がたつとさざえ鬼になったともいわれているが、このあと海賊の親分は、このさざえ鬼に睾丸を返してくれと申し入れ、そのために莫大《ばくだい》な黄金を支払ったという。「きん・で・きん」を買ったとは落語のオチのようだが、これが波切の話である。

座敷坊主《ざしきぼうず》

天竜川中流の山間部に門谷《かどたに》（現・静岡県浜松市天竜区水窪町）という村があり、そこのある家に座敷坊主という妖怪が現れるという。夜、寝ていると、坊主頭の按摩《あんま》のようなものが現れ、その寝ている位置を変えたり、枕《まくら》を返してしまったりする。

これは昔、そこの家に泊まった坊主が殺されて、その怨霊であるといわれている。また、無事にその家を出発させて、途中で待ちぶせして殺したのだともいわれているが、どちらにしろ、その坊主に関わりのあるもののようである。

しかし、佐々木喜善《ささききぜん》の『遠野のザシキワラシとオシラサマ』によれば、この門谷の座敷坊主は座敷小僧ともよばれているという。五、六歳くらいの子供で、出現する座敷が決まっており、そこで寝ると押さえつけられて眠れない、などと記されている。つまり、坊主とは名付けられているものの、本来は座敷童子《ざしきわらし》と同様に、家の中に現れる子供の妖怪なのだといっているのだ。

座敷童子の仲間はよく枕返しをするから、これはどうやら佐々木喜善のいう通りなのかもしれない。

坊主を殺して云々というのは、また別の話が混じっているのだろう。

座敷童子《ざしきわらし》

東北地方で、家の中に出現する子供の姿をした妖怪。これがいる家は栄えるが、いなくなると没落するといわれている。

座敷童子のいる家は、人が寝ている間に枕返《まくらがえ》しをされたり、寝ている位置を変えられたりするので、それと分かるという。夜中に原因不明の音を立てたりするのも、座敷童子のせいにされたりする。

滅多に姿を見せず、家の主人でさえ見ることは稀《まれ》なのだが、逆に姿を現したときは、もうそこから去ってしまうときのようで、見知らぬ子供を家の中で見たと思ったら、途端に家が貧乏になった、などという話がたくさん残っている。

本来は家にいる妖怪ではあるが、明治四十三年の夏には、岩手県遠野《とおの》の土淵《つちぶち》村（現・遠野市）の小学校に現れ、子供と一緒に遊んでいたという。ただし、小学一年生の子供たちだけにしか見えず、「そこに小さい子がいる」といっても、年上の子や先生には見えなかったそうだ。座敷童子にも色々あるようで、色が白く綺麗なチョウピラコを上等とするならば、ウスツキコ、ノタバリコといったものは、種族の下等なものであるという。

さとり

昔、富士山の麓《ふもと》の大和田山の森林中に、おもいという魔物がすんでいた。人間の心に思うことは、どんなことでも見通すという不思議な力を持っていて、この魔物に出会ったが最後、食われてしまうのが常だった。

あるとき、一人の樵《きこり》が大和田山の森で木を切っていると、不意にその魔物が現れ、樵は怖いと思った。すると魔物は、

「今、お前は怖いなと思ったな」

といった。樵は真っ青になって、ぐずぐずしていたら食われるぞと震《ふる》えていると、

「今、食われるぞと思ったな」

という。樵は、もうどうなろうと諦めろと思うと、魔物はまたしても、

「どうなろうと諦めろと思ったな」

という始末。仕方がなく樵はそのまま木を割っていると、魔物は隙《すき》があればとって食おうと狙っていた。そのとき、男が割っていた木の破片《はへん》が勢いよく飛んで、魔物の目に刺さってしまった。さすがの魔物も、

「思うことより思わぬことの方が怖い」

といいながら逃げて行ったので、樵は思わぬことで命拾いをしたという。おもいの魔物は、一般的にはさとりという。

寒戸《さむと》の婆《ばんば》

岩手県遠野《とおの》市の寒戸《さむと》というところで、風の強い日に現れるという婆である。もとはこの寒戸の生まれらしいが、娘のとき突然姿を消し、三十年以上も経ってから訪ねてきたという。

「みんな久しぶりだな。おらあ、六角牛《ろっこうし》（遠野三山の一つ、山岳信仰の山）の方からきた」

といったが、衣服はボロボロで、山姥《やまんば》そのものだったという。以来、土地の人は、強い風が続いて吹くような日には、「今日は寒戸の婆が帰ってきそうな日だな」などといったそうである。

　この話は遠野に伝わる民話や伝説、世間話を箇条書きにまとめた『遠野物語』にあるものである。『遠野物語』は、民俗学者の柳田國男《やなぎたくにお》が、遠野の佐々木喜善《ささききぜん》より聞いた話をまとめたものだが、遠野には寒戸という地名はなく、これは登戸の誤字ではないかとされている。

　里の女が突然姿を消し、ある日ふらりと山から戻るという話は、『遠野物語』の中にいくつかある。柳田はこれらを山姥や山人に関連するものとして、とくに興味をもっていたらしい。

ちなみに佐々木喜善が書いた『東奥異聞《とうおういぶん》』では、この話を「登戸の茂助婆」として扱っている。

皿数《さらかぞ》え

江戸の番町に、青山主膳《あおやましゅぜん》という旗本《はたもと》が住んでいた。その屋敷で召し使いをしていたお菊は、主人の秘蔵する十枚揃いの南京《なんきん》焼の鯰皿《なますざら》を、ふとしたはずみで割ってしまった。青山主膳も奥方も殺伐《さつばつ》な性格だったから、許しを乞《こ》うお菊を井戸の中に投げこんで殺してしまい、公儀へは病死として届けておくという残忍さだった。ところが恐ろしいことに、その年の五月、奥方の生んだ男の子に右手の中指が一本不足していたという。

それと前後して、主膳の屋敷は陰鬱《いんうつ》な空気がたちこめるようになり、夜ともなると、お菊が死んだ井戸から陰火《いんか》が現れ、恐ろしげな女の声で、

「一枚、二枚、三枚、四枚、五枚、六枚、七枚、八枚、九枚……悲しやのう……」

と、一つ足らぬのを嘆き悲しんだ。召し使いたちは恐怖のあまり、我先《われさき》に暇《いとま》を乞うて出て行ってしまった。

後に主膳が新参《しんざん》の家来を召しかかえようとしても、このうわさのため奉公する者もなく、やがて公儀にも聞こえて主膳は咎《とが》められることになる。

以上は『怪談番町皿屋敷』の話であるが、このように井戸の中から陰火が出て皿の数を数えるのを皿数えという。

猿《さる》鬼《おに》

石川県能登《のと》島の向田《こうだ》というところに、その昔、猿鬼という怪物が現れて、付近の住民をたびたび悩ませていたという。猿鬼は頭に一本の角がある猿に似た怪物で、人や家畜を見れば害をなすのだった。そこで人々は、氏神様である伊夜比《いやひ》咩《め》神社の神様のお告げに従い、天皇にお願いして、武勇にすぐれた左大将義直《よしなお》公に下向《げこう》してもらい、猿鬼を退治してもらったのである。

その退治した猿鬼の角が、現在も伊夜比咩神社に大切に保管されているそうだ。

また、石川県柳田《やなぎだ》村（現・能登町）当目《とうめ》の岩井戸《いわいど》神社にも、同じく猿鬼を退治したという伝承があり、面白いことに、その猿鬼の霊を祀《まつ》るというお宮もあるそうだ。

当目という地名は、輪島市三井の女神・神杉姫が、筒矢《つつや》で猿鬼の目を射たことに由来しているとされ、同じく黒川という地名も、死んだ猿鬼の黒い血が川となって流れたことによるという。

さらに大箱《おおばこ》という地名もあり、目を射られた猿鬼がオオバコ（多年生の植物）を取って目を洗ったことから名づけられた、と伝えられている。

猿《さる》神《がみ》

昔、ある村では、毎年実りの時季になると、若い娘を山の神に供えることになっていた。そうしないと大暴風で田畑を荒らされてしまうからである。

あるとき、通りがかりの巡礼の僧が、自分の娘を人身御供《ひとみごくう》にあげなければならないという農民の話を聞いて、

「神が人間を食べるはずはない。私が身代わりになって正体を見届けよう」

と、その社のある山へ登って行った。僧が松の洞穴に隠れていると、夜中に何者かが集まって、変な歌をうたいだした。

「あのことこのこと聞かせんな　近江《おうみ》の国の長浜（現・滋賀県長浜市）の　しっぺい太郎に聞かせんな　すってんすってんすってんてん……」

これを聞いた僧は、さっそくしっぺい太郎を探しに近江の長浜へ行くと、それは子牛のように大きな犬だった。僧はこれを連れて帰ると、犬とともに長持《ながもち》に隠れ、山に置かせた。

夜中になって、例の化け物が集まり、長持を取り囲んだ。そこへ犬が飛びだしてこれに向かい、僧も斬りつけると、それはたくさんの猿だった。中でも一番大きな狒狒《ひひ》は、犬に喉《のど》を噛《か》み切られて死んでいた。以来、村は平和になったが、これがよく知られるところの『猿神退治』なのである。

ザン

沖縄県の尚穆王《しょうぼくおう》（一七三九〜一七九四）のころのことである。あるとき、石垣島野底村《ぬすく》（現・石垣市）の三人の漁師が大漁に喜んでいると、あまりにも重い獲物が網にかかった。三人がかりで引き上げると、何とそれは下半身は魚だが上半身は美しい女というものだった。

「ザンだ。素晴らしいお土産ができた」

漁師たちは喜んだが、ザンは涙を流してこういった。

「私は陸上では生きていけません。どうか、海の中の私の家へ帰して下さい」

三人の漁師は顔を見合わせると、何もいわずにザンを海に放してやった。ザンは助けてもらったお礼だといって、間もなく若者たちの村に津波がやってくることを教え、海に消えた。

三人は急いで浜へ引き返すと、村人に山へ避難する指図をした。ところが、近くの白保村《しいさぶ》の人たちは、三人の警告をまったく無視していたのである。

その日の夕刻、山の上の野底村の人たちは、大きな黒雲が水平線の上から島に向かってやってくるのを見た。同時に、白保村の人々が逃げまどう姿も見えた。やがて、壁のような大波が襲いかかってきたが、これが明和《めいわ》八年（一七七一）の大津波だったという。

三吉鬼《さんきちおに》

昔、秋田で何者とも分からぬ男が人里にきて、酒屋で大酒を飲み、あげくに代金を払わずに出て行ってしまうということがあった。無理に酒代を請求するとかならず仇《あだ》をするので、だまって飲ますより仕方がない。すると、その翌日には飲まれた酒の十倍ほどの価の薪《まき》が、かならず戸口に積んであった。

こういううわさがだんだん広まると、やがてそれらしき男がくると、飲みたいだけただで酒を飲ませる人が現れたが、そんなときもやはり夜中に薪が積まれてあるのだった。

人々はいつの間にかこの男を三吉鬼とよぶようになり、酒《さか》樽《だる》を供《そな》えて、どこどこの山の大松を庭に移してくれなどと、願かけまでするようになった。こうすると、一晩の間に酒がなくなった代わりに、願った松の大木が庭に移植されているといった具合で、いろんな人が、「三吉鬼、三吉鬼」といって重宝したという。

これは秋田県太平山にまつられる三吉《みよし》様の信仰がもとにあるといわれる。

地元では、神のときはミヨシ様とよぶが、人の姿として現れるときはサンキチとよんだという。

三尺坊《さんじゃくぼう》

遠州《えんしゅう》（現・静岡県）秋葉山の三尺坊は、天狗であるとも神であるともいわれている。

寛延《かんえん》年間（一七四八〜一七五一）のこと。紀州（現・和歌山県、三重県南部）から代参として、長谷川右近という物《もの》頭《がしら》（足軽の長）が秋葉山に登山した。前夜には麓《ふもと》の宿に止宿《ししゅく》するのが常となっていたが、右近は宿の亭主に雉子を料理して出すように命じた。すると亭主は、それは登山以降にした方がよいという。この山は色々と怪異があるゆえ、今夜は精進した方がよいとしきりに止める。しかし右近は、

「拙者は代参であり、三尺坊は神なのだから魚鳥を食う者を嫌う理由はないはずだ」

といい張るので、亭主はいうなりに料理して出した。主従十六人、したたかに食べた。

その翌日。登山して八、九分通り上ったところで、一転霧《きり》が覆い、一寸先も見えなくなってしまった。一同は前に進めなくなっているうち、十六人ともども、山上から投げ落とされ、気がつけば秋葉山の山頂から、五、六里下った麓に寝ていた。誰も怪我をした者はいなかったが、一同はふたたび登山する勇気を失っていたという。秋葉山に品行の悪い者が登山すると、きっと障《さわ》りがあるということである。

山精《さんせい》

山小屋に住む樵《きこり》や狩人《かりうど》などが、しばしば山精に出会ったという。山精にとって塩は欠かせないものであるらしく、小屋をのぞいたり、手を差し入れたり、極端な場合はそのまま勝手に上がりこんで塩を求める。

山の生活者にとって塩は貴重なものであるが、恐ろしいので山精に塩をやると、喜んで帰って行く。そして翌日には、戸口のところに沢蟹《さわがに》とか山鳥とかの獲物を置いていったりする。礼のつもりなのだろう。

山には色々な妖怪がいるが、やはり何といっても、山の神の存在を忘れてはならない。山の神というのは山を支配する神で、山にはかならずこれがいる。

山には、この日は入ってはいけないなどといった禁忌《きんき》があるから、これを犯すとかならず山の神の怒りを買う。だから、山に入る人々はなるべく山の神の怒りに触れないように、注意深く山仕事をする。

山の神は、その人間の行いによって、よい神になったり、悪い神になったりする。だから、この山精も本来は山の神で、礼をするというのは山の神が喜んでいる証拠なのである。

山中《さんちゅう》の幽霊屋《ゆうれいや》敷《しき》

私が小学校三年生のころ、弟と私と同級生の三人で島根半島の山中へ出かけたことがあった。山の狐《きつね》に化かされないようにと、おばあさんから注意されたので、気をつけて歩いていると、後ろから禿《は》げ頭《あたま》の老人がにこにこしながらやってきた。その老人は、このあたりのことを親切に説明してくれたり、懐《ふところ》からぼた餅《もち》を出してすすめてくれたりする。

しかし私は、この爺さんは狐で、人を騙して食べるつもりだと思った。親切であればあるほど、狐であるという気になるのだった。やがて山の中へ入ると大きな藁《わら》屋根の家があり、爺さんは「お茶でも飲んでいけや」といった。

私はいよいよ「おいでなすった」と判断し、同級生や弟と一目散に逃げ出した。爺さんは寂しそうに見ていたが、私は化け狐から逃げ出したという気持ちでホッとした。

昔、二人の男が箱根山中を越えるとき、忽然《こつぜん》と賑やかな家が出現し、家の者に誘われたので入ってみたところ、それは幽霊屋敷だった——という話があるが、何となくそれに似たような気持ちだった。

後年、用事があってその山中に行ったが、その家は廃屋になっており、子供のとき見たのと同じ場所にあった。幻を見たのかもしれない。

山《さ》ン本《もと》五《ご》郎《ろう》左《ざ》衛《え》門《もん》

備後《びんご》国三次《みよし》（現・広島県三次市）の比熊山《ひぐまやま》には天狗杉とよばれる古い杉の木があった。これに触れると祟《たた》りがあると、土地のものは恐れて近づくものはなかった。ところが、稲生平太郎という男が、この杉の木を肝試《きもだめ》しに使ったのである。それからは平太郎の身辺で、巨大な老婆の顔が天井いっぱいに現れるなど、続々と奇怪なことが起こるようになった。

そして、ある日の夕暮れ、平太郎が部屋にいると、障子の向こうに大男が出現した。平太郎が斬りつけても何の手ごたえもない。そのうち不気味な笑い声とともに、平太郎に、

「刀をおさめよ」

という声があった。平太郎はその声に向かって、正体を明かすようにといった。すると、

「我は山ン本五郎左衛門と申す。汝《なんじ》は気丈《きじょう》にて驚き恐れず、これでは我の修行の妨げである。よって、我はこれより九州に下るゆえ、今後は一切の怪事は止むだろう」

というと、困ったときにはこれを使えと、一つの木槌《きづち》を置いて去った。

この山ン本五郎左衛門こそ、比熊山に巣食っていた大魔王だったのである。この木槌は今も広島の国前寺《こくぜんじ》に残っている。

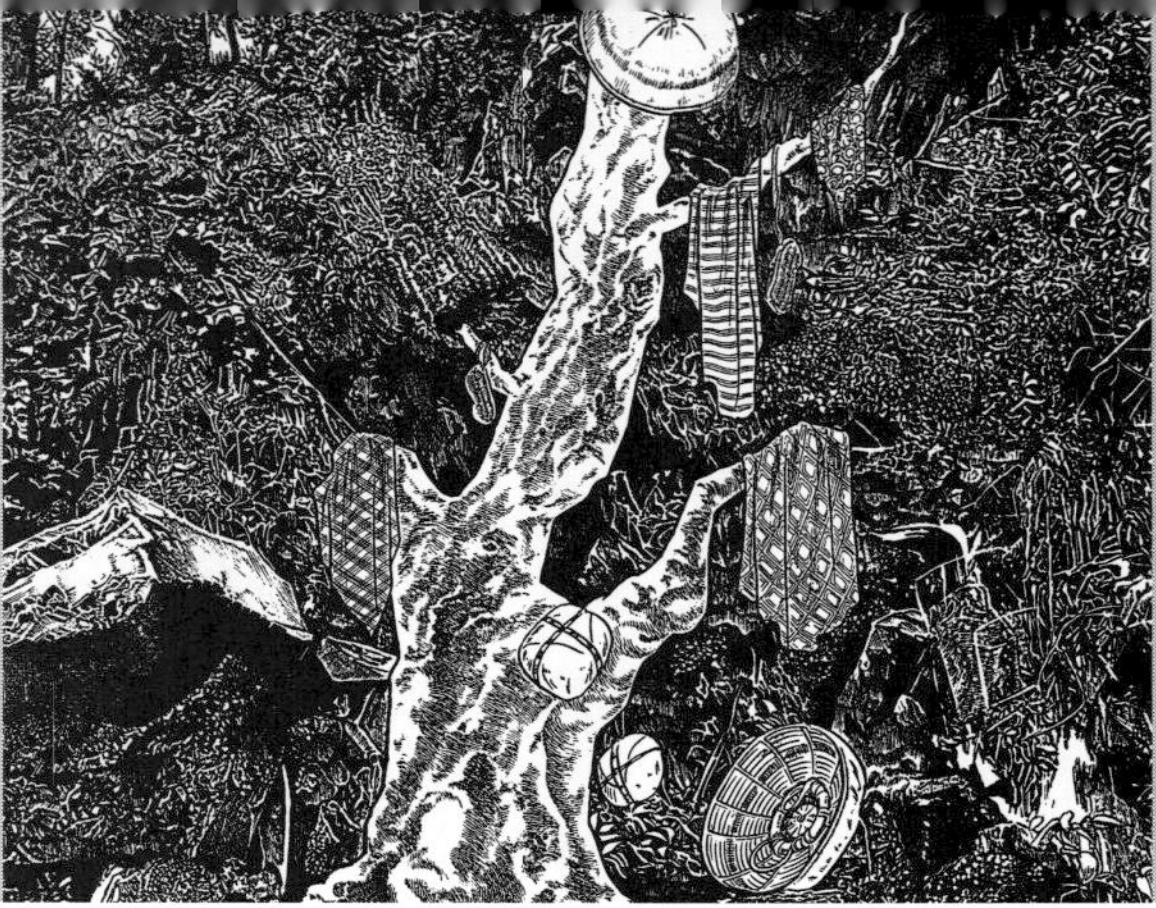

山霊《さんれい》

昔、ある小役人が今の神奈川県あたりの山に登り、麓《ふもと》の茶店で休んでいると二人連れの男がやってきた。時は夕方である。二人は急いでいるようだったが、足の方はその割に進まず、歩き続けるのは少し無理に見えたので、茶店の主と小役人が、

「日暮れにおよんで山に入るのはよくない。かならず悪いことが起こるから、明日にした方がよいのではないか」

と声をかけた。だが二人は、

「今夜ずっと山を歩いて、明日頂上をきわめるつもりだ」

と、止めるのも聞かずに山に登って行った。彼らが去って間もなく、激しい雷鳴が起こり大雨になった。

やがて雨は止んだが、茶店の者たちはこれはただごとではないと思い、翌日、山に登ってみた。すると案の定、途中の木の梢《こずえ》に、前日の二人連れが着ていた着物などがぶら下がって、人間の方は跡形もなく消え失せていた。

一同は、これは山霊にやられたに違いないと、恐れながら話し合った。

この話は、居合わせた小役人が目撃した事実であると松浦《まつら》静山《せいざん》の『甲子夜話《かつしやわ》』に記されている。

黒眚《しい》

一四七六年に、明《みん》（現在の中国）の京師《けいし》にいたという記録がある。狸《たぬき》のような、犬のような獣である。

風のごとく走り、人の顔を傷つけ、手足を嚙《か》んだという。現れるときには、いつも黒気を背負っているので、この名がついたといわれる。

日本でも、和歌山県や広島県、山口県に黒眚の話が伝わっており、牛を害する魔獣とされていた。山嵐という動物のことだとか、猿のような獣だといわれ、これに狙われた牛は食い殺されてしまうという。よく、牛を追い立てるときに「シイ、シイ」というが、これは「お前の後ろに黒眚がいるぞ」という意味があるそうだ。

また、黒眚ではないかと思われている獣の記録があり、元禄十四年（一七〇一）、大和国（現・奈良県）吉野郡の山中にいたという。中国の黒眚と同じく、飛ぶように速く走り、人の顔であれ手足であれ傷つけ、体には白黒、赤黒の豹《ひょう》斑《はん》があったという。

風のように傷つけるのは鎌鼬《かまいたち》に似ている。鎌鼬は、岐阜県や新潟県の山間部によく現れたという。風によってつくられた真空が人を傷つけたようだが、これが一種の妖獣の仕業と考えられていた節がある。

地《じ》黄《おう》煎《せん》火《び》

江州水口《ごうしゅうみなくち》（現・滋賀県甲賀市《こうか》）の駅泉縄手に膝頭松《ひざがしらまつ》という大木があった。昔ここで一人の男が地黄煎（穀芽《こくが》の粉に地黄という薬草の汁を練り合わせたもの）を売って生計を立てていた。

ところがあるとき盗賊に殺され、ささやかな財産も何もかも奪われてしまった。しかし、よほど無念だったのだろうか、この男の執心は火となってこの地に止まり、松のところから飛行するようになった。

以来この火を地黄煎火とよぶようになったが、この火は熱くない火、すなわち陰火《いんか》といわれるものである。

無念、執念が、幽霊や亡霊、あるいは怨霊として現れるのではなく、陰火となって飛行するという話は珍しい。

これはもちろん人魂とも違うわけで、火の玉でもない。

人間の死後、現れる姿がこのように人によって様々であるというのは、一体どういう理由によるものだろうか。

生き様が影響するのか、死に方が問題なのか、または死ぬ直前の本人の意識（志）が決定するのか、いずれにしても興味深いことである。

塩《しお》の長司《ちょうじ》

昔、加賀（現・石川県）の塩の浦に、塩の長司という長者がいた。家には三百頭もの馬を飼っていたが、長者は常々悪食《あくじき》を好み、ときに馬が死んだりすると、その肉を味噌や塩に漬《つ》けて食っていた。

あるとき、漬け馬肉をついに食べつくしてしまったので、役にたたなくなった老馬を打ち殺して食べたところ、その老馬が夢に出てきて長司の喉《のど》に食いついた。

その日から、馬を殺した時刻になると、老馬の霊がやってきて長司の口に入り、腹の中を痛めては出て行くという日が続いた。

その霊気が腹の中に入って苦しめる様は大変なもので、苦しまぎれに悪口雑言し、自分の行った悪事はもちろん、ありとあらゆるたわごとを吐いた。

医療やら祈禱《きとう》やら色々と術をつくしてみたが、その甲斐もなく、ついに馬が重い荷を負うような真似をして死んでしまったという。

これは馬の霊が人に取り憑《つ》くという馬憑きの話で、『桃山《とうさん》人夜話《じんやわ》』という江戸時代の古書にあるものである。

式王子《しきおうじ》

高知県香美《かみ》郡物部《ものべ》村（現・香美市）には、いざなぎ流と称する陰陽道《おんみょうどう》的な民俗宗教を奉ずる祈禱師《きとうし》（太夫《たゆう》）がおり、式王子とよぶ霊を使役し、因縁調伏《いんねんちょうぶく》あるいは呪詛《じゅそ》を行うという。小松和彦著『憑霊信仰論《ひょうれいしんこうろん》』によれば、式王子は人の健康を害する呪詛神《じゅそしん》で、紙の人形や動物に憑依《ひょうい》させて相手に送りつけるという。

昭和のはじめごろには、土地の所有権争いでの呪詛事件があったそうで、そのときにはアマゴ（ビワマスの子）に式王子を宿らせて、人を害したという話が残っている。

誰かが原因不明の病気になったり、突然不幸が訪れたりすると、いざなぎ流の太夫に占ってもらうことになる。占いの結果、それは何々という者が呪詛しているのだ、ということが分かったとしよう。その場合、そのかけられた呪詛を、呪詛した者に返してしまうことがよく行われた。これを呪詛返しの法という。呪詛返しの法はその式王子の威力が倍増するため、もし呪詛返しの合戦に発展すると、親類縁者にもその害がおよぶとされ、恐れられている。

式王子は、中世の陰陽師たちが使役した式神とほぼ同じものであるといえる。

式神《しきがみ》

古代中国で興《おこ》り、奈良時代ころに伝えられた陰陽道《おんみょうどう》は、陰《いん》陽五行説《ようごぎょうせつ》という神秘科学に基づいた学問（思想）である。陰陽道でもって政治の助けをしていた平安時代の陰陽師たちは、占いをする一方で、式神（識神）とよぶ鬼神《きしん》（精霊）を使役し、呪詛《じゅそ》の媒体《ばいたい》として利用していたのである。

式神は、一般人には姿が見えない霊であるとされ、陰陽師によって姿を現される場合は童子の姿を取り、容貌は鬼のような場合が多い。陰陽師によっては、人間や鳥に変身させたり、動物や人などに憑依《ひょうい》させたりすることもでき、意のままに行動を操り、肉体を害し、呪殺することが可能だった。

陰陽師たちは式盤《しきばん》という道具を使って占いをしていたが、元々式神とは、この式盤に表示された十二支の守護霊のことだともいわれている。

また動物の怨念を利用する蠱毒《こどく》や犬神《いぬがみ》も、式神作成の方法の一つだったという。

日本最高の陰陽師だった安倍晴明《あべのせいめい》は、式神を使いこなすことに長《た》けていたようで、戸の開け閉めなど日常の雑事をも式神にやらせていたそうだ。

敷次郎《しきじろう》

伊予《いよ》（現・愛媛県）別子《べっし》銅山《どうざん》など数百年に続き採掘を続ける鉱山には、かならず妖怪がいるといわれている。俗に敷次郎という名の妖怪である。

姿は普通の作業員と同じ格好で、常に坑内《こうない》にすみ、顔の色は蒼白で、人間と同じような足音がするが、言葉は一切通じない。体からは鉱石を採掘するような音や、水を汲むような音がするという。

井上円了《いのうええんりょう》の『妖怪学』という本には、一度この妖怪を見ようと思って機会を待っていたある人が、去る年、備中《びっちゅう》（現・岡山県）の小泉鉛山《こいずみえんざん》に行ったときに見ることができた、という話が載っている。

この山の敷次郎は時々食物をねだり、食物を与えないと、嚙《か》みついたりして仕事の邪魔をする。この敷次郎に嚙まれた傷は医薬では治らず、仏前に用いる打敷《うちしき》（仏具の敷き物）のきれ、もしくは袈裟《けさ》の一片を焼いて灰にしたものを油で練り、傷に貼りつければ治るという。

また、この妖怪が出るときには、その前兆らしきものがあるそうで、両足の爪がはがれるような感じや、肌に粟《あわ》を生じたりするそうだ。

敷次郎は妖怪というよりも、幽霊に近いものかもしれない。

ジキトリ

民俗学者の柳田國男《やなぎたくにお》によると、ジキトリとは食取りのことだろうという。つまり、人に取り憑いて食物（体内に蓄積されている栄養分など）を奪い取る魔物のことなのである。

愛媛県の宇和地方では、山中で急に空腹感を覚え、手先が動かなくなったり、歩行が困難な状態になったりしたときに、「ジキトリに取り憑かれた」という。

そういうときには、飯粒を一粒でも口に入れれば回復する。だから遠出をする場合には、弁当などを食べつくさないで、二、三粒でもよいから、かならず残しておくものだ、というのがこの地方のいい伝えである。

山中のあまり人の通らない寂しい場所にすんでいて、空腹になると通行人に取り憑くものだと考えられている。

また、このジキトリを山の神としてとらえ、山で弁当を食べるときには、山の神がひもじい思いをしないようにと、一《いち》番箸《ばんばし》で取った飯粒を供える風習も山間部ではあるらしい。

取り憑かれるというのは、その人間の食物を奪われることだ（と考えられる）から、ジキトリなり山の神なりが満腹になればよいわけである。そうした考えから、人々はジキトリが出現しそうな場所には、石仏や石祠《せきし》などを建て、神として崇《あが》めるということをしている。

シズカモチ

栃木県の益子《ましこ》地方でいう音だけの妖怪である。

夜中にコツコツという餅《もち》の粉をはたくような音が遠方より聞こえるというもので、年寄りはこれを、

「音がだんだん近づいてくるときは、餅の中に搗《つ》きこまれるといって運が向いてくる。反対にだんだん遠くなるときは、餅の中から搗き出されるといって運が衰えていく」

などといっている。搗きこまれた人は、箕《み》（穀物にまじったほこりや糠《ぬか》などを取り去る笊《ざる》の一種）を後ろ手に出すと、財産が入るともいわれている。

しかし、この音は誰にでも聞こえるというわけではないらしく、聞こえる人と聞こえない人とがあるようだ。

民俗学者柳田國男の『妖怪談義』によれば、これは隠れ里の米搗きともいうそうで、この音を聞いた人は長者になるという話もあるそうである。

子供のとき、万物が動くのをやめたのではないかと思われるほど静かな夜に外に出ると、はっきりした音ではないが、奇妙な音ともつかぬものが聞こえ、まるで異次元の世界へやってきたような気分によくなったものだ。

シズカモチも、そのような気分がある意味で定形化されたものではないかと想像している。

次第高《しだいだか》

山口県厚狭《あさ》郡、阿武《あぶ》郡に出現するもので、見上げれば高くなり、見下ろせば小さくなるという路上の妖怪である。

この手の妖怪は、まさに全国的なもので、見上入道《みあげにゅうどう》、高《たか》入道、入道坊主《ぼうず》など、みんなこの次第高の親戚筋にあたる。

文字としてではなく、どうしても口から伝え聞くものだから、伝達ゲームのように、微妙にそのよばれ方が変わってくるものもあるようである。

島根県には、しだい坂という妖怪の話が伝わっている。三《さん》瓶《べ》山《さん》に行く途中に、「しだい坂っちゅうものが出るげな」というわけである。背がずんずん高くなって、これでもかといわんばかりに、かぎりなく高くなるというのである。

これなどもその一例だろう。また、地方によっては話だけがあって、名前のついてないものも案外多い。

こうした妖怪に出会ったときには、けっして目を上に向けてはいけない。逆に下へ下へと目を向ければ、妖怪はどんどん小さくなっていって、しまいにはなくなってしまうという。どうも入道のような形をした妖怪は、とぼけたところもあっておかしい。

舌長婆《したながばばあ》

あるとき、越後《えちご》(現・新潟県)から武蔵国《むさし》(現・東京都、埼玉県、神奈川県の一部)へと向かう二人の旅人がいたが、諏訪《すわ》の千本松原で日が暮れてしまった。そこで一軒のボロ家に泊めてもらうことにすると、そこには七十歳ばかりの老婆がいて、快《こころよ》く旅人を受け入れた。

旅人は安心し、一人はすぐさま正体もなく寝入ってしまったが、もう一人は目をつぶったまま眠らずにいた。

すると老婆は、一メートルはあろうかという長い舌を出し、眠っている旅人の頭をペロペロとなめた。起きている者が薄気味悪く思っていると、

「舌長婆、舌長婆、諏訪の朱《しゅ》の盤《ぼん》じゃ。はかどらなければ俺が手伝ってやろう」

と、戸を打ち破って何者かが家に入ってきた。見れば、顔の長さが二メートルもある赤い大坊主。旅人が刀で斬りつけると、朱の盤はフッと消えたが、そのすきに老婆は眠っている者をつかんで、外に駆け出した。途端に、今までのボロ家は消え、野原が広がるばかりだった。

残された旅人は、大木の根に腰かけて一夜を過ごし、夜が明けてからあたりを見回すと、連れの者が骨だけになって横たわっていたという。

シチ

沖縄県沖縄本島の山原《やんばる》地方に、クルク山という小高い山があるが、このあたりの山路を歩いていると、いきなり真っ黒なものが道いっぱいに立ち塞がり、先へ進めなくなる。

これはシチあるいはシチマジムンという化物の仕業で、福岡県遠賀《おんが》地方の塗壁《ぬりかべ》や長崎県壱岐《いき》島に現れる塗坊《ぬりぼう》とよく似ている。

島袋源七著の『山原の土俗』という民俗資料によると、シチは姿形の見えない、ぼんやりとした霊のようなもので、風のように板戸の節穴からでも出入りが自由自在であるそうだ。人に憑《つ》く性質もあるようで、シチに取り憑かれた人はあらぬ方向へ連れ出され、一週間でも二週間でも迷子になってしまう。ときには墓穴の中に閉じこめられてしまう場合もある。人に危害を加えることはないが、迷惑このうえない存在である。

もしシチに出会ってしまったら、男性は褌《ふんどし》を、女性は袴《はかま》を外してうち振るか、それを頭にかぶればよいという。もちろん、現代ではそんなものを身につける男女はいないわけだが、その場合は地べたの草木にしがみつき、明け方の鶏《にわとり》が鳴くのを待てばよい。すると、憑いたシチは自然と離れてしまうという。

七人同行《しちにんどうぎょう》

香川県でいう一種の行き逢《あ》い神で、これに行きあたると死ぬといわれている。目に見えるわけではないが、牛の股の間から覗《のぞ》くと見えるとか、耳の動く人には特別に見えるともいわれ、ことに動物などは敏感に反応するようである。

ある人が牛を連れて歩いていた。すると、十字路にきたとき、急に牛が立ち止まって動かなくなった。どうしたのかと思い、牛の股の間から向こうを覗いてみると、七人同行が行列して歩いて行くのが見えたという。

香川県では七人童子という怪があり、やはり四つ辻で行き逢うといわれ、そのため仲多度《なかたど》郡では、人が通らなくなってしまった四つ辻があるそうである。七人童子を見たという話はあまり聞かれないが、「童」というからには子供の姿をしているのだろう。

高知県では、七人ミサキとよばれるものがある。海の溺死《できし》人がなるといわれ、溺死人が七人集まって怪をなすというものである。

いつも七人で連れだっていて、新しく一人加わると先の一人が仏となり、七人を誘い殺すまではみな成仏できない。だから、七人の溺死した人が成仏するためには、別の新しい七人の犠牲者がいるというわけである。

七本鮫《しちほんざめ》

三重県志摩《しま》郡磯部《いそべ》町（現・志摩市）には、伊勢《いせ》神宮《じんぐう》の別宮《べつぐう》といわれる伊雑宮《いざわのみや》がある。旧暦六月二十四、二十五日は磯部のオゴサイ日といわれ、この日になると沖から龍宮の使者が参詣にくるという。

使いは七本鮫あるいは「磯部さん」とよばれる七本（七匹）の鮫の姿をした神使である。オゴサイ日には沖の方から的矢《まとや》湾《わん》を通り、神ノ島などに立ち寄ってから磯部の入江に入る。さらに、川を遡《さかのぼ》って伊雑宮に参宮し、翌日下ってふたたび渡海する。このとき、海では鮫の姿をしているのだが、海から磯部の川へ差しかかる際は、蟹《かに》や蛙《かえる》の姿に変化してお参りするのだという。この七本鮫は、いつのころからか六本しか姿を現さなくなったそうで、近隣各地では、その理由を様々に語っている。

坂手村（現・鳥羽市）での話。漁師の上村三蔵という者が、子と二人でナマコを採っていたところ、悪い鮫に子を食われてしまった。三蔵は復讐《ふくしゅう》するため、人形をつくって囮《おとり》とし、一本の鮫を捕らえた。腹を裂いてみたが中には子供の姿はない。それは悪い鮫ではなく、七本鮫だった。祟《たた》りを怖れ、鳥羽の光岳寺で謝罪の祈禱《きとう》をしてもらったが、間もなく三蔵一家は没落してしまったという。

信濃《しなの》の別界《べっかい》

昔、信州松本領の猟師が鹿を求めて山深く分け入った。ところが、山の上から石の塊《かたまり》が落ちてきて、それを避けようとして足を踏み外し、谷底へと転落してしまった。奇蹟的に怪我はしていなかったので、またもとの場所へ登ろうとしたが、屛風《びょうぶ》のように立ち塞《ふさ》がる岩壁は険《けわ》しい。まわり道をして山を越え、谷を過ぎ、五、六里も歩いて、ようやく田畑を見つけた。

なおも進んで行くと、何軒かの人家があった。猟師はその中の一軒の家を訪ねてみた。中には一人の老人がいて、猟師の姿を認めると、大層驚いた様子である。

「ここは人外の別世界である。いずれの方面へも通路はない。そして谷の中にある掘井戸だけが、わずかに人々の日用の糧となっている。したがって、外から侵入してくる者があれば、殴り殺す規則になっている。幸いにもまだ誰にも知られておらぬゆえ、早く逃げるがよい」

そんな言葉を聞いた猟師は、老人の忠告に従って逃げだした。山を越え、谷を過ぎ、歩けるだけ歩いた。そして三日目の夕方に、ようやく故郷の松本へ帰ることができた。だが、どこをどう歩いたものか、さっぱり思い出すことはできなかったという。

篠崎狐《しのざきぎつね》

寛政《かんせい》年間（一七八九〜一八〇一）のころ、武州の篠崎村（現・東京都江戸川区）に、悪さばかりする四匹の大きな白狐がいた。

ある夏の早朝、この村で塩魚の行商をする者が、草原でこの狐たちが昼寝をしているのを見つけ、日ごろの仕返しをするつもりで、そっと近よっては大声で驚かした。狐は大いに狼狽して逃げ出したので、いい気持ちでそこを立ち去った。

その日の夕方、魚商人が顔見知りの家によると、ちょうどそこの女房が亡くなって、棺桶を出すところだった。そこの亭主は、「野辺《のべ》送りをしてくるから、留守を頼む」というなり行ってしまい、魚商人は一人残って待っていた。すると突然、女房の幽霊が現れ、いきなり腕に噛《か》みついてきた。魚商人は悲鳴をあげて、血だらけで逃げまわった。

このとき、篠崎村の農民が通りかかると、顔見知りの魚商人が血だらけになってさわいでいる。さては例の狐にだまされたのだろうと、急いで頭から水を浴びせると、やがて魚商人は正気にもどった。

後難を恐れた魚商人は、小豆飯《あずきめし》を炊き、油揚げを添えて、狐が昼寝をしていたところへ持って行き、謝罪したということである。

芝《しば》右衛《え》門《もん》狸《だぬき》

昔、淡路《あわじ》（現・兵庫県）に芝右衛門という農民がいた。この芝《しば》右衛《え》門《もん》のところに、よく古狸がやってきて残飯を食べていた。この狸のために、芝右衛門はわざわざ飯を残していたが、ある日、狸に向かって、

「お前、化《ば》けられるなら人に化けてみろ」

というと、あくる日、五十過ぎの老人になってやってきた。その古狸は古代のことにくわしく、毎日話をしているうちに、芝右衛門は大層物知りになって、人々にもてはやされるようになった。

そのころ、難波《なにわ》（現・大阪府）から、竹田《たけだ》出雲《いずも》という芝居が淡路にやってきて、十日ばかり興行した。

かの古狸も老人に化けて芝居見物に行ったが、運悪く犬に嚙《か》まれて死んでしまった。しかし、さすがは古狸、死んでも半月ばかり正体を現さず、人々は本物の人間ではないかといぶかったが、二十四、五日くらい経つと、さすがに狸の形を現した。

村人たちは、死んでも化けの皮を現さないなんて、芝居の狸じゃあるまいしと話し合ったという。

今でも洲本城《すもとじょう》天守閣近くには、この芝右衛門狸を祀《まつ》った祠《ほこら》があるそうだ。

しばかき

熊本県玉名《たまな》郡南関《なんかん》町でいう妖怪である。

夜、道を歩いていると、突然石を投げつけるものというが、正体は何とも伝わっていない。

この妖怪を紹介した柳田國男《やなぎたくにお》の『妖怪談義《ようかいだんぎ》』によれば、「しば」とは柴のことだろうとし、短い草の生えたところを引っかくような音をさせたのかもしれない、などと記している。

このような、路傍《ろぼう》で石を投げる妖怪というのは、案外各地にいるもので、天狗《てんぐ》が石を投げるという天狗礫《てんぐつぶて》や、砂をばらまく砂かけ婆、砂まき狸などもその仲間に入るだろう。

また、路傍ではなく、家に石を投げつけられる怪異というのも、昔はあちらこちらで聞かれたものだった。

これまた何者の仕業とも分からぬ場合が多いのだが、そこの家の召し使いの女が、故郷に帰りたい一心で、そんなイタズラじみたことをしていた、なんてこともしばしばあったそうだ。

しばかきの場合も、人のいたずらだったかもしれないといえなくもないが、得体のしれない何者かの仕業だと地元のみんなが信じていれば、それは妖怪なのである。

シバテン

芝天狗《しばてんぐ》ともいい、四国の土佐《とさ》（現・高知県）にいる河童《かっぱ》、あるいはその親類だが、かならずしも川にすんでいるわけではない。身長は一メートルくらい。人間の子供に似ており、河童のように相撲《すもう》をとるのが好きらしい。

ある老人が少年のころ、田舎道を歩いていると、

「相撲取ろう、取ろう」

といって、シバテンが出てきた。

「そんな小さい体で、何いってるんだ」

といいながら相撲を取ると、何回も挑《いど》みかかってくる。一、二時間のつもりが、実際は一日中やっていて、家に帰ったら体も着物も泥だらけでボロボロになっていたという。

土佐には、シバテンとは別に猿猴《えんこう》という河童がいる。こちらは山間部の川にいるもので、やはり相撲を好む。

土佐郡土佐山村（現・高知市）では、このシバテンが旧暦六月七日の祇園《ぎおん》の日に川に入って猿猴になると伝えられている。

よく河童が山に入ると山童《やまわろ》になり、川に入ると河童に戻るなどというが、この関係がシバテンと猿猴にもあてはまるようだ。ということは、猿猴は河童だから、シバテンが山童に近いものになるのだろうか。

死《し》人《びと》憑《つ》き

昔、因幡《いなば》（現・鳥取県）岩美《いわみ》郡のある農民が、長く患《わずら》って死んだ。僧がくるのを待っていると、この死人が突然に立ち上がり、座敷に躍《おど》り出た。取り押さえようにも、その力の強いこと、大の男を引きまわすほどである。

飲んだり食ったりして一睡《いっすい》もせず、二、三日過ぎると、夏のことで目や口からは汁が流れ出す始末。妻子は死者に何者かが憑《つ》いた死人憑きだろうと、山伏《やまぶし》などをよんで祈禱《きとう》してもらったが、依然として乱暴はおさまらない。お手上げの家族は、外に移りすんだ。

時々様子を見にくると、くだんの死人はまだ暴れている。けれども戸は厳しく閉じてあるから外に出ることができない。

次の日、また節穴から覗《のぞ》いて見ると、死人は倒れて動かない。そこで人々が集まって慌てて葬ってしまったという。

死んだ人の霊は、祟《たた》りやすく人に憑きやすいものであると昔は信じられており、近親者が集まって通夜《つや》をするのは、死者の霊を保護するといった意味があったようである。そして出棺後、生前使っていた茶碗を割ったりするのは、死者とともに霊を葬送して、ふたたび家に帰らないようにとの配慮によるものらしい。

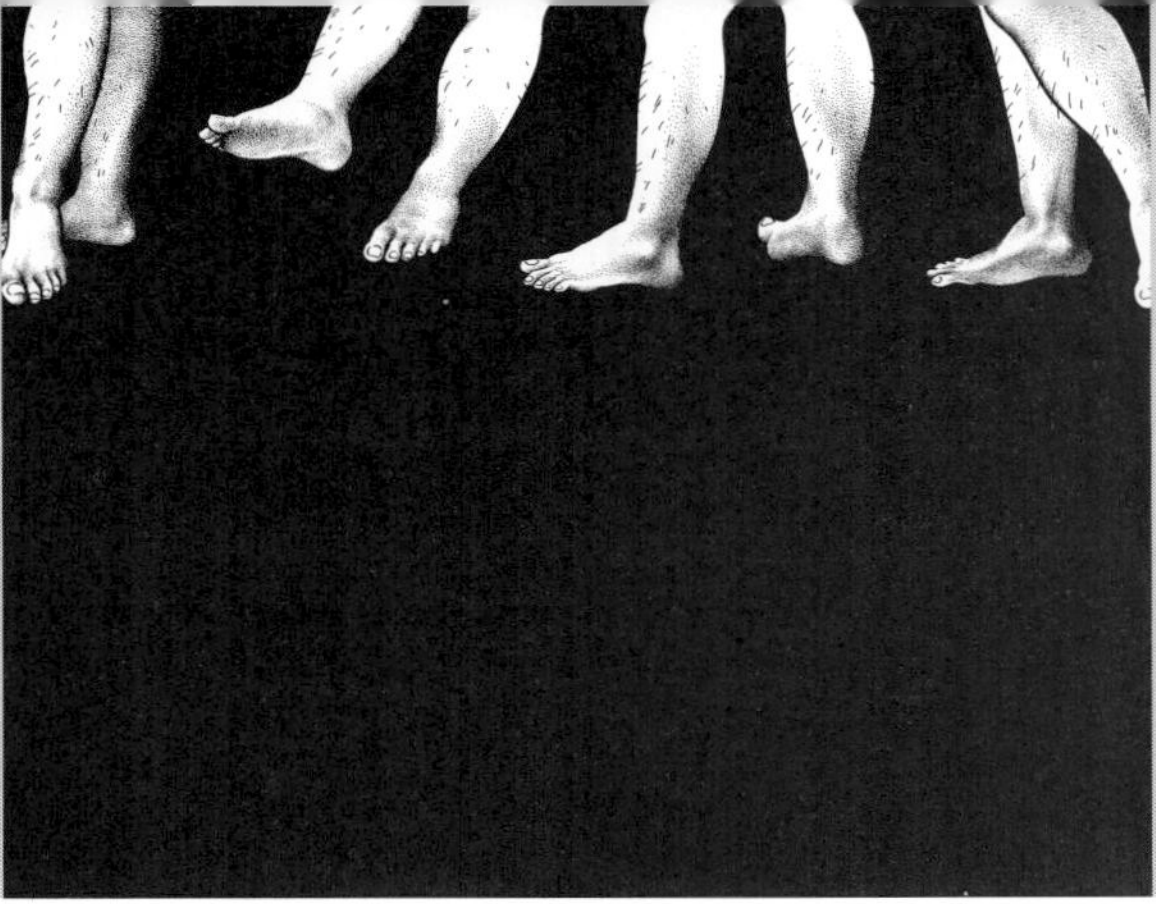

島原《しまばら》の船幽霊《ふなゆうれい》

長崎県島原半島で、三人の漁師が漁に出かけた。しかし、深夜になっても獲物はさっぱりで、あきらめて帰ろうとした。

そのとき、海岸の方から櫓《ろ》を漕《こ》ぐ声とともに拍子《ひょうし》を取って近づいてくる船があった。これは妙だと思った漁師たちは、船を一生懸命に漕いでみるものの、なぜか少しも進まず、そのうち怪しい船がすぐ近くまできた。

その船はどうやら片面しかないらしく、中で火を焚《た》いており、その火に照らされて、十本ばかりの足が浮かんでいた。さらに、「ハーショイ、ハーショイ」という不気味な声まで聞こえた。漁師たちは急いで離れようと必死に船を漕いだ。

ようやくその声も姿も消え、やっとの思いで岸に辿り着いた途端、船のまわりの海面が白く濁《にご》った。同時に、三人の身体が軽くなり、はるか沖の方にもの凄いスピードで一つの火が走るのが見えた。このときになって、漁師たちははじめて船幽霊につけられていたことが分かったという。

船幽霊は、各地の海村に現れるが、大抵は「柄杓《ひしゃく》を貸せ」といって現れ、その柄杓で海の水を汲み入れて船を沈めようとするものだが、この島原の船幽霊のように、船が片面しかなかったり、足が浮いて見えたりするのは珍しい。

蛇《じゃ》骨《こつ》婆《ばばあ》

蛇塚《へびづか》といわれるものは日本各地にあるが、その数ある蛇塚の中に蛇五右衛門という怪蛇《かいじゃ》を封じたものがあるという。蛇骨婆はこの蛇五右衛門の妻で、その塚を守るために、右の手に青蛇を取り、左の手に赤蛇を取った姿で現れては、近寄る人を威嚇《いかく》するという。

蛇五右衛門を埋めた塚というのが、一体どこにあるのかは不明だが、全国にある蛇塚のどれかなのだろう。また、蛇塚には次のような話もある。

昔、東京の日暮里あたりがまだ畑ばかりだったころ、ある農民が畑で白い蛇を見つけ、それを打ち殺してしまった。すると、農民はそれから農作物がとれなくなるなどの不幸続きになってしまった。

「これは白い蛇を殺した祟《たた》りかもしれない」などと農民が思っていると、その晩、夢の中に白蛇が現れて、「もう一度、この世に生まれ変わりたい……」と、悲しそうに告げた。祟りを恐れた農民が塚を築いて許しを乞うと、それからは幸せな日々が続くようになったという。

白い蛇は神様の使いだから殺してはならぬなどといわれている。

蛇《じゃ》帯《たい》

昔から女の嫉妬心は「邪《じゃ》（蛇）心《しん》」などといわれ、その執心《しゅうしん》はよく蛇にたとえられる。

もっともよく知られているのは、道成寺《どうじょうじ》伝説の清姫《きよひめ》だろうか。安珍《あんちん》という修行僧が冗談で「嫁にしてやろう」といったのを真に受け、逃げる安珍を追いかけるうちに、生きながらにして大蛇に変身してしまったというものだ。邪心によって蛇身へと変化してしまったわけである。

また、自身が蛇に変じるばかりか、女の身につけている帯までが蛇となるといい伝えもある。

蛇帯といわれるのがそれで、これは蛇は蛇でも毒蛇であり、妖怪の一つとして数えられている。

寝ているときに外した帯にその心が乗り移るのだろうか、帯は七重にもまわる長い毒蛇となり、想う相手に襲いかかるという。

帯の持ち主がコントロールしているわけではなく、帯は一匹の妖怪となり、自らの意志で動きはじめる。

蛇帯が行動しているとき、本人は深い眠りに落ちている。しかし、眠っているとき魂《たましい》は遊離《ゆうり》するという説もあるから、自覚はないにせよ、帯には女の魂が宿るのかもしれない。

邪魅《じゃみ》

鳥山石燕《とりやませきえん》の『百鬼夜行《ひゃつきやぎょう》』に記されている邪魅の説明で見ると、邪魅は魑魅《ちみ》の類《たぐい》で、妖邪《ようじゃ》の悪鬼《あっき》とあるが、これは甚《はなは》だ曖昧《あいまい》ないい方である。その姿を見ても、一応、獣の形をしているものの、胴体はほとんど消え入り、全体がどんな風になっているかということはよく分からない。

邪という文字は「よこしま」とか「有害な」とかいう意味があり、魅という文字も「化け物」とか「惑わす」とかいう意味がある。つまり、邪魅とは悪霊のような、邪鬼のような、人間にとってはあまりよろしくない憑《つ》き物のようなものをいうのだろう。

行き逢い神のように、行き当たりばったりに憑かれるというのとは違い、どちらかといえば怨念が化した憑き物の犬神に近いものかもしれない。犬神というのは、目に見えない小動物で、人に使われて人に害をなすというものである。香川県などでは、犬神は多く若宮として祀り、そうすると金持ちになるともいわれている。しかし、これは特殊な例であろう。

要するに、正体不明の不可思議みたいなものを、昔の人は邪魅といったのだろうが、邪魅の場合、多少動物のニオイがする。すなわち猫又《ねこまた》とか鼬《いたち》みたいなものの仕業と思われるようなものも、邪魅といったのだろう。

三味《しゃみ》長老《ちょうろう》

三味長老は、三味《しゃみ》線《せん》の付喪《つくも》神《がみ》であるらしい。楽器の琴《こと》には琴古主《ことふるぬし》があるが、これと同じようなものだろう。つまり、ただ単に年を経た楽器なのではなく、人の念のようなものが籠もって妖怪化したようなのだ。

昔の諺《ことわざ》に「沙弥《しゃみ》から長老になれぬ」というものがある。沙弥とは出家して正式な僧になっていない少年や男子をいう。つまり「沙弥から長老になれぬ」とは、沙弥喝食（食堂で僧たちの食事の世話をする童子）が、いきなり国師長老（奈良時代の僧官。つまり僧のトップ）にはなれないということで、物事には順序があるという意味がある。

この諺の通り、三味長老は、その道に堪能な者に長年使われた三味線なのだ。

これを僧にたとえるならば、国師長老の位にある。そのような三味線が捨てられると、かつての持ち主の念のようなものと、元々の楽器の精みたいなものが影響し合って、妖怪化するのだろう。

何しろ三味（沙弥）が長老になるほど年を経た三味線なのだから。

じゃんじゃん火《び》

奈良県でいう怪火で、出るところは各所にあったという。飛ぶときにジャンジャンと音をさせることから、この名前がついたらしい。

二つの火がいっぺんに飛びまわるのだが、これが出たときは頭を上げて見てはならないという。

また、奈良県大和郡山《やまとこおりやま》市付近の佐保川《さほがわ》にかけられた打合《うちあい》橋《ばし》では、かつて六月七日の夜にじゃんじゃん火という踊りがあったという。各村から選ばれた二十人ずつの若い男女が、橋の中ほどに設けられた音頭櫓《おんどやぐら》のまわりを踊るというものだ。

昔、若い男女がここで死んだので、毎年六月七日の夜には二つの大きな人魂《ひとだま》が飛んできて、この橋でもつれ合いながら、ジャンジャンと音を立てて舞ったという伝説がある。村人がここで踊るのは、この二つの若い男女の人魂を慰めるためだという。

私は、こうした怪火とか妖怪といったものは、広い意味の「霊」だと思う。人間は生きている間は形があるが、死んでしまうとないように見える。しかし、今までとは変わった形で存在するのだと思う。

集《しゅう》団《だん》亡《ぼう》霊《れい》

昭和三十年七月二十八日、三重県津市の海岸で、女子中学生三十六人が水死するという痛ましい事故があった。

そのときにかろうじて生き残った少女の話によると、水面をひたひたとゆすりながら、黒い塊《かたまり》がこちらに向かって泳いでくるのを見たという。

それは何十人もの女性の姿で、ぐっしょりと水を吸いこんだ防空頭巾《ぼうくうずきん》をかぶり、もんぺをはき、逃げようとする少女の足をつかんだ力はものすごかったという。

彼女とともに助かった九人のうち五人が、その亡霊を見ているそうである。そのとき浜辺にいた生徒の何人かも、その亡霊を見たという。

地元の人の話では、この事故のあったちょうど十年前、米軍機大編隊の空襲で、市民二百五十余人が殺され、火葬しきれない死骸《しがい》はこの海岸に穴を掘って埋めたという。

おそらくその亡霊だろうということになったが、二重の悲劇、惨劇事件である。

この他に集団で現れる亡霊では、大昔の合戦で命を落とした武者や、戦争で死んだ兵隊たちの場合がよく聞かれる。

十二神将《じゅうにしんしょう》

平安時代の陰陽師《おんみようじ》・安倍晴明《あべのせいめい》は、京の都の鬼門《きもん》位置に屋敷を構え、十二神将とよぶ十二人の式神を使役《しえき》していたといわれる。

十二神将とは、十二支《じゅうにし》（子《ね》、丑《うし》、寅《とら》、卯《う》、辰《たつ》、巳《み》、午《うま》、未《ひつじ》、申《さる》、酉《とり》、戌《いぬ》、亥《い》）の神を、晴明がつくった人形に宿らせたもので、いつもは屋敷内の南門の梁《はり》にすみつかせ、用があるごとによびだして使役していたという。

晴明は主に占いでの吉凶を十二神将に答えさせていたが、それ以外に給仕などの一般生活の雑事にも使役していた。ところが、この十二神将の容貌、姿形があまりにも醜く、恐ろしげだったので、晴明の女房が訴え出た。そのため、仕方なく晴明は屋敷近くにあった一条戻橋《いちじょうもどりばし》にすみつかせたという。

その後晴明は、用事があるたびに橋から十二神将をよびだし、占いをするときには橋にまで出向いて尋《たず》ねたといわれる。橋の上で立っていると、十二神将は橋を行き交う人の口を借りて吉凶を答えたそうである。

晴明亡き後も、一条戻橋は占いをする場所となり、現在もこの名が残っている。

執念《しゅうねん》の鬼《おに》

赤松則祐《あかまつのりすけ》の臣に小室鬼八郎《こむろきはちろう》という男がいたが、この男の悪行は数知れず、何人もの人間を殺害していた。

ある夜、愛妾《あいしょう》の家で寝仕度をしていると、突然部屋の妻戸《つまど》が開いて鬼のようなものが現れ、女の髪をひとつかみにして引き入れてしまった。鬼八郎は怖がるよりも怒り出し、戸を開けようとしたが固くて開かず、数十人が集まってようやく打ち破ることができた。しかし、中には女も鬼もおらず、どこに行ったのか皆目見当もつかなかった。

おそらくこれは、鬼八郎に殺害された人々の執念が鬼となって現れたのだろう、と陰でうわさになったという。

これは『絵本小夜時雨《えほんさよしぐれ》』という古書に記されている話だが、本来取り殺されてよいはずの鬼八郎自身が無事で、代わりに愛妾が鬼に連れて行かれて行方知れず、という話である。

殺害された人々の執念は、鬼八郎をひと思いに殺さずに、鬼八郎にとって大切なものから襲っていくという手段を取ったと考えれば、やはり殺された人々の恨みは深く、執念もただものではない。ひと思いに殺してしまっては、本人に反省する気持ちも大切な者を奪われた悲しみも分からないだろう。

出世螺《しゅっせぼら》

深山には法螺貝《ほらがい》があって、山に三千年、里に三千年、海に三千年を経て龍になる。これを出世螺という。

遠州《えんしゅう》（現・静岡県）今切《いまぎれ》の渡しがあったところや、静岡県沼津市には、法螺貝の抜けた跡があったといわれている。

その法螺貝の肉を食えば、長生きができるというが、山伏《やまぶし》の吹く法螺貝と同じものであり、その貝の肉を食って長生きをしたという話はあまり聞かない。

だから、うそをつくものを法螺吹きというのも、こういうところから出たのだろう。

また、昔、ある文筆の士が庭を見ていると、竹垣の竹のあたりから白気《はっき》が出て、みるみるうちに一丈（約三メートル）ばかりになった。また、そのあたりの石を見ると、晴天であるのに雨が降ったように濡《ぬ》れていたので、不思議に思って観察すると、白気の出た竹垣の中からトカゲが姿を現したという。

トカゲは蛟や出世螺の類だから、そのために白気が出たり、雨も降らないのに石が濡れていたりした原因と分かったという。

朱《しゅ》の盤《ぼん》

奥州会津《おうしゅうあいづ》（現・福島県）諏訪《すわ》の宮に、朱の盤という恐ろしい怪物がいた。ある夕暮れ、一人の若武者《むしゃ》が諏訪の宮の前を通ったが、怪物のうわさにこわごわ足を早めていた。すると、都合よく若い侍《さむらい》が追い着いてきたので、よい道連れができたと世間話をはじめた。

「ここには、名高い怪物が出るとの話ですが、あなたはそれをご存知ですか」

　そう問いかけると、若い侍は、

「それは、大方こんなものでしょう」

といってこちらを向いた。その顔は一面に朱を塗ったように赤く、額《ひたい》に一本の角、髪の毛は針のよう、口も耳まで切れていた。若武者はこれを見て気を失い、しばらくしてようやく家に帰った。その様子がただごとではないので、女房も心配してわけを尋《たず》ねた。それで若武者は、さきほどの話をすると、女房は目を丸くして、

「それは恐ろしいものにお会いなされた……。してその朱の盤というものはこんなものでありましたか」

　というのを見れば、またもや前のような恐ろしい顔になってみせたので、かの若武者はふたたび気を失い、今度は本当に死んでしまったという。

樹木子《じゅぼっこ》

人間の血を大量に吸いこんだ木は、樹木子という妖怪になるという。血を養分として育ってきたので、いつも血に飢えている。そのため、この木の下を通る者があると、枝を腕のように伸ばして捕らえ、血を吸って殺してしまう。まさに吸血木である。

おそらくは、古戦場に生え、あまり人の通らないところに立っているのであろう。

無機物にも霊が宿って妖怪と化したりするくらいだから、生命があり、息づいている樹木などは、何かの拍子で妖怪となる危険性は十分あるといっていいだろう。

それに植物は生き物だから、血を吸って生きたとしても、それほど違和感はない。

私も昔、道のない山に行ったりすると、つたなどがからまり、植物にしばられ、しまいには木になってしまうのではないかというほど、動けなくなったことがある。

それに、深山などに行くと、何となく木に人間が食べられてしまうのではないかという気分になったりする。

たとえばニューギニアのジャングルなんかには、樹木子以外にも人間を食べそうなものがたくさんいるような気がする。そういう気分から、この樹木子も生まれたのかもしれない。

小鬼《しょうき》

北条時政《ほうじょうときまさ》が天下をとっていたころ、夢ともうつつともなく小鬼が現れて、時政を殺そうとした。あまりたびたび出てくるので、様々な加持祈禱《かじきとう》を行ってみたが、効果はまったくない。すると、ある夜の夢に、一人の老翁《ろうおう》が杖《つえ》にすがって現れ、

「私はあなたが帯びている太刀《たち》の霊である。妖怪を退けてやろうと思っても、不浄に犯され、身が汚れていたのでは力がおよばぬ。早く私を清めてくれれば、妖怪をたちどころに退治してやろうぞ」

と、いったところで時政は目が覚めた。時政は大いに驚き、さっそく刀鍛冶《かたなかじ》に命じて、太刀を清めて床《とこ》に飾った。

翌日、小姓が時政の前へ火鉢を持ってきたところ、かの太刀がその上に倒れ、火鉢の脚を切ってしまった。時政は、これには何かわけがあるのだろうと、火鉢の台の脚のところに、小鬼の姿を鋳《い》つけて待機していた。

果たして、その晩小鬼が現れたが、突然、床の太刀がひとりでにひらめき、小鬼を一太刀で斬ってしまった。それからはもう、二度と小鬼が現れることはなかったという。

これは、霊と妖怪との対決ということになろう。

正吉河童《しょうきちかっぱ》

昔、豊後《ぶんご》（現・大分県）日田《ひた》郡に、白糸嘉右衛門《しらいとかえもん》という相撲取《すもうと》りがいた。その息子に正吉という子がいたが、その子も親に似て、なかなか力が強かった。

ある夏の日、正吉が三隅川《みくまがわ》で水浴びをしていると、足の裏を何者かに引っかかれた。正吉はすぐに水に潜《もぐ》り、その者を懲《こ》らしめて戻った。ところが夜中になって、正吉は水浴びがしたくなり、川のほとりに出て行ったところ、水中から子供が二、三人ほど現れて、

「お前は相撲取りの子だから、相撲は得意だろう。だから相撲をとろう」

という。それが河童だと悟《さと》った正吉は、何とか二匹まではやっつけた。しかし、十数匹もの河童に囲まれたのではたまらない。

そこへ息子の外出を怪しんで父親が探しにきた。見ると、正吉はただ一人で荒れ狂っている。家へ連れて帰っても、正吉は門の方を睨《にら》んでわめき続けた。

これは河童と相撲を取っていたのに違いないということになり、法力の優れた修験者《しゅげんじゃ》の祈禱《きとう》によって、ようやくもとに返ったという。

このような状態を一人相撲ともいう。

しょうけら

しょうけらは、庚申《こうしん》という日に出る鬼だといわれている。この日は寝ている人間の中から三尸虫《さんしちゆう》(人間の体内にすんでいるという三体の悪神みたいなもの)が抜け出て、天に昇って天帝にその人の罪過を告げるといわれる。これによって天帝は人の寿命を短くすると信じられ、そのため、人々は庚申の日は眠らずに夜を明かし、三尸虫を体外に出さないようにした。

そして、この三尸虫に対する呪文のようなものもあり、「しょうけらは、わたとてまたか我宿へ、寝ぬぞ寝たかぞ、寝たかぞ寝ぬば」と唱えれば、その害を避けられるともいわれている。

この呪文から分かるように、しょうけらは三尸虫の一つであるらしいのだ。寝た人から抜け出したしょうけらは、天に昇る前に屋根の明かり取りの窓から中を窺《うかが》っていくのだろう。

私の田舎の家にも、台所の上に明かり取りの窓があった。天気のよい日などはあまり窓を見ないものだが、雨降りの日は不思議と明かり窓を見たくなるものである。すると、枯れ葉が落ちても何者かが落としたような気がする。外に出てみると何もいないということがよくあったが、こういう気持ちも、しょうけら出現のきっかけとなるのかもしれない。

鉦五郎《しょうごろう》

念仏を唱える際に用いる、円形で青銅《せいどう》製の鉦鼓《しょうこ》が化けたものが鉦五郎である。

この妖怪を描いた鳥山石燕《とりやませきえん》は『画図百器徒然袋《がずひやつきつれづれぶくろ》』で、淀屋《よどや》辰五郎《たつごろう》の黄金の鶏と鉦五郎は同じ金だと語っている。

淀屋の五代目、淀屋辰五郎は江戸中期の大坂の豪商だった。淀屋が蓄積した資産は金額にして一億両（今にすれば十数兆円）を超え、その巨富の象徴が淀屋の重宝とよばれる「黄金の鶏」だった。辰五郎は豪奢《ごうしゃ》を極めて驕《おご》り高ぶり、何かと人のうわさが絶えなかった。

そこで幕府は宝永《ほうえい》二年（一七〇五）五月、身分不相応の富だとして淀屋の全財産を没収、三都追放の処断を下し、商家廃絶となった。哀れ辰五郎は、失意のうち享保《きょうほう》二年（一七一七）十二月二十一日に病死したという。

ところで辰五郎の「五郎」は御霊《ごりょう》に通じると考えられ、身分の高い者の怨霊を意味しているようである。つまり鉦五郎は、そういう御霊が鉦鼓に憑《つ》いて化けたというのだろう。

そんな辰五郎のような御霊が鉦鼓に憑き、人々に己のように驕り高ぶらないよう、警鐘を鳴らしているのが鉦五郎なのである。

精霊田《しょうらいだ》

岐阜と長野両県にまたがる乗鞍群峰《のりくらぐんぽう》の山頂、千町ヶ原の沼で、山の案内を務める者が、ある夜、何十人という白帷子《しろかたびら》姿の男女が、争って水を飲んでいるのを見た。

「何しとるだ」

そう声をかけると、その中の一人が驚いたように振り向いた。

その額には白い三角の布に伸び放題の髪、両眼は真っ赤に燃えていて、その恐ろしさといったらなかった。

案内人は一心に仏の名を唱え続け、ふと我に返ると、亡者《もうじゃ》たちの姿はすでに消えていた。

千町ヶ原は精霊田といって、昔から美濃《みの》、尾張《おわり》地方の亡者が、富山県にある立山の地獄谷に向かう途中、ここで水を飲むという伝説がある。案内人はその伝説を目のあたりにしたというわけである。

立山は霊が集まることでよく知られた霊山で、ここに集まる亡者たちは何人かのグループになって移動するらしい。

飛騨《ひだ》の小坂に伝わるがたがた橋も、霊が立山へと向かう道にあたるそうである。

精霊風《しょうろうかぜ》

長崎県の五島《ごとう》で、盆の十六日の朝吹くといわれている魔風《まふう》である。この風にあたると病気になったり、倒れたりするから、この日は墓参りもままならぬというわけである。

これは元々、人間の死後の霊魂が風を伴うことがあるという信仰の表れであるという。

無縁仏がこの世に害をするという俗信は、昔は根強く信じられ、農作物を損ずる旱魃《かんばつ》、暴風、稲の虫などもその仕業だと考えることが多かった。だから、盆の精霊祭りには、祖霊のための盆棚の他に、餓鬼棚《がきだな》とか無縁棚とかを設けて、人に祟《たた》りがちな精霊や無縁仏を祀《まつ》る例が各地にある。

しかし、祀る者もなく、いわばさまよえる霊魂が風と化したり、悪霊が風を吹かすという魔風の信仰も強い一方で、風は神霊の乗り物であるとも信じられていた。

たとえば、三月中旬ごろに吹く南風をカミクダシとよぶのは、十月のはじめに出雲《いずも》（現・島根県）で行われる神々の集会に出席するために神が乗って旅立つからだという。同じ風でも神様の乗り物となれば「神風」で、原因不明のものは妖怪の仕業の「魔風」と見なされるようである。

絡新婦《じょろうぐも》

女の大蜘蛛《おおぐも》の妖怪で、女郎蜘蛛の表記が一般的である。

昔、作州高田《さくしゅうたかだ》（現・岡山県真庭《まにわ》市）に孫六という郷士《ごうし》がいた。孫六が別宅で眠っていると、夢ともうつつとも分からぬうちに、見知らぬ老女が現れて、

「私の娘があなたを慕《した》っています」

といって、大きな館に連れて行く。そこには美しい姫がいて、

「ずっとお慕いしておりました……」

と、孫六に結婚を迫る。孫六にとっては初めて見る女である。普通の人なら二つ返事で了承してしまいそうなほど美しい女なのだが、孫六は実直な男だった。

「私は妻のある身。会ったばかりの人と、結婚どころか一夜の契《ちぎ》りもできない」

と、にべもなく断る。すると、館は消え失せて、気がつけばもとの別宅にいた。あまりの不思議さに、近くにいた従者に尋ねた。

「ずっとここで仮寝をしていたのか?」

そう聞くと、そうだという。孫六は、女郎蜘蛛が仮寝の夢の中に女に化けて出たのだと思い、従者に家中の蜘蛛の巣を取り捨てさせると、その後は何事もなかったという話である。

白髪山《しらがやま》の怪物《かいぶつ》

弘化《こうか》三年（一八四六）ごろ、土佐（現・高知県）に名医で知られた松井《まつい》道順《どうじゅん》という医者がいた。

あるとき道順は、不老長寿の霊薬「貴精香」の原料を求め、人も通わぬ白髪山に分け入ってしまったが、一向に貴精香を探しえなかった。そこへ、顔は朱の色に染まり、星のようにきらめく眼を持った怪物が現れた。道順が驚いて地に伏していると、怪物はいきなり語りはじめた。

「わしは世に生き残っている人間に病を授け、一日も早く死の国へよび寄せるのが役割だ。ところがお前は名医で、わしの仕事を邪魔している。だが、お前の心根は感服に値する。あえてすべての病気を治療する方法を教えてやろうと思って現れたのだ」

怪物はそういうと、秘法の一巻を差し出した。

「お前は昔から長生きをした人々の話を聞き知っているだろう。支那《しな》では東方朔が三万八千年、西洋ではノアが九百五十年、日本では武内宿禰《すくね》が三百年も長生きをしている。いずれもわしの国へやってきている」

こんなことをベラベラとしゃべった怪物は、道順が震えながら巻物を受けとると、やがて姿を消した。以来、道順の名はますます高く、ついに天聴《てんちょう》に達したという。

不知火《しらぬい》

不知火は、肥前《ひぜん》（現・佐賀県、長崎県）肥後《ひご》（現・熊本県）の海に夜になると出る怪火《かいび》で、毎年七月ごろは肥後の八代《やつしろ》や宇土《うと》あたりの浦に出る。こうした土地では、不知火の出現時期になると、老若男女を問わず昼ごろから海辺に寄り集まって、この火の出るのを待ったという。

夜中になると、静かな闇の海にまず一つ火が出る。間もなく二つとなり三つとなり、見る見るうちにその数が増えて、果ては海原遠く数里（約二十〜二十四キロメートル）におよぶ。夜が明けて空が白むころになると、いつしか次第に消えていく。

その火をよく見ようとして、小舟を出して火の中へ漕《こ》ぎ入れると、火は後ろに退く。それでも火の真ん中を目指して漕いで行くと、火はまたも退き、どうしても近づくことはできない。また、付近の村では龍灯《りゅうとう》ともよばれ、海中の龍神が灯明《とうみょう》を出したのだと恐れて舟の航行を禁じ、漁船でもこの一夜は舟を出すものがいなかったという。

この正体について、明治時代の妖怪否定博士である井上円了《いのうええんりょう》は、クラゲかあるいは地熱のために温泉が噴出するのだろうと考えている。しかし、毎年七月末の一日だけ、日を決めて温泉らしきものが噴出するのもおかしな話である。

しらみゆうれん

以前、愛媛県の宇和島の方に行ったとき、しらみゆうれんを見たという九十二歳の翁《おきな》に会った。赤い顔の大きな声の持ち主で、あごに白い髭を生やしておられたのが印象的だった。

翁はお化けの話になると、急に声を大きくして、しらみゆうれんについて話された。

とにかく、昔（七、八十年前）はかなりいたらしい。舟で沖に出ると、突然大きな白い素麺《そうめん》のようなものが海面に現れ、舟のまわりをグルグルまわる。別に何も悪いことはしない。色は白く青光りするような感じで、ただ、いずこからともなくふわふわと現れ、あっという間に巨大になり、しかも、舟をまわるスピードがものすごく速いことから、翁は妖怪であると断定されるわけだが、何か夜光虫の仲間ではないかとも考えられる。

とにかくグルグル舟をまわって、いずこともなく消える。しらみゆうれんとはよくいったもので、戦時中、私が南方にいたとき、敵に追われて夜の海に飛びこんだことがあったが、これと同じようなものを見た。体のまわりを光る白いものが取りまいて、まるで素麺みたいだった。私は翁の話を聞くまで、それがしらみゆうれんであるとは知らなかった。

尻目《しりめ》

昔、京都の路上に現れたという妖怪である。

侍《さむらい》が夜道を歩いていると、

「ちょっと、ちょっと」

とよび止める者がある。

「何者だ」

といって身構えると、男は着物を脱ぎ、素裸になって尻を向ける。すると、そこには大きな目がついていて、これがぴかーっと光る。

「うわー」

といって、さしもの侍も逃げ出すわけだが、この尻目はこうやって尻の目を見せるだけで何もしない。

俳人の蕪村《ぶそん》は妖怪好きで『蕪村妖怪絵巻《ようかいえまき》』なるものを残している。この尻目もその絵巻にあったものである。

この妖怪は、元々はのっぺら坊の一種であるらしい。普通、のっぺら坊というのは、目も鼻も何もないツルリとした顔を人に見せて驚かすわけだが、これはのっぺら坊の上に尻に目があるということで、人は二重に驚く。

驚かせて喜ぶという性格はのっぺら坊のものだが、その点は尻目も同じである。

死霊《しりょう》に化《ば》けた狸《たぬき》

播州《ばんしゅう》（現・兵庫県）龍野《たつの》の商家で、ある夜、家人が寝ていると、二階がにわかに騒がしくなった。まるで誰かが踊り狂っているようである。

何だろうと思っていると、その誰かが階段を降りてくる気配がする。じっと息を殺していると、現れたのは何と先年死んだこの家のご隠居だった。

家人は大いに恐れおののき、逃げまわった。まさに死霊の出現となったからである。

夜中だというのに家中騒然となり、どうなることかと案じているうちに、死霊の姿は突然消えた。

しかし、それからもたびたびこうしたことがあるので、ある剛勇《ごうゆう》の者に頼んで、この死霊を捕まえてもらったところ、これが何と一匹の古狸だった。

狸は何にでも化けることができるから、死んだ者に化けることなど雑作もないことなのだろう。

狸が化けるのは、ただ人を驚かすためともいわれているが、飯を食べたいがために、その家の人物になりすまして、やたらめったら飲み食いして帰って行ったとかいう話もある。古狸ともなれば、悪知恵が働くものがいてもおかしくはない。

死霊《しりょう》の森《もり》

岩手県遠野《とおの》地方には、子供たちが恐れて近づかない場所がある。土淵《つちぶち》の竜ノ森がそうで、この森は昼でも暗くて、大人でも薄気味悪く感じるそうである。

森の中にすむものは一切殺してはならないといわれ、通る人もあまりないが、余儀《よぎ》なくある人がこの森に入ったところ、先年死んだ某という女が生前と同じ姿でいたという。

また、ある老人が夜更《よふ》けにこの森の傍《かたわら》を通ったら、森の中に見知らぬ娘が二人でぼんやり立っていた。幽霊のようだったという。

柳田國男《やなぎたくにお》の『遠野物語』によれば、遠野地方には、霊界とか不思議なことに出会える場所が、昔はどこの村にも一箇所くらいはあったそうである。遠野の土淵だけでも、熊野ノ森の堀、横道の洞、大洞のお兼塚などと、怪しいとされる場所は複数あった。

また、デンデラ野とよばれる台地は、霊が通る土地だとされている。死人が出る前兆として、男なら馬をひくような音を立てて歌をうたい、女ならすすり泣きをしながら、その霊が通るのだという。

この死霊の森もそうした霊の集合地のようなところなのだろう。

白容裔《しろうねり》

ある男が旅をしているうち、途中で日が暮れてしまった。たまたま一軒の空き家を見つけ、あたりには他に人家もなかったので、そこを一夜の宿に借りることにした。

壊れかけた戸を開けて、その古家に入ろうとしたところ、すさまじい悪臭がして、何かヌルヌルしたものが口のまわりにからみついた。耐えがたい悪臭と、あまりの気味の悪さに、旅人はその場に倒れ気を失ってしまった。

これが白容裔だが、台所などで、古い雑巾《ぞうきん》をほったらかしにしておくと、雨漏りの湿気や埃《ほこり》が積もったりして発酵し、悪臭が発するころには、この白容裔という妖怪に化す。だから、主として廃屋とか空き家において現れるわけなのだが、夜、ひとりでに飛行して歩行者の口にまつわりつくといわれ、その不潔な臭いと感触で、大抵の人は気を失ってしまうのである。台所を清潔にしろという意味だろうか。

昔の人が化けると考えた古雑巾は、確かに気持ちの悪いものである。

普通の家にある古雑巾はまだ我慢できるが、廃屋とか、ゴミ捨て場の古雑巾の不潔感は、まったくすさまじいものがある。これが妖怪となり、飛びはねて、首とか口に巻きついたとしたら耐えがたいものだろう。

白猿《しろざる》

筑前《ちくぜん》国鞍手《くらて》郡山口《やまぐち》村（現・福岡県宮若《みやわか》市）に、菊地《きくち》保平《やすひら》という男がいた。あるとき隣村に用があって、山道を急いでいた。この山道は、木々が鬱蒼《うっそう》と生い茂り、昼間でも薄暗く、足の進みもままならなかった。

ようやく峠を越え、谷間の道へ出て保平がほっとしたとき、傍《かたわ》らの松の陰から、真っ白な獣がのそのそと歩み出た。身の丈は四尺（約百二十一センチ）ばかりだろうか、猿に似てはいるが何しろ真っ白で、どうやら猿でもないようだった。保平は思わず「キャッ」と叫んでその場に倒れてしまった。かの獣も人間に出くわしてびっくりしたのか、峠の方に逃げて行った。

保平は獣が去っても、腰を抜かしていたのですぐには起き上がれず、隣村に行く気も失せ、しばらくしてようやく立ち上がると、這《は》うようにして家に帰った。

家内にわけを話すと、保平は急に悪寒《おかん》を覚えて発熱し、病の床に伏せってしまった。五日ばかり経って仕事もできるようになったが、奇獣を見ただけで発熱してしまうとはよほど毒気が強かったのだろうか。

これは明治十六年ごろの話で、奇獣の正体は今もって分からないという。

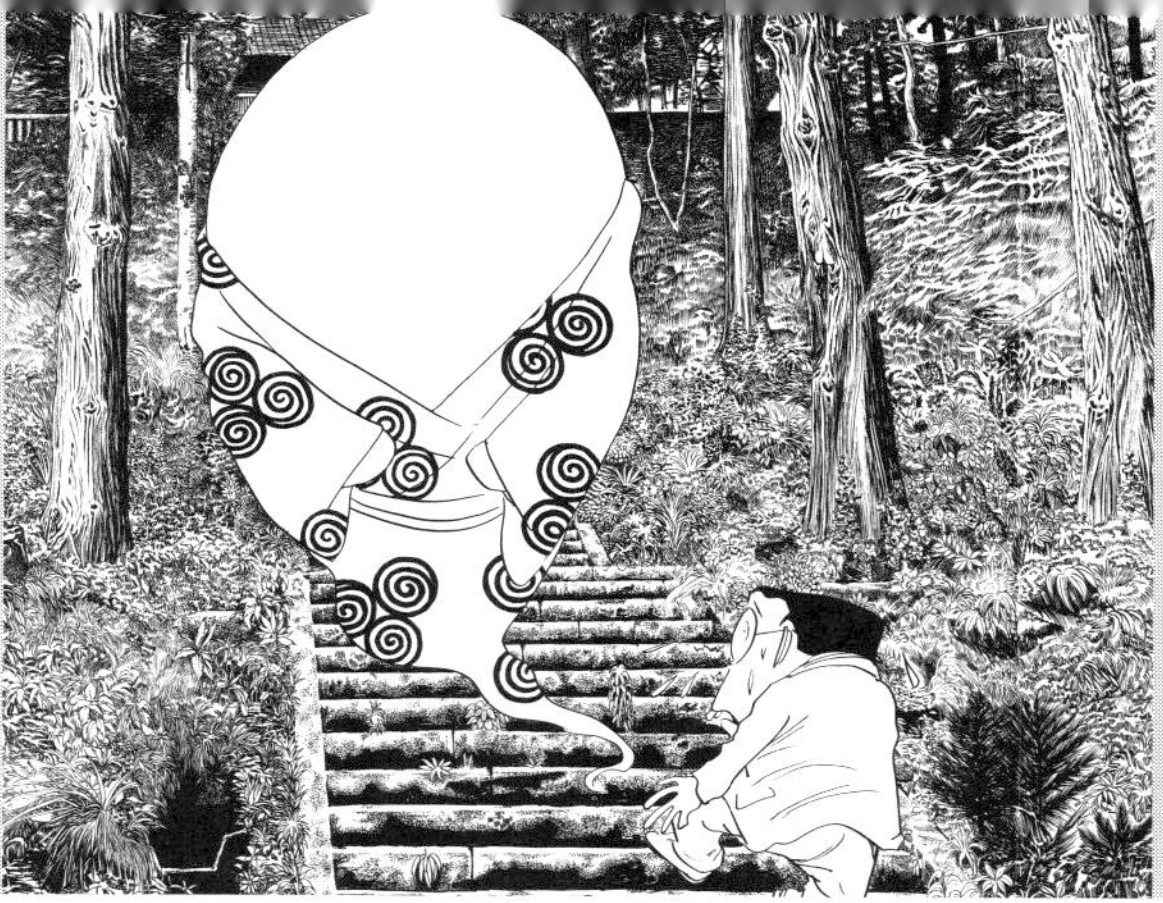

白坊主《しろぼうず》

大阪府南部の和泉《いずみ》地方に出たという妖怪で、一種ののっぺら坊である。

狐《きつね》が化《ば》かすものだともいわれているが、しかし、狐が化かすのでは絶対ないと確信をもって土地の古老はいう。なぜなら、この地方の狐はかならず藍染めの縞模様の着物を着て出るからだそうである。さすがに狐の名所「信太《しのだ》の森」近郷の狐には、面白い格式があるものと感心させられる。

では、この白坊主の正体はというと、それがはっきりしない。ただ、随分と人を脅かし、また人々の方でも怖がっている。

夜分、用事があって道を歩いていると、白坊主に出会ったという体験を語る人がつい最近までも多くいたそうである。静岡県富士《ふじ》郡芝富《しばとみ》村（現・富士宮《ふじのみや》市）にも、白坊主という妖怪の話があり、正月にどんど焼きをすると、白鳥山から「ほーい、ほーい」と白坊主がしきりによぶという。そのため、長貫《ながぬき》という集落では、気味悪くなって正月のどんど焼きをやめてしまったそうである。

こちらもさらに正体がはっきりしないが、白っぽいボーッとしたものなのだろうか。

蜃《しん》

蜃は蜃気楼《しんきろう》を吐き出す幻獣《げんじゅう》としてよく知られている。龍の仲間には色々とあり、この蜃も龍族の蛟《みずち》の一種であるという。元々は中国の幻獣で、中国の『本草綱目《ほんぞうこうもく》』という古書には、次のように書かれている。形は蛇《へび》に似ているが大きく、龍のような姿をしている。たてがみは紅色、腰から下の鱗《うろこ》がすべて逆向きになっている。龍と同じように好んでツバメを食べ、よく気を吐いて楼台城郭《ろうだいじょうかく》を現す。これを蜃気楼という。蜃の脂《あぶら》を蠟燭《ろうそく》に混ぜると、その香りは広範囲に漂う、などと記されている。

また、他の古書には、蜃は蛇と雉《きじ》が交わって生まれたものとか、雉が大水に入ると蜃になるなどとある。

龍の一種である蛟などは、山中の穴に年久しく隠れすみ、それが穴から現れ出ると、龍となったり海に入ったりするという。

以上のような共通点もあることから、日本においては蜃と蛟が混同される場合がある。同じ龍族ではあるが、本来は別々の妖怪のようだ。

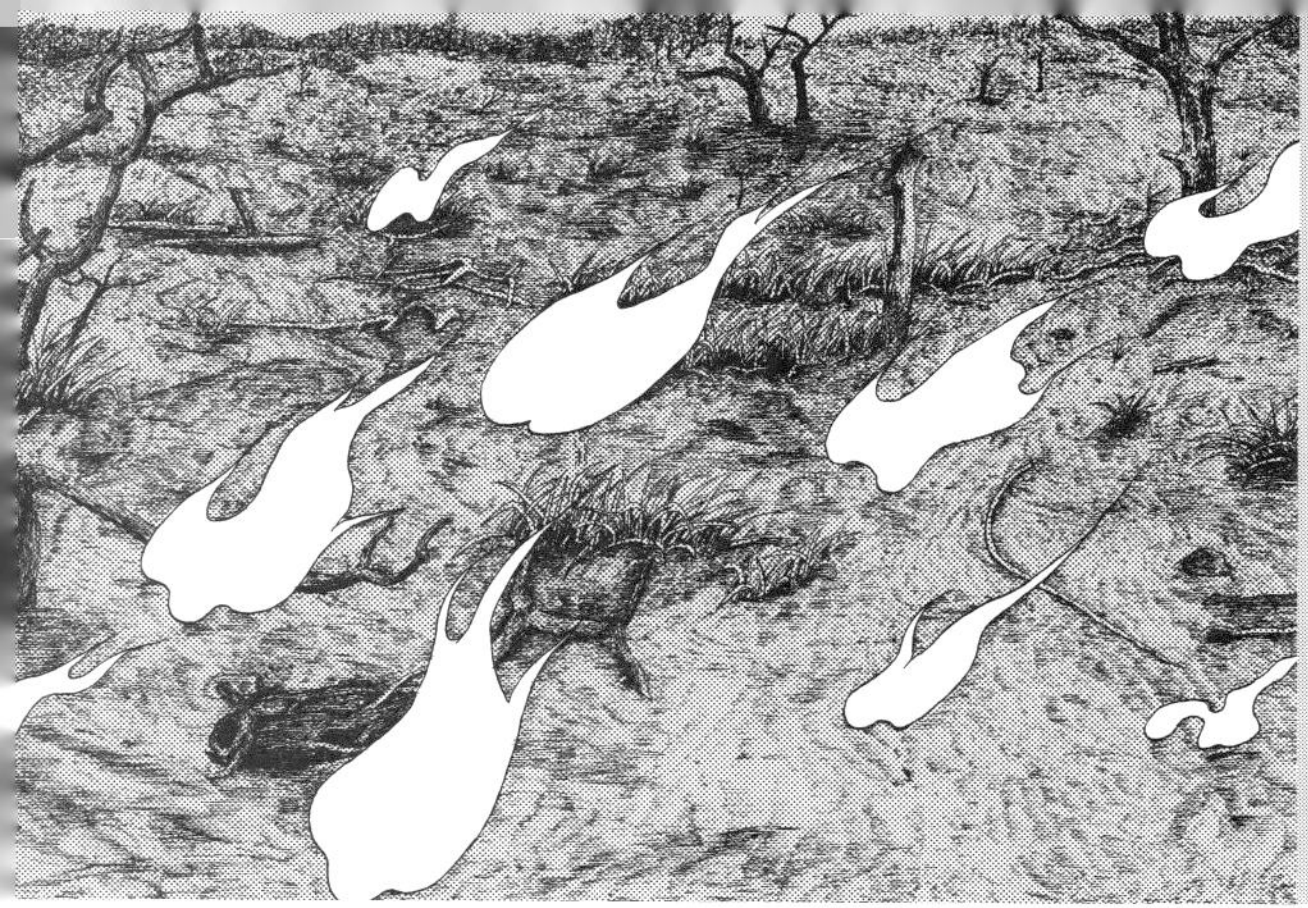

心火《しんか》

人を殺せば、その死体からかならず心火というものが出て、殺人者の懐《ふところ》に入る。

そして殺された者が幽霊となって出現する前には、きっとこの心火が燃えるのだという。

人を殺《あや》めた者が、幽霊あるいは亡霊に悩まされるという話があるが、それは何も罪の意識ばかりでなく、懐に入るという心火のせいかもしれない。

人魂《ひとだま》とは違うようだが、殺された人間の体から出るというのは、殺された怨みとか念といったようなもので、それが殺人者に取り憑《つ》くのではないだろうか。

殺されるというのは本人にとってこれほど不本意な死に方はない。

せめて心火なるものを発して、相手に改心をよびかけるくらいのことをしなければ、浮かばれないというものだろう。

ちなみに江馬務の『日本妖怪変化史』によれば、心火は江戸時代の小説にいくつか記されているくらいで、一般的にはあまり馴染みがなかったそうである。

神社姫《じんじゃひめ》

文政《ぶんせい》二（一八一九）年四月十九日、九州は肥前《ひぜん》国（現・佐賀県、長崎県）のある浜辺で、漁師の八兵衛は異形の妖魚《ようぎょ》に出会った。六メートルほどの大きさで、人面で頭に角のようなものがあった。その魚は物々しい口調で、

「我は龍宮よりやってきた使者神社姫というものなり」

と名乗り、次のように予言した。

「当年より七年間は豊作が続くだろう。だがその後に、虎狼《ころ》痢《り》という流行病が発生する。しかし我が姿を写し絵図にして人々に見せれば、その難は免《まぬが》れるだろう」

かくして七年後の夏、街を中心に虎狼痢が流行、多くの死者を出した。

　虎狼痢とはコレラの異称で、ひどい下痢と熱で三日後にはコロリと死ぬことから、そのような病名がつけられたという。

　加藤曳尾庵《かとうえびあん》の『我衣《わがころも》』によれば、その年に虎狼痢が流行した際、江戸界隈に人面で魚の胴体をした神社姫の絵図が出回っていたと述べている。何の治療法も持たなかった庶民は、各家々でこの絵を写しもって重宝したという。

　これはアマビエなどの予言をする妖怪の仲間だろう。

人面犬《じんめんけん》

平成元年ごろ、小中学生を中心にして、爆発的にブームとなった妖怪である。

どこそこの駅近くで見たとか、何々トンネルに行くと現れるなどと、全国各地で様々にいわれていたようだが、大体の特徴は、みすぼらしい小形犬（あるいは柴犬のような）の姿で、恨めしそうな老人の顔、あるいは中年男性の顔をしているという。

時速八十キロメートル以上で走り、六メートル以上ジャンプしたという目撃例もある。人面犬は人間に出会うとニヤニヤ笑ったり、「ほっといてくれ」「勝手だろ」「うるせえ」「何だ人間か」などの捨てゼリフを吐いたりするそうである。

その出生についても、遺伝子実験体説、人間の霊の憑依説、犬の水子説、人間の転生説などと、よくこんなことを考えつくなぁといった感じのものが、土地土地の子供たちの間で語られた。

口裂け女以降の現代妖怪らしく、様々な憶測が乱れ飛んだが、結局のところ一過性のうわさで終わってしまったようだ。

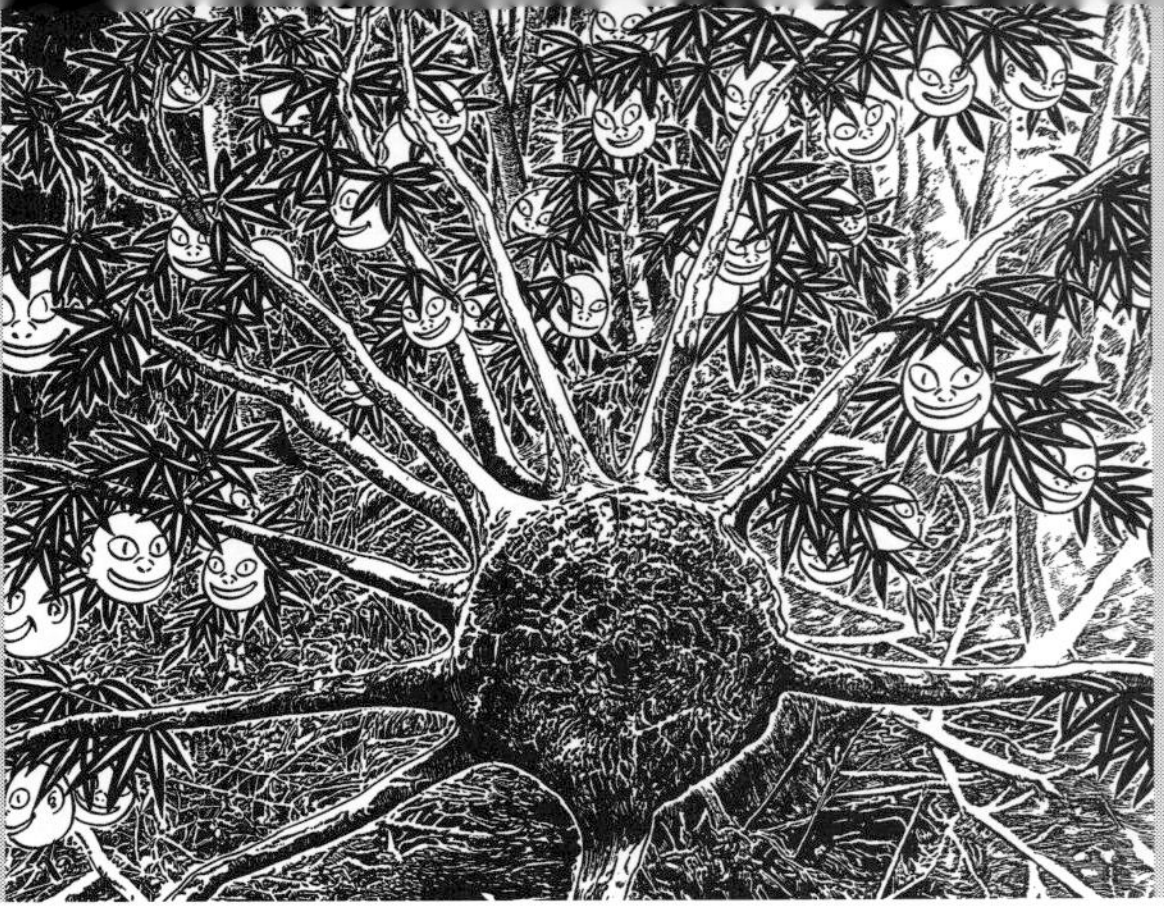

人《じん》面《めん》樹《じゅ》

この木は深山の谷間にある。その花は人の首のようで、ものをいわず、ただしきりに笑う。あまり笑いすぎると、そのまま花は落ちるといわれる。

江戸時代の百科事典である『和《わ》漢《かん》三《さん》才《さい》図《ず》会《え》』によると、人面樹は南方の産で、この木になる実を「人面子《じんめんし》」といい、これは秋に熟すという。

そして、食べると甘酸っぱい味がするというが、その種の両面はまったく人の顔のように、目、耳、鼻、口にあたる部分がちゃんとあるらしいから、好んで食べる人もあまりいなかったのではないだろうか。

昔はまた逆に、この木が人間の首をたくさんつけたように見えるところから、人間が立木に登って、鈴なりになって見物している様を洒落ていう言葉としても、人面樹が用いられたようである。

この人面樹、本来は中国から輸入された妖怪らしく、若い娘の首がたくさんなるという、インドやペルシャに伝わるワクワクの木なども関係しているようである。

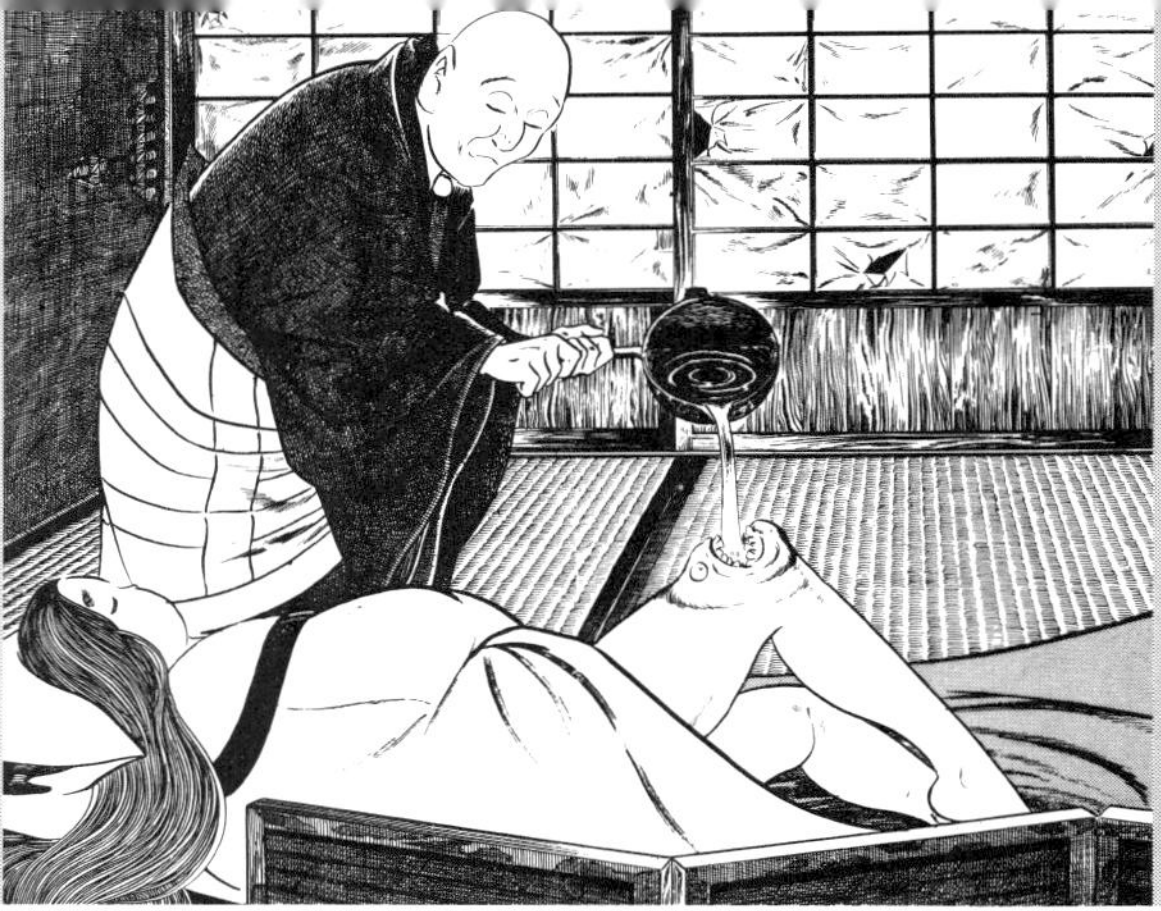

人面瘡《じんめんそう》

一種の妖怪病であるが、肉体よりはむしろ精神を苦しめる。はじめは、ただの「おでき」のようなものだと思っていても、ちっとも治らない。それがだんだんと化膿《かのう》してきて、そのうち瘡口《そうこう》がはじけ、人の顔になってくる。切っても切っても、生えるようにして、何度も出てくる。しかも、夜になると口をきいたりするという。

中には、水や食物を要求したりして、一人前の人間と同じくらいに食べる人面瘡もいたという。

酒を注ぐと見る間に面が赤くなり、いかにも酔ったようで、飯を食べさせると、もぐもぐと口を動かして、さもうまそうに食べる。色々な薬物を入れてみたが、どれもこれもうまそうに受け入れてしまう。

ところが貝母《ばいも》という薬を入れようとすると、急に顔をしかめて口を塞《ふさ》いでしまった。さてこれはと、貝母を砕いて粉にして、無理に口を開けて吹きこむと、しばらくしかめっ面をしていたが、次第に顔の様子が変わり、五、六日後には、跡形もなく消え失せてしまった、などという話が『伽婢子《おとぎぼうこ》』という古書に書かれている。

スイカツラ

徳島県三《み》好《よし》郡の山間部で、犬神の類をこうよぶらしい。鼠《ねずみ》よりも少し大きく、ときおり囲炉裏《いろり》のそばにきて暖を取っていることがあるという。女性には二匹、男性には一匹憑《つ》くといわれている。

スイカツラに憑かれている人が、他の誰かを恨むと、その恨まれた人にスイカツラが憑き、犬の真似をするようになって病気になるという。

スイカツラは、太夫《たゆう》（巫女《みこ》、あるいは祈禱師《きとうし》のようなものだろうか）に拝んでもらって治すのだが、二匹が組になっている場合、一匹が取り憑いているときに、もう一匹は気が抜けたようになっており、これを捕らえて黒焼きにして憑かれた人に飲ませると、スイカツラは退散するといわれている。

私はこういう憑き物の類というのは、ある種の「霊」だから、形は人間には見えないと思う。

しかし、形にして考えると分かりやすいから、こうした形が考えられたのではないだろうか。あるいはその地方に行くと、そうしたものが感じられるのかもしれない。

なにしろ霊は見えないし、そのような目に見えないものが、人間とか物に憑いてそれを動かすということになると、さらに分かりにくいものとなる。

水虎《すいこ》

水虎というのは、河童の中でも親方のように大きく、しかも人に姿が見えにくい。

川とか海中にすんでいて、年に一度かならず人を海中に引き入れて精血を吸い、屍《しかばね》はもとに返すという。

水虎にやられたと思われる死体は、葬式をせずに板の上にのせて、畑の中に草庵《そうあん》をつくり、その中に安置する。そうすると、死体が腐《くさ》る間に精血を吸った水虎も、同じように腐って死ぬといわれる。その人の屍が腐っていく間、水虎は草庵のまわりをぐるぐるまわる。しかし、人はその形を見ることができず、ただ声だけが聞こえる。

水虎は、身を隠す術を心得ており、死なないかぎり姿を見せない。やがて、屍が腐りかけると、水虎もまた倒れて死ぬ。そのときになって巨大な姿を現す。

水虎は九州の筑後川《ちくごがわ》とか、滋賀県の琵琶湖《びわこ》あたりにいるといわれ、夜更けに戸を叩いていたずらをしたり人に憑いたりする。

水虎をよけるには、戸口に鎌をかけておくといいといわれ、また、麻がらとか大角豆《ささげ》を家の外にまくと、嫌ってこないといわれる。

水虎《すいこ》様《さま》と水神《すいじん》様《さま》

青森県の岩木川沿いの開けた平野部では、子供たちの水難事故を防ぐ水難除《よ》けの神として、水虎様、シッコ様、水神様などとよぶ神様を祀《まつ》っている。

伝承によると水虎様は龍宮様の使者で、その名誉を上げてもらうために、子供を誘って水死させるといわれ、水神様はこの水虎様の家来だといわれる。水神様もまた水虎様に位を上げてもらうために子供を誘うのだといい、またさらにその家来である河童が水死させるのだという。

子供が河童に取られ水死に至る前には、かならず予兆があるのだといわれる。これは水神様による誘いと信じられ、この地方の民間宗教者としてのカミサマ（ゴミソ）に占ってもらうことで、憑《つ》かれていることが判明し、その災いを救ってもらうものである。

水神様に誘われた子供は何かと水が見たくてたまらなくなり、水辺をずっと見ているようになるという。誘われていると判明すると、カミサマは水神様に口寄せでその要求を聞き、供養《くよう》のキュウリを川に流して誘いを断る。または水神様の親方である水虎様を祀り、前もって我が子が誘われぬように頼むのだという。

水釈《すいしゃく》様《さま》

宮崎県高千穂《たかちほ》町、岩戸《いわと》の馬生木《もうぎ》には通称水釈様とよばれる蛇が祀《まつ》られている。

昔、馬生木村と水之内《みずのうち》村との境にある草場に、この蛇神が夫婦一対をなしてすんでいた。妻神がお産直前になったとき、夫神は村人に蕎麦《そば》の種子まき前に行う野焼きを、一時延期してくれと頼んだ。ところがそれは聞き入れられず、妻神は腹の子ともども焼け死んでしまった。

住処《すみか》どころか妻までも奪われてしまった夫神は、やがて恨みを持った生霊と化し、人間たちの不信を責めはじめた。この地の近くを通る者があれば大きな目を輝かせ、恨み深そうに睨《にら》みつけるのである。

その後、雄蛇の怨念はますます強まり、馬生木村では作物が育たなくなった。とくに蕎麦は一粒も実らないまったくの不作である。こうしてこの村はひどい貧乏となった。

何とか祟《たた》りを鎮めようと相談をした馬生木村と水之内村の人たちは、大きな岩場のところに祠《ほこら》を建て、水釈様として祭祀した。するとそれからは蛇の生霊の祟りはピタリとなくなったという。

今でもこの祠は、山の岩場にひっそりと残っている。

水精《すいせい》の翁《おきな》

ある年の夏、陽成院《ようぜいいん》の御殿の後ろに住んでいた者が、夜、西の台所で寝ていると、見知らぬ小さい翁に顔を撫でまわされた。男は眠ったふりをしていたが、やがて翁は池のあたりで姿を消してしまった。怪しい翁は、おそらくこの池から出たのだろうと、うわさを聞く者は誰もが恐ろしく思っていた。そこである武士が、

「俺が捕らえて、正体を明かしてみせよう」

と、さっそく宵《よい》のほどから待っていた。すると、夜半過ぎと思うところ、急に氷のような冷ややかなものがぬらぬらと顔にあたった。さては出たかと、縄で手早くしばり上げた。灯を照らしてみれば、それは浅黄《あさぎ》の裃《かみしも》を着た小さな翁だった。翁はさも恨めしそうに、

「どうか、たらいに水を入れて下さい」

と頼むので、たらいを持ってきて翁の前に出した。翁はうれしそうに首をさしのべて、たらいにうつる影を見ながら、

「我は水の精である」

というより早く、ざんぶとばかり飛びこんだ。そのときにはもう姿は見えず、ただ縄だけが残っていた。そこでたらいの水を他へ捨てず、池の中へ流してやったら、翁は安心したのか二度と出てこなかったという。

菅原《すがわら》道真《みちざね》の怨霊《おんりょう》

藤原氏が絶大な権力を持っていたころ、藤原氏以外から右大臣に抜擢《ばってき》されたのが道真だった。これが藤原一族に憎まれる原因となり、道真は謀反の嫌疑をかけられ、大宰府《だざいふ》に左遷《させん》される。そして、そこで寂しく死んでしまった。

その後間もなく、道真の霊は比叡山延暦寺《ひえいざんえんりゃくじ》に現れた。ときの座主《ざす》だった尊意僧正《そんいそうじょう》は、来訪の意を道真に尋ねた。すると道真は、

「天の神々に許しを受け、これから都の御所《ごしょ》に復讐《ふくしゅう》するのだ。邪魔をしてくれるな」

といった。そこで尊意が、

「天皇の命次第で、約束はできない」

と返事すると、道真は怒って、ざくろの実を口に含むと炎の息に変えて吐き出した。そして間もなく、御所の清涼殿《せいりょうでん》を、道真の怨霊による稲妻が襲ったのである。それからというもの、藤原一族は謎の病や事故に襲われ、死ぬ者が続出した。これも道真の祟《たた》りによるものだと、当時の人々は大変恐れたのである。

その後、一時は怨霊《おんりょう》として暴れ狂ったものの、天神という神号を与えられてからは、道真の怨霊も鎮まったという。

硯《すずり》の精《せい》

昔、ある人が宿屋に泊まったところ、夜中に誰もいない隣の部屋で、『平家物語《へいけものがたり》』を語る声が聞こえ、しまいには合戦の音や「とき」の声までが聞こえるので、慌てて宿の主人を起こし、明かりをつけて中に入ってみると、誰もいなかった。

しかし、赤間《あかま》ヶ《が》関《せき》の硯の中の水が波立っていたので、硯の精のなせるわざと分かった。赤間ヶ関とは、下関《しものせき》の古いよび名で、平家一族の滅亡したところである。硯の産地としても知られているので、その硯、つまり石に平家の怨霊が乗り移ったものとも考えられる。

器物の妖怪といえば付喪《つくも》神《がみ》だが、硯の精は器物が年を経て妖怪化したものではなく、人の念のようなものが籠《こ》もって妖怪化したものなので、付喪神とは少し違うようである。

ちなみに下関あたりには、蟹に平家の怨霊が乗り移ったという平家《へいけ》蟹《がに》というものもある。怨みを持っているかのような人間の顔が甲羅《こうら》にあるので、こうよばれるらしい。

怨みが激しい人の霊は、どんなものにも取り憑くと考えられていたのだろう。

すっぽんの怨《おん》霊《りょう》

すっぽんを料理して出す店は今でもあるが、江戸時代にはすっぽん料理屋の怪異とでもいうべき話が意外と多く残されている。新潟地方の奇談を集めた『北越奇談《ほくえつきだん》』には、こんな話がある。

新潟にすっぽん料理を家業とする亀六なる男がいた。毎日数百匹のすっぽんを仕入れるほど、店はなかなか繁盛していた。ある晩のこと、亀六は急に身体が重くなる感じがして目を覚ました。同時にまるで水に浸《つ》かっているかのような寒気までする。声も出せず、やっと手を動かしてあたりを探ってみると、何か冷たいものが手に触れた。それはすっぽんだった。数百匹ものすっぽんが、夜着の上に重なっていたのだ。亀六が悲鳴をあげ、心配した女房が起き出すころには、すっかりすっぽんの姿はなくなっていた。こんなことが毎晩続いたので、亀六は、

「いくら商売といえど、殺生《せっしょう》は罪なのだ」

と、その罪を悔いて僧になったという。

人間が生きていくということは、他の生物を殺生することになる。そうした生物たちだって、供養の気持ちがないと、このように祟《たた》って現れるのだ。よく寺の片隅に鰻塚《うなぎづか》とかいう供養塔《くようとう》があるのもそのためなのである。

すっぽんの幽霊《ゆうれい》

江戸時代の人は、すっぽんの肉は痔疾《じしつ》に効くと考えていたから、すっぽんを専門に売っている店が多かったらしい。

名古屋にすむ三人の男が、すっぽんを食べていつも酒を飲んでいた。

痔に効くとかいうよりも、すっぽんそのものの味を好んでいた。まあすっぽんマニアというところだった。

ある日、すっぽんを買いに行くと、そこのすっぽん屋がすっぽんのような顔をしており、びっくりして足を見ると足がばかに長い。

まるで幽霊のように見え、その男はびっくりして家に引き返した。

こたつに入っても体がガタガタ震え、二、三日経っても震えが止まらなかった。それからは、すっぽんを食わなくなったという。

すっぽんは一度嚙《か》みつくと離れないといわれ、そういうところから執念深《しゅうねんぶか》いものと考えられた。

そこから、あまりたくさん食べると幽霊になって出ると想像されたようである。

崇徳院《すとくいん》（白峰《しらみね》）

四国に流され死んだ崇徳院は、悔しさのあまり死んでも死にきれず、怨霊となって世の中に内乱や戦争を巻きおこした。

西行法師《さいぎょうほうし》が白峰を訪れ、崇徳院の墓にやってきたとき、暗闇に突然嵐のような風が吹いて、鬼火《おにび》をともなった崇徳院が現れた。

「崇徳院よ、迷わずに成仏せよ」

と法師がいうと、崇徳院は怒って叫んだ。

「西行よ、私の怨みがどれほどのものか、朝廷やこの世の者に思い知らせてやる。私は今や天狗《てんぐ》を操《あやつ》る、白峰山《しらみねさん》の魔王と化した。やがてこの世に大戦乱を起こしてみせる」

天下分け目の源平合戦がはじまったのはそれから間もなくのことだった。

現在、京都市上京区には崇徳院を祀《まつ》る白峰神宮があるが、これは慶応《けいおう》四年（一八六八）、明治政府の軍が奥羽越列藩同盟《おううえつれっぱんどうめい》軍への攻撃を行うにあたり、災《わざわ》いがあってはならないと、明治天皇が讃岐《さぬき》の白峰御陵から崇徳院の霊を招いて祀《まつ》ったものであるという。

崇徳院は近代まで恐れられた怨霊なのである。

砂《すな》かけ婆《ばばあ》

奈良県や兵庫県に出没する妖怪である。神社の近くにある寂しい森陰《もりかげ》などに潜《ひそ》んでいて、通る人に砂をばらばらと振りかけておびやかす。姿を見たものはいないという。

出没地方は近畿地方に集中しているようで、京都市在住の一読者はわざわざ手紙で報告してくれた。

それによると、彼女はお宮参りをした帰りに、藪《やぶ》の中から砂をあびせられたというのである。そして勇敢にも、竹の棒を持って藪の中に踊りこむと、

「砂をかけたのは、どこのどいつやあ」

といった。あたりはシーンとして人の気配はなく、返事をするものもなかった。

ふと足元を見ると、直径一メートルぐらいの石が横たわっているばかりである。

「まさか石が砂を投げるわけもなく、こんなにもゾーッとしたことははじめてです」

とは彼女の談であるが、これは砂かけ婆に間違いない。

妖怪が出現しにくくなった昨今では、これはまったく貴重な体験だろう。

すねこすり

ある男が、急な用事ができて夜道を急いでいると、折悪《おりあ》しく雨が降りだした。雨宿りをしていると約束の時間に遅れるので、やむなく雨の中を走りはじめたのだが、犬のようなものがまとわりつき、足がもつれて転びそうになった。

うるさい犬めと、足元を見たが犬などいない。気のせいかと思ってまた走りだしたところ、やはり何かが足にからみついて、走るのを妨げる。

男は、恐ろしさのあまり、今は何の用事でどこへ急いでいるのかも忘れ、夜の道を無我夢中で逃げ出したという。

これは、すねこすりといって、雨の降る夜など、狭い道を慌てて走っているときに感じられるもので、昔、岡山県あたりによく現れたといわれる。

夜道で足にまとわりつく妖怪というのは、各地で聞かれることである。

とにかく、暗い夜道を慌てて走りながら、「何か出る」と考えたら、大抵このすねこすりが出てきて頭を攪乱するわけである。

ずんべら坊《ぼう》

津軽《つがる》の弘前《ひろさき》（現・青森県弘前市）の在《ざい》に、興兵衛《こうべえ》という喉《のど》自慢《じまん》の男がいた。あるとき、日も暮れかけた近道の山越えで、「思い切れとて五合桝《ごごうます》投げた、これは一生の別れ桝」とうたいながら、ふらふらと中腹にさしかかった。すると、近くで自分よりもよい喉で同じ歌をうたう者がある。

興兵衛はしばらくこれに聞き惚れていたが、いきなり「誰だ」と問いかけると、意外にも耳元で「誰だ」といいざま、ヌッと目の前に現れたのは、鼻もなければ目も口もない、卵にざん切り髪をつけたようなずんべら坊だった。

あまりの恐ろしさに「キャッ」と一声叫び、一目散にもときた道を走って隣村の知人を叩き起こし、

「今、かくかくしかじかの怪物に出会った」

と始終を語った。すると主人は眉をひそめて、

「それは変な話じゃ。して、そのずんべら坊の顔はこんな顔だったか」

と、いきなりさしつけてくるその顔が、前に見たずんべら坊だった。興兵衛はウーンとのけぞったまま気絶してしまったという。

精霊《せいれい》

『日本国語大辞典』によると、精霊とは、万物の根源をなすという不思議な「気」のことであるという。

ヨーロッパあたりでは、人間とはちょっと違うけれども、超自然的な能力を持つ存在として物語にもよく登場している。

日本では古代、天津《あまつ》神《かみ》、国津《くにつ》神《かみ》という人間神の他に、山や川の「荒ぶる神」という自然の中の神がいた。これなども精霊と考えてよいようである。

また死者の霊、ことに悪い死に方をしてあの世に入れない死者の霊魂が、精霊になる場合があった。日本の妖怪である産女《うぶめ》も、その一つに数えられている。

もちろん、こうした死者の霊魂以外の起源を持つ精霊もあるわけだから、やはり多くは神の堕落《だらく》したものと考えるのが一番分かりやすいのかもしれない。

もっとも、妖怪の中にも同じように考えられるものもあり、また土俗神がそのまま妖怪になっているものもあるから、そのあたりの境界線というのは、非常に微妙なものである。

石《せき》塔《とう》飛《ひ》行《ぎょう》

武州《ぶしゅう》多《た》摩《ま》郡本郷《ほんごう》村（現・東京都中野区）に西心《さいしん》という道心《どうしん》（仏道を修行する人）が住んでいた。

あるとき、田んぼを歩いていると、東の方角にある小高い丘の方から、提灯《ちょうちん》ほどの光り物が飛んできて、田の中に消えた。

その夜はそれっきりだったが、この怪しい光り物はそれから何人もの人に目撃されるようになった。

そこで西心を中心に、血気盛んな若者たちが集まって、光り物の正体を突き止めようということになり、ある夜みなで待ち構えた。

すると、真夜中ごろになって、かの丘の木の中から、大きな光り物がぱっと飛び出し、西心が急いで用意していた笠を打ちかぶせると、光は消えて何かが田の中へ落ちた。調べてみるとそれは古い石塔だった。

この石塔はその後、西心の庵《いおり》に置かれることになったが、飛んできた理由も原因もついに分からなかったという。

石塔が何か別の物に化けて、人を驚かす話はあるが、このように飛行するというパターンは珍しい。

石塔磨《せきとうみが》き

　文政《ぶんせい》十年（一八二七）九月、江戸は麻布《あざぶ》、赤坂《あかさか》、芝《しば》、浅草《あさくさ》、十条《じゅうじょう》などの各寺に、奇妙なものが出現した。名付ければ石塔磨きで、誰の墓石ということなく、手あたり次第に磨かれてあり、その数も、一寺で七、八基《き》から多い寺では三十基にもおよんだ。

　昼間、まったくそんな様子もなかったことから、夜の間に行われたものだろうが、寺の墓地に忍び入って見ず知らずの人の墓石を磨いたり洗ったりするのは、一体誰が何のためにと、江戸ではたちまち評判になり奉行所までが調査に乗り出した。

　しかし、その正体は皆目《かいもく》分からず、そのうちに「石塔磨きを見た」などという者まで現れ、白い着物を着た男女だったとか、いや恐ろし気な女だったとか、石塔磨きは不可解な犯罪から次第に妖怪の仕業へと、人々の意識も移っていった。

　ともかくこの不可解な現象の解明はされないまま、時とともにうわさも聞かれなくなった。が、天保《てんぽう》元年（一八三〇）七月からまたはじまった。

　このときは武州岩槻《いわつき》（現・埼玉県岩槻市）からはじまり、越谷《こしがや》、草加《そうか》あたりの各寺で、やはり古い石塔が、一晩のうちにピカピカに磨きあげられていたという。

石妖《せきよう》

昔、伊豆《いず》（現・静岡県）山中の石切り場で、数人の石工《いしく》が休息していたときのことである。一人の美しい婦人が近づいて、石工に向かっていった。

「終日働いて、さぞお疲れでございましょう。私が按摩《あんま》をしてさしあげます」

そして、さっそく一人に按摩をしはじめたが、これが何ともいわれない心地よさで、寝入ってしまうほどである。たちまち何人もの人間が按摩をされては寝てしまった。

この様子を見ていたある者は、これは妖怪に違いないと、そっと立ち去った。おりしも山道で狩人に会ったので、ことの始終を話すと、狩人もそれは怪しいと、二人でもといた場所に引き返した。女は二人を見ると逃げまわり、狩人はついにこの女を撃ってしまった。すると、女の姿は消え、代わりに堅石が砕けて散った。

これこそが石妖というべきものだったのである。眠っている人間はと見れば、まるで石で按摩されたかのように縦横の引っかき傷が背骨にできていた。

按摩された人はみな気絶して大病の危険もあったが、家に帰って医薬を盛り、かろうじて助かったということである。

こんなことがあってからも、石妖はたびたび現れたという。

セコ

セコは九州の山岳部と、島根県の隠岐《おき》諸島に伝わる山童《やまわろ》の一種である。

二、三歳の子供の姿で、山中で人の真似をしたり、女や子供の手や足を引いたりなどのいたずらをするが、屋内には入ってこないという。

山中にはセコの通る道というのがあって、家や小屋をその通路に建てると揺すぶるという。

そのため、その通路に家を建てると不安で夜も眠れないが、セコは鰯《いわし》の頭を嫌うので、「鰯をやるぞ」というと障《さわ》りをしないそうである。

熊本県上益城《かみましき》郡では、夜とか雨降りの日にじっと聞いていると、ユバズリ（伐木を引き出す音）や竹を切る音がするが、これはセコの仕業であるといっている。

この地方では、山へ猟に行って、セコにだまされた人がたくさんいるらしい。

獣の鳴き声をたよりに鉄砲を撃つのだが、セコがその声を真似て猟師を迷わせるのである。だまされていると思ったら、「今夜は俺が悪かった」と謝るといいそうである。

また、鉄砲を撃って驚かすとか、読経《どきょう》するといいともいわれている。

瀬戸《せと》大将《たいしょう》

頭が徳利《とっくり》、背は燗鍋《かんなべ》（酒を燗にするときに使う鍋）と、全身が瀬戸物でできている瀬戸大将は、瀬戸物の付喪神《つくもがみ》なのだろう。瀬戸物とは、今でこそ陶器の総称のように使われている名称だが、本来は愛知県瀬戸市周辺で産する陶器のことである。

平安時代後期からはじまったとされる瀬戸物は、江戸時代中期ごろになるとその生産は衰退し、かわって唐津焼などの他の陶磁器が主流となっていった。しかし、文化《ぶんか》元年（一八〇四）になると、瀬戸物がまた主流に躍り出たのである。それまで旧陶磁器を本流といったのに対し、瀬戸物は新製とよばれたという。

瀬戸大将は、どうやら瀬戸物復活に大いに貢献をした妖怪らしいのだ。というのもこの大将、佐賀の唐津《からつ》近辺で生産される唐津焼と合戦をしていたというのである。そのため、手には徳利の槍《やり》を持ち、瀬戸物の甲冑に身を包んだ姿をしていたのだ。唐津焼との戦で瀬戸物側が勝利したために、瀬戸物は陶磁器の主流となり得たのである。

最近は瀬戸物よりもプラスチックの方が主流となっているようだが、どこかで瀬戸大将が戦の指揮を執っているかもしれない。

禅釜尚《ぜんふしょう》と虎隠良《こいんりょう》

禅釜尚とは釜の妖怪で、すなわち付喪神である。釜の（妖）怪といえば、茂林寺《もりんじ》の「文福茶釜《ぶんぶくちゃがま》」が有名だが、これは元々狸《たぬき》の魔法の釜で、器物の釜が怪をなしたわけではない。そういう意味では、この禅釜尚こそが釜の妖怪の元祖ということになろう。

年を経ると器物は化けるというのは今ではよく知られているが、器物の中でも釜は、「吉備《きび》津《つ》の御釜占い」などでも分かるように、古くから吉凶を占うときにも用いられるくらい神聖なるものだった。

この絵の中では禅釜尚の前にもう一匹妖怪がいるが、これは虎隠良といって、熊手《くまで》を持って現れる妖怪である。

名前の由来も分かっておらず、その姿も実に奇怪で、この二匹が同時に出現したとなると、悪夢のような迫力がある。動きもしなやかで、踊るように歩く様は、器物の妖怪というよりも、つくり物の人形のような感さえある。

しかしそれはあくまでも絵の上だけのことで、二匹とも武器を持っており、人間を襲ってくることは間違いない。

センポクカンポク

越中は東礪波《ひがしとなみ》郡利賀《とが》村（現・富山県南砺《なんと》市）で、死人のあった家の掛蓆《かけむしろ》（つり下げた蓆）にいるという妖怪である。三週間は家にいるが、四週間ぐらいで墓場に行く。蝦蟇《がま》と同じようなものだが、このあたりでは蝦蟇を「カサゴット」とか「テンテンゴット」の神とかよび、神の一種としているようである。

蝦蟇というのは、虫でも蝶でも飛んでいるものを、口の中に飛びこませる術を心得ているという。だから、生命の危機に直面したときは、「テンテンゴット」の神に念ずることによって、蝦蟇の術で助かるときがあるなどともいわれている。

昔は大晦日の晩になると、子供たちは寝ずに歩きまわり、このセンポクカンポクの話を年よりから聞いたということである。

昔の田舎の葬式というのは独特な雰囲気があって、半分、あの世に行くような気分があった。そうしたとき、蝦蟇のような生き物がじーっとしていると、あの世から使いとして現れたのではないかという気分になる。

袖引《そでひ》き小僧《こぞう》

夕暮れどきなどに道を歩いていると、後ろから着物の袖を引くものがある。誰だろうと気にせずに歩きだすと、また、つんつんと引かれる。

袖引き小僧はこうやって人間にちょっかいを出しては喜んでいる。

他にこれといった悪さもしなければ、恐ろしい姿をしているというわけでもない。

昔、よく埼玉県川越《かわごえ》地方に現れたという罪のない妖怪である。

袖引き小僧というよび方は川越地方のみの呼称のようだが、袖を引く、袖をもぐといった民俗神は、各地に袖もぎ様として信仰されている。

この袖引き小僧も、袖もぎ様という神様と、深い繋《つな》がりがあるようである。

何もないのに袖を引かれるというのは、目には見えないけれども、「ナニかいる!」ということで、引かれた者は誰でも「はて?」と思う。そう思わせることが、妖怪や神の目的なのかもしれない。

卒都婆小町《そとばこまち》

謡曲《ようきょく》などで知られる卒塔婆小町は、歌人・小野小町《おののこまち》の晩年を物語る怪異話である。

在原業平《ありわらのなりひら》が旅に出た先の奥州八十島《おうしゅうやそじま》の野中で、夜半《やはん》に和歌を詠《よ》む声を聞いた。

「秋風の、打吹くごとに、穴目穴目」

あたりは一面ぼうぼうたる野原で、傍らに一個の髑髏《どくろ》があるだけである。

翌朝、通りかかった人に聞いてみると、

「小野小町という人がこの国にきて、この野原にて空《むな》しく成りました。この髑髏は、小町の成れの果てであります」

という話だった。その髑髏をよくよく見ると、目の穴から一本のすすきが生じて、風が吹くたびに、

「穴目穴目……」

と聞こえるのだった。哀れに思った業平は、

「小町とはいはじすすき生ひけり」

と昨夜の句を継いだ。以来この野原を誰いうとなく小町とよぶようになったという。

小野小町は才色兼備の歌人として知られた実在の人物である。晩年には落ちぶれて、流浪《るろう》の果てに髑髏になったというこの物語は、創作された伝説だともいわれている。

空《そら》神《がみ》

昔から紀州《きしゅう》（現・和歌山県、三重県南部）地方では、天狗《てんぐ》のことを空神とよぶそうである。

西牟婁《にしむろ》郡岩田《いわた》村（現・上富田《かみとんだ》町）に、万蔵という者がいた。ある日、女房と口論して家を飛び出したところ、山伏に似た者が手招きする。近づいて見ると、

「背に負われよ」

という。いわれるままに背に乗ると飛行をはじめ、そのまま万蔵はどこかへ去ってしまった。

一方、家族は、いつまで待っても万蔵が帰らないので、村人に頼んで遠近を捜索したがどこにもいない。心配していると、三日目になってやっと帰ってきたが、ひどく疲れた様子で、そのまま二日間眠っていた。目覚めてからその一部始終を問うと、万蔵は、

「話したら、空神様のお叱りを受ける」

と、はっきり答えない。そこでなぜ帰ったのだと問うと、

「女房や村の者が探しているから、帰ってやれといわれた。腹の立つことがあったら、いつでも私をよべといった」

と語った。その後、万蔵は耕作に出ているとき、時々空を見上げ、空神様のお通りだといっては、膝《ひざ》を折って礼拝した。しかし、他の者には何も見えなかったという。

算盤坊主《そろばんぼうず》

算盤坊主は、昔、丹波《たんば》国（現・京都府中部、兵庫県東部）に出た妖怪である。算盤小僧《そろばんこぞう》ともいう。

寂しい道端の大木の陰で、人の気配もないのにパチパチ、チャラチャラと、算盤を弾くような音を立てて、人々を驚かした。

何だろうと思って大木の後ろへまわると、音はふいに消える。変だなあと思いながら首をかしげていると、また、ふいに向こうの方で音がする。

音だけで、人前に姿を現すことはないという。

音だけの妖怪はいくつかあるが、算盤の音というのは珍しい。

当時の賑やかな都で、算盤をはじく音を聞く人々は、これを奇妙に思ったのかもしれない。ある怪奇を表現するのにそれを用いたのだろう。

結局、この妖怪は算盤の音をさせて人の注意を引き、面白がっているのだろう。

正体はある種の霊で、何か用事でもあるのかもしれない。

そんつる

伯耆《ほうき》（現・鳥取県）にそんつるといわれる家がある。「つる」というのは元々系統という意味だが、これは、蛇のようなものが代々その家に憑《つ》くということであるらしい。

蛇のようなものとも、ミミズのようなものともいわれているが、その姿を見た人は誰もいないので、詳しいことはよく分からない。

大体憑き物が憑くときは、けっして姿を見せないのが普通である。

ともかくこのものは、皮膚《ひふ》と肉の間に入って害をなすといわれている。

この憑き物に憑かれた病人に向かって、

「貴様の体はどうしたのか」

と尋《たず》ねると、どこそこのお茶の木の陰に置いてきたとか、藪の中にあるなどと憑き物が答えるという。

他の地方でいう人に憑く狐も、皮を垣根などにかけておいて霊だけ入りこんで憑くといわれているから、狐にしろ蛇にしろ、人に憑いている間は近くにその体の抜《ぬ》け殻《がら》みたいなものがあるのだろう。

大魚悪楼《たいぎょあくる》

『日本書紀《にほんしょき》』や『古事記《こじき》』に書かれている悪神で、日本の古代幻獣《げんじゅう》である。

日本武　尊《やまとたけるのみこと》が九州地方の熊襲《くまそ》を平定しての帰り、吉備《きび》国（現・岡山県）の穴海《あなうみ》で、悪神を退治したとある。

この悪神こそ、大魚悪楼なのである。通りかかる船をひと呑みにしてしまうほど大きく、勇敢にも日本武尊は暴れ狂うこの巨大魚の背に乗り、自慢の剣を振るったという。

この話は、スケールの点でも、須佐之男命《すさのおのみこと》の八岐大蛇《やまたのおろち》退治と双璧ではないだろうか。

日本武尊はこの吉備穴海の悪神以外にも、各地で悪神とよばれるものたちを退治している。

さて、こうした伝承に登場する幻獣の正体を詮議《せんぎ》してみるのも一興だろう。

この悪楼の場合、特定の種類というよりは、特定の個体を指すようである。そのことから、群れていず、回遊性がなくて一箇所にすみついている魚であることがうかがえる。モデルになった魚があるとすれば、それは著《いちじる》しく年を経たハタの類ではないだろうか。

大光寺《だいこうじ》の怪異《かいい》

大光寺という寺は、ある公家《くげ》の祈禱所《きとうしょ》だった。あるとき、田竜光雄《でんりゅうみつお》という武士が、事情により大光寺に籠《こ》もることになった。

はじめての夜、田舎のこととて、蚊帳《かや》をきちんと吊って寝ていると、その蚊帳を持ち上げるものがある。この夜更《よふ》けに誰がと思って目をやると、背が高く、真っ青な顔をした僧が、彼の顔をじっと食い入るように眺めている。田竜は豪胆《ごうたん》な武士だったので、刀を抜いて二度、三度斬りつけたが、手ごたえがなかった。翌朝、寺の僧にそのことを話すと、

「ああ、注意するのを忘れていましたな」

という。わけを問えば、

「この寺の書院の便所を開け放しておくと、かならず夜になって出現するのです」

という返事だった。

「怪しいものを退散させるのなら、僧たちの得意とするところだろうに」

田竜がそういうと、僧はどんな祈禱をしても効果はなかったと答えた。

それが何者であるのか、どうして僧体の怪として現れるのか、その後もずっと分からなかったということである。

大山《だいせん》の狐神《きつねがみ》

応純《おうじゅん》という男が雲州《うんしゅう》（現・島根県）から帰る途中で米子《よなご》に一泊した。ところが不意に病気になり、ようやく大山《だいせん》領内の丸山《まるやま》まで帰れたのは十日後だった。その晩のこと。今度は米子のある家の女が同じような病を患《わずら》って、

「枕元に大山さんの神使いが見える」

などと怪しいことを口走りはじめた。家の者は、急いで稲荷祠《いなりほこら》の神主をよんでみてもらうことにした。神主がくると女は立ち上がり、

「応純が泊まった宿の主と、医者をよべ」

と荒々しくいう。そこで二人をよんでくると、女は次のようなことをしゃべった。

「我は大山明神の神使いである。先日、応純に随護《ずいご》してここまできたところ、応純がたちまち病気になった。しかるにその療養にあたって、宿の主が不浄の火をもってその飯汁をつくり、冥理《みょうり》を汚した。それで我は帰ることができないのだ」

これを聞いた神主や医者、宿の主たちは、平謝りに謝ると、やっと許してもらった。女は間もなく平常に戻ったという。

まあ狐神《きつねがみ》ということになってはいるが、これも一種の目に見えない憑き物である。

松明丸《たいまつまる》

松明丸は鳥山石燕《とりやませきえん》の『画図百器徒然袋《がずひゃっきつれづれぶくろ》』に描かれている妖怪である。

鷹《たか》のような姿をしているが、体は火に包まれており、その手はまるで燃え盛る松明そのものである。

石燕の解説には、「松明の名はあれども、深山幽谷《しんざんゆうこく》の杉の木《こ》ずえを住《す》み処《か》となせる天狗《てんぐ》つぶての石より出る光にやと、夢心に思ひぬ」とある。

つまり、松明とはいっても、これは天狗が投げる礫《つぶて》が光っているものなのだ、という意味らしい。

よく山中で誰もいないのに石ころが降ってくることがある。それは天狗が投げつけたもので、昔は天狗礫とよばれていた。

その天狗が投げつけた石が光ることがあったのだろうか、その光こそが松明丸なのだそうだ。

天狗は今でこそ鼻が高い修験道の行者のような姿として知られているが、昔は猛禽類《もうきんるい》のような鳥の姿として想像されていた。

松明丸が鷹のような姿をしているのも、これに関係してのことだと思われる。

高女《たかおんな》

遊女屋などの二階を覗《のぞ》いて歩く女の妖怪である。嫉妬《しっと》深く、しかも男に相手にされない醜女《しこめ》が、この妖怪になるといわれているが、鬼の一種だという説もある。

和歌山の方には、高女房という鬼女の話がある。

ある木地屋《きじや》（木細工の材料屋）の女房は、山に入れば男以上によく働く女だったが、これが実は妖怪だった。

木地屋の二人の子供も、三十人ほどいた使用人も、この女房によって食われていた。

普段は普通の女なのだが、ひとたび怒ればその正体を現し、七尺（約二・一メートル）ほどの鬼女となるのである。

しかも、夜には裸になって井戸に飛びこみ、ずぶ濡れになって出てくるのだが、その下半身がスーッと伸びて、井戸の底に達していた。木地屋は命からがらこの女房から逃げ出したという。

この高女房と高女が同じかどうかははっきりしないが、下半身がニューッと伸びるということが共通しているため、やはり高女の一種なのだろう。

高須《たかす》の化《ば》け猫《ねこ》

鳥井《とりい》丹波守《たんばのかみ》の家臣・高須《たかす》源兵衛《げんべえ》の家で、長年飼っていた猫が、ある日突然いなくなった。それと同時に、源兵衛の母がまったく別人のようになり、人に会うことを嫌がって、朝夕の食事も人を退《しりぞ》けて食べていた。家人がそっと覗《のぞ》いてみると、その食事する様は動物そのもの。とても人間とは思われなかった。

疑いを深めた源兵衛が親族に相談すると、それは母ではなく、化け猫の類に相違ないから、弓で射殺すようにとのことだった。

しかし姿は母であり、さすがの源兵衛も一度はひるんだが、二度目には観念し、母に向かって矢を放った。すると母は逃げ出し、庭先で倒れた。正体を確かめようにもそれはまぎれもなく母であり、源兵衛は自分の罰を知って腹を切ろうとした。

ところが一日待つようにと人々に止められ、一夜を過ごすと、果たして母は飼い猫の姿に変じた。

その後源兵衛が、念のために母の部屋の畳をあげて床板を外してみると、母のものだと思われる人骨が現れ、源兵衛は新たに悲しみを深くしたという。

高《たか》入道《にゅうどう》

天明《てんめい》（一七八一〜一七八九）の末ごろ、京都御幸《ごこ》町通《まちどおり》五《ご》条《じょう》の北に、化け物が出るといううわさがたった。

その町に住む銭屋九兵衛という者が、ある夜、月があまりに綺麗なので眺めていると、にわかに空が曇りはじめ、あれよあれよという間に、一寸先も見えぬほどの暗闇になってしまった。

これはどうしたことかと目をこらすと、すぐ前に一丈（約三メートル）余《あま》りの大入道が九兵衛をにらんで立っていた。

驚いた九兵衛は、無我夢中であたりに転がっていた木片などを投げつけた。

すると、それが効を奏したのか、そのまま大入道は消え失せて、気がつけば、月はさきほどとかわりなく輝いていたという。

これは江戸時代の『絵《え》本《ほん》小《さ》夜《よ》時雨《しぐれ》』にある話だが、高入道といえば、一般的には高坊主や見《み》上《あげ》入道といった妖怪の仲間として伝えられている。

この京都での高入道は、どちらかというと大坊主や大入道に近いもののようである。

高橋六兵衛《たかはしろくべえ》の狸憑《たぬきつ》き

徳島県美馬《みま》郡に架かっていた高橋の近くに、六兵衛という狸がいて、時々人間に憑いたという。

あるとき、半田《はんだ》町のある女に六兵衛が憑いて、どうなだめすかしても離れないので、山伏《やまぶし》にゲンジャをしてもらった。ゲンジャというのは問答対決のこと。山伏は一通り祈禱《きとう》をすると、ゲンジャをはじめた。

「私にかかったからにゃ、もう許さんぞ」

「偉そうにいうな」

女（狸）がそういうと、山伏は用意してあった狸の頭蓋骨《ずがいこつ》を女の体に押しあてた。痛い痛いといって、女は身悶《みもだ》えする。

「さあ痛ければ帰るか。どうじゃ」

「去《い》ぬからそれをあてるのはやめてくれ」

「さあそれなら、早よ帰れ」

「今夜のうちに去ぬ」

狸は自分が帰るときには、踏切《ふみきり》に大きな石を置いておくと約束した。そして翌日、家の者が踏切に行ってみると、果たして大きな石が一つ置いてあり、それから女の容体はよくなったという。

高坊主《たかぼうず》

香川県木田《きた》郡や徳島県の山城谷《やましろだに》などに伝わる妖怪で、路上に出現し、見上げれば見上げるほど背丈が高くなる。

長野県、岡山県、長崎県壱岐《いき》などでは見越《みこし》入道、岩手県遠《とお》野《の》ではノリコシ、愛知県南設楽《みなみしたら》では入道坊主といっているが、名前はそれぞれに違っていても、これらは一応同じ類のものであると思われる。これが四国へ行くと高坊主とよばれるわけである。

大抵は四辻にいて、夜など道を歩いていてそこにさしかかると、突然空まで届かんばかりの背の高い坊主が現れて人をびっくりさせる。

見上げれば見上げるほど高くなってしまうが、気持ちを落ち着けてわざと見下ろすようにすると、だんだん低くなってくるという。

徳島県では、麦の穂が出るころに出会うことが多かったそうだ。

四国という土地を考えると、どうしても狸との関連が気にかかる。徳島市新浜本町《しんはまほんちょう》には高坊主に化けることを常習とした高坊主狸という化け狸がいたというから、やはり狸の仕業と考えられていたことは確かなようである。

ダキ

佐賀県鎮西町《ちんぜい》（現・唐津市《からつ》）の加《か》唐島《からしま》に現れるという女の妖怪で、人の命を狙う恐ろしいものである。ダキという言葉は、元々宮崎、大分両県では断崖《だんがい》のことをいうから、断崖絶壁にすんでいる妖怪というべきか。

あるとき、東唐津の漁師が子供を二人連れて、断崖下の海岸に上がって火を焚《た》いていた。すると、見知らぬ女がきて、

「魚をくれ」

という。父親は長い人生経験からピンとくるものがあった。二人の子に、

「船の中から魚を持ってきてやれ」

と命じた。魚などはじめからないわけで、二人の子供は見つからないと叫ぶ。そんなことはないはずだ、といいながら、父親は自分も船に乗りこむが早いか、艫綱《ともづな》も錨綱《いかりづな》も切って沖へと逃げてしまった。まんまとしてやられた妖怪は、

「えい、命を取り損ねた」

と、くやしがったという。

これがダキだが、以来、東唐津の船は加唐にやってきても、錨を下ろしただけで、艫綱はつけないということである。

ダキは磯女《いそおんな》とか、濡《ぬ》れ女《おんな》の一種ではないかと考えられる。

たくろう火《び》

広島県東部の海岸で、ずっと以前に見られたという。

瀬戸内海は重要な交通路であり、島伝《づた》いなら小舟の類でも十分に航海ができた。たくろう火は、そういう瀬戸内海を小舟で往来する船乗りたちに、よく知られた火の妖怪である。

このたくろう火は、二つの火が並んで海上にふわりと浮かぶので、別の地方では比べ火とよんでいる。

たくろう火の由来、原因ははっきりしないが、古い昔の神に関係があるらしい。

同じ広島県でも、中部の海岸には二人の女の怨霊《おんりょう》にまつわる話がある。悲惨な死を遂げた二人の女が、いつしか京女《きょうじょ》郎《ろう》、筑紫《つくし》女郎《じょろう》とよばれる二つ並んだ石と化し、その霊がたくろう火になって、夜ごと、海上に浮かんだのだという。

古い話は途絶えがちなもので、とくにこのいい伝えは今ではまったく伝わらず、土地の古老もほとんど知らない。古い書物にわずかに見られるだけである。

悲惨な死を遂げた霊、浮かばれない霊が火となってさ迷うという話はどこでも聞かれるが、沖縄ではこのような火を遺念火といっている。

不思議なことだが、こうした火が元となって火事になったなどということは少ない。

竹切《たけきり》狸《だぬき》

夜中の竹藪《たけやぶ》で、チョン、チョンと竹の小枝《こえだ》を払《はら》う音がする。それからしばらくして、根元の方が引き切られて、ザザッと竹の倒れる音がする。翌朝、その竹藪に行ってみると、竹を切った跡もなく何事もない。

これは狸の仕業で、昔、京都府保津《ほづ》村（現・亀岡《かめおか》市）によく現れたといい、地元では竹切狸とよんでいた。

このように、狸は化けるだけではなく、怪しい音を立てて人を不思議がらせることも得意だったようだ。

江戸で有名だった狸囃子《たぬきばやし》をはじめ、各地に狸の腹鼓《はらつづみ》の話が多く伝わっている。

山の中で木を倒すような音をたてる妖怪といえば、天狗がよく知られている。天狗倒しとか、空木倒しとかよばれているが、土地によってはそれを天狗とはせずに、狸や山童の仕業とすることもあった。

たとえば、鳥取県八頭《やず》郡では、狸が木を切るような大きな音をたてることがあるといい、なぜか男性が煙草《たばこ》を吸うと音は止《や》むといわれていた。

竹切狸は木ではなく竹を切る音をたてるわけだが、各地でいう天狗倒しと同じようなものなのだろう。

但馬《たじま》の騒霊《そうれい》

江戸時代、但馬国（現・兵庫県）に有名な化け物屋敷があった。ある日、木戸刑部《きどぎょうぶ》という浪人が、度胸試しにこの屋敷に住んでみせると、威勢よく乗りこんだ。

やがて夜も更け、あたりが寝静まったころ、突然、家全体がガタガタと震動をはじめた。地震かと思われたが、外は何事もなく、屋敷だけが大地震のように揺れていた。震動は、翌日もまた次の日も起きたが、原因はまったくつかめない。

そこへ木戸と親交のある僧がやってきて、屋敷に泊まって様子を窺うことになった。

その夜、またいつもの時刻に、震動がはじまった。僧はじっと動かず畳のうねりを見つめ、やがて一番大きいうねりのところに小刀を突き立てた。と、どうだろうか、震動はぴたりと止まったのである。翌朝、畳を上げてみると、床下には「刃熊青眼霊位」と記された古い墓標《ぼひょう》があった。

木戸が近所の農民に事情を聞くと、昔この屋敷に住む男が、熊を捕まえて殺したことがあった。後難《こうなん》を恐れて墓をつくったが、熊の霊の恨みは晴れず、男を取り憑《つ》き殺したのだという。

屋敷の怪異は、熊の霊の仕業だったのかと、木戸は納得したという。

畳叩《たたみたた》き

バタバタともよばれ、夜中に畳を叩くような音をたてる妖怪である。四国や中国、近畿地方によく現れたといわれ、和歌山あたりでは、これが出現するのは冬の夜にかぎるといわれていた。

広島でも冬の夜、多くは北風の吹き出すころに、この音が六丁目七曲りあたりで聞こえた。その付近には、人が触れると瘧《おこり》になるという石があり、バタバタ石とよばれていた。

昔、ある男がこの畳叩きの正体を見極めようと、音をじっと聞いていると、村の竹藪《たけやぶ》の石の中から聞こえてくることが分かった。

石の前で男がじっと待っていると、やがて、石から小さな小人のようなものが出てきて、しきりに音をたてる。男が石に近づくと、その小人は石の中に入ってしまった。

物好きな男はその石を家に持って帰り、なお研究しようとしたが、その日から顔に痣《あざ》ができた。その痣は一日一日大きくなって、その持って帰った石と同じ大きさになった。男は何かの祟りだろうと思い、その石をもとの竹藪に返したところ、顔の痣は消えてなくなった。

以来このあたりでは、バタバタは石の精のなすわざだろうということになったという。

たたりもっけ

たたりもっけは、死んだ赤ん坊の口から出た魂《たましい》みたいなもので、山や野をさまよい、やがて森のフクロウの体に宿る。フクロウはホーホーと鳴くわけだが、それは赤ん坊の泣き声だといわれ、子供が死んだ家はフクロウを大事にするといわれる。東北地方に多い。

以前、私が岩手県の方に座敷童子《ざしきわらし》を見に行ったとき、そこの主人のいうのには、

「そこの川端があるでしょ。そこの小道あたりから、人魂《ひとだま》が出ると昔からいわれていたものです。不思議とあの道を通ると、石につまずいたり、変な気持ちになったりするので、村の青年団が道を掘ってみたら、何と、赤ん坊の骨が出てきたそうですわい」

「と申しますと？」

「たたりもっけだったのです。昔あそこに住んでいた人が、赤ん坊を殺したのか死んだのかは知りませんが、葬式もせずに埋めたから、たたりもっけになったんです」

と話をしていたことがあったが、たたりもっけといっても簡単に定義できない。座敷童子でも、その家で死んだ赤ん坊がそれになるという人もある。また「家に憑《つ》いて祟《たた》る霊」と考えている地方もある。

タテクリカエシ

夜道を歩いていると、向こうからスットン、スットンと音を立てて、手杵《てぎね》のような形のものがやってくる。これが高知県幡多《はた》郡に伝わるタテクリカエシで、出合い頭《がしら》に人間を引っくり返すが、タテクリカエシと気がついたら、寸前のところで身をかわせば大丈夫である。これは猪と同じで、急には方向転換ができない性質なのである。

香川県大川郡の管峠では、「タゴ」といって肥桶《こえおけ》のようなものが転がってくるという。山の斜面の崩れたようなところを、ザリザリと転がってくることがあるというのだ。しかし、これは昼間見えるのではなく、夜にかぎられているそうである。

中部地方の峠に、土転びという妖怪が出て、峠を通る旅人目がけて、後ろから転がってくる。別に悪いことをするわけではないが、追いかけられたものは驚く。何者かに襲われたという気持ちになるわけだが、これは峠に祀《まつ》られている神様が転がるともいわれ、一種の峠神みたいなものだという人もいる。このタテクリカエシもそういった忘れられた神様なのかもしれない。

狸《たぬき》憑《つ》き

妖怪の話の中でも狸のものは多いが、狸が人に憑くという話は四国に集中しているようである。ことに徳島県がその中心になっている（僕は前からこのことが不思議でたまらない）。

狸に憑かれると、その人はやたら大食いをするようになる。腹はふくれるわけだが、その反対に体は衰弱して、やがて命を落としてしまうという。これを退治するには、修験者《しゅげんじゃ》に頼むより他にないといわれる。

香川県では、これを逆手に取るやり方で、古狸に食べ物を与え、かねてから仇敵視《きゅうてきし》する家に祟《たた》ることを依頼するということがある。頼まれた狸は、忠義にも、その家の人間の誰かに害をなす。

これをその地方では、動物（獣）の祟りといい伝えている。

しかしこうした話は珍しく、一般に狸が人に憑くというのは、本人が狸にいたずらをしたとか、狸が住処《すみか》を追い出されたからといった理由によるものが多く、これは憑かれた本人が後になって口走るので、やっとその動機が知れるのである。

狸《たぬき》の婚礼《こんれい》

狐《きつね》の嫁入《よめい》りというのは有名だが、徳島県では狸の婚礼というのがある。

昔、徳島の徳島町に森平馬《もりへいま》という武士が住んでいた。狸の婚礼は、その武士の屋敷の縁《えん》の下《した》で行われた。

おごそかで、人間の結婚式と寸分も違わない。ところが、大人が見ようと思っても見えず、婚礼の模様は子供にしか見えなかった。

それでも、屋敷の下で狸の婚礼があったことは町中の評判になり、たちまち大勢の見物人が集まった。

このことが城の殿様の耳にも入り、役人がきて調べたが、やはり、大人だから見ることができず、役人もその真偽の決定には迷ったという。

狐の嫁入りというのは、よく雨の降っているときに見られるというが、この狸の婚礼は子供にしか見ることができないというのも妙で面白い。

私は、これはいわゆる動物の霊の結婚式であったのだろうと思う。子供は純粋で、そういう霊を見るのに邪心が少ないから、見ることができるのだろう。

狐や狸というものは人間を化かすだけでなく、人間の生活のような様々な儀式を執《と》り行っているようである。

狸囃子《たぬきばやし》

深夜、どこからともなく太鼓《たいこ》の音が聞こえてくるのを狸囃子という。東京では番町《ばんちょう》（千代田区西部）や本所《ほんじょ》（墨田区南部）の七不思議の一つに数えられるほど、よく知られたものだった。石川県の山中温泉あたりでは山神楽《やまかぐら》とか天狗囃子《てんぐばやし》などといい、これによって新潟県に御神楽岳《みかぐらだけ》という山の名もあると、柳田國男《やなぎたくにお》の『妖怪談義《ようかいだんぎ》』に出ているが、これも一種の狸の腹鼓《はらつづみ》というものだろう。

昔、筑紫《つくし》（現・福岡県）のある寺に一泊した文人が、その寺の住職に、

「今夜はよい月だから、狸どもが腹鼓を打っていますよ」

といわれて耳をすますと、なるほど確かに聞こえる。住職がいうには、

「あの丘の向こうに竹藪があり、他に人家がないから、狸どもがそこに集まって腹鼓を打つのでしょう」

ということだった。あくる日その竹藪に行ってみたが、狸のすむらしい穴があるだけで何ごともなかったという。

狸の腹鼓は、人を化かすために打つという説と、自ら楽しむために打つという説とがある。またある人は、雌雄《しゆう》がお互いに交合《こうごう》しようとしてたわむれ、腹と腹とがくっついて鳴るのだともいっている。

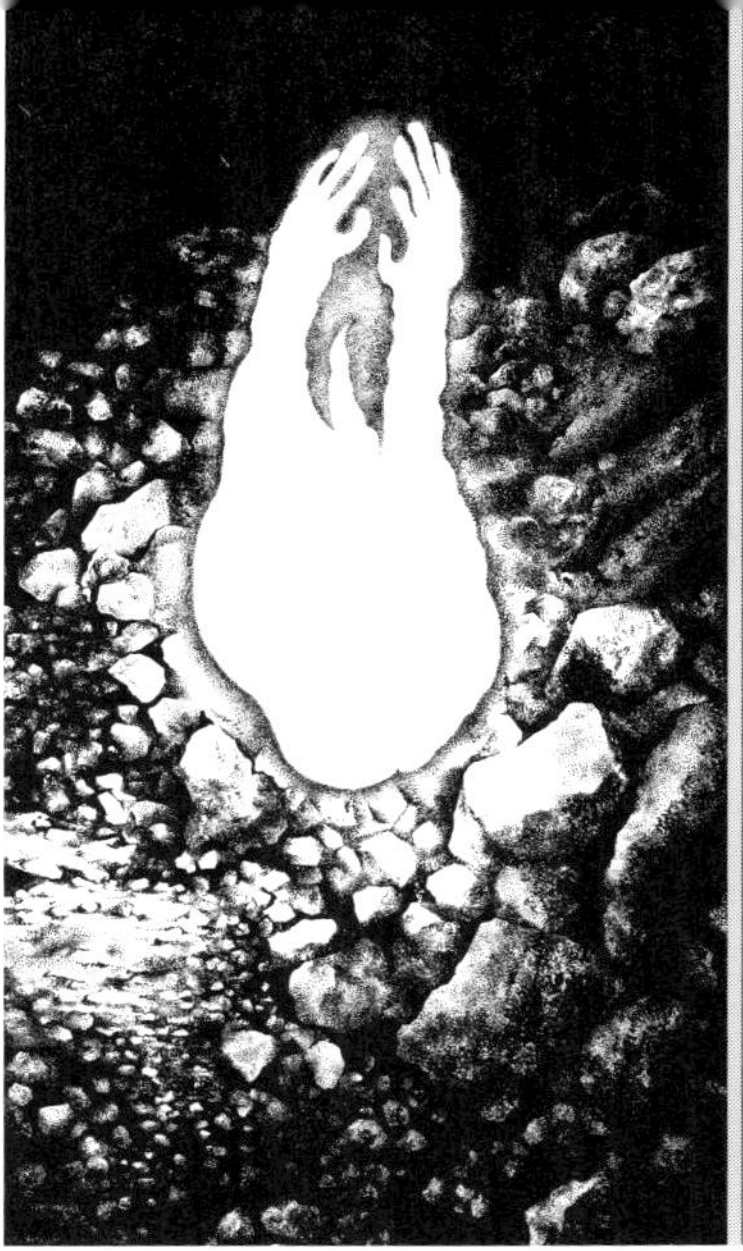

狸火《たぬきび》

明治二十三年の秋のことである。徳島県三好《みよし》郡に住んでいた男が、夜更《よふ》けに国《くに》境《ざかい》の僻村《へきそん》を歩いていた。すると、山の頂上に一点の灯が現れ、それが見る見るうちに二つとなり三つとなり、やがては数十個となって山上を自由自在に遊行《ゆぎょう》しはじめた。

そしてなおもずっと山を見ていると、その灯を持っている者の姿が見えた。

そこで男は、これが噂に聞いていた狸火だろうと思い、これと出会ったときに身を守る方法を思いだした。

昔から、これに出会ったときは、その方に向かって小便をするか、掌《てのひら》に犬という字を書いて自分の膝頭《ひざがしら》にあてるとよいといわれている。

男はちょうど尿意を催《もよお》していたので、狸火の方に向かって勢いよく小便を飛ばした。すると、今のいままで盛んに遊行していた数十個の灯が、いきなりぱっと消え去ってしまったという。

これは、別の地方に伝わる狐火《きつねび》と同種で、狐火の方は、狐が口から火を発する。そして、狐火というのは一匹の狐から発せられるわけではなく、常に複数の狐が同時に火を吐く。だからこの狸火も、たくさんの狸が集まって火を灯していたのだろう。

タマガイ

沖縄では、鬼火《おにび》や人魂《ひとだま》の類をフィーダマあるいはタマガイとよぶ。人が死ぬときは、その霊魂《れいこん》が怪しい火の玉となって墓場に行くと信じられ、火の玉が上がった近所では、近いうちに人が死ぬとされていた。

沖縄本島の有銘《あるめ》では、八月八日から十五日までの八日間をヨーカビと称し、この期間中には火の玉、つまりタマガイが見えるという。

人々はこの妖火《ようか》を確認するために、木の上や山の上など見通しのよいところに登る。そこにタマガイヤーという簡単な小屋をつくって寝泊まりしながら断続的に観測をする。観測に積極的なのは青年男子で、どの家の方面にタマガイが見えたかを確認する。それは、妖火が上がった家にはやがて不幸が起こるので、その不幸を防ぐために仏壇などを拝んだり、サンジンスー（三世相＝易者《えきしや》）に運勢を判断してもらったりするためである。

平良《ひらら》でも、ヨーカビの期間中は不吉な兆しが現れるとされ、縁起が悪い墓地や古い集落があったところなどに、タマガイ、ヒーダマ（火玉）、イニンビ（遺念火）と称される妖火が出たそうである。

タマセ

千葉県印旛《いんば》郡川上《かわかみ》村（現・八街《やちまた》市）では、タマセ（人魂）は、その故人が生前縁の深かった人の家の雨戸に強くあたって、大きな音をたてるといわれている。その音は家族全員に聞こえるのではなく、故人ととくに縁の深かった人にだけ聞こえ、それ以外の人にはけっして聞こえないという。

タマセは丸く黄色い光の球で、飛ぶときには三メートルあまりの長く青い尾を引き、家の棟《むね》や壁すれすれの高さを飛ぶ。速度も速いときと遅いときがあるそうだが、これは年齢に関係があるようで、若者のは速く、老人のは遅いといわれている。

怪音は特定の人にしか聞こえないものの、タマセそのものはそこにいる人すべてに見え、ある人は少年時代に三回も見たことがあるという。それによると、タマセの大きさは、人の頭よりもやや小さく、放物線を描いて飛んで、数メートル行ったところで消えたという。

一般に、人魂はその人の死後に飛ぶとはかぎらないようで、生死の境にある人のが家を出て飛ぶこともある。岐阜県武儀《むぎ》郡洞戸《ほらど》村（現・関《せき》市）では、その人魂が川を越せば一年は生きられるが、山を越せばすぐ死ぬなどといわれ、人魂の飛び方がその人の寿命を示すほど重要視されている。

ダラシ

長崎県南高来《みなみたかき》郡では、昔から温泉山に登るときには、握り飯と梅干しを持っていかなくてはならないといわれている。それはダラシという一種の餓鬼《がき》憑《つ》き状態になるためだった。ダラシとはひだる神の方言である。

ある学生が夏休みに帰省したおり、帰路の途中でこれに憑かれた男に会った。

男は山道に倒れていて、息も絶え絶えという感じで、学生の顔を見ると、小さな声でダラシといった。そして、苦しそうに飯粒を乞《こ》うのだった。

学生はダラシのことを知っていたので、持っていた握り飯を与えると、男はようやく落ち着きを取り戻した。

男の話によると、山道を歩いてこの場所にきたとき、突然に空腹感を覚え、手足がしびれて一歩も前に進めなくなってしまったという。進退きわまっているところへ、ちょうど学生が通りかかったということだった。

またそれより昔、ここを通りかかった人がやはりこのダラシに取り憑かれた。通りかかる人もいなかったので、這《は》うようにして何とか峠の茶屋までたどり着き、そこで命拾いをしたという話もある。

ダリ

ひだる神や餓鬼《がき》憑《つ》きの仲間は全国で色々な名前でよばれているが、ダリとは主に中部地方から東海、近畿地方に伝わるひだる神のことである。

これに憑かれると、急に腹がすいて一歩も動けなくなり、ひどいときにはめまいが起こる。

山中などでよく起こるが、町の辻などで憑かれることもめずらしくない。

これに憑かれたと思ったら、手近にある食べ物を、なんでもよいから口に入れることである。

また、ダリは人間だけではなく、動物にも憑《つ》いて悪影響をおよぼすといわれている。

三重県飯南《いいなん》郡森村（現・松阪《まつさか》市）にはカツエ坂という場所があり、そこを通ると牛までもがダリに憑かれるという。

人間同様、ダリに憑かれた牛は、動くこともままならない状態になってしまうそうだ。しかし、牛が「腹が減って動けない……」などと口を利くわけではないから真相は分からないが……。

現代医学では、この餓鬼憑きとかダリとかいわれている状態を、急激に血糖値《けっとうち》が下がったときの状態だと説明している。

タンコロリン

柿の実を取らずにそのままにしておくと、タンコロリンという入道《にゅうどう》に化《ば》けるという。

昔、宮城県仙台《せんだい》の二十人町に、柿の木が五、六本ある旧家があった。家は年寄りだけなので、柿の木に柿がなってもそのままにしておいた。

そんなある日の夕暮れ。町中を見たこともない入道風な男が、柿を袂《たもと》にいっぱい入れて通った。見ていると、袂から柿の実をポロリポロリと落として歩く。

町の人は気味が悪いものだから、家の陰に隠れてじーっと見ていると、その大入道は柿の木が五、六本ある旧家の門の中に入って行った。町の人があとをつけて門の中に入ってみると、大入道は柿の木の前でスーッと消えてしまった。

町の人は、落ちた柿を拾って食べながら、町の古老のところへ行って聞くと、

「柿の木は実を取らずにおくと、タンコロリンという大入道に化けて、町にさまよい出るものだ」

といったという。

また、赤い顔をした柿男というものになって、夜、雨戸を叩《たた》くともいわれる。

力持《ちからも》ち幽霊《ゆうれい》

昔、能州《のうしゅう》（現・石川県）飯山谷《いいやまや》入《いり》の神子《みこ》ヶ原《はら》という村に、両腋《わき》に鱗《うろこ》を持つ女を妻とする農民がいた。その女は力が強く、男の四、五人分の働きをみせた。

あるとき女は病死してしまうが、なぜか十七日目に幽霊となってふたたびこの世に現れ、夫を取り殺してしまった。

そこで同じ村の作蔵という者が、死人の墓に穴があるとかならず幽霊が現れると聞いていたので、その女の墓を見てみると、案の定穴がある。さっそく人を集めて土石を多く入れて穴を埋めたところ、その夜から女の幽霊が作蔵のところへ現れるようになった。

困った作蔵が、近くの村に名刀があると聞き、魔除《まよ》けとして借りてくると、それからはこなくなった。しかし、その刀を返すと、また幽霊が現れる始末。

そんなあるとき、作蔵が山道で柴を背負って歩いていると、後ろから引っぱる者がいる。例の曲者《くせもの》だなと振り返ると、作蔵はあっという間に捕まって、そのまま十メートルあまり向こうの谷底に投げこまれて、気を失ってしまった。

まもなく作蔵は正気づいたが、その後は幽霊につきまとわれることはなかったという。

鱗を持った女ということは、元々妖怪だったのだろうか。

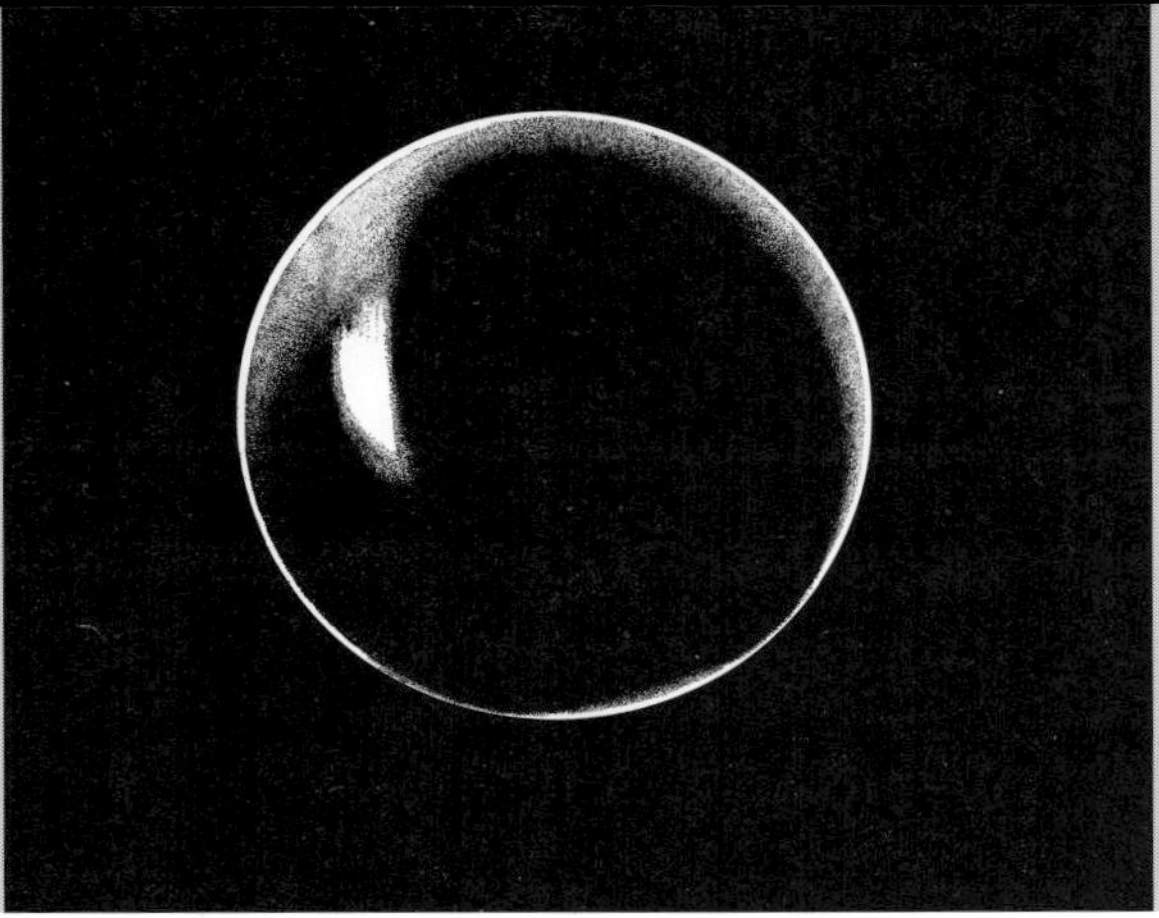

千々古《ちぢこ》

昔、鞠《まり》のようなものが城下町に現れ、宙に上がったかと思うと地に落ち、そうかと思うと今度は西へ東へと移動する。飛ぶときには奇妙な音を発し、何とも捕らえどころのないものだという。

これは江戸時代の怪談本『太平百《たいへいひゃく》物語《ものがたり》』にあるものだが、実はこの千々古、妖怪ではなかったのである。

ある城下の大手御門《おおてごもん》の前に、夜毎《よごと》この妖怪が現れるとうわさがたったので、あたりを通る者はここを避けて通っていた。あるとき、小河多助という若侍《わかざむらい》が、

「千々古とやらの正体を見届けてやる」

と、夜間、大手御門のあたりを見てまわった。

するとうわさどおりに、鞠のようなものが現れて、音を立てながら上下左右に動きまわっている。多助は千々古が飛び上がった瞬間を狙い、バッサリと刀を振るった。

急いで捕らえて正体を見れば、それは何と本物の鞠だった。鞠の中には小さい鈴が入っており、さらにその両端には縄がついていた。

つまり、いたずら者が両方から縄を張って、鞠を妖怪に見せかけていたわけである。まぁ、今でいう愉快犯《ゆかいはん》というやつだろうか。

地《ち》の神《かみ》

天安《てんあん》二年（八五八）に崩御《ほうぎょ》した文徳《もんとく》天皇の御陵《ごりょう》を定め、その任を終えた大納言《だいなごん》安倍安仁《あべのやすひと》らの一行が、帰京途中のことだった。滋岳川人《しげおかのかわひと》という陰陽師《おんみょうじ》が急に血相を変え、大納言に、

「今まで一度の誤りはないが、今度ばかりは失敗をした。我々を地の神が追ってきている。貴殿と私が責任を負わねば」

という。大納言は震え上がってしまった。地の神は土公神ともよばれ、その祟《たた》りは死にいたる場合が多いからだ。ともかく一行を先に行かせ、大納言と陰陽師が残った。

やがて日が暮れた。陰陽師は遁甲《とんこう》の呪文を唱え、二人は田んぼの稲藁《いなわら》に隠れた。しばらくすると大勢の足音が聞こえ、口々に騒ぎ、

「奴らの馬の足音がここらで軽くなった。土を掘り起こしても探し出せ」

という声は、人の声とは思えなかった。一同はいないと騒いでいたが、ボスらしき者が、

「今度の大晦日《おおみそか》にはかならず見つけてやる」

と捨てゼリフを吐いて去っていった。

かくてその約束の大晦日がやってきたが、二人は京の大覚《だいかく》寺《じ》の堂の天井裏に隠れ、陰陽師は呪文を唱え、大納言は三密《さんみつ》を唱えて難を逃《のが》れたと、『今昔物語集《こんじゃくものがたりしゅう》』に記されている。

茶袋《ちゃぶくろ》

高知県幡多《はた》郡のある村では、道の薄気味悪いようなところに茶袋が下がるという。これにあてられると、様々な病気になるといわれ、夜道を行く者に恐れられた。

土佐郡土佐山《とさやま》村高山《たかやま》（現・高知市）にも茶袋が下がる場所があったそうだ。雨の日の晩、オンバ（乳母《うば》）が墓という墓に茶袋が下がるといわれていたが、こちらはとくにあたると病気になるとは伝えられてはいない。

まったく正体が分からない妖怪だが、どうやらこれは、各地によくある「下がりものの怪異」と同じであるようだ。

馬の首が榎《えのき》からぶら下がるという岡山のさがりや、薬缶《やかん》がぶら下がるという長野県のヤカンヅルなどがよく知られているが、茶袋が下がるというのは、ここ高知県と和歌山県の印《い》南《なみ》町あたりだけのようである。

印南町では茶ん袋とよばれて、よく印南川沿いに現れたらしい。ただ、こちらはただぶら下がっているだけではなく、川の中でプカプカ浮かんでいたり、空を飛んできたりするのだという。

ちなみに茶袋とは、お茶を煎《せん》じるときに使う袋状の布のことだ。

チュウコ

備前《びぜん》（現・岡山県）地方では、空中に見える怪火《かいび》のことをチュウコという。宙狐あるいは中狐という字があてられているが、これは他の地方でいう狐火と同じようなものである。

明治時代の妖怪研究家・井上円了《いのうええんりょう》によれば、その火の高く飛ぶものを天狐《てんこ》といい、低くさまようのを中狐というらしい。一種の行き逢《あ》い神のようなものといわれ、この火にあたると身体の具合が悪くなる。

出雲《いずも》（現・島根県）でも昔、これにあたった人がいた。ある人が突然、熱にうなされるようになったので、近くの医者に診てもらった。医者といっても、その人の本業は小作農で、馬の仲買人を副業としていた。ただ、修験者や易者のようなこともしていたので、しばしばその方面の頼みごとも引き受けていたという。その医者は病人の様子をしばらく診てから次のようにいった。

「これは、チュウコの行き逢いだ」

傍《かたわ》らに居合わせた人が、チュウコとは一体何だと尋ねると、医者はすまして、

「チュウコはチュウコだ」

と答えたという。彼ははっきり説明できるほどの知識を持ち合わせていなかったのだろう。

蝶《ちょう》化《け》身《しん》

山形の蔵王山《ざおうさん》には、死んだ人間が蝶と化した話が伝わる。昔、蔵王山の山麓《さんろく》で、歩き疲れた旅人が一軒のあばら家を見つけた。休ませてもらおうと声をかけたが返事はなく、旅人は勝手に戸を開けて中に入った。その途端、旅人はあっと声をあげて立ちすくんだ。あばら家の中は、何千という蝶の大群でいっぱいだったのである。

蝶の群れをよく見ようと、明かり取りの戸を開けた。すると蝶たちは一斉にざわめき、虹のように輝いて飛び去ると、あとには女の黒髪と人骨が残った。旅人は恐ろしさのあまり、旅の疲れも忘れて人里に走った。人を捕まえて今見たことを話すと、次のような返事だった。

「あの家の女は蝶が好きで、いつも蝶を追って暮らしていた。ところが、いつのころからか病気となり、ある日、息を引き取った。誰も見とる者もないままで置き去りにされ、それで身体の中にうじが湧き、それが蝶になったのだろう」

これを聞いた旅人は、それなら、女は死んで蝶になったのだろうと思った。

このように、蝶を死霊の化身と考えるところは今でもある。沖縄では、夜に蝶が飛びまわるのは不吉としていた。それは死者の霊魂がそこにきているからだという。

提灯《ちょうちん》お岩《いわ》

この提灯お岩の絵は、葛飾北斎《かつしかほくさい》が『四谷怪談《よつやかいだん》』の一場面を描いたものである。

お岩の物語は鶴屋南北《つるやなんぼく》の戯曲《ぎきょく》『東海道《とうかいどう》四谷怪談』でよく知られている。

お岩を殺した伊右衛門《いえもん》は、その幽霊に悩まされて、蛇山の庵室へ逃げこむ。しかし、そこにもお岩の亡霊が現れる。燃え盛る提灯にお岩の顔が浮き出たかと思うと、ズルリと提灯からお岩の幽霊が登場するのである。

『東海道四谷怪談』は、四谷で起こった実際の怪事件をモデルにしているという。お岩という女性も実在の人物で、幼いときの病気で片眼となり、性格も強情だったが、家は裕福だったので、それを目当てにある浪人が入婿《いりむこ》となる。しかし、お岩に愛想がつきた男は、うまくだましてお岩を奉公に出し、その間に自分は他の女と結婚してしまう。それを知ったお岩は行方不明となるが、お岩を陥《おとしい》れた者たちは次々と怪死する……というのが大体の筋だ。

また、お岩さんゆかりの田宮《たみや》神社が東京四谷にあり、『四谷怪談』を公演する演劇や映画の関係者は、かならずここをお参りしてからでないと、何か悪いことが起こるなどとはよくいわれていることである。

提灯《ちょうちん》お化《ば》け

昔、ある男が夜中だというのに隣村まで行かなければならず、提灯を持って出かけた。

村境にきたとき、風が吹いて雲が月を覆ってしまい、提灯の火がゆらめいた。男はわけの分からない恐怖を覚え、そのとき、持っていた提灯に突如として羽根が生えたかと思うと、男の手を離れてバタバタとはばたいた。

「ば、化物だーっ」

男は腰を抜かさんばかりに驚いたが、提灯は男のまわりを飛んでいるうちに、さらに目鼻を現し、大きな口を開けて笑いはじめた。

男はもう腰も立たず、両手を合わせて拝むようにぶるぶる震えるばかりだった。

やがて提灯は笑いながらとび去ってしまったが、男はもう用事も忘れてようやく家へ帰ると、それからしばらく寝こんでしまった。

提灯のお化けはよく見かけるが、話はそんなに多くない。提灯に関する妖怪といえば、本所《ほんじょ》七不思議の送り提灯や、狐《こ》狸《り》が灯《とも》すという提灯火など、火の妖怪がほとんどで、道具としての提灯のお化けは、ほとんど話が伝わっていないようである。

提《ちょう》灯《ちん》小《こ》僧《ぞう》

昔、仙台《せんだい》の城下町を、提灯で足元を照らしながら侍《さむらい》が歩いていた。間もなく小雨が降ってきたので急いでいると、後ろから見知らぬ小僧が歩いてきた。

おかしな小僧だなと思って見ていると、みるみる追い越してしまい、そのまま先に行くのかと思うと、今度は立ち止まって侍を待っている。これはおかしいというので追い越すと、また小僧が追い越す。

「まったく変な小僧だな……」

そういいながら、侍は負けるのもしゃくなので、急ぎ足でまたもや近づき、どんな小僧かと顔を見てやった。それは真っ赤な顔だった。侍がハッとして立ち止まると、間もなく小僧はすーっと姿を消してしまった。

あくる日、侍が友人に真っ赤な顔をした小僧の話をすると、友人は、

「それは、ほおずきのように真っ赤な顔をした小僧でしょう。それなら私も小雨の降る夜に出会いましたよ。それは提灯小僧という妖怪ですよ」

というのだった。

提灯小僧というのは、人が意味もなく殺された場所あたりに、小雨の降る夜に現れるという。

提灯火《ちょうちんび》

昔、田んぼの畔道《あぜみち》などで火が燃えていることがよくあった。正体が分からないので提灯火とよばれ、狐《きつね》が化《ば》けるのだろうといわれた。

四国の徳島の近くで、雨の降る夜、数十個の提灯火が忙しそうに右往左往しているのを、ある村長が見た。何か事件でも起こったのかと走って行くと、そこには何もなかったという。

近づくと消えるのが、提灯火の特徴なのだろう。それを「化かされた」というのかもしれない。

やはり四国の村だが、二百〜三百メートルばかり離れて生えている二本の松の木があった。その松の木に提灯火が現れて、二本の松の間をまるで電球を並べたように行列したり、踊ったりしたという。

あんまりしばしばそういうことがあるので、付近の人はこの二本の松を「ぼんぼり松」とよんだという話である。要するに、正体不明の賑やかな火を、提灯火とよぶのだろう。

周囲が焼けないところをみると、陰火《いんか》のように熱くないようである。

蝶《ちょう》の幽霊《ゆうれい》

秋田県仙北《せんぼく》郡に、石堂《いしどう》というところがある。そこは昔、石《いし》合戦《がっせん》をした場所だということである。

松山城主阿部氏の家来に、秋元備中《あきもとびっちゅう》という者がいたが、これが石合戦の最中に足をすべらせて傍《かたわ》らの沼に落ち、そのまま息絶えた。

間もなく秋元備中の死体は蝶に化身し、それは今でも沼の底におり、夜中とか曇った日になると、沼から浮かび出て空を飛ぶという。

目撃した人の話によると、水で羽根がキラキラと輝き、その美しさはこの世のものとは思われないほどだったという。

このあたりでは、蝶を「別蝶《べつちょう》」といい、沼は別蝶沼とよばれる。

蝶はよく死霊の化身と考えられているが、神奈川県では室内に蝶が舞いこむと、魂が帰ってきたという。

蝶にかぎらず、空を飛ぶ昆虫は霊の化身あるいは乗り物と考えられていたようで、そのためにショウリョウ（精霊）バッタ、ショウリョウ（精霊）トンボなどと名付けられたバッタやトンボがいる。

長面妖女《ちょうめんようじょ》

加賀《かが》大聖寺《だいしょうじ》（現・石川県加賀市）の家中に、津原徳斎《つはらとくさい》という人がいた。ある夜、福田川のあたりの耳聞山《みみきやま》の松林を歩いていたところ、あいにく提灯《ちょうちん》の火が消えた。わが家までわずかなので、そのまま歩いて行くと、先方に提灯の灯らしいものが見える。これ幸いと急いで近寄ると、女が素足《すあし》で灯を下げて行くのだった。

どうやらその灯も同じ方向を指すので、心を許して歩いていた。

徳斎の屋敷は小路の折れ曲がったところで、角は隣の屋敷である。この塀越しには大きな榎《えのき》があり、根元を三丈（約九メートル）ほど残して切り倒してあった。そして、なぜか例の女がこの木により添ってこちらを向いているので、不思議に思ってよく見ると、その女が驚くほど大きくなり、三丈もある榎の切り口を撫でながら、徳斎を見下ろしてニヤニヤ笑いはじめた。胸や体は木に隠れて見えないが、顔の長さは一丈あまりもあろう。

徳斎は突然にこの変化にあって、魂《たましい》も消えんばかりに打ち驚き、「あっ」といいざま我が家へ駆けこんだ。

そのあとで家の者をよび起こし、ふたたび出て見たときには、灯も女もすでに見えなかったという。

猪口暮露《ちょくぼろん》

酒を飲むための小杯《しょうはい》を猪口《ちょく》というが、これを笠のようにかぶり、爪楊枝《つまようじ》のような尺八《しゃくはち》を吹く、虚無僧《こむそう》姿をした小人の妖怪が、猪口暮露である。これが箱を押し破って現れ出て、ぞろぞろと歩き出すという。

暮露というのは、禅宗の一派、普化宗《ふけしゅう》の托鉢僧《たくはつそう》のことで、梵論師《ぼろんじ》あるいは虚無僧ともよばれた。

虚無僧といえば、着流しに天蓋《てんがい》という深編笠をかぶり、尺八を吹きながら街をさまよい歩くという集団である。禅僧といわれながら、坐禅のような修行はなく、ただひたすら尺八を吹き奏し行脚《あんぎゃ》する。

江戸時代には、虚無僧に特権が与えられ、諸国の往来《おうらい》自由だった。そこで罪を犯した武士がこぞって虚無僧になり、諸国を行脚して罪を逃れた。また、仇討《あだう》ち目的の浪人の隠《かく》れ蓑《みの》にもなったそうである。

長い尺八は、そのまま武士の刀がわりの武器となり、あるいは護身用になったという。

兼好《けんこう》の『徒然草《つれづれぐさ》』には、暮露が集団で、宿河原《しゅくがわら》で師の仇討ちをした、などという血なまぐさい話もある。

とにかく猪口暮露は小さいが、危険な妖怪なのかもしれない。

塵《ちり》塚《づか》怪《かい》王《おう》

「塵も積もれば山となる」という諺《ことわざ》があるが、塵も積もると、塵塚怪王という妖怪が発生するという。これは別に不潔にしておくからこういう妖怪が発生するのだ、とかいう教訓的なものではなく、ただ単純にそういう塵から生まれる妖怪らしい。

というのも、これは鳥山石燕《とりやませきえん》の『画図百器徒然袋《がずひゃっきつれづれぶくろ》』に描かれたもので、その解説には、「それ森羅万象《しんらばんしょう》およそ形をなせるものに、長たるものなきことなし。麟《りん》は獣の長、鳳《おおとり》は鳥の長たるよしなれば、この塵塚怪王は塵もつもりてなれる山《やま》姥《んば》とうの長なるべしと、夢のうちに思いぬ」と記されている。

要は獣でも鳥でもその長ともいうべきものがいるが、塵が積もってなる山姥などの長が塵塚怪王だといっているのだ。

塵も積もって山となる、という諺は先ほども書いたが、山姥になるなどという話はあまり聞いたことがない。

あるいは、長い年月を生きた山姥にとっては、一年など塵のようなものだ、というような意味があるのだろうか、いずれにしてもよく分からない妖怪である。

ちんちろり

防州岩国《ぼうしゅういわくに》（現・山口県岩国市）の加藤某という男が、西宇《にしう》治《じ》から岩国に帰る途中のことである。

すっかり日も暮れて、道祖峠《どうそとうげ》を越えるころには、もう真っ暗になっていた。ふと気づくと、後ろに誰かいる。そして、

「加藤殿はちんちろり」

という。

加藤は剛気な男だったから、すかさず、

「そういう者こそちんちろり」

といい返した。

二人は同じことをいいながら、とうとう家まで帰り着き、加藤が門の中に入り、これを閉めると、門の屋根に一人の小坊主が立ってにこにこと笑っている。

これがさっきからの声の主だが、小坊主は、

「さても強い者じゃ」

といって消えた。

さて、岩国には、人に負けじとものをいい返すときに、「そういう者こそちんちろり」という言葉があるが、これはこの化け物語から生まれたという。

衝立狸《ついたてだぬき》

徳島県美馬《みま》郡脇《わき》町（現・美馬市）から隣の新町へ行く途中に、高須《たかす》という寂しいところがあって、昔はそこに衝立狸が出たという。

夜更けてからそこを通ると、道の真ん中に大きな衝立が現れて、進むことができなくなる。大抵の人はびっくりして引き返してしまうが、強気な人は腹の下に力を入れてかまわずに突き進む。そうするとわけなく通れてしまうという。

しかし、こんな人はまれで、やはり一般の人々はこれを非常に恐れていた。夜間ここを通る人はほとんどなくなり、付近の人々は相談して、この場所で「光明真言《こうみょうしんごん》（仏教の呪文の一つ）」を四万八千遍《べん》唱え、そのしるしの大きな石碑を建てて狸を封じこんだ。

それからは衝立狸も現れず、何の怪異もなくなったということである。

この石碑は、高さ一丈（約三メートル）ほどの緑泥片岩《りょくでいへんがん》の板石でつくったもので、二十年くらい前までは高須の道端に立っていたが、心無い人がトラックで盗んでしまったそうで、今は跡形もなくなっている。

付喪《つくも》神《がみ》

人間に霊があると同様に動物にも植物にも霊がある。そして、器物も百年を経《へ》ると霊が宿るようになり、これを付喪神という。

百年といわず、長い年月を経ると器物は化ける能力を持つともいわれているから、九十九神と書かれることもある。

室町時代の『百鬼夜行絵《ひゃっきやぎょうえ》巻《まき》』に代表される妖怪の絵巻は、この付喪神を描いたものが多い。そこには武具や楽器の妖怪などと、ありとあらゆる器物の妖怪が描かれている。

昔は物を長く使い続けることが美徳とされたようだが、これは物を粗末にしたり、乱暴に扱ったりすると、その器物たちが精霊を得たときに、仕返しをされるからといった理由もあったようだ。

こんなことがないように、昔は物を大切に使ったものだが、それとは別に、器物が化けるのを予防する行事もあったのである。

煤払《すすはら》いというのがそれだ。多く立春に先だって行うのだが、これは何も、たまった埃《ほこり》を払うだけのことではなかった。つまり、器物の煤を払うと同時に、その器物についたケガレをも払う意味があったのである。

辻神《つじがみ》

これは辻々にいる魔神で、通常はツジーカミといわれ、鹿児島県屋久島《やくしま》と、淡路島《あわじしま》の三原《みはら》郡沼島《ぬしま》（現・南あわじ市）の四つ辻に存在する。

昔から、道路が交差するところには、魔物がすみつきやすいといわれている。それは、辻がこの世とあの世との境界になっているからだという説がある。

丁字路の突きあたりに家を建てた場合など、とくにこの辻神が家の中に入りこむそうだ。

そうした家では、病人が絶えなかったり、不幸が続いたりするといって、これらの地方では、絶対に辻へ家を建てない。

仮に建ててしまった場合には、道の突きあたり正面に、石《いし》敢当《がんとう》というものを建てる。これは沖縄や九州地方でいう一種の魔よけで、長方形の石に石敢当の文字を刻みこむのだという。

ともかくも、辻は危険地帯であるから、家を建てるときは注意しないといけないとされる。

とくに沖縄の住宅街では、丁字路の突きあたりにはかならずといっていいほど石敢当が建てられている。

土蜘蛛《つちぐも》

様々な怪しい術を使う大蜘蛛の妖怪。

その昔、源《みなもとの》頼光《よりみつ》が瘧《おこり》の病にかかって、これがどんなに手をつくしても一向によくならない。祈禱《きとう》をして落とそうとしてもなかなか落ちず、頭痛、発熱のために苦しむ毎日が続いた。

ある日の夜更《よふ》け、平井《ひらい》保昌《やすまさ》をはじめとする看病の四天王が、それぞれ部屋に下がったときである。かすかな灯の影から、背丈が七尺（約二・一メートル）もあろうかと思われるほどの大きな法師が、頼光の枕元にするすると歩みよって、千筋の糸を投げかけた。

このとき、すっと目を覚ました頼光は、おのれ妖怪とばかりに、すぐさま枕元の名刀膝切丸《ひざきりまる》を抜いてこれに斬りかかった。

物音を聞きつけた四天王が走り寄ってきて見ると、灯台の下に血がこぼれている。そこでこの血の跡を追って行くと、大きな古塚に続いていた。

一同がこれを掘り崩してみると、中から巨大な土蜘蛛が現れ、またもや千筋の糸を投げかけたが、みんなが寄ってたかって斬り伏せたために、この魔性《ましょう》の土蜘蛛もついに息絶えてしまったという。

土転《つちころ》び

昔、中部地方の峠によく出たといわれる妖怪である。旅人が峠を歩いていると、何かが追いかけてくるような気配がある。慌てふためいて走り出すと、それは旅人より早く峠を転がり落ちて下で待っている。

旅人がびっくりしてその道を避けて通ったら、山中に迷いこんでしまったといわれる。

これは土転びの仕業だが、藁《わらう》打ち槌《つち》のような形をしたものが転がってくるだけで、何も悪いことはしないから、恐れずにそのまま道を通り過ぎればよい。

一説には峠に昔からすみついている峠の神で、旅人を守るものだとされる。

また、九州のある地方では、この土転びは一面に毛が生えた藁打ち槌の形をしていて、人が通ると転げかかるといっているが、これは野《の》槌《づち》などという道の怪との混同らしい。

野槌はいたって丈の短い槌のような形をした蛇で、道の上を転がってきて通行人を襲うと伝えられる。

中部地方の山地には、この野槌が出るという峠路も多かったというが、これはその名称から生まれた空想と思われる。

槌蛇《つちへび》

槌蛇とは、その名の通りに槌のような形をした蛇のことで、昔から各地に伝わっている。名前も土地によって、ツチヘンビ、ツチンコ、ツトヘビ、ツチノコ、ヨコヅチヘビ、ノヅチ、などと様々にある。昭和四十年代ごろから有名になったツチノコも、この槌蛇とみていいだろう。

古くは野槌《のづち》ともよばれ、『古事記《こじき》』や『日本書紀《にほんしょき》』にもその名前がみえる。

大体は坂道をころころと転がってきて、人を驚かす程度なのだが、ツチノコにいたっては猛毒を持つともいわれているから、一概に無害とはいえない。

『北国奇談巡杖記』という古書には、槌子坂《つちこざか》という坂の話がある。

石川県金沢市小姓《こしょう》町（現・小将《こしょう》町）の槌子坂は、昔は昼でも薄気味悪いところだった。

ある人が、小雨降る夜中に槌子坂を通ると、ころころと転がるものがある。よく見ると、搗臼《つきうす》ほどの横槌のようなものが動いている。そして、呵々《かか》と笑って、パッと光ると消えてしまった。この妖怪を見た者は昔から何人もいて、二、三日は毒気にあたって病んでしまうということである。

槌転びもこの槌蛇の仲間だろう。

恙虫《つつがむし》

江戸時代の『桃山人夜話』に記された、虫の妖怪である。

昔、斉明《さいめい》天皇（六五五〜六六一）のころ、石見《いわみ》国（現・島根県）の山奥に恙という虫が発生して、夜になると人家に忍び入り、人の生血を吸った。

中には死ぬ人も出たので、ある学者にその虫を封じさせた。それでこれから後、無事なことを「恙なし」というようになったという。

この恙虫と関連があるかどうかは分からないが、現在いわれている恙虫は、主に日本海側の新潟県や山形県、秋田県でいうダニの一種である。

雄物川《おものがわ》、最上川《もがみがわ》、信濃川《しなのがわ》、阿賀野川《あがのがわ》などの大きな河の河畔《かはん》に、夏だけ発生したというもので、これにかまれるとチフスに似た症状を起こすといわれている。

これを恙虫病というが、これはアカツツガムシというダニの幼虫が持っているリケッチア（微生物）の感染によるものである。

そのために、これらの地方では、この悪虫を追い出す意味で、虫送りの行事が盛んに行われていたようである。

常元虫《つねもとむし》

近江《おうみ》の別保《べつぼ》（現・滋賀県大津市）に西念寺《さいねんじ》とよぶ寺があり、その西北に空き地があったが、ここに家を建てると災《わざわ》いが生じるといわれ、俗にここを常元屋敷《つねもとやしき》とよんでいた。昔、ここに南蛇井源太左衛門《みなみへびいげんたざえもん》という強盗がいて、害のおよばぬところを知らぬ有様だった。しかし老年になった南蛇井源太左衛門は、人のすすめによって僧になり、名を常元と改めて、やっと真人間らしく暮らしはじめていた。

ところが慶長《けいちょう》の年（一五九六〜一六一五）、諸国の姦賊《かんぞく》がことごとく捕らえられ、常元も大罪人ということで、斬罪《ざんさい》に処せられた。

常元の死骸《しがい》は、塚の上の柿の木の下に埋葬されたが、しばらくすると、塚の上に怪しげな虫がおびただしく生じた。この虫は人を縛ったような形で、後にはことごとく蝶《ちょう》に化して飛び去った。しかも、この虫は毎年かならず発生するので、世人は常元の亡き魂であると思い、これを常元虫とよぶようになったという。

他にも、魂が虫に化した話はたくさんある。虫や木にも魂があると思うのはごく自然なことである。

角盥漱《つのはんぞう》

角盥《つのだらい》とは漆塗《うるしぬ》りの小さな盥（洗面道具）のことで、左右に角のような柄がつき出ているのが特徴で、手洗いやお歯黒つけなどに利用した。また、口をすすいだり、うがいしたりするのに使用した角盥は角盥漱とよばれていた。

平安初期の時代、女流歌人の小野《おのの》小《こ》町《まち》は六歌《ろっか》仙《せん》、三十六歌仙の一人と世にうたわれ、人々の人気を集めていた。

小町には、同じく六歌仙の一人である大友黒主《おおとものくろぬし》というライバルがいたが、ある日、黒主は歌会の相手である小町の歌をこっそり立ち聞きしてしまい、それを『万葉集《まんようしゅう》』の中に自分のつくった歌だとして書きこんだ。小町はそれが自分の歌であることを証明するため、その草紙《そうし》をとって角盥漱に入れて洗うと、不思議にも書きこまれた歌が消え失せたので、黒主は罪に問われたという。

鳥山石燕《とりやませきえん》の『画図《がず》百器《ひゃっき》徒然《つれづれ》袋《ぶくろ》』には、この時代の洗面道具が化けたという角盥漱を載せ、小野小町のような十二単の女装束に、顔は角盥そのままで、二本の柄をまるで鬼の角のごとく姿に表している。

石燕は、歌仙の小町がうがいに使用していた角盥だからこそ、小町の執心《しゅうしん》が乗り移ったのだと、ほのめかしている。

つらら女《おんな》

秋田での話。ある吹雪《ふぶき》の晩、長助という夫婦者の家の戸を叩く者がいた。戸を開けると、色白の若い女が立っている。

「姉の嫁《とつ》ぎ先でつい時間を過ごしすぎ、途中で吹雪になってしまいました。一晩泊めてほしいのですが」

長助夫婦は快く泊めてやることにした。雪は翌日も降りやまず、出立をのばしているうちに、娘は夫婦と親しくなった。

あるとき、長助は風呂を沸かし、娘に入るようにすすめたが、娘はなかなか入ろうとしない。しかし、何度もすすめると、娘は悲しそうな顔をして風呂場に入った。

娘の肌は、雪のように白かった。娘がなかなか出てこないので、心配した長助は女房にいった。

「風呂場でのぼせているのではないか」

「若いからめかしこんでいるんだよ」

そうはいったものの、湯音ひとつしないので女房も不安になり、風呂場をのぞいて声をかけてみた。

しかし、返事はなかった。戸を開けて入ってみると、湯船に娘の姿はなく、かわりに娘が髪に挿していた櫛《くし》が浮いているだけだった。しかも、風呂場の中は、寒さのために水蒸気《すいじょうき》が「つらら」と化してぶら下がっていた。長助は叫んだ。

「あの娘はつらら女だったのか！」

釣瓶《つるべ》落《お》とし

釣瓶おろしともいう。大木の梢《こずえ》などから、だしぬけに下がってくるというので恐れられていた。近畿、四国、九州に出るという話があるが、とりわけ京都に多いようである。曾我部《そがべ》村字法貴《あざほうき》（現・亀岡《かめおか》市）というところに榧《かや》の木があって、昔からこの木には釣瓶落としが出るといわれている。この妖怪が下りてくるときには、

「夜なべすんだか、釣瓶おろそか、ギイギイ」

などといったそうで、夜はこの木の下を通る者がなかったという。

京都に伝わる話の大方は、通行人を引っぱり上げて食ったといわれている。

人を食ったあと、二、三日は下りてこないそうだが、これは満腹になったからで、やがてまた下りてきて人を取っ捕まえて食うとは、古老の語るところである。

昔の夜は暗いから、提灯《ちょうちん》の灯をたよりにびくびくしながら歩くのが普通である。そんなとき、上から何でもないものが落ちてきても、「それ、出た!」と、びっくり仰天するものである。そういう雰囲気が、この釣瓶落とし出現の条件かとも思われる。

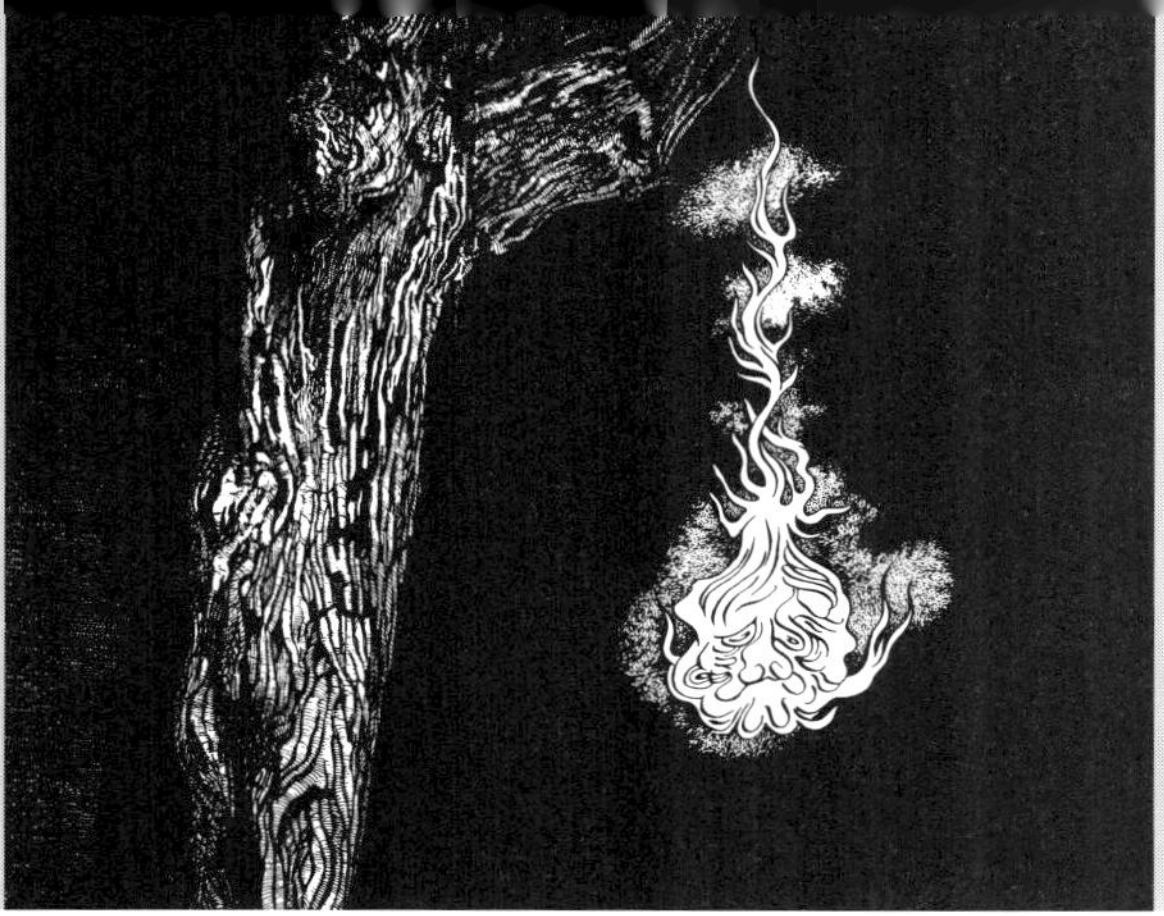

釣《つる》瓶《べ》火《び》

夜、ひっそりとした山道を歩いていると、いきなり木の枝にふらーりとぶら下がったものがある。

青白い火だ。それがゆらゆらとゆれながら燃えている。本当の火なら、それが枯れ枝に燃え移るところだが、その気配もない。ただ、ゆらゆらと燐光《りんこう》を発しているだけである。こんな不気味な火が、昔はあちこちに見られたという。

江戸時代の『古《こ》今《こん》百《ひゃく》物語《ものがたり》評判《ひょうばん》』という怪談本には、京都西院の大木に出現した釣瓶火の話がある。それによると、釣瓶火は雨の降る夜に多く現れるという。なぜならこの火は陰《いん》火《か》だからで、陽火《ようか》は物を燃やし、水をかけると消えてしまうが、陰火はその逆で物を燃やすことはできず、水をかけるとますます燃えるというのである。

場所によっては真っ赤な火が木より落ちてきたとかいう話もあるから、釣瓶火にも色々とあるようだ。

島根県鹿足《かのあし》郡津和野《つわの》町笹山《ささやま》の足谷《あしだに》には、大元神を祀《まつ》る神木と祠《ほこら》がある。その周辺の木を切ると、突然松明《たいまつ》のような火の玉が落ちてきて、大怪我をすることがあるという。これも釣瓶火の一種だろう。

手洗鬼《てあらいおに》

香川県の高松から丸亀へ続く湾があるが、昔、その間の山々三里（約十二キロメートル）をまたぎ、大海で手を洗うものがいた。これを讃岐《さぬき》の手洗鬼という。『桃山人夜話《とうさんじんやわ》』によれば、手洗鬼は大太郎坊《だいたらぼう》すなわちダイダラボッチの子分だそうで、三里の山をまたぎ大海で手を洗うというのは、どんな汚いことをして手を洗うのか分からないが、とも記している。

手洗鬼という名は『桃山人夜話』以外に見られないが、讃岐地方にはオジョモ（大人）という巨人の伝説がある。飯野山と青野山に足をかけて、瀬戸内海の水を飲んだといわれ、飯野山の頂上付近には、今でもそのときの足跡が残っているという。

どうやら手洗鬼というのは、このオジョモのことをいっているらしい。ちなみに飯野山は、その美しい姿から讃岐富士ともよばれている。

一方、ダイダラボッチの方は本州を中心として各地にその話が伝わっており、山や湖沼《こしょう》をつくったとてつもなく大きい巨人とされている。

手《て》負《お》い蛇《へび》

古来より蛇は、怪しいものとされてきた。おそらくはその特殊な姿からそのように思われたのだろう。

また、蛇は執念深《しゅうねんぶか》いものとされる。そのため動物霊の中でもとくに恐れられた。

一番悪いのは、中途半端な手負いの蛇に祟《たた》られた場合だという。俗に蛇の生殺《なまごろ》しとか、蛇の半殺しとかいうものである。こういう蛇霊につけ狙われたときは、鉄気のあるものとか、菖蒲《しょうぶ》でこれを防ぐといわれている。鉄気のものとしては、鉄の針やお歯黒《はぐろ》、菖蒲は五月の節句《せっく》の供《そな》え物を用いるのである。

ある農民が田で蛇を見つけた。馬の沓《くつ》（蹄《てい》鉄《てつ》）を投げると怒ると聞いていたので、いたずら心に投げてみた。すると蛇は怒って追ってくる。鍬《くわ》で打ったら、首が飛んでどこかに行ってしまった。やがて翌年の春。そんなことをすっかり忘れていた農民は、用事があって蛇を殺したあたりに行くと、どこからか小石ほどの何かが飛んできた。喉《のど》にあたったので、蓑《みの》を脱いでみたところ、何と蛇の頭が食いついていたのである。昨年殺した蛇が、恨みを晴らしにきたのだ。農民は蓑をつけていたので、危ういところで助かったということである。

手《て》形《がた》傘《がさ》

　昔、ある寺で葬式があり、和尚《おしょう》が引導《いんどう》を渡していると、急に雷雨となって、衆僧も施主《せしゅ》も大いに恐れおののいた。黒雲が堂に舞い下り、雷光《らいこう》は目を突きさすばかりである。

　和尚が寺の塔に登って読経《どきょう》していると、いきなり雲中より大きな手が出て、和尚をつかもうとする。しかし、和尚の力の方が強く、雲の中から怪物を引きずりおろしてしまった。怪物は和尚の腕力にくじかれ動くことができない。

　そのうち風雨も静まった。怪物は雲が消えてしまっては登ることもできず、ついに困って和尚に命乞《いのちご》いをした。

「今後、葬式のときに雷や嵐を起こさないというのなら、許してやってもよい」

　和尚がそういうと、怪物は承知したと答えた。

「それではその旨《むね》を証文に書け」

　というと怪物は、字が書けないらしい。

「それならばこの傘に手形を押しなさい」

　と命じたので、怪物はやむなく傘に手形を押した。それ以来、この寺では葬式のときにこの傘をさすようになり、国中がこの和尚の剛力を賞し、朝比奈《あさひな》和尚とよんで尊敬したという。

　この怪物は、葬式のときに現れる火車《かしゃ》の仲間だろう。

鉄鼠《てっそ》

平安時代のことである。白河《しらかわ》天皇の后《きさき》には子がなかったが、天皇は何とかして跡継ぎを得たいと、三井寺《みいでら》の頼豪阿闍梨《らいごうあじゃり》をよんで、后が懐妊するよう祈禱《きとう》を命じた。成功したあかつきには、褒美《ほうび》は請《こ》うままに遣わすだろうとのことだった。頼豪が百日間ひたすら祈ると、后はめでたく懐妊、やがて皇子を出産した。

喜んだ天皇は頼豪をよびよせ、望みを聞いた。すると頼豪は、自分の三井寺に戒壇《かいだん》（僧侶に戒を授ける儀式を行うところ）を建立《こんりゅう》したいと申し出た。頼豪は、一身の出世や金銭よりも仏法《ぶっぽう》の隆盛を望んだのである。

ところが、当時勢いのあった延暦寺《えんりゃくじ》が横やりを入れ、天皇もこの望みをかなえたら、山門《さんもん》（比叡山《ひえいざん》）と寺門《じもん》（三井寺）に争いが起きるとして、頼豪の望みを退けてしまった。

頼豪は比叡山や天皇を恨み、「あの皇子を魔道への道連れにしてやる」と口走りながら、断食の行をして死んだ。

ほどなくして、皇子は頼豪の言葉通りに死んでしまうが、頼豪の恨みはそれでもおさまらず、やがて鉄の牙を持つ大鼠と変じて比叡山に現れ、無数の鼠をしたがえて経典《きょうてん》などを食い破ったという。

てっち

テッジ、テンジ、テンジメなどともいわれるこの妖怪は、八丈島《はちじようじま》にすんでいて、人を蒸発《じようはつ》させたり、一晩中山道に迷わせたりする。

しかし、悪いことばかりするわけではなく、これと親しくなり、馬草を刈って戸口まで持ってきてもらったという話もある。

また、子供が行方不明になり、二十日ぐらいたって山の中で生きているのを発見されたことがあるが、これはてっちが養ってくれたものだといわれる。

体中に瘡《かさ》ができており、乳房は長く垂れ、それを両肩にかけているというから、好んで近づいてみるほどのシロモノではないが、別にそんなに悪いものでもなさそうである。

おそらくは山姥《やまんば》のようなものだと思われるが、八丈島でいう山姥は、一本足で竹の杖《つえ》を使って山を歩きまわっているものだともいう。

また、八丈島では、山の神が人に憑《つ》くことを「てっちササリ」というそうだから、山の神の性質をも持っているのかもしれない。

てっちの別名のテンジは、天子《てんじ》という子供の妖怪と同じ名前だが、何かしらの関係はあるのだろう。

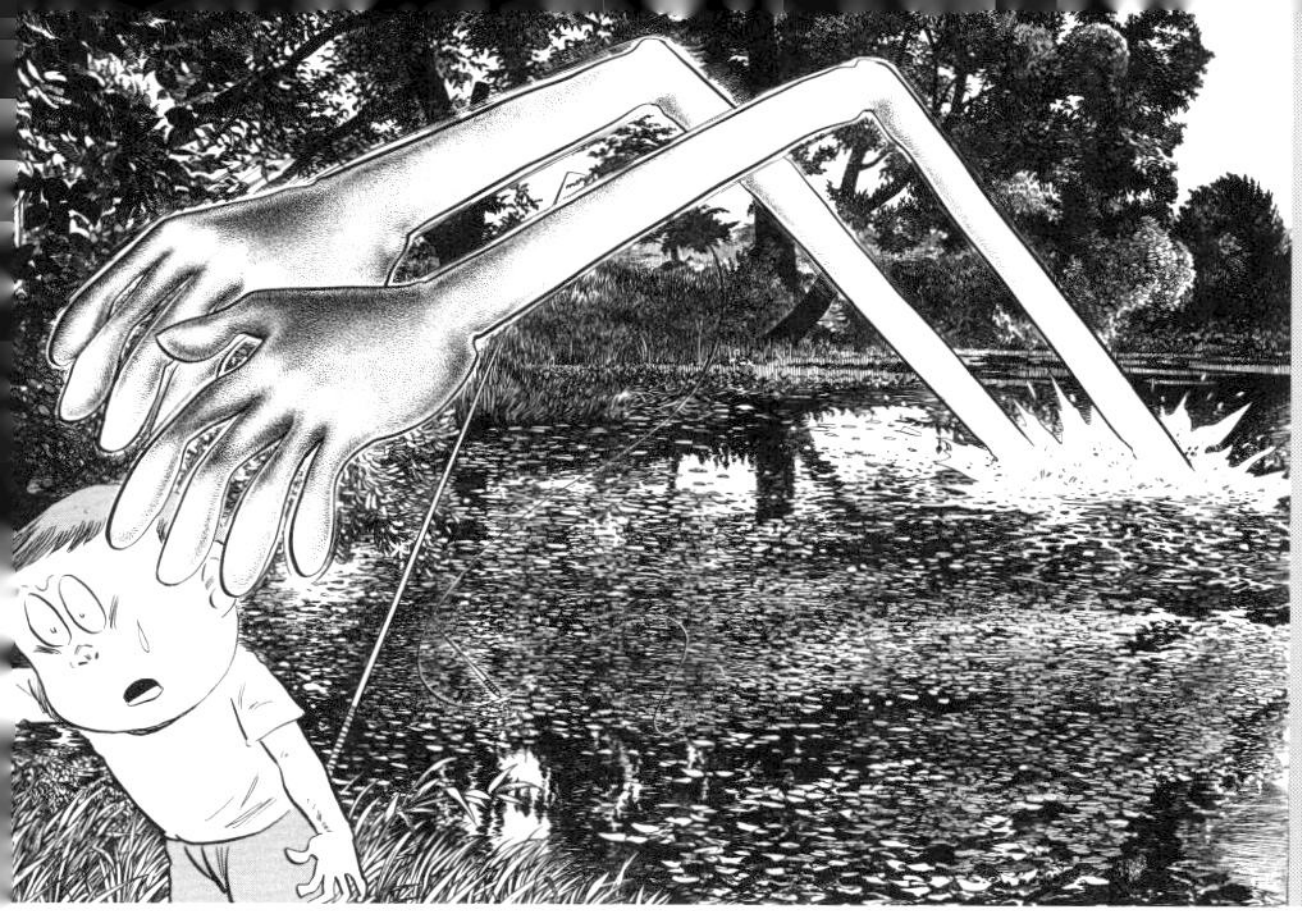

手《て》長《なが》婆《ばばあ》

千葉県北部や茨城県に伝わる妖怪。水の底にすんでいて、白髪《しらが》の恐ろしい婆さんのように考えられているが、長い手だけしか現さない。水辺で遊んでいる子供がいると、水中から出てきて、「水の中に引きこんでしまうぞ」といって脅かしたり、また、井戸端や池など危険なところで遊んでいる子供を戒《いまし》めたりする、まことに保護者的な妖怪であるという。

同じ手長婆でも、青森県三戸《さんのへ》郡田子《たっこ》町に伝わるものは、まったく違った妖怪になる。

田子町の北に、貝守ヶ《かいもりが》岳《たけ》という山がある。大昔、その山頂には手長婆がすんでいたという。日がな一日、遠く八戸《はちのへ》の海を眺めていたそうで、腹が減ったら手を伸ばして海中の貝を採《と》って食べていた。

今でも、山頂の岩場付近には、手長婆の捨てた貝殻がたくさんくっついているという。

こちらの手長婆はとてつもなく大きな巨人とされているが、これは東北地方に多い足長手長の仲間であると思われる。東北の足長手長は、足長と手長というコンビにわかれる場合もあるが、ダイダラボッチのような単体の巨人とされることが多い。その大きさは、山に腰をかけてそこから腕をのばすと海に達するほどだという。

手《て》の目《め》

あるとき、一人の盲人《もうじん》が人影のない薄原《すすきはら》を通り過ぎようとしていた。そこへ悪党どもが現れて、この盲人を斬りつけたうえに、身につけていたわずかな金品を奪って逃げた。

何の罪もない盲人は、哀れにも息絶えてしまった。

しかし、「盲人をだますと七代祟《たた》る」の言葉がある通り、この盲人も成仏することができずに、自分を殺した悪党どもに復讐《ふくしゅう》しようと、毎晩さまよい出た。

ところが、くやしいことには目が見えない。そこで手探りしているうちに、その執念で手に目ができた。

それからは満月の夜になると、両手のひらにつけた目を開いて、月光の中で復讐すべき悪党どもを探すようになった。

殺されて死んだ者は、なかなか安住の地を得ることができない。

怨霊《おんりょう》はときとして火となってさまよい出ることもあるが、この手の目も、そうした怨念が生み出した妖怪である。

いずれにしても、怨念というやつは恐ろしいもので、誰もあまり語らないが、人間のすむところ怨念が渦巻いているのは昔も今も変わりはない。

手《て》の目《め》かじり

昔、京都七条河原《しちじょうがわら》のあたりに、化け物が出ると評判の墓地があり、あるとき、若者たちがそこで肝試《きもだめ》しをすることになった。さっそくある若者が墓地にくると、証拠の杭《くい》を打ち、そこに印の紙を貼った。やがて帰ろうとしたそのとき、突然、身の丈二メートルもの怪しいものが現れた。見れば煤《すす》けた顔の老人だが、突き出した手のひらに、一つの目がついているではないか。

「ば、化け物だーっ！」

そう叫ぶ若者を見るや、化け物はものすごい勢いで走ってくる。若者は死にもの狂いで近くの寺に逃げこみ、長持《ながもち》の中に隠れた。僧は何事かといぶかしんだが、ただごとならぬ気配に、自らも物陰に隠れた。

やがて化け物がやってきた。あたりを見まわす化け物を見れば、顔は老人だが、一本だけ突き出た出っ歯が異様である。僧はぶるぶる震えて見ていた。そのうち長持のあたりから、ボリボリと犬が骨をかじるような音と、うめき声が聞こえたかと思うと、化け物はそそくさと去って行った。僧が長持を開けてみれば、そこには骨を抜かれて皮ばかりになった若者の死体があるだけだったのである。

これは手の目かじりというべきものだろう。

寺《てら》つつき

鳥山石燕《とりやませきえん》の『今昔画図続百鬼《こんじゃくがずぞくひゃっき》』には、物部大連守屋《もののべのおおむらじもりや》は仏法を好まず、厩戸皇子《うまやどのおうじ》（聖徳太子《しょうとくたいし》）のために滅ぼされ、その霊が一つの鳥となり、堂塔伽藍《どうとうがらん》を壊そうとした、それを名づけて寺つつきとよんだ、とある。

物部氏は神武東征《じんむとうせい》以来の名族だった。その最後の長が守屋である。この時代、つまり飛鳥《あすか》時代は仏教が伝来した時期にあたり、仏教を国の宗教として推していたのが蘇我《そが》氏だった。物部氏は今までの神道を守ろうとし、蘇我氏との間で対立があったわけである。

そして、用明《ようめい》天皇が病死すると、皇位継承問題で、ついに守屋と蘇我馬子《うまこ》は軍を起こして争うことになる。このとき、厩戸皇子は馬子側におり、守屋はあっけなく敗死したのだった。以後、物部氏は急速に衰え、さらに馬子は、みせしめに守屋の土地の一部を没収し、造営されはじめた四天王寺《してんのうじ》（荒《あら》陵寺《はかでら》）の用地としたのである。

守屋の根魂《こんかい》は、死してなお仏法に障《さわ》りをなそうとし、寺つつきという鳥に化した。そして四天王寺に群がりきて、寺の軒《のき》を啄《つつ》いて破損させた。そこでそれ以上の災厄を恐れた人々は、境内に守屋らを祀る守屋堂を建立して祟《たた》りを鎮《しず》め、無事今日にいたっているのだという。

貂《てん》

体は鼬《いたち》より大きく、毛は黒黄色で光沢がある。頭は丸く長く、喉《のど》は小さくとがり、目は丸く耳は小さく立っている。脚は短く尾は太くて長い。山中や堂舎などにすんでいるといわれている。とにかく、鼬と非常によく似ている。

貂の出現はどこでも歓迎されず、そればかりか縁起の悪いものとされているようである。

朝のうちに、山でこれが前を横切ると猟がないなどと東北地方ではいわれている。

また、三重県の伊賀では、「狐《きつね》七化け　狸《たぬき》の八化け、貂の九化けやれ恐ろしや」などといういい伝えがあり、貂は人をだますのに九種類も化けるという。

つまりここでは貂の方が狐狸《こり》よりも、一枚上手であると思われているのである。

貂は知恵があるから、重なり合って高いところへ上がったり、猫や犬にない不思議な動作をしたりすることから、狐や狸よりも上手に化ける動物と思われたのだろう。

また『和漢三才図会』には、目にごみが入って取れないとき、貂の毛皮で拭うと取れると記されている。これなども貂が不思議な動物だと思われていたことを物語っている。

天火《てんか》

肥前《ひぜん》（現・佐賀県、長崎県）では、空から火の玉が降りてくることがあったそうで、これを天火といっている。天火が地に落ちると、地上を転々としてどこに止まるか分からない。念仏を唱えながら追いまわすか、雪駄《せつた》であおいで追い払うかすれば、天火は回転して逃げる。

このようにして都合よく郊外にまで追い出せば、草の中などに入って人家には何の災害も起こらないが、もし追わずにそのままほったらかしておけば、たちまち人家に転び入って、その家に火をつけ焼きつくすという。

江戸時代の『筆のすさび』という古書には、天火で家を焼かれてしまった肥後の人の話がある。そこには代官所に提出したという請願書の一文があるのだ。

「今回の火災は、某の屋根に降りた天火を雪駄によって払ったものが、私の家にきて家を焼いたものです。つまり火災の原因は某ですから、新築の費用はその某に払わせるように、お取り計らいを願います」

これが本当の請願書であれば、天火の出現はそう珍しいことではなかったことになる。

天狗《てんぐ》

昔、中国あたりで流れ星のことを、アマツキツネと称したというのが、天狗らしきものの現れた最初だが、天狗研究家の話によると、天狗は日本独特なもので外国にはいないといわれる。

東北から九州までという広い範囲で分布しており、修験道《しゅげんどう》の霊峰《れいほう》とよばれる山であれば、かならずといっていいほど天狗が祀《まつ》られている。有名なところでは、鞍馬《くらま》の大僧正《だいそうじょう》や京都愛宕《あたご》山《やま》の太郎坊、秋葉三尺坊などがあるが、江戸中期の作といわれる『天狗経』によれば、日本中には四十八種、十二万五千五百もの天狗がいるそうである。

天狗といえば、赤い顔で鼻が高いというのが一般的のようだが、昔は鳶《とび》のような鳥の姿をしていた。様々な幻術や人に憑《つ》く能力を持ち、主に仏法の敵とされている。

やがてそれが修験道の信仰に取り入れられると、天狗は山との結びつきが強くなる。そのため、山の怪異は多く天狗の仕業《しわざ》とされるようになり、その姿も山伏《やまぶし》のような格好をしていると考えられるようになったようだ。

現在でも、天狗を山の神として信仰する地方があり、様々な祭礼が行われている。

天狗《てんぐ》倒《たお》し

山中に泊まりがけで仕事をしている者たち、すなわち樵《きこり》や炭焼きたちがよく体験したという怪異。

夜中、大きな木の倒れる音がするが、翌朝行ってみても、そこには一本も倒れた木がなく、「やられた」と思うわけである。

要するに音の怪で、これは天狗の仕業とされている。主に天狗倒しとよばれるが、土地によってまちまちで、宮城県刈《かっ》田《た》郡宮村《みやむら》遠刈田《とおがった》（現・蔵王《ざおう》町）ではカラキガエシといって、夕方の薄曇りの日などに聞こえるという。

福島県田村《たむら》郡や會津《あいづ》郡（現・南会津郡および会津若松市）ではソラキガエシといい、斧《おの》を入れる音、木の倒れる音はするが、木が地面につくドドーンッという音は聞こえないそうだ。

この他にも、福島県西白河郡ではキリキボウ、岩手県遠野《とおの》地方では、天狗ナメシなどといっている。

私は南方のジャングルで同じものを体験した。夜中にバリバリと木が倒れる音がして、ドスンと地響きまでする。けだし大木が倒れただろうと朝行ってみると何もない。実に不思議なものだった。

天狗《てんぐ》憑《つ》き

鳥取県での話である。太田某という娘は、年ごろになっても嫁《とつ》がずに、屋敷内で日々過ごしていた。ある日、夜も更けたころになって、娘は突然に起きあがり、

「我は天狗なり。近来、武道の衰えを嘆き、娘の身を借りて神術を伝えるものである」

などと、まくしたてた。すると翌朝、屋敷にある男が訪ねてきた。

「私は昨夜、夢で天狗に会い、『汝《なんじ》に秘術を授《さず》けん。明日、太田某家に薙刀《なぎなた》と木刀を携《たずさ》えてくるべし』といわれました」

という男は、まさに武術のいでたちである。家人が呆気《あっけ》にとられていると、声を聞きつけた娘が部屋から出てきて、

「我こそ汝に術を授けんとする天狗なり」

と、男を一室に導いて目を閉じ、男の携えた一間半の大薙刀をとって振りまわした。それは熟達した剣客《けんかく》のように見事だった。娘は一度として剣を持ったことがないのにだ。

家人は憂《うれ》えて、男が帰ったあと、天狗をこんこんと諭《さと》して、娘の体から離れてくれるように哀願した。天狗は「還り去らん」と答えていたが、娘が平常に戻ったのはそれから数ヵ月後のことで、当時のことを尋《たず》ねてみても、何も覚えていないということだった。

天狗礫《てんぐつぶて》

深い幽谷《ゆうこく》の中で、一陣の魔風《まふう》が起こり、山が鳴り谷にこだまして大石を飛ばすことがある。これを天狗礫という。

昔、豊後《ぶんご》国杵築《きつき》（現・大分県杵築市）で、雉《きじ》を狙ってある若者が夜の山に入った。ある山道にさしかかると、左右から石が落ちてきた。

仲間うちに天狗礫を知っている者がおり、

「おい、みなだまって座れ」

といったので、みな恐ろしい思いで座っていると、大きな石が頭の上を飛びかい、今にも自分にあたるのではないかと思われるほど、その石の響きはすさまじかった。間もなくやんだので、みんなホッとして立ち上がり、歩きだした。

「あれが天狗礫というものだよ」

とその男はいった。

その石にあたればかならず病気になり、また、この天狗礫に会うと、決まって獲物が捕れないという。しかし、せっかくこんな山中にきたのにこのまま帰るのはもったいないと、朝まで獲物を求めて山中をさまよったが、やはりあくる朝まででかかっても一物も得られず帰ったという。

石が飛んでくるのは、天狗が一定の道を通り、その道筋にあたるからだともいう。

天狗火《てんぐび》

昔、遠州《えんしゅう》（現・静岡県）など東海地方の海辺に、天狗火とよばれる怪火が出現した。

土地の者はこれに会うことを非常に恐れ、万が一出会ってしまったときは、即座に地面にひれ伏して、あえて見ないようにするという。この火に会ったものは、かならず病気になってしまうからである。

遠くに見えるときでも、人がこれをよぶとたちまち眼前まで飛んでくるそうで、こんな話もある。

ある夏のこと、箱根の宿に泊まった男が、仲間と夕涼みをしながら酒を飲んでいると、向こうの山に一つの火が上がった。丸く宙に浮いているのを仲間の一人が見つけて、「あれは何だ」ということになった。この火は二つに分かれて飛びまわり、そうかと思うと今度は集まり、またいくつにも分かれたりしながら、そのうちだんだんこちらの方にやってくるようだった。人々は大騒ぎになった。

すると、この声を聞きつけた宿の男が出てきて、みんなに早く中に入るように指図《さしず》し、「あれは有害である」と、ことの外恐れ、バタバタと戸まで閉めてしまったという。

天子《てんじ》

八丈島《はちじょうじま》の洞穴にいるという子供の妖怪。一人でいるのは寂しいらしく、子供をさらって六日間も子供と穴で遊んでいたことがある。子供は七日目に島の人に発見されたが、そのときの天子は十四、五歳くらいで、縄の帯をしめていたという。

昔、山番の小屋に、夜になると天子が現れて、番人の耳を引っぱったり、足をつねったりしていたずらをした。番人が目を覚まし、大声でどなると、天子は、

「ヒャッ、ヒャッ！」

と、高笑いをして逃げ去るのだった。

ある年、島を大旱魃《だいかんばつ》が襲った。山番もただ山小屋で餓死《がし》するのを待つばかりだった。ところが、夜中にドサリと何か投げ入れる物音がした。見るとそこには山芋や山ぶどうの実などがたくさん散らばっていた。山番は、

「天子どの、おかげさまで助かります」

といって、外に手を合わせると、天子は、

「ヒャッ、ヒャッ……」

と高笑いをしながら、森の中をバリバリと音を立てて、深山の方へ帰って行くのが分かった。山番は天子のくれた食物のおかげで、命が助かったというわけである。

天子は山童《やまわろ》の仲間だろうか。

天井下《てんじょうさ》がり

これは鳥山石燕《とりやませきえん》の『今昔画図続百鬼《こんじゃくがずぞくひゃっき》』に描かれている妖怪である。

いきなり天井から落ちてくる妖怪で、『今昔画図続百鬼』に「美人あらず」とことわり書きのあるところをみると、これはどうやら女の妖怪のようである。

確かに、その姿は醜《みにく》い。体毛は濃く、長い髪を振り乱した裸である。その表情は、何かいやしくニヤニヤ笑っているかのようである。

姿を見せるだけで、とくに何をするということもないようだが、これが現れたという話はほとんどないから、はっきりしたことは分からない。

天井というのは昔から、死体の散乱する場所であるとか、女が監禁されたところであるとかいわれ、家の中の異界であり、天井下がりはその異界から現れる魔物なのだろう。

昔の天井には、しみや虫の巣みたいなものがあり、かなり妖怪に近い感じがした。現在の家の天井は、古い家が少ないせいか、妖怪化はしていないようだ。

天井下がりもそういう妖怪化した天井を住処とするのだろう。

天井《てんじょう》嘗《な》め

天井嘗めという妖怪がいる。普段はなかなか掃除のできない天井を、綺麗にペロペロと嘗めてくれたらどんなに助かるものかと思うが、実はそうではない。天井嘗めは、天井を嘗めるのはいいが、嘗めて逆に汚い「しみ」をつけてしまうのである。

人のいない間に、屋敷や堂に出現し、長い舌で嘗める。そして汚す。長いのは舌だけではなく背丈もそうで、おまけに痩せている。

天井に「しみ」を見つけたら、それは天井嘗めの仕業《しわざ》と昔の人は考えたようである。

私が子供のとき、近所に妖怪に詳しい婆さんがいて、時々私の家に泊まったことがあったが、その婆さんは私の家の天井の「しみ」を見て、

「見ろ、あれはお化けが夜出て『しみ』をつけるんだ」

といったことがある。見ると、いかにも妖怪ならではの不可解な「しみ」が天井についていた。

昔は電灯も暗かったし、そのまた昔はランプだから、暗い天井に何かいる気配がしたのだろう。

天吊《てんづ》るし

山梨県北巨摩郡《きたこま》（現・北杜市）の、進藤某という家にこの天吊るしが現れた。

この家では、夜中に天井から稚児《ちご》のようなものが、たびたび降りてきたという。

これは、天井嘗《てんじょうな》めという妖怪と同種のものだろう。

しかし、天井嘗めは天井を嘗めて汚いしみをつけるというのだが、この天吊るしにはそのような伝えはなく、とくに何もしない。

何もしないといっても、蜘蛛《くも》一匹降りてきても不気味なのに、こんなものが天井から姿を現したとなると、進藤家ではさぞかしびっくりしたことだろう。

妖怪の中にはこんな具合に、何もしないけれども、ある家や場所に現れて、人間を驚かすものがいる。

別に何か悪さをするというわけではない。いわゆる人畜無害なのだが、姿を見ればハッとする。

人間をハッとさせることが妖怪に生命を与え、そのときにはじめて妖怪も存在権を得るのである。要するに「知ってほしい」のかもしれない。

天女《てんにょ》の宿《やど》

江州《ごうしゅう》（現・滋賀県）神崎《かんざき》郡に、長谷太丸という人がいて、貧しくとも妻と七人の子とともに心賢く朝夕仏に帰依《きえ》していた。ある晩、太丸は戸を叩く音で目を覚ました。雨戸を開けると、そこには童子に囲まれた天女が立っていた。天女は微笑を浮かべ、

「一夜の宿を与えてはくれまいか」

という。しかし太丸は恐縮し、

「こんな貧しい家では、高貴な方をお泊めできません」

と断るのだが、天女は続けてこういった。

「辞退することはない、宿を貸せば太丸の七人の子は代々高貴の身となれる」

太丸が信じられないという様子をしていると、天女は笑いながら奇特《きどく》を示そうといい、家に入り白蛇と化《か》した。太丸夫婦は思わず頭を垂れて、その白蛇を伏し拝んだのだった。以来、井戸の水は酒となり、庭に生えた梧桐《あおぎり》には金の実がなって、太丸の家は見る見る長者となった。土地の人は後に太丸の霊を神に祀《まつ》って、宇賀大明神《うがだいみょうじん》として崇めたという。

天女の話では、静岡の三保松原《みほのまつばら》での羽衣《はごろも》伝説が有名だが、この長谷太丸の話のように、他にも天女が現れた話が各地にたくさん伝わっているようだ。

豆腐《とうふ》小《こ》僧《ぞう》

雨がしとしと降っているとき、竹藪《たけやぶ》に大きな笠をかぶった子供が現れて、手に持ったお盆に豆腐が載っていたら、それは豆腐小僧である。いかにもおいしそうだが、それにつられてうっかり食べてしまうと、体にかびが生えてしまうというから要注意である。

この豆腐小僧はどこからやってくるのか分からないが、昔、豆腐だけが突然路上に出現したなどということもあった。

場所は薩摩《さつま》（現・鹿児島県）の今和泉のことである。ある朝のことだった。家家の門前に十丁、二十丁もの豆腐が捨てられている。これが一軒、二軒ならまだしも、ここかしこに同様のことが起こったので、町中の大騒ぎとなった。はじめは気味悪がって手を触れようとしなかった人々も、日中、日に照らされ、暮れてからも何の変化も起こらないところを見ると、別に怪しいものではないのではないかと思い、みなそれぞれ家に持ち帰ることにした。そして煮て食べたが、これがまた少しの異常もなかった。

その後、怪しんだ者が付近の豆腐屋にあたって、事の究明《きゅうめい》に乗り出したが、とくに多く売れたという店もなく、この怪事の原因は結局分からなかったという。

東方朔《とうほうさく》

人魚の肉を食べたために八百年も生き続けることになった八百比丘尼《やおびくに》の話はよく知られているが、島根県平田市（現・出雲市）には、この八百比丘尼の話し相手だったという東方朔という人の話が伝えられている。

あるとき、東方朔は斧《おの》を熱心に磨き始めた。それも毎日ずっとである。不思議そうに見ていた八百比丘尼に東方朔はこう答えた。

「斧を磨いて針こしらえる」

すると比丘尼は、自分は八百年も生きているがそんなことは初めて聞いたといった。東方朔は、

「お前の歳が知りたくてこうしていた」

というと、歳を知られて恥じ入る八百比丘尼の肩を叩いてこういった。

「おらは九千年も生きとる」

恐れ入った八百比丘尼はやがて姿を消したという。

八百比丘尼の八百年をはるかに越える男がいたわけである。この東方朔は、前漢《ぜんかん》の時代に博識で知られた学者だったが、西王母《さいおうぼ》の桃を盗み食べて以来、不死となったという人物である。その中国の人物が、なぜか日本に渡っていたというのも、面白い話だ。

東《とう》北《ほく》の釣瓶《つるべ》落《お》とし

釣瓶落としといえば、主に近畿地方に現れた妖怪であるが、山田野理夫《のりお》の『東北怪談の旅』によれば、これが東北にも現れたそうである。正確には「つるべ」として紹介されている話だ。

昔、奥州《おうしゅう》白石城下《しろいしじょうか》（現・宮城県）から米沢《よねざわ》に出るために、七ケ宿街道《しちがしゅくかいどう》を通る商人がいた。

天気もよく、心地よい旅だったが、杉林にさしかかったとき、突然、杉の木からドスンと落ちてきたものがあった。

それは男と女の首で、いきなりそんなものが十数個も落ちてきたのだ。

首は商人を見て、それぞれにゲラゲラ笑っていたが、やがて吸いこまれるように木の上に上って行ったという。

近畿地方の釣瓶落としは、人を木の上に引っぱり上げて、食べてしまうといわれるが、これはただ人を驚かすだけの妖怪のようである。

はじめに釣瓶落としは主に近畿地方に現れるといったが、これはそういう名前で伝わっているものが、近畿地方に多いということであって、似たようなものはこの白石の話のようにあるものなのだ。

どうもこうも

どうもこうもは石川県江沼《えぬま》郡（現・加賀市）や長野県小県《ちいさがた》郡などで昔話として知られ、「どうもこうもならない」という言葉の由来として、次のように語られている。

その昔、「どうも」と「こうも」という名前の二人がいて、どちらも自分こそ日本一の名医だと自慢していた。それというのもこの二人の医者の腕はまさしく神業だったのだ。

ある日、二人はその腕を競い、双方が腕を切り落とし、それを跡も残さずに繋《つな》ぐという技くらべをしたが、お互い勝負がつかなかった。それで今度は、首の繋ぎくらべをしようということになった。二人の名医は相手の首を切り落とし、それをまたたく間に繋ぎ合わせた。そのあまりのすばらしさにまたもや勝負がつかない。そこで、

「お互い同時に首をもいで、繋げてみようじゃないか」

というと、一、二の三で、双方の首を切ってしまった。ところが両者が同時に首を落としたので、繋ぐ者がいない。それでどうもこうもすることができずに、死んでしまった。それから「どうもこうもならない」という言葉が生まれたという。

妖怪どうもこうもは、どうやらこの昔話に関係したもののようだ。

通《とお》り物《もの》

享保《きょうほう》元年（一七一六）のことである。江戸の四谷《よつや》に住んでいたある人が、火事にあって焼け出され、仮住まいをしていた。

ある日の夕方、その妻が夫の留守に縁先でぼんやりと景色をながめていると、秋風のさわやかな音とともに、白髪の老人が杖にすがり、ニヤニヤと笑いを浮かべながらこちらに近づいてくる。

とても生きているとも思えない、ただならぬ顔色をしていて、気味が悪い。

その妻は両眼を閉じ、お経を唱えつつ心を静めて、しばらくしてから目を開けて見ると、風に落ち葉がなびいているだけで、先ほどの怪しい老人の姿は消えていた。

ところが間もなくすると、三、四軒先の屋敷が何やら騒がしい。あとで聞いてみると、その屋敷に住んでいる医師の妻が急におかしくなり、狂ってしまったということだった。

これこそ通り物の仕業で、ぼんやりしている人に取り憑《つ》いては、乱心させてしまうのである。現在でも不特定多数を狙って危害を加える者を通り魔とかいうが、昔の人たちの考えからいえば、それも通り物が憑いたためにひき起こされた事件なのである。

鳥取《とっとり》の牛鬼《うしおに》

昔、因幡《いなば》（現・鳥取県）湯村《ゆむら》に、ある医者がいた。冬のみぞれの降る夜、医者が沢田村の畦道《あぜみち》を通ると、笠にも蓑《みの》にも蛍の火のようなものがむらむらとまとわりついてきた。火はねばりついて離れず、気味が悪いことおびただしい。蓑の袂《たもと》を払えばみな地に落ちるが、払ったと思うとまた別の火が取りついてくる。

そのとき、向こうの方から松明《たいまつ》を持ってくる者があった。その松明が近づくと、先ほどまでの火は見えなくなって、雨に濡れた蓑笠《みのがさ》から雫《しずく》が落ちるばかりである。松明が行き違って通ったあとはもとの闇に戻った。

沢田村から湯村まで二町（約二百十八メートル）ほどが畦道で、ここが牛鬼の出現スポットであるという。これを過ぎて湯村に近づけば、たちまち消えて一つも見えなくなる。晴れた月夜には、夜更けても牛鬼は現れず、十月過ぎの寒い雨の夜、それも雪まじりに降るときには、かならずこの畦道で牛鬼に出会うという。

牛鬼とはいっても、島根や四国などでいう牛の姿をした鬼ではなく、怪火のことである。どうもこれは、滋賀や新潟でいう蓑火とか、千葉の印旛《いんば》沼《ぬま》でいうカワボタルに近いもののようである。

百々目鬼《どどめき》

昔、不思議な女がいた。生まれつき手先が器用で、しかも手が長かった。

俗に手癖《てくせ》が悪く、泥棒稼業をする者のことを手長というが、この女も他人の金銭をたくみにすり取ったという。

これだけなら単なる女スリなのだが、この女の不思議さはそんなところにあるのではない。この女が盗んだ銭は、たちまち女の体に張りついてしまったという。それだけではない。体にくっついた銭は、今度は目に化したそうである。これが百々目鬼である。

昔は穴あき銭のことを「鳥目《ちょうもく》」といい、鳥の目になぞらえていた。そういうところから、銭と目とが同類視されていたのだろうか。

この妖怪を描いた鳥山石燕《とりやませきえん》によれば、「一説にどどめきは東都の地名という」などといっている。東都というのは、どうやら栃木県宇都宮市のことをいっているらしく、八幡山近くにかつて百目鬼という地名があったそうだ。しかもその地には、百目鬼という鬼の伝説もあるのである。ただし、こちらは百の目を持つ鬼であって、女スリのようなものではないが、石燕がこの伝説をモデルにしていることは確かなことのようである。

利根川《とねがわ》の火《ひ》の玉《たま》

昔、利根川で五人ほどの仲間が夜釣りをしていると、背後で突然ヒューという音が聞こえた。何だろうと思って振り向くと、そこには三十センチあまりの火の玉がふわふわと浮いていた。火の玉はヒューとか、ビューとかいう不気味な音とも声ともつかぬものを発しながら空に浮いており、気味の悪いことといったらない。

「逃げろーっ」

という誰かの声で、釣竿《つりざお》も何もうち捨てて走り出した。火の玉が見えなくなったところまできてようやくほっとしたが、あれは一体何だったのだろうということになった。

火の玉には違いないようだが、あんな怪音は聞いたことがない。置いてきた荷物が気になったが、さすがにその晩は戻る気がせず、夜が明けるのを待ってから、恐る恐る例の場所へ行ってみた。するとそこには、みなの荷物があるばかりだった。

五人が同時に目撃し、音を聞いたわけで、見間違いということもなさそうだが、それにしても嫌なものに出会ったものだと、みなそれぞれに帰路についたということである。

共《とも》潜《かずき》

三重県の志摩地方の海底に現れる妖怪で、かつて海女に恐れられていた。共潜が出るのは曇天の日にかぎられており、海女が海底に潜ると、自分の姿と同じ格好で海底にいる。海女に会うとニヤリと笑い、鮑などをくれたりする。いい気になって鮑をもらうと、海の暗いところに誘いこもうとする。おかしいと思って浮き上がってみても、自分の船以外には何もない。ふたたび潜ると、同じ自分がいてまたニヤリと笑う。

この共潜を見たときには、すぐに仕事をやめて、二、三日は休まなければならない。また、この話を聞いた近隣の海女も、一斉に仕事を二、三日休む。

しかし、共潜と知りつつ鮑をもらっても、背後へ両手をまわし、後ろ向きのままで戻ってくれば安全だという。また、磯手拭いの額にあたるところに、星印と九字（陰陽道の魔除け）を縫いつけておくか、鮑をとるために使う金具に、魔よけの印を刻みこんでおけば難を避けることができるという。

共潜に出会ってから、恐ろしくなって海に潜れなくなった女房を、その夫が叱ってふたたび潜らせたら、女房は死んでしまったなどという悲惨な話も残っている。

トリダシ

福岡県宗像《むなかた》郡神湊《こうのみなと》町（現・宗像市）では、急に何かに取り憑《つ》かれて今までにない通力を得た人のことをトリダシといっている。それが何であるかははっきりと伝えられていないが、老婆が山から薪《まき》を取って帰ってきたとき、その薪の中にいた神が彼女に乗り移り、トリダシになったという話がある。トリダシには女性がなるとか正直な人がなるとよくいわれている。

また、佐賀県東松浦《ひがしまつうら》郡七山《ななやま》村（現・唐津《からつ》市）では、急に神が乗り移った人のことをトリイザシといっている。『綜合日本民俗語彙《ごい》』では、この二つの語は関連づけて解説され、九州や四国でいうトリイダシという占いの一種も関係があるという。

トリイダシは地蔵や稲荷などが憑いて人の禍福《かふく》を予言し、また病気を治すことがあるという。福岡県のある場所では、トリイダシは野狐《やこ》使い（憑き物の野狐を操《あやつ》る人）のことで、医者がさじを投げた病人でも、トリイダシが祈って治ったという話が伝えられている。

憑き物によって病気になる話が多い中で、これらは通力を得たり、病気を治したりといったように、福運をもたらすもののようである。

泥田坊《どろたぼう》

昔、北陸地方の米所に出現した妖怪である。かつて、その地方に貧しいながらも働きものの男がいた。この男は、あたりがまだ荒れ地だったころから、一生懸命に働き、その甲斐があって米がとれるまでになった。

年々収穫も増え、だんだんと人並みの暮らしができるまでになったが、男は病に倒れ、これからというときに死んでしまった。

男には子供があったが、その子供というのがまた親に似ず横着者で、せっかく父が食うや食わずで働いて耕《たがや》した田地を、ずっとほったらかしにしておいた。そればかりか、毎日酒ばかり飲んで暮らしていたのだった。

そのうち、田畑はついに他人の手に渡るところとなってしまった。買った方の人は、「まったくいい田を手に入れたもんだ」と喜んだ。ところがある夜、田を見まわっていると、突然、泥田の中から妖怪が現れ、「田を返せ、田を返せ」と叫んだという。

それからも月夜になると、こうして泥田の中から恨めしそうな叫び声が聞こえ、この妖怪は泥田坊とよばれるようになった。鳥山石燕《とりやませきえん》の『画図百鬼夜行《がずひゃっきやぎょう》』によると、この泥田坊は目が一つで、色の黒い老人であるという。

土瓶神《とんぼがみ》

土瓶神はトウビョウ（蛇の憑《つ》き物《もの》）と同じもので、首に輪のある小さな蛇である。その輪は黄色で、金の輪などといわれる。大きさは箸《はし》ぐらいのものから楊子《ようじ》くらいのものまでと様々で、身の色は腹部が薄黄色の他は全体的に淡黒色である。

屋敷に放している家もあるが、讃岐《さぬき》（現・香川県）の田舎では、土製の甕《かめ》に入れて台所近くの床上などに置き、時々に人間同様の食物を与え、酒を注いでやることもあるという。これを飼うことで、家が富み栄えるというのである。ただし、少しでもおろそかにすると、たちまち祟りがあるというから、恐ろしい神でもあった。

憑き物の場合、ある種の霊が憑いて異常な力を発揮するものと、昔、中国にあった黒い呪術とよばれる「蠱毒《こどく》」の流れを汲むものがあるようである。

蠱毒の場合、色々な小動物や昆虫を集めて壺の中に入れ、お互いに食い合いをさせ、最後に生き残ったものの「精霊」を使い、相手に呪いをかけるというものだが、この土瓶神も、この蠱毒の考え方と無関係ではないような気がする。いずれにしても、蛇、蝦蟇《がま》、蜥蜴《とかげ》などは、好んで使われたようである。

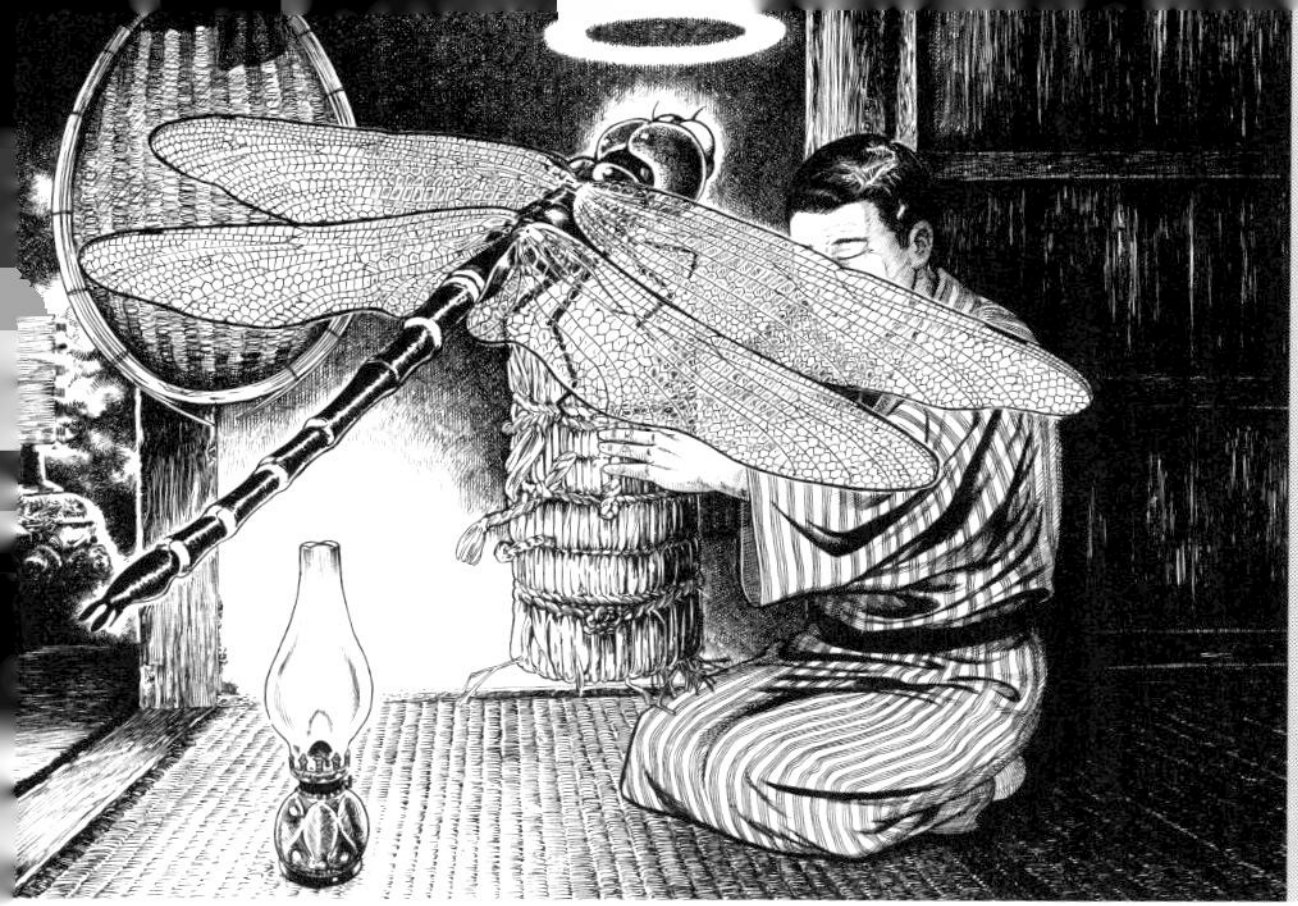

トンボツイタチ

京都府中《なか》郡三重《みえ》（現・京丹後《きょうたんご》市）では、七月一日のことをトンボツイタチという。地獄の釜の蓋《ふた》が開き、盆の準備をはじめるこの日に、赤トンボがこの世に生まれるというい伝えがある。

このように、盆とトンボを結びつけて考えている地方は案外多いものである。

盆の時期には、大抵どこにおいても、虫でさえ捕ることを禁じているが、ことにトンボは先祖の乗り物とされており、追いたてることすら忌む地方もある。

九州南部などがそうなのだが、岡山県でも赤トンボは盆トンボといって、これを捕ると盆がこないと信じられている。奄美《あまみ》群島の喜界島《きかいじま》でも盆トンボとよばれるトンボがおり、やはり先祖が乗ってくるといわれ、背中には鞍《くら》に似た模様があるという。

関東でも、ショウロウヤンマとよばれるトンボがいるのだが、この「ショウロウ」とは精霊のことであり、これも盆とか先祖とかいった考え方を表していると思われる。

すなわちトンボは、盆に帰ってくる先祖たちの霊の乗り物というだけでなく、トンボ自体がある種の神のようなものとしてとらえられていることが分かる。

長井戸《ながいど》の妖怪《ようかい》

昔、佐渡島《さどがしま》の金泉《かないずみ》（現・佐渡市）に八蔵という釣り好きの男がいた。ある日、長井戸という場所で釣りをしていると、海底に奇妙なものが沈んでいるのを見つけた。それは美しい蛇の目傘で、八蔵はそれがたまらなく欲しくなり、すぐさま海へ潜《もぐ》ろうとすると、誰もいないのに、

「しばらく待て」

といきなり声がした。変だなくらいに思って、ふたたび潜ろうとすると、突然その傘がパッと開き、髪を振り乱した女に変化した。八蔵は舟を漕《こ》いで逃げだすと、妖怪も追いかけてくる。浜辺に着くと、妖怪は、

「惜しいところで逃がしてしまった」

といって引き返していった。

話を聞いた力自慢の長吉という若者が、そんなものは俺が退治してくれようといって、長井戸へと向かった。

しばらくすると雨が降りだし、大時化《おおしけ》となって激しく波が打ち寄せはじめると、その高波に乗って妖怪が現れ、長吉につかみかかろうとした。さすがに剛力の長吉も、たまらず命からがら逃げ帰った。

その後、長吉はこれが原因で寝こんでしまい、間もなく死んでしまったという。これは磯女《いそおんな》などの仲間だろうか。

長崎《ながさき》の水虎《すいこ》

昔、長崎港に面した五島町（現・長崎市）あたりには、よく水虎が現れたという。

ある女が海端で魚を料理していたときのことである。ふと目をやると何者かが海中から手をのばし、魚を取ろうとしている。それは水虎で、驚いた女は持っていた包丁でエイとばかりに腕を切り落とした。

水虎はそのまま逃げて行き、女はその残された腕を主人に差し出した。

その夜、何やら海の方から悲しい声が聞こえてきた。それは「どうぞ手を返して下さい」という水虎の声だった。以来、毎晩のように切なく泣いて頼むので、主人はかわいそうになり、今後は町の者にイタズラしないとの約束をかわして、その腕を返してやった。

そのときの約束として、水虎は一文の詫び状を書き、最後に自分の指に墨をつけて、印を押したという。ところで水虎というとよく河童の仲間としてあげられているようだが、鳥山石燕などは、同じ水の妖怪であっても、水虎は河童とは別のものであると考えていたらしい。事実、本来水虎は中国でいう水の怪で、それがいつしか河童と混同されるにいたったらしいのである。

泣《な》き婆《ばばあ》

俳人として知られる与謝蕪村《よさぶそん》は、書画にも通じていたようで、いくつかの妖怪画も残している。その中にこの泣き婆があるのだ。

遠州見付《えんしゅうみつけ》の宿（現・静岡県磐田《いわた》市）に現れたといい、これが家の門口にきて泣くと、その家ではかならず憂《うれ》いごとがあるという。

普通、泣き婆といえば妖怪ではなく、泣くことを仕事とした女性のことをいう。葬式のときに、身内でもないのに大声をあげて泣き、参列者の涙をさそうというものである。昔はこうした泣き婆には、謝礼として米を三升とか五升とか与えていたという。

伊豆の新島《にいじま》でも、親しい友や親兄弟のために泣く風習があり、泣きながらいう言葉が決まっている。

若い女には「あまあねやーい、があいやなあ」などといい、老人には、「いんじいは、ごしょじなあ」というそうである。

見付の宿に現れたという泣き婆は、死人が出る前に泣くのであるが、その泣き声が不幸をよびこむのだろうか。

波《な》切《きり》大《だい》王《おう》

三重県志摩《しま》郡大王町波切《だいおうちょうなきり》（現・志摩市）の大王崎の沖合には、大王島という小島があり、そこにダンダラボーシという一つ目の巨人がいた。島から岬までひとまたぎで渡れるほどの巨体で、あたりの村里にたびたび出現し、田畑を荒らして人々を困らせていた。そこで里人が思案の末に考えだしたのが、巨大な草鞋《わらじ》や魚入れの籠《かご》、餌入《えさい》れ袋を用意して、干しておくというものだった。里にはお前よりも大きな巨人がいるぞと威嚇《いかく》する作戦である。

巨人はこれを見て、「この里には俺より大きな巨人がいるようだ、これにはかなわない」といって逃げ去って行った。それ以来、波切には巨人が出現しなくなったという。

だがこれで安心はできないと、村人は毎年大草鞋をつくり、巨人への威嚇のために須場《すば》の浜から海へ流すようになった。これが旧暦八月中の申《さる》の日に波切神社で行われる祭事・草鞋祭のはじまりなのだという。

この祭り、古くは韋夜《いや》の祭りとよばれたそうだが、韋夜とは「韋夜神《いやのかみ》」のことで、外襲の悪魔を打ち退けたある豪傑を、産土神《うぶすながみ》として波切神社で祀《まつ》っていることに由来したという。

ナベソコ狸《たぬき》

岡山県阿哲《あてつ》郡熊谷《くまたに》村（現・新見《にいみ》市）にナベソコといわれる家がある。その家では、狸を飼っていて、正月になると裃を着てその狸を迎えるという。ナベソコはどうしたものか、金持ちの家に多いといわれる。

この狸を実際に見た人の話では、普通我々が見ることができる狸とは違い、鼬《いたち》より少し大きな動物だったという。

日本には狐狸《こり》などの動物の憑《つ》き物がやたらと多い。それら動物の憑き物を大別すると、家に憑くといった特徴を持つものと、一時的に人に憑いていたずらをするものの二種類あるようである。そのうち家に憑く動物は、我々が知っている動物とは、若干の違いがあるようなのだ。

たとえばナベソコ狸は前者になるが、狸といってはいるものの、地元では本来の狸ではないようなことをいっている。狐《きつね》にしても、管狐《くだぎつね》とか野干《やかん》とかいって、本物の狐とは違う姿として伝わっている。

それに対して一時的に憑いて害をなす動物たちは、山や里にウロチョロしている動物の場合が多いようである。一口に狐狸の憑き物といっても、様々にあるようなのだ。

生首《なまくび》

府下石浜《ふかいしはま》（現・東京都台東区）の村はずれに千葉作助という農民がいた。

ある日、無尽《むじん》の札《ふだ》（宝くじのようなもの）に当たりたい一心から、願かけに効験《こうけん》がある山谷《さんや》の乗円寺《じょうえんじ》で鬼坊主の墓に参り、「明日はどうか当たりくじをお授《さず》け下さい」と一心不乱に題目などを唱えた。

時刻は十二時過ぎ、雨もしょぼしょぼと降り、場所といい時刻といい化け物が出るには絶好のときである。柳の枝は風に揺れ、浅草《あさくさ》の鐘の音も不気味に響く中、雨は強くなり、ふっと現れた鬼火が卒塔婆《そとば》を照らす。

さすがの作助も身震いするような光景で怖々あたりを見まわすと、前方に突如として四斗樽《よんとだる》くらいの女の生首が出現した。それが作助目がけて近寄ってきて、真っ赤な舌でペロリと嘗《な》めた。

さては信心の賜《たまもの》で鬼坊主様が姿を現したかと思いきや、どう見てもその生首は女であり、鬼坊主様なら髪の毛はないはず——と気づいた途端、恐怖心がこみあげてきて、作助はその場に気絶してしまった。あとになって介抱されて正気づいたが、これは作助が無尽に当たりたいと思う心の迷いから、狐にでもつまれたのだろうということになった。

浪《なみ》小《こ》僧《ぞう》

昔、遠州曳馬野《えんしゅうひくまの》（現・静岡県浜松市）に少年とその母とがすんでいた。ある日、少年が田を耕《たがや》して小川で足を洗っていると、草の中から声がした。見ると親指ほどの小さな子供がいて、こんなことをいう。

「お助け下さい。私は海にすむ浪小僧という者です。先ほどの大雨で、うかれて陸に出たものの、この日照《ひで》りで家に帰ることができません。どうぞ海までお連れ下さい」

気の毒に思った少年は、頼みをきいて助けてやった。

その後、日照りはなおも続き、稲はしおれるばかりだった。少年は途方にくれ、ぼんやりと海辺に立っていた。すると、海からチョコチョコ走ってくるものがある。よく見ると、それはこの間の浪小僧だった。

「先日はありがとうございました。旱魃《かんばつ》でお困りのご様子、私の父は雨乞《あまご》いの名人ですから、さっそく雨を降らしていただきましょう。なお今後は、雨の降るときには東南で、上がるときには西南で、あらかじめ浪を鳴らしてお知らせいたしましょう」

浪小僧はいい終わると、すぐに姿を隠してしまったが、間もなく大雨となった。それからというもの、この地方では、浪の音によって天気の予知ができるようになったという。

嘗女《なめおんな》

昔、阿波《あわ》（現・徳島県）のある金持ちの家に、美しい娘があったが、どういうわけか男を嘗めまわす癖《くせ》があるということだった。

若者はみな気持ち悪く思い、縁談はまとまらなかったが、その娘があまりにも綺麗なので、ある若者が婿《むこ》入りをした。

さて、いよいよ閨《ねや》に入ったのだが、やがて娘は婿をとらえ、顔から足の先まで余すところなく嘗めつくす。婿は驚いた。

その舌はざらざらとしていて、まるで猫の舌のよう。婿は気味悪くなって、そうそうに逃げ帰ったという。

この話は江戸時代の『絵《え》本《ほん》小《さ》夜《よ》時雨《しぐれ》』にあるもの。妖怪というよりも、変態的な性癖のある女のようだ。

私は子供のとき、猫に足を嘗められたことがあったが（多分バターでもついていたのだろう）とても気持ちの悪いものだった。

すなわち、触るとか、嘗めるといった感じもまた化け物の一種なのだろう。

しかし、普通の女性でもちょっとくらいは男を嘗めるものだ。少々嘗めるのは妖怪ではなく、たくさん無茶苦茶嘗めるのは妖怪というわけか。

鳴釜《なりがま》

駿州《すんしゅう》志太《しだ》郡大住《おおずみ》村（現・静岡県焼津《やいづ》市）に住む農民が、ある日、石櫃《いしびつ》に入った釜を掘りだした。何の変哲もない釜なので、これが人の手から手へと渡って、京都のある住職の手に入った。

住職はこの釜の湯でお茶を入れるのを何よりの楽しみとしたが、あるとき妙なことが分かった。湯が沸《わ》くと蒸気で蓋《ふた》が動くが、このときに釜が鳴くような音をたてるときと、そうでないときがある。理由は分からないが、不思議に思っていると、釜が鳴いたときは翌日決まって雨が降るのである。

初めは偶然かと思っていたが、しばらく注意して観察を続けていると、これは偶然などではないことが判明した。以来この釜は天気の予知ができると、大評判になったという。

この話ですぐに思い出されるのが、上田《うえだ》秋成《あきなり》の「吉備津《きびつ》の釜」である。こちらは、釜をはじめから吉凶を占う道具として使っている。

湯立てというのがそれで、お湯の煮えたぎる釜の前で巫女《みこ》が祈り、お湯が沸いたときに釜がウォーッと動物の吠えるように鳴ったら吉兆で、音の鳴りが悪いと凶兆なのだ。

この吉備津の釜も鳴釜も、音で何かしらの予知ができるというのは奇妙な一致である。

ナワスジ

香川県には、昔からナオスジあるいはナワスジとよばれる道がある。それは、悪魔やお化けが通る道で、決まって細くて行く先が見えないほど長い一本道であるという。

昭和十四年ごろ、坂出《さかいで》市川津《かわつ》町連尺《れんじゃく》のポンプ場横に、ナオスジ道の一部を潰《つぶ》してつくった新道があった。このポンプ場には職員が宿泊できる宿直室がつくられたが、しばらくすると怪異に見舞われるようになった。

夜中の三時ごろ、ある職員が突然、胸を締めつけられるような苦しみに襲われた。夢うつつに見たのは、真っ黒い顔に真っ赤な口をしたお化けのようなものだった。そんな化け物が、大きな手で首を締めつけている。自分の呻《うめ》き声で我に返った職員は、外の暗闇に人とも動物ともつかぬ集団が走り去る音を聞いたという。

翌日には別の職員が同じように襲われ、気がついた後に砂《じゃ》利《り》を窓ガラスにぶつけるような音を聞いたそうである。

そのため神棚をつくり、神主をよんでお祓いを行うことで、ようやく怪異は収まったという。

同じようなものは、兵庫県や岡山県など、近畿、四国、中国地方にもある。ナワスジをナメラスジという土地があるが、ナメラとは蛇の青大将のことだともいう。

ナンジャモンジャ

千葉県香取《かとり》郡神崎《こうざき》町に神崎神社があり、その社《やしろ》の前にナンジャモンジャとよばれる桂《かつら》の大樹がある。

昔、この神社に水戸《みと》黄門《こうもん》が参詣《さんけい》した際に、この木の前で、

「この木は何の木じゃ」

と地元の者に問うたところ、質問の意味が分からなかった土地の者が、

「何じゃもんじゃ……」

と問い返したのだが、黄門はそれが木の名前だと思い、以来「ナンジャモンジャ」がこの木の名前となったという。

また、この地は利根《とね》川《がわ》沿岸にあたり、ここを通る船人たちは、鐘を船で運ぶときは、かならず箱と筵《むしろ》で隠さなければならないという決まりがあった。ところがある船人がこれを守らなかったために、船とともに沈んでしまったのである。以来、この船が沈んだあたりを航行すると、怪異があるというので、船人は避けて進むようになった。もし鐘が沈んだ上を通ろうものなら、たちまち船は転覆《てんぷく》し、その沈み行く間には、水中より鐘の音が響き、それに合わせてナンジャモンジャが悲しげな歌をうたうそうである。

各地に伝わるナンジャモンジャは、基本的には何の木か分からない木に使う呼称である。

納戸婆《なんどばばあ》

田舎などで納戸というと、人があまり出入りしないらしく、古い家具の間は蜘蛛《くも》の巣や埃《ほこり》だらけである。バラック風な納戸もあり、そういうところは猫の巣のようになっていた。

大抵は薄暗いから、自然お化けもすみつきやすい感じのところである。そういうところに、納戸婆というお化けとも神様ともつかぬものがすんでいたとしてもおかしくない。

岡山の方では納戸の戸を開けると、「ホーッ」といって、納戸婆が出てくるといわれる。

そのとき、出てきた納戸婆を庭箒《にわぼうき》で叩くと、慌てて縁の下に逃げこむという。これ以外に何をするのかは伝わっていないので、それが有害であるのか、無害であるのかはよく分からない。

また、香川県東部でいう納戸婆は、子取り婆のように恐れられているという。すなわち、隠し婆のように子供をさらってしまうというのである。

この他にも、奈良県、兵庫県、宮崎県などにも、納戸婆の話が伝わっていたようである。

二《に》階《かい》の怪《かい》

昔、江戸西久保《にしくぼ》（現・東京都港区）のあたりに畳屋があった。ある夜、そこの主人が寝ていると、枕元で囃子《はやし》の音がする。不思議に思っていたが原因も分からず、翌朝に壊れた火吹き竹を見つけただけだった。新しく火吹き竹を求めると、これもその夜のうちに壊れてしまう。主人は当惑し、

「やかましいのはよいが、火吹き竹を壊されるのはよくない。囃子だけは止めて欲しい」

などと、誰にいうともなく頼めば、不思議に音はしなくなったが、今度は行燈《あんどん》や煙草盆《たばこぼん》が宙に舞い、様々な怪事が起きた。しかし害はないので馴《な》れてしまい、家の娘などは、餅《もち》や果物を化け物殿へと棚の上へ置くようになる始末。そうした供物《くもつ》はいつの間にかなくなって、怪物も喜んでか、お返しに白粉などを落としてくれる。

年の暮には一重の鏡餅を棚へ置いた。すると餅は二階へ上がろうと、階段をピョンピョンと飛び上がるのだが、重いせいか落ちてしまう。この様子を見ていると、手で持ち上げているようではあるが、あまりにも難儀《なんぎ》らしく、姿なき怪物の体はよほど小さく思われた。

その後畳屋では、世間の風聞を煩く思い、家を引き払って他へ移転したが、怪物の動作はなおも止まなかったという。

苦《にが》笑《わらい》

熊本県八代《やつしろ》市の松井家に伝わる『百鬼夜行絵《ひゃっきやぎょうえ》巻《まき》』には実に不思議な妖怪が描かれている。そのうち苦笑という妖怪は、動物とも人間ともつかぬ異様な姿をしている。内心笑いたくもないのに、苦々しく口を曲げて笑っているような顔は、まさしく苦笑いそのものである。

この苦笑は、人間が不機嫌で不快なとき、笑いたくないのに、強いて笑って己の内心を自らあざむこうとしているとき、その場に現れるという。そして、苦々しい物のいい方、憎まれ口や毒舌を吐いて、相手の気に障るような言葉づかいで、人に憎まれることを好むのだそうである。

その手には毒があるといわれ、蛇はその手に捕らえられると動けなくなってしまうという。またその爪は大層苦いので、その爪に触れた料理は、たちまちまずくなってしまう。と思えば、ときにはその手で人を助ける場合もある。たとえば腹痛で苦しんでいる人を撫《な》でただけで、たちまち治してしまう。毒手であるが、その使われ方次第で人間の薬にもなるわけである。

毒舌を吐くが、それはある意味で人に苦言、忠告をいっているのかもしれない。

肉吸《にくす》い

昔、三重県の熊野《くまの》山中には肉吸いという鬼がいて、美しい娘に化けては「ホーホー」と笑いながら人に近づき、たちまちその肉を吸い取った。

そのため熊野地方では、火の気なしでは夜道を歩かない。やむをえず、夜遅く山道を歩かなければならないときは、提灯《ちょうちん》と火《ひ》縄《なわ》を持って行った。それでも肉吸いは、「火を貸してくれませんか」といって提灯を取り上げ、火を消して真っ暗にしてから人を襲い、肉を吸い取ってしまったという。

提灯を取られたときには、火縄を振りまわして打ちつければよいそうで、明治時代、郵便局員が山でこの肉吸いに出会ったとき、火縄を打ちつけると逃げて行ったという話もある。肉吸いに火縄は有効な防衛手段となったようである。

肉吸いは奈良・和歌山県境の果無《はてなし》山にも現れ、人に触れると、たちまち肉を吸い取ったという。

ある猟師が、これを南《な》無《む》阿《あ》弥《み》陀《だ》仏《ぶつ》と書いた特別な弾《たま》で撃ったところ、怪物はドスンと大きな音を立てて倒れた。見るとそれは骨と皮ばかりで、肉のない妖怪だったという。

二《に》根《こん》坊《ぼう》の火《ひ》

昔、摂津《せっつ》の二階堂《にかいどう》村（現・大阪府茨木《いばらき》市）では、三月から七月ごろまでの間に、奇妙な火が出たという。大きさは三十センチほどで、家の棟《むね》や木の枝に止まる。近くで見ると、目鼻や口があって人の顔のようである。害があるわけでもないから誰も恐れなかったが、この火について次のような話がある。

昔、ここに日光坊《にっこうぼう》という山伏《やまぶし》がいて病気をよく治した。あるとき、このあたりの村長の妻が病気になったので、日光坊に加持祈禱《かじきとう》を頼んだ。ところが村長は、日光坊と妻とが密通《みっつう》したと難癖をつけ、礼をいうどころか、日光坊を殺してしまった。病気が治ったというのに感謝もせず、その上殺してしまったのだから、この恨みは妄火《もうか》となって村長の家の棟に毎夜現れ、ついに村長を殺してしまったという。

この日光坊の火が、いつしか二根坊の火とよばれるようになったというわけだが、『本朝故事因縁集《ほんちょうこじいんねんしゅう》』という本によれば、こんな話もある。

昔、この里に一人の山伏がいた。一生のうちに二つの恨みを持っていたので、二根坊とよばれていた。死んでから魔道に落ち、邪心の炎がこの火の玉となって現れたのだというが、さてどんなものだろうか。

二《に》本《ほん》の足《あし》

この二本の足という妖怪は、熊本県八代《やつしろ》市の松井家に伝わる『百鬼夜行絵《ひやつきやぎようえ》巻《まき》』に描かれているものである。

下半身は赤い褌《ふんどし》をしめた普通の人間なのだが、その上に直接大きな頭がのっているという姿で、まるで褌がよだれかけのように見えてしまう。

なぜか足には白足袋《たび》を履いているので、何だかとてもアンバランスなのだ。

この妖怪が何をするという具体的な話はないので、何ともいいようがないのだが、その姿から想像するに、とにかく走りまわる妖怪のようである。

かつて九州地方に現れたのだろうか、こんな妙ちくりんな妖怪が夜の町中を走りまわっていたとすれば、かなり恐ろしかったに違いない。

もしバッタリと出会おうものなら、きっと誰でも気絶することだろう。

こうした正体不明の妖怪というものは、とくに絵として残ったものに多いのだが、どういうわけか共通して具体的な話が残っていない。

これらは、いわゆる民間伝承の妖怪とは、区別されるべきものであろう。

入道《にゅうどう》坊主《ぼうず》

これは見上入道《みあげにゅうどう》の類《たぐい》のものである。

愛知県の作手《つくで》村（現・新城《しんしろ》市）に出現した入道坊主は、最初は一メートル足らずの小坊主で、近づくにつれて二メートルにもなる。こんなときは慌てず、「見ていたぞ」と声をかければいいが、先を越されて向こうからいわれると死んでしまうという。

福島県では入道坊主の正体を鼬《いたち》としており、見上げれば見上げるほど高くなる入道坊主を幻視させている間、鼬は人の肩の上に乗っているので、あまり見上げていると喉笛《のどぶえ》に嚙《か》みつかれてしまうという。だから、見上げることも命取りになるわけで、入道坊主に出会ったら、静かに手を上げ、すばやく鼬の足をつかんで地面に叩きつければ、それで退治できるという。

他にも入道坊主が出現した話は各地にあって、岩手県の遠《とお》野《の》地方には、この入道坊主に追いかけられたという恐ろしい体験をした人もいる。その人の話によれば、はじめ三メートルばかりの坊主だったものが、走って逃げて行くうちに、家の三階よりも高くなっていったそうである。

入内雀《にゅうないすずめ》

平安時代の中ごろ、京の都に藤原実方《ふじわらのさねかた》という人物がいた。名門藤原氏の出で、正暦《しょうりゃく》五年（九九四）には左近中将《さこんのちゅうじょう》まで出世をしたエリートだった。歌人としても有名で、中古三十六歌仙の一人とうたわれ、円融院《えんゆういん》、花山院《かざんいん》、一条帝《いちじょうてい》らの寵愛《ちょうあい》を受ける才人でもあった。

ところが、同僚の藤原行成《ゆきなり》が「歌は面白し、実方はをこ（バカ）なり」と実方を評し、けなしたことから、二人のいさかいがはじまった。

『古事談《こじだん》』によると、このいさかいは、皇居内で口論におよび、実方が怒りのあまり行成の冠《かんむり》を庭に投げ捨てて退出するという事件にまで発展した。

これをつぶさに見ていた一条帝は、実方を罰として陸奥守《むつのかみ》に左遷《させん》し、ことをそれ以上に荒立てなかった行成を蔵人頭《くろうどのとう》に抜擢《ばってき》した。左遷された実方は、自分の非を認めつつも、このひどい仕打ちを恨み、数年後失意のうちに死んでしまった。

やがて実方の怨念《おんねん》は雀となり、京都の皇居内の清涼殿《せいりょうでん》に侵入して、台盤《だいばん》（食物を盛った盤をのせる台）の飯をついばんだという。

人々はこれを、入内雀あるいは実方雀とよんで、実方の怨霊の仕業によるものと考え、恐れたということである。

乳鉢坊《にゅうばちぼう》と瓢箪小僧《ひょうたんこぞう》

この二つの妖怪は、鳥山石燕《とりやませきえん》の『画図百器徒然袋《がずひゃっきつれづれぶくろ》』に描かれているものである。

絵の下の方が瓢箪小僧で、大きな鉢（というか鉦《かね》というか）を頭にかぶっているのは乳鉢坊という妖怪である。

乳鉢というのは、薬などをすり潰すための鉢のことだが、ここでは芝居や念仏踊りなどで使われる摺鉦《すりがね》という打楽器の妖怪として描かれている。

妖怪の中にはこうやって、二匹一組で出現する場合もあるのだが、その関係についてはあまりよく分かっていない。妖怪一匹に出会っても驚くのに、二匹一緒になると、人間の方は恐れ入って退散するしかない。

石燕によれば、人は瓢箪小僧に肝《きも》をつぶして青ざめ、乳鉢坊のばちの音に恐れをなした、などといっている。

瓢箪といえば、容器として重宝されていたもので、よく酒や薬などを入れていた必需品である。

朝鮮から渡来した人の信仰では、瓢箪の中には霊が宿ると考えられていたというから、瓢箪小僧の瓢箪にも何かしらの霊が宿って、それがために妖怪化したのかもしれない。

如意自在《にょいじざい》

如意とは、僧侶が法会《ほうえ》のときなどに持っている仏具の一つで、背中がかゆいときに使ういわば「孫の手」のようなものである。つまりこの妖怪は、その如意の付喪《つくも》神《がみ》のようなものなのだろう。

よく背中がかゆくなっても、なかなか思うようにかけないで困るものだが、この妖怪はそうしたときに、実に気持ちよくかいてくれるのである。

しかし、いくら気持ちがいいといっても、これは爪が鋭くなっているので、気をつけないと体中に傷をつけられてしまうから、要注意というシロモノである。

鳥山石燕《とりやませきえん》は『画図《がず》百器《ひゃっき》徒然袋《つれづれぶくろ》』で、実に多くの器物の妖怪を描いている。その中にこの如意自在があるのだが、他にも木魚《もくぎょ》と達磨《だるま》が合体した木魚達磨や、経文《きょうもん》が化けた経凜々《きょうりんりん》、払《ほっ》子《す》の妖怪払子《ほっす》守《もり》など、まるで仏具はすべて化けるのだとでもいっているかのように、様々な仏具の妖怪を絵にしている。

他の器物と違い、やはり仏具には特別な霊というか念というかが籠《こ》もりやすいのだろうか。

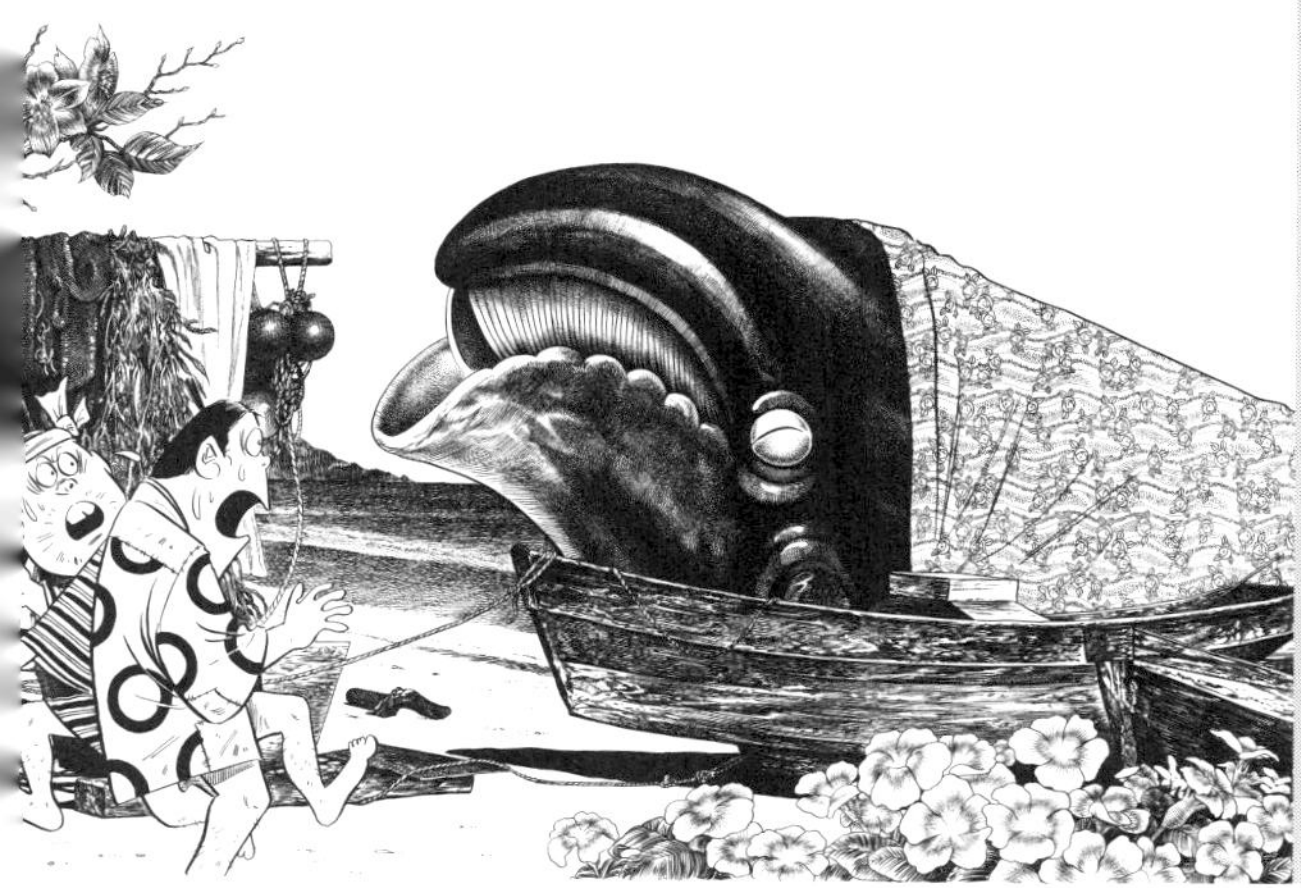

ニライの大主《うぷぬし》

沖縄および薩南《さつなん》諸島では、古来海の彼方《かなた》にニライカナイという楽土《らくど》があると信じられていた。この楽土には神がおり、ニライの大主などとよばれている。ときに沖縄などに来訪してくるとされ、豊饒《ほうじょう》を予祝《よしゅく》する演劇的行事が毎年行われている。

久高島《くだかじま》ではこの大主をウプヌシガナシーとよんでおり、旧暦二月と十二月にウプヌシガナシー祭を行っていたが、戦後は祭を執り行う神職者が不在のため、二月の御願立（ウガンダッテイ）と十二月の御願結び（シデガフー）だけが行われている。これは男たちの健康祈願が主旨だという。

ニライはまた根の国信仰にも通じ、死霊の往来する国とも考えられており、次のような話も伝えられている。

海辺で美女に海亀をもらった人が、帰宅の途中にその亀に喉《のど》を噛《か》まれて死に、墓に埋められたが、家人が三日後にその棺《ひつぎ》を開いてみると、中は空であり、ふいに空中から「死人はニライカナイに往《い》った」との神託があったという。

すなわち、根の国と極楽浄土というのは同じように考えられているのだろう。またニライカナイのある方角というのは、時代により、ところにより異なるようである。

鶏《にわとり》の僧《そう》

大体、僧は生きものを食わないという決まりがある。したがって精進《しょうじん》料理などという植物だけの料理を食べて修行するわけだが、なかには、肉の欲しい僧もいる。我慢できるものはいいが、食欲があって、食べたくて我慢できないものもいる。

ある寺の僧は、隣の家の鶏がとてもうまそうに見えてたまらなくなり、夜中にこっそり捕まえて食べてしまった。

しかし、この一部始終を見ていた隣家の者が、寺の和尚にそのことを告げた。

和尚は驚き、その僧をよんで、鶏を食べたかどうかを質問した。はじめは言葉たくみにいい逃れをしていたが、どうしたわけか、そのうち尻と口から鶏の変化が現れ、「コケコッコー」と鳴いたので、ついに食べたことがばれてしまったという。

それ以来、この話は、僧が肉食をするとこのようになる、という戒《いまし》めに使われるようになった。

また、僧は酒をたしなんではいけないとされ、よく寺の門前には、酒を持って入るなという戒めの文字が石に刻まれている。

人魚《にんぎょ》

昔の人の人魚に関する書物を総合してみると、口は猿のように出ていて、歯は魚のように小さく、鱗《うろこ》が金色に光り、声はひばり笛のように静かな音であるという。

人魚は海だけでなく淡水《たんすい》にもおり、涙を流すのは人と変わらないが、言葉を話さず、身にはよい香りがあってその肉は味がよく、これを食べると長生きするといわれる。また、これが捕まるときは暴風の前が多く、網に入ったのを殺すと、あとで悪いことが起こるともいわれ、捕まえても海に返すのが昔の漁師のしきたりだった。

人魚はよく海岸に流れ寄ることがあるが、昔の人はこれを不吉とし、寺社で祈禱《きとう》した。鎌倉幕府のころ、出羽《でわ》（現・秋田県、山形県）の海へたびたび流れ寄ったときも、兵乱の兆《きざ》しがあるというので祈禱した。

人魚の出現のもっとも古いものは、推古《すいこ》天皇の二十七年（六一九）、近江（現・滋賀県）蒲生《がもう》郡に現れたという記録がある。当時の人々は、これをめでたいものとして喜んだというから、時代によってとらえ方が違うことが分かって面白い。

いずれにしても、人魚は海神《かいじん》の使いと考えられていたようだ。

人形《にんぎよう》の霊《れい》

魂《たましい》をこめて人形をつくると、その魂が人形に宿ることがあると昔の人は信じていた。

昔、野呂松三左衛門《のろまつざえもん》という人形使いが、人形をまたいで人形の怒りを買い、何とか詫《わ》びて許してもらったという話がある。また、人形が敵と味方に分かれて、夜の楽屋で争っているのを見た者がいると、江戸時代の『桃山人夜話《とうさんじんやわ》』という古書に記されている。

ある山里の豪農の娘が、巡業の浄瑠璃《じようるり》を見に行って、その操《あやつ》り人形に恋をする。父に頼んでその人形を手に入れるや、娘の喜びはかぎりなく、人形に愛を語る様は、狂気の沙汰とも思えるほどだった。

やがて年ごろになった娘は、良縁を得て結納《ゆいのう》を交《か》わした。しかし、祝言《しゆうげん》の席で娘が盃《さかずき》を手に取ったとき、例の人形が走りより、盃をはたと打ち落とした。さらに娘の膝に抱きつくので、娘は気絶し、大騒ぎとなった。怒った父が人形を埋めてしまうと、娘は大熱を発し、やがてふらふらと外に出て行方知れずになってしまう。みなで手分けして探していると、娘は人形を埋めたところに片手を土深く突き刺して、死んでいたのである。その後、娘を人形とともに手厚く葬り、人形塚と名づけたという。

鵺《ぬえ》

鵼とも書くこの妖怪は、頭は猿、体は狸《たぬき》、尾は蛇、手足は虎というのだから、まさに怪物だ。

仁平《にんぺい》（一一五一〜一一五四）のころ、毎晩のように天皇がものに怯えられるので、高僧を招いて大法秘法を施したけれども治らない。そこで公卿《くぎょう》が会議を重ねた結果、天皇の御殿にやってくる黒雲がその元凶だろうということで、かつて源義家がこの黒雲を晴らした前例にならって、源三位《げんさんみ》源頼《みなもとのより》政《まさ》に黒雲退治を命じた。

そして夜、頼政が黒雲退治に乗り出すと、果たして御所の上空に怪しい黒雲が現れた。その黒い雲の中に怪しき姿を認めた頼政は、素早く矢を射った。すると、前記の頭は猿、体は狸……という怪物が落ちてきた。これをうつぼ船に入れて川に流すと、蘆屋《あしや》の浦（現・兵庫県芦屋市）へ流れ着いてしまった。そこで浦人たちは、二度と災いがないように、蘆屋川の川口に塚を築いてこれを封じこめたという。

実のところ、鵺というのは、夜間に寂しげな声で鳴く鳥のことをいっていた。そのもの悲しい鳴き声が不吉なものとされたので、宮中では鵺の鳴き声が聞こえるとお祓《はら》いを行ってきたのである。つまり、頼政が退治した怪物は鵺ではなく、鵺の鳴き声にそっくりな声の怪物というのが正しいようだ。

鵺《ぬえ》の亡霊《ぼうれい》

世阿弥《ぜあみ》作とされる謡曲《ようきょく》『鵺』には、源頼政《みなもとのよりまさ》に退治された鵺の亡霊が登場する。

ある行脚《あんぎゃ》の僧が、京の都に上ろうと思って紀州路を通り、芦《あし》の里《さと》（現・兵庫県芦屋市）にたどり着くと、ちょうど日暮れになった。今宵はここで身体を休めようと思っていると、暗い海辺の方から怪しい人の声が響いてきた。僧は暗闇の声に向かい、いかなる素性《すじょう》の者か名乗るよう促《うなが》した。すると、

「我は近衛院《このえいん》の御宇《ぎょう》に、源三位《げんざんみ》頼政が矢先にかかって亡びたる鵺と申す亡霊。そのときの有様を詳しく物語ってお聞かせ申すほどに、跡を弔って下されませ」

と、頼んで語るのは、先の有名な頼政による「鵺退治」の一幕。語り終わって僧の耳に伝ってきたのは、悲しい鵺の声だった。そこで僧は、この鵺の妄念《もうねん》を晴らすべく、一夜中途切れることなく、一心に経を誦じた。

しばらくして、面は猿、手足は虎の見るからに恐ろしい怪物が姿を現し、僧に向かって懺悔《ざんげ》すると、くるりと背を向けて歩き出し、暗い海の底へ沈んでいったという。

現在、芦屋市の芦屋公園の一角に、鵺の死体を埋葬したという鵺塚がある。京より頼政によって空舟《うつぼぶね》に乗せられ、淀川を流れて、この近くに漂着したからである。

ぬっぺっぽう

これは、廃寺などに夜出てくる肉塊《にくかい》の妖怪である。僧などが、誰もいない野原に野宿するよりはましだろうと思って泊まると、夜中に物音がして何となく屍《しかばね》のような匂いがする。目を覚まして廊下を見ると、ぼとぼとと歩いてくるものがいる。「どなたですか」といっても返事がない。よく見ると、肉の塊が歩いているので驚く。

ぬっぺっぽうは、どんな目的があって夜散歩するのか分からない。寺から町へ出て、見る人の驚き顔を見て、さも満足そうにあてもなく歩く。無目的な肉塊の妖怪だが、死者の肉がひとりでに歩くともいわれ、あまり気持ちのいいものではない。

ぬっぺら坊とか、ずんべら坊という顔に何にもついていない妖怪がいるが、ぬっぺっぽうは顔らしきものがやっとついているという程度のものである。

よく楠《くす》とか桐《きり》などの古木が化けて現れる話が中国にあるが、それらのお化けたちも顔の大きいものが多い。ぬっぺっぽうも着物を着せれば巨大な顔のお化けになり、ぬっぺら坊ともなる。ぬっぺっぽうは、古木のお化けやぬっぺら坊などの親類みたいなものだろう。

旧仮名遣いで「ぬっぺふほふ」と表記されることもある。

沼御前《ぬまごぜん》

奥州会津《おうしゅうあいづ》（現・福島県）の金山谷《かなやまだに》に沼沢《ぬまざわ》の沼という大沼があって、沼御前とよぶ主がすんでいると伝わる。

正徳《しょうとく》三年（一七一三）のころ、山谷三右衛門という気の強い猟師がこの沼へ鴨《かも》を撃ちに行くと、沼の向こう岸に二十歳ばかりの美女がいて、腰から下を水につけてせっせと鉄漿《かね》（お歯黒）をつけていた。それを見た三右衛門は、不思議に思いながら様子を窺っていると、髪の長さは二丈（約六メートル）あまりもある。これは変化《へんげ》のものに相違ないと、早くも鉄砲の狙いを定め、火蓋を切った。弾丸は見事に女の胸板を射抜いて、女はそのまま水中に没した。

すると、たちまち水底が雷電《らいでん》のように鳴りだし、黒雲が低く垂れ下がり、さしもの広い大沼も空高くわき上がって、湯煙が天を覆ったので、いかに強気な三右衛門も大いに驚き、一目散に逃げ帰ったが、幸いにしてその後は何の祟《たた》りもなかったという。

以前、私が会津金山町に行ったとき、沼沢湖のほとりで「沼御前神社」という神社を見て大いに驚いたことがある。ある実証的な民俗学者がいうように、昔は実在していたが、科学でそんなもの証明できないといわれると、やはり行き場がなくて、妖怪と化してしまうのだろう。

ぬらりひょん

妖怪の総大将ともいわれているが定かではない。

夕方、人々が忙しがっているときに、どこからともなく現れて家の中に入ってくると、勝手に座敷に上がりこんでお茶を飲んだりする。

家族は誰かがいるのだろうくらいに思い、つい忙しさにまぎれて正体を見きわめられない。

そういうときを選んで現れるのがこの妖怪の特徴であるが、人間の心理の隙《すき》を狙うのが巧みなのである。

金持ちの大きな家に入りこみ、主人の煙管《キセル》で煙草《たばこ》をふかしたりしていずこへとなく去って行く。

だから、よほど注意深い人でないと気づかないし、また、何をするのかもよく分からない。

姿は僧のような場合もあるが、多くは商人のような格好をしていて、大家の旦那《だんな》風にゆったりと歩く。

岡山県の備讃灘《びさんなだ》には、同じ名前の妖怪が伝わっている。

海に頭くらいの大きさの丸い玉が浮かぶことがあり、船を寄せてそれを取ろうとすると、ヌラリとはずれて底に沈み、またヒョンと浮いてくる。

それを何度かやって人をからかうというが、こちらはどうやら海坊主の一種のようである。

塗壁《ぬりかべ》

柳田國男《やなぎたくにお》の『妖怪談義《ようかいだんぎ》』によれば、塗壁は筑前《ちくぜん》（現・福岡県）遠賀《おんが》郡の海岸に出たことがあるという。夜道を歩いていると急に行く先が壁になり、どこへも行けなくなってしまう。棒で下を払うと消えるが、上の方を払ってもどうにもならない。

私も第二次世界大戦中、南方で偶然これと同じものに出会ったことがある。

不意に敵に襲われて、一人暗いジャングルを前へ前へと進んだのだが、あるところで前に進めなくなってしまったのである。押してみるとコールタールを固めた感じのもので、右に行っても左にまわっても前方へ進むことができない。もちろん、前は真っ暗で何も見えない。なおもがむしゃらに前へ行こうとするのだが、何としても進めないのだ。

途方に暮れるというのはこのことだろう。その場へ腰を下ろして一休みしたのち、私はもう一度進んでみた。すると不思議なことに、今度は何事もなく進むことができたのである。どうやら、一服したのがよかったらしい。

塗壁という妖怪の類は、どうやら気が動転したようなときに現れる妖怪のようである。

塗坊《ぬりぼう》

長崎県の壱岐《いき》島などによく出た妖怪で、山の崖《がけ》のようなところからヌッと現れたりする。棒切れなどで払ったり、石に腰かけたり、煙草を一服したりすると消えるというから塗壁《ぬりかべ》と似たところがあるが、この塗坊の方は形がはっきりしない。

この塗坊や塗壁のように、夜道で通行の邪魔をする妖怪というのは、案外各地にいるものなのだ。徳島県ではこれを狸《たぬき》の仕業《しわざ》として、衝立狸《ついたてだぬき》といっている。高知県では野衾といって、やはり前方に壁のようなものができるといっている。山口県岩国地方では、壁ではなく金網と表現している。

岩国のある人が、月夜の晩に小瀬というところに出かけた。関戸《せきど》峠にさしかかると、突然月明かりがなくなり、真っ暗になった。と、行く先を見れば、金の網のようなものがある。不思議に思ってあたりを見まわすと、前後左右、空にまで金網が張られて、動きようがなくなってしまった。これはただごとではないと、座禅《ざぜん》を組んで目を閉じ、心を静めることにした。しばらくしてから目を開けてみると、金の網はなくなっており、月が明るく輝いているだけだったという。

こんな不思議なことが、昔は本当にあったのだ。

塗仏《ぬりぼとけ》

昔は、どこの家でも仏壇《ぶつだん》を大切にした。それは、その家の者たちの拠《よ》り所《どころ》だったからである。火事になったときも、仏壇を持ち出すことを第一と考えている人が多かった。

しかし、中には不信心者がいて、仏壇を粗末に扱ったりした。大抵の仏壇は金箔《きんぱく》を張り、漆《うるし》を塗ってあるのだが、ちゃんと手入れをしないことには傷んでしまう。不信心な者は、そうした手入れをついおろそかにしているものである。そうすると、祖霊はいてもたってもいられないのだろう。業をにやして、自ら仏壇の手入れをするという。これが塗仏というものだろうか。

小泉《こいずみ》八雲《やくも》の採集した話の中には、狸《たぬき》の化けた仏像を、ただ無闇にありがたがって拝《おが》んだ信心者の話が出ている。その狸は、あまり信心深くはないが、子供のような素直な心を持った狩人に正体を見破られてしまったという。

また、狸が死んだはずの人に化けて現れ、その親族をびっくりさせるという話もある。このように、狸が仏像や仏に化けて人を驚かすこともあるが、塗仏は狸とは無縁の妖怪のようである。

ぬるぬる坊主《ぼうず》

昔、鳥取県の米子《よなご》の近くに、草相撲《くさずもう》などを取る太った力の強い男がいた。

あるとき、米子の町に出て用事をすませ、夜遅くなって帰ってくると、海の沖の彼方に星のように光るものが見えた。次第に近づいてきたのでよく見ると、胴《どう》のまわり二尺（約六十センチ）あまりの杭のような形をしたものに、目のようなものがついているという、何とも不思議なものだった。

この不思議なものが、海の上をのたりのたりと歩いてくる。どうなることかと見ていると、これが陸に上がってきて、たちまちその力の強い男にもたれかかった。

力自慢の男は同時に組みついて、これを押し倒そうとしたが、全体がぬるぬるでつかみどころがない。それでも何とか倒し、自分の帯を引っかけて、家まで引きずって帰ると、門口の木にくくりつけておいた。

翌朝、村の人たちが大勢集まって見物したが、誰一人としてこれの名前を知っているものがいない。ただ、ある老人がいうには、

「これは海坊主の一種だろう。人さえ見ればもたれかかるのは、きっと体がかゆいのだろう」

ということだった。

濡《ぬ》れ女子《おなご》

長崎県の対馬《つしま》では、雨の降る夜などに濡れそぼった女の怪物が出る。これは濡れ女子という妖怪で、壱岐でも海または沼などから、全身濡れしずくになった女の姿で現れてくるという。

また、伊予《いよ》（現・愛媛県）の怒和《ぬわ》、二神島《ふたがみじま》でも、海から髪の毛を濡らした姿で現れる。宇和《うわ》地方では、海から出てくるとはいわれていないが、やはり洗《あら》い晒《ざら》しの濡れた髪で出てくる。この濡れ女子は、ニヤリと笑いかけてくるので笑い女子ともいうそうである。

女はこちらに笑いかけてくるが、うっかり笑い返すと大変なことになる。それから一生、執念深くつきまとってくるのである。

鹿児島県の屋久島田尻《やくしまたじり》の岬《みさき》に、「高瀬のエビス」という、恵比寿《えびす》様を祀っている場所があるが、このあたりにも同じような妖怪が出たという。

濡れ女子は、磯女《いそおんな》や濡れ女の一種である。磯女は主に磯場に現れるが、濡れ女は海岸付近であれば、どこにでも現れるようだ。濡れ女といえば、下半身が蛇のようなものとされる場合もあるが、多くは普通の人間と変わらない姿で現れる。

濡《ぬ》れ女《おんな》

昔、新潟と福島の境をなす川に、多くの柳の木があった。所有者はなかったので、柳梱《やなぎごうり》職人たちのいい材料調達場所だった。

あるとき、自分たちも真似をして一儲けしようと考えた若者たちが、柳梱職人が材料を調達する前に舟を漕《こ》ぎ出し、柳の若枝を切り落とそうとした。しかしまったく経験のないことなので、仕事は思うように進まず、そのうちに、舟は川が三叉になっているところへ流された。ふと見ると、こんな寂しいところで女が髪を洗っている。これを見た若者たちは慌てて舟を返すと、そこへ仲間の舟がやってきて、なぜ慌てているのかと聞く。

「濡れ女だ」

後からきた者たちは、そんなばかなと笑って三叉のところに漕ぎ出した。すると間もなく、遠くで恐ろしい叫び声が聞こえた。残った若者たちは必死の思いで逃げ出した。

古老の話では、濡れ女の尻尾《しっぽ》は三町（約三百二十七メートル）先まで届くので、見つかったら最後、どんなに逃げてもかならず巻き戻されるということだった。

その後、仲間はそれきり戻らず、隈無《くまな》く探したけれど、死体も舟もどこにも見当たらなかったという。

猫男《ねこおとこ》

明治十四年、尾張《おわり》国東春日井《ひがしかすがい》郡小幡《おばた》村（現・愛知県名古屋市）での話。

水野円四郎という男が、何かうまい酒の肴《さかな》はないかと探していたところ、隣家の飼い猫が目に止まった。猫の肉はうまいとかねてから聞いている円四郎は、さっそく大猫を殺すと、手早く料理した。

そして、絶好の酒の肴ができたとばかりに近隣の者をよんで酒宴を開いた。しかし、かの大猫は村の犬さえ恐れる古猫である。これを食するとなると、祟《たた》りはないかと手を出しかねる者もいた。円四郎は、

「何、祟りなら俺が一人で引き受ける」

と、上機嫌で酒をふるまった。やがて、酒もつきて、みな酔い伏せて眠ってしまった。

その数日後――。台所の天井から突然鼠《ねずみ》が落ちてくると、円四郎は目の色を変えてこれを捕り、ムシャムシャと尾まで残さず食べてしまった。

その形相《ぎょうそう》はまるで猫さながらで、手足を嘗《な》めて顔を洗い、これを見た人などはゾッとして総毛立った。これこそかの古猫の祟りに相違ないと、寺に頼んで読経《どきょう》などしてもらったが、円四郎の形相、奇行は治らなかったという。

猫憑《ねこつ》き

伊予国《いよ》(現・愛媛県)宇摩郡《うま》では、猫を殺すと取り憑《つ》かれるといって、けっして猫に害を加えないという。

昔この地方に、豪農の弥八という男がいたが、どういう経緯でそうなったものか、飼っていた猫を殺してしまった。

弥八はその後、精神に異常をきたし、財産も何も人に奪われてしまい、そのうえ、「猫が取り憑いた。猫が取り憑いた」と、終始うわ言をいいながら、ふらふらとさまよい歩くようになってしまった。

このことがあって以来、この付近の人々の間では、「猫を殺すと弥八さんのようになる」というのが、一種の教訓になったという。

佐賀県東松浦郡《ひがしまつうら》では、猫の魂《たましい》は死人に乗り移るといわれる。それを防ぐために、人が死んだときはすぐ枕を北向きにして寝かせ、布団の上に箒《ほうき》を載せ、枕元には刃物を置くという習慣がある。この地方では、急に人が変わったように働き者になった人をさして、「猫魂《ねこだましい》が入った」ともいうようである。

こうした話を見て考えてみると、猫そのものが悪いのではなく、猫に投影された、悪霊のようなものが悪いのだろう。

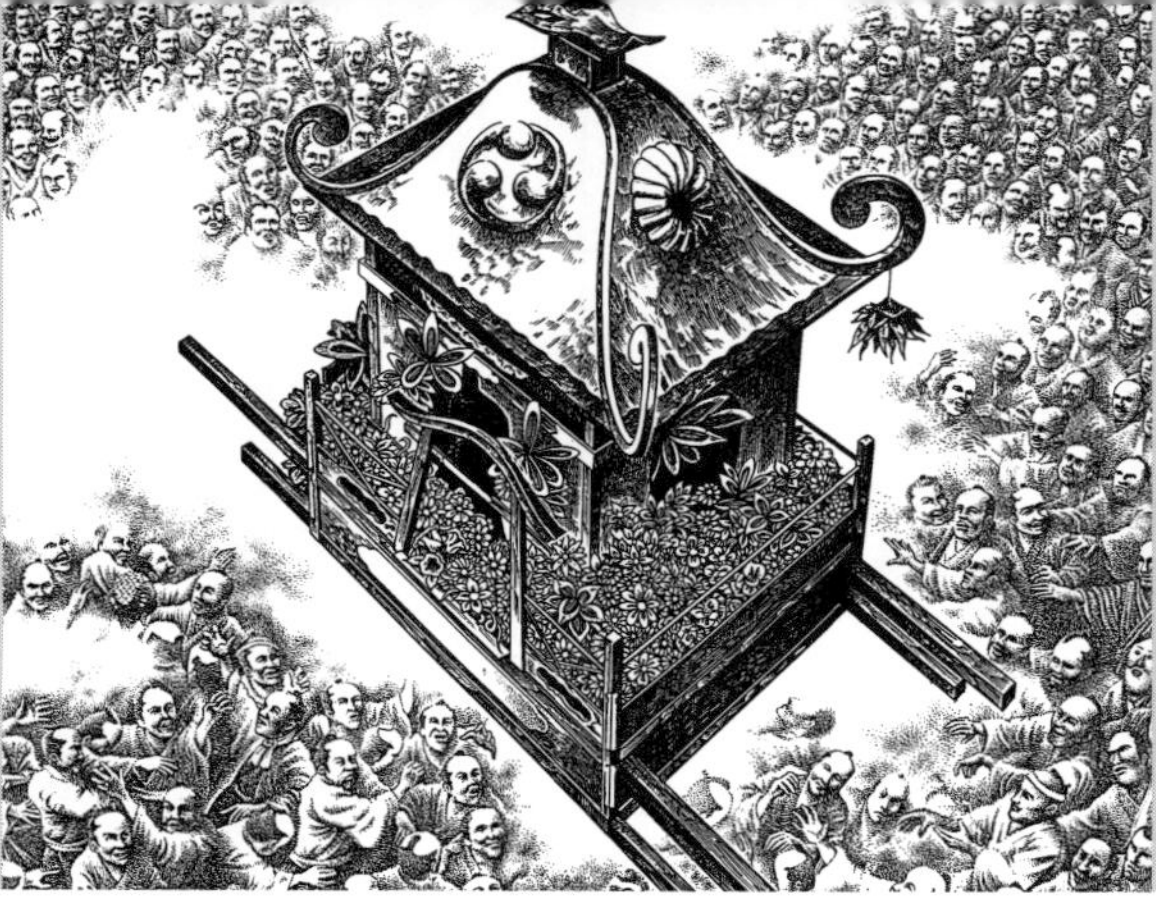

猫《ねこ》の神通力《じんつうりき》

昔、田舎《いなか》に小さな寺があったが、檀家《だんか》も少なく倒産寸前になったので、和尚《おしょう》は長年飼っていた雄猫をよんで、暇をやるからどこか長者の家に行って、幸福に暮らせといい聞かせた。すると猫は涙ながらに恩返しをしたいと人の言葉でしゃべりだし、和尚に一策を授《さず》けた。

「近日、村一番の長者の母親が死にますから、その葬式の日にはこういう風にしてごらんなさい」

やがて猫のいった通り、長者の母が死んだ。その葬式の日、和尚が引導《いんどう》を渡すというとき、突然一陣の風とともに黒雲が現れて、棺桶を空高く巻き上げてしまったので、一同は狼狽した。しかし、和尚は少しも騒がず、

「これは、長者殿をつけ狙う変化《へんげ》の仕業に相違ありません。少しは術を心得ておりますので、追っぱらいましょう」

といって祈禱《きとう》をはじめると、黒雲はふたたび舞い下がって、棺桶を下に置くとそのまま消え失せてしまった。こうして葬式は無事にすみ、和尚の神通力は近郷まで伝わって、寺はつぶれるどころではなく、御堂も建ち、和尚は緋《ひ》の衣《ころも》を着る身分になった。それから後もその猫は忠実に和尚に仕え、和尚もまた我が子のごとく可愛がったが、誰にもそのわけは分からなかったという。

猫又《ねこまた》

昔、越後《えちご》（現・新潟県）のある武士の家で、不思議なことが起こった。手鞠《てまり》ほどの火の玉が毎夜現れ、畳より少し上をふわふわと飛ぶというのである。また、あるときは召し使いの部屋で寝こみを脅し、引く人もない糸車が自然にまわるなど連夜怪事がやまなかった。この家の主人はものに動じぬ気性だったが、世間がうわさするのをうるさく思い、その正体を暴いてやろうと心がけていた。

ある日、それとなく庭へ出て木の上を見ると、赤い手ぬぐいをかぶった老猫が一匹、尾と足で巧みに立ち、四方を見まわしている。主人は今こそと思い、弓に矢をつがえ一矢射れば、狙い違わず猫の急所に命中した。猫は転げまわりながら、身に立った矢を牙でずたずたに嚙《か》み折ると、そのまま息絶えた。その遺骸《いがい》を見れば、尾は二股に分かれ、身の丈は一・五メートルばかりの大猫だった。

このことがあってからは、怪火もやみ、異変も起こらなかったという。

我々の子供のときは化け猫の話が多かったから、猫は化けるものと思って、見つけると石を投げたりしたものである。そのころの猫は、機敏《きびん》で元気もよかったような気もするが、今の猫はダラダラしていてだらしがない。

猫又山《ねこまたやま》

越中国《えっちゅう》（現・富山県）黒部峡谷《くろべきょうこく》に、猫又という妖怪が出現した。この猫又は、元々は富士山にすんでいたそうで、富士権現《ごんげん》に仕える老猫だったという。

　源頼朝が富士の巻き狩り（猟場を四方から取り巻き、獣を囲んで捕まえること）をしたとき、他の獣とともに狩り出されて、猫又は軍兵を喰い殺して逃げまわった。このことに立腹した権現に、

「血に汚れた汝《なんじ》の如《ごと》き猫は、片時も置いておけぬ」

と、富士を追放されて、やむなく富山の黒部峡谷へ流転してきたのだった。

　黒部に移り住んでからの猫又は、盛んに人を殺しては、村人たちを恐怖させた。困り果てた村人たちは、協議の末にこの猫退治を代官に訴え、やがて多数の狩人によって猫又は発見されることとなった。

　しかし、猫又は憤怒《ふんぬ》に燃えた両眼を光らせて、寄らば殺さんとばかりの形相なので、狩人は立ちすくみ、誰も捕まえようとする者はなかった。するとどうしたことか、猫又はこの様子を尻目に、いずこともなく立ち去ってしまった。

　その後は村人たちの生活も平穏になり、この猫又のいた山を猫又山とよぶようになったという。

鼠《ねずみ》の怨霊《おんりょう》

昔から、鼠は神様（土地によっては大黒様）の使いだから、無理な殺し方をするな、といい伝えられている。

ところが、ある武士が夜中に鼠が自分の刀に触れたと怒り狂って、その鼠を捕らえ、油を身体に注いで丸焼きにして殺してしまった。

すると、一週間ほど経ってから、武士の枕元に怨霊《おんりょう》が現れ、「我ら一族の怨みなり」とばかりに口から大量の鼠を吐いて攻撃してきた。

武士は腹立たしいやら、気味悪いやらで這々《ほうほう》の体《てい》で逃げ出した。しかし、それが三晩も続いたので、武士はとうとう四日目の晩に家を飛び出したきり、行方が分からなくなってしまったという。

鼠にかぎらず、理由もなく動物を殺すと、かならず祟《たた》りがあるとはよくいわれたことである。

最近はそういう教えみたいなものが薄れているのか、よく学校で飼育されている小動物が、心無い者に惨殺されるというニュースを聞く。こういう者たちこそ、祟りにあえばいいのにとは、よく思うことである。まァ、すべての生き物は友達である。

祢々子河童《ねねこがっぱ》

利根川《とねがわ》の祢々子河童は、女河童だが暴れ者で有名だった。しかも関東中の河童の親分でもあった。

祢々子は大利根の流域を転々としていたが、最後は利根町の加納《かのう》というところにすみついたという。

生《い》け簀《す》の魚を盗んで食ったり、厩《うまや》に繋《つな》いである馬を水中に引きこんだり、川で子供を引っぱったり、キュウリ畑を荒らしたりと、悪いことばかりしていたが、その祢々子が、一度だけ失敗したことがある。

ある夏の夕暮れ時、川原に愛馬を引いて遊ばせていた侍がいた。

祢々子は馬の尻に腕をからませて、引きこもうとしたところ、馬は驚いて跳ねまわった。

そのとき、侍が立ちあがり、逆に祢々子の首筋をつかんだ。その力の強さに、祢々子は身動きもできず、ついに詫《わ》びを入れ、許してくれたお礼として、切り傷の妙薬の秘法を教えると、水中に没したという。

今でも、利根町加納新田の加納氏の庭内に、祢々子を祀《まつ》る河童の祠が残っているという。

ネブッチョウ

埼玉県秩父《ちちぶ》地方には、ネブッチョウとよばれる憑《つ》き物があった。

ネブッチョウというのは小蛇の類で、昔からその家につきまとい、息子なり娘なりが他家へ縁づくと、その小蛇もついて行くという。

古代の日本では死霊が蛇になって姿を現すとか、怨霊が蛇とか龍になって姿を現すといわれ、気味悪がられていた。また『今昔物語集』を見ても、蛇への転生の話が圧倒的に多い。

それはおそらく、仏教が日本に伝来する前に、蛇を死霊の象徴とする考え方が、日本人の間に広範囲に広がっていたからだと考えられる。

室町時代の本には、男の恋を袖にする女性が、蛇に落ちる、すなわち蛇に生まれ変わったとか、酒を飲んだりやたらと女性と関係したりした僧侶が蛇に生まれ変わった話がたくさんある。

そういう考え方の大本には、山神《やまがみ》はしばしば蛇の姿で出現し、また山神は農耕神《のうこうしん》でもあり、死霊でもあるとする、太古の考え方があったのだろう。それが複雑に展開すると、このネブッチョウのような考え方になるのかもしれない。

寝《ね》肥《ぶと》り

寝肥りは寝惚堕《ねぶおり》ともいい、一種の妖怪病ともいうべきもので、女のやたらに寝るのを戒《いまし》めたものと思われる。

昔、美人の女がいて、普段は気づかないが、寝ると体が部屋中いっぱいに広がったようになり、また、そのいびきは車が轟《とどろ》くようだった。あまりものすごいので、その夫もとうとう逃げ出してしまった。

これが世にいう寝肥りなるものだろうと、その夫は友人に語ったそうだが、寝肥りの特徴は大いびきをかき、色気がなく、何ごとにつけても騒々しく、大抵の男は愛想がつきるという。

この妖怪は江戸時代の『桃山人夜話《とうさんじんやわ》』にあるものだが、他にも次のように記している。

昔、奥州（東北）にいたある女は、菅薦《すがごも》（菅でつくった筵《むしろ》）が十枚あるところを、自分は七枚、相方の男は三枚を使って寝ていたという。それほど太った女で、一度寝れば大いびきをかき、色気も何もあったものではない。愛想がつきるほど寝相が悪い女のことを、奥州にて寝肥りという、とある。

今でいう肥満症というものだろうか。

ノイポロイクシ

北海道のアイヌの人々によれば、人間には誰しも生まれながらにして憑神《つきがみ》というある種の霊が憑いているという。その中には巫術行為《ふじゅつこうい》をさせる憑神や、超能力を持たせる特別な霊もあるという。

その超能力を持たせる霊の中にノイポロイクシというのがあるそうだ。これは自分の家に来客がある前兆（予知）として急に頭痛を生じさせるものだと、藤村久和著『アイヌの霊の世界』に書かれている。

それによると、ノイポロイクシは遠方からくる見知らぬ来客にかぎって知らせることができ、見知っている人の場合は起こらないそうだ。

ある人は頭痛が荒々しいときは女性が、ゆるやかなときは男性が訪れるといい、訪問理由の概略と来客の年齢までいい当てることができたことを、『アイヌの霊の世界』の著者は驚きをもって語っている。

アイヌの人たちの信仰によると、こうした憑神は個々の霊とともにこの世にやってきて胎児に憑き、その個人が死ぬとともにその遺体から個人の霊ともどもあの世に帰って行くことになっているという。

ノウマ

ノウマというのは、島根県石見《いわみ》地方に現れたという一つ目の妖怪である。

夜、一人で歩いている人を見つけると、突然ニューッと現れて、その人を食ってしまうという。

あまり資料がないため、どのような姿をしているのかなど、これ以上詳しいことは分からない。

私はこのノウマというのは、きっと古い古い妖怪だと思う。というのは、ノウマの現れた石見というところは、今でも古い神楽があったりして、驚くほどの「大昔」が残っているところだからである。

私は子供のときから、出雲《いずも》、石見というと特別な気持ちで見ていた。

なぜそうなのかは自分でも分からないが、とにかく出雲というと、何となく神のいる場所のような気がして、おろそかにはできない感じになるのは、おそらく、子供のときにいた「のんのんばあ」のせいかもしれない。

彼女はいつも、カミとか妖怪で子供時代の私を驚かせたものだ。

野宿火《のじゅくび》

昔は、よく田舎道や夜更《よふ》けの街道や山中などに、誰が焚《た》いたのか分からない奇妙な火が、チョロチョロと燃えては消え、消えては燃え上がることがあった。こういう奇妙な火のことを野宿火とよんだ。

この怪火は、人が遊山《ゆさん》に行って去ったあととか、人が集まって去ったあとにしばしば出現し、雨の降ったあとなど、木の間隠れにそっと見ていると、その怪火を囲んで人の話し声がするという。

ときには哀れな声もまじり、その声を聞いたものは思わず逃げ出したくなる。

狐火《きつねび》でもなく、人魂《ひとだま》の類《たぐい》でもない。春の桜狩り、あるいは秋の紅葉狩りなどのあと、人っ子一人いなくなったころにこの怪火は好んで出現し、ポーッと燃えると、だんだんその火を囲んで、たくさんの人が騒いだりうたったりする声が聞こえてくる。

そのさまは、「哀れにものすごくして、すさまじ」と、この妖怪のことを記した『桃山人夜話《とうさんじんやわ》』にもあるから、よほど気味悪いものだったのだろう。

ノツゴ

夜、山道を歩いていると、理由もないのに、どうしたわけか足がもつれて歩けなくなることがある。これを愛媛県宇和《うわ》地方では、「ノツゴに憑《つ》かれた」という。夜、外へ出たがる子供に、「ノツゴが憑くぞ」といえば、かならずいうことをきくくらい、土地の人々には恐れられている。

内海《うちうみ》村油袋《ゆたい》（現・南宇和郡愛南《あいなん》町）では、道を歩いていると「草履《ぞうり》をくれ」といって追いかけてくる魔性のものといっている。

その正体ははっきりせず、急に足が重くなって動けなくなったとき、草鞋《わらじ》の乳《ち》（縁についてる小さな輪）か草履の鼻緒《はなお》を切ってやると、足が動くようになるといわれていることから、ノツゴは行き逢《あ》い神に似たところもあるようだ。

昔はどこの地方でも、間引きとか堕胎がかなり行われていて、ことに私生児を産んだ娘は、生まれた子の口を塞いでこっそり土中に埋めた。

一説には、ノツゴはこれら成仏できずにさまよっている幼児の亡霊であるともいわれ、南宇和《みなみうわ》郡一本松《いっぽんまつ》町小山《こやま》（現・愛南町）では、ノツゴは影も形も見えないが、「ワアワア」とか「オギャアオギャア」という赤子の泣き声をたてるものだといっている。

野《の》槌《づち》

野槌という名前は、古くから伝えられていて、『古事記《こじき》』や『日本書紀《にほんしょき》』などには、草野姫《かやのひめ》の別名として野槌と記されている。水の霊をミズチとよぶように、元々は野の霊という意味があるらしい。

江戸時代の百科事典である『和漢三才図会《わかんさんさいずえ》』によれば、深山の木の穴などにいて、直径は十五センチほど、長さは九十センチもあり、頭と尾が均等の太さで柄のない槌に似ているため、それで俗に野槌という、とある。

和州(現・奈良県)の吉野山中によく現れ、大きな口で人の足に嚙《か》みつくが、急いで高いところへ行けば、追ってこない。なぜかというと、坂を下るのはとても速いが、上り道は苦手なのだという。

この野槌というのは、ツチノコと同じもののようだ。槌蛇《つちへび》とか野槌とかいわれるこの奇形の蛇は、形が変わっていて珍しいので、妖怪の仲間に入れられたのだろう。

奇形の蛇としては、ときたま白蛇とか前脚のある蛇もいるが、これは神様とか神様の使いとされる。

昔の人は、そういう奇妙な形の動物に、神秘とか霊力を感じたのだろう。

野《の》寺《でら》坊《ぼう》

野寺坊というのは、夕暮れなどに誰もいない寺で、鐘の音をさせる妖怪だといわれている。

私は子供のときよく山に行ったものだが、夕暮れの寂しそうなときに、意味もなく鐘の音がすることがよくあった。

近くには寺もないし、誰一人いない。それなのに鐘の音だけが聞こえる。

「おかしいなあ」と思って、お婆さんに聞くと、「それは野寺坊だ」というわけで、一種の音の妖怪かなあと思ったこともあったが、考えてみると、山は入りくんでいるから音が反響するのだろう。すなわち、山彦《やまびこ》と同じような具合になるのだろうと思う。

しかし、夕暮れの奇妙な気分のときに、鐘の音がゴーンとかすかに聞こえると、何か妖怪が音を出しているのではないかという気分になる。野寺坊というのは、そういう気分が化して妖怪となったものだろう。

外国にも、野寺坊のように音をさせる妖怪がいる。姿は見えず音だけさせる。

すすり泣きの声が聞こえたりすると、その家の家族のうちの一人があの世に行くといわれ、死の予告者と思われている。野寺坊にも、そういう性質があるのかもしれない。

野火《のび》

土佐《とさ》（現・高知県）の長岡《ながおか》郡、このあたりは、なかなか妖怪の出現率が高いようである。山といわず里といわず、そこら中に様々な妖怪が現れ、だいぶ賑やかな様子である。妖怪の生息しやすい地域といったらいいか。

その妖怪の一つに野火がある。名前の通り火の妖怪であるが、これははじめ、傘ほどの大きさの火であるという。ふわふわやってきたかと思うとたちまち砕けて、これが数十の星となって、ときに地上一メートルのところを一キロメートルほども走る。こうなると、火というよりは流星のような感じに近いのではないかと思う。

また、南国市には、掃部《かもん》様の火とよばれる怪火もある。これは雨のそぼ降る夜、比江《ひえ》山に上がる火で、色は赤く、やはり傘ほどの大きさで四キロメートルあまりも飛びまわる。草履を脱いで裏に唾を吐きかけ、これで招くと車輪のように飛んでくるという。

しかし、うっかり招いてはいけない。この火は、昔、掃部《かもんの》助《すけ》が長宗我部《ちょうそかべ》元親《もとちか》の怒りに触れたことで妻子一族とともに討たれ、その怨念が火と化したものなのである。だから、比江山に掃部様の火が見えても、見ているだけならいいが招いてはいけないと、地元では戒《いまし》められているということである。

のびあがり

見れば見るほど高くなっていく妖怪を、愛媛県ではのびあがりという。

地元の人はこれを川獺《かわうそ》が化《ば》けたものであるとして、地上三十センチぐらいのところを蹴るか、目をそらせば消えるといっている。

ところで、どういうものかこののびあがりの類《たぐい》は、大抵何かの獣が化けたようにいわれている。愛媛のように、それを川獺というところもあれば、狸《たぬき》のせいにするところも多く、徳島県あたりになるとそれこそ何でも狸だということになる。

柳田國男《やなぎたくにお》の『妖怪談義』によれば、こういった妖怪が声をかけて現れることはまれで、出現するというよりは、人間が勝手に見て驚くものなのだ、といっている。

確かにそういわれてみれば、こういった類の妖怪で、何かセリフをいいながら現れたという話はあまり聞かない。しかし、人間が勝手に見て驚くのだ、というのは納得いかない。のびあがりは川獺が化けたものといわれているが、川獺も狐《こ》狸《り》に劣らずよく人を化かす動物である。そんな動物が、人間を驚かすつもりもなく化けて現れるというのは、どんなものだろうか。

野衾《のぶすま》

昔、高知県の幡多《はた》郡に現れたもので、前面に壁のように立ち塞《ふさ》がり、上下左右とも果てしがないという。

福岡県に出た塗壁《ぬりかべ》と似たものだろう。

これに出会った場合は、腰を下ろして煙草《たばこ》を吸っていると消えるという。要するに、落ちつけという意味なのかもしれない。

関東地方で野衾というとムササビのようなもので、ふわりときて人の目や口を塞ぐという。

現在の東京の神田あたりにも、野衾が現れたという話が古書に載っている。

猫を捕まえて血を吸っているところを、伊兵衛という者が走り寄って打ち殺した。人々が集まってみると、それは、「面体鼬《めんていいたち》のごとく、目は兎のごとく、左右羽のごとくにして羽にあらず。その先に爪あり、手の指四本、足の指五本、縦横一尺二、三寸（約三十六〜三十九センチメートル）、尻尾その他の毛色は栗色のごとく」だったという、これこそ深山《しんざん》幽谷《ゆうこく》にすむ野衾というものだろうということになったが、この野衾はムササビのことであるともいわれる。

野《の》守《もり》

長野県長野市松代《まつしろ》に住む農民が、あるとき連れの男と山に芝刈りに行った。

草むらを分けて山道を歩いていると、ふいに何かを踏んだ感触があり、ハッとした途端、左右の草むらが急にざわめいて、桶《おけ》のように太い胴体をした蛇が襲いかかってきた。農民はひるむことなく蛇と格闘し、両手で蛇の口を引き裂こうとした。が、蛇も必死で抵抗し、太い体を農民に巻きつける。連れの男はこれに恐れおののき、木に逃げ登っている。

しかし、農民は剛の者だったから、鎌《かま》でもって蛇の口を切り裂くと、ずたずたに切り殺した。蛇は長さ四メートル、足が六本あり、指も六本という世にも珍しい大蛇だった。

農民は太い胴の一部分だけを持ち帰ると、びっくりした親は男を家に入れることを拒んだ。祟りがあると恐れたのだ。

仕方なく農民は小屋で寝泊まりをはじめると、日が経つにつれて蛇の肉が腐り、やがてその臭気のために病気になってしまった。さては祟りかとも思ったが、医者に診てもらったらケロリと治ったのである。

医者にこの蛇のことを話すと「それは野守だろう」ということだった。農民のように剛の者でなかったら、おそらく逆に命を落としていたに違いない。

パウチ

北海道の層雲峡《そううんきょう》は、かつてパウチカムイという女神がつくった集落で、奇岩《きがん》はこのパウチの砦《とりで》だったという。

昔、十勝《とかち》からきた夜盗《やとう》の群《む》れが、石狩《いしかり》地方を襲うため石狩川を筏《いかだ》で下って、層雲峡にさしかかったところ、岩の上で踊る全裸の女神を見つけた。夜盗らはこれに見とれ、滝壺に呑まれて全滅した。こうしてパウチは石狩の人々を救ったと伝えられている。

道北地方の伝承によると、かつてパウチは工芸の神であって、機織《はたお》りや匠の技はこの神が伝承したものであるという。ところが何よりも美しさを求めていたパウチは、あるとき衣服を着ているよりも裸身の方が美しいと悟り、人間を誘惑して裸にする淫魔《いんま》に成り果てたという。

道東地方では、浮気はパウチがたまたま人間に取り憑き、そういう気分にさせるのだという。また、全裸で男性の前に現れては、「これ、若者よ、柔肌の丘を撫《な》でさすり、葛《くず》の叢《くさむら》かきわけて、谷の低みに降りといで」などと歌って誘惑するともいう。

普段のパウチは、天国にあるシュシュランペツという川の畔《ほとり》で踊り暮らしているそうだ。

ハカゼ

高知県では「ハカゼにうてる（あたる）」と急に高熱が出たりするという。以前、同県中村市で次のようなことがあった。

ある女性が、急に高熱を出して苦しみはじめた。その晩はいったん下がったものの、翌朝になるとまた上がりはじめたので、実家の集落の祈禱師《きとうし》にみてもらうと、「これはハカゼにうてとる」ということになり、中村市のある神社でお祓《はら》いすれば治るといわれた。その通りにすると熱は間もなく下がって元気になったという。

ハカゼというのは、死霊のことである。昔この地方で殺された七人の武士の怨霊がさまよい、人に憑《つ》くといわれている。また、溺死した人の怨霊が川辺でさまよっているともいわれ、川のほとりを歩いていると憑かれることが多いそうである。

この女性の場合は、夫と二階の部屋を間借りして住んでいたが、その下の部屋に遺骨が祀《まつ》ってあり、その遺骨の死霊が憑いたのだろうということだった。故人とその女性とは別に血縁関係があるわけではないが、知らずに遺骨の上に寝ていたのがいけなかったのだろうと、あとでそういうことになったそうだ。

獏《ばく》

人の夢を餌《えさ》にしているという獏は、もとは中国の生まれである。体形は熊のようだが、鼻は象のように長く、目は犀《さい》に似て尾は牛のようであり、脚は虎のように太く、毛には斑点《はんてん》があるという。色々な動物の部分を集めてつくったような奇妙な妖怪である。

一応断っておくが、これは普通生息している獏とは別のもの……。

本家の中国では、悪い夢を見ると、わざわざ獏をよび寄せてこれを食わせてしまう。疫病《えきびょう》が流行したときも、そのもととなる病霊を食わせて取り除いてしまう。

日本でも福島や熊本に似たような伝承がある。悪夢を見たとき、その難を逃れる唱え言である。

「夕べの夢は獏にあげます」といって、息を三度吐きかける。あるいは、「今晩の夢は獏に食わせる、獏に食わせる、獏に食わせる」と三唱するといいそうだ。

かの豊臣秀吉《とよとみひでよし》の枕元の絵にもこの獏が描いてあった。獏の皮を敷いて寝れば疫病を避け、その形を描けば邪気を払うなどともいわれている。

妖怪というよりは、霊獣《れいじゅう》に近いかもしれない。

白蔵主《はくぞうす》

昔、甲斐《かい》（現・山梨県）は夢山の麓《ふもと》に、狐《きつね》の皮で生計を立てていた弥作という狩人がいた。

夢山には古狐がいて、子供を産んでもみんな弥作に捕らえられてしまい、狐はこれを恨みに思っていた。近くに宝塔寺《ほうとうじ》という寺があり、そこの白蔵主という法師は弥作の伯父だったが、狐は考えた末、この白蔵主に化けることにした。そして弥作を訪ねると、

「殺生《せっしょう》はよくない。銭一貫文で、狐の罠をわしにくれないか」

といい、その罠を持って帰ってしまった。ところが、弥作は狐を捕らないと生活ができない。もう一度伯父に銭をもらおうと宝塔寺に出かけた。それをかぎつけた狐は、今度は本物の白蔵主を食い殺し、自分が白蔵主になりすました。そして弥作をまんまとだました狐は、そのまま寺の住職として、五十年もの間そこに住み続けた。

しかし、あるとき桜見物に行ったところで、二匹の犬に食い殺され、ついに正体を現した。白い老狐《ろうこ》の尾は、白銀の針のような毛を生やしていたという。

このことがあってから、狐が法師に化けることを白蔵主とよぶようになったという。

化《ば》け銀杏《いちょう》の精《せい》

顔も手も足も黄色で、墨染《すみぞ》めの衣に鉦《かね》を叩きながら現れる。これが銀杏の精である。

銀杏の木は、昔からよく宅地内や内庭に植えると、不吉なことがあるといわれている。その理由としては、銀杏は寺の木だからという。早く大木になって屋敷を占領するとか、落ち葉がおびただしく、厄介だとかいう害もある。

また、水気を吸収することがはなはだしく、床下に根を張ると、夏は根に籠《こ》もった水気のため、障子《しょうじ》や襖《ふすま》の開閉が困難になり、冬は反対に水気がなくなって、障子や襖が外れやすくなるということがある。

銀杏は神霊の憑く木と考えられ、この木に精霊が宿るとして注連縄《しめなわ》を張り、神木《しんぼく》としている神社は少なくない。

弘化《こうか》(一八四四〜一八四八)ごろ、これを切り倒そうとしたが、恐れて引き受ける者が誰もいない。引き受ける者があっても、夢に木の精らしい女性が現れて取りやめになり、そのうち暴風雨で倒れて、その家の屋根を打ち砕いたという話もある。

この妖怪の形は、『蕪村妖怪絵巻《ぶそんようかいえまき》』なるものから頂戴した。蕪村は俳句の大家だが、この妖怪のことはあまり説明していない。そこで何とか説明をつけたという次第である。

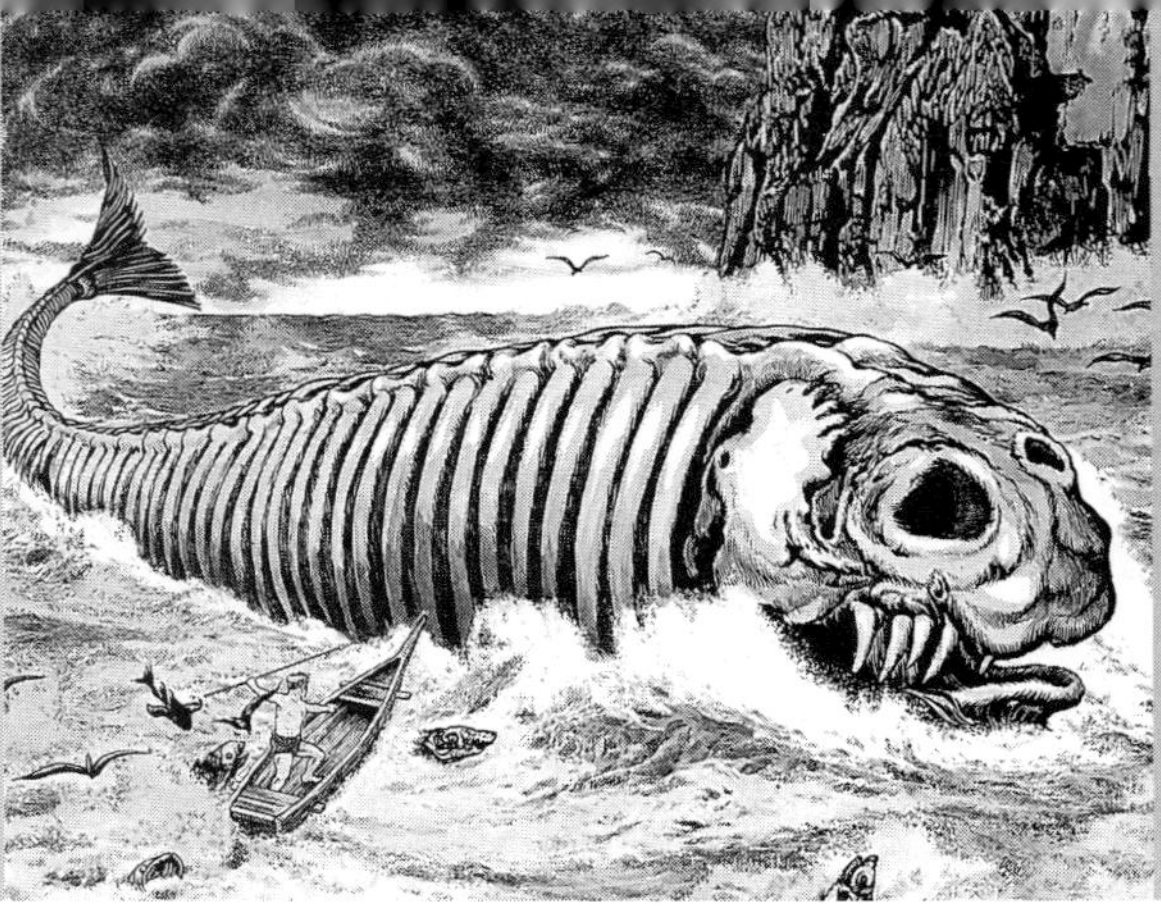

化《ば》け鯨《くじら》

昔、島根の隠岐《おき》島あたりに、夜になると、どういう潮の流れのせいか、不思議な鳥とともに、奇怪な魚の群れが海岸に現れたという。

中でも巨大な骨だけの鯨がいて、潮が引くと他の怪魚とともに沖へ出て行く。近くにいた漁師が船を出して、モリを投げたが、鯨にあたっても手ごたえがなかったということから、化け鯨だろうとうわさされた。

昔は山陰の方でも、鯨捕りがあったらしく、私らの寺の庫《く》裏《り》は、昔は島根半島の浦の方にあった鯨組の家を解体して、明治時代に運んでつくったものだといわれ、今でもあるが大きな柱で大きな家である。

昔、私が紙芝居を描いていた時代に、化け鯨という紙芝居を描いたことがあった。鯨の肉ばかり食っているうちに、だんだん人間が鯨に似てくる話だったが、どういうわけか終わり近くなって、原因不明の熱が出て、医者に診《み》てもらっても分からなかった。

そこで化け鯨という紙芝居をやめることにしたところ、不思議と熱が冷めた。

これはきっと化け鯨の祟りだったのだろうと、笑ってすましたわけだが、案外何かあるのかもしれない。

化《ば》け草履《ぞうり》

昔、履物《はきもの》を粗末にする家があった。

　その家の召し使いがある晩一人でいると、

「カラリン、コロリン、カンコロリン、まなぐ三、まなぐ三つに歯二ん枚」

という声が聞こえた。それが毎晩続いたので、召し使いは恐ろしくなっておかみさんに話すと、おかみさんは、

「どんな声だかおらも聞かなきゃなんねえ。今夜はお前と寝んべ」

といって、召し使いの部屋で二人で待つことにした。すると、いつもの時刻にまた、

「カラリン、コロリン……」

と声が聞こえてきた。

「ほんとだ。一体何だか、明日の晩は正体を見てやんべ」

　おかみさんはこういうと、次の晩もまた同じように待った。と、やってきたので、二人が戸の隙間からそーっと覗いてみたら、化け草履がいつも履物を投げ捨てておく物置のすみへ入って行ったということである。

　この他にも、古い下駄が化けて踊りを踊ったなどという話もあるから、履物は化けやすいものなのだろうか。

化《ば》け狸《だぬき》

岩手県のある村で、大正のはじめにこんなことがあった。

ある家で婚礼があったが、大家の旦那が他所へ行って戻らないので、式をあげることができない。すると、外で犬が吠え立てて、旦那が雨戸を蹴破《けやぶ》らんばかりに入ってきた。

「さあ、大急ぎで式をあげた、あげた」

というなり、まるで獣のようにご馳走を食い散らした。客人たちはそのふるまいに呆然としたが、酔いも手伝ってのことと、誰も何もいわなかった。式がすんでから、その旦那に今夜は泊まるようにと家人がすすめると、

「いや、明日の朝は早いから……」

と、あたふたと玄関から出て行ってしまった。すると、また犬どもが猛烈に吠えかかり、旦那は「キャッ」と叫んで床下に逃げこんでしまった。それを見ていた客人たちは、

「これは本物の旦那じゃない。犬を放せ」

といって、犬を床下に追いこんだ。やがて犬がずるずると引っぱりだしてきたものを見ると、これが大きな古狸だった。そこへ、

「いやあ、おくれて申しわけなかった」

といって現れたのが、本物の旦那だったという。

そんな話が、佐々木喜善《ささききぜん》著『聴耳草紙《ききみみぞうし》』に記されている。

化《ば》け灯籠《どうろう》

昔、日光《にっこう》に参詣《さんけい》にきた男が道に迷い、山中深く入りこんでしまった。

二つに分かれている道の一方を通ってきたのであるが、戻ろうとしても道がなく、どうやら妖怪のようなものに惑わされたに違いないと思いいたった。

そのあたりにくると、色々な物が二つに見えて、そのために道に迷うのであるが、これは化け灯籠という妖怪の仕業で、心を落ち着け大地を踏みしめて進めば、惑わされないともいわれる。

よく栃木県の日光に出たといわれるが、いずれにしても、何百年も経ったような古い灯籠などは精が宿り、化ける力を得ると思われていたのだろう。

だから、たとえば光の屈折などの自然現象で現れたようなものでも古い灯籠のせいにされ、化け灯籠といい伝えられたのだと思われる。

日光の二荒山《ふたらさん》神社には、実際に化け灯籠とよばれる青銅《せいどう》の灯籠があって、これに驚いた者が刀で斬り付けた傷というのが、無数に残っている。

化《ば》け猫《ねこ》

安永《あんえい》（一七七二〜一七八一）のころ、泉州《せんしゅう》の堺《さかい》（現・大阪府堺市）に平瀬某という者が住んでいた。

あるとき、平瀬は夜更けまで兵書を読んでいた。

やがて丑三《うしみ》つ刻《どき》（午前二時）になったとき、後ろの障子《しょうじ》がスルスルと開いて、鬼のような腕が平瀬某のもとどりをつかんで引っぱった。

驚いた平瀬某は、腕をむんずとつかまえると、一刀のもとに斬り捨てた。

化け物はひと声叫んでそのまま逃げ失せたが、夜が明けてからその腕をよく見ると、針のような毛の生えた大きな猫の手だったという。

古猫は化けるとよくいわれるが、ところによっては三年飼うと化けるとか、また一貫目（約三・七五キログラム）以上になると化けるとかいわれている。

死者があると猫を他家に預けるなどともよくいうが、対島《つしま》では背負い籠で囲うそうである。昔、野辺《のべ》送りをしていると、天から魔物が下りてきてその死体を取っていった。その魔物は、その家の飼い猫が化けたものだった。だから、それからは死者が出ると猫を囲ってしまうのだという。これは死体を盗んでいく妖怪・火車《かしゃ》とも関連したことのようだ。

化《ば》け鼠《ねずみ》

永禄《えいろく》（一五五八～一五七〇）のころ、都《みやこ》一条《いちじょう》のほとりの古い家に、松並久太という侍《さむらい》が移り住んできた。

家の居間の柱には深い穴が開いていたが、久太が移り住んだその晩、その穴から見知らぬ怪しげな子供が顔を出して、こちらへこいと手招きをする。

久太は大いに驚き、その穴を経文《きょうもん》で塞いだり、祈禱《きとう》を頼んだりしてみたが、子供は相変わらず出現し、同じように手招きするのだった。

あるとき、久太の友人である平塚某という剛勇の男が、この話を聞いて久太の家にやってきた。そして、その怪しい子供が現れるのを待った。

やがて、いつものように子供が現れると、平塚は待ってましたとばかりに刀を抜いて斬りかかった。子供はすぐに引っこんだので、穴を覗いてみると、そこには古い鼠の死屍《しかばね》があるだけだった。

どうやら鼠の幽霊が、さらに子供の姿となって（化けて）現れていたらしい、ということだった。

どういう理由で鼠が化けて出てくるようになったのか、霊の世界は分からないことばかりだ。

化《ば》けの皮《かわ》衣《ごろも》

狐《きつね》は化けるものと昔から信じられているが、その化け方は狐によって様々にあるようだ。

中国唐代《とうだい》の『酉陽雑俎《ゆうようざつそ》』という古書には、三千年を経た狐が、髑髏《どくろ》を頭に載せて北斗を拝し、その髑髏が落ちなければ人に化けられるとある。

鳥山石燕《とりやませきえん》の『画図《がず》百器徒然袋《ひゃっきつれづれぶくろ》』には、一人の女性の着物に藻《も》がからんでいる姿の絵がみられるが、これが狐の化けたものだということは疑いようもない。この化けの皮は藻である。

狐が藻を使って化けるという話は、『本朝故事因縁集《ほんちょうこじいんねんしゅう》』の「化け衣」という話にも記されている。昔、一休和尚が今の大阪あたりを通っていると、池の畔《ほとり》で狐が青苔《あおごけ》を頭に載せて、人間に化けようとしているのをみつけたというものである。

化けの皮衣というのは、つまり、狐が化けるときにその身体にかける道具のことをいっているのだろう。

よく真相を包み隠している人に対して「化けの皮をはがしてやる」などということがあるが、これは元々化けた狐に対する言葉だったようである。

化《ば》け火《び》

昔、近江《おうみ》堅田《かたた》（現・滋賀県大津市）に化け火という怪火が現れたという。まず、湖の岸から小さな火となって現れ、山の手の方へ移動しながら大きくなり、直径一メートルぐらいになる。火の勢いはそれほど強くなく、小雨《こさめ》の夜とか曇《くも》りの夜にかぎって現れるという。

大地から一・五メートルばかり離れたところを飛行し、人の形になったり、あるいは二人の人が左右の腕を組み、相撲を取るような形になったりする。腰から上は見えるが、その下は見えないともいう。

ある人がこの火を確かめようと、田の畦《あぜ》に隠れて待っていた。夜半、例の火が湖の水際から出て、やがて田の畦にやってきた。この男は、田舎相撲の関取で力自慢だったから、十分火が近づくのを待ち、大声をあげて、その火に飛びかかった。が、あっという間に十メートル先の田に投げ飛ばされた。幸いにも稲の穂が実ったころで、下が柔らかかったために怪我はなかった。

昔からこのような強気の人々が幾たびか試してみたが、みなこの田舎関取のようになるので、村人たちはその話を聞くたびにいよいよ恐れて、寄りつかなくなったという。実に奇怪な火である。

化《ば》け雛《びな》

年を経た雛人形は、やがて精霊を宿して化け雛になるという。だから人形の類は、十分供養してから処分しなくてはならない。

その昔、広島某町の孫三郎が、同じ町の女性を妻に娶った。そのとき妻は、数代にわたって伝わる実家の雛人形を持参したのだが、もう不要だからと、商売人の久敷助右エ門にその雛人形を売ってしまった。しかし子供ほどもある人形なので、買う者もなく、助右エ門家にしまわれたままだった。

しばらくしたころ、ある者から「体の部分は人形使いに売り、衣装は袋物などに仕立て直せばどうだろうか」と助言を受け、助右エ門はそれに従うことにした。

それからというもの、助右エ門家にいずこともなく人が泣く声や、笛を吹くような音が聞こえるようになった。

助右エ門は近所の者と申し合わせ、くまなく屋敷内を探しまわると、何やら戸棚の内から泣き声が聞こえてくる。開いて見ると、雛を入れた箱があり、その蓋を取ると、何と女雛が額から汗を流している。これを見た一同はあまりの怪異に驚いた。

その後、助右エ門はこの雛をもとの孫三郎家に返し、孫三郎はそれを全正院という寺に預けたそうである。

化《ば》け古下駄《ふるげた》

陸前寒風沢《りくぜんさぶさわ》（現・宮城県塩竈市《しおがま》）のある町を、夜中になると「鼻痛い、鼻痛い」と声をあげて行くものがいた。村の若者が申し合わせて、ある夜そっと外へ出てみると、声はするが姿は見えない。竹の棒で声のするあたりをかきまわしてみても、何の手ごたえもなかった。

あるとき、若者の一人が、近くの藪《やぶ》の中で怪しい騒ぎ声を聞いた。そっと立ち聞きすると、並みの人間とは違った声で、

「古蓑《みの》、古笠、古太鼓《だいこ》、続いて古下駄、古破子《わりご》、どんどんぱきぱき、ばっさばさ」

と、歌い踊りをしている様子。かと思うと、

「今夜は不思議な晩だからやめろやめろ」

といって、歌もやめてしまった。

次の日の晩、今度は大勢で昨夜の場所に行ってみると、藪の中に、古蓑や古笠、古太鼓の胴だの、古破子だのがたくさん集まっていて、少し離れて、大きな古下駄の片方の鼻の欠けたのがあった。さては「鼻痛い」はこやつの仕業で、このものどもが化けるのかと、一緒にして焼き捨ててしまった。

それからは「鼻痛い」の泣き声も、藪の中の歌や踊りも、まったくなくなってしまったという。

狸伝《ばけもの》膏《こう》

　備《び》前《ぜん》の中山下《なかやました》（現・岡山県岡山市）に、土方《ひじかた》という士族があった。この家では女が厠《かわや》へ行くと、毛深い手をしたものが尻を撫《な》でておびやかすので、それが恐ろしくて下田《しもだ》町《まち》に転居したが、やはりその日から尻を撫でるものがある。

　この上はと、土方はついに化け物退治の決心をして、ある夜のこと、撫でかけた手のひらを目がけて一刀斬りつけた。すると怪物は手のひらを置いて逃げ去ったが、見ればそれは年を経た狸の手で、土方はその片手を大切に保存しておいた。

　ところがある夜、主人の夢枕に狸が現れ、

「手を返して下さい。お礼に秘薬を伝授しますから」

と懇願《こんがん》する。それがあまりにも哀れなので、土方は、

「それでは、手を返してやろう」

と、伝授と引き換えに手を返してやった。狸は大喜びし、膏薬の製法を説明すると、どこともなく消え失せてしまった。

　それより土方家では、狸の秘薬を狸伝膏と名づけて、売り出すようになったという。

　この狸はおさき狸とよばれたが、それは転居したときも、狸の方が先へまわって待っていたからだという。

化《ば》け物《もの》の結納《ゆいのう》

化け物同士が見合いをし、互いに気に入ったので結納を交わすことになった。片や「ももんじい」の娘で、片や「一つ目入道」の息子である。ももんじいの家に、一つ目家の使いの化け物二匹がやってきた。

「目録の通り、よろしく御披露《ごひろう》をお頼み申します」

一つ目家の使いの化け物がいうと、ももんじい家も、

「これは御丁寧に御進物《ごしんもつ》の品よく化け揃いました。しかし酒《さか》樽《だる》は足をもいでおきましょう。もしまた逃げて戻ってはつまりませぬ」

さすが化け物の結納ともなると、人間界のそれとは違う。酒樽に足が生えていて、自分で歩いてきたのだった。また、人間界では結納は吉日を選んで行うが、化け物の世界では不《ふ》成日《じょうにち》を選ぶ。不成日とは一切の物事が成就せぬといって人間界では忌み嫌われている日のことだ。

さて使いの化け物は、ももんじいの家で大いにもてなされ、さんざん飲み食いした。

その帰り道、羽目を外して足元はよろよろと、連れの提灯(足が生えている)は川に落ちてしまった。

化《ば》け物屋敷《ものやしき》

昔はどんな町にも、お化け屋敷とか幽霊屋敷とかよばれる無住の古い屋敷があったものだ。人が住まなくなった家というものは、やはり気味が悪い雰囲気が漂っているものである。そんな屋敷に妖怪や幽霊がすんでいるとなれば、なおさらその迫力は増して、まさに鬼気迫るといった感じになる。江戸時代にはそんな屋敷が日本中にゴロゴロしていたらしい。

本多《ほんだ》氏の後室円晴院という人の若いころの話である。六番町三年坂《ろくばんちょうさんねんざか》のあたりに住んでいたが、その屋敷は化け物屋敷として有名で、怪しいことがよく起こった。夜中、行灯《あんどん》の明かりで仕事をしていると、そばにいる女の顔が、長く短く変化し、恐ろしい顔に見えてくる。また、座敷で勝手に火が燃えていることもあった。

あるとき、召し使いの女が病気で寝ていたが、ふと別の部屋を見ると、寝ているはずのその女が、紫色の足袋をはいて掃除をしている。おや、と思って女が休んでいる間に行くと、やはりその女は寝ているのだ。ではさきほどの女はと見れば、そこには誰もいなかった。こんな怪しいことがたびたびあったので、とうとう屋敷を移ったという。

こういった屋敷は、とくに都市部に多かったようだ。

波山《ばさん》

波山は婆娑婆娑《ばさばさ》ともいう。四国の伊予《いよ》（現・愛媛県）の山中では、「婆娑婆娑のお化けがくる」というと、泣いている子供もすぐ泣き止むほどよく知られている妖怪だという。

山の深い竹藪《たけやぶ》にすんでいて、人目にはなかなか触れないが、鶏を大きくしたような形で、犬鳳凰ともよばれる。

口から一種の火を吐き、その火は「狐火」のようなものだろうといわれている。

昼の間は竹藪の中にいるが、夜になるとどこへともなく飛んで行くという。

とくに人に危害を加えるということはなく、夜更けてから、家の入り口や門のあたりでばさばさと音がするので、慌てて戸をあけてみるが、何もいないということはたびたびあったという。

鶏形をした妖怪といえば、沖永良部島のヒザマがあるが、なぜか鶏形の妖怪と火は関係があるらしく、波山は口から火を吐くし、ヒザマも火事の原因とされることがある。

古墳時代あたりまでは、鶏は太陽、つまり日をよび寄せる力を持つと信じられていたというから、日と火で何か関係があるのかもしれない。

橋姫《はしひめ》

橋姫というのは、橋のそばに現れる女の化け物のことであるが、これには色々な話がある。

昔、宇治川《うじがわ》のほとりに夫婦者がすんでいた。ある日、男が突然龍宮《りゆうぐう》へ行くといって家を去り、そのまま帰ってこなかった。女は、悲しみと嘆きのあまりに死んでしまい、その橋のそばに異形となって現れたという。

また、別の話では、夫に第二の妻ができて女は嫉妬《しっと》し、恨みをいだいて死んだことになっている。

その他に、橋姫というのは宇治川の精で、そこへ住吉明《すみよしみょう》神《じん》が通い婚をしてくるという話もある。住吉明神が明け方帰って行くとき、橋姫は悲しみのあまり荒れ狂うそうである。

さらに別の話もある。

昔、非常に嫉妬深い女がいて、恨みのある相手を呪い殺そうと、毎夜、宇治川の水に浸《つ》かり呪いの儀式を行った。そして、苦行の末ついに妖鬼となり、復讐したという。

この妖鬼は、嫉妬から生まれたくらいだから、美しい女などを見ると不幸を与える。それで、婚姻の行列は橋姫の呪いを避けるために、道筋を変更して遠まわりをして嫁ぎ先に行かなければならなかったという。

芭蕉《ばしょう》の精《せい》

一昔前の沖縄には、芭蕉がたくさん生えていたらしい。ときには、二里（約八キロメートル）も三里も続き、森のようになっているところもあった。そうしたところを夜などに通ると、異形のものに出会い、これは芭蕉の精のなせるわざであるとされていた。

沖縄では、婦人が夜の芭蕉の林を通ることは固く戒《いまし》められたものだという。それは美しい男子や、怪物を見るからといわれ、その姿を見るとかならず妊娠するからだという。

芭蕉の精に魅入《みい》られて生まれる赤ん坊は、鬼のような顔をして、そのうえ牙《きば》が生えている。そのときには、熊笹の葉をもんで粉にして、水に浸《ひた》して鬼子に飲ませると、たちまち喉《のど》が塞《ふさ》がり死んでしまうといわれる。一度でもこの芭蕉の精の子を孕《はら》むと、毎年この鬼子を孕むといわれていたので、大変恐れられていた。

本州でも、こんな話がある。信州《しんしゅう》（現・長野県）のあるところで、夜、芭蕉のそばを坊さんが通りかかると、その芭蕉の下で美女が招くので、驚いて短刀で切り払ったところ、美女は消えてしまった。あくる日、血が落ちていたので、そのあとをつけて行くと、芭蕉の木が切り倒されていたという。

これがすなわち芭蕉の精である。

場《ば》所《しょ》に住《す》む霊《れい》

霊がある特定の場所に居着くということは、昔からよくあったことのようである。そういう場所では、何かと怪異が起こるので、それと分かるようだ。

昔、京都の三条通りより北を鬼殿といって、そこには霊がおり、まだ京都に都が移される前からいたといわれる。

昔はそこに大きな松の木が生えていた。あるとき、男が馬に乗って通ったところ、急に雷鳴《らいめい》がして雨が降ってきたので、馬から下りて松の陰に隠れた。ところが、雷が松に落ちて男も馬も死に、霊となってその場所にすむようになってしまった。

やがて都ができ、人が大勢住むようになったが、霊は去らずに、その場所に暮らし、行き来する者にいたずらをする。

非常に長くすみついている霊であって、時々びっくりするようなことが起こるという話が『今昔《こんじゃく》物語《ものがたり》集《しゅう》』にある。

現在でも魔の踏切とか自殺の名所とかいう場所があるが、こういうところにも霊がすみついて、この世の者たちを自分たちの仲間にしようとしているのかもしれない。

畑《はた》怨《おん》霊《りょう》

畑怨霊は、昔、凶作で餓死《がし》した人々を葬式もしないで放っておくと、妖怪になって出ると信じられていたものである。

「昔の日本人は、生霊《いきりょう》、死霊《しりょう》の他に、変怪として怨霊《おんりょう》の変化《へんげ》出現を恐れた。たとえば、頼豪阿《らいごうあ》闍梨《じゃり》が鼠《ねずみ》となって目的を果たそうとする思想、亡妻の化けた霊が鬼となって旧夫に接する思想などであるが、後者の場合は、その魂《たましい》が夫に執着する思想からはなれて、鬼（霊）に接するものの運命を、墓場に引きずりこんでしまう思想となっている。

このような場合、被害を受ける人間の側として、ここに真《しん》言密教《ごんみっきょう》の秘伝や陰陽師《おんみょうじ》の方術が展開されるのである」

と、藤沢衛彦《もりひこ》は、『図説日本民俗学全集　民間信仰・妖怪・風俗・生活編』に記しているが、私の子供のときにも、こうした墓場に引きずりこむ話を、お婆さんたちからよく聞かされたものである。

とくに死ぬ前の老婆は、生者を引きずりこむ力があると考えられていたのだろう。死ぬ前になると二、三人の老婆がきて、「誰それを、引っぱってやってくだされ」という話をよく耳にした。

怨霊というのは、昔から日本人が怖がったわけだが、今でも田舎にはかなり残っているようである。

ばたばた

畳を叩くような音をたてるので、畳叩きともよばれている。近畿、四国、中国地方によく現れたようだ。『紀伊続風土記《きいぞくふどき》』によると、和歌山城下の宇治という町で、よくこの怪音が聞こえたそうで、別名を宇治のこだまともいわれたそうだ。

バタバタという音は、はじめ東から聞こえ、西に去って行くという。その音はかなりのスピードで移動して、音が近づいてきたなと思うと、すぐ家の前を通り過ぎて行くという。その音は霜柱の立つような冬の寒い夜によく聞かれたそうだ。

また、山口県の岩国では破多破多と書き表し、やはり同じような怪異が文久《ぶんきゅう》年間（一八六一～一八六四）にあったということが、『岩邑怪談録《いわくにかいだんろく》』にある。夜四つ時（午後十時ごろ）から翌朝未明まで、まるで渋紙を打つような、大きな団扇を激しく煽《あお》ぐような、バタバタという音がしたそうで、秋から冬にかけて続いたという。

これらは音だけの怪異で、その正体を見た者は誰もいない。私も子供のとき、静かな夜に怪音がすると、いろいろなお化けが一ダースばかりも闇の中にいるような気がしたものだ。

機尋《はたひろ》

家を出たまま帰らない夫を恨みながら機を織っていると、その女の恨みが機に伝わり、蛇となって夫の行方を探すという。これが機尋であるが、人間の執念《しゅうねん》が蛇に化すというのはよくある話である。

昔、信州《しんしゅう》（現・長野県）に向かう男たちが、武州《ぶしゅう》川越《かわごえ》（現・埼玉県川越市）のある庵室に休ませてもらったとき、一人が雪隠《せっちん》を借りようと思い、庭の後ろへまわった。すると、庭石の上に蛇がいる。逃げないので小石をぶつけると、石は蛇の頭にあたり、ようやく逃げ去った。男が帰ってくると、今までうたた寝していた僧が目をさまし、

「どうしてわしの頭に傷をつけるのだ」

と大いに怒る。見れば頭にこぶができている。そこで先ほど雪隠へ行った男が、庭石の上にいた蛇に石をぶつけたが、あなたには何もしていないというと、僧は頭を下げ、

「そうですか。私は恥じ入るばかりです」

と一同を雪隠の近くに案内し、蛇がいた庭石を取り除いた。すると、そこには金子《きんす》七両が埋めてあった。僧は、これは苦心してためた金だが、泥棒を恐れて埋めておいたのだと語り、自分の邪心を反省する意味で、この金はあなたたちに差し上げようと、涙ながらに語ったという。

魃鬼《ばっき》

南の国の人里はなれた場所に、その長さ二、三尺（約六十〜九十センチメートル）の怪物がいて、その形は狙《きよ》という獣に似て、しかもその両眼は頭のてっぺんにある。走ることが非常に巧みで、さながら疾風《しっぷう》のようで、全身を見分けることもできないという。

この怪物の通過する土地は、草木がことごとく枯れ、池沼《ちしょう》の水も干上《ひあ》がるといわれ、名づけて魃鬼という。

このものに会って、素早く捕まえることができたなら、すかさず濁《にご》り水の中へ投げ入れるにかぎる。そうすれば、魃鬼はたちまち苦悶《くもん》して死滅し、旱魃《かんばつ》の災害もたちどころに止《や》むという。

これは、日照り神といわれているものと同じものである。しかし、日照り神ではやさしい感じがするので、魃鬼といったのだろう。

昔のように、稲ばかり作って主食（平民は主食でもなかったろうが）にしていた時代は、日照りというのは我々が想像する以上に恐怖だったのだろうと思われる。だから、魃鬼とか日照り神という妖怪が、リアルに感じられたのだろう。

髪魚《はつぎよ》

髪魚というのは、髪が帯のように長く、婦人のような顔をしていて、鱗《うろこ》が白いそうである。

寛政《かんせい》十二年（一八〇〇）のころ、大坂西堀《おおさかにしぼり》付近に住む人が、川に浮かべてある材木の間で奇妙な魚を釣り上げた。長さ九十センチメートルあまり、全身の鱗はボラに似て、頭には人間の顔のように目鼻口がついており、赤ん坊が泣くような声を出していた。人魚の類に違いないということになり大騒ぎになったという。これは、おそらく髪魚の子供になるのだろう。

さらに古い話では、推古《すいこ》天皇の時代（五九二～六二八）に見られる。近江《おうみ》（現・滋賀県）の蒲生《がもう》川《がわ》に怪しい魚が現れ、その形は人によく似ているとのうわさが広がった。これを聞いた摂津《せつつ》（現・大阪府北西部、兵庫県南東部）の漁師が、捕まえてやろうと堀江に網をかけて待ちかまえていると、間もなく大きなものがかかった。急いで引き上げてみると、果たして一匹の怪魚だった。全体の形は子供のごとく、人とも魚とも見分けのつかないものだったという。

この他、海猿とか海乙女《うみおとめ》とかいうものもあるが、髪魚も含めて、これらは多分人魚の類《たぐい》だろうと思われる。

八百八狸《はっぴゃくやだぬき》

化ける獣といえば、狐《きつね》と狸が双璧《そうへき》である。一般的に狐はずる賢く、狸はのんきもののようにいわれているが、それは人間に対してそうであるだけで、狸が愚かものだということではないらしい。というのは、狐と狸が闘って狸が勝ったという話が各地にあるからだ。

狸は四国と佐渡で有名である。四国では伊予松山《いよまつやま》（現・愛媛県松山市）の八百八狸や、讃岐《さぬき》（現・香川県）の禿狸《はげだぬき》が有名で、四国全土を制圧し、四国には一歩も狐を入れずの鉄則を貫き通したという。そのために、四国の人々は狐の害にさらされることなく、大きな恩恵をこうむったことになる。

今でも四国へ行くと、各地で狸の置物の土産物を売っているのを見かけるが、さしずめ観光業者がもっとも狸の恩恵を受けていることになろうか。

ちなみに八百八狸とは、伊予松山の狸の大親分、隠神刑部《いぬがみぎょうぶ》狸《だぬき》のことである。この狸は八百八家の眷属《けんぞく》を従えていたそうで、松山城を乗っ取る計画を企てていたが、それは果たせず、伊予の久谷《くたに》の洞窟に封じこめられたという。今でもこの洞窟は、久谷中組《なかぐみ》に山口霊神として残っているそうである。

花子《はなこ》さん

　便所には、厠神《かわやがみ》とか加牟波理入道《かんばりにゅうどう》といったような妖怪がすみついていると信じられていたが、現代でも怪異が起きるという話はつきないようである。

　近年、話題となった花子さんは、便所に出る代表霊（例）だろう。

　花子さんは学校のトイレに出没するといわれる。誰もいないトイレのドアを叩きながら、「花子さんいますか」と尋ねると、中から「はーい」と返事がするという。声ばかりか、便所の中から青白い手が出たり、おかっぱ頭の少女が姿を現したりするともいう。

　また、花子さんはコックリさんのように、イエスなら一回、ノーなら二回というように、ノックの回数で答えてくれるともいわれる。

　東京都足立区のある小学校では、体育館にも出るという。体育館内を四十四回まわって「花子さーん」とよぶと、「はーい」と返事があり、また「誰か遊ぼう」というと「うん、何して遊ぶ」と返事があるそうである。

　花子さんは、妖怪というよりも、幽霊の類とも考えられる。

婆《ばば》狐《きつね》

島根県石見《いわみ》地方のある村に、一軒の茶屋があった。そこの婆さんは昔、ある家から狐《きつね》を買い求め、狐持ちになったといわれている。

婆さんは大変狐を愛して、夜はいつも抱いて寝る。だが、彼女は欲が深く、他所の家の収穫が豊作だと、それをうらやんで種々の難儀をかけたという。

「お前さんの家には狐が取り憑いて、何かが欲しいといっているよ」

などといって狐を憑《つ》けるのである。狐を憑けられた方の家の者は怒り、祈禱《きとう》や呪いをしてもらって落とすのだが、それでも狐が落ちないときには、持ち主の婆さんを迎えにやらなければならない。

あまりたびたび難儀をかけるので、婆さんの家の者も困ってしまい、とうとうその狐をどこかで封じてもらうことにした。

けれども、封じるのにも期限があって、期限が切れるとふたたび狐は飛び出すという。そのため、期限ごとに狐を封じなければならなかった。

この婆さんの家の近くに住んでいた人は、当時婆さんの家の軒下に何日もご飯がおいてあったのを見たという。

針女《はりおなご》

愛媛県宇和島《うわじま》地方で濡《ぬ》れ女子または笑い女子ともいう。ざんばら髪の先に、鉤針《かぎばり》のような鉤がついていて、これで男を引っ掛けて連れて行ってしまうという。この鉤を引っ掛けられると、いかなる大男も身動きできなくなってしまうといわれている。

城辺《じょうへん》町（現・愛南町）の桜岡はしきりとこれが現れて若い男を苦しめるところだった。

ある晩、山出集落の青年が一人でここを通りかかったところ、向こうの方から美しい娘がやってきた。ニタリと笑うので少し気味悪く思ったが、美貌につりこまれて笑い返すと、突然女が長い髪を振り乱して襲いかかってきた。青年は驚き、一目散に家へ逃げ帰ると、大戸を閉ざしてブルブルと震えていた。

夜の明けるのを待って、朝、恐る恐る表へ出てみると、大戸には、髪の毛の先で引っ掻いた無数のあとが残っていた。

大戸が板戸だったため、危うく難を逃れたというわけである。これが障子《しょうじ》だったら髪の毛の鉤に引っ掛けられて、開けられてしまったに違いない。それからというもの、この針女に追っかけられたら障子戸ではなく、かならず板の大戸を閉めるように、というのが教訓になったそうだ。

反魂香《はんごんこう》

昔、漢《かん》の武帝《ぶてい》は、深く愛していた夫人に先立たれてしまった。武帝は嘆き悲しみ、方士に命じて反魂香を焚《た》かせた。すると、夫人の姿が浮かび出て煙の中に現れたが、武帝の悲しみは増すばかりだった。そういう話から、江戸時代では反魂香は魂をよぶものと庶民の間では考えられていたが、反魂と名のつくものは他にもある。

西海に孤立する大きな島に、反魂樹《はんごんじゅ》とよばれる大木がある。楓《かえで》の木に似て、花が咲くとその香気は数百里に達するというものだが、人が死んだとき、その葉を摘み取って死人の口に入れておくと、かならず息を吹き返し、魂をよび戻すので、この名があるという。

また、尾張中島《おわりなかじま》郡下津《おりづ》（現・愛知県稲沢《いなざわ》市）の阿波手《あわで》の森に反魂塚という塚がある。昔、この地に藤という女がいて、夫が奥州の方へ赴いて久しく帰らず、毎日嘆き悲しみ、それが原因となってついにこの世を去った、ということがあった。しかし、夫は無事に戻ってきて、妻の死んだのを見て今度は夫が悲嘆にくれた。そして、東岸居士という名僧に頼んで反魂の法を行ってもらい、煙の中に亡き妻の姿を認めた。夫は涙ながらに喜んだが、それからここを反魂塚とよぶようになったそうである。

ハンザキ大明神《だいみょうじん》

岡山県の湯原町《ゆばら》（現・真庭市《まにわ》）にはハンザキ大明神という全国でも珍しい祠《ほこら》がある。ハンザキとは大山椒魚《おおさんしょうお》のことで、半裂きにされてもなお生きているほど、強い生命力を持っていることから命名されたという。

元禄《げんろく》年間（一六八八～一七〇四）のこと。湯原を流れる旭川《あさひがわ》に、人をも飲みこんでしまう巨大な化け物が出るとうわさが立った。

そこへ三井彦四郎という若者が、その化け物を退治しようと思いたち、無謀にも短刀一本を口にくわえて、その淵に飛びこんだ。やがて水中に化け物が現れると、その大きな口で彦四郎を一呑みにしてしまった。しかし、負けじと彦四郎は内側から腹を切り裂き、ついに退治することに成功した。化け物は長さ十メートル、胴まわりが四メートルもある巨大なハンザキで、流れ出る血が川を真っ赤に染めたという。

その夜、彦四郎の勇気をたたえ、村をあげての祝宴が開かれた。ところが、なぜか彦四郎だけは顔色が悪く、ついには高熱を出し、間もなく死んでしまった。

村人たちは、退治されたハンザキの祟《たた》りに違いないと恐れ、これ以上の災いが村に起きないように、ハンザキを祀《まつ》ることにした。それがハンザキ大明神の由来なのだという。

般若《はんにゃ》

般若は本来梵語《ぼんご》でプラジナといい、「大いなる知恵」という意味だった。般若坊という人が鬼女の面をつくってから、鬼女のことを般若とよぶようになったそうだ。

鬼女とは女性の嫉妬と憤怒《ふんぬ》の業火《ごうか》に燃える妖怪である。

般若の面にまつわる話は各地にあるが、有名なものは肉付き面といわれるものだろう。肉付き面の話というのは、女の嫉妬の一つともいえる姑《しゅうとめ》と嫁の争いの話である。

昔、意地悪な姑がいた。夫と子供を病気で失っていた嫁は、嫌でも姑と顔を合わせなければならない。姑は何かにつけて嫁をいじめた。ある日、嫁が亡き夫と子供の墓参りに行く途中、姑が般若の面をつけて嫁を脅かした。慌てふためく嫁を見て、してやったりと喜んで面を取ろうとしたが、どうしたことか面がはずれない。すっかり困った姑は、嫁にすべてを打ち明けて詫びを入れた。嫁は姑の悪心が原因だと思い、連れだって高僧のもとに出かけ、名号を唱えると鬼面がはずれたという。

この話は仏教関係の人々によって流布《るふ》され、その面だといわれるものが福井県の願慶寺《がんけいじ》や吉崎寺《よしざきでら》に残されている。

般若《はんにゃ》憑《つ》き

明治の初めのころである。ある敬神家《けいしんか》の青年が、伊勢《いせ》の神《じん》宮教院《ぐうきょういん》へ行って学ぼうと、讃岐《さぬき》から大阪までできたとき、日が暮れたのでとある宿屋に入ったが、通されたのは陰気で不快な部屋だった。そして丑三つ時、青年が寝ていると、急に首筋がぞくぞくして、いきなり誰かが布団の上に乗ってきた。追い払おうとしても身動き一つできない。そのうち上に乗っているものが、首を差し出して青年の顔を覗きこんだ。その顔は、気味悪い般若そのものの鬼の顔だった！　般若はその口から青年の顔に向けてふっと息を吹き掛けた。その冷たいこと。青年は夜通し苦しみ続けた。

明けてようやく自由の身になった青年は、早速その宿をあとにして、今度は大阪の神宮教院の支部を訪ね、二階の一室を借りた。ところがまたしても例の般若が現れ、同じように青年を苦しめた。

それから半年後に神宮教院に入ったものの、やはり、ここでも般若が現れた。般若が現れると、動くことも声をあげることもできなくなるこの青年は、とうとう極度の神経衰弱《すいじゃく》になってしまい、教院も辞め、行方《ゆくえ》知れずとなってしまったという。

これはある種の霊が青年をつけ狙っていたのだろう。

引亡霊《ひきもうれん》

潮流の具合で、沖合に海藻《かいそう》や木片などの塵芥《じんかい》の寄り集まる場所があり、伊勢志摩《いせしま》ではこれをナイバとよんでいるが、無風でじめじめと湿った夜ともなると、しばしば燐光《りんこう》の燃え揺らぐのを見るという。船人はこれを引亡霊が発する光だといって気味悪がって寄りつかない。

引亡霊は海上で死んだ者の亡霊で、海上を漂いながら仲間を求めて生者を引きこもうとするのだといい、その名も人を引きこむ意味からであると漁師はいう。

また引き亡者《みようじや》ともよび、深夜に商船を海上に出すと出遭うことがある。やはりあたりの海は真っ暗なのに、ある場所にかぎって真っ白に光って見える。その際、漁師は心得ていて、いきなり踏板を踏み鳴らしてみるのだそうである。もしそれがただの魚群であれば、ただちに光は散ってしまうが、それが引き亡者であれば、そのまま静止しているという。

いずれにしても成仏できない霊が、生者を狙って襲い、自分たちの仲間に加えようとするのだろうが、特定の個人に祟《たた》る怨霊《おんりよう》の類《たぐい》とは違うらしい。

むしろ出現する場所が彼らの死亡した場所であり、近づく船に取り憑いて、結果的に同じ運命にあわせるように思える。

ヒザマ

沖永良部島《おきのえらぶじま》で、もっとも恐ろしい邪神といえばヒザマである。胡麻塩《ごましお》色の羽で、頬《ほお》の赤い鶏の姿をしており、空《から》の瓶《びん》や桶《おけ》に宿るものと信じられている。だからこの島では、瓶や桶のような容器は伏せておくか水を入れておくかする。

火事が起こるのはこのヒザマのせいだとされ、家にヒザマが憑《つ》いたといわれると、すぐにユタ（巫女）を招いて、「ヒザマ追い出し」の儀式を行ったという。

元々鶏に関する俗信というのは全国に多くあるわけだが、なかでも鶏の夜鳴きを火事の前兆と見る地方は少なくない。

千葉県東葛飾《ひがしかつしか》郡では、夜、鶏が鳴いたら流し場に水をかける。こうすれば火事にならないといわれている。

鳥取県八頭《やず》郡には、水を三杯ほど土間にまくというところがある。

福岡県の北九州市では、鶏の羽を屋根の上に捨てると火事が起きるといっている。

こういった具合に、例をあげるときりがないほどである。ヒザマもそういったものと関係があるのだろう。

昭和十、十一年度に行われた山村生活調査でも、神様が嫌う動物としてもっとも事例の多かったのが鶏だったという。

ぴしゃがつく

ただ一人で夜道を行くと、後ろからピシャピシャと足音が聞こえることがある。

それを福井県坂井郡《さかい》（現・あわら市、坂井市）地方では、ぴしゃがつくといっている。

こんなことは、我々の子供のときによく感じたことである。何よりもまず、得体の知れない恐怖感に胸が高鳴っているときに起こる現象である。

静かな夜道を歩いていると、その静かさに急に恐怖感がのり、下駄の音などが耳に入るともなく高く響いてくることがある。そうしたとき、その下駄の音以外にもう一つ、何かが背後にある感じがするものである。

後ろを振り返ると襲われやしないかと思うから、なるべく前方だけ見て歩くと、いよいよ恐怖感が高まる。

すると、確かに自分のものではない足音も、ピシャッピシャッとついてくる。

間違いなく、お化けだと思って冷や汗が出る。

こういった現象を、ぴしゃがつくというのだろう。それは、感じとして、誰もが体験しているものである。

ひだる神《がみ》

これは餓鬼《がき》やダリと同じで、憑《つ》かれると腹がすき、歩けなくなってしまう。

ひだる神というのは、死後祀《まつ》ってくれる者のいない魂《たましい》が憑くのをいう。

山で急にだるくなると、ひだる神に憑かれたといって、弁当の残りを一口食べるか、ないときには手のひらに米という字を書いて、それを三回嘗《な》めると元気になる。だから、弁当は最後の一口は残しておくものだという。

和歌山県では、ある人が山を越えていて、これに憑かれ、やはり手のひらに米という字を書いて、難を逃れたという。

山中には、よく「ここはひだる神に憑かれるところだ」と、人々にうわさされる場所というものがあった。峠などに多い。

かの明治時代の博物学者南方熊楠《みなかたくまぐす》も「予、明治三十四年より二年半ばかり那智山麓《なちさんろく》におり、雲取《くもとり》をも歩いたが、いわゆる餓鬼に憑かれたことあり……」と、書いている。

餓鬼は、飢饉《ききん》で野たれ死になどした者の霊で、疲労した者に取り憑き、取り憑かれた者は、山中で空腹状態になり、素早く手当てをしなければ死に至るものとされている。

憑き物は厄介なもので、あなどるとひどい目にあう。

魃《ひでりがみ》

日照《ひで》り神《がみ》のことで、またの名を旱母《かんぼ》という。険《けわ》しい深山にすみ、顔は人に似ているが体は獣の姿をしている。手が一本で足も一本なのに、走れば風のように速い。この妖怪が出てくると、けっして雨が降らず日照り続きとなる。つまり旱魃《かんばつ》を起こすのである。

しかし、もしこれを捕らえることができて、すぐに濁った水の中に投げ入れることができたなら、たちまちのうちに苦しみ悶《もだ》え、ついには死んでしまうという。だが、相手はあくまでも魔神であり、人の手で捕まえるということは、なかなか難しいように思う。

この魃は、元々は中国より伝わったもので、中国の『三才《さんさい》図会《ずえ》』という古書には、「鳥獣」の項目に記されている。

それによれば、剛山には神魃が多くいて、その形は人面獣身で、手も一つ足も一つである。それがいるところに雨は降らない、とある。剛山とは、古代中国の地理をまとめた『山《せん》海経《がいきょう》』に記載されている山の一つだが、それが現在のどこにあたるかはよく分からない。

元々中国の妖怪なので、日本にそれが出現して旱魃になったという具体的な話は、ほとんど伝わっていないようである。

一声叫《ひとこえさけ》び

一声よびともいう。山中の妖怪の類《たぐい》は、人に声をかけるときは一声だけでよぶというので、岐阜県大野《おおの》郡では、山小屋で相手をよぶときには、かならず二声続けてよばなくてはいけないそうだ。二声続けてよぶことによって、自分は妖怪ではないということを相手に知ってもらうためである。

その一声だけ発声する妖怪のことを、一声叫び、一声よびとよんでいるのである。これはある特定の妖怪のことをさすものではなく、山中で一声だけ発する妖怪全般をいっているようだ。

このよびかけるということについて、柳田國男《やなぎたくにお》は面白いことをいっている。

昔は黄昏時《たそがれどき》に人と人とがすれ違うと、かならず声をかけあったものだという。というのも、ちょうど人の顔が見分けつかない時分なので、「彼は誰だろう」「自分は化け物ではないよ」という意味をこめて声をかけあったというのである。そのため、この夕暮れ時のことを「彼は誰時」「誰ぞ彼時」といい、それが今日の黄昏時という言葉になったというのである。

我々が普段使う言葉にも、妖怪が関係したものが結構あるものなのだ。

人魂《ひとだま》

人が死ぬ二、三日前、あるいは今まさに死のうとするとき、身体から魂が火の玉となって飛び出すという。これを人魂というのだが、この人魂を見たという目撃談は、昔から現代にいたるまで、数かぎりなくある。

それによると、形は円形、楕円形などで、いずれも長く尾を引いているのが特徴である。ある人は、「おたまじゃくしのようなものがふわりふわりと漂っていた」というようないい方をしている。

色は青白い色とか黄色などが多く、人魂を手のひらで叩き落としたら、火が消えて手のひらには泡がついていた、という話もある。また、人魂を唐傘《からかさ》でなぐりつけたら消えてしまったが、傘には痰《たん》のようなものがべっとりとついていた、と証言する人もいる。

飛ぶ速度も、老人のものはゆっくりと、若者のものはスピードが速いともいわれ、男のものは座敷から出て、女のものは台所から出て行く、といわれている地方も多い。

人魂は幽霊の兄弟分だという人もいれば、眼、耳、鼻、口のある人魂を見た、という人も昔はいたようである。

一《ひと》つ目《め》小《こ》僧《ぞう》

江戸四谷《よつや》に喜右衛門という者が住んでいて、鶉《うずら》の行商をしていた。

ある日、麻布のとある古びた武家屋敷を通りかかると、屋敷から人が出てきて鶉を求めた。鶉を渡し、代金を受け取る間、喜右衛門は一室に通された。

部屋で待っていると、十歳ぐらいの子供が部屋にきて、床の間の掛け軸をくるくる巻き上げ、ばらりと落とす。それを何回も繰《く》り返すので、その掛け軸が傷みやしないかと思い、

「これ、いたずらもほどほどにしなさい」

とたしなめた。すると子供は、

「だまっていよ」

といって顔を向けたが、何とそれは一つ目小僧だった。喜右衛門はショックで気を失い、そのまま倒れてしまった。

やがて、気を取り戻して屋敷の者に話すと、

「この春も、菓子箱の菓子を無断で食った者がいたので、何者かと問うと『だまっていよ』といって消えてしまいました」

と、屋敷では年に何回か同じ怪事があり、他に何も悪いことはしないが、かならず、「だまっていよ」というのだとのことだった。

一《ひと》つ目《め》狸《だぬき》

昔、紀州の白浜《しらはま》町富田《とんだ》に、目が一つで怒れば怒るほどその目玉が大きくなるという狸がいた。

人間を驚かすのが好きで、夜ともなると暗闇に隠れて人が通るのを待つという具合だった。

ある夜、一人の男が通りかかったので、一つ目狸はパッと目の前に飛び出し、一つ目をギラギラさせて睨《にら》んだ。男はびっくりして、一目散《いちもくさん》に逃げて行った。

続いてまた一人の男が通りかかった。狸はまたパッと飛び出し、男を睨んだ。しかしこの男は肝っ玉の大きな男だったので、一つ目に睨まれたぐらいでは驚かない。そこで狸は目玉をどんどん大きくさせ、やがて顔いっぱいに目玉が膨《ふく》らむと、さすがの男も恐れをなして逃げ出してしまった。

次に通りかかったのは、盲目の男だった。狸は目をむき出して、

「どうだ、参ったか」

と威嚇《いかく》した。しかし彼は目が見えないので、まったく動じない。狸は意地になって、これでもかと目玉を大きくしていったが、彼はまったく驚かないので、とうとう目玉が顔から飛び出し、ひっくり返った。このとき、頭の打ちどころが悪くて、一つ目狸は死んでしまったという。

一つ《ひと》目《め》入道《にゅうどう》

昔、江戸の芝高輪《しばたかなわ》（現・東京都港区）に貧乏な医者がいた。ある日の夕方、身綺麗な武士と思われる一行が訪れて、

「家内に病人が出たので、来診をお願いしたい」

というので、医者が用意された駕籠《かご》に乗ると、なぜか目隠しをされた。何かわけありのようで、不安ながらも進むうちに、大きな屋敷に着いた。

やっと目隠しも取れ、部屋で待っていると、茶坊主がお茶を持ってきた。その顔を見ると、何と一つ目なのだ。さらに、身の丈二メートル以上もあろうかという一つ目入道が、煙草盆《たばこぼん》をお持ちしましたといって上から見下ろすのである。

医者が震えていると、妙なる調べとともに仙女が入ってきて、別宅へとうながす。そこには山海《さんかい》の珍味《ちんみ》美酒が並び、天上の音楽が流れて、すっかり宴《うたげ》の準備ができている。これは人外境《じんがいきょう》に誘いこまれたかと思ったが、仙女のすすめる酒に、えい、ままよと酔ってしまった。しばらくして気がつくと、医者は自宅で寝ている。夢かとも思ったが、横で妻が不安そうな顔をしている。わけを聞くと、こんなことをいう。

「今朝方、酔ったあなたを駕籠に乗せて、赤鬼、青鬼が送って参りました」

以来、このことは近所の語り草になったという。

一《ひと》つ目《め》の大坊主《おおぼうず》

昔、防州岩国《ぼうしゅういわくに》（現・山口県岩国市）にすむある主人が、付き人を伴《ともな》って夜の川に船を出した。気候がよいこともあって、主人は、

「少し船でまどろんでいこう。明け方、また網を降ろせばよいだろう」

といい、脱いだ羽織《はおり》を布団がわりにかけ、船上で横になった。それではと、付き人も腰を下ろそうとしたとき、突然、前方に大坊主が現れた。

大きな顔に大きな目が一つ。これが鏡のように光り、恐ろしいことこのうえない。

「だ、旦那様、大変です。あれを……」

付き人の慌てふためく声に飛び起きた主人も、大坊主を見て恐れおののいたが、すぐに気を取り直し、二人はそれぞれ水棹と櫓《ろ》を持って、大坊主目がけて振りかざした。

すると、大坊主の姿は忽然《こつぜん》と消え失せてしまい、二人は呆《あっ》気《け》に取られた。

やがて夜はほのぼのと明けたが、主人は気味が悪いので、そのまま帰って行ったという。

一《ひと》つ目《め》の黒坊主《くろぼうず》

伊予《いよ》松山《まつやま》に浄富久寺《じょうふくじ》という古い寺がある。そこの住職が城下の檀家《だんか》を訪ねたとき、あるうわさを聞かされた。それは、夜な夜な城山の石垣に黒坊主が出るという風説だった。

元々根が大胆な住職は、ただ一笑《いっしょう》に附《ふ》して信用せず、檀家の引き止めるのも聞かずに、夜更《よふ》けてただ一人、城の石垣のそばを通りかかった。

ここはその昔、罪人を処刑した場所で、ただでさえ気味の悪い場所だが、住職にとってはそれほどにも感じぬらしい。

やがて向こうからそば屋がやってきたので、住職は、

「わしはうわさの黒坊主を見ようと思って、わざわざまわり道をしてきたが、やっぱりうわさだけらしいな」

といってカラカラと笑った。するとそば屋は、

「一体、その黒坊主というのは、どんな怪物でしょうか？」

と問いかけた。もちろん住職も見たことがない。

「多分、一つ目の大入道だろうよ」

そう答えるやいなや、そば屋はくるりと後ろを向いて、

「では和尚《おしょう》様、大方こんな奴でございましょう」

というかと思うと、たちまち雲を突き抜けるほどの大入道と化し、その大きな顔の真ん中には、ギラギラと光る目がただ一つ。驚いた住職は、とうとう正気を失ったという。

一つ《ひと》目《め》坊《ぼう》

熊本県八代《やつしろ》市の松井家に伝わる『百鬼夜行絵《ひゃっきやぎょうえ》巻《まき》』という絵巻物の中には、一つ目坊という一つ目妖怪の中でも珍しい妖怪が描かれている。

ただ一つしかない目の上に、まるでインドの人たちがするような赤い印をつけている。そこから光線のようなものを照射しているのである。

絵巻物には、この一つ目坊のことについての解説が一切ないので、解釈のしようがないのだが、一般に一つ目の妖怪を一つ目小僧とよぶ前には、目一つ坊とよぶ時代があったそうである。

これと似たようなものに、熊本県を含む九州全域で「目一つ五郎」とよばれる妖怪がいた。家に訪れる妖怪で、暗いところに現れるという。

絵巻物が見つかった家の近くでもある球《く》磨《ま》川《がわ》流域では、山にすんでいるものとし、谷の崖道に現れる妖怪としているから、一つ目坊とは、目一つ五郎のことをいっている可能性もある。

また額《ひたい》から光を発する一つ目の妖怪、というものもあまり聞いたことがないが、どういうものなのだろうか。

一人相撲《ひとりずもう》

昔、筑前姪浜《ちくぜんめいのはま》（現・福岡県福岡市）に、力自慢の久三という男がいた。ある夜中、用事で河原を通ったとき、河童が現れて相撲を取ろうとしつこくいう。

「夜中に相撲なんかとれるか」

久三がそういうと、河童は久三の家まで押しかけて散々騒ぐ。そこで夜明けまで待って、河原で相撲を取ることにした。さて、久三が河原に行ってみると、すでに五匹の河童が待っていた。そこで久三が、

「お前たち、一人ずつ相手になろう」

というと、河童たちは川から上がっては、交互に挑《いど》みかかってくる。久三は力自慢だったが、相手は体がヌルヌルで、生臭さが強いので、苦戦を強いられた。しかし河童の股に手を差し入れて、逆さにして投げ倒すと、わけなく勝つことができた。勝ち目のないことを悟《さと》った河童たちは、ようやく退散していったという。

このとき、近くの人々が大勢集まって、この相撲を見物していたが、不思議なことに河童の姿はどこにも見えない。ただ久三だけが一人で相撲を取っているようで、ときどき何者かが水に飛びこむ音と、その水が揺れ動くのが見えるだけだったという。

火《ひ》取魔《とりま》

昔、石川県江沼《えぬま》郡山中《やまなか》町（現・加賀《かが》市）でいわれていた妖怪である。

蟋蟀橋《こおろぎばし》という橋の近くに「姥《ばば》の懐《ふところ》」というところがある。そのあたりは人も少ないところだったが、湯治場《とうじば》の近いこともあり、夕暮れになると、それでもいくらかの人々が提灯《ちょうちん》に火を灯して行き来をしていた。

ところが、いつのころからか、怪しいうわさが流れだした。火のついた提灯を持って歩いていると、すーっと火が吸い取られるようになくなることがあるという。そこを過ぎれば、またもとの明るさに戻るというのだ。

これが火取魔の仕業である。

昔の夜道では提灯だけがたよりだったから、ちょっとでも明かりが暗くなれば、心細くなったものである。しかも、ある特定の区間だけ暗くなるのだということになれば、妖怪変化の仕《し》業《わざ》と考えられても不思議ではない。

土佐（現・高知県）では、このように夜道で火が細くなることを「魔が憑《つ》く」といって、これを防ぐには出かける前にいったん提灯の火を吹き消し、また改めて火を灯すと魔が憑かないといわれている。

飛縁魔《ひのえんま》

飛縁魔は元々仏教より出た名で、女犯《にょぼん》を戒《いまし》めたものである。女に迷って身を滅ぼし、家を失ったりすることを諭《さと》したためのもので縁障女《えんしょうじょ》ともいう。

まあ、男性の無能を女のせいにするには、かっこうの妖怪といえなくもない。

外面は菩薩に似て内心は夜叉《やしゃ》のようで、顔と心は別だから女には溺れないよう注意しなければならない。女の性はみなひがみに満ちているので、そういうことばかり迷っていると、家を失い果ては身を滅ぼすと、古人は飛縁魔について戒めている。

夏の桀王の妹喜、殷の紂王の妲己、周の幽王の褒姒《ほうじ》など、みな飛縁魔である。いったん飛縁魔に魅入《みい》られると、身代はもちろん血の一滴まで吸い取られ、その命を失うという。

これは丙午《ひのえうま》のことと思われるから、妖怪というより迷信というべきだろう。

昔、「丙午の女は男を食う」などといって、丙午生まれの女がうとまれるということがあった。この年生まれの女は、結婚すると夫を死なせるというのだが、これは芝居などで有名な放火犯八百屋《やおや》お七《しち》が、寛文《かんぶん》六年（一六六六）の丙午生まれとしたことから広まったのだとする説がある。

火《ひ》の車《くるま》

火の車は地獄からの迎えといわれ、こんな話がある。

明和《めいわ》のころ（一七六四～一七七二）、京都は五条柳馬場《ごじょうやなぎのばんば》のあたりに、三上某という医師がすんでいた。

その家に使われていた召し使いの女が、ある夜半、何か胸騒ぎがしたので、小窓を開いてみると、思わず息を飲んでしまう光景がそこにあった。

その女の母親が火の車に打ち乗って、叫び苦しんでいる姿が見えたのである。地獄の猛火がこれを囲んでいるのだ。

女はあまりの悲しさに、何とかこの火の車から母を引き下ろそうとして門から外に走り出たが、そのまま気を失ってしまった。家の者がこれを見て驚き、ようよう介抱して女の姿を見ると、半身焼けただれていた。

その夕方、田舎にいたその女の母が死んだという知らせがきたという。

生前に善行を積まなかった者の前には、その死に際して、地獄の迎えである火の車がやってくるのだという。

これは閻魔《えんま》大王《だいおう》の命によって、地獄の獄卒《ごくそつ》や鬼たちが引いてくるといわれ、地獄に向かう前に、いったん親族の前に現れるともいわれている。

ヒバゴン

昭和四十五年ごろ姿を見せたといわれているヒバゴンは、身長約百五十センチメートルから百六十センチメートル、全身が薄茶色の毛で覆われ、頭は逆三角形、顔は人間に似ているが、猿でも人間でもなかった。

出没したのは広島県の北東部、比婆《ひば》郡西城《さいじょう》町（現・庄原《しょうばら》市）の山林で、それによりヒバゴンと名付けられた。地元の西城町役場では、「類人猿《るいじんえん》課」なる対策本部を設立し、飛びついてきたマスコミに対応したという。

昭和四十五年、キノコを探しに山へ入っていた小学生が、熊笹の間から巨大な頭を出しているところを目撃した。これを皮切りに昭和五十年ごろまで目撃者が絶えなかったが、それ以降プッツリと姿を消してしまった。

それから五年後、ここより百キロメートルばかり離れた福山市山野町に、それらしいものが出現した。今度は山野町なので、ヤマゴンと名付けられた。目撃者の証言をまとめると、どうやらヒバゴンと同じものらしいことが分かった。しかし、こちらもしばらくするとうわさだけが残るようになり、今では誰も語る者はいないという。

結局、ヒバゴンの正体は、分からずじまいのままになっているようである。

狒々《ひひ》

狒々というやつは、性格の獰猛《どうもう》さがその面《おもて》にも現れ、そのままでも十分妖怪となりうるようだ。形は人に似て、よく走り、人を喰う。体は黒く、毛が生え、人のような顔をして唇が出ている。人を見れば笑う。大きさは一丈余（三メートル以上）のものもある、と江戸時代の百科事典『和漢三才図会《わかんさんさいずえ》』にある。

これが現れたという伝説は各地にあって、大体は猿神《さるがみ》退治と同じような内容になっている。

三重県名張《なばり》市の黒田《くろだ》下川原《しもがわら》に庚申塚《こうしんづか》というのがあるが、これは狒々の霊を祀《まつ》ったものだといわれている。

寛永《かんえい》（一六二四～一六四四）のころ、この黒田に大狒々が現れて、少女を奪い食ったという。あるとき、由比正雪《ゆいしょうせつ》という者が武者修行のために大和《やまと》（現・奈良県）から伊賀《いが》（現・三重県北西部）に入ったが、黒田にきたときこの話を聞き、人命救助のために、ついにこれを退治した。塚はこのときにつくられたものであるらしい。

この狒々という妖怪は、中国にもこれと似たものがいるから、中国渡来の妖怪かもしれない。

火《ひ》間《ま》虫《むし》入《にゆう》道《どう》

この妖怪は、鳥山石燕《とりやませきえん》の『今昔百鬼拾遺《こんじやくひやつきしゆうい》』に描かれたものである。人々が夜なべをして、一生けんめいに働いていると、そっと「火間虫入道《ひまむしにゆうどう》」が現われて灯油《とうゆ》をなめてしまう。

これは、のらくらとなまけてばかりいて一生を終えた人が死んでからなるものだといわれ、「ひまむし夜入道《やにゆうどう》」ともいう。

「『人生つとむるにあり。つとむる時はとぼしからず』といへり。生きて時に益なく、うかりうかりと暇を盗みて一生を送る者は、死してもその霊、ひまむし夜入道となりて、灯の油をねぶり、人のよなべを妨げるとなん。今訛《なま》りてヘマムシとよぶは、へとひと五音相通也」

などと、石燕は解説している。つまり、この妖怪は怠け者が死して妖怪化したもので、人がよなべをしているときに邪魔をするのだといっているのである。

最後のヘマムシというのは、へのへのもへじと同じような人の横顔を描く文字遊戯《ゆうぎ》の一つで、ヘマムシと書いたあとに入道と草書で加えると、座った人物画になる。

石燕の解説にしたがえば、この「ヘマムシ」の文字遊戯は、火間虫入道の姿を描く遊びだということになる。

百目《ひゃくめ》

体中に目が百個ついており、昼はまぶしくて歩けないので、夜になってから歩く。人に会うと目玉だけが一個飛び出して、どこまでもついてくるという。目玉はもとに帰るが、口がないから何を食べているのか不明である。これが、よく古寺とか廃寺に夜現れるという百目である。

これは、ぬっぺふほふという肉の塊の妖怪と同類のものだろうか。

障子《しょうじ》に目がたくさんついているという目々連とか、手に目がたくさんついているという百々目鬼《どどめき》に似ている。

人が盗みを働くと、体に目が生えるといういい伝えの名残かもしれない。

目の数が百というのではなくて、色々と目つきを変えて、変相して見せる寄席《よせ》芸というのが江戸時代にはあった。これは百目ではなく、「百眼《ひゃくまなこ》」というものである。落語家の三《さん》笑亭可上《しょうていかじょう》という人がはじめたといわれているが、当時は随分と流行ったものらしい。

「音曲役者身振り声色、または手品百眼、お望み次第いたしまする」

というのが、客引きの言葉だったようである。

百鬼夜行《ひゃっきやぎょう》

百鬼夜行とは、たくさんの鬼が夜歩くことをいう言葉で、これを目撃したという話が『今昔物語集《こんじゃくものがたりしゅう》』などに見える。

昔、ある一人の修行者が、摂津《せっつ》（現・大阪府北西部、兵庫県南東部）の山中で日が暮れてしまい、無住《むじゅう》の古寺で夜を明かすことにした。やがて夜も更《ふ》け、修行者が一心不乱に不動明王の呪文を唱えていると、真夜中ごろ、松明《たいまつ》を照らす大勢の者たちが、がやがやと寺に入ってきた。それは異形の鬼どもだった。修行者は逃げられず、なおも呪文を唱えると、鬼は修行者の顔を見て、

「さてさて、俺の座には新しい不動尊《ふどうそん》がござる。今夜ばかりは外へ退いてもらおう」

と、いうより早く修行者の襟首を取って、堂の縁の下へつかみだした。鬼どもは、しばらく堂の中で騒いでいたが、やがて明け方近くなると、急いでどこかへ去ってしまった。

やがて修行者が頭を上げて見まわすと、そこは見覚えのない野原だった。彼方から騎馬武者《きばむしゃ》がくるので聞いてみると、ここは摂津ではなく、肥前《ひぜん》（現・佐賀県、長崎県）の山奥だった。さては鬼どもに、縁の下までつかみだされたと思ったのは、実は摂津から肥前まで飛ばされたのだったかと、今さらながらあきれかえって急いで京へ上ったという。

ひょうすえ

九州では、河童《かっぱ》のことを「ひょうすえ」「ひょうすべ」などといって、兵揃、兵主という字があてられている。兵揃という語の由来は、一説では兵主部《ひょうすべ》から発したという。

佐賀県武雄《たけお》市の潮見《しおみ》神社は、河童の主《あるじ》である渋江《しぶえ》氏を祀《まつ》っているが、その祖先に兵部大輔《だいふ》島田丸というのがいて、工匠の奉行を務めていた。

当時、内匠工が人形をつくって秘法を護り、春日社の大工事を成就《じょうじゅ》したが、それが完成したときに人形を川に捨てた。その人形が、河童となって人間に害をし、それを鎮《しず》めたのが島田丸で、それ以降、河童を兵主部といったという。

だから、この地方では河童は大工の弟子であるともいっている。

また、この地方では次のような水難よけの歌がある。

「兵主部よ、約束せしを忘るなよ　川立男　氏も菅原」

そして、その難を避けるために、大工の墨打ちする器の糸をもらい受けて、子供の足にまとわせる習慣がある。

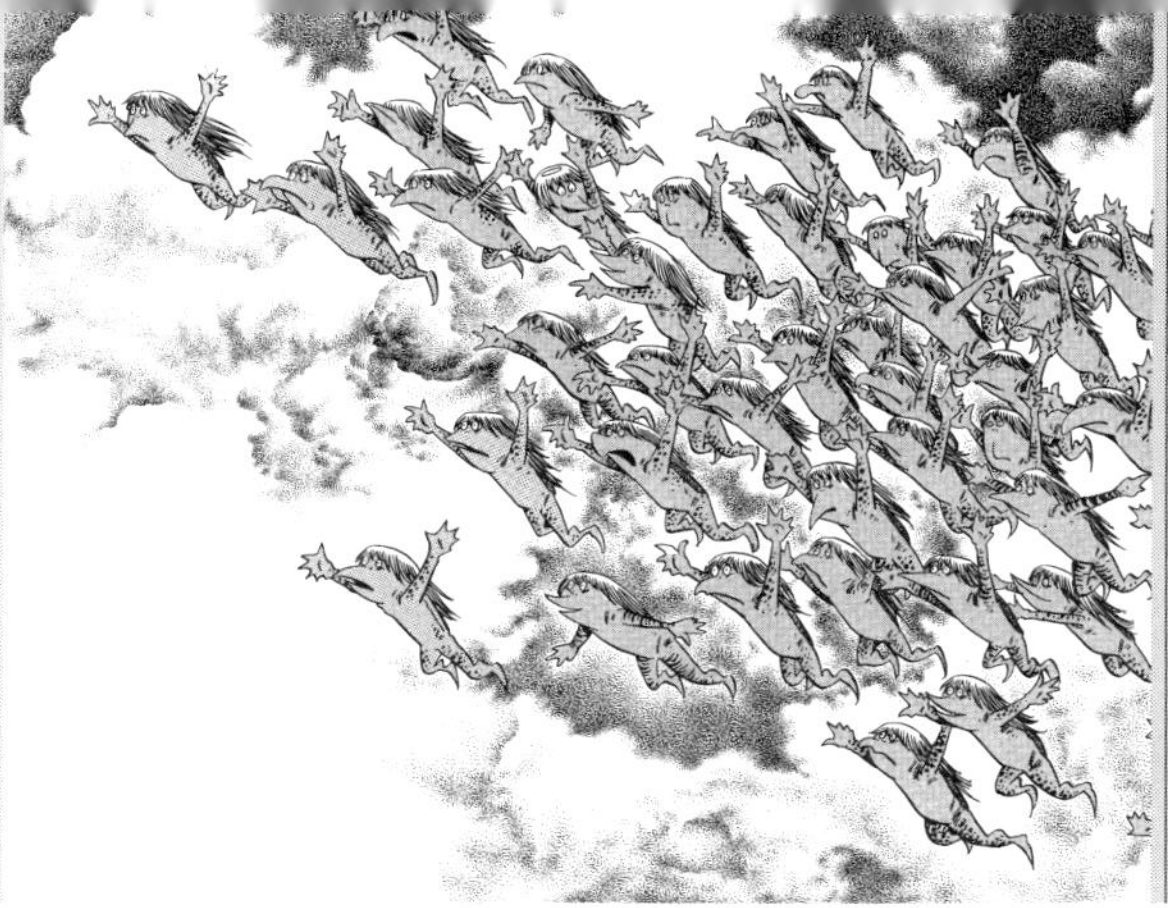

ヒョウズンボ

宮崎県の方にはヒョウズンボまたはヒョウスボウという、空を飛ぶ河童がいる。

春は川にいて、秋になると山へ移りすむといわれ、移動するときに「ヒョンヒョン」と渡り鳥のような声を出して、集団で空を飛ぶ。主に春秋の彼岸《ひがん》の雨の夜に飛ぶといい、渓流筋とか山の尾根筋を伝って、山と川を行き来する。

宮崎県東臼杵《ひがしうすき》郡西郷《さいごう》村（現・美郷《みさと》町）では、「グワッグワッ」と鳴きながら、春の社日《しゃにち》（春分、秋分に近い戊《いぬ》の日）に川へ降り、秋の社日に山へ登るという。

ヒョウズンボは、日中も移動することがあるらしく、この鳴き声を聞いた村人たちは、畑仕事を一切やめて、ヒョウズンボの大群が通過するのを待ったそうだ。

ヒョウズンボは、他の河童と同じようによくいたずらをする。裏の崖がガラッガラッと崩れ落ちる音がするので、家が潰《つぶ》れやしないかと思って、外に飛び出ると何事もない。これもヒョウズンボの仕業だという。

また、ヒョウズンボが通る道筋に家でも建てようものなら、いつの間にか、家に穴を開けられたりする。九州の山奥にいるというセコも、同じような悪さをするから、何か関係がありそうだ。

病虫《びょうちゅう》

昔の人は、病は虫が起こすものというように考えていたらしく、この絵は江戸時代の病人を襲う妖虫、いや病虫の群れである。

こうしたものが病人を苦しめる。すなわち「幻虫《げんちゅう》」というものだろうか。

もちろん、昔は医療も発達していなかったから、病気になると憑き物だの何だのといって、もっぱら祈禱《きとう》などをたよりにしていた。

この病虫も、そうしたことから生まれたもので、人々はこの病虫を非常に恐れた。

江戸時代に書かれた『和漢三才図会《わかんさんさいずえ》』という本によれば、人間には九種類の虫がいて、病気はそうした虫がもたらすとされている。これらの虫は、人間の体内に湧くと、嬰児《えいじ》や鬼、蛙《かえる》、井守《いもり》、百足《むかで》、すっぽん、蝙蝠《こうもり》などのような形を取ることもあるという。

本来は原因となるものがあって、その結果病気になるわけだが（とはいえ、現在でも解明されていない病気もある）、それにしても、病虫とは何とユニークな発想だろうか。これは人間がつくりだした妖怪といえる。もっとも「病は気から」という言葉もあるが……。

ひょうとく

ひょうとくはヒョットコのことだそうで、東北地方の竈神《かまどがみ》の由来を説く昔話に登場する。

昔、あるところに老夫婦がいて、その爺さんが山へ柴刈りに行ったとき、怪しい穴があったので、柴を大量に押しこんで塞《ふさ》ぐことにした。すると穴から美しい女が出てきて、柴の礼にと、爺さんを穴の中に誘った。そこには立派な館《やかた》があり、爺さんはさんざんご馳走になって、帰りにはへそばかりいじくる醜い子供を土産に持たされた。

その子は家でもへそばかりいじるので、爺さんが火箸《ひばし》でへそを突ついてみると、何とへそから金の小粒がこぼれ落ちる。それからは一日三度ずつ、金の小粒を取り出したので、老夫婦はたちまち大金持ちになった。ところが欲深い婆さんは、もっと出そうとしてへそを強く突いたため、子供は死んでしまった。すると爺さんの夢に子供が現れ、

「俺に似た顔をつくって、竈の柱にかければ、この家は繁栄する」

といった。以来、東北では竈の近くに醜い面を祀《まつ》るようになり、これが「ひょうとく」であるという。

ひょうとくは龍宮童子《りゅうぐうどうじ》ともよばれることから、爺さんが行った館は龍宮だったのかもしれない。

屏風《びょうぶ》のぞき

屏風のぞきという妖怪は、夜、屏風を立てて寝ていると、屏風の陰から髪を垂らした痩せこけた姿で、寝ているのを覗く。

大抵新婚の夜などを好んで覗くといわれ、

「なぜ覗くのだ」

というと、

「わしは屏風のぞきだ」という。

屏風を使っているかぎり現れ、いくら口論してもだめで、これを封じるには、屏風を使わないことだといわれる。

大体、屏風を枕元に立てて寝ると、どうしても天井との間があき、光が上からはいってくるから、自然と目が屏風の上にゆき、何か覗きはしないかと思うものである。

江戸時代のお化けの絵でも、屏風の上から覗く絵が多い。それは、屏風を使っていた昔の人が、何かに覗かれているような気持ちになったことと関係があるのだろう。

また、屏風を立てるとその後ろは影で暗くなるから、何となくお化けが出そうな気持ちがするのである。

日和坊《ひよりぼう》

日和坊は、雨や曇りの日には見えないが、晴れた日に姿を現すという珍しい妖怪である。

茨城県あたりの山奥に現れ、別に悪事を働くということもないから、土地の人たちはそれを見て天気の目安にしたという。それが広まると、今度は、「日和坊にお願いして、明日は天気にしてもらおう」という気を起こす人も出てきた。「祈りが通じて日和坊が出た」ということにでもなれば自慢の種なので、俺も私もということになり、みんなが、日和坊の形をつくって軒下にぶら下げ、「明日は天気にしてくれ」と祈った。

それが現在のテルテル坊主である。童謡などで有名になるとともに、今や子供の遊びに使われるほど「落ちぶれて」しまった。

しかし元来は、この日和坊といわれる山の精とも神ともつかないものへの信仰だったようである。

とくに台風の時期や梅雨時に、この日和坊にたよる意味で、テルテル坊主を吊すのだが、いくら日和坊でも、台風や梅雨の雨には勝つことができないようである。

比良夫貝《ひらぶがい》

大昔、猿田彦《さるたひこ》（神代の時代から土着の神）が阿邪訶《あさか》（三重県松阪市北部あたりか）で漁に出たときのこと。

沖までくると、あたりの海面が突然波打ち、毛の生えた大きな貝が海中から現れた。

猿田彦は、さっと剣を抜き、これに斬りつけようとしたが失敗。逆に、船をぐらぐらと揺すられ、とうとう転覆させられてしまった。

猿田彦は必死で泳いで、ようやく岸までたどりつき、それから後ろを振り返って見たが、そこにはもう化け物の姿はなかった。

さる人に話すと、それは比良夫貝という貝の化け物で、時々海面に姿を現しては人を襲うというものらしい。

「それにしても、傷一つ負うことなく帰ったとは、さすが猿田彦じゃ」

と、化け物のことより、猿田彦がまた株を上げてしまった次第である。

比良夫貝とは巨大なホタテ貝のようなものだという説もある。

蛭持《ひるも》ち

島根県邑智《おおち》郡のある村には、蛭持ちだとうわさされる家があった。

昔、その家の人が蛭を助けたことがあり、それからその家は栄えるようになったそうである。元旦には、そこの主人は、雑煮《ぞうに》を食べないでそのまま神棚にあげる。すると、その雑煮はみな蛭になってしまうという。

これは、家を栄えさせてくれる福の神のようなもので、憑《つ》き物でこのような幸運な話はあまり多くない。

こういう、何かが取り憑くといった奇妙な考え方というのは、おそらく、原始、古代人が生命原理とみなした、霊魂《れいこん》の考え方からきているのだろう。

霊魂は、軽くふわふわした気体のようなものだと考えられていたようで、そうした考え方は古代人を強く支配したようである。

そうしたものが人に憑くというのは、考えられることである。憑き物の中に、原始生命観の底流が根強く生きつづけ、無意識にせよ、今なお人々を静かに支配していると私には思える。

琵琶牧々《びわぼくぼく》

玄象《げんじょう》（玄上）と牧馬《ぼくば》は琵琶の名器で、醍醐《だいご》天皇（八九七〜九三〇）の御代《みよ》から宮中の秘物として伝えられていた。中でも玄象の方は、下手な者が弾いても鳴らず、塵《ちり》がついたまま拭《ふ》かずに弾いてもやはり鳴らなかったという。

村上《むらかみ》天皇（九四六〜九六七）の御代のある日、玄象が紛失し、それからしばらくしてある夜、源 博雅《みなもとのひろまさ》が清涼殿《せいりょうでん》にいると、南の方向から美しい琵琶の音が聞こえた。訪ねて行くとそれは羅城門《らじょうもん》の階上から聞こえてくる。その美しい音こそ名器とうたわれる玄象のものだった。そこで博雅が階上に向かって玄象を訪ねてきた理由をいうと、琵琶の音はやみ、やがて玄象が縄につけられ上から吊し下ろされた。玄象には不思議な力が宿っており、鬼がそれに魅せられて盗み出し、鬼に弾かれていたのである。

鳥山石燕《とりやませきえん》は、この玄象と牧馬が琵琶牧々という妖怪になったという。これだけ様々な奇譚《きたん》がある琵琶であるから、妖怪に化けても不思議はない。絵にあるように人間のような姿になって、日本中を行脚《あんぎゃ》して、美しい音を奏でてまわっているのかもしれない。

人形《ひんな》神《がみ》

富山県西部地方では、ある家が急に財産ができて裕福になると、あの家はヒンナを祀《まつ》っているからだとうわさしたそうである。

ヒンナとはこの地方では人形という意味の言葉である。人形神という憑《つ》き物は、墓場にある土を持ってきて、三年の間に三千人の人に踏まれるように置き、その踏まれた土でつくった人形のことをいう。

また十センチメートルほどの人形神を、一千個つくり、それを鍋に入れて煮ると、その中の一個だけが浮かび上がる。それをコチョボとよび、その中には一千の霊が籠《こ》もっているとする。

そしてこのコチョボを祀ると、何でも思いのままに願いごとが叶い、身上が上がる（財産ができ裕福になる）そうである。ところがその代償に、その人の寿命がきて死ぬときでも、人形神は強力に取り憑いてどうしても離れず、ついには地獄に落ちるという。

この人形神は、中世のころの陰陽師の秘術だった式神の一種によく似ている。式神は自然界の精霊を人形などにこめて使役するものだったが、人形神のように地獄まで取り憑かれてしまうほど恐ろしいものではなかった。

貧乏神《びんぼうがみ》

窮鬼ともいう。『譚海《たんかい》』という古書に、ある人の叔父が壮《そう》年《ねん》のときに体験したという話がある。

叔父が昼寝をしていたら、汚らしいぼろを着た老人が、座敷に入って二階へ上って行く夢を見た。おかしな夢を見たものだと、さして気にもしないでいたが、その夢を見て以来、何事も悪い方に傾き、みるみるうちに貧乏になっていった。そんな貧乏生活を四年間過ごしたころ、またその叔父が昼寝をしていると、以前見た老人がまたもや夢の中に現れて、二階から座敷へきたかと思うと、叔父に暇を乞うた。そして立ち去る前に、こんなことをいった。

「わしが出たあと、焼き飯に焼き味噌を少しこしらえ、折敷《おしき》（盆の一種）に載せて裏の戸口より持ち出し、近くの川に流すように」

夢のこととて、その叔父はポカンとしていたが、その老人は続けて、

「あまり焼き味噌をたくさんこしらえてはならぬ。貧乏神が好むものだから……」

と、そこで目が覚めた。

叔父は夢で教えられたように、焼き飯と焼き味噌を川に流すと、その日以来、ようやく貧乏から逃れられたという。

風狸《ふうり》

風狸は川獺《かわうそ》に似た姿で、背筋から尾の部分以外は毛が少ないのが特徴。人に出会うと頭を低く下げて恥じらうような様子をし、また空中を飛行することができる。昔の人は、狸の一種と考えていた。

この風狸は、野で奇妙な草を見つけると、その草を枝に止まっている鳥に投げる。すると、かならずその鳥は落ちるといわれる。

すなわち、鳥を餌《えさ》にして生きているのであるが、その草がどんな草か調べてみても、なかなか分からなかったようである。

ある人が、ふとしたチャンスに風狸が持っていた草を取りあげた。風狸が木の上に逃げたので、その人も木に登ってその草を投げつけたところ、風狸も鳥も、そして自分もともに木から落ちたという。

また一説には、風によって岩を馳《は》せ登ったり、木に登ったりするスピードは、まるで飛ぶ鳥のようであるともいう。

この絵は江戸の妖怪画家石燕《せきえん》の『今昔百鬼拾遺《こんじやくひやつきしゆうい》』を参考にしたわけだが、石燕のころには風狸も一流の妖怪として活躍していたのだろう。どうも見たところ妖怪というよりもただの動物の仲間としか考えられない。

吹《ふ》き消《け》し婆《ばばあ》

昔、蠟燭《ろうそく》や行灯《あんどん》を明々とつけて宴会をしていると、風もないのにフッと火が消えてしまうことがあった。慌てて調べてみるのだが、油はあるし灯心も残っている。

これは吹き消し婆の仕業である。

吹き消し婆が遠くからフーッと息を吹きかけ、火を消してしまったというわけなのだ。

宴会がすんでお客が帰ることになり、提灯に火を入れてお客に持たせる。するとこれもフッと消えてしまったり、急に火が小さくなってしまったりすることがある。調べてみても異常はない。そこで、いよいよ吹き消し婆の仕業だと分かるのである。

火を消す以外の悪さはしないけれども、これが出現すると町は真っ暗闇となるからやっかいな話である。

昔は明かりといえば火だけがたよりだったから、この妖怪は電気のない時代には、さぞかし気味悪かっただろう。

それにしても、いつ何どき、この吹き消し婆が現れるかもしれないと、常に用心していなければならないのは大変なことだ。

文車妖妃《ふぐるまようひ》

文車とは宮中などで文書を運ぶ車であるが、この文車妖妃は恋文のような手紙に籠《こ》められた念が凝《こ》り固まってなる妖怪だそうだ。

手紙の怪異といえば『諸国百物語《しょこくひゃくものがたり》』の「艶書《えんしょ》の執心《しゅうしん》、鬼と成りし事」という話がある。

修行中の一休禅師《いっきゅうぜんじ》が、伊賀《いが》の喰代《ほおじろ》（現・三重県伊賀市）で、寺に泊まったときの話である。そこには稚児《ちご》が一人しかおらず、さらに人を食べるという鬼が出るということだった。夜半になると話通りに鬼が現れたが、一休は仏事に専心していたので、鬼にはその姿が見えず、夜明けとともに稚児が寝ているあたりで消えてしまった。

翌朝、一休が稚児の寝ている床下を調べると、そこから稚児宛てに記された恋文がたくさん出てきたのである。稚児はこれを読まずに放っておいたといい、その恋文にこめられた執心が、稚児の肉体を借りて鬼に変化していたことが分かったという。

文車妖妃は鳥山石燕《とりやませきえん》が『画図百器徒然袋《がずひゃっきつれづれぶくろ》』に描いたものだが、『諸国百物語』にある話のように、文にこめられた執念《しゅうねん》が、具体的に形をともなったものといえるだろう。

袋《ふくろ》下《さ》げ

長野県北《きた》安曇《あずみ》郡大町《おおまち》（現・大町市）あたりで、その昔、袋下げというものが出た。人が林の中を通ると、いきなり木の上から、白い袋が下りてきたそうである。これは狸がその正体とされ、田屋の下の「飯つぎ転《ころ》ばし」というのも、袋下げと同じ怪だといわれている。

木の上から何かをぶら下げる妖怪というのは各地でよく聞かれるが、白い袋ではなく、茶袋が下がるというのは高知県でいわれる怪異である。こちらの正体はとくに伝わっていないが、これも狸の仕業だった可能性もないとはいえない。狸はありとあらゆる化け方をするし、それも狸の伝説が多く残る四国であればなおさらである。

また、「飯つぎ転ばし」も袋下げと同じ怪といっているが、何々転がしという妖怪も、狸の仕業とされることが多いようだ。

徳島県では、「徳利《とっくり》転がし」という怪があり、坂道などを下へ下へと転がって、人に本物の徳利が転がって行くと思わせる。もし欲深な人などがそれを拾おうとして追いかけると、だまされて谷に落とされたり、溝にはめられたりするそうだ。

袋狢《ふくろむじな》

江戸時代には、泥棒は大きな荷物を背負って逃げるのが一般的だったようだが、袋狢の姿もやはりそれから連想されたものと思われる。

普通の人だと思って、二～三日付き合っていても、袋狢が取り憑《つ》けば、絵のように夜中に財物を袋に詰めこんで立ち去るというわけだろうか。

元々狢というのは上手に化けるといわれているが、その代表といえるのが、佐渡《さど》の団三郎狢《だんざぶろうむじな》である。

団三郎は佐渡の狢の親分で、その時々に応じて色々なものに変じることができ、木の葉の小判を持って酒屋や米屋へ買い物に行った。ときには禅宗の僧に化けて、秋田へも行けば、伊勢にも行った。「お伊勢七度、熊野へ三度、山の神さんへ月詣り」という歌があるが、これは団三郎の行動を歌ったものである。

昔は今と違って奇妙な動物が多かったのだろう。

だいたい狸とか狐とかが化けるというのは、「大昔、神は森に住み、動物を使者として使う」という、縄文時代からの考え方が背後にあると思う。

そのために、動物が化けるという話がまことしやかに語り継がれているということかもしれない。

衾《ふすま》

衾とは、現在のような布団《ふとん》が普及する以前の夜具のことである。

新潟県佐渡地方でいう衾は、夜道を行く者を突然襲うのであるが、風呂敷《ふろしき》のようなものが人の目や鼻を塞《ふさ》いで、五感の働きを妨げてしまうのである。

これに顔面をくるまれたら最後、たとえ正宗《まさむね》の名刀をもってしても、切ることができないという。

とはいえ、どんな妖怪にも弱点はあるもので、この衾はお歯黒《はぐろ》で染めた歯で噛《か》み切ると、すーっと切り裂くことができるという。

そのため、佐渡地方では、昔は男でもお歯黒をしたのだという。

明治のころまでも、男のお歯黒が少し残っていたというから、よほどこの衾が恐ろしかったのだろう。

愛知県西尾市の佐久島では布団かぶせといって、ふわっときてスッとかぶせて窒息させるという妖怪のことが伝えられているが、これなどは佐渡の衾とよく似ており、名前に関していえば、この布団かぶせという方が、どちらかといえば感じが出ているようだ。

札返《ふだがえ》し

小泉八雲《こいずみやくも》の「化けものの歌」という一文の中に、札返しという妖怪について記したものがある。どうやらこれは牡丹灯《ぼたんどう》籠《ろう》の一シーンのことをいっているらしい。

　牡丹灯籠の亡霊お露《つゆ》が、好いた男のもとに毎晩通うわけだが、あるとき、男の方もこれがこの世のものではないと悟り、家の戸口という戸口にお札を貼る。お露はこの札に触れることができないから、仕方なく隣家の者に頼んではがしてもらうわけだ。

　これを札返しというのだが、八雲はこの名前を『狂歌百《きょうかひゃく》物語《ものがたり》』という古書からとっているらしい。『狂歌百物語』には、

「はがさんと　六字の札を　幽霊も　なんまいだあと　数えてぞ見る」

とか、

「ただいちの　かみの御札は　さすがにも　のりけなくとも　はがしかねけり」

などという歌が、書き連なっているのだ。

　まぁ、札返しというのは、何らかの理由があって札をはがそうと試みる幽霊たちを、多少滑稽《こっけい》に表現した呼称なのだろう。

二口女《ふたくちおんな》

昔、下総《しもうさ》（現・千葉県北部、茨城県南西部）にある女がいて、自分の子だけ愛し、先妻の子に食物を与えなかったので、継子《ままこ》は病気となって餓死《がし》した。

その子の四十九日目に、その家に薪《まき》を割る男が働きにきていたが、ちょうどそこを通りかかった女の後頭部にまさかりがあたり、血がおびただしく流れ出た。

その傷はいつまで経《た》っても治ることなく、やがて傷口は唇の形に、飛び出た骨は歯のようになり、中から肉が出て舌のようになった。傷は治るどころか、とうとう前後両方に口があるようになってしまった。

一定の時間がくると傷口が激しく痛むが、なぜかそこに食物を入れると痛みが止む。そして、後ろの口がぼそぼそと独り言をいうので、聞き耳をたてると、「あやまれ、あやまれ」などといっていたという。

一般に、継子を憎み、食物を与えず殺したとき、二口女が生まれるといわれる。口が前後にあって、食物を食うときには髪の先が蛇になり、後ろの口の箸《はし》のかわりをする。後ろの口に食物を与えないと、あらぬことをわめいて苦しめる。

この他、各地に伝わる飯食わぬ女房という昔話にも、二口女は登場している。

二《ふた》つ塚《づか》の化《ば》け物《もの》

昔、京都蓮台野《れんだいの》というところに、それぞれが二百メートルほど離れた二つの塚があった。一方の塚は夜な夜な怪しい火が出て、もう一方の塚からは「こいや、こいや」と怪しい声が聞こえるのだった。

ある大嵐の晩、ひとりの男がこの話の真偽を確かめに行くことにした。やがて男が塚の前までくると、話の通りに怪しい声がする。男が、

「何者がそのような声を出すのか」

というと、顔色の悪い中年の女が現れ、

「我を火が燃える塚に連れて行きたまえ」

という。気の強い男はいわれるままに女を背負い、もう一方の塚へと連れて行った。女はその塚にスッと入るや、鳴動とともに鬼女となってふたたび現れ、またもとの塚に戻せという。男はまた女を背負ってもときた道を歩いた。

「我の望みは晴れた。礼にこれをやろう」

もとの塚まで戻ると、女は小さな袋をよこした。男はこのときになってから急に恐ろしくなり、足早に家に帰って、その袋の中身を見てみた。すると中には、金子百両《きんすひゃくりょう》が入っていたのである。以来、その塚は怪しいことはまったくなくなったという。

淵猿《ふちざる》

昔、毛利《もうり》氏の家臣に荒源三郎《あらげんざぶろう》という武士がいて、これが大層強かった。

その腕っぷしの強さが見こまれて、あるとき広島県高田《たかだ》郡吉田《よしだ》村釜淵《かまぶち》（現・安芸《あき》高田《たかだ》市）にすむ淵猿という化け物退治を頼まれた。

この淵猿は、家畜ばかりか人間にも危害を加え、それがまた百人力もあるという馬鹿力の持ち主で、人々はどうすることもできず困っていたのである。

源三郎も、いくら強いとはいえ、せいぜい五十人力といったところ。まともに向かって行ったのでは、とうてい勝ち目はない。そこで、この淵猿の泣きどころは一体何であるかと考えた。

そして、ふと怪物の頭のまん中の皿に、水が入っていたことを思い出し、敵地に乗りこんで行ったときに、さっと淵猿の首をつかんで、力いっぱいに左右に振りまわした。その勢いで皿の水は吹き飛び、淵猿はたちまちその力を失った。源三郎はこれを生け捕りにしたということである。

これは名前には「猿」がついているが、頭の皿に水を入れていることから、河童の親類だと思われる。

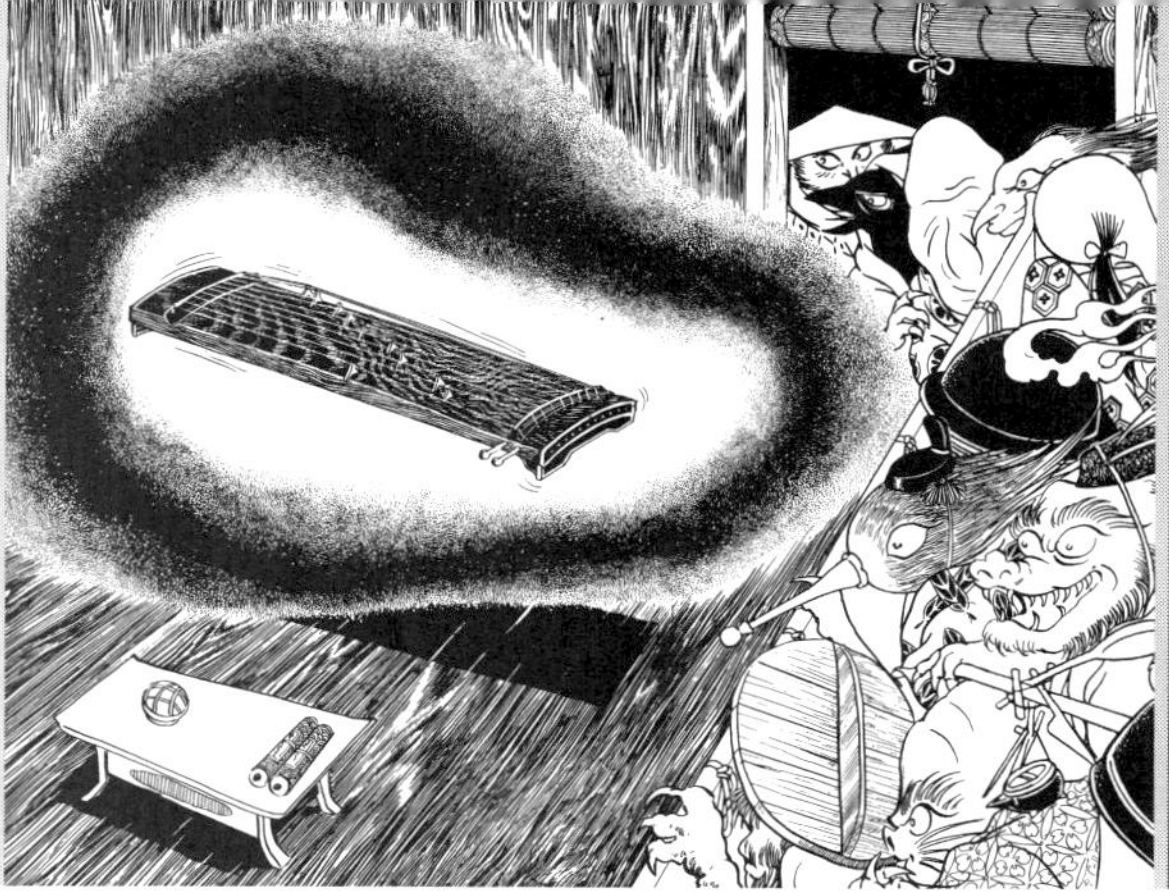

船板《ふないた》の琴《こと》

かつて伊豆《いず》国（現・静岡県伊豆半島）から朝廷に奉《たてまつ》った枯野《からの》という船が、応神天皇（五世紀初頭）のころにすっかり朽ちて、使いものにならなくなってしまった。しかし、枯野は官用として有効に使用したもので、この船の名は久しく残しておきたいという天皇の仰せがあり、群臣が相談した結果、この船材を薪として用い、新たに船をつくることに役立てようということになった。そこで諸国に分け与えられ、やがて一時に五百艘《そう》の官船ができあがった。

奉納された船は武庫《むこ》の水門に繋《つな》がれていたが、このとき新《しら》羅《ぎ》の朝貢使《ちょうこうし》の乗船がきて碇泊《ていはく》しており、ある夜、火を失して他に燃え移り、五百艘の船が残らず焼失してしまった。これを伝え聞いた新羅《しらぎ》王《おう》は大いに驚き、早急に手腕ある船匠を送りこんで罪を詫びた。

ところで、はじめ枯野の朽船《くちぶね》を焼いたとき、大部分はよく燃えたものの、何としても燃えない部分があり、みな奇怪に思っていたので、この船板を天皇に献上することになった。天皇もこれを不思議に思い、試みに一張の琴をつくらせてみると、この音色というのが実に微妙優麗で、しかもはるか遠方にまで響き渡ったので、天皇は御感《ぎょかん》のあまり、歌をつくって琴の徳を称《たた》えられたという。

ブナガヤ火《び》

沖縄といえばキジムナーが有名だが、このブナガヤも沖縄では有名な妖怪である。よく火を灯《とも》すことでも知られ、沖縄本島の大宜味《おおぎみ》村《そん》では、その青みがかった不思議な火を見た人がたくさんいたそうだ。

普段は河童《かっぱ》と同じように川底にいて、あまり人間と関係がないが、川に遊びにきた子が、誤ってブナガヤの手を踏むと、手に仕返しの火をつけられ、足を踏むと足に火傷《やけど》をさせられる。

ある少年が川へ遊びに行ったとき、いきなり左手の甲にブナガヤ火をつけられた。帰ってから母親がその箇所を見ると、見る見るうちに赤黒く腫《は》れて水ぶくれになった。そこで母親は、村の年寄り連中をよんで、みんなで呪文を唱えると、次第に腫れがひいてもとに戻ったという話もある。

昔は、このブナガヤに火をつけられる子供が多かったが、ブナガヤというのは元々水と保護色の無色透明で、川で遊んでいるときは、子供たちの目では分かりにくい。だから、昔は川で遊ぶときは、用心するようにと、母親たちはいったものだった。

船亡霊《ふなもうれん》

和歌山県や長崎県の海に現れる妖怪。難破《なんぱ》した船に乗っていた人が亡霊《ぼうれい》となって現れるもので、大勢で近寄って船べりに顎《あご》をかけ、「仲間に入れ」などと叫ぶこともある。

これが現れたら、竈《かまど》の灰をまくとよい。どういうものか船亡霊はこれを嫌い、姿を消すのである。しかし、薪《まき》をしばってある縄を一緒に燃やした灰だと効き目がない。つまりその灰は汚れているというわけである。だから漁師たちは、万が一のときのために薪を燃やすときは縄と一緒にしないように気をつけていたという。

また、長崎県松浦《まつうら》市にはこんな話がある。

志佐浦のある兄弟が雨降りの夜に船を出していると、そこに船亡霊が現れた。乱れ髪で、顔色は雪よりも白く、兄弟を見て微笑する様はたとえようもなく恐ろしいものだった。そこで兄弟は力のかぎりに船をこぎ、何とかこれを払おうとしたが、何としてもだめだった。そこで燃えさしの薪を投げつけると、それに恐れを感じたものか、ようやく離れ去り、からくも危機を脱することができた。

しかし、その後も恐ろしい姿がいつまでも眼前にちらつき、それ以来どうしても船に乗ることができないので、兄弟はついに他の仕事に転じたという。

船《ふな》幽霊《ゆうれい》

船幽霊はほぼ全国に出現する妖怪で、海岸沿いの村であれば、かならずその話が伝わっている。

夜の海上に船と船人がおぼろげながらに姿を現し、「柄杓《ひしゃく》を貸せ」などと声をかけてくる。柄杓を使って船に水を入れ、自分たちの仲間を増やすべく沈没させようという魂胆《こんたん》なのだ。このとき、絶対に普通の柄杓を渡してはいけない。こんなときには、底の抜けた柄杓を海に放ってやる。そうすれば、いくら汲《く》んでも水は抜けてしまうから、船幽霊はあきらめて去ってしまうという。

風雨の夜は、海上の船頭の目印に陸の高い崖《がけ》の上でかがり火を焚くことがあるが、船幽霊もまた沖で火を焚き、船頭の目を迷わすという。迷わされたら最後、溺死という悲しい結果が待っている。

ある船頭が語るには、人の焚く火は位置を変えないが、船幽霊の火は右に左に動く。また、遠くに帆《ほ》を上げて走るように見える。もしこれについて行くと、海中に引きこまれる。人間の帆は風にしたがって走り、船幽霊の帆は風に逆らっていく、などといっている。

慣れた老船人といえども、船幽霊に関われば、しばしば生きて帰ることはできないという。

浮《ふ》遊《ゆう》霊《れい》

人間は死ぬと霊魂《れいこん》が体内から抜け出るが、その霊魂は肉体から離れたまま、一定期間、つまり一般的にいう四十九日の間は、家のまわりを浮遊しているという。

その期間、まわりの人間は霊魂を刺激することなく、静かに死者の国に行かせるのがよいとされている。

しかし、慌て者がくだらないことで騒ぐと霊魂はなかなか家から離れることができない。

そうこうしているうちに一定期間が過ぎてしまうと、霊魂は死者の国へ行く機を逸《いっ》してこの世で浮遊霊となってしまう。

霊魂も死者の国へ行きたいという願いがあるのだろう。

そこで通りすがりの人にふっと取り憑いて、何とかしてくれと頼むのだが、一般人には分かってもらえず、相変わらず浮遊してしまう。

つまり浮遊霊とは、成仏できずにさまよっている霊の総称なのである。

そして、こうした浮遊霊が、人間に悪影響をおよぼすようになると、それは妖怪として認識されるようになるのだ。

不《ぶ》落《ら》不《ぶ》落《ら》

京都に竹寺とよばれる古い寺があった。その名が示すように、寺は竹で囲まれていた。

ある男が、知人の家を訪ねて帰る途中のことである。その晩は月も出ておらず、真っ暗闇で、男は提灯《ちょうちん》を借りて夜道を照らしていた。そのうち、竹寺の裏道にさしかかったとき、さわさわっと風が吹いて、提灯の灯が消えてしまった。昔のことなので、すぐに火をつける術《すべ》がない。仕方なく歩きだすと、竹やぶの奥の方にボーッと光が見えた。男はその光に目をやった。と、それは提灯の灯であることが分かったが、分かった途端に男はぞっとした気分になった。男は暗い夜道を走って家に帰った。

そのあとも、ここで提灯の灯を見た人が何人もいて、やはり同じようにぞっとしたという。竹寺の和尚《おしょう》がいうには、

「新しい仏様が運ばれてきた晩には、決まってあの提灯の灯が出るのです」

とのことだった。

不落不落は鳥山石燕《とりやませきえん》が描いた妖怪だが、墓場の提灯として描かれている。これは提灯の壊れかけたものが、風に吹かれたりしていると、何となく不落不落という妖怪に見えたりする、ということも考えていたのだろう。

ふらり火《び》

この妖怪は、火と鳥とが一緒に出てくるのが特徴で、鳥が主《しゅ》のように見えるがそうではなく、火が主で鳥が従《じゅう》である。すなわち家来である。

この妖怪を遠くから見た人は、まるで千鳥足《ちどりあし》の酔っぱらいが提灯《ちょうちん》を持って歩いているようにしか思えない。だが近くに寄って見ると、人の姿はなく、鳥と火がふらりふらりと飛んでいるだけである。

一説には鳥が光る木のようなものをくわえて飛ぶのだというが、鳥はフクロウの類の他は、みな鳥目であるから夜中に飛ぶわけがない。もしふらり火と鳥を結びつける場合、その鳥は普通の鳥ではないと思われる。

ある人は、このふらり火は空中を浮遊する人魂《ひとだま》ではないかなどといっている。他の怪火のように、人に害を加えるということもなければ、ただ、ふらふらとさまよっているだけだからというのがその理由である。

火には陽火と陰火があり、陽火というのは熱く燃やす力があり、その反対に熱くもなければ当然燃やす力もない火のことを陰火というわけだが、ふらり火はもちろんこの陰火の方で、ただ、見るものをギョッとさせるだけのことである。

古空穂《ふるうつぼ》

昔は「人生五十年」というほどに寿命が短かったから、八十歳とか九十歳とかまで生きるということは、それ自体大変奇怪なことだった。それで、「そのような人には、お化けが取り憑いたので長生きする」と考えられたようである。

また、現代でも百歳を超えて元気だと、何だか「憑いている」のではないかと思われたりする。

それと同じことが、猫や狐などの動物、あるいは器物にも適用されてくる。付喪《つくも》神《がみ》の起こりとは、そうしたものだったのかもしれない。

ここに紹介する古空穂は鳥山石燕《とりやませきえん》の『画図《がず》百器徒然袋《ひゃっきつれづれぶくろ》』に描かれたものだが、長い年月がたって霊が宿り、妖怪化した器物なのだろう。

この空穂というのは、矢の容器のことをいい、その容器は下の方に矢を出し入れする口があった。

普通は漆塗《うるしぬ》りした竹であるが、なかには毛皮や鳥毛を貼ったものもある。

それらなどは古くなると見るからに化けそうな感じになってくる。実際、動物の毛や皮を使ってつくられたものの方が、付喪神になる傾向が強いという。

古杣《ふるそま》

土佐《とさ》（現・高知県）長岡郡の山中で、姿は見えないが杣人《そまびと》（樵《きこり》）の声が聞こえることがあるという。

「そりゃ行くぞ、行くぞ。退いちょれよーっ」

すると、バリバリ、バリバリッと木の折れる音が響き、ザザドーンッと大木の倒れる音がまるで手に取るごとくに聞こえる。しかし、音がした方に行ってみても何もない。深山では日中もこの声を聞くことがあるという。古杣は、こうした不思議な声や物音を立てる妖怪なのだという。その正体は、伐木に打たれて死んだ者の霊であるとかいわれている。

また、同じ高知でも県の東部にある野根山街道では、古杣は音や声を出すだけでなく、山小屋を揺することもあった。

野根山街道には、昔、旅人が一晩の雨露をしのぐために建てられた粗末な小屋があり、夜になると風もないのにグラグラと揺れることがあった。それは古杣が旅人と力比べをしているからで、小屋が揺れたら、柱を押さえて揺れを止めないかぎり、朝までずっと揺れ続いたそうである。

いずれにしても、山中で命を落とした者の霊は、やはり山中にとどまるのだろう。

これと同じような怪異は他の地方にもあるが、その場合は天狗《てんぐ》とか狸《たぬき》の仕《し》業《わざ》とされることが多いようだ。

古椿《ふるつばき》

昔から古い椿の木は化けるといわれ、石川県や岐阜県にも、古い椿の木が踊ったり女に化けたりした話があるが、古い椿というのは不気味な美しさを持っている。

昔、山形城下《やまがたじょうか》を馬買い商人が歩いていた。そのあとを紅花《べにばな》商人が歩いていた。町を過ぎて峠道にかかると、馬買い商人はいつしか女と歩いていた。女の顔は後ろ姿でよく分からなかったが、女が横を向いて馬買い商人に息を吹きかけると、商人は蜂《はち》に化身《けしん》した。

蜂は女の体のまわりをブンブン飛びまわった。女は横道に入ると、毒々しく咲いた椿の木の中に入った。

蜂に化身された馬買い商人は、その椿の花に吸いこまれていった。しばらくすると、その花がポトリと落ちた。ずっとその様子を見ていた紅花商人は、その花を拾ってみた。蜂はすでに死んでいた。紅花商人は花を持って寺へ立ちより、事情を語った。和尚《おしょう》は、

「峠道を行く者が、姿を消すという話は聞いていたが、その女の仕業だったか」

といった。和尚は、経文《きょうもん》を唱えれば馬買い商人が生きかえるかもしれないといって、一心に経文を唱えたがその験はなく、蜂を椿の花とともに埋めたという。

震々《ぶるぶる》

この震々という妖怪は、鳥山石燕《とりやませきえん》の『今昔画図続百鬼《こんじゃくがずぞくひゃっき》』に描かれているものである。その解説には、「ぶるぶる、又ぞぞ神とも臆病《おくびょう》神ともいう。人おそるおそる事あれば、身戦《せん》慄《りつ》してぞっとする事あり。これ此神の襟元《えりもと》につきしなり」と記されている。

震々はその姿や名前が表しているように、人の恐怖心をあおって、体をぶるぶると震わせる妖怪なのである。

よく墓場など人気のない場所に一人でいると、何の理由もなしに恐怖心がわき起こり、思わずそこから逃げ出したい衝動にかられるときがある。それこそ震々の仕業で、そのときにはすでに震々が取り憑いているわけだ。

夏場でもこの妖怪が取り憑けば、襟元がゾーッとして、途端に震えが止まらなくなるのである。

その姿を見たものはいないが、冷静にあたりをよく見ると、ところてんのようなものがふわふわ浮いているという説もある。だが、気味悪い場所では、誰も冷静でいられるはずがないので、見あやまりであるかもしれない。

多分これは、妖怪とか幽霊の現れる「前駆症状」のような妖怪だから、かなりたくさんいて、妖怪や幽霊などの出現の助手をするのかもしれない。

古屋《ふるや》の妖怪《ようかい》

昔、備後鞆《とも》の津《つ》（現・広島県福山市）に、金屋嘉平治《かなやかへいじ》という富み栄えた酒屋があったが、この家の一室に怪しいことがあって、ついには城下で大評判になった。嘉平治はうわさをうるさく思い、この座敷を壊そうと職人を雇ったが、その職人たちでさえ、突然目が見えなくなって仕事ができる状態ではなくなる。仕方なく座敷はそのままにしておいたが、このことがやがて領主の耳に達し、侍をやって検分を行わせることになった。

侍どもが金屋の座敷にいたところ、見知らぬ老法師と領主に近侍している橋本右膳《はしもとうぜん》が現れ、茶を立てて侍にすすめる。侍どもが橋本の権威に恐れ頭を地につけ、ふたたび頭を上げたとき、老法師も橋本も消え失せていた。

さてはやられたかと、帰って事の次第を領主に話すと、領主はひどく驚き、

「いや、その方どもの馳《は》せ向かった時刻に、わしはその方どもの見たままの衣服で、島倉了閑《しまくらりようかん》を招き茶の湯を行っていた。まことに不思議なことである」

と、胸に手をあてて思案のていだったが、ついに金屋には別の土地を与えて移転させ、その宅を金屋古屋と名づけ、人の住まない廃屋《はいおく》にしたという。

風《ふ》呂《ろ》桶《おけ》の火《ひ》の玉《たま》

ある人が子供のころに、不思議なものを見た。行水《ぎょうずい》していたとき、庭の楓《かえで》の木に大きな火の玉がまつわりついていたのである。

怖くなって大声で母をよぶと、飛んできた母もこの火の玉を見て「キャーッ」と叫び、それからは仕事が手につかなくなってしまった。

少し離れた家から死人が出たので、きっとお別れにきたんだろうということになったという。

また、群馬県の嬬恋村《つまごいむら》にすんでいたある人も、入浴中、窓から前の家の屋根の上を飛ぶ火の玉を見た。赤と青が混ざったような色の火の玉で、それがフワフワと飛びまわり、どこかに行ってしまった。そのとき、近くの屋敷のおかみさんが死んだので、その魂が抜け出て飛びまわったのだと、村中で噂されたという。

こんな感じで、行水や入浴中に火の玉を見た人は、何人もいるわけだが、少年のとき、風呂桶の中に、タライくらいの火の玉が入ってきて、その驚きから火の玉を研究している学者がいる。

早稲田大学の教授の大槻義彦《おおつきよしひこ》氏である。大槻氏はとても不思議に思って、その正体を見ようと長く研究しておられる。

ぶんぶん岩《いわ》

石見《いわみ》日原《ひばら》（現・島根県鹿足《かのあし》郡津和野《つわの》町）の須川《すがわ》というところにぶんぶん岩とよばれる岩があった。昔ここを通ると、

「去年も十九、今年も十九、ぶうん、ぶうん」

と唄をうたいながら糸車をまわす音が聞こえたので、それでこの名がついたという。

あるときここを通りかかった男が、糸車を担《かつ》いでくる女に出会った。女がにっこりと笑うので、おまえは誰かと聞くと、

「私はここでひどい目にあわされて殺されたが、あきらめがつかず、迷うている」

といった。そこでこの女（幽霊）のために祭りをしてやると、それからはこの幽霊は出なくなったという。

石に人の怨みが乗り移って、夜毎《よごと》に声や怪音を発するというのは、意外とあちこちで聞かれることである。有名な小夜《さよ》の中山夜泣き石も、盗賊に殺された女性の霊が石に取り憑いてすすり泣きをしたという。

よく物事を極めようと努力するとき、「石にかじりついてでも」という表現を使うが、霊の場合も同じようで、「石に取り憑いてでも」その思いを晴らそうとするのだろうか。

平家《へいけ》一族《いちぞく》の怨霊《おんりょう》

源義経《みなもとのよしつね》は、梶原景時《かじわらかげとき》の偽《いつわ》りの訴えによって兄頼朝《よりとも》から追われることになり、九州に落ちのびようと考えた。

そして摂州《せっしゅう》の大物《だいもつ》の浦《うら》（現・兵庫県尼崎市《あまがさきし》）から船に乗って逃げようとした。そのとき、一天にわかにかき曇り、波は高波となって押し寄せ、船は進むことも戻ることもできず、転覆寸前《てんぷくすんぜん》になった。

家来の武蔵坊弁慶《むさしぼうべんけい》は、これこそ我らを恨みつつ死んだ平家の怨霊《おんりょう》に違いないと、船べりに立って仏に一心に念じた。

すると平家の怨霊は退散し、義経たちは助かった。

これが有名な平家の怨霊で、謡曲《ようきょく》『船弁慶《ふなべんけい》』の一節となっている。

平家の怨霊は後々にまで語り継がれることになり、例えば関門海峡を渡るときに平家一門の話をすると、海上に怪異が起こるなどといわれた。うっかりと話をしてしまった侍たちが、無数に乱れ浮かぶ女の蒼白な生首を見たという話もある。

さらに壇《だん》ノ浦《うら》に近い赤間神宮《あかまじんぐう》には、耳無し芳一の伝説が残っているし、その怨霊が蟹に乗り移ったという平家蟹《へいけがに》というように、今でも平家にまつわるものが残っている。

幣六《へいろく》

御幣《ごへい》をふりかざして走る、赤鬼のような妖怪が鳥山石燕《とりやませきえん》の『画図百器徒然袋《がずひゃっきつれづれぶくろ》』に描かれている。

御神託《ごしんたく》と称して偽りの情報を流し、人々を混乱におちいらせて世を騒がせたという。

幣六という名の由来は不明だが、この姿は、江戸時代の「鹿島《かしま》の事触《ことふれ》」といわれる神人と非常によく似ている。

鹿島は、茨城県の鹿島神宮のことで、当時その御神託であるとして、その年の豊凶などを各地に告げまわっていた神人がいたのである。

神宮の中の卜部《うらべ》の家が、年中の吉凶を占って朝廷に奏聞したのを真似ていたのがこの神人たちというわけで、そうした神人の中には幣六なども交じっていたのではないかと思われる。

あるいは逆に、この神人から、江戸時代の人々は、このような妖怪を発生させたのかもしれない、と想像したくなる。同じような姿をした妖怪は、『百鬼夜行絵巻《ひゃっきやぎょうえまき》』にも描かれているので、案外、昔の人たちにはよく知られていたのかもしれない。

べか太郎《たろう》

この妖怪は、熊本県八代《やつしろ》市の松井家に伝わる『百鬼夜行絵巻』にあるものである。

大きな頭はまるで稚児《ちご》のようだが、その下半身は不自然に突き出ており、赤い舌を出しながら両目まぶたの下を指で下げ、「あかんべー」をしているのだ。

「べか」とは、まさしく「あかんべー」のことなので、このような仕草《しぐさ》で現れる妖怪とだけはいえる。

そもそも「あかんべー」とは、赤目を意味しているという。下まぶたを下げて裏の赤い部分を見せる行為であり、相手を拒否、あるいは軽蔑《けいべつ》する意味があるそうだ。

また、「べか」は、目がごという意味もあるらしく、がごとはガゴゼ、ガゴジ、ガモ、ガガンモーなどと同じ、化け物をいう言葉である。

つまり、まぶたの下を下げて赤い部分を見せながら、化け物の目のようにした状態を目がごというのである。

このべか太郎は、どこそこに現れたなどという記録こそないものの、人前に現れては「あかんべー」をして、相手を軽蔑するような仕草で気分を損なわすような妖怪なのだろう。

べとべとさん

子供のとき、夜道を歩いていると、よく誰かがあとについてくるような気のすることがあったものである。

化け物なんかいないと思っていても、やはり怖くて振り向くこともできない。そのまま怖いのを我慢して進むと、冷や汗まで出てきて胸がドキドキしたりする。こんなときは、道の傍らに寄って、「べとべとさん、先へおこし」というと、ついてくる足音がしなくなるという。

ある人が提灯《ちょうちん》を下げて歩いていると、ピタピタと足音がする。そこで、

「べとべとさん、先へおこし」

というと、

「先に行くと、暗くて歩けない」

という。

「それなら、提灯を貸してやる」

というと、べとべとさんは、提灯を借りて先に行った。

提灯は翌朝ちゃんと返されていたということである。

この妖怪は、奈良県によく現れたというが、似たようなものは全国的にいるように思われる。

蛇《へび》の怪《かい》

越中《えっちゅう》愛本《あいもと》村（現・富山県黒部《くろべ》市）に流れる黒部川は水が非常に深い。その川に架かる橋は愛本橋とよばれ、橋の西には一軒の茶屋があった。

昔、この茶屋に美しい娘がいた。ある夜、美しい武士がこの茶屋を訪れて、

「自分は加賀《かが》藩の家来で、妻はまだなく、当家の娘の評判を聞いてやってきた」

と、娘を妻にしたいと申し出た。茶屋の夫婦は、武士と聞いて大いに喜び、二つ返事で娘を嫁にやることを承知した。やがて嫁いだ娘からは何の連絡もなく三年が過ぎたが、ある日ひょっこり帰ってきた。娘が帰ってきたのは、実家でお産をするためだった。そして、お産が終わるまでは産屋《うぶや》をけっして覗《のぞ》くなという。両親は一人娘の初出産とあって気が気でない。そこで障子《しょうじ》の隙間からそっと覗いてしまった。すると、娘の産み落としたのは、何と無数の子蛇だった。

娘はさては見られたかと泣く泣く事情を話し、自分の夫は橋の下の大蛇だったとうち明けた。

「知られたからには、これが今生《こんじょう》のお別れでございます」

娘はそう別れの挨拶をすると、子供を引き連れて橋の下の淵を目がけて姿をくらましてしまったという。

蛇蠱《へびみこ》

香川県の小豆島《しょうどしま》でよくいわれるものに蛇蠱がある。この家の者が、「あいつは憎い」と思うだけで、その相手は悩まされるという。あるいはその相手の臓腑《ぞうふ》に蛇が食いこんで、相手は死んでしまうともいわれている。

　この蛇蠱の起源として、次のような伝説がある。

　昔、小豆島の海岸に長持《ながもち》が一つ漂着した。すると、村の者が次々と集まってきて、その中身も見ないうちから、

「これを発見したのは、わしじゃ」

「いや、先に見つけたわしのものじゃ」

と、互いに占有権を主張しあった。誰も譲る者がないので、結局、

「では、発見者であると主張する者どうしで中の品を分けあうことにせよ」

　と長老がいうと、ようやく納得して、その長持を開けることになった。みんな、何が出てくるのかわくわくして、長持のまわりに集まった。蓋が開いた。すると、中から出てきたのは、たくさんの蛇だった。蛇は長持から出てくるなり、いくつかの家へ這《は》いこんでしまった。その家の主というのは、いずれも先に占有権を主張した連中ばかりで、これがすなわち蛇蠱の元祖であるという。

弁慶堀《べんけいぼり》の河太郎《かわたろう》

江戸の留守居《るすい》加賀山城守《かがやましろのかみ》の従者《じゅうしゃ》が、小川町《おがわまち》の住居に帰るといって、九段《くだん》の弁慶堀のそばを通っていた。雨の夜更《よふ》けであり、まわりはまったくの闇夜。そこに何者とも分からないものが、水中より従者の名をよんだ。

従者は怪しみながら、声のする方を見ると、一人の子供が水中から手招きをしている。さては子供が落ちたのかと思い、助けてやろうと手を伸ばした。すると、意外にも石のように動かず、それよりも自分が次第に水の中に引きこまれそうになった。

従者は気を取り直し、力をこめて手をふりほどくと、すぐに家に帰って呆然としていた。

ただならぬ様子に、まわりの者たちが従者を見ると、衣服はずぶ濡れで、そのうえ悪臭が漂っている。みんなで水をかけて洗ったが、なかなか臭気《しゅうき》は落ちなかった。

翌朝になって従者は正気に戻ったが、相変わらず疲労していた。それから四、五日もすると、やっともとの状態に戻り、悪臭も抜け落ちた。

おそらく河太郎というものの仕業だったのだろうと、まわりの者たちは顔を見合わせながらうわさし合ったという。

ほいほい火《び》

奈良県天理市《てんり》の柳本《やなぎもと》でいう怪火《かいび》である。城址《じょうし》の山に向かって「ホイホイ」と二、三回よびかけると、シャンシャンという音とともに出現するという。

本当に現れるかどうか試したいと思う人もいるようだが、それは止めた方がよい。なぜならこの火は、見た人に祟《たた》るからだ。

一説に、この火は柳本の十市城主《とおいちじょうしゅ》の怨霊《おんりょう》だといわれ、怨霊だから人に祟るのだろうと考えられている。祟るとはすなわち、具体的には病気になるといった形で現れるわけだ。

奈良県にはさらにじゃんじゃん火とよばれる怪火も出現する。やはり飛ぶときにジャンジャンと音をさせるが、この火は二つで、もつれ合いながら現れるという。この火に遭遇したときは、見てはならないといわれる。見ると二つの火が逢えなくなるからだという。

大体妖怪というのは、なかなか見ることはできない。まァ感ずるというものだが、音は違う。音というのは感じも与えてくれるが、確かに霊界の通信には重要らしい。というのは海外で霊の通信というと大抵は音だ。私は「妖怪と音」は重要だと目をつけていて、テープもかなり録っている。

箒《ほうき》や笛《ふえ》の霊《れい》

摂津《せっつ》の国（現・大阪府北西部、兵庫県南東部）のある武士が、武者修行をして故郷に帰る途中で、一軒の廃屋《はいおく》に泊まった。すると真夜中ごろ、障子《しょうじ》の向こうから人の話し声が聞こえてきた。耳をすまして聞いていると、どうやら数人の武士が合戦《かっせん》の話をしているらしい。

しかしどうも様子が変なので、隙間から覗いてみたところ、そこには誰もいない。思いきって開けてみても、やはり人の姿はなく、埃《ほこり》にまみれた箒や笛があるばかりだった。

武士は器物も年数が経つと霊が宿って怪をなすという付喪《つくも》神《がみ》の話を知っていたので合点がいったが、それにしても気味の悪いものだと思い、夜明けを待って早々にその廃屋をあとにしたという。

このような器物の妖怪の話は、枚挙《まいきょ》に暇《いとま》がないほど多く伝わっている。

今でも廃虚とか廃屋とかに立ち入ると、かつてそこの住人が使っていたであろう食器や道具が散乱していることがある。埃をかぶって、朽ちかけた器物を見ていると、何だか化《ば》けてもおかしくないような気がしてくるから不思議だ。付喪神もそんな、「化けるかもしれない」という感じから、生み出された妖怪なのかもしれない。

坊主狸《ぼうずだぬき》

徳島県美馬《みま》郡半田《はんだ》町（現・つるぎ町）に坊主橋《ぼうずばし》という橋があって、橋際《はしぎわ》に藪《やぶ》がある。人が夜間にこの藪のそばを通ると、いつの間にか頭を坊主に剃られているという。これは狸の仕業《しわざ》で、この狸を土地の人は坊主狸といった。

人をだまして坊主頭にしてしまう動物は他にもいて、土地によっては狐《きつね》だったり、狢《むじな》だったりする。

岡山県岡山市の半田山には、人をよく化《ば》かす狐がいた。頭を丸坊主にされてしまうので、人々は坊主狐といって恐れたという。

群馬県高崎市倉賀野《くらがの》町には狢の怪として伝わっている。養《よう》報寺《ほうじ》という寺があるのだが、昔はそこに化け狢がいると有名だった。

そこの狢は人をだますのがうまく、どんなに注意していても、いつの間にか坊主頭にされてしまうのである。

あるとき、若者たちが養報寺近くで肝試《きもだめ》しをしていたが、そのうちの一人がまんまとこの狢に化かされて、なぜか川に浸かって夜明けまで「オーイ、オーイ」と叫んでいたという。もちろん、頭は坊主頭になっていた。この狢、地元では養報寺狢とよばれていたそうだ。

疱《ほう》瘡《そう》婆《ばばあ》

文化《ぶんか》（一八〇四〜一八一八）年間のはじめごろ、陸前七ヶ《りくぜんしちが》浜《はま》村大須《おおす》（現・宮城県宮城郡七ヶ浜町）という村で疱瘡が流行し、たくさんの人が死んだ。

そのころ、墓を掘り起こして死体を食べるものがおり、祈《き》禱《とう》をしても、墓に大きな石を置いても無駄で、墓場は荒らされる一方。疱瘡の猛威《もうい》も衰えず、ますます死人が出ると、その分、死体も食われるのである。

そのうち「これは疱瘡婆という妖怪の仕業で、死人を食うために疱瘡をはやらせるのだ」といううわさが広まり、村人たちは二人の猟師を墓場の警戒にあてることにした。

やがて夜中に化け物が現れたが、すぐさま松明《たいまつ》をつけると、それは風のように逃げ去ってしまった。化け物がいた場所を見れば、十人でやっと動かせるような重石が取りのぞかれていたが、幸いにも新しい死体は無事だった。それから怪物は姿を消してしまったのか、墓場に現れなくなった。

それから三年ばかりして、村の老婆が、身の丈三メートル以上もある怪物が、山の大木に腰かけているのを見た。その髪は白く、顔は赤く、目はきらきらとしていた。この怪物が三年前に墓を荒らした疱瘡婆ではないか、と村人たちは語り合ったという。

頬撫《ほおな》で

頬撫では、山梨県南都留《みなみつる》郡道志《どうし》村の、暗い谷沿いの小路に出現した。そこを通ると頬を撫でられるというわけである。これは、夜露《よつゆ》に濡れた枯《か》れ尾花《おばな》が頬を撫でるのだと、つまらぬことをいう人もあるが、実際に撫でられた人は、

「暗闇から蒼白い手が出て、ぬっぺりと頬を撫でられた」

と、口数少なく語るという。

夜、野原を歩いていて、薄《すすき》などが顔に触れるのはあまりいい気持ちのものではない。それも事前に、頬撫でという妖怪がいるから気をつけろといわれたりすると、そうした自然の草の穂などが顔を撫でても、頬撫でに撫でられたということになるのかもしれない。

ある妖怪研究家（文化人類学者）の人がいっている。

「見るということの四割の中に触覚《しょっかく》が参加しており、純粋に見るというだけのことで見ているわけではない。見ることの中には温度なども大いに関係しており、まわりが特別の状態になった場合は、特別のものを見るわけだ」

なるほどと考えさせられた。この頬撫でも目よりも触覚で見るお化けなのだろう。

ホゼ

岩手県九戸《くのへ》郡山形《やまがた》村（現・久慈《くじ》市）では、十円硬貨大の光る玉がポッポッと飛ぶのを、人妻が見ることがある。これはホゼというもので、知っている者はホゼを見たとき、自分が妊娠したことを悟《さと》るのだそうである。

そして、この光る玉が人妻の体内に入ると、赤ん坊に取り憑《つ》くという。取り憑いたホゼは魂《たましい》とは別物で、ある種の生命力の源みたいなものであり、取り憑かれた者が死ぬと、ホゼも失われるという。

玉という形は、古くより霊的なものを宿しやすい「カタチ」であるらしい。すでに縄文時代から勾玉《まがたま》などのように、霊魂の入れ物と考えられていた例がある。霊魂あるいは生命（力）というモノが、球形なため、同じような形に取り憑きやすいのだろうか。

インドでは、人体にあるチャクラという生命の源が球体の形をしているとされる。中国の仙道《せんどう》やユダヤのカバラでも、同じようである。また生命の源は、修行によって活性化され体力や精力が増加し、霊力が向上するという。ホゼは、そうした霊体が視覚化されたものかもしれない。

細手《ほそで》

岩手県を中心とした東北地方でいわれる妖怪である。蔓《つる》のように細い怪異な手で、細手長手《ながで》といったりもする。

東北地方のある家に泊まった人が、奥座敷にいると部屋の襖《ふすま》の隙間《すきま》から細く長い手が出て招くようにする。どうやらその手は、神仏を祀《まつ》ってある次の部屋から伸びているようだった。

そのときはそれだけだったが、まもなく津波で家も妻子も失ったという。

また、長押《なげし》（鴨居《かもい》の上にある横木）のところから、細くて赤い、三、四歳くらいの子供の手が垂れ下がっているのを見たという人も、同じようにほどなく大洪水に見舞われたという。

この細手は座敷童子と同類のようである。座敷童子には色々と種類があるらしく、中でもこの細手は、手だけを現すものなのだろう。

吉凶禍福《きっきょうかふく》につれて人の家に現れるといわれているが、どちらかといえば凶兆（悪いことが起こるしるし）と考えられていたようである。

牡丹灯籠《ぼたんどうろう》

江戸時代、上野《うえの》に住んでいた新三郎という浪人は、お露《つゆ》という旗本《はたもと》の娘と恋仲になったが、家柄の違いということで会うこともままならない。

そのうちお露は重い病気になり、新三郎に会いたいといいながらついに死んでしまった。乳母《めのと》のお米《よね》もあとを追うように亡くなった。

ところがその年の八月十三日（お盆の日）カランコロンと下駄《げた》を鳴らしながら、新三郎の家にお露とお米がやってきた。

お露が死んだことを知らない新三郎は、喜びのうちにお露を迎え入れたが、これを見ていた隣の男が、あれは幽霊だと忠告した。

そこでお露が死んだことを確認した新三郎は怖くなり、寺の和尚《おしょう》からお札をもらって家に籠《こ》もることにした。

しかし隣の男の裏切りによりお札をはがされ、哀れ新三郎はお露の幽霊に取り殺されてしまうのである。

これが怪談『牡丹灯籠』の話。これを日本独自の話だと思っている人も多いが、元々は中国明代《みんだい》の怪異小説集『剪灯新《せんとうしん》話《わ》』の「牡丹灯記《ぼたんとうき》」にあるものなのだ。これを日本版にしたものが、我々の知っている『牡丹灯籠』なのである。

払子守《ほっすもり》

払子というのは、長い毛や麻を束ねて柄《え》を付けた仏具のことである。払子守は、この払子の精、すなわち付喪神《つくもがみ》である。

ある禅寺で使い古された払子が、夜になって踊り出したという。長い毛はそのまま髪の毛に見えるから、着物をまとってしまえば、一見、人間とあまり変わらない。

古寺に行くと、古い払子が何げなく置いてあるが、見る人によっては、その払子が寺の歴史みたいなものを語ってくれることがある。それは人間の言葉ではなく一種の「気」みたいなもので「感じ」の言葉だから正確には分かりにくい。

鳥山石燕《とりやませきえん》はそんな払子守について、次のようなことを記している。

ある僧が、禅問答《ぜんもんどう》で犬にも仏性があるかと和尚《おしょう》に尋《たず》ねると、和尚はあると答える。それではなぜ畜生の体なのかとまた問うと、仏性があると知っているのに悪業をなしたせいだと回答する。

そこで石燕は、ましてや仏の教法を伝授する坐禅《ざぜん》の床に、九年もの間禅僧が煩悩《ぼんのう》を払うため打ち振った払子の精ならば、結跏趺坐《けっかふざ》の菩薩の相が顕《あらわ》れたとしても、不思議はあるまいと語るのである。

仏《ほとけ》の幽霊《ゆうれい》

寛政《かんせい》十年（一七九八）七月のことである。京都の大仏殿に雷が落ち、壮観《そうかん》だった建物は見る影もなく焼失してしまった。

天災とはいえ、このことは誰もが非常に残念に思ったが、そのうち、次のようなうわさが広まった。

「大坂寺町《おおさかてらまち》のほとりの松の茂みが、京都大仏殿の本尊を彷彿《ほうふつ》させる」

そこで、興味を持った人が次々と出かけて行くようになり、大坂の町はにわかに賑わった。

見ると、確かに木の形がぼんやり本尊のように見える。ことに、遠く一本だけ伸びているもみの木は、まさに御首《みくび》のようであると、たちまち大評判になった。

こうなると、ありがたがる老人も現れて、その木に向かって手を合わせる姿さえ見られるようになったという。

また、夕暮れ時のシルエットは、さながら仏の幽霊のようだったともいう。

まあ見方は人それぞれであるが、大仏殿がある間はこのことに気づく人もなかったのだろうし、焼けた本尊が復活したと考える方が面白い。

骨女《ほねおんな》

骨女は『牡丹灯籠《ぼたんどうろう》』に登場する幽霊のことだという。つまり、お露の幽霊のことだ。

お露に好かれた新三郎という男には、生前のような姿に見えるのだろうが、はた目から見れば、それは骸骨《がいこつ》が灯籠を持っている姿にしか見えなかったのだろう。

これとは別に、山田野理夫《のりお》の『東北怪談の旅』という本には、青森県地方に、お盆の晩に現れるという骨女の話が載っている。

骨ばかりの女が、カタリ、カタリと音を立てて歩くのだが、この骨女誕生にはこんな話があるという。

昔、醜い顔をした女がいて、女は悲観して自殺した。年が経《た》って女は骸骨と化したが、仲間の骸骨がいうには、

「お前は骸骨になったら美しいではないか」

それで女は気をよくして、裸のまま、カタリ、カタリと歩くようになったという。

この骨女は、魚の骨をしゃぶるのが大好きだそうで、高僧に出会うとカタカタと崩れてしまうという。

骨《ほね》傘《からかさ》

風もないのに、傘がいきなり逆に開き、骨だけになってしまうことがある。骨傘はこういういたずらをするのだろうか。

鳥山石燕《とりやませきえん》の『画図《がず》百器徒然袋《ひやつきつれづれぶくろ》』に描かれた骨傘の説明には、

「北海に鴟吻といへる魚あり。頭は龍のごとく、身体は魚に似て、雲を起こし雨を降らすと。この傘も雨の縁によりて、かかる形をあらはせしにやと、夢のうちに思いぬ」

とある。

鴟吻とは鴟尾《しび》、つまり鯱《しやちほこ》のことだという。よく城の屋根に鯱があるが、これは雨を降らすと考えられたことから、火災除《よ》けの呪物として置かれるようになったのである。名古屋城の金の鯱は有名だ。

昔といっても私の子供のころだが、傘の骨だけに近い状態のものも、時々使用されていた。

その傘が家に置かれているときは、傘というよりも化け物の感じがしたものだ。紙のほとんどついていない傘を、昔の人は骨傘といったのだろうと思う。

ホヤウカムイ

アイヌの人たちの伝承では、蛇神《じゃしん》はホヤウカムイとよばれ、湖の主だという。サクソモアイプ（夏に語られない者の意味）ともよばれる。胴体は俵《たわら》のように太く、背に翼が生えており、頭と尾は細く、全身が淡い黒色で、目の縁《ふち》と口のまわりが赤く、その鼻は鋭く尖《とが》っていたという。

ホヤウカムイは体から悪臭を放っているので、ホヤウカムイがすむ湖はすぐに分かる。住処《すみか》の湖のそばや、ホヤウカムイが通ったあとは悪臭がし、立ち入った人の皮膚《ひふ》が腫《は》れたり全身の毛が抜け落ちたりするほどだという。

こうした沼はカムイト（魔神の沼の意味）といって、恐ろしい沼とされ、みな近寄ることを避けていた。

日高地方の伝承によれば、洞爺湖《とうやこ》の主もまたホヤウカムイなのだという。亀のような姿で、羽が生えているともいわれる。

洞爺湖のホヤウカムイは人間に襲いかかる魔神とされる一方、ときには人間の守り神として巫女《みこ》の憑神《つきがみ》となり、巫女の口を借りて病気の原因などを語るよき神でもあったそうだ。その悪臭で、疱瘡神《ほうそうしん》を追い払ったという話もある。

暮露暮露団《ぼろぼろとん》

衣服や布団というのは毎日使っているせいか、人間の念とか魂といったものが入りやすいのだろう。暮露暮露団は、そんな人の念がボロの着物や布団に憑《つ》いて、妖怪に化けたものだという。

一方で、鳥山石燕《とりやませきえん》はこの暮露暮露団という妖怪は、普化宗《ふけしゅう》の虚無僧《こむそう》に関係するものとしている。

普化宗とは禅宗の一派のことで、江戸時代になると、罪を犯した武士がこぞって普化宗に入り、虚無僧となって諸国を行脚した。いわば半俗半僧の仏法集団だったらしい。

普化宗の教えは、「虚無空寂《きよむくうじゃく》（この世は真に価値あるものは存在せず、煩悩《ぼんのう》を離れ、悟りに達すること）」を旨《むね》とした。世俗を無視し、虚無僧はいたるところで薦筵《こもむしろ》に座り、托《たく》鉢《はつ》するので、薦僧とよばれた。

また虚無僧は自らをインドの婆羅門《ばらもん》僧と同じだとして、梵《ぼ》論師《ろんじ》と名乗った。梵論は暮露と同じで暮露暮露団とはそうした梵論の集団、すなわち虚無僧の集団という意味に受け取れる。見ればその姿はまさしく乞食僧《こじきそう》のようにも見えよう。

暮露はボロに通じ、使い着古し、破れて役に立たなくなったボロ布をも指している。そんな着物や布団に、悟りきれない暮露の妄念《もうねん》が憑いて化けたのだろう。

舞首《まいくび》

寛元《かんげん》（一二四三〜一二四七）のころというから、鎌倉時代の中期である。武家政治が源頼朝《みなもとのよりとも》によってはじめられ、時代を左右するのは平安貴族のような雅やかさではなく、剝《む》き出しの力だとされたころだった。

伊豆の真鶴《まなづる》（現・神奈川県足柄下《あしがらしも》郡真鶴町）の祭りの日のこと。小三太《こさんた》、又重《またしげ》、悪五郎《あくごろう》という三人の力自慢の武士がいて、これが日ごろから対抗意識を燃やしていたが、つまらぬことから口論をはじめた。それぞれ我を通そうとして譲らず、しまいには斬り合いとなった。はじめに悪五郎が小三太の首を斬り落とし、続いて逃げる又重を追いかけた。ところが、運悪く石につまずいて転び、それを見た又重が、逆に悪五郎の首に斬りつけた。しかし、悪五郎は斬られながらも、下から又重の首に刃を向け、又重の首と悪五郎の首は、同時に地面へ落ちた。

だが、浅ましいことには、首を斬り落とされても争いをやめなかった。こうして、三人の首は転がりながら海に落ち、三《み》つ巴《どもえ》になって争っていた。

それ以来、夜中になると憎しみの火を吹きながら巴紋様《もよう》の波を起こし、わめきながら海上を舞うようになった。それが舞首なのである。

枕返《まくらがえ》し

夜寝て、朝起きてみると、枕が思わぬ方向に行っていることがある。これは枕返しという妖怪の仕業《しわざ》で、夜寝ている間に枕を運ぶのだといわれる。

枕返しはその部屋で死んだ者の霊だともいう。

昔、ある旅館の主人が盲人《もうじん》を泊めたところ、盲人は誰もいないと思って、懐《ふところ》から金の包みを取り出し、計算しはじめた。宿の主人は、あまりの大金を見て驚き、心変わりして、あくる日盲人を山道に案内して殺してしまった。すると、その盲人の霊が、その旅館の盲人の泊まった部屋に枕返しとなってすみつき、泊まる人の枕を返したという話がある。

静岡県磐田《いわた》郡水窪《みさくぼ》村山住《やまずみ》（現・浜松市）や、周智《しゅうち》郡奥山村（現・浜松市）では枕小僧とよばれ、やはり家にすみつく霊のようにいっているが、それが殺された者の霊だとは伝わっていない。小僧といえば、東北地方では座敷童子《ざしきわらし》がこの枕返しをするというから、何か関係があるのかもしれない。

いずれにしろ、枕を返すという行為は、昔は不吉なことだと思われていたらしいから、枕返しは単なるいたずらをしているわけではないようだ。

真面目《まじめ》な幻獣《げんじゅう》

相反する性格の二人の男が、深山に籠《こ》もって勉学に勤《いそ》しんでいた。しかし、二人はお互いに自分の欠点を省《かえり》みることなく日々を過ごしていた。

そんなある日の真夜中、二人の寝泊まりしている庵《いおり》に奇怪なことが起こった。

ガツン、ガツンと、戸に何かあたる音がして、一人が目を覚ました。

何だろうと、そっと外の様子をうかがうと、何と、人とも獣ともつかない恐ろしげな生き物が、石ころを一つ、また一つと、戸を目がけて投げているのだった。男は慌てて、寝ているもう一人の男を起こした。

「おい、外に変な化け物がいるぞ」

そして男は、和尚をよびに行った。和尚は、

「これは、お前たちの日ごろの行いをたしなめているのだ」

と論した。

それからというもの、二人の男はともに反省し、お互いのよい所を見習うよう努め、また欠点を認めて、生活態度を改めると、例の化け物はもう現れることはなかったという。

松《まつ》の精《せい》霊《れい》

昔、参州《さんしゅう》（現・愛知県）にある長興寺《ちょうこうじ》の門前に二龍松《にりゅうまつ》という古い二本の松があった。二本の松にはそれぞれ精霊が宿っていて、ある日、この精霊が出てきて寺の住職に、

「硯《すずり》と紙を貸して欲しい」

といった。住職は妙なことだと思ったが、何しろ相手は神木とも崇《あが》める松の精霊である。逆らってはなるまいと、机の中から求める物を持ってきた。

すると二人は大変嬉しそうな顔をして、漢詩のようなものを書きつけた。

「これで寺に災いはなし」

二人は住職にその紙を渡すと、松の木の中に姿を消した。住職はこれこそ寺の守り紙だろうと末永く保存したという。

松の精霊にまつわる話は各地にあるが、二人の童子で現れたという話はこの長興寺での話くらいだろう。

山形県山形市の千歳《ちとせ》山《やま》に語られる松の精霊は、緑の衣に黒の袴《はかま》を着けた少年の姿をしていたという。

郡司《ぐんじ》の娘である阿古耶《あこや》姫の前に現れたので、その松は阿古耶の松とよばれたそうだ。

招《まね》く手《て》の幽霊《ゆうれい》

夜、便所へ行こうとすると、壁から手が出て招く。

はて、不思議なことだと部屋に入ると、誰もいない。それはその部屋で亡くなった人の霊が招くのだとされる。

昔ある和尚《おしょう》さんが、秋山《あきやま》村（現・山梨県上野《うえの》原《はら》市）の跡《あと》という所を歩いていると、付いてくる足音があった。はじめは何だろうと不気味に思ったが、

「ははあ、これは秋山村が飢饉《ききん》のとき、諦めきれない最期を遂げたその亡霊だな」

と分かった。

そこで、和尚さんは目的地の村にたどり着くと、紙に経文を書いて村はずれまで行き、それを暗闇の中に差し出した。すると、ニュウッと白い手が出て、その経文を受け取ったという。

浮かばれない霊というものは、自分の供養をしてもらいたくて、我々の近辺をウロウロしているという。供養といえば僧侶だから、そういった霊は寺や僧のまわりに集まるのだろうか。

いずれにしろ、こういった話はよく聞くものである。

マブイコメ

以前私は石垣島の川平《かびら》にマユンガナシを見に行ったが、その宿の子供がマブイウトシにあった。マブイというのは、沖縄では魂《たましい》のことで、これを落としたわけである。

沖縄ではマブイを落とすということがあり、生きている者が落とす霊が生《い》ちマブイ、死んだ人から離れる霊は死にマブイという。死後、日の浅い死にマブイは危険な存在とされている。

母親によれば、原因は石につまずいて転んだことにあるらしく、その後子供はぼんやりとして、それが二、三日しても治らない。「マブイウトシにあったのではないか」と心配になった家族は、沖縄の巫女《みこ》であるユタに診《み》てもらった。すると、転んだ拍子に体からマブイが離れたらしい、という。

そこでさっそく、ユタの命令で、子供の魂が落ちたとされる道端の石に簡単な供物《くもつ》をして、ユタがマブイをよんだ。子供のマブイはユタの儀礼でやってきて、その転んだ場所の石に入る。そこで母親は、その石を持って帰り、子供に抱かせたという。すると、

「子供のマブイが帰ったがなや」

と、その若い母親はいうのだった。

マブイをこめるからマブイコメなのである。

魔《ま》法《ほう》様《さま》

岡山県御津《みつ》郡加茂川《かもがわ》町（現・加賀郡吉備中央《きびちゅうおう》町）にある火《か》雷《らい》神社や久保田神社は、魔法様あるいは魔法宮とよばれ、牛馬の神様として信仰されている。いずれも狸を祀《まつ》る宮であるという。

永禄年間（一五五八～一五七〇）、大勢のキリスト教宣教師が来航したとき、キウモウ狸《だぬき》という狸が一緒についてきたという。別に悪事を働くわけでもなく、あちこちを観光してまわった末に、加茂川町の廃坑になっていた銅山に入りこんで、ねぐらにしたのである。

そのころから、月夜の晩になると牛鍬《うしぐわ》（牛に付けて使う農具）の先をカンカンと叩いては、「サンヤン、サンヤン」といいつつ踊る姿が村人に目撃された。また、人間に化け、盆踊りで踊ったりもしたという。

その後、狸は村人を集め、

「長い間色々とお世話になりました。私は今後、牛馬を守り、火難盗難を予告し、村人のためにつくしたいと願っております」

と宣言した。そこで人々は、これを徳として魔法宮を建て、魔法様として狸を祀ったのだそうだ。

豆狸《まめだぬき》

元禄《げんろく》（一六八八～一七〇四）のころ、魯山《ろざん》という俳諧師《はいかいし》が日向《ひゅうが》の高千《たかち》穂《ほ》（現・宮崎県西臼杵《にしうすき》郡高千穂町）で風雅の友に出会い、誘われるままにその人の家で歌の会をした。

ちょうど部屋が八畳敷きだったので、魯山は、「八畳を月に目の里の　すまいかな」とやると、そこの主人は、「雨のふる家の　あきの造作」とやり、魯山は続いて、「菊の名に　酒買う程は　銭ありて」と第三句をしたためた。すると主人、「忘れては又　捨てた世をなき」と、挙句《あげく》（最後の句）までできたので、魯山はいよいよ調子づいてきた。

ところが、魯山がうっかり煙草《たばこ》の吸い殻を畳に落とすと、畳は一気にまくれあがり、魯山は大地へ投げ出された。

気がつけばそこは広い野原で、八畳敷きの家は影も形もなくなっていた。

このことを里の人に話すと、それは豆狸の睾丸《こうがん》に吸い殻を落としたからだといわれたが、いずれにしても珍しい話なので、狸歌仙《たぬきかせん》として世に伝えたという話がある。

この豆狸、西国に多いそうで、小雨《こさめ》の降る夜は睾丸をかつぎ、外套《がいとう》の代わりにして酒を買いに行き、酒の肴《さかな》を探しに歩くという。

麻桶毛《まゆげ》

阿波《あわ》（現・徳島県）三好《みよし》郡のある村に、弥都波能売《みつはのめ》神社というお社《やしろ》があって、俗に下の宮とよばれている。

ここのご神体は、麻桶に入れられた一筋の毛だという。神の心が静かなときはただの一筋の毛であるが、穏やかでないときは一筋の毛が長く伸びて、しかも一筋がいくつもの股に裂け、やがては麻桶の蓋《ふた》を突き上げて、どんどん伸びていくという。

昔、この近郊の農家を荒らしていた井内谷《いうちだに》の山賊《さんぞく》どもが、ある夜、この下の宮の祠《ほこら》に集まって、近くの村の豪族から奪った財宝の分配をしていた。

するといつの間にか例のご神体の一筋の毛は、山賊の気づかないうちに、麻桶の蓋を突き上げてきたのである。

そして、山賊の人数分に裂けると、じりじりと締め上げ、ただ見れば細い髪の毛のようなものが、山賊にはどうにも防ぎきることができず、金縛りにあったようになり、翌朝追っ手に捕まえられてしまったという。

まあこの話は、妖怪というより神に近い妖怪神ともいうべきものなのだが、形が毛だというところがおもしろい。

迷《まよ》い家《が》

岩手県の遠野《とおの》では、山中の不思議な家を迷い家という。この家に行きあたったら、食器一つでも持ち出してくるものだといわれている。

昔、三浦某という男の妻が、小さな川に沿って蕗《ふき》を採っているうちに、知らず知らず谷の奥深くまで登ってしまった。気づいてふと見ると黒い立派な門の家がある。門の中に入ると、大きな庭一面に紅白の花が咲き乱れている。

裏にまわると、牛小屋あり馬小屋ありで家畜は数多くいたが、まったく人の気配がない。

もしや山男の家ではないかと思うと、急に恐ろしくなって慌ててその家を飛び出した。

その後、この女が川で洗い物をしていると、赤い椀が流れてきた。あまりに美しいので、拾って計量器として使った。ところが、これを使いはじめてからというもの、どういうわけか穀物《こくもつ》がいつまで経っても減らず、やがて、この一家は村一番の金持ちになった。あの赤い椀は迷い家から流れてきたのだった。

これは妖怪というよりも、不思議な現象のことであるようだ。

迷《まよ》い火《び》

迷い火というのは、火の中に顔が現れる怪火《かいび》のことで、路上にいきなり出現するものらしい。

ふらり火は、火の中に鳥のようなものがいるという魔火だが、こちらは人間の顔で、それも一つではなく、三つも四つも現れるという。

昔、山口県の岩国で目撃されており、そのことが『岩邑怪《いわくにかい》談録《だんろく》』という古い本に記されている。

それによると、山田某という男が、尾津というところに遊びに行った帰り道のことである。

夕暮れであたりはもう薄暗くなっていた。急ぎ足で歩いていると、急に目の前がぱっと明るくなった。

何だろうと思って見ると、目の前に火が燃えてその中に人間の顔がある。山田は迷い火のことを聞き知っていた（らしい）のでびっくりはしたが、毒気にあてられてはかなわないと思い、大急ぎでその場所から逃げ去ったという。

こうした怪火というのは、実際に人の衣服に燃え移るというようなことは少なく、山田が危惧《きぐ》した如《ごと》く、その毒気にあてられるというのが一番恐れられていたことのようである。

迷《まよ》い船《ぶね》

福岡県遠賀郡《おんが》などでいう海の怪で、とくに盆の月に多く現れるといわれている。

漁に出て行って、あたりには何も見えないのに話し声が聞こえてきたり、月の明るい晩に、風に逆らって行く帆船を見たりする。

これらはすべて迷い船といわれ、これを目がけて進んで行くと、かならず難船するという。

また、これの現れるときにはタマカゼが吹くという。

タマカゼというのは、主として福井県以外の日本海の海上で、乾《いぬい》（北西）の方から吹いてくる悪い風の名で、この風は大雨大風になると信じられている土地が多く、漁師からは非常に恐れられている。

タマカゼの「タマ」は、亡魂《ぼうこん》のことを指すという説もあるが、大阪の海沿いでは、南方から吹いてくる悪風とその路のこともタマとよんでいるようである。

いずれにしても、タマカゼと迷い船とは対になっているようで、タマカゼという魔風が迷い船という幻を見せるのだろうか。

迷《まよ》わし神《がみ》

京都長岡《ながおか》の寺戸《てらど》（現・向日市寺戸町）というところに迷わし神というものがいたという。姿は見えないが、これに取り憑《つ》かれると道に迷わされるといわれ、旅人がその餌食《えじき》になることが多い。

昔、左京《さきょう》のある官吏《かんり》が、本来なら九条《くじょう》に泊まるはずだったのに、なぜか寺戸にきてしまった。土地の人に迷わし神のことを聞かされたので、用心しながら歩いていたが、どう歩いても、同じ地点に戻ってしまい、一向に先に進めない。そうこうするうちにすっかり日が暮れてしまった。誰か歩いてきたら道を聞こうと思ったが、日が暮れて通る人もいない。仕方なく歩き続けたが、観念して、近くにあった板尾堂という小さなお堂の軒下《のきした》で一夜を過ごすことにした。

夜が明けてから、官吏は昨日の行動を振り返ってみた。

「そうだ、自分は院のお供をして九条でお別れをしたはずなのに、こんな土地にくるとは何事だろうか。しかも昨夜から、同じところをグルグルまわっていたらしい。してみるとやっぱり九条あたりで、迷わし神に取り憑かれていたのだろうか」

と、足を急がせると、今度は無事に京の西の自宅に帰り着くことができたという。

丸《まる》い玉《たま》の幽霊《ゆうれい》

松尾芭蕉《まつおばしょう》が筑前《ちくぜん》（現・福岡県）のある川のほとりで秋の夕方たたずんでいると、谷から青く丸い火が、橋の上に転げてきた。やがてこれが砕けると、弱々しい声で、

「お豊、お豊」

とよぶ声が聞こえた。と思うと、川下から、

「あいあい」

という声が聞こえ、双方わっと泣き崩れ火は消えた。

これは町人と人妻が駆け落ちして捕らえられ、川に沈められて死んだ亡霊だということである。

この世に未練を残した者が、死後、幽《かす》かな姿を現すのを幽霊という。

丸い玉の幽霊とは、人の姿にはならず、火の玉となって現れる幽霊のことなのだろう。

沖縄の遺念火《いんねんび》も、わけあって結ばれなかった男女の霊だというし、奈良県のじゃんじゃん火にも同じようないい伝えがある。

人の霊が火の玉となって現れるというのは、そう珍しいことではないようだ。

見《み》上《あげ》入《にゅう》道《どう》

見越入道ともいう。要するに、夜の路上に出没する入道型の妖怪である。

佐渡では、夜中に坂を登るときに出る。はじめは小坊主のようなものが行く手に立ちはだかり、これがどんどんと高くなっていく。そのまま見ていると、しまいには見ている人がひっくり返ってしまうというものである。

見上入道だと気づいたら、先手をとって、「見上入道、見越した」という呪文を唱《とな》えるのである。そして前に打ち伏せば、スッと消え去るといわれている。

長崎県の壱岐《いき》郡では、これを見越入道とよんで、夜中に歩いていると、頭の上でワラワラと笹の音をさせるという。そんなときは、「見越入道、見抜いた」といわなければならない。だまって通ると、本当に竹が倒れかかって、死んでしまうことがあるからである。

この手の妖怪の場合はとにかく、先を越されたら負けである。単に「負け」といっても、命にかかわることもあるからボヤボヤしていられない。逆にいえば、妖怪の方は正体を見破られたらオシマイだからである。

この見上入道の話は、どうしたわけか全国にあり、四国の宇和島《うわじま》でも見上入道の話を老人から聞かされた。

みかり婆《ばばあ》

この妖怪みかり婆は、関東地方を中心に、一つ目小僧などとともに家を訪れる。

川崎市の北部では、二月と十二月の八日にやってくるという。だからその日は、門口《かどぐち》に籠《かご》を出しておき、家の中に籠もっているのがいいとされる。

同じような理由で、千葉の南部では十一月二十六日から十日間にわたって、山仕事や機織《はたお》りなどはせず、静かに家の中で過ごす習わしだという。

また、横浜の鶴見地方での伝えでは、毎年十一月二十五日から十二月五日にかけて現れる。みかり婆の「み」は蓑のことだとされ、「蓑を貸してくれ」といって、家ごとに戸をトントンと叩くという。

このみかり婆をよけるには、戸口に団子をさしておくといいといわれる。みかり婆はその団子を見ると、ブツブツいいながら帰ってしまう。おそらく、大昔の何か宗教行事と関係のあるものだったのだろう。

また、笊《ざる》や籠を吊るしておくとみかり婆は逃げてしまう。これは、みかり婆には目が一つしかないので、目がたくさんある笊や籠が怖いからだという。

飯笥《みしげー》

沖縄県では、古い食器は化けると信じられていて、飯笥（ミシゲー）や鍋笥（ナビゲー）の話が随分とある。

夜中に蛇皮《じゃび》線《せん》の音が賑やかに聞こえてくるので、ある人が外に出てみると、若い男女が芝生の広場で遊んでいた。そこで頬かぶりして仲間に加わり、一晩中飲んだり舞ったりして過ごしたが、疲れてそのまま眠ってしまった。やがて気がつくと、床下の飯笥や鍋笥や箸などの散乱している中で寝ていたのだった。これは捨てられた器物が遊んでいたのである。

また、夜中に戸を叩く者がいるので戸を開けてみると、そこに一本の杓《しゃも》文字《じ》が倒れていたという話もある。

器物は夜中に化けるようで、次のような話もある。ある農夫が道端で牛がうずくまっているのを見つけた。どこかの牛が逃げてきたのかと思って引きつれて牛舎に入れ、砂《さ》糖黍《とうきび》の葉を食わせてやると、これがなかなかよく食べる。翌朝見たら、牛舎の中にうずたかく積み上げられた黍の上には、何と一つの飯笥が乗っかっていたという。

沖縄ではまた、杓文字や杓子の古物を捨てると、白豚の幽霊になるともいわれている。箸は魚に化け、台所で洗うときに箸を見失うのは、魚に化けて流しもとから逃げたというわけである。

溝出《みぞいだし》

昔、北条高時《ほうじようたかとき》（一三〇三～一三三三）のころ、鎌倉に戸根《とね》の八郎という者がいた。

家来が死んだので、負い櫃《おびつ》に入れて由井《ゆい》の浦《うら》の海底に捨てたところ、波のために打ち上げられ、負い櫃の中から恨めしそうな歌が聞こえてきた。

極楽寺《ごくらくじ》の僧がこれを聞きつけて負い櫃を開けてみると、潮水にさらされた白骨だったので、寺に持ち帰りねんごろに葬った。それからは歌も聞かれなくなった。

まもなく新田義貞《にったよしさだ》が高時を攻めるために、鎌倉に押し入ろうとした。戸根の八郎も戦いに加わったが、利あらず、浜をかけて逃げようとしたとき、敵の船田某という者に由井の浦で追いかけられ、矢にあたって死んだ。

その場所が、偶然にも家来の死骸《しがい》を負い櫃に入れて捨てた場所だったという。

また、昔、貧しい人が死んだので、その始末に困り葛籠《つづら》に入れて捨てたが、捨てられた死体の骨と皮が自然に分かれ、白骨が葛籠を破って踊り出し、歌をうたったという。

これら白骨の怪が溝出なのである。

三面《みつめん》乳母《うば》と一《ひと》つ目《め》小《こ》僧《ぞう》

正面の顔の他に、右側と左側に顔を持つ三面の妖怪。これが一つ目小僧の乳母だという。さすがに妖怪の乳母ともなると、同じように妖怪だということなのだろう。

三面乳母は一つ目小僧につきっきりで世話をするという。しかし一つ目小僧は、ときに乳母の手を離れて人様の前に姿を見せることがある。こんな具合だ。

江戸時代、陸野《おかの》見道《けんどう》という医者がいた。腕がよく評判の医者だったので、診てもらいたいという人が多かった。

ある日も四、五軒の家をまわって、日暮れに番町のある家に行った。取り次ぎの者が出て、主人は公用で出かけたが、しばらくお待ち下さるようにとのことだった。病人は、主人の妻だった。

そこで座敷に通され、家の様子を窺《うかが》っていると、年のころ十二、三の小僧が茶や煙草盆《たばこぼん》などを持ってきた。気《き》が利く小僧なので見道は感心し、名は何と申すかなどと、如才《じょさい》なく話しかけた。すると小僧は赤面して、恥ずかしそうに次の間へ逃げて行ってしまった。これ小僧とよび止めると、振り向いた小僧の顔は倍以上にも大きくなり、その額には目が一つという一つ目小僧に変わっていた。

見道はあっと叫んで腰を抜かしてしまったという。

蓑火《みのび》

近江《おうみ》国彦根《ひこね》の大藪《おおやぶ》村（現・滋賀県彦根市）あたりの琵琶湖に、蓑火という怪火《かいび》が出た。

旧暦五月ごろ、梅雨の雨がしとしと降る夜など、湖水を往来する船員の蓑に、点々と蛍の光のような火が宿る。これが蓑火というもので、このとき静かに蓑を脱ぎ捨てれば、火はすぐ消えてしまうが、驚いて手などで払い落とそうとすると、それまで五つ六つに過ぎなかった蓑火は、パッと散っていくつもの火となり、あたかも星のようにキラキラと光る。そのため星鬼という呼称も伝わっている。

これは琵琶湖で水死した人の怨霊《おんりょう》が光るのだといわれ、蛍のように発光するのみで、熱くなく、物を焼く力はないという。

明治の妖怪博士とうたわれた井上円了《いのうええんりょう》は、蓑火は地気の作用に他ならないとしている。しかし、自然現象であるとするわりには、実際に科学的な検証はされていないようである。

蓑火はむしろ西洋などでセントエルモの火とよばれる、静電現象に近いのかもしれない。いずれにしても、いまだ蓑火は謎の怪火である。

蓑虫火《みのむしび》

新潟県の信濃《しなの》川《がわ》流域でよく知られた怪火《かいび》である。ミノボシ、ミームシなどともいわれ、滋賀の蓑火とほぼ同じ怪異である。

小雨の降る晩などに火が現れて蓑の端《はし》にくっつき、払えば払うほど全身を包む。ただし熱くはないという。

昔、新潟から小須戸《こすど》町（現・新潟市）に向けて、客一人を乗せた船があった。

すると字五《あざご》町原《まちはら》というあたりで、船頭《せんどう》は異変に気づいた。

何と、自分の体に、びっしりと火がついているのである。

しかし船頭は蓑虫火のことを知っていたので、

「お客さん、マッチを持っていたら、少し分けてくれんかね」

と、落ち着いたもので、客からマッチをもらって火を点けた。

すると、蓑虫火はフッと消えたのである。このとき、客には蓑虫火が見えていなかったという。

不思議なもので、この火は一人にしか見えないときと、大勢にも見える場合があるという。

いずれにしても、マッチをすればたちまち消えてしまうのである。

これは鼬《いたち》の仕《し》業《わざ》だという説もある。

蓑草鞋《みのわらじ》

一見すると、蓑を着た人間のようだが、足がそのまま草鞋《わらじ》になっているという妖怪である。

昔から蓑は呪力を持つものだといわれ、いわゆる来訪神《らいほうしん》といわれる神は、かならず蓑笠《みのがさ》姿で現れるし、あの世とこの世を行き来するための衣装でもあるという。

また、草鞋もやはり呪物としてよく使われるものだ。火の妖怪に出会ったとき、草鞋や草履《ぞうり》を頭に乗せてひれ伏せばよいなどという地方もあり、また、ノツゴやオボといった路傍の妖怪に投げ与えると、その妖怪の難を避けることができるともいう。

蓑草鞋は、そのような呪力を持つ蓑と草鞋が合体した妖怪なのだろうか。

いずれにしても、呪力を持つものというのは、妖怪になりやすいと昔の人は考えていたようだ。

とくに人間の身に着けるものには、それを使っていた人の念のようなものが知らず知らずのうちに移るのだろう。そうした目には見えない何かの作用によって、妖怪は生まれてくるようである。

耳無豚《みんきらうわ》

終戦後のことである。奄美《あまみ》大島《おおしま》の永田川沿いの道を、ある理髪店の主人とその友達が歩いていた。冬の小雨《こさめ》の降る晩だった。突然、二人の行く先に子豚が現れた。二人はこれを捕らえようとしたが、グーグーと鳴きながら走るので捕らえられない。そうしている間にも、次々と子豚が現れ、そのうえ、クレゾールの濃いにおいのような強い臭気が鼻をついて、耐えられなくなった。そのうち子豚たちは、空き地の藪の中に入ってしまった。

翌日、その場所に行ってみると、あたりには豚を飼っているところなど一軒もない。不審に思って年よりに話すと、

「そこは昔から耳無豚（ミンキラウワ）が出るところじゃが、お前たちは命を取られずにすんだのが儲《もう》けものじゃ。命拾いをした祝いに酒を一本買え」

といわれた。こういわれて、はじめて総毛立つ思いがしたという。

耳無豚に股を潜られると死ぬともいわれ、足をはすかいに交差して歩かなければいけないなどといった。

女性の一人歩き、または二人連れによく出るといわれ、娘の夕まぐれ歩きはとくに戒《いまし》められているということである。

ミンツチ

ミンツチというのは北海道の河童である。ミンツチカムイとか、ミンツチトノとかいわれ、頭にはおかっぱの頭髪はあるが水はないという。なかには禿頭のものもいる。

人間の子供のような姿で、肌は紫か赤色をしており、足形は鳥のようだったり、鎌の形をしていたりする。

釧路では、濃霧の晩などにふと人影が現れて、前を歩いて行くことがあるという。よびかけにも答えず、さっさと歩いて行くのだが、足跡が鳥のようなので、おかしいと思っているうちに、その人影は消えてしまう。そして、いつの間にか後ろにまわり、ぼんやりしているところを水中に引きずりこんでしまう。これがミンツチの仕業なのである。

本州の河童のように、人を害したり、人に憑いたりするが、逆に人を守ってくれることもあるという。

また、魚族を支配しているともいわれ、人に大漁をもたらしたり、まったく魚を捕れなくしたりするといわれる。要するに水の神なのである。

ちなみにミンツチの名は本土での河童の呼称を用いたもので、アイヌの人たちの間ではシリシャマイヌ（山側の人）という河童を示す言葉が別にあるという。

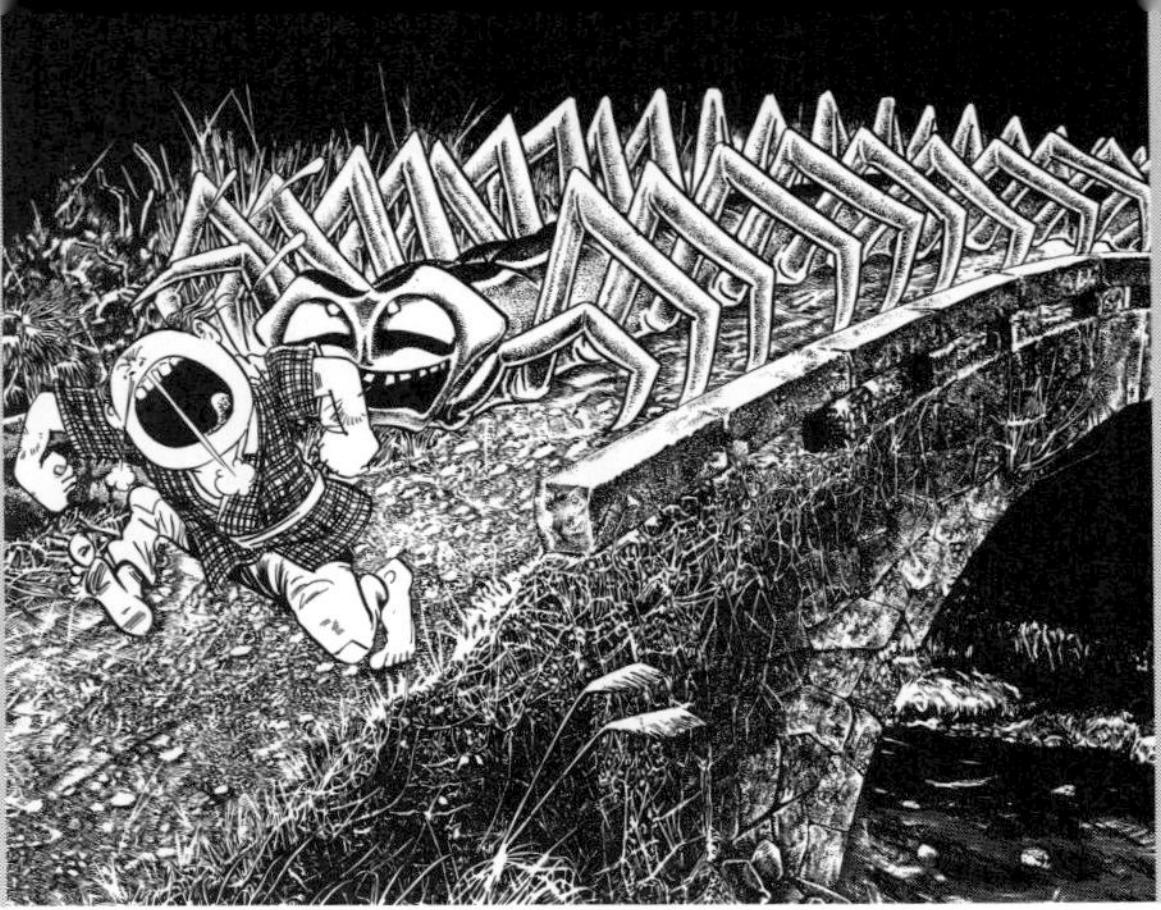

百足《むかで》

昔、飛騨《ひだ》国（現・岐阜県）のある深い山奥で、しばしば人が消えてしまうことがあった。村人たちが捜索すると山の中腹に穴があり、ここが怪しいということで、たまたま村にいた腕っぷしに自信のある浪人を先頭にして、この穴を調べてみようということになった。

浪人がまずは火攻めがよいというので、穴から松葉の煙を送りこんだ。

すると、黒い不気味なものが出てきたので、浪人が思いきり斬りつけると、数十メートルもある大百足がズルズルと出てきた。

大百足は火と煙と刀で痛めつけられているので、そこを狙って一同で斬りつけ、やっとのことで退治したという。

その他にも、百足にまつわる話は多く、近江（現・滋賀県）の瀬田で、俵藤太秀郷《たわらとうたひでさと》が退治した大百足は有名な話だ。

百足がよく妖怪の類にされるのは、その正体不明性によるのだろう。

虫にしては長すぎるし、蛇にしては足がありすぎるし、そのうえ気味が悪いものだから、化けると考えられたのだろう。

無垢行縢《むかばき》

行縢とは、騎馬《きば》で狩猟や旅行をするとき、腰につけて垂らし、両足や袴《はかま》の前面を覆った毛皮や布のこと。これが妖怪化したものが、無垢行縢である。

しかもこの行縢は、かの曽我の十郎五郎兄弟の父河津三郎が、狩りの帰途《きと》、一門の工藤祐経《くどうすけつね》に暗殺されたとき（まで）身につけていたものだといわれている。

すなわち単なる年経た器物（の霊）というのではなく、怨《おん》念《ねん》の染みこんだいわくつきの代物ということになる。

行縢は主亡きあと無垢行縢として生まれ変わり、その後は主が露と消えた赤沢山に出没するようになった。

忠犬ハチ公は、主人の帰りを死ぬまで待ち続けたが、無垢行縢は、主人が死ぬのと引き換えに生を得、主人の無念を晴らすべくさまようのである。

しかし、工藤祐経が妖怪に襲われて命を落としたという話は伝えられていないようだから、仇討《あだう》ちは果たせなかったとみえる。

無垢行縢が、笹の葉の中にひっそりとたたずんでいる姿が、江戸時代の『画図百器徒然袋』に描かれているが、その表情は妖怪特有の不気味なものではなく、哀愁さえただよわせている。

狢《むじな》

狢は人を化かすと信じられ、古くは『日本書紀』の推古天皇三十五年の条に、狢が人に化けて歌をうたったなどと記されている。

化ける術は狐《きつね》や狸《たぬき》より上手だといわれ、ある古寺にすむ狢は僧侶に化け、六年間もなりすまして勤めたが、誰も僧が狢だとは気づかなかった。ところがそれで安心しきったのだろうか。あるとき、居眠り中にうっかり尻尾《しっぽ》を出してしまい、いっぺんに発覚してしまったそうだ。

東北地方や佐渡島《さどがしま》の方では、狢はいるが狸はいないとされ、反対に西日本には狸はいるが、狢はすんでいないといわれていた。

狢の姿は狸に似ているが、江戸時代の百科事典『和漢三才図会』などで、狸、狢、貛《かん》、猯《み》は区別されて記されている。

ところがある説では雌を狸といい雄を狢だともいっている。

明治時代になると、それまで別種とされた狸、狢、貛、猯がすべて同一のものであることが判明した。化けることに関しては日本一、二位といわれる狢と狸だったわけだから、当然のことだろうか。

無《む》人《じん》車《しゃ》幽《ゆう》霊《れい》

昭和五、六年ごろ、東京の皇居あたりに自動車の幽霊が出るといううわさがあった。

深夜、タクシーがそのあたりを流していると、ちょうど帝劇の前あたりで、運転手のいない車がモーレツな勢いで走ってくる。はっ！　としたときは、かなり過ぎ去ったあとだからはっきり確かめられない。しかし、その車に出会うと、かならず二、三日後に思わぬ事故を起こすというので、深夜のタクシードライバーはみな怖がって、車内にお守りをつける人が多かったという。

東名高速道路の御殿場《ごてんば》インターチェンジ付近には、大阪ナンバーの白い幽霊自動車が出るといわれた。

目撃者によれば、前方を低速で走る白い車がいるので、スピードを上げて追い越し、何げなくバックミラーでその車を見ると、車内には誰も乗っていなかったという。以前、家族四人が乗った大阪ナンバーの白い車が、御殿場のインターチェンジ付近で事故をおこしたことがあったそうで、その車の幽霊だろうということだった。

この幽霊自動車ともいうべき怪異は、よく事故が起こる場所などで多く聞かれるようである。

ムチ

高知県では、非常に強い勢いで風が吹いてくるのをムチとよんでいる。

高岡郡黒石村《たかおかぐんくろいしむら》（現・四万十町）では、田の上を鞭《むち》を振りまわすような音をさせてやってくるといわれ、そんなことからこの名前がつけられたようである。この地方では、これにあたると病気になるといわれている。

一方、土佐郡土佐山村《とさぐんとさやまむら》（現・高知市）では、ムジといって、これは牛馬に憑《つ》くものであるという。夜道で牛馬を連れて歩いていると、そのまわりをやはり鞭の鳴るような音をさせてやってくる。このときにすぐに目隠しをしないと牛馬は死んでしまうといわれている。

同じ土佐郡でも鏡村《かがみむら》（現・高知市）になるとよび方も事情もちょっと違ってくる。こちらではブチといって、野山でビューッと唸《うな》ってきて、皮膚に鋭利《えいり》な刃物で切ったような傷をつけていくという。

これらはいわゆる悪い風に近い怪異だと思われる。悪い風に吹かれると病気になってしまうというもので、とくに土佐地方ではこの風の信仰が強かったようだ。また、鎌鼬《かまいたち》のような人を傷つける妖怪にも関係しているのだろう。

ムラサ

隠岐《おき》の都万《つま》村（現・島根県隠岐《おき》の島《しま》町）でいわれる海の魔物である。

ニガシオ（夜光虫の光る潮）の中で、時々丸く固まってボーッと光るものが見えることがある。

そこへ船を乗りかけると、その光るものはいきなりパッと散る。

これがムラサである。

また、暗い海が突如としてチカッと明るくなったら、それもムラサだといわれる。

海でムラサを見たり、遭遇《そうぐう》したりしたときには、地元では「ムラサにつけられた」といういい方をしており、あまりよくないことだとされている。

そして、もしムラサにつけられたら、刀か包丁を竿《さお》の先につけて、艫《とも》（船の後部）の海面を、左右に数回切るとよいという。

これは海の人魂のようなもので、四国の宇和島地方の海に出現するしらみゆうれんと同じようなものではないかと思われる。

夢霊《むれい》

昔、福井に住んでいる人が都に行こうとして夜明けに起き、田舎道を歩いていると、大きな石塔の上から鶏が道に降りた。月の光でよく見てみると、鶏《にわとり》と思ったのは女の首で、首は男を見るとケラケラ笑った。不気味に思った男が、刀を抜いて斬りかかったところ、首は道を走り出し、男はそれを追いかけて府中の町まできた。すると首はある家の窓からスッと入ってしまった。

不思議なこともあるものだとその窓のところまできてみると、女の声で、

「ああ、怖い夢を見た。今、夢で外を歩いていたら、男が私を斬ろうと追っかけてきた」

と、家の者に話をしているのが聞こえたという。

これは『曾呂利物語《そろりものがたり》』に「女の妄念《もうねん》迷い歩く事」として記されているものだが、これと似たような話は近代にも伝わっている。

夢というのは、魂《たましい》が体から抜け出して、その魂が見ている世界のことだと、昔は信じられていたのだろう。日本人の霊魂《れいこん》観念がうかがえる話である。

目競《めくらべ》

福原《ふくはら》（現・神戸市兵庫区）の都で、ある朝、入道相国《にゅうどうしょうこく》（平清盛《たいらのきよもり》）が帳台《ちょうだい》より出て妻戸《つまど》を押し開き、何げなく中庭を見ると、たくさんの髑髏《どくろ》が散らばっていた。それぞれが上になり下になり、端の方へ転がったと思えば、端にあったのは中の方へと、少しも止まらず動き転がりからみ合っていた。

相国はあまりの恐ろしさに、

「誰かいるか、誰かいるか」

と大声でよび立てたが、あいにく誰もくる者はなかった。すると、このおびただしい髑髏がみるみる団結して、中庭からあふれんばかりの大きな塊《かたまり》となり、高さも四十二〜四十五メートルもの山のように見えた。

この大髑髏は、生きた人の目のようにクリクリ動く目が数多くあって、その一つ一つの目が相国をハッタと睨《にら》み、しばらくは瞬きもしなかった。

ここにいたって相国は、もはや騒ぎたてずウンと睨み返して立っていると、大髑髏はあたかも露霜《つゆじも》が日にあたって消えるかのように、跡形もなくなったという。

これは平治の乱（一一五九）のときに、清盛らに殺された武士たちの怨念だともいわれている。

飯《めし》食《く》い幽霊《ゆうれい》

昔、村上義清の家来、隅田《すみだ》宮内郷《みやうちごう》の家に、幽霊とも妖怪ともつかぬものがすみついた。

しかし、その姿はけっして見せず、食べ物ばかり人並みに食っていた。夫婦がこの幽霊の悪口をいうと、かならず何か災いをした。

主人は幽霊を居候にしておくわけにもいかず、山伏《やまぶし》に頼んで祈禱《きとう》してもらうと、その腹いせなのか、梁《はり》を鋸《のこぎり》で切るような音をさせて驚かせたという話が江戸時代の『狗張子《いぬはりこ》』という本に出ている。

この場合は、幽霊というよりも妖怪だったのだろう。

飯を食う幽霊ということであれば、沖縄のヤナムンとよばれているものがある。

沖縄本島の山原《やんばる》地方でいわれ、子孫が絶えて死者を供養する者がいなくなると、その死者の霊がヤナムンとなって現れるという。

そしてこのヤナムンは、人家や道に出没して、食物のお初を奪うというのである。

つまり、無縁仏《むえんぼとけ》が食い物を奪って食べてしまうのだ。ヤナムンとは、嫌な者という意味だろうか。

面霊気《めんれいき》

面霊気は古い面《めん》が妖怪化したものである。昼間はただの面であるが、夜ともなれば、自ら壁から外れて音もなく動き出す。これは付喪神《つくもがみ》といって、古くなった器物に取り憑《つ》く霊と同種のもので、古い面を放置しているとこういうことが起きる。しかしだからといって、その家に害を加えるということはない。もっとも古くなった面というのはあまり気持ちのいい物ではない。

昔、泉屋銀七という男がいて、あるとき老いた母の隠居《いんきょ》先を訪ねた。すると、遠く離れた寺の鐘《かね》の音が鳴り響き、突然北風が激しく吹いてきた。そのうちにどこからともなく一人の女が現れた。彼女は髪を乱し、家の上がり口に座って、ずっと後ろを向いていた。名前を聞いても返事をしないどころか、振り向きもしない。不審に思って、上がり口の方に行こうとすると、女はスッと立ち上がり、いつしか朦朧《もうろう》として消えてしまった。

そこで銀七はその不審な女を探しまわると、女のかわりに古い面が出てきた。これこそが、かの妖怪の主だろうと思い、銀七はさっそく村の社に献上した。するとこうした妖女は、以後出現しなくなったという。

多分、これも面霊気だったのだろう。

魍魎《もうりょう》

魍魎は木石《ぼくせき》の怪《かい》ともいわれるが、一般には死者を食べる妖怪と考えられている。

形は三、四歳の子供のようで、赤黒い色をしている。目が赤く耳は長くて、ふさふさとした髪を持ち、亡者《もうじや》の肝《きも》を食べるのがとくに好きである。昔から墓地のあたりにすみ、葬式のときには、棺桶から死者を引きずり出して食べることもあった。

桜井徳太郎著『モウリョウ信仰の基盤』によれば、土佐《とさ》（現・高知県）地方では非業《ひごう》の死を遂げた者をフイシモンと称する。そのフイシモンの霊は存命の知人や友人を死へと誘う。そうすると、霊の位が一段上がるというので、何かの機会を捉えては生者を死へと引っぱりこむ。

また、フイシモンおつぎをめぐってのいい伝えによると、昔、洪水で、「おつぎ婆さん」が流され水死体で発見されたが、色々な祟《たた》りを遺族におよぼした。そこで、神職を招き祈《き》禱《とう》してもらったところ、霊が出てきて、

「われこそは『おつぎ婆さん』である。手厚く葬らないと何代も祟るぞ」

という。そこで、婆さんの死霊を魍魎様に祀《まつ》り、手厚く供《く》養《よう》すると、死霊の祟りは解消したという。

木魚達磨《もくぎょだるま》

仏具《ぶつぐ》も他の器具と同様、時が経《た》ったり放っておかれたりすると化けるものである。

すなわち、憑《つ》き物の一種である付喪神《つくもがみ》と化すわけで、これは払子守などと同じ類のものである。

木魚というのは元々修行僧の戒めのためにつくられたものだという。それは、魚は昼夜眠らず、目をつぶらないからで、不眠不休を意味する。しかもこれは達磨である。

達磨といえば、少林寺《しょうりんじ》の壁に向かって九年間修行したという行者である。これも不眠の逸話《いつわ》を持つもので、この二つが合体した木魚達磨とくれば、修行の僧にとって、こんなオソロシイものはない。四六時中監視され、しかも「眠るな！」と強迫されているようなものである。

それでもまだ、ただの達磨でいてくれればいいのだが、古くなって捨てられてしまってからも、木魚達磨自身、目をつぶることができないから、そのまま付喪神となってしまうのである。

不眠症の人は木魚達磨に取り憑かれている人が多いのかもしれない。

目々連《もくもくれん》

廃屋《はいおく》などに、誰もいないと思って入りこみ、キョロキョロしていると、障子《しょうじ》に無数の目が現れてびっくりすることがあるという。

これを目々連というが、どうしてそんなものが出るのか、誰にも分からない。

山田野理夫《のりお》の『東北怪談の旅』には、こんな話がある。

江戸の材木商、半沢屋吾助が、津軽《つがる》に材木を買いに行った際、旅籠《はたご》に泊まるのはもったいないと、一人で空き家になっている屋敷に寝た。破《や》れ障子《しょうじ》をふと見ると、障子の枡《ます》という枡に「目」が現れた。

「俺を覗《のぞ》いてどうするのか」

吾助が怒鳴ると、「目」は吾助のまわりを取り囲んだ。しかし、吾助は少しも驚かず、それどころかこの「目」を一つずつ取っては袋に入れ、江戸に持ち帰ってから、眼科医に売り払ったということである。

「家のすみずみに目を多く持ちしは、碁打《ごう》ちのすみし跡ならんか」

と、鳥山石燕《とりやませきえん》も『今昔《こんじゃく》 百鬼拾遺《ひゃっきしゅうい》』でいっている。

モクリコクリ

和歌山県で、三月三日は山に出るといい、五月五日は海に出るという。

蒙古《もうこ》襲来のときに水死した霊魂《れいこん》で、モクリコクリは「蒙古高句麗」という字があてられる。

鼬《いたち》に似た小獣で、麦畑にも出る。麦畑に出るときは人の形をして高さは自由自在となり、一顕一消するという。また、夜道を歩く人の尻を抜くともいう。海に出るときはクラゲのような形で、海上を群れて漂《ただよ》う。

同じ妖怪が、山や海に姿を変えて出現するというのも珍しい。

新潟県西頸城郡（現・糸魚川市）では「モモッコ」という化け物を意味する児童語がある。同じく南魚沼《みなみうおぬま》郡では「モモンコー」、長野県東筑摩郡では「モモッカ」とよぶ。

岩手県九戸郡では「アンモウコ」といって子供を驚かすが、これも蒙古が訛《なま》って妖怪の叫び声のように信じられるようになった名であるらしい。

岩手県岩手郡では幽霊のことを亡魂（モンコ）というがこれも、モウ、あるいは蒙古からきた名のようである。

物《もの》の怪《け》

人に取り憑《つ》いて、病気にさせたり、ひどい場合には死に至らしめたりする霊のことを、昔は物の怪とよんだ。

発生の源は、死者または生きている人の怨みとか憎しみといった念である。

中世の日本では、この物の怪というやつが盛んに活動していたようで、『今昔物語集《こんじゃくものがたりしゅう》』や『源氏物語《げんじものがたり》』のなかにもよく登場している。

ある人が病気になって、その原因が物の怪によるもの（取り憑《つ》かれた）と判断されると、医者が治療することはもちろん不可能で、僧や祈禱師《きとうし》、あるいは陰陽師《おんみょうじ》などがかり出され、その物の怪を払う（落とす）儀式が行われる。

しかし物の怪の力というのは恐ろしいほど強力なものが多く、加持祈禱などの儀式を行う方にとっても命がけだったようである。

儀式がまったく効かず、物の怪に引き倒される祈禱僧もいたくらいである。

中世では人の生霊や死霊を意味していた物の怪だが、後世になると妖怪変化や様々な精霊をも意味するようになる。

百《も》々爺《もんじい》

百々爺というのは、普段は山奥にすむといわれ、人通りのなくなった夜遅く、村の辻や町角に出てくる。

ある村の辻に百々爺が現れたので、慌てて逃げると、また次の辻にもしゃがみこんでいる。

また方向を変えて、別の辻にくると、そこにもいるといった具合である。

一説には、深山にいる野衾《のぶすま》（すなわちモモンガやムササビ）が、町へ出るときに化けて百々爺になるのだという。また、旅人がこれに出会うと、かならず病みつくという。

聞きわけのない子どもには、「だだをこねると、とっ捕まえて、百々爺に食わせるぞ」などというと、おとなしくなるといわれている地方もある。山にすむ獣のようなものと思われているようである。

「爺」とつくことから、お爺さんかと思ったら大きな間違いで、実際、猪《いのしし》や鹿、狸《たぬき》などの獣や、その肉のことを百々爺とよぶ例があった。

あるいは、「この爺は野狐か百々爺が化けたものかもしれねえ」と、皮肉っていうこともときにはあるようだ。

茂林寺《もりんじ》の釜《かま》

応永《おうえい》年間（一三九四〜一四二八）、上州《じょうしゅう》館林《たてばやし》（現・群馬県館林市）の茂林寺《もりんじ》に守鶴《しゅかく》という僧が住んでいた。守鶴は住職七代にわたって学頭《がくとう》を務めた優秀な僧だった。

この守鶴が愛用していたという茶釜は、汲《く》んでも汲んでもその湯がつきない大変不思議な茶釜で、僧侶の大集会があったときにも、この茶釜でもてなしたと寺伝にある。

ところがある日、守鶴は昼寝をしているときにうっかり尻尾を隠し忘れてしまい、そこを寺の小坊主に目撃されてしまった。守鶴の正体は化け狸で、湯のつきない茶釜も守鶴の術によるものだったのである。

そこで正体がばれてしまった守鶴は、寺を去ることを決意し、別れの日に源平合戦《げんぺいがっせん》（屋島《やしま》の戦い）や、双林《そうりん》の入滅《にゅうめつ》（釈迦の最期）などを幻影でことごとく見せたという。

松浦静山《まつらせいざん》の『甲子夜話《かっしやわ》』によると、守鶴は数千年を生きていた狸で、かつてインドでお釈迦様の説法を聞いており、中国に渡った後に日本を訪れたと語っている。

後世のおとぎ話となった「文（分）福茶釜」は、この茂林寺の釜がモデルになっている。

モンジャ

青森県北部の海岸地方では、海で死んだ者の魂はモンジャとなり、自分の家を訪れるという。

ある日のこと。とある者が夜になって、いきなり全身に水を掛けられたような悪寒《おかん》を感じ、震えがきてどうしようもなくなった。そこでゴミソという男の祈禱師《きとうし》にみてもらうと、

「これは海のモンジャが取り憑《つ》いているのである。この仏は四人組になっている」

といわれた。また、

「海で死んだが、誰も水一杯あげてくれない。それで何とかして浮かべて（成仏させて）もらいたくて取り憑いた」

ということだった。

北津軽《きたつがる》郡小泊《こどまり》村（現・中泊町）では、モンジャは浜で火を焚《た》けば、火にあたりにくるという。沖合で漁船が沈んで大勢の人間が死んだとき、遺族が浜で火を焚いてみると、話の通り、モンジャが火に誘われて姿を現したという。

このモンジャが家にくると、まず台所の板の間でばたばたと着物の砂を払い、次に流し場でザーッと手を洗う音をたてるという。

モンジャとは亡者のことである。

野干《やかん》

野干が人に憑く狐《きつね》だということは、昔からいわれていることである。

だが、妖怪研究家の山田野理夫《のりお》氏によると、法華経《ほけきょう》の中に「狐、狼《おおかみ》、野干」と記されているところから、狐と野干とはまったく別のものだといっている。では野干とは何かというと、これがまた様々な説があって混乱するばかりである。

ある書物には「それは青黄狗に似て、人を食らう悪獣である」とあり、また別の文献には「それは狐より形態が小さく、尾が太くてしかも木によく登る」などと記されている。

山田はこれらを総括して「結局、野干というのは、中国の胡地《こち》にすむ群棲《ぐんせい》的動物で、形は狗《いぬ》に似て、大きさは狐よりも小さく、尾は割合に太く、その鳴声は狼のようで、好んでよく木に登るという類《たぐい》の獣である」としている。

そして中国では古くから「野干と狐はよく似ている」といわれることから、我が国ではこれを簡易に受け取り、野干すなわち狐のこと、と考えるようになったのではないかと仮説を述べている。

人に憑くといわれる狐は日本各地に存在し、その名称も場所によって違う。狐と混同されながらも妖獣として語られてきたからには、やはり野干も確実に存在したのだろう。

ヤカンヅル

「サガリモノの怪《かい》」とでもいったらよいのか、夜、山道や森の中を歩いていると、突然木の枝から、何ものかが下がっているのに出くわし、不意《ふい》をつかれて襲われたりするというものだが、これは随分と種類があるようである。

馬の首だけ、または足だけといった動物の場合もあれば、茶袋、茶釜という生活用品が下がっていることもある。

信州《しんしゅう》（現・長野県）には、夜遅く森の中を通ると、木の上から薬缶《やかん》が下がるところがあるという。これがヤカンヅルである。

この場合はただ下がっているというだけで、人間に害を加えるという話は聞かないから、妖怪という感じはしない。

薬缶がぶら下がるというのは、このヤカンヅルくらいだが、薬缶が転がるというのは、各地に伝わっている。同じ長野県の伊那《いな》地方には薬缶まくり、飯田市には薬缶転ばしという怪異があったという。東京にもかつては薬缶が転がる薬缶坂という坂があったそうだ。

なぜ薬缶が下がったり、転がったりするのかは、今のところ分かっていない。

夜行《やぎょう》さん

徳島県に節分《せつぶん》の夜に現れる、髭《ひげ》の生えた一つ目の鬼である。食事のおかずのことを何やかんやいっていると、毛の生えた手をニューッと出すという。

古くより「百鬼夜行日《ひゃっきやぎょうにち》」というものがあって、この日が妖怪変化の活動の日となっていた。このとき夜行さんは首なし馬に乗って道を徘徊《はいかい》したといわれる。

これに出会うと、投げられて蹴殺《けころ》されるといわれ、この日は人々の夜歩きを戒《いまし》めた。しかし、戒めを破ってそれに出会っても、草履《ぞうり》を頭の上に乗せて、地に伏していればよいという。また、夜行さんの乗るといわれる首なし馬が、独立した妖怪として出没する地方もある。

「夜行」というのは、もとは神祭りに際して普通の人々には見せない、深夜の神のおでましを指すものだったらしく、夜行日は、節分、大晦日《おおみそか》など、特定の祭りに関係する物忌《ものい》みの時期だった。

このような物忌みを犯したときの制裁の恐れが、やがて夜行さんなどという妖怪の恐れに変化したのだろうと、『神話伝説辞典』に出ている。

夜具《やぐ》と座頭《ざとう》

明治五年ころのことである。東京日本橋《にほんばし》で畳屋を営んでいる留《とめ》という男は、夜な夜な妙なものを見た。それはこれから夢心地、というときに、目の前にぼんやりと夜具が積んであるのが見える。すると続いて、今度はザザーッと雨の降る音が聞こえ、この音が聞こえるとそれが合図でもあるかのように、留の枕許へ座頭が現れてきちんと座る。

この座頭は別に何をするということもなく、とくに嫌な顔をしているというのではないのだが、これが現れると、留はたまらなく気が滅入《めい》るようになるのだった。

こうしたことが毎夜続くので、留はこの家に寝なければよいのかと思い、方々で泊まってみたが、結果はやはり同じだった。

留は、このままでは自分の神経が参ってしまうと思い、東京の陰陽道に詳しい人に頼んで祈禱《きとう》してもらうことにした。祈禱は三日間続いた。その後、雨の音を聞くこともなく、座頭の姿も見えなくなった。

これは一種の幽霊みたいなものだが、やはり憑き物の類だろう。祈禱して去ったというのは、やはり「霊」の一種だったことを示している。

疫病神《やくびょうがみ》

古くはエヤミノカミなどとよばれた疫病神は、一人、または五人組で町や村をさまよい歩き、疫病を蔓延《まんえん》させる。

これを防ぐために、昔の人は大きな人形をつくったり、大きな草履《ぞうり》をつくって村の入り口に吊るしたりした。これで、村に入ってこようとする疫病神を威嚇《いかく》しようと考えたのである。

このような風習は各地にあり「疫病送り」などとよばれている。

また、毎月三日に小豆《あずき》の粥《かゆ》を炊く家には疫病神は入らないという。これは疫病神だと知らない男が道案内をして、そのお礼にと疫病神自身が教えてくれたことである。

多くの妖怪が中国の影響を受けているように、この疫病神にも同じことがいえる。

中国の疫鬼は五人一組で活動し、目が見えない四人と、全員の眼の役割をする残りの一人が、病気にする人間を決めるという。これは一目五先生などとよばれている。日本の疫病神が五人一組で現れるというのも、元々は中国の疫病神に由来しているのである。

野狐《やこ》

野狐は九州一帯を徘徊《はいかい》する憑《つ》き物で、土佐《とさ》（現・高知県）でいう犬神《いぬがみ》に相当するものかとも思われる。

その姿は、鼬《いたち》のようだとか、鼠に似てそれよりも少し大きくて黒色だなどと伝わっている。

熊本天草《あまくさ》あたりでは野狐が取り憑くと、それまで文字を書けなかった人が突然書けるようになったり、浪花節を知らなかった人が急に立派に語るようになったりするといわれている。また野狐がお金を持ってくるので、大金持ちになるともいう。

大抵の病気は野狐が取り憑いたために起こるものと考える傾向もあったそうだ。

天草のある村では、野狐を離すために祈禱師《きとうし》が祈禱して熱湯をかけるのだが、不思議なことに、このときお湯をかけられた人はけっして火傷《やけど》をしないといわれていた。

長崎県の壱岐《いき》でも、人に憑くことはもちろん、野狐に火傷の傷跡を嘗められると死んでしまうと恐れられた。これを防ぐには、野狐は塩辛を嫌うので、塩辛を食べていればその害から逃れられるという。

同じ九州でも、鹿児島の野狐は、人ではなく、家に取り憑くといわれている。

夜行遊女《やこうゆうじょ》

夜行遊女は難産して死んだ女の幽霊で、常に赤子《あかご》を抱いている。

源《みなもとの》頼光《よりみつ》の四天王の一人卜部季武《うらべのすえたけ》が、美濃《みの》（現・岐阜県）に夜行遊女が出るというので、肝試《きもだめ》しに行ってみた。

すると、途中の渡船場まできたとき夜行遊女が現れ、抱いている赤子を季武の前に差し出し、

「この赤子を抱いて下さい」

という。季武が赤子を抱いてやると、すぐに今度は、

「返して下さい」

という。腹を立てた季武は、赤子を抱いたまま、さっさと家へ帰ってしまった。そして、腕の中を改めてみると、赤子の姿はなく、木の葉ばかりになっていたという。

これは『今昔《こんじやく》物語《ものがたり》集《しゆう》』にある話だが、夜行遊女は産女《うぶめ》の別名である。

もともと夜行遊女は中国でいわれていたもので、『本草綱《ほんぞうこう》目《もく》』によれば、姑獲鳥《うぶめ》の別名なのだという。

姑獲鳥は、夜遊鳥、鬼鳥、天帝少女などともよばれ、羽毛を着て鳥となり、脱いで女人の姿になる鬼神とされている。

この姑獲鳥と産女の関係については、オゴメ（一四七頁）のところで書いているので、参照してもらいたい。

屋島《やしま》の禿《はげ》

讃岐《さぬき》（現・香川県）の屋島《やしま》に、禿という古狸がすんでいた。源平《げんぺい》の屋島合戦のときには、高い木に登って戦を見物していたという、四国狸の大将だった。ところが、あるとき狩人に殺されてしまい、以来、人に憑《つ》いてはその口を借りてしゃべるようになった。

江戸時代の中ごろ、禿は徳島の西林《にしばやし》村（現・阿波《あわ》市）で、村一番の美人に取り憑いていた。取り憑かれている間の女の言語動作は、まったく狸そのものとなってしまう。禿が離れるときは、「ただ今から、どこまで行って参ります」というと、女は倒れて正気を失ってしまう。しばらくすると常人に戻る。逆に禿が帰ってくるときには、「ただ今、帰って参りました」の一言で、まったくの別人になってしまう。この繰り返しだったという。

禿はけっして人にいたずらをせず、隣家にやってきては、身の上話や屋島合戦の様子などを話して聞かせたという。とりわけ、屋島合戦での義経《よしつね》の八艘飛《はっそうと》びや、弓流しの様子を面白く話したらしい。

その後、日清《にっしん》、日露《にちろ》の両戦争のときは、出征して大いに働いたということだが、それ以降、誰も消息を聞かないという。

夜道怪《やどうかい》

　埼玉県の小川町《おがわまち》では、乱れた髪と破れた着物の小汚い人が、大きな荷物を背負って歩くのを、「まるで夜道怪のようだ」という。

　夜道怪というのは、子取りの名人とも考えられているが、その実ただの人間で、それも少し下卑《げび》ていて、高野聖《こうやひじり》の名をもって諸国をめぐり歩いた法師のことであるともいわれている。高野聖は、元々は弘法大師《こうぼうだいし》信仰を広めるために全国を歩いた高野山《こうやさん》の僧だが、後には行商を片商売にするようなものも現れ、夕方には村の辻に立って、「ヤドウカ」と大声でわめいたという。宿を貸してくれという意味だろうが、誰も貸す者がないと、次の村に向かって立ち去って行く。

　ところがこの高野聖、だんだんと法力を笠にきるようになり、かけ引きも多くなって、やがて善人を脅かすまでになり下がってしまった。そのため、「高野聖に宿貸すな、娘取られて恥かくな」という諺《ことわざ》までできる始末である。

　夜道怪というものは、この高野聖の風体《ふうてい》だけが伝説化され、それがやがて東京でいわれるところの人さらいのようなものとして、とらえられるようになったのかもしれない。

ヤナ

昔、埼玉県の川越城《かわごえじょう》の三芳野《みよしの》天神《てんじん》の下にあった外堀は、伊《い》佐《さ》沼《ぬま》の水と底の方で通じていたという。

この泥の深い堀に、大昔から主《ぬし》がすんでおり、この主を人々はヤナとよんでいた。

川越城が攻められて危なくなり、敵がこの堀までくると、たちまちヤナが現れるといわれていた。

ヤナは霧《きり》を吐いて雲をよび、さらに魔風《まふう》を吹かせてあたりを闇夜のように暗くする。しかも洪水《こうずい》を起こして水を氾濫させて、攻めてきた敵にどこに天守閣があるのか、方向をまったく分からなくしてしまうという。

そのためか、川越城は一名霧隠《きりがくれ》城ともいわれていたという。

多分、太田《おおた》道灌《どうかん》（一四三二〜一四八六）がヤナを利用して城をつくったのだろうといわれていたが、これは水の主、すなわち水神《すいじん》の類《たぐい》だろう。

ちなみに、川越城には「霧吹きの井戸」なるものもあった。普段は蓋をしていて、敵が攻めてきたときに蓋を取ると、もうもうと霧を吹いて城を隠すという。

霧を吹くというヤナの特徴と通じるものがあり、何か関係があるのかもしれない。

柳《やなぎ》の精《せい》

柳でも何でも、樹木には精霊が宿るものといわれている。しかも、何十年何百年という年月を過ごした樹木であれば、なおさらその霊力は強いものとされてきた。

また、柳の木というのも、その独特な雰囲気からか、怪しい話がいろいろと伝わっている。例えば、岩手県盛岡市には、人間の娘に懸想《けそう》した柳の精の話がある。

昔、北上河畔の木伏《きっぷし》というところに、一人の美しい娘がいた。毎日、柳の木の下で洗濯をしていたが、ある日、娘がその柳の幹に密着して、枝にしっかりと抱きからまれて気を失っていた。

集まってきた人々が、娘を幹から離したが、しばらくは魂が抜けたようにぼんやりしていた。

正気になるのを待ってから理由を尋ねると、娘はこんなことをいう。

「夕方、木の下で洗濯していると、不意に見知らぬ美しい男が出てきて、無理やりに体を抱きしめて離さなかった。そのうち夢のようになって、あとは何も分からない」

この柳はその後、これといった理由もないのに、自然に枯れてしまったということである。

柳婆《やなぎばばあ》

これは樹木霊の一種であるといわれているが、元々柳の木は焼くと屍《しかばね》のにおいがするといわれ、これを嫌う地方も多い。もっとも、逆にこれをめでたい木とする地方もあるが……。

柳の枝というのは幽霊の手つきに似ているものであり、そこへ風でも吹けば、その揺れ方はまったく幽霊の動作と同じようである。

そうしたところから、柳は怪奇物の好きな連中の着目するところとなったのだろう。

とくに暗い夜に、提灯《ちょうちん》などの明かりを下からあててみる柳の古木は、まるで幽霊の親方のようで、人がドキリとするのも無理からぬことである。

これが柳婆という妖怪がすみついている柳であれば、その妖気はなおさら強いということにもなろう。

たとえば、川で人が見えなくなったりしたようなとき、その近くに柳の巨木があったりすると、人々は柳婆に捕らえられたと思いこむ。

また、夜、見知らぬ老婆に出会い、そこにたまたま柳があったりすると、すぐ柳の精だ、柳婆だ、ということにもなるようだ。

家鳴《やな》り

ひところのオカルト映画のブームで、ポルターガイストという言葉もよく知られるようになった。

ある日突然、屋敷のガラス戸やドアがガタガタ揺れだす。ドンドン、パタパタという音まで聞こえ、原因がまるで不明である。もちろん地震ではない。

しかし、洋の東西を問わずこんな話はたくさんあるもので、我が日本ではこれを家鳴りといって、小鬼のようなもののいたずらであるとした。

古い武家屋敷や農家などに多いようで、京都のある家ではこんなことが起きた。

深夜になると障子《しょうじ》がガタガタと動きだし、次第に激しさを増していって、やがて襖《ふすま》や戸まで揺れだした。そしてついには家中が、まるで地震にでもあっているように揺れたというのである。

また、北陸のある場所で家鳴りが起きるので、昭和初期、科学者が調査したことがある。それによると、台地とか色々な関係から起こる「共鳴現象」ではないかという結論が出たという話である。

山《やま》嵐《あらし》

深山《しんざん》にすんでいるといわれる妖怪である。

頭から背にかけての毛は、針のように、また棘《とげ》のように鋭く、怒ると激しく動いてこれが矢のように人を射るという。

怒ると毛が逆立つとよくいうが、この妖怪の場合は実際に三十センチメートルほどにもなるので、人を射るには十分というわけである。

普段は深山にすんでいるが、ときおり人里に下りてきては穀物《こくもつ》を荒らしたりするので、人間が追い払おうとすると、この武器を出してくるのである。

しかし、妖怪とはいっても、捕らえることができればその利用価値は高く、その毛は簪《かんざし》になり、皮は靴に用いることが可能であるといわれていた。

人魚のようにその肉を食すと長寿を得る場合もあるが、この妖怪の肉だけは、残念ながら毒を含んでいるようで、食すと命を落とすといわれている。

簪に向いているのは、この毛は髪に垢《あか》をつけないからだという。

一見、猪《いのしし》に似ているが、そういうわけで、恐ろしい反面、解体すると日用品として再生できるということで、逆にこれを捕らえようとした人も昔はいたようである。

山犬《やまいぬ》

和歌森太郎《わかもりたろう》編『宇和《うわ》地帯の民俗』によると、山犬は次のようなものであるらしい。

夜の山道で生魚をかついで通るときによく憑《つ》くものである。背負っている魚が急に重くなり、そのうち後ろでドスンという音がする。振り返ると、暗闇に目玉がピカッと光る。それが山犬で、当然、魚はなくなっている。このような害はあるものの、山犬は人間を守ってくれるものでもあるという。

夜遅く家に帰るとき、山中で道に迷うことがある。そのとき、ピカッと光るものが見える。それを目当てに歩いて行くと、やがて人家のあるところへ出るという。

山犬がいったん憑いてしまうと、他の妖怪は遠慮して憑かなくなるともいう。山犬が憑いたら、何か食べ物を放り与え、「守ってくれよ」というとよい。そうすると、道中道案内をしながら家まで無事に送り届けてくれる。家に着いたら、もう一度何か食べ物を与えてやるというのである。

愛媛の宇和地方では、山犬は狼ではなく、眼光がするどい犬の一種だといっている。

山姥《やまうば》

山姥は各地の山にすむ老婆の妖怪で、怒ると眼が恐ろしげに光り、口は耳のあたりまで裂けた形相に変化する。髪は赤毛、あるいは白髪で長く垂れ、ボロの着物を身にまとっている。

普段は山中にいて歩きまわり、雪の降るころは人がいない山の一軒家に上がって、囲炉裏《いろり》の火にあたっていることもあるが、時々人を懐かしがり、人の住む山小屋を覗《のぞ》いてみたりする。

正月ごろになると、人里に下りてきて買物をする。とくに酒が好きらしく、瓢箪《ひょうたん》を持って酒を求める。それは酒が三合ほどしか入りそうにないのだが、不思議なことにいくらでも酒が入ってしまう魔法の瓢箪である。採ってきた山菜やキノコを味噌や醤油《しょうゆ》と交換したりもする。山姥とは知らずに売ってやった人は、その後になって幸福が訪れるという。善い山姥は、人間に富や福を残していくといわれるからである。

山姥は山の中で布を織ったり、草鞋《わらじ》をつくったり、子供を育てて山の主にしたりすることが主な仕事である。

源頼光《みなもとのよりみつ》の四天王の一人、坂田金時《さかたのきんとき》は、足柄山《あしがらやま》（神奈川県）の山姥に育てられたという伝説がある。

山《やま》オサキ

関東では「里のオサキは憑《つ》くが、山オサキは憑かない」などといわれている。

ところが、関東のある村には、この山オサキに憑かれた話というのが伝えられている。

ある老婆が火傷《やけど》をした。火傷には油が効くからといって、わざわざ自分で買いに行ったが、いつまで経っても帰ってこない。

村の人が心配して探しに出ると、老婆は山中の天狗《てんぐ》岩で寝ていたのである。驚いた村人が、老婆を助け起こして声をかけると、

「油瓶と油揚げを持って天狗岩の下まで持ってこい」

などという。おかしいと思った村人たちがよく見ると、買ったばかりの油瓶の中味がすっかりなくなっていた。

「こりゃあ、山オサキに憑かれたな」

と、村ではそういうことになった。この老婆はよくオサキに憑かれる人で、憑かれるときは決まって油を嘗《な》めるようになり、「油揚げがほしい」などとわめくという。

オサキといえば、鼠《ねずみ》に似た動物といわれているが、油揚げを欲しがるところを見ると、これはオサキ狐《ぎつね》といわれているものに近いのだろう。

山男《やまおとこ》

昔、遠州《えんしゅう》（現・静岡県）のある村に、又蔵という者がいた。

あるとき、又蔵の家に病人が出たので、医者をよびに行くことになった。途中、又蔵は慌てすぎて足を踏みはずし、そのまま谷底に落ちてしまった。

足の骨が折れたらしく、歩くことができない。谷底でじっとしていると、どこからか山男がやってきて、又蔵を背負い、屏風《びょうぶ》を立てたような崖をやすやすと登り、医師の門口まで送ってくれた。

やがて山男は、消えるように立ち去った。

後日、又蔵はその礼がしたいと思い、竹筒に酒をいれて山に向かった。

その竹筒を例の谷底に置いて、さて帰ろうかと思って立ち上がったとき、二人の山男が現れてその酒を飲み、大いに悦んでくれたという。

『合璧故事《がっぺきこじ》』という中国の本には、木客という山男のことが記されている。そこには木客のつくったという詩も載っているが、中国の山男はよほど学才があるとみえる。

いずれにしても、昔の山には奇妙な住人がいたのだ。

山鬼《やまおに》

相模国《さがみ》（現・神奈川県）の大山《おおやま》あたりに住む猟師《りょうし》が、ある日、山に深く入り過ぎて帰ることができず、山小屋に泊まることにした。火を起こして食事をすまし、やがて横になって寝入ったが、何か怪しい音がして目が覚めた。見ると焚《た》き火に怪物があたっている。今さら逃げることもできないので、じっとしていると、怪物はニコニコ笑いながら、

「何事も運にまかせるのがよい」

といった。実は猟師も、運にまかせるしかない、と思っていたのでギョッとした。猟師がこれは天狗《てんぐ》じゃないかなと思うと、怪物は、

「天狗かもしれない」

という。猟師は、もう関わりあわないようにしようと、うつむいて焚き火にあたりだした。すでに夜中も過ぎ、焚き木もなくなったので、木の葉などをかけて息を吹き、また木片や枝などを折ってくべた。そのうち、一本の枯れ枝を折ろうと、膝《ひざ》を曲げて力を入れた拍子に、火がついた他の枝が飛んで、怪物の顔にまともにあたった。

「木を折る真似をしてこんなめにあわせる。人間ほど恐ろしい奴はない」

といい、顔に火傷をしたとわめきながら、去ったという。

山颪《やまおろし》

『和漢三才図会《わかんさんさいずえ》』に豪猪《ごうちょ》という獣のことが紹介されている。別名を山親父《おやじ》といい、深山にすんで群れをつくって害をなすことがあるといわれているが、身体の毛が針のように鋭いので、捕らえることができれば、その毛を簪《かんざし》として利用できるという。

山颪もどうやらこの豪猪と似ているようである。

ある人は、この妖怪の頭がオロシ金のようになっていることからこの名前があるのではないかといっているが、古い時代の妖怪の名前の由来は不明なものが多く、それぞれの解釈で諸説が流布《るふ》されることになる。

また、颪というのは、兵庫県神戸市などでいう六甲颪や、群馬県の中央部や東南部でいう赤城颪などのように、山から吹き下ろしてくる強い風のことだから、風を起こす妖怪ということも考えられそうである。

この妖怪も江戸時代に発生したわけだが、このころの妖怪に関しては、絵によってその姿が書物に記されてあるだけといった場合が多かったから、なかなかその妖怪の姿と性格を一致させるのは難しい。

山女《やまおんな》

かつて山は信仰の対象であり、霊界であり、異境《いきょう》だった。そこには各種の精霊がすみ、中には端的に山何々という名称がついたものが随分《ずいぶん》あり、山女はその典型的なものの一つである。日本の各地で聞くことができるが、奥州《おうしゅう》（東北地方）の方には次のような山女の話がある。

ある侍が山へ薪《たきぎ》を取りに出かけていた。ちょうど朝日が差しはじめた時刻に、向かい側の山腹を横切るものを見た。おやと思って見ていると、向こうの方も立ち止まってこちらを見ている。折からの朝日に映えてはっきり見えたが、それはざんばらの洗い髪をした色の白い美しい女だった。

しかし、目つきは恐ろし気で、とても人間とは思えない。胸から下は、松の樹林に隠れてよく分からなかったが、身の毛のよだつ思いで、束ねかけた薪もそのままに山を駆け下り、その山へは二度と行かなかったという。

帰ってからよく考えてみると、松の樹林は揃って三メートル以上はあったのに、その松の上から顔が出ていたということは、あの頭の大きさからしても三メートル以上はあったに違いない。やはりあれは、山女という魔性《ましょう》のものだったのだろうと、今さらながら恐怖したという。

玃《やまこ》

美濃《みの》大垣《おおがき》（現・岐阜県大垣市）より北へ十里（約四十キロメートル）、そこからさらに奥山へ入った村に、善兵衛という樵《きこり》がいた。さらにその深山《しんざん》に、色が黒く、全身に長い毛の生え、人の言葉をしゃべり、人の意を察する力を持つ妖怪がいた。玃、あるいは黒ん坊といった。

善兵衛は玃に樵の手伝いをしてもらうなどしていたが、やがて玃は友達みたいに善兵衛の家にすみつくようになった。

さて、その村には美人の後家がいた。ある夜、夢のごとく何者かが現れて、契《ちぎ》ろうとする。そのものは神通力を持っているのか、うつつかと思えば夢となり、夢かと思えばうつつとなって、ついに契られてしまった。

そんなことがしばらく続いたので、あるとき後家は、怪物がきた途端に鎌で切りつけた。そのものは慌てて去って行った。村人をよんで血の跡をつけて行ってもらうと、善兵衛の住居の縁の下へ潜りこみ、それから山の方へ逃げて行ったことが分かった。犯人は玃だったという。

「玃は雌《めす》というものがいないから、昔からよく婦女に接し、子を産ますという話を聞いたものじゃ」

とは古老の話である。

山爺《やまじじい》

土佐《とさ》（現・高知県）藩の山の役人に、春木次郎繁則という人がいた。土佐郡本川郷《ほんがわごう》の山村に勤めていたが、この人が四十歳になったときに書いた日記の中に、山爺に関する一文がある。宝暦《ほうれき》元年（一七五一）のことである。

それによると、山爺は山鬼《やまおに》のことであるという。目一つ、足一つの老人のようで、蓑のようなものを着ていたそうである。

山爺を見たという人はさすがに少ないわけだが、ある大雪の日に、村外れの道に杵《きね》で押したような丸い跡がついていて、多分山爺の足跡だろうと話し合ったという。

山爺は土佐の山中に多く、人に似ているとはよくいわれることだが、ある人は、全身に鼠《ねずみ》色の短い毛があり、目は大きくしかも光っているといっている。おまけに歯が異常に強く、猿の頭など、まるで大根でも食べるようにかじってしまうともいう。狼さえこの山爺を恐れたというが、こんな光景を目のあたりに見せられたら、誰だって恐れ入る。

猟師は山小屋で寝るとき、山爺に毛皮などを取られないように、小屋のまわりに動物の骨をおいたらしいが、これが唯一の呪《まじな》いのようなものだろうか。

八岐大蛇《やまたのおろち》

頭が八つに尾が八本あり、八つの山と八つの谷を覆うほど巨大な八岐大蛇は、その苔《こけ》を密集させた背に、杉や檜《ひのき》を生い茂らせ、口から火炎のような毒気を吐き、腹からは常に血をしたたらせていたと『古事記』にある。

この大蛇が毎年一人ずつ、出雲《いずも》国の王の娘を食べてしまう。ついに八年目、末娘の櫛名田比売《くしなだひめ》がその犠牲になろうとしていたところ、須佐之男命《すさのおのみこと》が通りかかった。

八岐大蛇が酒壺に満たした酒を呑み干し、八つの頭すべてが酔って油断しているところを、神剣「蛇《おろち》の麁正《あらまさ》」によって退治した。

そのとき尾から出てきた一振りの剣が三種の神器の一つ、現在熱田神宮《あつたじんぐう》の神宝となっている天叢雲剣《あまのむらくものつるぎ》であると、出雲神話は語る。

かつてこの大蛇が潜《ひそ》んでいたと伝えられている場所が、島根県仁多《にた》郡の船通山の地下深くで、そこから地中を通って斐《ひ》伊川《いかわ》の天ヶ淵に出現したとされる。

ここは現在、飯石《いいし》郡と雲南市湯村にはさまれた斐伊川の「大蛇の窟宅《たくや》」とよばれているところである。

山地乳《やまちち》

蝙蝠《こうもり》の年を経たものが野衾《のぶすま》となり、さらに年をとると、怪《かい》異《い》の形となって山に隠れすむので、山地乳の名がある。

何を食べているのか人には分からないが、深山《しんざん》の一軒家などで宿を取ると、よくこの山地乳が現れて、人の寝息をうかがい、熟睡《じゅくすい》しているところを見はからって息を吸う。

他の人が目を覚まして、これに吸われているところを見ると、その吸われた人は長寿となり、見る人がいないと、その人は翌日死ぬといわれている。

この山地乳を見て長生きしたという人もいないし、また、この山地乳のために殺されたという話も聞かないが、ところによってはひどくこの山地乳を恐れる地方もあるという。

しかし、この山地乳は山婆とか山童といった人間に似たものでもないし、強いていえば動物形の妖怪だが、どちらかというと化け猫とか、化け蝦蟇《ばがま》といった化け物に近いのだろう。

かのドラキュラは、蝙蝠から変化して血を吸う類だが、これは野衾に変化して息を吸うというわけである。それがさらに年を経て変化するわけだから、ドラキュラというよりもむしろ中国の仙人に近い性質を持っているようである。

とらえ所のない妖怪というのも多いが、この山地乳もその一つだろう。

山天狗《やまてんぐ》

神奈川県津久井《つくい》郡青根《あおね》村（現・相模原市）という山村のあたりでは、夜が更《ふ》けてから木を切る音や、倒れる音が聞こえることがある。また、山住まいをする人の小屋が、風もないのにぐらぐらと揺すられたりする。

山にはこうした不思議が多くあるものだが、ここではそれを山天狗の仕業《しわざ》と見ているようである。

こんなときは、鉄砲を三つ撃てば音が止むなどという人もいるが、山天狗は山の神と考えられるむきもあって、実際にそんなことをした人はまだないようである。

このあたりではまた、大石が水に落ちる音がしても、一向に波紋がたたない不思議に会うとか、大坊主が焚《た》き火《び》の向こうに現れて、睨《にら》みつけたなどという話もあり、これは同時に複数の者が体験しているという。

道志《どうし》川《がわ》の夜網《よあみ》に行った人の話では、こちらで網を打つと、はるか向こうでも網を打つ音がしたとか、投網《とあみ》がたちまちボロボロになって跳《は》ね上がってきたかと思うと、天狗がカラカラと笑ったとかいっているが、これなどは山天狗というよりも、同地方でいう川天狗というものではないだろうか。

山猫《やまねこ》

ある男が、石州《せきしゅう》（現・島根県）に赴《おもむ》く途中の峠で夜になった。足を早めて進もうとしたところ、道に一匹の狼が横たわっており、男がその脇を通ろうとすると、衣の裾《すそ》をその狼《おおかみ》にくわえられ、動けなくなってしまった。

はて困った、と思っていると、狼は裾をくわえたまま歩き出した。ひと山越えてまた山に登り、頂に至った。

ここで狼は立ち止まり、男の裾をくわえたまま脇に寄った。男は狼の行動が理解できなかったが、狼と一緒にじっとしているより仕方がない。すると前方が妙に明るくなってきた。どうやら松明《たいまつ》のようであるが、その数がばかに多い。

何だろうと思っているうちに、近づいてきて分かったことには、何とそれは山猫の行列で、松明のように見えた灯は山猫のたくさんの光る眼だった。やがて行列は何事もなく通り過ぎて行った。

狼もようやく男の裾を離し、一声吠えると、あとは闇の中に走り去って行った。

狼のおかげで命拾いしたというわけだが、さきの狼はおそらく、この山の守り神だったに違いない。

幽谷響《やまびこ》

よべば答える幽谷響は、山々にこだましながら飛び歩く。

昔、奥州会津《おうしゅうあいづ》（現・福島県会津若松市）の山に狩りに行った男が、獣を見つけたのでズドンと鉄砲を撃った。あたったようなので、そこら中を探すと、傷ついた獣が倒れている。その男はまた、ズドンと撃った。

それが幽谷響となってズドンと響いた。男が走りだすと、ドンと突きあたるものがある。見ると一本足の小僧だった。

「気をつけろ」

と、どなると、

「お前の方こそ、気をつけろ」

といった。

「ふざけるな。俺は今、獲物がいたので鉄砲を撃ったのだ」

「ばかいうな。お前が鉄砲を撃ったので、俺は向こうへ駆けて行くところだったのだ」

「お前は一体、何者だ」

「俺は幽谷響だ」

といったという話がある。昔の人は山で声が反響して返ってくるのを、奇妙に感じたのだろう。

山彦とも書くが、この反響について、日本中、色々名前が与えられている。

山彦《やまびこ》

安倍山の奥の、人も住まぬ古寺を住処としている。

色は黒く熊のようで、力は強く、その正体は数千年を経た楠の精であるという。

大勢の手下を率いる盗賊の親分であり、金持ちの家を見かけると、押し入って財宝を奪い取る。

ある夜、手下の一人（匹）がささやいた。

「今夜、あの家では家人がみな飲み倒れて、押し入るには絶好のチャンスです」

「そうか、それならそうしよう」

山彦の親分は答えた。

丑三つ時、山彦は大勢の化け物どもを引き連れ、その家に押し入った。

案の定、家の者は酔い潰れて足腰が立たない。人間の家かと思ったらそうではなく、ここは狐の家。酔った狐たちは賊の登場に驚き慌て、ふらふらしながら逃げまどう。

山彦率いる盗賊軍は、ここぞとばかりに金銀財宝をかつぎ出す。

「泥棒、泥棒」

と、狐たちは騒ぐが、もはやどうにもできない。盗賊軍はまんまと泥棒に成功した。

山《やま》みこ

寛永《かんえい》十九年（一六四二）の春、土佐《とさ》（現・高知県）の豊永《とよなが》郷《ごう》の山奥に山みこと称するものがすんでいることが分かった。

その年、高知の城内に現れたのを数多くの人が見たようだ。

歳は六十ばかりに見えるが、たくましい肉付きの男で、一言もしゃべらない。しかし、食事を与えると何でも食べたという。

二、三日の間止めておいたが、もとの山へ放ち返したという記録があると、柳田國男《やなぎたくにお》の『山の人生』が伝えている。

一言もしゃべらないというのだから、本人が山みこと名乗ったわけではないようだが、山中のいわゆる異人、それも山の神に関係のあるものと考えられ、こうした名称が与えられたのだろう。

当時は山人出現の事例がたくさん報告されており、これは食物か配偶者か、何か切に求めるものがあったためではないかと柳田翁《おう》は推察しておられる。

昭和の時代でも、広島県ではヒバゴンという人とも猿ともつかぬ山人みたいなものが出現しているから、まだまだ日本にも未知の部分があるといえるだろう。

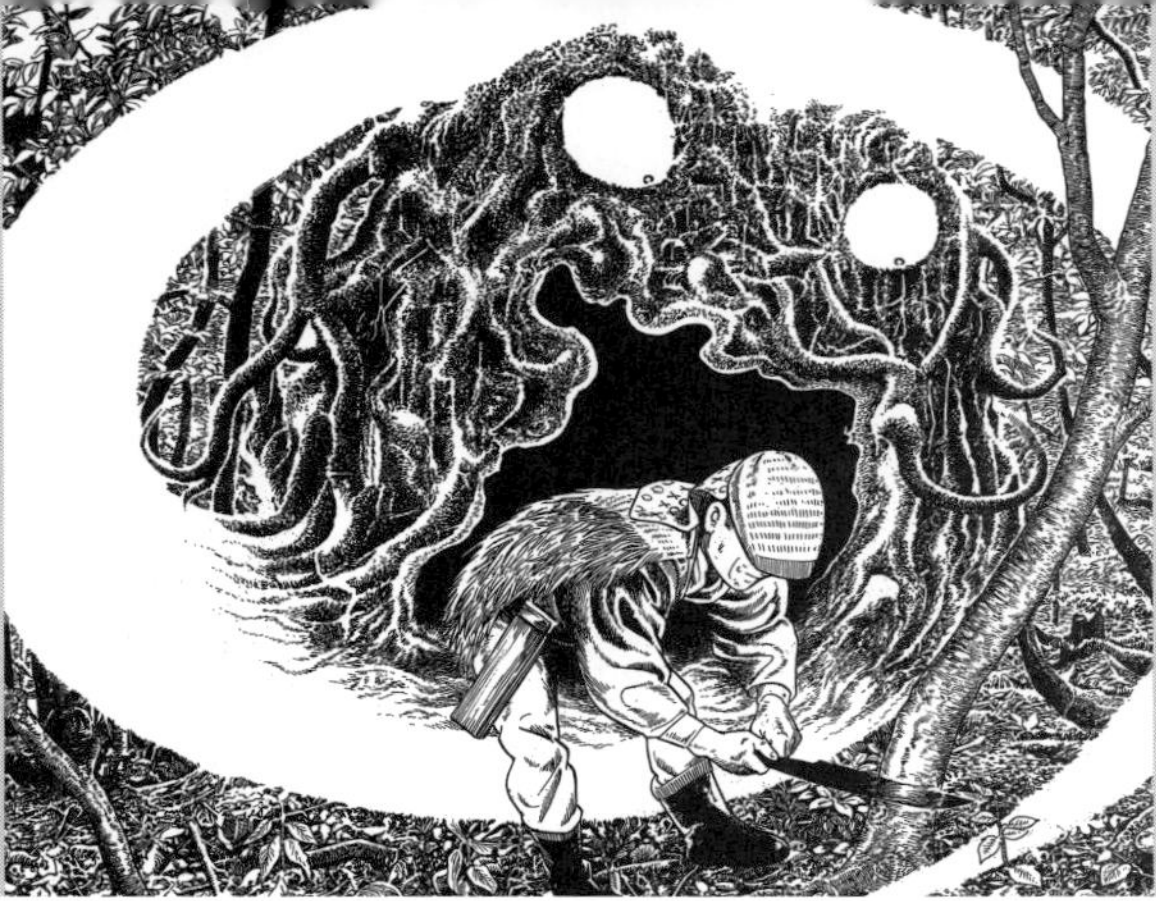

山《やま》ミサキ

阿武《あぶ》郡相島《あいしま》（現・萩《はぎ》市）では、山ミサキは死後成仏できず、行くところに行けないで、風になって山をさまよっている亡霊であるという。この霊は何も食べないで難儀しているので、それに行きあたると病気になるのだそうだ。

ところが徳島県三好《みよし》郡三名《さんめい》村（現・三好市）では、川ミサキが山に入って山ミサキとなるといい、鳥のように空を飛ぶ神であるという。川でにわかに疲労感を覚えるのは、川ミサキに憑《つ》かれたからだという。川ミサキは川で死んだ者の霊だろう。

ミサキは西日本を中心に広く分布《ぶんぷ》する憑き物の一種だが、一般的には姿形は現さず、人が病気になることで「ああ、そういえば山で……」と、はじめて憑かれたことが分かるのである。

しかし、山口県豊浦《とようら》郡の深山《しんざん》には、人の生首の形をした山ミサキが出るという。その生首が落葉の上を車のように転がったり、飛んだりするというのだが、これなどは珍しいケースといえる。

いずれにしても、ミサキの類《たぐい》はかなり危険な憑き物のようである。

山童《やまわろ》

山童は九州地方に色濃くその伝承が残っている。よく山仕事を手伝ってくれるが、その場合は色々と約束事がある。木を運ぶのを手伝ってもらうときは、下ろすときに注意する。「いち、にい、さん」と、三まで数えていると遅いので、二のかけ声のところで下ろさなければならない。山童は、肩を早くはずしてしまうからである。

山童に仕事を頼むときは、好物の「はったい（米や麦を炒《い》り焦《こ》がしたもの）」や御神酒《おみき》をあげるとよいそうだ。

河童が秋になって山へ入ると、山童になると伝えられている地方は多く、九州の場合もほとんどの地域で河童と山童の交替を伝えている。

単によび方が変わるというだけでなく、山に入ると、性質や身体の特徴まで変わってしまうので、厳密にいえば河童と山童とはまったく異質のもの、ということになる。

ところが春になると山を下り、ふたたび水中での生活がはじまると、また河童に戻るので、山童は秋から春までの間だけ存在する妖怪とされる。そして、この変化の様子を目撃すると祟《たた》りにあって病気になってしまうという。

山獺《やまわろ》

深山にすみ、蝦《えび》や蟹《かに》を捕らえて食べる。ときには人の真似をして、火で炙《あぶ》って食べたりもする。人がこの山獺を傷つけたり殺したりすると、病気になるといわれている。

昔、信州木曾《しんしゅうきそ》（現・長野県木曾川上流域）の山中などで、時々巨大な足跡が発見されたという。

文政《ぶんせい》（一八一八〜一八三〇）のはじめごろ、木曾奉行の下役が、山の中で大きな草鞋《わらじ》を見つけた。長さ一メートルぐらいで、藤の皮でつくってあった。これこそ山獺のものに違いなかろうと思われたが、どんなところにすんでいるのかも分からず、樵《きこり》などもその姿を見た者はないという。

中国には、同じ山獺と書いてサンソウという妖怪がいるが、これも山中にすみ、蟹が好物だというから、やはり同じ類のものだろう。

大体日本の妖怪というのは、中国から渡ってきたものが随分といるようで、日本の風土の中で少しずつ変化したのではないかと思われる。

中国の山獺は、顔は人間に似ていて体は猿のようであり、一本足で、これに会った人の話によると、山獺は自分のことを山の神であるといったそうである。

山婆《やまんば》

山婆は山姥とも書き表す。

明暦《めいれき》三年（一六五七）のころ、陸中《りくちゅう》（現・岩手県、秋田県の一部）のあるところに鷹狩《たかが》り場があって、横田某の足軽・長十郎という者がここで勤めていた。いつも朝早くに宿を出て行くが、ある明け方、九十九《つづら》折《おり》の細道を上がるにつれて、左の山の草木が激しく騒ぐ。何やら並みの風でもなさそうで、山鳴りが雷の音のようだった。この夜明けに何事かと長十郎が振り返って見ると、何と二メートルあまりもある山婆が、両眼を大きく輝かせていた。

そして、風のような速さで迫ってくるので、長十郎は逃げることもできず、寄ってくれば斬るぞとめったやたらに刀を振りまわした。その刃に打たれた山婆は、ものすごい叫び声とともにかけ出して、海にそびえる切り立った岩越しに海中へ落ちてしまった。長十郎もあまりのショックで気を失っていた。

やがて日も昇り、長十郎は心配して探しにきた人々に助けられ、間もなく正気に戻った。かの山婆の行方は、海中で死んだものかふたたび山へ入ったものか、一向に知れなかったが、ただ、斬られた現場には、葦毛《あしげ》馬の毛のようなものが多く散り、したたっている血の色は黄色だったという。

ヤマンバ憑《つ》き

思いがけない豊作が続き、目に見えて家運が栄えることを、高知県土佐《とさ》郡土佐山《とさやま》村（現・高知市）では、「ヤマンバが憑く」という。

昔、ある家でヤマンバが憑いたことがあった。山で仕事をしている最中に、その家の人がある物が欲しいと考えると、それが家にちゃんと置いてあるようになった。そして、米もどういうわけか切れるということがなくなった。

ある日、主人が不思議に思って早めに家に帰り、自分の家の中を外から覗《のぞ》いてみると、見知らぬ白髪の老婆が座敷を掃除していた。そのとき何か感じたのだろう、驚いた主人が思わず声をあげると、老婆は飛び去り、その家はそれから傾いてしまったという。

老婆はすなわちヤマンバだったわけで、この地方にはヤマンバを祀《まつ》る祠《ほこら》がある。

もう一つ、ヤマンバには次のような話がある。同じく土佐郡でのことである。

ヤマンバノタキ（崖）という場所があって、この近くに昔、稗《ひえ》畑を持っていた者があった。毎年豊作続きなのを怪しんだその者が、そこに火をつけたところ、老婆姿のものが飛び出し、それから家運が衰えたという。

ヤマンボ

ヤマンボは小さい子供で、いつも大木の根元に座っているが、人が近寄ると後ろにまわって姿を見せない。

山の中で大木の実を拾うときは、全部拾わずに一部をヤマンボのために残すものだといわれている。

奄美大島《あまみおおしま》でのこと。強い北風の吹いた次の日、ナオマツとマンヅルという二人の娘が、おやつを持って山の中に入って行った。

山奥深く分け入ると、大木の下に椎《しい》の実がたくさん落ちていた。二人は負い籠いっぱいに、一粒も残さずに拾いこんだ。やがて荷物を背負って二人は山を下りはじめたが、どうしたわけか行けども行けども同じ場所に出てしまう。「ウーイ」とナオマツが叫ぶと、すぐ近くから、「ウーイ」と返ってきた。

しかし、それは人間の声ではなかった。二人はもう椎の実どころではなかったが、ナオマツはいい伝えのことを思い出し、マンヅルの耳にささやいた。そして、もとの大木のもとに行って、椎の実を全部こぼし、空になった籠を背負ってまた歩きだした。すると間もなく覚えのある道に出ることができ、家に帰った。ヤマンボのために、椎の実を残さなかったから道に迷わされたのだった。

病田《やみだ》

東日本各地には病田と書いて、ヤミダとかヤマイダとよぶ土地がある。いずれもその土地を耕作すると田の持ち主が病気になる（栃木県足利《あしかが》市）とか、凶事になる（宮城県伊具《いぐ》郡丸森《まるもり》町）、災害が続く（新潟県北魚沼《きたうおぬま》郡）などといわれた。

静岡県の富士山麓地方では、昔は集落にかならず一つや二つの病田があり、そこには石でつくった小さな祠《ほこら》が祀《まつ》られていたので、すぐそれと判別できたそうである。ここで田を耕作すると祟《たた》りがあるといい、作物をつくらないまでも、ここに田をつくると他言して約束しただけでも、その主は死ぬか、あるいは非常に重い病気で一家一同が悩まされるのだといって、ひどく忌《い》み嫌われたという。

その原因を、駿東《すんとう》郡清水《しみず》村（現・清水町）では、病田の前にある堀に流れてきた人の首を、十分な供養《くよう》を施《ほどこ》さずに、そのまま埋めたからだといっており、他の土地でも病田の土地を掘り起こしてみたら、人骨がザクザク出たなどという話もある。

つまり一種の怨霊《おんりょう》というべき霊が、田に取り憑いて祟るのである。そこで病田に憑いている霊を祀ることによって、以後祟りがなくなったという話もある。

鎗毛長《やりけちょう》

　この妖怪は毛鎗《けやり》の付喪神《つくもがみ》のようである。毛鎗とは鞘《さや》を羽毛《うもう》などで包んだ鎗のことで、大名行列の先頭に立つ者が、これを振り歩いているのを昔の絵などで見ることがある。鎗というからには、何事かがあったときには人を殺傷するのだろうが、それよりもその行列の先頭に立って、道を清めるという意味があったのではないだろうか。そう考えると、この鎗毛長もどのような妖怪なのかということが分かってくる。

　また、鎗毛長はなぜか手に木槌《きづち》を持っているのだ。これは金槌坊《かなづちぼう》と同じで人を病気にするための木槌ともとれるが、それよりももっと違う意味があるように思える。たとえば、地面を踏みしめてその土地の精霊を鎮《しず》めるという呪いがある。陰陽道《おんみょうどう》でいう返閇というのがそれだ。また、相撲でも力士がしこを踏むが、このしこを踏むということも、元々は精霊を鎮める行為だったという。

　鎗毛長の持つ木槌が地面を叩くものとすれば、この妖怪は何かしらの行列の先頭に立ち、その木槌で地面を叩きながらその道を清めているのではないだろうか。もしかしたら、悪い妖怪ではなく、土地土地の邪霊を鎮める妖怪なのかもしれない。

遣《や》ろか水《みず》

大雨の降り続いたとき、川の上流からしきりに「遣ろか、遣ろか」という声がする。村人はみな気味悪がってだまっていたのに、中の一人が「寄こさば寄こせ」と返事をした。すると、流れは急に増して、見る見るうちにあたり一帯は海のようになってしまった。

この大水《おおみず》を遣ろか水というわけだが、これは昔、尾張《おわり》（現・愛知県）とか美濃《みの》（現・岐阜県）で、木曾川《きそがわ》にまつわる話としてよく聞かれた怪異である。

現在の愛知県犬山《いぬやま》市には、次のような記録が残っている。貞享《じょうきょう》四年（一六八七）というから、今から三百年ほど前の八月二十六日、折からの雨に木曾川は増水、そのとき、対岸の美《み》濃《の》鵜《う》飼《かい》の伊木山下の淵から、「遣ろか、遣ろか」という声がした。警戒に出ていたものが、「寄こさば寄こせ」と叫ぶと、川の水は急に増水し、浸水してきた。これにより当時の状況は、「ご城内は柳のご門下より舟に乗って往還、西谷は御馬場の上へ高塀の箭《や》狭間《はざま》より増水大波打ちこみたり、坂下へん木津堤より往還す」という悲惨なものだったという。

遣ろか水の話は、他にも、木曾川沿いの加茂《かも》郡太田《おおた》町（現・美濃加茂市）、愛知県葉栗郡草井村小淵（現江南市）などの土地に伝わっている。

八《や》幡知《わたし》らずの森《もり》

平将門《たいらのまさかど》（？～九四〇）は、桓武《かんむ》天皇の子孫だったので、関東八州を制圧して、新しい天皇になろうとしたが、武将俵藤太《たわらとうた》の矢に射《い》られて死んだ。しかしその野望への未練は八幡知らずの森に怨霊《おんりょう》となって現れた。

また将門が討たれたあと、残された六人の近臣は将門の首を慕ってその森の中に入り、石と化した。

それからというもの、この森に入ると生きて帰れない。それは将門の怨霊に道に迷わされ、六人の近臣の霊に取り殺されるからだとうわさされるようになった。

いわばここは「入らずの土地」というわけで、ここに一歩足を踏み入れたら最後、二度と出られることはないと覚悟しなければならない。

『十方庵遊歴雑記《じゅっぽうあんゆうれきざっき》』には、噂を聞きつけた水戸《みと》光圀《みつくに》が、八幡知らずの森に入った話が載っている。入ってはみたものの、顔を土色に変えて戻ると、「このようなことは、しないほうがよい」といったきり、詳しいことを話そうとはしなかったという。

八幡知らずの森は八幡の藪《やぶ》知らずという名でもしられ、今でも千葉県市川市八幡に、小さく縮小されながらも、周囲を石垣で囲まれた立ち入り禁止の森になっている。

やんぼし

九州の南部、日向《ひゅうが》（現・宮崎県、鹿児島県の一部）、大隅《おおすみ》（現・鹿児島県）地方に出現した妖怪である。

夜や夕方、山道を歩いていると時々出会うといわれていた。坊主が首をくったところに出るともいわれる。ボーッとした大きな人影のようなものだといい、人から離れたところに出るが、近づいてくることもあったという。

また、やんぼしは、夜、山へ行った人間を隠してしまうという。よく山へ行ったきり、行方不明になってしまうのを神隠しにあったなどといっているが、ひょっとすると原因はこのやんぼしだったのかもしれない。

山道を歩けば霧などがかかり、ぼんやりしたお化けまがいの現象がしばしば起こったと思われる。そういった環境の中で起こる現象を、やんぼしといったのだろう。

九州では、山伏《やまぶし》とか山法師《やまぼうし》を「やんぼし」というから、妖怪やんぼしは山伏の幽霊という意味なのかもしれない。

南九州では、夜に山道に出る妖怪のことをいうと、小学館の『日本国語大辞典』に見える。

遺言幽霊《ゆいごんゆうれい》

遺言をいいそびれて死んだ者、いわば思いを残して死んだ者は、迷い出て水を欲しがる。目には見えないが、毎夜その場所に現れて「水……」と悲し気に泣き叫ぶという。

東京の武蔵野市に住むA子さんも、かつてこうした遺言幽霊に出会ったことがある。

中学生のとき、一つ上の先輩（近所に住んでいた）が、A子さんの家の勝手口に現れ、

「お水ちょうだい」

といった。コップに水を汲《く》んで持っていったところ姿がなく、変に思っているとまた、

「お水ちょうだい」

と顔を出した。そこで水を汲みなおして持って行くとまたいない。そのことの繰り返しだったが、先輩はその日自殺した。

「死に水も取ってあげられなくて……」

と、その先輩のお母さんがA子さんの母親に話しているのを、数日後にA子さんは聞いたという。

幽霊赤児《ゆうれいあかご》

昔、ある人が旅館に泊まり、眠ろうとしたときのことである。

　真っ暗な部屋の中で、何か小動物のようなものがうごめく気配がする。しかもそれは次第に明瞭になり、数も増えていくようである。意を決して明かりをつけてみると、どうしたわけか、それは赤ん坊の大群だった。

　赤ん坊たちは、泣き叫ぶものあり、這《は》いまわるものあり、はしゃぐものありで、それは騒がしかったし、どこから湧《わ》いて出たのかも分からず、不気味なことではあったが、とくに危害を加えられるようでもなかったので、放置したまま旅人は眠りに落ちた。

　夜が明けてみると、あれほどいた赤ん坊は綺麗さっぱりいなくなっていた。

　これは、たまたまその部屋が、霊となった赤ん坊たちの集会場所に選ばれ、旅人はそこに出くわした、ということなのだろう。

　いくら愛くるしい赤ん坊でも、夜中の座敷に突如として現れて這いまわったり、泣き叫んだりすれば、気味が悪いに違いない。しかも集団ともなれば、恐ろしさは一層増す。これに遭遇した人は、よく怖がらずに放置できたものだ。

幽霊毛虫《ゆうれいけむし》

元和《げんな》元年（一六一五）のこと。元興寺《がんごうじ》に宥快《ゆうかい》という僧がいて、あるとき柳岡孫四郎という少年を好きになってしまった。

それがまた激しい片想いで、そのうち恋の病というやつだろう、食事も喉《のど》を通らず瘦《や》せ衰えてきて、とうとう床に就くようになってしまった。

やがては水さえも拒むようになり、ついには息を引き取ったが、少年への想いがあまりに強かったため、彼を冥土《めいど》の道連れにしてしまった。

僧の妄念《もうねん》はそれでも止まず、毛虫となってこの世に甦《よみがえ》り、少年の家に様々の害をなした。そこで元興寺の僧が総出で念仏を唱えると、毛虫の幽霊も出なくなったという。

これは江戸時代の『狗張子《いぬはりこ》』に載っているものだが、昔は僧が少年を愛することがそれほど珍しくはなかったという。当然、男女の仲と同じように片想いで終わることも少なくなかったことだろう。いずれにしろ、そうした妄念は妖怪化しやすいと信じられていたからこそその産物といえよう。

この他にも、この世に未練を残して死んだ者が、毛虫となって現れたとする話はいくつかあるようだ。

幽霊紙魚《ゆうれいしみ》

恋愛関係の行き違いから相手を殺し、自分も自殺した栄山という坊さんが、かつての恋仇だった男のところへ、数万匹の紙魚（衣類や本などにつく一センチメートルくらいの虫）となって押し寄せ、その家を荒らした。どんな薬を使っても効果がなかったので、ある偉い僧侶にお願いして、虫に対する訓戒《くんかい》文をつくってもらったところ、紙魚はいっぺんに死んだという。これは幽霊というより、死してなお怨みを晴らそうとした、怨念のなせる業という感のあるものである。

　こうした話の背後には、やはり古代の「精霊信仰」の名残《なごり》を感ずる。すなわち万物に「霊」があれば、死後「霊」となれば紙魚の「霊」とも友達だから、形を借りて攻撃するというわけである。ちなみに栄山という坊さんが好きだった相手というのは美少年で、それを別の男に横恋慕されたという。つまり、男同士の三角関係が原因だったわけだ。幽霊毛虫の場合も男同士の色恋沙汰が原因で坊さんが妖怪化しているが、衆道《しゅどう》関係と虫というのは、何か関係があるのかもしれない。

幽霊狸《ゆうれいだぬき》

阿波国《あわのくに》美馬郡《みまぐん》脇町《わきまち》猪尻村《いのしりむら》（現・徳島県美馬市）の樽井《たるい》に一本の大榎《おおえのき》があった。その下は狸の巣になっていて、ここを通って化かされる人が少なからずいた。

あるとき、村の兵八という豪胆な男が、どんな狸が出てくるか見届けてやろうと、夜、手斧《ておの》一つ腰にして出かけた。

やがて真夜中ごろ、大榎の上に登って待っていた兵八は、自分の家から提灯《ちょうちん》が近づいてくるのに気がついた。見ると隣家の人で、母親が大病で死んだからすぐ戻れという。兵八は驚いたが、ここが辛抱だと思ってがんとして動かなかった。すると、村中から提灯が出て、みんな自分の家に集まっていく。やがて棺桶が出て、村人たちが木の下の墓地に埋葬しはじめた。

兵八が心配して埋めたところを見ていると、土を持ち上げて母親の幽霊が現れ、「おのれ不孝者め、取り殺してやる」といいざま、兵八目がけて飛びかかってきた。

すぐさま隠し持った手斧を母親の脳天に打ちこむと、キャッという声とともに地面に落ちた様子。その死体は母に相違なく、悲しみながらも夜の明けるのを待った。やがて朝日が差しこみ、改めて死体を見れば、それは一匹の古狸だった。夕べの出来事は、狸が化かして見せていたのである。

幽《ゆう》霊《れい》問《もん》答《どう》

奥州《おうしゅう》会津《あいづ》松沢《まつざわ》（現・福島県大沼《おおぬま》郡会津美里《みさと》町）の松沢寺でのこと。和尚《おしょう》がある亡人の塔婆《とうば》を建てたが、このとき文字を一文字書き違えてしまった。それを秀可長老が書き直しておいたのだが、このことが檀家《だんか》に知られ、和尚の無学なのに愛想をつかして、和尚を辞職させ、新たに秀可長老を住持《じゅうじ》に据《す》えてしまった。そんなある夜のこと。寝ている秀可長老の枕元に一人の幽霊が現れて彼を起こして、いった。

「私は獄中に在って、種々の責苦《せめく》を受けております。長老のお慈悲《じひ》によって、済度《さいど》にあずかりたい」

すると秀可は身を起こし、きっと幽霊を見て、

「円通に出て円通に入る者、どこに獄中があろうか」

と一喝した。だが幽霊は、

「獄中を論ずる必要はありません。私の体を見て下さい」

という。そこで秀可は、

「その身体はすなわち、仏性に隔てがないのだ」

というと幽霊は、

「それでは名を一つ、つけて下さい」

と頼んだ。秀可が「本空禅定尼」とつけてやると幽霊は安心して、ようやく消え失せた。この話を伝え聞いた人々は、秀可長老は稀代《きだい》の名僧であると、尊敬したという。

幽霊屋敷《ゆうれいやしき》

昔、ある広い屋敷に一人で住んでいた老婆が、裏の井戸で首を吊って死んでいるのを随分経ってから発見された。

近所の人によって荼毘《だび》に付されたあと、その屋敷はすぐに買い手がついて、新しい住人が引っ越してきた。その晩のことである。

主人が夜中に便所に起き、何気なく裏の方を見ると、井戸のあたりに青白い火がちらちらし、その火が次第に老婆の姿になった。

驚いた主人は慌てて部屋に戻ったが、今見た老婆はすでに部屋の中に入っている。

恐ろしくなった主人は祈るような気持ちで夜を明かし、ふたたびすぐに引っ越してしまった。

そのあと何人かの人がこの屋敷に住んだが、いずれも長続きせず、やがて幽霊屋敷と評判になり、近づく人さえなくなってしまったという。

このような幽霊屋敷は現代でも珍しくなく、幽霊物件などとよばれて、恐れられている。おそらく前の持ち主の霊が屋敷なり家なりに執着し、それが生者に悪影響をおよぼすのだろう。人の執着心みたいなものは、昔も今も変わりがないようだ。

行《ゆ》き逢《あ》い神《がみ》

山中を歩いていると、急に意味もなく寒くなることがある。風もないし、天気もよく、日はカンカン照っている。これは行き逢い神という神に出会ったもので、主として中国地方や四国地方に多い。

行き逢い神は、山の神、水神、みさきさん、風の神などともよばれ、人によっては出会うと、急に発熱して気分が悪くなることもあり、場合によっては怪我をする。

しかし、目に見えるわけではない。ただ、存在感のあるものが通り過ぎるだけである。

人ばかりでなく牛や馬でもこれを感ずるといわれ、これをなおすには箕《み》であおぐとか、土鍋をかぶせるといった方法が伝えられている。

また、行き逢い神にすれ違った牛は、尾の先を少し切って血を出すといいといわれる。

昔のように神々のたくさんいた時代には、ときたますれ違うこともあっただろうが、このごろのように、都市の中は人間だけでしのぎを削った生活をしていると、妖怪（?）には会えても、なかなかカミサマには会えないものである。

雪《ゆき》女《おんな》

雪の降る夜に出現し、ところによっては雪女郎《ゆきじょろう》ともいう。ある東北のマタギが体験した雪女の話は、次のようなものである。

子供のとき、父親につれられて狩りに出かけたが、獲物はまるでなかった。折しもその日の夕暮れから降りだした雪が吹雪となって、帰り路の視界はゼロ。面白山《おもしろやま》峠を越したころはもうすっかり夜になっていたが、それでも雪明かりで、歩くことはできた。どこまできたときか、父親が前方に人の姿を見た。そして、

「向こうから人がくるが、けっして言葉を交《か》わしてはならんぞ。顔も見るな。父のそばを離れてはならんぞ」

といった。やがてその人とすれ違ったが、怖々ながら袖の下から顔を見てしまった。と、その人は赤い縞《しま》模様《もよう》らしい着物をつけた、顔の白い女だった。女はじっと二人を見つめていたが、そのうち足早に吹雪の中に消えていった。

家に着いて、炉端《ろばた》で食事をしながら父親がいうことには、

「あれは雪女というもので、言葉を交わすと喰い殺される」

ということだった。

それから以後は、何十年もマタギに出たが雪女には一度も出会わなかったという。

雪爺《ゆきじじい》

雪山に現れる妖怪といえば雪女が有名だが、他にも雪婆《ゆきんば》、雪入道《ゆきにゅうどう》、雪童子《ゆきわらし》などと、雪の妖怪ファミリーともいうべき妖怪たちがいる。その中に雪爺というのもいるのだ。

雪爺は越後《えちご》（現・新潟県）頸城《くびき》郡の山々でよく知られていたそうで、菱山という山の麓《ふもと》にはこんな話が伝わっている。

毎年二月ごろになると、菱山はかならず雪崩《なだれ》を起こした。それも決まって夜中に起こる。

この雪崩を観察していると、白い衣を着て幣《へい》を持った白髪の老人が、雪崩に座るようにして下ってくるという。

これが雪爺で、雪崩が須川《すがわ》村（現・糸魚川市）の方に下った年は豊作、菖蒲《しょうぶ》村（現・上越市）の方に下った年は凶作になるといわれていた。

この雪爺、雪崩が起こるときにしか姿を現さないらしく、雪女のように出歩くことはない。

また、幣を持っていることから、これは妖怪というよりもカミサマに近いのかもしれない。

豊作や凶作を前もって村人たちに伝えるのだから、農業の神とも関係がありそうだ。

ユナワ

鹿児島県の徳之島《とくのしま》には、夜の道で群れをなして走り歩く子豚がいる。ユナワとは「夜の豚（ウワー）」という意味で、人の股潜《またくぐ》りを得意とし、潜られた人は死ぬという。

母間《ぼま》と花徳《けとく》の間に陸川という小さな川があるが、昔は夜になってからここで口笛を吹くと、この魔性《ましょう》の子豚が現れるといわれていた。

ある夜、陸川で川海老を捕ろうとした農民が、いい伝えを忘れて口笛を吹いてしまった。すると川上から一匹の子豚が流れてきた。男はちょうどよい獲物とばかりに、持っていた網ですくった。

すると、子豚はたちまちいくつもの小さな豚の群れになって、網の目から抜け出てしまい、男の足にまとわりついてきた。そこではじめて男は魔性の豚のことを思い出し、一目散に逃げたという。

また、徳之島の阿布木名《あぶきな》には、一つ目豚の妖怪・片目豚（ムィティチゴロ）が出るといわれる場所がある。ユナワと同じく片目豚に股の下を潜られると死ぬといわれ、それでこのあたりを歩くときは、股を潜られないように、足をはすかいに交叉して歩いたそうである。

妖怪石《ようかいいし》

元和《げんな》元年（一六一五）十一月十七日のことである。出羽《でわ》国下山《しもやま》村（現・山形県西置賜《にしおきたま》郡白鷹《しらたか》町）に安部利右衛門という男が、夜中になって下山の清水あたりを通りかかると、召使いの女が暗闇の中に立っていた。

帰りが遅いので迎えにきたというのだが、見れば美しく化粧をしている。夜道を恐れずに女一人でくるとはおかしいと思いながら、利右衛門は女と前後に連れ立って歩いた。

しかし、地蔵前というところまできたとき、これは狐狸《こり》の類《たぐい》に違いないと考え、腰の刀を抜く手も見せぬ早業《はやわざ》で女を斬りつけた。転倒した死体は、どう見ても女だった。

利右衛門は、無残なことをしたと悔いながらも急いで家に帰り、女はいるかと顔色を変えて叫んだ。すると、当の女は部屋から起きてきて、利右衛門に挨拶《あいさつ》をする。

まずまずよかったとほっとしたものの、では先の女は誰だったのかと、急いで松明《たいまつ》の用意をさせ、利右衛門がその場所に行ってよく見ると、死体らしきものはどこにも見当たらず、五尺（約一・五メートル）余りの盤石が一つあるだけだった。しかもその石には、太刀の疵跡《きずあと》がありありと見え、さてはこの石が怪をなしたものだったのかと、今さらながらにぞっとしたという。

妖《よう》怪《かい》風《かぜ》の神《かみ》

妖怪風の神は江戸時代の『桃山人夜話《とうさんじんやわ》』に描かれている妖怪だ。風に乗って自由に動きまわり、人を見ると口から黄色い風を吹きかける。そして、その風にあたると、かならず病気になるといわれる。

同書には、「天地の間の気を風という。万物の滞《とどこお》りをなくする自然の道具で、風は必要なものである」とあり、続けて「俗に、風の神というのは邪気で、邪気はものの隙間をうかがって入りこみ、風の神は暖かさと寒さの隙を狙って、口から黄色の気を吹く」などと記されている。

黄は土のことで、湿気であり、風はみな土中より生ずる。だから、悪気を避けて正気を取らなければならないというわけである。

熊本県天草《あまくさ》郡姫戸《ひめど》町（現・上天草市）では、風の神はオシハナさんという女神であると伝えられている。大風が吹くときは、元気のよい男子が大声で「ホイホイ」とよぶと静まるが、女の人が大声で話したり騒いだりすると、ますますひどくなるという。

地方によっては、悪魔が風とか好魔風とかいったりするが、いずれもこの風に吹かれると、病気になるということが共通している。

妖怪《ようかい》蜃気楼《しんきろう》

昔は「蛤《はまぐり》の吐く息は、海上に楼閣《ろうかく》を現す」などといわれた。これは、砂漠で見えるオアシスの蜃気楼と同じもので、それが日本になると楼閣になるようだ。

海上で船が逆さまに浮かび上がって見えたり、また、海上に街が浮かび上がって見えたりすることもあって、その場合は海市《かいし》という。

また、古書には「嶋遊び」と称する一文があって、次のようなことが記されている。「西国の海上で、沖中に錨《いかり》を下ろして泊まる回船があるが、夜更《よふ》けになると、すぐ間近に一つの島ができている。樹木が立ち民家が並び行き交《か》う人も多い。商人の物を売る様子なども、はっきりと分かるのである。しかし、これが夜明けとともに消えていき、あとには広い海原だけがあって、まるで夢でも見たようだ」と……。

このことを嶋の遊びといって、そうたびたび見られるものではないそうだが、これもやはり、蜃気楼、海市の類だろう。

蛤の他にも、龍の仲間である蜃《しん》が蜃気楼をつくりだすともいわれる。

妖《よう》怪《かい》すっぽん

日本の海上に現れることがあるといわれる。入道のような幽霊のような姿だが、よく見るとスッポンの化け物であることが分かる。

海上に現れる魔物といえば、わが国では海坊主《うみぼうず》がよく知られているが、このすっぽんは姿形が海坊主に似ていなくもない。

船乗りたちが夜、海坊主だといって驚いたりするのは、案外こちらのすっぽんの方かもしれない。いずれにしても、出会って得なことはないようである。

古書によれば、湖沼《こしょう》の魚が三千六百匹に達すると、蛟《みずち》がこれを引き連れて飛び立ってしまうという。

しかし、すっぽんがそこにいれば、魚たちはその災難から逃れることができるそうだ。

すなわち、すっぽんは湖沼の主で、竜の仲間である蛟よりも強いとされたのだろう。

今でも沼なんかで、やたらと大きいすっぽんを見ることがあるが、あの体からは想像もできないスピードで動きまわり、なおかつ獰猛《どうもう》であるようだ。

妖怪宅地《ようかいたくち》

いわゆる化け物屋敷のことである。

家の中の物が突然、ガタガタと動き出したり、地震でもないのに家全体が揺れだしたりする怪現象をポルターガイストというのは周知のことだが、ことポルターガイストも化け物屋敷も、やはりその家（あるいはその土地）に憑いている霊の仕業《しわざ》であると考える人が昔は多かったようである。

明治六、七年のことである。岡山県で酒造業を営む、某家でのこと。ある夜、突然に一家団欒《だんらん》の席に土砂《どしゃ》が降りまかれ、それからは夜といわず昼間といわず土砂がばらばらと降る音が響くようになった。

家の者ははじめ、鼠《ねずみ》か何かの仕業だろうと思っていたが、席上に瓦礫《がれき》が飛びこんで散乱することもあり、家の者はみな気味悪く思うようになった。

そんな中で、家の主人は怪事に動ずることもなく日々過ごしていたが、あるとき、奉公している娘の様子がおかしいことに気づいた。そこでこの娘に暇を出すと、それからは怪事もやみ、代わりに娘の新しい奉公先で同じようなことが起こるようになったという。

娘が怪をなしたというよりも、彼女も気がつかないまま、ある種の霊がその娘に憑いていたということだろう。

妖怪万年竹《ようかいまんねんだけ》

竹薮《たけやぶ》に入ってきた人間を迷わせ、そのうえ、野宿して寝ているところへきて、枝のような手を伸ばす。妖怪万年竹は、この手で色々な術を使うわけだが、大抵は人間の生気を吸い取ってしまう。だから、この妖怪の弱点は手を折られることである。

地震のときには竹薮に入ればよいといわれているが、ぐらっときて逃げこんだ先が妖怪万年竹だったら、それこそ災難のダブルパンチである。

また、竹ではないが、竹薮に関するこんな話もある。

昔、和歌山県日高《ひだか》の下山路《しもやまじ》の日裏《ひうら》というところに、大きな竹薮があった。

夜、この竹薮の前を通ると、何とも得体の知れない黒い化け物が現れる。この化け物は、通ろうとする人の前に立ちふさがったり、後ろから尻を撫《な》でたりした。

ある日、こんな怪しい竹薮は切り払った方がよいということになって、三日がかりでその竹薮を切り払った。しかし数日後、夜中になると、竹薮のあったあたりから、何ともいえない不気味な唸《うな》り声が聞こえ、それが三日三晩続いたという。

これも案外、妖怪万年竹だったのかもしれない。

妖鶏《ようけい》

ある農家の娘が物の怪に取り憑かれた。朝は元気でも、夜になると正気を失ってしまうのである。両親は色々手をつくしたが、一向に効果はあがらない。そんなある日、悪霊を退散させることで評判の僧が町にやってきたので、両親はこの僧を家に招いた。

僧は寝ている娘の顔をしげしげと見て、

「お前に見える妖鬼《ようき》はどんな姿か」

と問うた。すると娘は、

「赤い冠《かんむり》、黒い衣服に、赤い帯を締め、足には褐色《かっしょく》の革沓《かわぐつ》を履いています。声は壺《つぼ》を叩くよう、朝方帰るときは飛ぶように速いのです」

と答えた。僧は今の問答の意味を考えた。赤い冠、黒い服、褐色の沓……。

そのとき、庭先に一群の鶏が出てきた。その中の一羽は、頭が赤く、体は黒く……。僧ははっと思い、その雄鶏《おんどり》に向かって、

「貴様だな、娘に取り憑いているのは！」

と、一喝した。僧が家の者にこれを伝えると、さっそくこの雄鶏を使用人に絞めさせ、鍋で煮てしまった。

こうして娘の憑き物は落ち、目に見えて回復したという。

夜雀《よすずめ》

和歌山県では、雀送《すずめおく》りとよばれる怪《かい》があり、夜道を歩いていると、「チン、チン」と鳴いてついてきたりする。そして、そのときには、狼《おおかみ》があとからその人を狙って追っているという。

高知県でも、夜道を行くときにその前後を、「チッ、チッ」と鳴きながらついてくる夜雀の怪があり、これに憑《つ》かれたときの呪《まじな》いとして、

「チッ、チチッチチと鳴く鳥は、シチギの棒が恋しいか。恋しくんばパンとひと撃ち」

「チッ、チチッチと鳴く鳥を、はよ吹きたまえ伊勢《いせ》の神風」

などと唱えればよいと伝えられ、これを捕まえると、夜盲《やもう》症《しょう》になるといわれている。

同じ高知県の北の山間部では袂《たもと》雀ともよばれている。夜間に「チ、チ、チ」と雀そっくりに鳴いて、人の前になり後となってついてくる。二人以上連れだって歩いていても、その中の一人にだけしか聞こえないことが多いそうだ。

この地方では、袂雀が袂に飛びこむと不吉なことがあるというので、袂雀が出る道を通る人は、袂をしっかり握って通ったということである。

夜《よ》泣《なき》石《いし》

昔、小夜《さよ》の中山《なかやま》（現・静岡県掛川市）に、お石という女がいた。夫に死なれて間もなかったが、お石のお腹には赤ん坊がいた。

ある日、お石は中山の聖観世音《しょうかんぜおん》菩薩《ぼさつ》に参詣《さんけい》に行くが、その帰り道で山賊に襲われ、殺されてしまった。その斬られた傷から男の子が生まれると、どこからともなく一人の僧が現れ、赤子を抱いて久延寺《きゅうえんじ》に入った。その僧こそこの寺の本尊、子育観世音菩薩の化身だったことが分かり、その寺の住職は乳の代わりに飴《あめ》を嘗めさせて赤子を育てた。

一方、斬り殺された母親の霊は、そばにあった石に乗り移って、夜になると悲しい泣き声をあげるようになり、「小夜の中山夜泣石」といわれて有名になった。

やがて、寺で育てられたその男の子は、住職のはからいで、近江《おうみ》（現・滋賀県）の鍛冶《かじ》屋の弟子になる。それから二年経ったある日、鍛冶屋の前に巡礼姿の男が一人現れた。話を聞くと、母親を手にかけた男であることが分かった。そこで少年は、親の仇討《あだう》ちを見事に果たしたのである。

このときの夜泣き石は、今でも国道一号線沿いに残っていて、近くにはこの話にちなんだ子育て飴を売る飴屋もある。

呼子《よぶこ》

山に登って、「ヤッホー」というと、それが山々にこだまして反響する。これが山彦《やまびこ》だが、昔はこれを妖怪の仕業《しわざ》だと考えていたのである。

主に山がある地方にかぎられるようだが、山彦は各地でいろんな風によばれている。

山陰地方では、山彦のことを呼子または呼子鳥という。そういった動物のようなものがいて、声を出すと考えられていたわけである。

多くの地方では、山彦の正体を木の精霊と考えていたようで、そのために「コダマ」すなわち「木霊《こだま》」というようになったようである。

昔の人たちが、こういった自然現象を妖怪だと考えたのは、けっして幼稚な頭をしていたからではない。

山にすむ妖怪には、声を出す妖怪、つまりよびかけてくる妖怪が実に多かったのだ。岐阜の一声叫びなんかは、その代表だろう。

そんな声を出す妖怪がいる山で、不思議な山彦現象が起きれば、「これは妖怪の仕業である」とされてもおかしくはない。

雷獣《らいじゅう》

落雷《らくらい》のときに現れるといわれている。雷とともに下界に落ちてくるとも、普段は山の中にすんでいるともいわれているが、信濃《しなの》（現・長野県）の方では、雷獣というのは地中にいるもので、別名を千年鼬《いたち》といっている。

一般に、狸《たぬき》、あるいは鼬に似ている、などといわれていて、身体は灰色をしているという。落雷した立木には、これの爪跡もあったようだ。

しかし元禄《げんろく》年間（一六八八～一七〇四）に越後《えちご》（現・新潟県）に落ちた雷獣は、次のようなものだった。

前足が二本で後足が四本。全長は約一・八メートル、首は野猪に似て長い牙《きば》を備え、爪は水晶のようで、水掻《みずか》きがあった。そして色は、焦げ茶色だったという。

また、松浦《まつら》静山《せいざん》の『甲子夜話《かっしやわ》』には、次のような話も記されている。

あるとき、大火団が空から落ちてきて、そのあとに一匹の獣が残った。これを捕らえようとしたところが、逆に頬を掻き裂かれ、その人はこの毒気にあたり、久しく病んだという。これも雷獣だったと思われる。

龍《りゅう》

蛇に似て四肢を持ち、口には長い髭《ひげ》を生やし、頭には角《つの》がある。これが雲をよび、雨を降らせ、雷鳴を轟《とどろ》かせて、うねりながら昇天《しょうてん》していく。

龍は中国から渡来した妖怪である。いや、妖怪というより龍神《りゅうじん》として、元々は信仰の対象にもなっていたのである。海神または水神の一種と考えられていたのだろう。古くは弥生時代の土器に、その長い姿が線刻されているのが見つかっている。

龍はまた龍宮様ともよばれ、漁民が海の神として信仰し、特定の日に祭りを行い、金物などを海に落としたときには神酒《みき》を供えた。龍は金物を嫌うからだ。

昔、雨乞いをするのに、龍神の潜《ひそ》んでいる淵に金物を投げこんだり、そばでわざと龍神を怒らせたりして、雨の降るのを待ったという話もある。

寛平《かんぴょう》元年（八八九）十月には、黄龍が天に昇った、という貴重な話も『扶桑略記《ふそうりゃっき》』に記されているが、ともかく、龍というのは、その昇天する様が圧巻で、幻獣の代表選手といった風格がある。

龍灯《りゅうとう》

海上に見える怪《あや》しい火、それが龍灯である。龍神が灯す火で、その出現する土地が日本各地にあるが、中でも磐城《いわき》の閼伽井《かい》岳《だけ》（現・福島県いわき市）はよく知られているところである。

この山頂に寺があってそのそばに小さな東屋がある。ここに立つと、東方四、五里（約十六〜二十キロメートル）を隔てて海が見えるが、龍灯はこの海上に出現するという。時刻は日が西山に没するころ、あたりがぼんやりしてくると、海面から花火の玉のような赤いものが一丈（約三メートル）ばかりの高さに上がって、それがちょうど提灯のように見える。ただ、まるで霧がかかったようにボーッとおぼろで、はっきりとした形は分からない。

これが、夏井川《なついがわ》の水縁《みずべり》を求めてゆっくりと薬師《やくし》の峰《みね》をさして進むが、三、四百メートルほど行ったとき、海上から第二の龍灯が現れる。そして、前のと同じコースをたどって行くのだが、この龍灯が出るときはかならず二つ並んで進んで行くという。二つとも消えずに山まで行くこともあるが、途中で一つが消えてしまうこともある。毎晩七、八個は出現するが、その理由を知るものはいないという。

九州有明海《ありあけかい》の不知火《しらぬい》も、この龍灯の一種であるという。

礼《れい》を言《い》う幽霊《ゆうれい》

明和《めいわ》年間（一七六四〜一七七二）の頃の話である。肥前島原《ひぜんしまばら》（現・長崎県島原市）に瓜生野《うりゅうの》という名高い太夫《たゆう》がいたが、富家に根引《ねび》きされ、高辻《たかつじ》の辺りに住んでいた。

ある晩ふと目を覚ますと、庭の方から足音が聞こえ、不思議に思って耳をそばだてていると、障子が叩かれて、女の姿がありありと映り、それがどうやらお礼を言っている様子である。瓜生野が声をかけようとした途端に、その姿はたちまち消え失せてしまった。

あとで分かったことだが、廓《くるわ》にいたとき、瓜生野に深い恩を受けたという召使いの女が、重く患《わずら》っていて、同日の夜、今一度瓜生野に逢いたいといって息を引き取っていた。障子《しょうじ》に映ったのはその女の霊だったに違いないとは、誰もが思ったことである。

人が死して幽霊となり、ある人の許にお礼に行ったという話は、五島《ごとう》の岐宿《きしく》にも伝えられている。このときは幽霊という姿ではなく、物音によって、その人に故人の意を通じたというものである。

同地方には、「借金関係が不明のまま亡くなった人の未亡人が、墓に行って問うたところ亡夫は幽霊となって帰り、昼は納戸《なんど》に隠れて夜に出てきて整理をした」という話もある。

老人火《ろうじんび》

信州《しんしゅう》（現・長野県）と遠州《えんしゅう》（現・静岡県）の境にある山奥に現れる妖怪で、雨の夜に多く出る。

昔の人は、これを老人火といって恐れていた。人に障《さわ》るようなことはしないが、一本道で出会ったときは、その火は人の脇を通り抜けて飛んで行く。

これを見て驚いて逃げてはいけない。逃げるとどこまでもついてきて離れない。

俗に天狗《てんぐ》のみあかしともいう。山気とか、奇鳥の息ともいい伝えられているが、何の証拠もない。

また、木曽《きそ》の深山《しんざん》にも老人火が現れたという。これは老人をともなった怪火で、消そうと思って水をかけても消えない。ただ、獣の皮ではたくと、老人ともども消え失せるという。

私は戦争中、南方で夜のジャングルを歩いていたとき、青白く光るものに出会った。

だんだん近づいてみると、それは木の形をしていた。とても綺麗な光だったが、誰かが石を投げると、白く光りながらふわーっと消えた。

何とも不思議な気持ちだった。老人火も案外そんな火なのかもしれない。

飛頭蛮《ろくろくび》

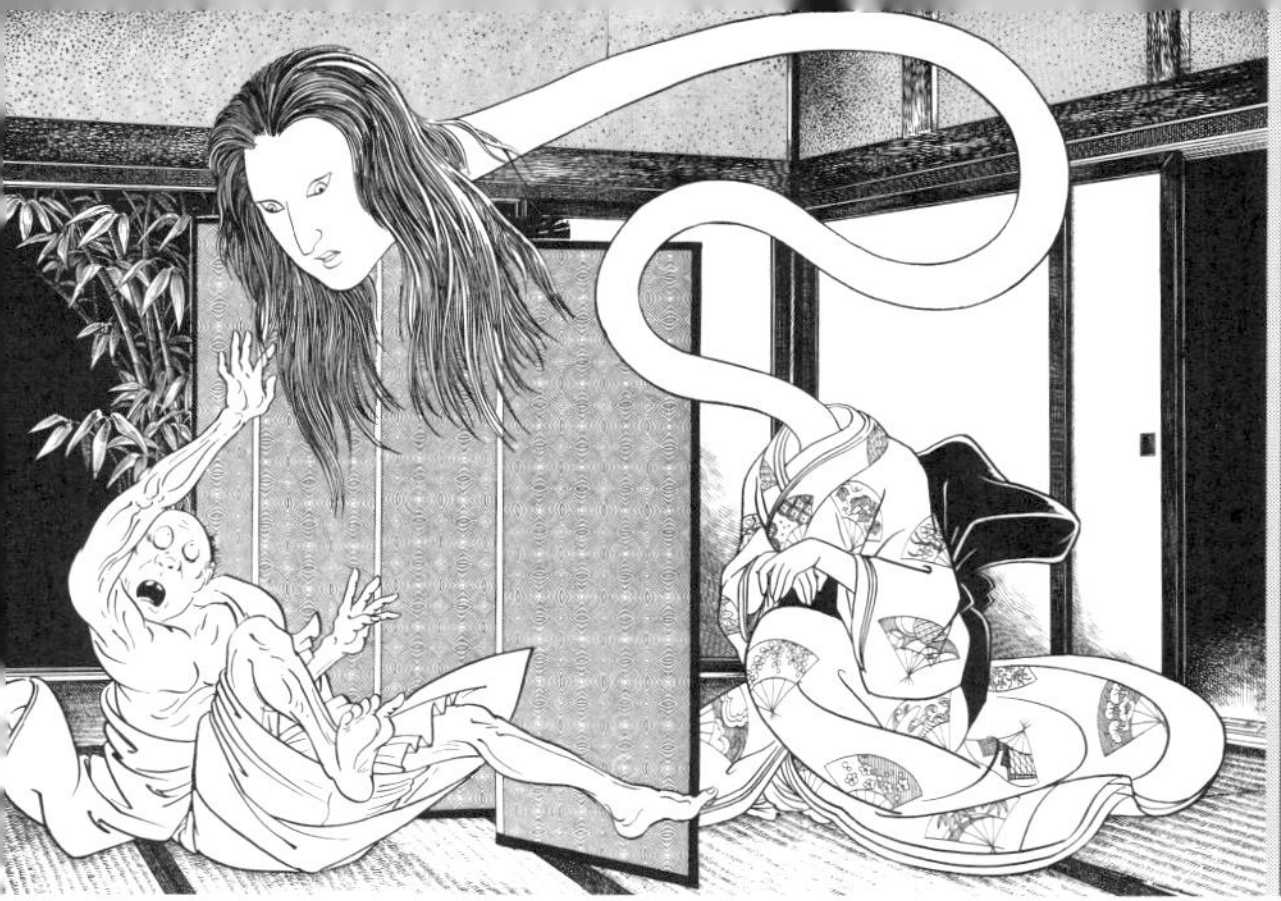

ろくろ首とも書き、夜、寝静まってから首を長く伸ばして獲物を求める。

大抵は女で、一説には寝ている男の精気を吸うともいわれる。

昔、殿様が江戸に行かれる途中、大きな宿に泊まり、馬を馬小屋につないでおいた。馬番がやがてウトウトと眠りに入った丑三《うしみ》つ時《どき》（午前二時ころ）、どこからともなくろくろ首が現れて、馬の股間《こかん》から馬の精気を吸いとってしまった。

翌日、殿様が馬に乗ろうとしたが、不思議なことに元気だった馬がくたくたになっており、使いものにならない。これはおかしいといって色々調べさせたところ、その宿に旅の女が泊まっていて、馬の精気が欲しくなり、夜、寝静まってから、首を伸ばして馬の股から「それ」を吸いとってしまったことが分かった。すでにその旅の女の姿はどこにもなかった。

ある人の説によると、ろくろ首は喉《のど》にかならず紫色の筋があるという。また、あるろくろ首は、寝床から首を伸ばし、鴨居《かもい》を枕にして寝ていたともいうから、首が長く伸びるのは夜だけで、昼間は、普通の女と変わりないようである。

わいら

わいらというのは、あまりはっきりしない妖怪だが、山の中にいるもので、雄《おす》と雌《めす》がおり、雄は土色で雌は赤色といわれ、どちらも前足が二本に一本ずつの鋭い爪が生えている。この妖怪は、山の中だけにいて平地には出てこない。

茨城県の野田元斎《のだげんさい》という医者が、山の中でわいらを見た。そのとき、わいらは土を掘ってモグラを食べていたという。どことなく犀《さい》に似た妖怪だったそうである。

昔は、今は絶滅している不思議な動物がいて、それを妖怪と間違えたのではないかなとよく思ったりするが、わいらの正体は今もって分からない。

いずれにしても深山《しんざん》に入ると、正体不明の「何か」がいるような気がするものである。そうした気分が、わいらなどという妖怪を、何百年も生きながらえさせているのだと思う。最近は、わいらの話はあまり聞かない。

山は山中他界とかいって、死者の霊がすみついたり、「山中のあの世」があったりすると、昔の人が思った時期がある。山にはある種の神秘、すなわち現在ではお目にかかれない「もの」がいると考えてもおかしくはない。

そういう考え方があったから、わいらもまことしやかに伝えられたのだろう。

若狭《わかさ》の人魚《にんぎょ》

若狭（現・福井県南部）の漁師が、あるとき、見聞きしたことのない珍魚を捕まえた。そこで漁師は知人を招き、これを試食させようとした。

招待された客の一人が、珍魚とはいかなるものかと、ひそかに調理場をのぞいてみると、切り捨ててある魚頭が人面そのものであった。

大いに驚き人々に語り、「こうした魚を食すれば、祟《たた》りが恐ろしいので、料理は食べないに越したことはない」と、客人たちはいずれも気味悪く感じ、賞味する風に見せかけて紙に包んで懐中に入れ、家に帰る途中、料理をみんな捨てた。

しかし、ある男だけは酒に酔ったためか、捨てることを忘れて家へ持ち帰った。男には幼い娘がいた。娘は父の持ってきた土産を見つけると、止める間もなくぺろりと食べてしまった。こうして年を経てのち、娘は年ごろになって縁づいたが、老年におよび、夫は世を去った。しかし、娘は老いることなく、嫁入りのときとまったく変わりない若さを保っていた。後に年を取らない身を憂《うれ》い、尼となって八百八歳まで生き長らえたという。

これが有名な八百比丘尼《はっぴゃくびくに》の伝説で、娘が食べた珍魚こそ、若狭の人魚なのである。

若松《わかまつ》の幽霊《ゆうれい》

昔、会津若松《あいづわかまつ》（現・福島県会津若松市）の伊予《いよ》という者の屋敷に、ある日から女の幽霊が現れるようになった。

はじめは見知らぬ女の幽霊が庭に侵入し、裏口の戸を叩いて、女房の名をしきりとよぶ。その女はいかにも誰かの女房といった感じの姿だった。

屋敷の女房は、「一体お前は何者だ」と叱りつけ、厄除《やくよ》けの御札が納められた「御祓《おはら》い箱」を投げつけると、それと同時に女はパッと消え失せた。

幽霊は次の日も現れ、台所にやってきては、竈《かまど》に火を焚《た》きはじめ、さらに次の日には、台所前の庭で打ち杵をトントンつきながら歩きまわった。

そんなことが五日間続いたので、女房は神仏にすがるしかないと祈ると、その効果があったのか、翌日は姿を現さなかった。

しかし七日目の夜、夫婦の寝ている枕元に立ち、布団を裾《すそ》の方からまくり、冷たい手で足を撫《な》でたので、夫婦は気が狂いそうになったという。

伊予家には何の関わりもない女が幽霊となって現れたわけだが、その理由は最後まで分からなかったという。

渡柄杓《わたりびしゃく》

火の妖怪というのは、実に多い。日本中どこの地方でも、かならずといっていいほど、火の妖怪の話が伝わっている。京都府北桑田《きたくわた》郡知井《ちい》村（現・南丹《なんたん》市）では、火の妖怪には三つの種類があるという。

すなわち、天火、人魂《ひとだま》と、三つ目がこの渡柄杓なのである。

青白く光り、柄杓の形をしてふわふわとあちこちを飛び渡る。それで渡柄杓とよばれている。

柄杓の形というのは、器物としての柄杓がそのまま光って飛ぶのではなく、火の玉が尾を引いて飛ぶさまが、「まるで柄杓のような火の玉じゃった」というのである。

その正体は何とも伝わっていないが、人魂とは違うものとされているところをみると、どうやら人の魂のようなものではないらしい。青白く光るとあるから、これは陰火《いんか》の類《たぐい》かと思われる。

大体において、火の妖怪で赤っぽい火は陽火、青っぽい火は陰火とされているようで、陽火は物を燃やすことがあるが、水をかければ消え、その反対に陰火は燃やす力はないが、水をかければますます燃えさかるという。

鰐鮫《わにざめ》

これは凶暴な鮫の一種で、船員などから恐れられている。外国の船員の間では、これは神秘的なものとして考えられていて、これが船に近づくと乗組員のうち誰かが病に冒《おか》されるか、あるいは誤って海中に落ち、そのとき餌食《えじき》になってしまうと思われていた。それだけでなく、小舟のまわりにきて人を睨《にら》みつけたり、小舟の下に入って舟を覆したりするとも考えられていた。

　鰐も鮫も、どちらも人間を襲う恐ろしいものだが、この鰐と鮫が合体しているのだから、いやが上にも人間の天敵となるわけである。

だから大昔は、日本でも鰐を神として崇めていたと、古い文献には出ている。ただし、日本でいう鰐とは、鮫のことだというのが一般的のようだ。

また、この鰐鮫にもっとも似た妖怪が、島根県邇摩《にま》郡温泉《ゆの》津《つ》町（現・大田市）に伝わっており、漁師たちはこれを影鰐とよんで恐れていた。

　航行中の漁船などで、漁師たちの影が海に映ると、この影鰐がスッと近づいて、その影を呑んでしまう。すると、その影を呑まれた漁師は、魂を抜かれたように死んでしまうのである。ここでいう鰐も、やはり鮫のことだという。

輪《わ》入《にゅう》道《どう》

昔、京都の東洞院《ひがしのとういん》通りに、輪入道という妖怪が出たという。この妖怪は、日暮れになると下町から山の方へ、恐ろしい勢いで駆け上る。その姿は怖くて、誰も見たものはなかった。

ある女が、一目その姿を見たいと、戸を細めに開けて妖怪がくるのを待っていた。

すると、ゴウゴウと不気味な音を立てて、輪入道がやってきた。見ると、恐ろしい顔をした車が、引き千切った人間の足をぶら下げて走っている。女がはっとして、顔を引っこめようとすると、

「この女め、俺の顔を見るより、自分の子供を見ろ」

と、妖怪が叫んだ。

びっくりして振り返ると、最愛の我が子の足が、無惨にも引き千切られていた……。

この話は片輪《かたわ》車《ぐるま》と大変よく似ている。

なお、鳥山石燕《とりやませきえん》の『今昔画図続百鬼《こんじゃくがずぞくひゃっき》』を見ると、この輪入道を見たものは魂を失うが、家の出入り口のところに「此所勝母の里」と書いた紙を貼っておけば、輪入道はあえて近づくことはしないと記されている。これは魔除《まよ》けの札なのだろう。

笑《わら》い地《じ》蔵《ぞう》

お地蔵様は、昔から不思議に子供に親しまれ、また、子供の守り神ということになっている。しかし純粋の信仰から離れて、妖怪に近いような扱いもされたようである。

相州大磯《そうしゅうおおいそ》（現・神奈川県中郡大磯町）の地蔵は、夜になると動きだして、人を驚かしたりした。ところが、ある武士がそれに斬《き》りつけてしまった。翌日になると腕を斬られた地蔵が、路傍に立っていたという。

また、静岡県湖西《こさい》市には、地蔵が一つ目の入道《にゅうどう》に化けて通行人を脅かした話がある。

ある若い侍《さむらい》が、潮見坂の六地蔵が化けるといううわさを聞き、「よし、俺がその正体をあばいてやろう」と、意気込んで出かけた。すると話の通りに六体のうち一体が三メートルあまりもある一つ目入道に化けて現れた。そして、赤い舌を出して大声でゲラゲラと笑った。侍はすぐさま刀を抜いて斬りつけると、一つ目入道は悲鳴をあげて消えた。

翌朝になって見に行くと、石地蔵の一体が袈裟《けさ》に斬られて倒れていた。そのため、その石地蔵は袈裟切り地蔵、笑い地蔵とよばれるようになったという。

これこそ笑い地蔵にふさわしい話だろう。

悪《わる》い風《かぜ》

名前の通りに、人間に悪い影響をおよぼす風のことで、これは各地に伝わっている。

高知県では、山で急に病気に罹って高熱を出すことをカゼフケという。同様のことを愛媛県越智《おち》郡宮窪《みやくぼ》町（現・今治《いまばり》市）では、カゼフレにあったという。うっかりしていた神を、急に行って驚かせたので祟られるのだと『沿海手帳《えんかいてちょう》』にはあり、山伏《やまぶし》の加持《かじ》を受けると治るそうである。

千葉県安房《あわ》郡千倉《ちくら》町（現・南房総市）ではこれを悪い風にあてられたといい、箕《み》を三度煽《あお》ってそれを伏せるとよいとされている。宮城県気仙沼市でも、外出して病気になった人を家に入れるときに箕で煽るそうである。

香川県三豊《みとよ》郡大野原《おおのはら》町（現・観音寺市）では、山中などで不意に気持ちが悪くなることを、ホノニウテルという。そのときにはすぐに家に入らず、人に箕をかざしてもらうか、あるいは「ドノクボ（盆の窪）」の毛を二、三本抜いて道に投げ捨てる呪《まじな》いをしたそうである。

今でも感冒のことを「カゼ」というが、昔は風の病とよんでいたというから、やはり「悪い風」にあたったことによる病気とされていたようだ。

—あの世—

村長の交易　アイヌのあの世①

アイヌの研究家で知られる知里真志保氏によれば、アイヌの他界観は、宇宙は天上、地上、地下の三段階からなっており、その三つの世界には、それぞれ、神、人間、死者の霊魂がすみ分けているという。

久保寺逸彦著『アイヌの昔話』には、生きながらにしてあの世、つまり死者の霊魂がすむ地下の国に行ってしまい、そこから生きて帰った人の話がある。

あるところに声望《せいぼう》高い大村長がいた。いつも交易に出かける人たちがうまい儲けをするので、村長も妻とともに船で交易に出かけてみることにした。

やがて村長は和人《わじん》（日本人）の町に着いた。日帰りのつもりだったが、どうしても泊まらなければならなくなり、狭い砂浜を見つけ、そこに船を引き上げた。

流木を拾い集めて火を焚《た》き、夕食の支度《したく》をしながら、ふと沖を見ると、ものすごい津波がかぶさるように寄せてくる。村長は妻の手を引いて逃げた。すると、行く手に大きな洞穴があったので、その穴へ入っていった。どんどん行くと、前方が明るくなり、やがて景色の美しいところに出た。

死者たちの住む村　アイヌのあの世②

村長と妻は見とれながら歩いて行くと、多くの家々が並ぶ村があり、浜では今しも大きな弁財船《べんざいせん》（和船）が港に入ろうとしている。村長は一番村はずれの家で、話を聞こうと声をかけた。その家には首領のような男とその妻がいた。男は村長に向かって挨拶《あいさつ》すると、

「どうしてここにきたのか」

と尋《たず》ねた。かくかくしかじかと、今までのことを話すと、主人はこんなことをいった。

「私も君たちと同じようにしてここにきてしまった。ここは死人の国なのだ。この国の食物を食べてはいけない。食べたら最後、帰れなくなる。私たちはつい食べてしまったが……。生きている私たちには、死人たちの姿が見えるが、向こうには、我々の姿は見えない。生きたままこの世界にきた者は、死者とともに暮らすわけにはいかないから、村からはずれて暮らしている。君たちは急いで帰った方がいい。君たちが泊まろうとした場所は、多分悪魔がすんでいるところで、津波もこないのに、くるように見せたのだ。船は元通りに砂浜にあるだろう。おみやげに熊や鹿の皮をやる。それを上国（人間界）に持ち帰り、せめて私たちに会ったことをみなに話してくれまいか」

アイヌの地獄　アイヌのあの世③

こうして村長夫婦は人間界に帰ることになった。途中で顔見知りの老人二人とすれ違ったが、老人は村長に気づいた様子はなかった。穴を出て砂浜にくると、やはり津波はなかったのだろう、船はそのままだった。

村長夫婦は船を漕《こ》いで、何とか自分の村に着くと、今までのことを村人たちに一部始終話した。そして、村人の話により、帰途、穴の中で会った二人の老人は、いずれも葬式をしてまだあまり日が経っていなかったことが分かった。つまり死者だったのだ。

これは昔話として伝えられているあの世の話だが、アイヌの研究者金田一京助が採録し、広く世に紹介した叙事詩《じょじし》ユーカラ（アイヌの神々や英雄についての物語）の中には、もっと恐ろしい死後の世界がある。同じ地下の世界でも二つに分かれているらしい。

地獄には、人を殺した熊や、罪を犯した人間や、善神と戦って負けた魔神たちが行く。大小の土饅頭《つちまんじゅう》（墓）がムクムクと盛り上がり、そこから人の形をした化け物が現れては、地獄にきた者たちを追いかけて襲うという。その化け物には、どんな勇者でも気絶してしまうほどの臭気と毒気があるといわれる。

六道絵《ろくどうえ》の世界　『往生《おうじょう》要集《ようしゅう》』①

日本の仏教における死後の世界というのは、一般的に源信《げんしん》の『往生要集』（九八五年成立）が手本になっているようで、これを絵にしたものが、多くの寺にかけてあったものである。子供のときに寺に行って地獄の絵を見たりすると、誰でも強烈な印象を受ける。もちろん極楽の絵もあるが、なぜか昔の絵師は地獄の方に力が入るらしく、地獄絵と称してかなりの絵が残され、いずれも極楽の絵よりも強烈である。

仏教の世界観の根底にあるものは「輪廻転生《りんねてんしょう》」である。生まれ変わって迷いの生を続けることを輪廻転生といい、その生まれ変わる世界は地獄、餓鬼《がき》、畜生《ちくしょう》、修羅《しゅら》、人間、天に分かれ、これを六道とよぶ。そしてこの苦の世界である六道から抜け出すには、仏の教えをよく守り、善い行いに励まなければならない。これ以上の転生がなく、精神的にも肉体的にも浄化された解脱《げだつ》（生死を超越した涅槃《ねはん》）に達して仏となるまで、人間は永遠にこの世とあの世を生き続けるとされる。

人間は数々の前世を潜り抜けて、今ここに生きているのであり、煩悩《ぼんのう》の苦しみの世界にとどまるかぎり、輪廻転生を繰り返し続ける。前世の業《ごう》（行い）によってこの世に生まれ変わってきたように、この世での業が因縁《いんねん》となって、また次の世に生まれ変わることになる。

仏教の根本《こんぽん》戒律《かいりつ》・五戒《ごかい》『往生要集』②

死後、地獄で裁かれる者はこの世で悪いことをした者である。悪とは法律上の悪を指すのではなく、仏教の根本的な五つの戒律「五戒」を破ることをいう（これは一般の人が守らなければならない戒で、僧侶にはこの他多くの戒律がある）。

五戒にはまず不殺生《ふせっしょう》（生物を殺さない）がある。しかし我々は毎日魚肉とか鶏《にわとり》の卵などを食べている。次は不妄語《ふもうご》（うそをつかない）。これも難しい。うそのために家庭内が平和だ、なんてこともある。その他、不偸盗《ふちゅうとう》（盗みをしない）、不邪淫《ふじゃいん》（享楽におぼれない）、不飲酒《ふおんじゅ》（酒を飲まない）の戒律がある。

日本では大抵の祝い事には酒がついているものだから飲まないわけにはいかない。したがって厳密にいえば、世の中の人のほとんどが五戒を犯していることになる。だから、ほとんどの人は死後裁かれる運命にある。すなわち地獄へ行くのだ！

さて、人間は死んで亡者（死者の魂）となると、まず初七日《しょなのか》に秦広王《しんこうおう》（不動明王《ふどうみょうおう》）の前で書類審査を受ける。これは生前の罪を記載した「獄録《ごくろく》」といわれるものをもとにして調べられるから、たまったものではない。

三途《さんず》の川 『往生要集』③

十四日目に亡者は初江王《しょこうおう》（釈迦《しゃか》）の裁きを受ける。ここには三途の川が流れており、渡るところは三箇所、三水の瀬、江深の淵、それに奪衣婆《だつえば》の橋である。

奪衣婆の橋には大樹があり、その下に奪衣婆と懸衣翁《けんえおう》という鬼がいて、亡者の着物を奪って裸にする。

大抵の寺の地獄の絵には、入り口とおぼしきところに、この奪衣婆が描いてある。

子供のとき、寺に行ってよく見たものである。これがいないと、地獄が地獄らしくないように見えた。

普通、死者を納棺するとき、遺体を旅姿にして、笠をかぶせ、杖《つえ》を持たせ、脚絆《きゃはん》や草鞋《わらじ》をつけたうえに、小銭を持たせる（昔は六文《ろくもん》といわれた）。これは、この三途の川を渡るとき、渡し守に支払う渡し賃で、すべての死霊はここを通過しなければいけないものとされている。

奪衣婆は正 塚婆《しょうづかのばば》ともいわれ、着物をはいで木にかけ、その枝のしなり具合によって罪の重さを計るといわれる。

また三途の川に橋がかかっているという説もあり、橋の袂《たもと》には柳の木が茂っていて、悪人が近づくと柳の木が蛇になり、からみつくといわれる。そのために別名、その柳を蛇《へび》柳《やなぎ》という。

閻魔《えんま》大王《だいおう》、裁《さば》きの日々『往生要集』④

さて、次に二十一日目になると、宋帝王《そうていおう》（文殊菩薩《もんじゅぼさつ》）の裁きを受ける。この王は猫や蛇を使って、生前の邪淫《じゃいん》の有無を調べるという。邪淫戒《かい》を犯した者は、猫によって乳房を嚙《か》み破られ、蛇のために首を絞め上げられるというから、好色の人は考えておいた方がよい。

次の二十八日目には五官王《ごかんおう》（普賢菩薩《ふげんぼさつ》）の審判を受け、生前の妄語《もうご》（うそ）の罪を裁かれ、次の三十五日目には有名な閻魔大王の前で裁かれる。

王の横には浄玻璃《じょうはり》の鏡があって、亡者をその前に立たせると、生前の悪行がことごとく映し出されるというからコンピューターよりもすごい。大王はこれを見ながら裁く。

しかし、この裁きの日に親族、縁者が追善供養《ついぜんくよう》をすると、その善根も鏡に映し出され、その功徳《くどく》の浅い深いによって、あるいは人間界、天上界に送られる。また生前にうそをついた者は、この閻魔が釘抜きでその舌を抜く。

次に四十二日目には変生王《へんじょうおう》（弥勒菩薩《みろくぼさつ》）の裁きを受け、そして四十九日目には泰山王《たいざんおう》（薬師如来《やくしにょらい》）の裁きを受ける。ここには六つの鳥居があり、六道のいずれかの門を通過する。

この四十九日目はいわば、次の世に生まれかわっていく世界の判決が下される日であるという。

往生要集の地獄『往生要集』⑤

『往生要集』では、地獄はこの世の地下一千由旬《ゆじゅん》（一由旬は約四十里）にあり、縦横一万由旬におよぶとされる。八大地獄といわれるように、地獄は八つの部屋に分かれ、それが地下八階建てのビルのように階層をなしている。階層が下になるほど、責め苦も激しい。第一の等活《とうかつ》地獄に落ちた罪人はたがいに敵対心を持ち、鉄の爪で相手を引き裂き、骨になるまで闘う。この地獄はさらに七つの付属する地獄に分かれる。

一　屎泥処《しでいしょ》：熱い糞尿《ふんにょう》の地獄で、その中に虫がいて亡者に食いつき、皮を破り、肉を食う。

二　刀輪《とうりん》処：高い鉄壁の中が猛火に包まれ、体が火にふれると、たちまち溶けてしまう。

三　瓮熱《おうねつ》処：罪人を鉄の瓶の中に入れて豆のように熱する。

四　多苦《たく》処：縄で人を縛り、杖で打ち、険しい岩山から人を落とす。

五　闇冥《あんみょう》処：大嵐の地獄。

六　不喜《ふき》処：火炎が昼夜燃え、炎を吐く鳥や犬に食われる。

七　極苦《ごくく》処：鉄の棒で全身を貫かれる。

　さてこの地獄の下に位置するのは黒縄《こくじょう》地獄である。罪人は熱鉄の縄で縦横に筋をつけられ、熱鉄の斧《おの》で縄目の通りに切り裂かれるという。

八大地獄の光景1『往生要集』⑥

衆合《しゅうごう》地獄：地獄はこれでもかと亡者をいじめつくすわけであるが、この衆合地獄でも亡者いじめは続く。獄卒《ごくそつ》である鬼が罪人を山の間に追いこむと、両方の山が近づいて罪人を押し潰す。また刀葉林という林があり、木の上には着飾った美女がいて、「貴方を思う因縁で私はここにきています。さあ、私の所まできて抱いて下さい」とささやく。亡者は欲心を起こし樹の上に登ると、たちまち樹の葉が刃物に変わり、亡者の体を引き裂く。

叫喚《きょうかん》地獄：亡者は大鍋の中に入れられて何度も煮られる。また、体の中から蛆虫《うじ》が出て、その皮、肉、骨の髄《ずい》まで破って食べる。

大叫喚《だいきょうかん》地獄：熱鉄の鋭い針で口も舌も刺し貫かれる。そして、この舌は抜かれると、また生え、生えるとまた抜かれる。

焦熱《しょうねつ》地獄：頭から足まで大きな熱鉄の棒で打たれて、肉団子のようにされる。そして、熱い釜や鉄鍋で何度も何度も炙《あぶ》られる。また、分荼利迦《ぶんだりか》といわれる池があり、熱さのあまりその池に飛びこむと、途端に池は炎となる。また闇火風という悪風が吹いてきて、亡者を車のように回転させ、体を砂のように砕いてしまう。

八大地獄の光景2『往生要集』⑦

大焦熱《だいしょうねつ》地獄：炎の刀ですべての体の皮が剝《は》ぎ取られ、沸騰した熱鉄を体に注がれる。

阿鼻《あび》地獄：ここには阿鼻城という巨大な城があり、刀の林に取り囲まれ、四隅に牙《きば》と歯が剣のように鋭い四匹の銅の犬がいる。また、この城には頭に八本の角を持つ牛がいて、角の先から猛火を出して亡者を城の中へ追いこむ。城の中には大蛇がいて毒を吐き、火を吐く。飢餓《きが》のため亡者は自分の身を焼き、自分の肉を食べてしまう。食べ終わると、また生じ、生じ終わるとまた食べる。

また閻婆度処《えんばどしょ》というところには、象のように大きく、くちばしが鋭く、炎を出す閻婆という鳥がいて、亡者を捕まえては、空中に連れ去り、石の山に落とす……。

このように、一度地獄に落ちた亡者は、何万年にもわたって責め続けられるのだ。

源信《げんしん》は念仏をすすめるために『往生要集』を書いたといわれるが、彼はあまりにも地獄の空想のたくましい「幻想作家」だったため、その地獄の描写で有名になってしまった。もっともこの原典はインドにあるようだが。

餓鬼《がき》・畜生《ちくしょう》・修羅《しゅら》『往生要集』⑧

六道のうち、餓鬼・畜生・修羅は次のような世界である。

餓鬼道：餓鬼道に落ちると亡者は様々な鬼になる。たとえば食吐という鬼は、いつも吐き気をもよおして苦しみ、食物が食べられない。

生前、自分だけうまいものを食べて妻子に与えなかった者がこの食吐になる。餓鬼の世界は地獄と比べじわじわと苦しまされるわけである。

畜生道：畜生道は、この世で目的を達することができないまま非業《ひごう》の死をとげた者や、あるいは、恨みを後世の者に対して訴えようとして死んだ者が落ちる世界だが、動物に生まれ変わると信じられている。馬、牛、羊、犬、豚、鶏をはじめ鳥獣虫魚など、その種類は三、四億といわれる。

修羅道：修羅道は、須弥山《しゅみせん》（宇宙の中心にあるとされる山）の北、巨海の底にある。ここは雷鳴が一日中、天鼓《てんこ》のように響き渡り、戦いが絶えない。

その身は絶えず戦いで傷つき、非業の死をとげ、また生まれ変わっては戦いを続け、血を流し続けなければならないという。

阿弥陀《あみだ》の浄土《じょうど》 『往生要集』⑨

この阿弥陀の浄土は西方《さいほう》にあることから西方極楽《ごくらく》浄土といわれている。

ここに行くと体はたちまちのうちに紫磨《しま》金色《ごんじき》となり、首飾りや宝冠を身にまとう。

楼閣《ろうかく》内の林や池には、鴨《かも》、雁《かり》、鴛鴦《おしどり》が群れ飛び、まるでにわか雨のように十方の世界からは仏、菩薩《ぼさつ》がやってきて、ある者は空中に坐《ざ》して経《きょう》を唱え、ある者は雲の上で坐《ざ》禅三昧《ぜんざんまい》で阿弥陀如来《にょらい》の説法を聞いている。

阿弥陀如来は宝蓮華《ほうれんげ》の上に坐し、宝池の中央に坐り、そのまわりには無数の宝樹が並ぶ。

そして五百億の七宝（金、銀、瑠璃《るり》、硨磲《しゃこ》、瑪瑙《めのう》、真珠《しんじゅ》、玫瑰《まいかい》）でつくられた大宝塔があり、そのまわりを栴檀の木（香木）が取り囲んでいる。

常に百千種の音楽が奏でられ、無数の香の匂いが充満し、常に光にみちているので日月も灯もいらない。

春夏秋冬もなく、寒くもなく暑くもなく、人は常にここで阿弥陀如来の法を聞く喜びに浸ることができる。

地獄はバカに迫力があるが、極楽の方はそれほどでもない。それもあまり楽しそうでないのはどうしたことだろう。

決死の渡海《とかい》　補陀落浄土《ふだらくじょうど》

日本に仏教がやってきて観音信仰が発展すると、補陀落山は観音の浄土とみなされた。

信仰する者にとっては一種の天国だから、誰でも渡りたいに決まっているが、過去にこの補陀落浄土に渡ろうとした人々の方法というのが、決死的で悲壮感に満ち満ちている。

現実にあるのかないのか分からないようなところへ、「うつぼ船」という窓のない舟にわずかの食糧を積んで、「補陀落渡海」という決死的船出をする。船出する場所は大抵紀州《きしゅう》（現・和歌山県）熊野《くまの》の浜で、歴史上分かっているだけでも数十人の人が行っている。

ほとんどの人は、どこへ行ったか分からなくなったらしいが、ときたま何の間違いか陸地に着いて歓待《かんたい》され、帰ってきた者もいた。そういう人がウソか本当か補陀落浄土を見てきたような本を書いたりするから、読んだ者はつい行ってみたくなる。

強度の夢想家というのか、熱烈な信仰心というのか、ここまでくれば楽園願望の極致だろう。もっとも、楽園願望も補陀落山目ざして渡海するくらいになれば本物というところだろうか。絵は東大寺の補陀落山曼荼羅図《まんだらず》（室町時代）による。

迎《むか》え火《び》送《おく》り火《び》

長野県上高井郡《かみたかい》では、七月十三日の夜、迎え火といって、墓地と家の門の前で豆幹《まめがら》などを焚《た》き、子供たちは、「爺さん　婆さん　この明かりで　おでやぁれ　おでやぁれ」と唱える。また十六日の送り火のときは、「この明かりで　おけぇてぇあれ」と唱えるという。

これは、盆には先祖の霊が一時的に帰ってくるという信仰に基づいた行事であるが、火を焚くというのは、この明かりをたよりにおいで下さい、というような意味があるようである。

先祖の霊を墓に迎えに行く人（地方）もあるが、いわゆる門火（迎え火）を焚く家は多く、各地でそのやり方に違いはあっても、霊を迎えるという気持ちに変わりはない。

霊はその明かりをたよりにおいでになり、それから家の仏壇に（盆の間は）納まると考えられている。

送り火というのは、霊がふたたび墓（あの世、霊界であるのかもしれない）に戻られるときに焚くもので、ところによっては家の軒先《のきさき》に提灯《ちょうちん》を灯すところもあるそうである。

いずれにしても、お盆は法律でさだめられているわけではないが、国民的行事である。おそらくは、祖先の強い霊たちがそうさせているのであろう。

不死の国からの来訪者　常世国《とこよ》

　常世国は不死の国ともいわれ、老いもせず死にもしない、豊饒《ほうじょう》の源泉地であるという。

　日本では一年に一回くらい、この国からマレビトなる神がやってきて、我々に幸福をもたらすと信じられていた。

　海の彼方《かなた》の仙境《せんきょう》ということだが、こういう国は現実にはない霊界の国だから、特別な霊界感度の持ち主でないと分からない。

　しかし、少彦名命《すくなひこなのみこと》他二柱《ふたはしら》の神は、生きながらそこへ渡ったといい伝えられている。とにかく、めでたくて、楽しくて、たまらない国だから、俗人はみだりに行けないと古書にある。

　江戸時代の国学者の本居宣長《もとおりのりなが》は、「よろずめでたき国を常世国と云うあり。是漢籍ごと多き世になりて、彼のいわゆる、蓬萊《ほうらい》などの説によりて、此方に云ひ来れる遥き国を云ふ其の名を借れるものなり。かの、蓬萊など云ふところも海路はるかに隔りて至りかたきところと云なれば、此方にいわゆる常世の国、是れに似たるうへに、又とことはにかわらぬことを、登許余《とこよ》と云うことありて、其名まであひかなへる故に、かれこれ以てひきつけたるものなり」と書いているところをみると、常世国は蓬萊国の一種なのかもしれない。

神とエリートたちの国　高天原《たかまがはら》

高天原には、奈良の都のあたりと同じように天《あま》の香山《かぐやま》、天の安川《やすかわ》、天の高市《たけち》などがあり、地上の生活と少しも変わらないところとされる。

高天原で一番偉いのは、天照大御神《あまてらすおおみかみ》と、高御産巣日《たかみむすび》の二《ふた》柱《はしら》の神で、世界の最高支配者ということになっている。最高支配者は、天の磐座という玉座に座り、外の神々に命令を下し、神々はそれぞれ職掌をもってこれに服従している。その様は大和朝廷とまったく同じような具合で、めでたく平和な世界である。

高天原は日向《ひゅうが》（現・宮崎県、鹿児島県の一部）であるとか、北の方であるとか色々いわれているが、場所はどうやら奈良の都の上空の霊界らしい。

本居宣長《もとおりのりなが》によると、「高天原は、すなはち天なり。ただ天と高天原という差別は、天は天ツ神の坐します御国なるが故に、山川木草のたぐひ、宮殿その他よろずの物も事も、此国土の如くにして、なほすぐれたる処にしあれば、大方のありさまも、神たちの御上の万《よろず》の事も、此国土に有る如くになむあるを、高天原と云うは、その天にして有る事を語るときの称なり」とのたまっておられる。要するに天神らのいる、天空の中央あたりということであるらしい。

伊邪那美《いざなみ》のすむ国　黄泉《よみ》の国①

伊邪那岐《いざなぎ》、伊邪那美は大八洲の神々をつくったが、最後に火神を産んだ伊邪那美は、大切なところを大火傷《やけど》して死んでしまった。

しかし二人の仕事はまだ残っていたから、伊邪那岐は黄泉の国を訪れて、妻の伊邪那美に会い、一緒に現世に戻ってもう一度国生みしようと話した。しかし伊邪那美はすでに黄泉の国の食物を食べてしまった（黄泉の国の食物を口にすると現世には帰れない）ので、それは無理だと断る。だが、伊邪那美は伊邪那岐の熱心な説得に応じ、黄泉の神に相談してくるといって殿内に姿を隠した。

その間はけっして殿内を見るなといわれていたが、待ちかねた伊邪那岐は、禁を犯して中を覗《のぞ》いてしまった。そこには腐った伊邪那美の死体があり、体には八種の雷神《らいじん》が巻きついていた。

伊邪那岐は驚いて逃げ出すが、伊邪那美は恥をかかせたといって怒り、黄泉醜女《しこめ》をくりだして伊邪那岐を追いかける。

伊邪那岐が黒御鬘《くろみかつら》を投げると、これが葡萄《ぶどう》と化し、櫛《くし》を投げると竹の子と化した。黄泉醜女がこれを食べている間に伊邪那岐は逃げのび、黄泉平坂《よもつひらさか》の大岩で黄泉の国の入り口を塞いでしまった。

死の国のありか　黄泉の国②

やがて伊邪那美が大岩の内側で恨み言をいっているのが聞こえた。そこで伊邪那岐は大岩越しに絶縁を申し渡すと、伊邪那美は、

「私はあなたの国の人を毎日一千人殺す」

と呪いの言葉をいう。伊邪那岐も負けずに、

「ならば私は、一日に一千五百人ずつ生まれるようにする」

といった。そのため、人間は一日一千人が死んで、一千五百人が誕生することになり、だんだんと人口が増えていったのだという。

以上は『古事記《こじき》』に記された神話だが、黄泉の国という名は『古事記』よりもはるか前に、中国の書に多く見られるそうだから、日本の発明ではないらしい。

黄泉の国の場所は出雲《いずも》（現・島根県）だといわれ、また、夜見島《やみじま》だともいわれるようだが、夜見島は今では陸とつながって、夜見《よみ》が浜という半島になってしまっている。私はどうしたわけかそこで生まれた。

黄泉の国といわれた、島根半島の「加賀《かか》の潜戸《くけど》」に子供のときに小舟に乗って行ってみたことがあった。中はかなり大きなドームみたいになっていて、いかにも死者の国の入り口みたいな感じだった。

先祖のすむ世界　根の国

根の国は人生のあらゆる罪穢《つみけがれ》や災厄、疫病《えきびょう》などの根源地とされ、地上に災難をもたらす悪霊や邪鬼《じゃき》の本源地で、陰惨《いんさん》で穢れに満ちた暗黒の地とされている。

しかし別な説もあって、汚い国ではなく、むしろ清浄の国で、地上に豊饒《ほうじょう》をもたらす根源の国という説もある。

『古事記《こじき》』の大国主《おおくにぬし》根の国訪問神話では、地上と同じように宮殿があり、須佐之男命《すさのおのみこと》が王者としてそこに住み、須勢理毘《すせりび》売《め》がその娘として侍っている。

現世と似ており、大国主はその国へ行って、起死回生の呪具である生太刀《いくたち》、生弓矢《いくゆみや》、天詔琴《あめののりごと》の三種をもらい受け、現世に戻って現《うつ》し身《み》の国土の霊となった。

ところが根の国は地底に存在する霊界ではなく一種の仙界だという人もある。

また一説には、島根県の宍道湖《しんじこ》、中海あたりを指した地名であるという人もあり、様々な説があるようだが、一般には根の国は地下にあり、地の根底にある底の国だからその名がある、という人が多い。

—神仏—

アエノコト

石川県能登《のと》の鳳至《ふげし》地方の農家では、旧暦十一月五日になると、田の神を家に迎え入れて祀《まつ》る行事がある。これをアエノコトという。

まず、その日の朝、主人は米俵を床の間か神棚の下に置き、榊《さかき》を立てておく。これは田の神の居座る場所なのである。その後、家の者たちは風呂を沸かし、粢餅《しとぎもち》をつくり、主人は麻裃《あさかみしも》、家の者たちは晴衣《はれぎ》に着がえ、神様を迎えるための準備をする。

夕方になると主人は神の田へ出向き、「長くお待ち願って寒かったでしょう。どうぞお上がり下さい」などといって、家まで迎え入れる。

「どうぞお暖まり下さい。お寒うございましょう。ゆっくりお休み下さい」などと挨拶《あいさつ》もそこそこに、神様を風呂に案内して、湯加減を聞いたりする。

そして、かねて用意しておいた米俵のある床の間に招き入れ、神様にご馳走を供えてもてなすのである。

田の神は男女の夫婦神だそうで、翌年一月九日に送り出されるまで、米俵に依り憑《つ》いたまま蔵や納戸で休息すると信じられている。つまりアエノコトとは、田の神様に感謝の気持ちを伝える祭りなのである。

赤城《あかぎ》山《やま》の百足神《むかでがみ》

奈良の三輪山《みわやま》の神が蛇であるように、上毛《じょうもう》三山の一つである赤城山の神は百足であるという。そのため、赤城山東南麓では百足を見ても殺してはならないとされていた。出てきたときには「百足、百足、赤城へ行け」といって放してやる。

南方平坦地域でも、百足はご眷属《けんぞく》様だから殺してはいけないし、殺すと祟《たた》りがあるといういい伝えがある。

また、新里《にいさと》村板橋《いたばし》（現・桐生《きりゅう》市）というところには「百足鳥居」というものがあり、長さ一・三メートルにもおよぶ百足が刻まれている。天明《てんめい》二年（一七八二）に建立《こんりゅう》されたというから、この地方でも百足はそのころからすでに神聖視されていたのだろう。

栃木県の日光には戦場《せんじょう》ヶ原《はら》という湿地帯があるが、ここは昔、日光二荒山《ふたらさん》の蛇神と赤城の百足神が中禅寺湖《ちゅうぜんじこ》の所有権をめぐって争った場所だという。赤城の神は敗れてしまうが、よほど戦争好きなのか、上毛三山の榛名山《はるなさん》の神とも争いを起こしている。

百足は鉱山に関係が深いとされており、とくに銅との関わりが強い。大きな鉱山のある山には百足神が祀られることが多く、問題の赤城山の近くには足尾銅山《あしおどうざん》がある。

あかなし様《さま》

愛知県南設楽《みなみしたら》郡鳳来寺《ほうらいじ》村（現・新城市）の、鳳《おおとり》の久保《くぼ》とよばれる深い谷間には、昼なお暗い森があった。

ある日、塩谷という土地から四、五人の樵《きこり》がこの森に入り、大きな欅《けやき》の古株を見つけると、生木をいっぱい詰めこんで火をつけた。

翌朝、すっかり灰となった古株のあたりを何気なくかきまわしてみると、何ともいえない生臭さとともに、見たこともない牙やら骨やらがぞくぞくと出てきた。樵たちは、「何か恐ろしいものを焼いちまった!!」といって一目散に逃げ帰ったが、その夜からにわかに高熱を出し、寝こんでしまった。

その苦しむ様はまるで大蛇がのたうちまわっているようで、何かの祟《たた》りではと思った村人たちは、鳳来寺から行者をよんだ。行者は樵たちの様子を見てこういった。

「これは千年以上年を経た蛇の祟りだ！」

そこで例の灰を石棺におさめ、同時に鳳来寺から「浄障無垢大明神」という神号をもらって、丁重にお祀《まつ》りすることにした。

これが塩谷で毎年盆の十五日に「鳳の久保の元に納まりし、今じゃあかなし（＝汚れがない）大明神」と唄って祭る、あかなし様信仰の由来であるという。

足《あし》の神《かみ》

宮城県多《た》賀城《がじょう》市の荒脛《あらはばき》神社は足の神様として知られ、昔は旅に出る人が達者に歩けますようにとよく祈願に訪れたという。

脛《はばき》（脛《はばき》布の略）というのは旅をするときなどに、脛《すね》に巻きつける布のことで、そのため祈願に訪れる人は、藁《わら》や布でつくった脛や脚絆《きゃはん》を供《そな》えていた。

昔は旅といっても、庶民は乗り物などないから自分の丈夫な足だけが頼りで、無事を祈る気持ちは、現在の交通安全を願う以上のものがあっただろう。

しかしいつごろからか、この荒脛神は足だけでなく、腰から下の病にも効験があると信じられるようになり、奉納されるものも以前とは随分違ってきた。

木製の立派な男根や、布製のリアルな女陰だとかで、これは性病や婦人病の平癒《へいゆ》を祈ったものらしい。

お参りに訪れる人も、宮城近隣の花柳界の女性が多くなり、現在では足から下の病までというように、少し幅を広げて信仰されている。

元々は「困ったときの神頼み」で、性病に悩んだ人が、足なら患部も近いし、ということで祈ったのかもしれない。

アマメハギ

能登《のと》半島各地で年替わりの晩に出る妖怪とも神のお使いともつかぬものである。秋田地方などでは生剝《なまはげ》というのがいるが、それと似たものである。

アマメというのは足などにできる「たこ」のことで、普通の「たこ」は一生懸命に働く人にできるのだが、アマメはいわば「怠けだこ」のことなのだ。

その「怠けだこ」を剝《は》ぎ取りにくるのが、アマメハギということになる。

大変に教育的ともいえる妖怪なので、農家ではこれを歓迎した。

やってくるアマメハギを家に上げ、甘酒などでもてなし、この年も一生懸命に働きますと誓ったものだという。

子供に対する効果も抜群で、泣く子や親のいうことを聞かぬ子も、すぐにおとなしくなったということで、いわば村の「産土神《うぶすながみ》」が村民全体を監視しているようなものである。

四国にも、「何とかこさぎ」というのがいて、怠けて炬燵《こたつ》にあたっているものを脅かすというから、そういう怠けることを戒める妖怪神みたいなものは、全国的にいるのだろう。

アンモ

岩手県の沿岸部に伝わる妖怪で、正月十五日の晩に太平洋から飛んでくるといわれているのが、アンモである。

冬に、囲炉裏《いろり》にばかりあたっている怠け者の子供の脛《すね》には、紫色の火斑《ひはん》がついており、アンモはその皮を剝《は》ぎにくるという。

怠け者にとっては恐ろしい妖怪だが、ただ恐ろしいわけではなく、弱い子供を助けてくれるという一面もある。そればかりか、病気で寝ている子供は、アンモを拝むと治るとも信じられている。

東北、北陸地方には、アマメハギというやはり怠け者の「たこ」を剝ぎにくる妖怪がいるが、こちらは、病気を治してくれることはない。

そういう意味では、このアンモの方は、妖怪というよりは、土俗神に近いのかもしれない。

また、生剝《なまはげ》やアマメハギといったものは、村人がそれらに仮装して家々を訪ね歩くといった儀式があるが、アンモにはそういったことはないようである。

岩手県下閉伊《しもへい》郡普代《ふだい》村にはアンモを祀《まつ》る神社があり、黒崎《くろさき》灯台のある浜は「アンモ浦」とよばれるというから、アンモはやはり神に類するものなのだろう。

石神《いしがみ》

「しゃくじん」というところもあるが、これは耳の病《やまい》を癒《いや》すと信じられている神様である。

御神体は石であり、各地によって形は異なるが、奇石、石棒、石剣などが多く、なかには男根や女陰の形に似ているものもある。

神奈川県津久井《つくい》郡津久井町（現・相模原市）の県道脇にある石神などは、直径が六十センチ、高さは一メートルほどの、ばかに細長い石だ。

その昔、道をつくろうとしてこれを取り除こうとしたとき、いかに大勢でかかっても取り除くことができず、とうとう道の方を迂回《うかい》させたという、いわくつきのものである。

祠《ほこら》の格子戸《こうしど》には、竹を輪切りにしたものや、笊《ざる》、穴の開いた石を紐《ひも》に通したものなどがたくさん結ばれており、随分賑やかな風情をかもしだしている。

実はこれらはみな、耳を病む人が祈願した結果、平癒《へいゆ》してお礼参りに奉納したものなのだ。耳の神だから穴の開いたものを捧げるのだろうか。それにしてもこれだけたくさん結ばれているということは、霊験あらたかな証拠だろう。

この他、石神には耳の病だけではなく、安産や良縁、子育てにも御利益があるとされることもあるようだ。

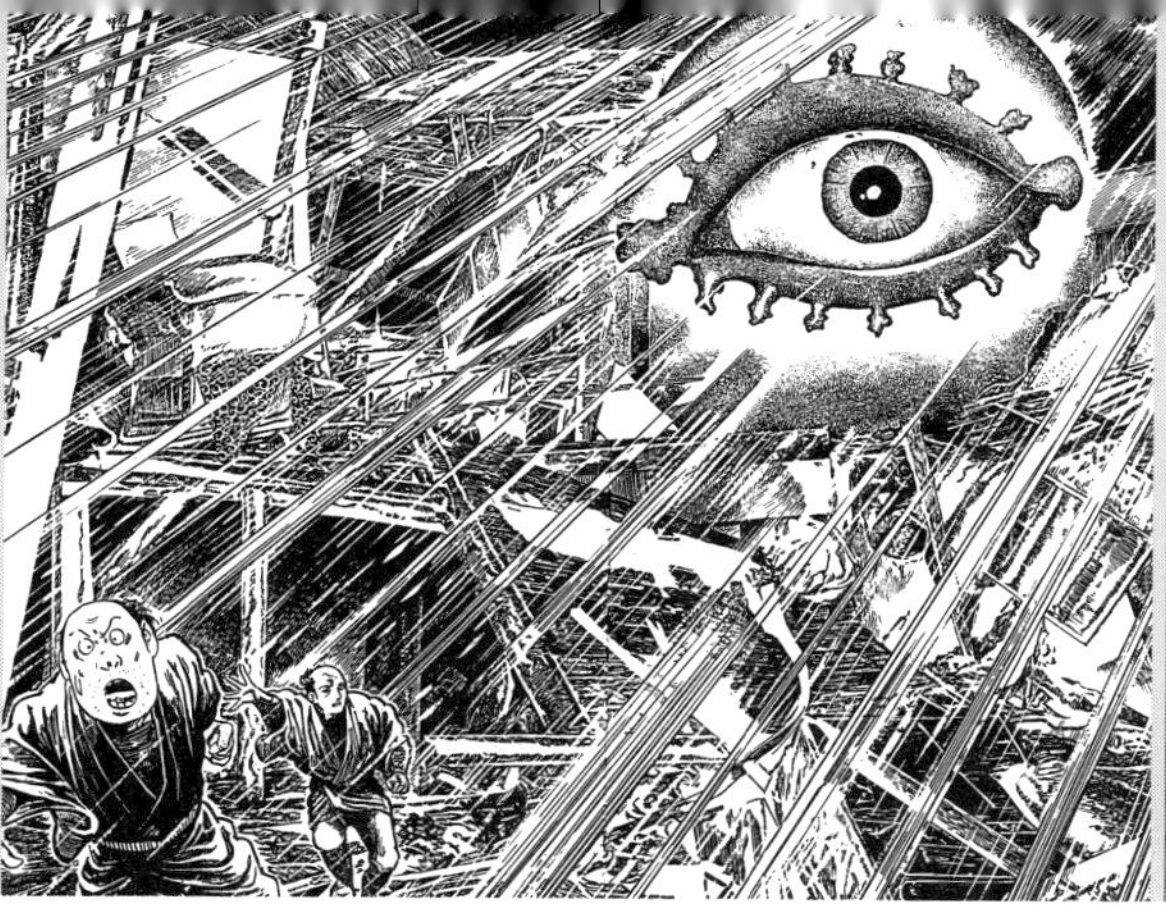

一目連《いちもくれん》

一目連とは、三重県桑名《くわな》にある多度大社《たどたいしゃ》の摂社《せつしゃ》に祀《まつ》られる風の神のことである。その出現時には激しい暴風雨を伴うことから、土地の人々から大変恐れられていた。

この神が現れると、数百軒の家がまるで卵のように潰れてしまい、男が千人かかっても揺るがない熱田明神《あつたみようじん》の大鳥居が、はるか彼方の野原に持っていかれるほどだった。そのため、このあたりの人は早く倒れることを一目連という。

一説には、この暴風雨の吹き過ぎるのはただ一筋路であって、この路にはずれた場所は微風も起こらないという。

土地の人は、夏ごろに暴風雨が訪れると、「一目連が出かけるのだから、この風は止みはしないよ」とか、「もう出かけたから、風は止むだろう」などというそうである。

松浦静山《まつらせいざん》の『甲子夜話《かつしやわ》』という古書にも一目連の記述があり、そこには「一目散」に逃げるという言葉は、この一目連よりきたものであるなどということが記されている。

また、神奈川県にもこれに似た風があり、鎌風という。静岡県にもあり、悪禅師の風と名づけられている。土地の者がいうには、この風は人の形をしており、褐色の袴をはいているという。

井戸《いど》の神《かみ》

我々が小さいころには、井戸の神とか竈《かまど》の神とか、便所の神とかがいて、家の中は神様だらけだった。

家中に神様だとか妖怪がいると、色々そのことのための行事で忙しかったりして、退屈しなかったものだが、今はマンションなどになって、一切の神々が逃げ去ったか、何となく寂しいような気もする。

井戸の神は水の神ともいわれ、この神を怒らせると、水を濁らせたり、病気をまき散らしたりする。そのため、昔は簡単な神棚をつくり、水神と書いた紙や板を貼って祀《まつ》ったり、水を汲《く》むときには手を叩いて敬意を表すとか、井戸に塩を盛り供えたりした。

井戸の神は、意味もなく井戸の中を覗きこむのを嫌がるといわれるので、そういう行為も戒《いまし》められていた。

まれに姿を見せることもあったようで、あるところで美人の召し使いが井戸水を汲むために釣瓶《つるべ》をあげると、井戸の神が釣瓶につかまって上がってきた。

顔は鯰《なまず》に似ていたというが、井戸の神は少し「すけべえ」だったとみえて、召し使いに惚《ほ》れて井戸の中へ引きずりこんでしまったという。

稲荷神《いなりがみ》

稲荷神とは、本来は五穀を司《つかさど》る倉稲魂命《うかのみたまのみこと》の尊称である。他にも宇迦之御魂神、保食神《うけもちのかみ》、大宣都比売神《おほげつひめのかみ》などと称されるが、要は食べ物に関する神様と思えばいいだろう。

しかし一般には、その神使である狐《きつね》のイメージが大きいからか、稲荷《いなり》は狐を祀《まつ》る……などと思われているようだ。

この狐が稲荷と結びついたのは、平安時代のころだといわれており、真言密教《しんごんみっきょう》でいう荼吉尼天《だきにてん》信仰が習合してのことらしい。

荼吉尼天とは元々インドの夜叉《やしゃ》神で、どんな願いでも叶えてくれるかわり、成功したあかつきには自分の心臓を死の直前に捧げなければならないという。

その荼吉尼天の乗る動物が白い狐なのである。この白狐、実はインドで霊獣とされていたジャッカルのことらしく、この動物がいない中国や日本では、野干《やかん》という狐の一種として理解した。つまり稲荷の狐は、普通の狐ではなく、本来は別物なのである。

稲荷神は、食べ物の神と荼吉尼天信仰などがごちゃまぜになっており、そのため様々な願いをも受け入れてくれると認識されて、庶民に厚く信仰されるに至ったのである。

疣取《いぼと》り神《がみ》

静岡県の富士宮市には、蛙《かえる》によく似た石がたくさんあって、この石は「疣取り神」であるという。なぜ蛙なのかというと、蟾蜍《ひきがえる》の疣《いぼ》を連想して神になったからだという説がある。そしてこの神は霊験あらたかで、富士山からの湧き水を供えて祈願し、疣にこの水をつけると治るのだといわれている。

疣地蔵、疣取り地蔵などとよばれる地蔵も、日本には各地にあり、やはり祈願すると疣が落ちると伝えられている。また、疣地蔵や疣取り石は、撫でればよいといわれている地方もある。

東京都葛飾区の堀切にある疣取り地蔵は、地蔵に供えられた塩を持ち帰り、それを疣につけるときれいに取れるといわれた。あるいは、塩を地蔵の顔にすり込むと治るという。

今も疣に悩む人が少なからずお参りしているのだろうか、地蔵の顔は塩まみれになっている。

千葉県長生郡の疣八幡は、この社内の土をつけると疣が治るといわれているし、山梨県南都留《みなみつる》郡の疣観音は、願かけをして治ったら、松かさを年の数だけ納める、などというように、名称は様々だが、疣の落ちる祈願をする場所はとても多い。

いやだにさん

タマシイというものがあるとすれば、そのタマシイは死後どこに行くか、ということになるわけだが、何しろ誰もあとをつけていった者もいないし、誰にも分かるように説明した人もいないようである。

　まァ、霊魂のアル、ナシはやはり死と関係があるわけで、アルとなれば、死後も霊魂になって生きられる感じがするから、何だかかぎりなく生きられるような気がして、嬉しくなってしまうが……。

　四国は香川県にある弥谷寺《いやだにじ》は、死んだ人のタマシイはここに帰るといわれる寺で、普通の寺とは違った感じのするところである。

　寺は何となく古く、壁なども幽霊風な色彩で、そこらに魂がうろちょろしていたとしてもおかしくない感じだった。

　あたりの崖には妖怪風な磨崖仏《まがいぶつ》が彫られてあり、中には彫りかけてやめたような仏もたくさんある。いたるところに古い石仏が転がっており、何となく死骸《しがい》を離れた魂がすみつくような感じである。

　生き残った子供や兄弟が、春夏の二回寺を訪れて名をよぶと、魂がやってくるといわれるが、本当にそんな感じのする寺だった。

牛御前《うしごぜん》

牛御前とは明治時代までの牛島《うしじま》神社のよび名で、東京都墨田区内でもっとも古い神社といわれる。

昔、墨田川より牛鬼のごとき異形のものが現れ、村中を走りまわって牛御前に飛び入り、現在社宝として伝わる牛玉を落としていったという。

神社の祭神である須佐之男命《すさのおのみこと》は牛頭天王《ごずてんのう》ともよばれ、その性格は牛鬼のごとく荒々しいものだが、先の異形の牛はその化身だったらしい。

さらに『吾妻鏡《あずまかがみ》』という古書には、牛鬼そのものとして記された記録がある。

それによると建長《けんちょう》三年（一二五一）三月六日、墨田川の対岸の浅草に、牛のような妖怪が不意に出現し、浅草寺に走りこんで僧侶五十人ほどのうち、七人が即死、二十四人が病の床に臥せたと記されている。

牛御前との関係は記されていないが、この妖怪は牛御前の荒魂《あらみたま》（祟《たた》りあるいは災厄をもたらす神霊の面）なのだろう。

京都市東山区祇園《ぎおん》町に鎮座する八坂《やさか》神社も、牛頭天王を祭神とし、疫病《えきびょう》除けの神と信仰されるが、一方では須佐之男命の荒魂として、祟る神と恐れられたという。

姥神《うばがみ》

姥神は子育ての神として信仰されている。だから、全国各地にあるし、山村では岩に祠《ほこら》を祀《まつ》っているところが多い。新潟県のあるところには、姥石《うばいし》という大きな石があり、これは乳房の形をしているという。

昔、ある家の嫁が、乳が出ないので神にうかがうと、家の裏に埋もれている石を粗末にするからだとのことで、掘ってみるとまさしくあったので祀った。

以来、乳の出ない女性が参るようになったのだという。

山形県には山姥神とよばれる石像があり、信仰の対象になっている。

岩手県九戸《くのへ》郡山形《やまがた》村（現・久慈《くじ》市）には姥神のメゴコ淵というのがあって、次のような伝承がある。

子供が淵に落ちたのを、母親が怒って呪詛《じゅそ》した。そのために、それからはこの淵のジャゴ（雑魚）が隻眼《せきがん》になってしまったという。

また、関の婆さんとか、咳の姥神などとよばれる石仏が、路傍に祀られることがある。風邪や喘息などの咳に御利益があるといわれるものだが、これも姥神といえよう。

厩神《うまやがみ》

昔の農家では、厩といって家の中に馬の部屋があり、馬を家族の一員として大切にしていた。

その厩の守り神を猿とする地方は多く、厩の柱上に厩神の祠《ほこら》をつくり、中には猿の頭蓋骨《ずがいこつ》を入れたりした。猿の頭がないときには、手や足を入れてご神体として納め、そうまでしなくても、猿の姿を描いた絵馬やお札を貼って魔除《まよ》けとしたのである。

また、今でこそ猿まわしといえば動物サーカスみたいに考えられているが、本来は厩のまわりで猿に舞ってもらい、馬の安全を願う芸能だったのである。猿まわしは季節ごとにやってくる、いわば厩の祭礼だったわけだ。

しかし、もっと安心しようと思う人は、観音様に馬を引いてお参りをしたり、馬《ば》頭《とう》観世《かんぜ》音《おん》の石像を祀《まつ》ったりした。ことに、飼い馬が思わぬことで死んだりしたときは、その場所に馬頭観世音像を建てて供養することが、昔から行われていた。

農家にとって、牛馬は大切な労働力であるため、人間と同じように大事にされた。人を守護する神があるように、馬を守護する神も必要となり、厩神が誕生したのだろう。

蛤貝比売《うむぎひめ》

出雲《いずも》（現・島根県）の大国主命《おおくにぬしのみこと》は何かと兄たち八十神《やそがみ》に意地悪くされていた。あるとき、八十神たちは因幡《いなば》（現・鳥取県）の八上比売《やかみひめ》に求婚するが、八上比売は大国主命に嫁ぐことを宣言する。八十神たちは怒り心頭、ついに大国主の殺害計画を練ったのである。そして帰途の伯耆《ほうき》（現・鳥取県）の手間の山の麓《ふもと》に着くと、

「我らが赤色の猪を狩り出すから、お前はそれを捕らえろ。できなければ殺すぞ」

　といって、猪に似た大岩を真っ赤に焼き、それを大国主目がけて落としたのである。それを捕らえた大国主は焼死した。

　大国主を哀れに思った母神・刺国若比売《さしくにわかひめ》は、神産巣日神《かむすびがみ》に復活できるようお願いすると、神産巣日神は蚶貝比売《きさがいひめ》と蛤貝比売とを遣わした。蚶貝比売は赤貝の殻《から》を削って焼きこがし、蛤貝比売は蛤《はまぐり》の中の水を出して、その赤貝の粉を溶いて乳汁のようにし、それを大国主の身体に塗りつけた。すると大国主の身体はみるみるもとに戻り、以前にまして美男子となってすっかり回復したという。

　一説に、これは神産巣日神の霊威によって授けられた火傷《やけど》の薬方を、貝の要素から発明したことの暗示で、膏薬《こうやく》の事始めであるともいう。

オイツキ様《さま》

岡山県北部地方では、御伊都岐、追月、御斎などの文字をあてて「オイツキ」と読ませ、いずれも境内末社《けいだいまっしゃ》の神として祀《まつ》る神様がある。オイツキ様の本体は不明だが、祭神に倉稲《うかの》魂命《みたまのみこと》、宇《う》賀魂命《がたまのみこと》、保食神《うけもちのかみ》などとあることから、稲荷神と関係のある農村の神だろうといわれている。

真庭《まにわ》郡落合《おちあい》町上河内《かみごうち》（現・真庭市）の熊野《くまの》神社に奉納された斎宮《さいぐう》の銅板絵馬には「奉納、御宝前《ごほうぜん》、諸願成就《しょがんじょうじゅ》、承応《じょうおう》三年甲午九月吉日、檜物《ひもの》町壱町目、高田長三郎」との刻銘があり、二匹の動物が浮き彫りにされている。

見ると、口の裂け方や尾は狼に似ているが、耳はまるで兎《うさぎ》の耳のように垂れ、胴部がやや短く、後肢《こうし》がかなり発達した不思議な動物像である。これはオイツキ様の神使であるヤッテイ様の姿だという。

ヤッテイ様は稲荷神の狐にあたるようで、オイツキ様を祀る家に凶事が起こりそうになると、あらかじめ「キャーン、キャーン」という鳴き声で知らせるといわれ、それでも気がつかないでいると、雨戸を叩いて知らせるという。家人がそれに気がつくと、すぐに一升桝《ます》に米を入れて、家のカドに置いて礼をのべるそうだ。

大元神《おおもとがみ》

中国地方では、大元神とか荒神といった神の信仰が厚く、島根県邑智《おおち》郡などでは、七年あるいは十三年に一度の式年祭には大元神を祀って、盛大な神楽《かぐら》（大元神楽）をするという。

大元神も荒神も、いってみれば村の守護神で、元々は開拓祖神だろうといわれている。

祭りは大元神を氏神《うじがみ》の拝殿に迎え、新穀を神饌《しんせん》として供えてからはじめられる。

このときには、蛇藁《へびわら》（蛇に似せた注連縄《しめなわ》）をとぐろに巻いた形で、舞場の東の隅に安置するのだが、蛇（霊）というのは東方を司《つかさど》る太陽神であり、稲の豊穣《ほうじょう》を司るという信仰からきているらしい。

島根県にかぎらず、祖神を蛇形として祀るところは多い。広島県の荒神《こうじん》神楽でも蛇藁が用いられ、新しい霊を先霊神に加入させるという行事があるが、この際の蛇藁の形は蛇ではなく、龍である。

普段の大元神は、神木に蛇藁を巻き重ねた状態のもので人々の目に触れ、信仰を集めているようである。

オクダマ様《さま》

オクダマ様は伊豆諸島の利島《としま》でいう屋敷神《やしきがみ》のことである。ここでは、オヤ（本家）の裏の土手や、屋敷地の石垣に穴を開け、オテグラ（御幣）を立てて祀《まつ》るという。

オクダマ様は、七代前の先祖、いわゆる祖霊であるといわれ、暮れの十三日には、ここに自在鉤《じざいかぎ》の煤《すす》や、落ちたへその緒などを供える。

また、死者はオクダマ様などの神になると考えられ、五十回忌のときには、法要のあとに三寸（約九センチメートル）の角塔婆《かくとうば》を立てる風習があるそうだ。

利島のように、自然石や古木を依代とする形態は、屋敷神としては、もっとも古く、屋敷神の本質は祖霊信仰にあると、民俗学でもとらえられているようだ。

伊豆諸島では、他にも自然石を依代とする古い信仰がいくつか見られる。八丈島や青ヶ島でいうイシバ様もその一つ。漢字では石場様と書き表すようである。

イシバ様は特定の神の名前というよりは、祭祀場を意味するようで、祀られるものには、屋敷神、産土神《うぶすながみ》以外にも、噴火などの災害で命を落とした者の慰霊塔も含まれる。

尖った石のまわりに石を積み上げたり、丸石一つを置いたりと、その形態は様々にあるようだ。

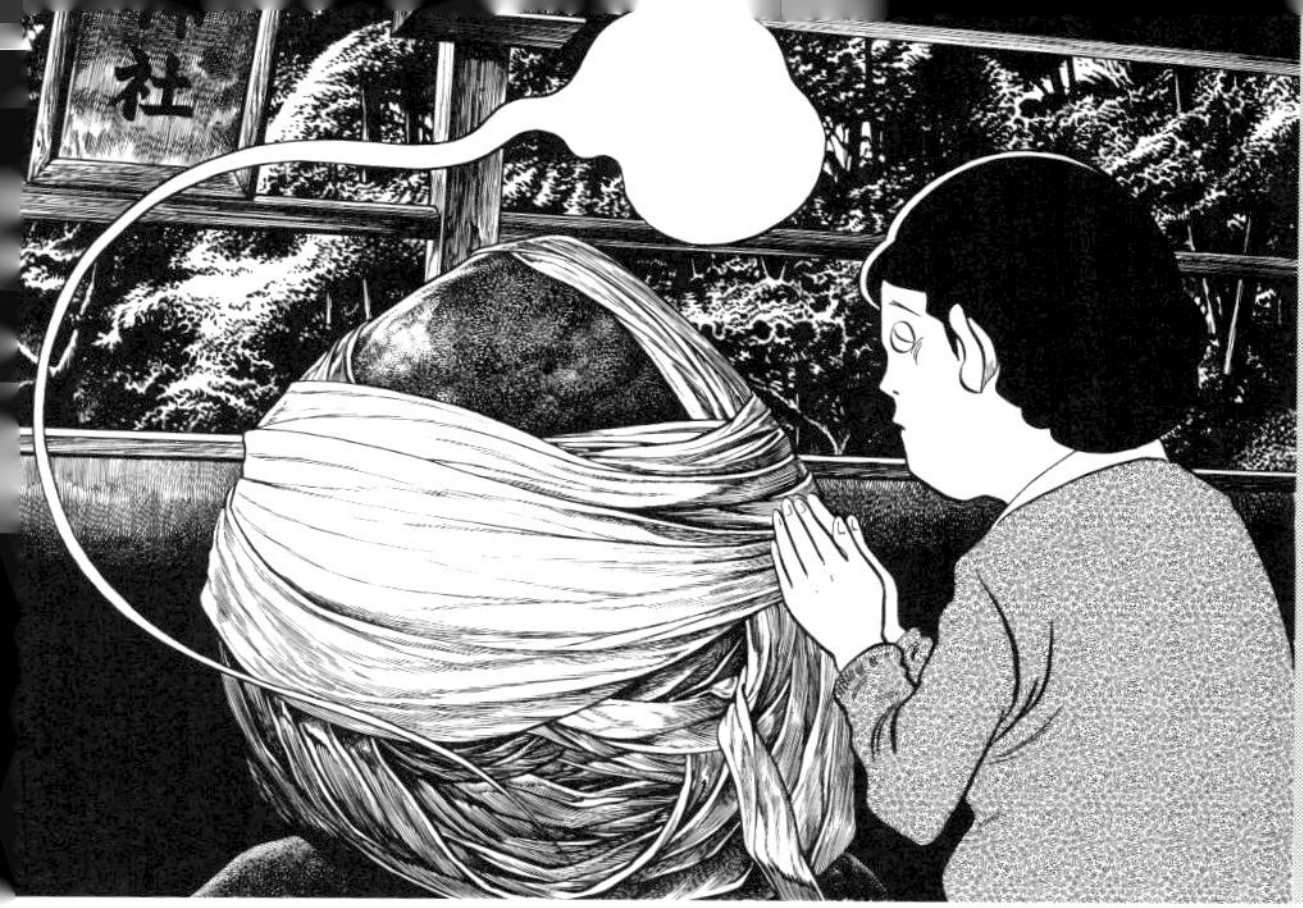

お産《さん》の神《かみ》

長野県湯田中《ゆだなか》温泉の中央に、雨含《うがん》の松という古い木が立っていた。

樹齢数百年といわれ、天然記念物にもなっているが、そこには座王《ざおう》神社という祠《ほこら》がある。

小さな祠の中には、大きな石が御神体となっていて、これは安産の神として信仰されている。

石にはたくさんの腹帯が巻かれている。これは祈願に訪れた人々が巻きつけていくらしい。

安産祈願のみならず、子育て、または子授《こさず》けを願う人々の信仰の対象ともなっているようだ。

この座王神社は、役行者《えんのぎょうじゃ》開山といわれる、奈良の金峰山《きんぷせん》寺《じ》本堂の本尊であり、修験道《しゅげんどう》の信仰対象だった蔵王権現《ざおうごんげん》を祀ったものであるという。

蔵王が座王と書き間違えられ、座が座り産につながるものとして、お産の神として崇《あが》められるようになったとの説もある。

他にも、お産の神は各地で様々に祀られている。

現代のように医療設備が整った病院がない時代のお産は、まさに命がけであり、それだけ安産を願う者は多かった。そうした願いを聞き届けるのが、お産の神だったのである。

オシッコ様《さま》

昭和四十年ごろ、東北の金木《かなぎ》町（現・青森県五所川原《ごしょがわら》市）だったか、オシッコ様というものを祀《まつ》る家があるというので、出かけてみた。それは奇妙な鉄工所みたいなところであり、その片隅にあった。

「おらがえのオシッコ様は東京の大学の先生が見にくるんだ」

といって、親父さんは恐る恐るオシッコ様を見せてくれた。男女二体の小さな河童とおぼしきものがあった。

「昔しゃここいらは沼だったから、よく子供が尻子玉《しりこだま》を抜かれただ」

という親父さんの説明に、なるほどと思いながらあたりを見まわすと、そこは低地だった。昔は河童らしきものがきっといたんだと思った。

青森県の津軽平野には、このオシッコ様を祀る家がまだ多く残っている。オシッコとは水虎《すいこ》のことで、子供の水難事故を防ぐ神様だと信じられている。

水難事故は河童の仕業だとされているから、河童の親分ということで、水虎を祀るようになったとかいうが、この神様の歴史は新しく、明治時代のはじめごろに、木造《きづくり》町木造（現・つがる市）の実相寺《じつそうじ》からはじまったものだそうだ。

オシラ様《さま》

オシラ様とは、東北地方で祀《まつ》られる蚕《かいこ》の神様である。ところによっては蚕の神様というだけではなく、農業や家の中全般を守護する神様とも信じられているようである。

その神像は桑《くわ》の木でつくった男女二体の棒のような人形で、それぞれに女性と馬の頭が彫られている。オシラ様がなぜ女性と馬なのかは、岩手県に伝わる昔話がその起原を伝えている。

その昔、ある長者の家に飼われていた馬が、その家の娘に恋をした。娘も馬を愛してよく世話をしていたが、このことを知った父が怒って馬を殺し、皮をはいで日光で乾かしておいた。娘は嘆き悲しみ、一時もその皮のそばを離れなかった。

するとある日、皮は娘を包んで昇天してしまい、その後、屋敷内の桑の木に、蚕に生まれ変わって止まっていた。そこで養蚕《ようさん》の神様として崇《あが》められたという。

オシラ様は大変厳しい神だそうで、祀り方が粗雑だと家族に祟《たた》り、どこかに飛んでいってしまうという。また、動物の肉や鶏卵《けいらん》を嫌い、オシラ様の前でそれらを食べると、口が曲がって大病するといわれている。

鬼《おに》あざみ

「鬼あざみ」というのは、江戸時代にいた「鬼あざみ清吉」という怪盗のことである。なかなか捕まらなかったことから、運が強いと思われたのだろう。あるいは義賊だったのかもしれない。

いずれにしろ信仰の対象になり、いつしか雑司ケ谷《ぞうしがや》にある鬼あざみの墓は賑わうようになった。

すなわち、運よく試験に受かるために、この墓に願掛けをするのである。

中には幼稚園の子供なんかまで、「入園ありがとうございました」などとお礼の言葉を書いて貼っている。

また、東京都墨田区の回向院《えこういん》にある鼠小僧次郎吉《ねずみこぞうじろきち》の墓も、受験シーズンになると、たくさんの受験生たちが合格祈願に訪れる。

義賊として知られる鼠小僧次郎吉が、どんなところにもスルリと入り込んだということからの連想で、そんな民間信仰が生まれたらしい。

考えてみると、運、不運ほど不思議なものはない。

どういうカミサマの命令でそうなるのか、誰もはっきりしたことが分からないものだから、泥棒さんでもカミになってしまうのだろうか。

ガータロ

『日本民俗図録』という本を見ていたら、ガータロというのが出ており、猫みたいな変な河童の姿をしたものが、狛犬のように祠《ほこら》の両側にいる。

これはきっと、何か水の神で、ここへ行けばまた変わった河童の話でも聞けるだろうと、長崎県五島《ごとう》列島の福江《ふくえ》（現・五島市）というところまで出かけた。

ガータロを祀《まつ》った祠はないかと聞いてみたが、飛行機から石を落とすようなもので、てんで見当もつかなかった。

島の人に紹介されたところが、何と流れ着いた仏像を祀る仏壇をつくるために、粉骨砕身《ふんこつさいしん》しているヘンなおじさんのところだった。

ガータロを祀った祠を訪ねているというと、何と爺さんは山の上を指した。

何だ山の上に河童がいるなんておかしいなと思いながら、ものすごく急な階段を上ると、山上に本で見たのと同じガータロの祠があり、とても見晴らしのよい頂上だった。

あまり言葉も通じないようなおばさんばかりだったから、早々に山を下りたのだが、何で山の上にあるのか不思議だった。

蚕神《かいこがみ》

岩手県大船渡《おおふなと》市日《ひ》頃市《ころいち》では、養蚕《ようさん》している家は旧暦十二月十六日の晩に、蚕神サマのお祝いということで、お汁団子を繭《まゆ》のようにつくって、仏壇や神棚に供《そな》えるという。

蚕神は養蚕の守り神だから、養蚕農家には欠かせないもので、各地にこの蚕神に関する話が伝えられている。

長野県南佐久《みなみさく》郡あたりでは、蚕神は馬に乗った神とか観音様とかいわれているようだ。

また、蚕神の信仰のもとになっているのは、茨城県の蚕影《こかげ》神社だという。

この社の縁起には「うつぼ船」というのが出てきて、流れ着いたのが蚕影神社の近くの浜だといい、この浜の石を蚕棚に上げれば蚕の出来がよくなるといわれている。

さらに、うつぼ船が流れてきたのは、茨城県の別の浜という話もある。

権太夫が、うつぼ船に乗っていた姫を助けたが、間もなく死んで、その屍《しかばね》が蚕になった。

権太夫はこれを桑《くわ》の葉で大切に育てた。するとある夜、夢の中に姫が現れ、養蚕の仕方を教えてくれた。そして、筑波山のほんどり仙人から、これを真綿にする方法を教わり、権太夫は金持ちになって栄えた、というものだ。

蛙神《かえるがみ》

蛙と雨というものは対に考えられることが多く、雨を祈るということで信仰される場合があるようだ。

各地に見られるのは蛙石とよばれるもので、これにまつわる話が色々と伝えられている。

静岡県では、蛙石を雨乞いに用いるといわれ、蛙石神社というものもある。

ここの蛙石には、次のようないい伝えがある。

昔、夏の夜にある人が涼んでいると、天から青い光を放ったものが落ちてきた。驚いてその正体をすぐには確かめられなかったが、落ち着いてよく見ると、蛙のような形の石があり、蛙石さんといってお祀りした。

この蛙石は水神としてではなく、疣《いぼ》を取る神様、あるいは目の神様として信仰を集めているようだ。石は富士山が噴火して、溶岩が固まったものだという説がある。

また、神奈川県小田原市の北条稲荷の境内にも、蛙石がある。こちらは蛙の形をした自然石で、古くから蛙石明神として崇められてきた。

不思議なことに、小田原に何か異変が起きそうになると、夜な夜な鳴いて知らせるという。

案山子神《かかしがみ》

田畑に一本足で立っている案山子は単に鳥獣害を避けるためだが、案山子神は、悪霊からも作物を守ってくれる神霊である。

長野県の一部には、この案山子神を祀る行事があり、餅《もち》を焼いてこれに供える。そして、その餅を焼く火は案山子の笠を壊して焚《た》きつけをする。

現在は、こうした行事のとき、わざわざ案山子に似た形をつくり、熊手と箒を左右の手に持たせ、これを山の神様とよんでいる。

群馬県にも同じような習慣があるが、こちらは案山子の神体に直径二、三寸（約六〜九センチ）の丸太を手ごろに切ったもので、その一面に顔が出るように切りこんだものを使用する。これは田畑にもって行くこともあるが、多くは村の堂に上げ、やはり案山子神として祀る。

また、長野県北安曇《きたあずみ》郡には、「案山子揚げ」という、やはり案山子神に関連した行事がある。

どんなものかというと、十月十日に、案山子を田から持ってきて庭先に立てて祀るのである。これを地元では「案山子揚げ」というわけである。

勝《かし》宿《じく》大《だい》明《みょう》神《じん》

鳥取県鳥取市鹿野《しかの》町を流れる河内川《かわちがわ》の堤防は、昔は大雨が降るごとに破れて洪水となり、多大な被害をもたらしていた。

ある年の梅雨どき、例年にない大雨が降った晩に、今市《いまいち》に住んでいた竹内惣兵衛は、白い馬にまたがった神様に起こされる夢を見た。驚いて目を覚ますと、夢の続きが現実となっている。神に導かれ、河内川に連れてこられた惣兵衛の目前には、土砂降りの雨に、まさに切れようとしている堤防があった。

惣兵衛は白馬の神の指示に従い、石でもって決壊を食い止めるように動きまわった。

やがて惣兵衛が最後の石を置き終わると、その場にバッタリと倒れてしまった。しかし、どうにか決壊を防ぐことができた様子である。

翌日、村人が心配して堤防を見にくると、とても人間業では動かせないような、大きな石の数々で水が塞き止められていた。そこには馬の蹄《ひづめ》の跡が残っており、それをたどって行くと、勝宿大明神の神社境内に入っていたという。

勝宿大明神は加知弥《かちみ》神社に今でも祀《まつ》られており、その参道の敷石には、そのときの馬の足跡が残っているそうだ。

風《かぜ》の三郎《さぶろう》さま

新潟県や福島県などでは、風の神を風の三郎さまとよんでいる。

新潟県のある村では、六月二十七日に風の神の祭りをし、朝早く村の入口にすぐにも吹き飛ばされそうな小屋をつくる。それを通行人に壊してもらって風に吹き飛ばされたことにし、風の神に村を避けて通ってもらうことを祈る。

また、隣の村では、同じような小屋を三郎山という山頂につくる。そして、その辺では風が吹くと子供たちが、「風の三郎さま、よそ吹いてたもれ」と声をそろえて唱えるという。

これらはすべて、荒ぶる風の霊を慰めて、農作物などの被害を未然に防ごうという気持ちのあらわれである。

風の祭りというのは日本各地にあるが、台風の被害がもっともひどいと思われる九州に意外とこの行事が少ないという。

因果関係を疑ってみたくなる事実ではあるが、ところによっては、風の神を祝って村中が忌《い》み籠《こ》もり精進《しょうじん》するところもあるくらいだから、やはりどこでもこの神を軽んじてはいないようである。

門神《かどがみ》

門神はところによっては門入道《かどにゅうどう》などと妖怪のような名でよぶところもある。

正月に飾る門松《かどまつ》は大歳神の依代《よりしろ》であるといわれているが、門神もやはり正月の門口に飾る魔除《まよ》けの人形である。

二十センチから一メートルくらいの木を二つ用意し、上の部分の皮を剥いで、そこに男の顔、女の顔を墨で描き入れる。この男女二体を門口に立てるのである。

相模地方ではこのとき、ちゃんとした顔ではなく、「へへののもへ」と描くので、このあたりではこの人形のことを「へへののもへいさん」などとよんでいる。

いずれにしてもこの神（人形）を立てることによって魔の侵入を防ぐと信じられているようである。

また、これは二十日の風にあててはいけないといういい伝えがあり、正月十九日には囲炉裏《いろり》などで燃やしてしまう地方が多い。すなわち、効力を失ってしまうと考えられているのだろう。

門松は正月六日に取り片づけ、関東南部や山梨あたりは十三日にこの門神を飾るというから、ニラミをきかしているのは一週間弱ということになる。

カナヤマサマ

金屋子《かなやこ》神ともよばれ、鍛冶屋《かじや》の守護神であり、鉱山に関係のある山の神でもある。金屋とは刀《かたな》鍛冶や鋳物師《いものし》などの作業場のことをいう。鍛冶屋が全国にいるように、この神も全国各地でお祀《まつ》りされ、各地に金山《かなやま》神社、金山社として祭祀《さいし》されている。

八丈島《はちじょうじま》では鍛冶屋の神を祀ってあるところをカナヤマサマといって、毎年十二月八日には村人たちがお参りすることになっている。荒い神で、この神に祟られるとかならず罰があたるとして、恐れられてもいる。もしカナヤマサマを祀っている家の者と喧嘩をすると負けてしまい、そのうえ不幸があるとまでいわれている。

ある人が、子供のころに弓矢で遊んでいたところ、片方の目を射られ失明してしまった。これはこの人の祖父がカナヤマサマをおろそかにしていたから、可愛い孫に罰があたったのだと、地元でうわさされたそうだ。

このように、ある特定の職業を守護する神様というものは、性質が激しいものとされる場合が多いようだ。

兜稲荷《かぶといなり》

東京の中央区日本橋兜《にほんばしかぶと》町にある小さな社《やしろ》で、兜《かぶと》神社の名前で知られており、稲荷神を中心に、大黒《だいこく》様と恵比寿《えびす》様が左右を固めている。

明治十一年、東京株式取引所が設立されると、兜神社の氏子《うじこ》総代となり、以来、証券業界の信仰を集めてきた。毎年四月に例大祭が催され、証券界の首脳たちが揃いのハッピに身を包んで、業界の安泰と繁栄を祈る。

一体でもありがたい神様が、三体も揃っているのだから、御利益も「三重馬力」とでもいうところか。

ちなみに兜町の地名由来は、いくつかある。例えば、その昔、平将門《たいらのまさかど》を討った藤原秀郷《ふじわらのひでさと》が、将門の兜を埋めて塚を築き、後に兜山と称された土地が兜町になったとする説。

そして、前九年の役のころ、東征に向かう途中の源義家《みなもとのよしいえ》が、この地にあった岩に兜をかけて戦勝を祈願。その故事にちなんで兜町の名が付けられたなどの説がある。

いずれにしろ武将の兜が関係しているようで、神社のある土地にそうした伝説が伝わっていたのである。

境内にはそれらの伝説を物語る兜岩《かぶといわ》が、今も残っている。

竈神《かまどがみ》

竈神とは、火を扱う竈に祀《まつ》られる神様で、各地に見ることができる。

東北の、それも宮城県や岩手県といった地方では、かま親父、かま男とかよんで、粘土や木彫りでつくった仮面を、竈の近くの柱に祀る。この仮面は小さいものでも三十センチはあり、大きいものになると一メートル近くにもなる。どれも醜い顔をしているのが特徴で、目に鮑《あわび》の貝殻をはめこんでキラキラ光るものもある。こんな仮面が、竈の前で睨みをきかせているのだ。

この神様は、火の神であると同時に、農作の神でもあり、他に子供の神、牛馬の神、家族の守護神でもあって、生活全般にわたる家の神といえる。

以前私も、あるデパートで竈神の展覧会みたいなのを見たことがあるが、あまりにも霊が籠《こ》もっているようなのでほしくなり、五万円で買って今でも柱に吊ってある。

仮面には確かに霊が籠もっているものが多い。ニューギニヤの仮面でも、霊の籠もったものがある。霊の籠もったものはやはりいい。いつまでも奇妙な力みたいなものを持っていて、脳に突き刺さるみたいである。

がらんどん

熊本県天草《あまくさ》地方には、がらんどんとよばれる神様がある。今も龍ヶ岳《りゅうがたけ》町大道《おおどう》地区（現・上天草市）の丸田《まるた》に祀られているが、御神体は五十センチほどの自然石で、社殿どころか祠《ほこら》もなく（最近はあるようだが）、ただ、石で囲った上に平たい石がのせられているだけで、あまりにもみすぼらしい。この神を知らない者は、そのまま見すごしてしまうほど目立たない。

ところがこのがらんどんは、その見た目の質素さにかかわらず、地域の人々からはかなりの尊崇《そんすう》を受けている。それはこの神が盗難や殺人などの犯人探しの神様として、霊験あらたかなお方といわれているからである。

もし持ち物を紛失したり盗まれたりしたとき、がらんどんに願をかけさえすれば、ただちに犯人が現れるという。被害者が祈願すると、数日のうちにどこかで腹痛を訴える人が現れて苦しみ出す。よくよく調べるとその者が犯人だと分かるという。

がらんどんは質素で素朴な民間の神様であるが、盗難のときはたちまち人々に霊験をあらわし、名探偵のように活躍するヒーローなのである。

川倉地蔵堂《かわくらじぞうどう》

子供のころ、道ばたに小さな地蔵堂があるのをよく見かけたものである。よく静まりかえった森の道などを歩いていて、思わぬところに地蔵さんなんかが出現すると、何となくホッとしたものである。

その地蔵さんの巨大なやつが、この青森県金木《かなぎ》町川倉《かわくら》（現・五所川原市）にある地蔵堂である。色々な哀しみや、悩みを救ってくれるということで、現世から死後の世界のことまで、地蔵堂狭しとばかりに様々な形で願いが表現されている。戦争で死んだ息子を供養するものなのか、軍服や帽子をかぶせた人形もあり、本当にその息子がいるみたいである。

本堂の横には、巨大な地蔵さんが何でも叶えるような顔をして立っておられる。

松の木の下には、恐山からでも出張してきたようなお婆さんが、亡者の世界について細かに語っており、それが自信に満ちているので、うっかりすると現世にいるのかあの世にいるのか分からないぐらいの心地がする。

それにしても地蔵堂でお目にかかれる死後の世界は、手に触れられるようで（楽しいといってはいけないかもしれないが）、何となく楽しくなってくる。

木《き》の神《かみ》

木によっては、ガジュマルなどのように特定の妖怪の住処《すみか》となっているものもあるが、木は神の依代《よりしろ》であるとか、木そのものに神霊が宿る、といった考え方は古くからある。

日本神話によれば、伊邪那岐《いざなぎ》、伊邪那美《いざなみ》の夫婦神が万物を生んだというなかで、木の神は二番目につくられているから、その起源はかなり古いものだし、その大切さもしれる。

また、日本ではよく木の神が人間のような姿となって、人の前に現れるといった話が伝えられている。

神社や寺院にある樹神（神木）は、古多万《こだま》とよばれ、あたりの境内を守護する精霊として信仰されていた。

神聖とされた神木は、神が天から地上へ降りるための通り道になり、あるいは神の仮住まいとして、神の宿る憑代《よりしろ》（神が地上に現れるための媒体）だった。

そうした神木の特徴は、幹が二本にも三本にも分かれて霊感を発しているという。あるいは神社境内の聖域にある木、山の神を祀った木も神木であるという。

そういう神木に宿る精霊を木の神とよんでいるわけである。

夔《き》の神《かみ》

甲府盆地の北東部、大蔵経寺山の東に、美しいピラミッド形に見える神奈備《かんなび》型の御室《みむろ》山（神が籠《こ》もる山）があり、その東麓、東山梨《ひがしやまなし》郡春日居《かすがい》町鎮目《しずめ》（現・笛吹市）には、山梨岡《やまなしおか》神社が鎮座する。

神社には、牛と蝦蟇《がま》を合成したような姿の、一本足の奇獣の木彫が古くより伝わる。

七年に一度開帳され、雷除け、魔除けの神として信仰されており、その名を夔の神という。

夔は戦国時代の中国で書かれた『山海経《せんがいきょう》』に載る怪獣の名で、「東海の中に流波山あり、海に突き出ること七千里、頂上に獣あり、状は牛の如く、身は蒼《あお》くて角《つの》が無く、足は一つ。これが水に出ずるときはかならず風雨をともない、その光は日月の如く、その声は雷のよう。その名は夔……」と記され、『国語』魯《ろ》語篇にも「木石の怪は夔といい、水の怪は龍という」とある。

夔は山爺《やまじじい》や一本だたらのような日本の一本足妖怪のルーツともされるが、なぜこのような神が山梨県に祀《まつ》られているのかは、未だ謎に包まれているといわざるを得ない。

釘《くぎ》抜《ぬ》き地《じ》蔵尊《ぞうそん》

京都には、色々昔のものが残っており、かの安倍晴明《あべのせいめい》の「晴明神社」まであるのには驚いた。安倍晴明は今でも神社に化けて存在しているのである。

また地獄の案内役として小野 篁《おののたかむら》を祀《まつ》る堂があり、人形大の篁の像を見て驚いたが、この西陣にある釘抜地蔵尊も不思議な場所である。

要するに、苦しみを釘抜きで抜くように抜いてくれるらしい。

ありがたや
苦抜き地蔵の
みあかりを
絶やすまいぞへ
のちのみ世まで

と、石にありがたさが彫りつけてあり、お婆さんたちが、毎日のようにお百度参りをしている。

そして一面に釘と釘抜きが張りつけられてあり、見るからに異様だった。

これとても笑えない何かがあるのだろう。

クサビラ神《がみ》

滋賀県草津市の東に菌《くさびら》神社という社がある。クサビラとはキノコのことだ。

祭神は大戸道命と大戸辺命の二柱で、近隣の人々には「キノコの神社」で通っている。

舒明《じょめい》天皇の六三〇年ころ、このあたりにひどい飢《き》饉《きん》があり、人々は餓《が》死《し》寸前の状態に追いこまれた。そのとき、森やその周辺一帯に、それまではなかったキノコが大発生した。そのキノコは、芦《よし》や真《ま》菰《こも》などの枯れ草に生じたもので、食べられることが分かった。

人々は、このキノコを食べることで、餓死の難から免れることができたのである。

このキノコが当社の神域に発生したことから、これを神威の顕《あらわ》れであるとし、その感謝の気持ちをこめて、誰彼となく菌神社とよぶようになったといわれる。

滋賀大学の本郷次雄氏の見解では、住民を救ったという菌神社の「クサビラ」は、「おそらくヒラタケだろう」と推定している。ヒラタケは食用としても栽培されているキノコである。

こうした「菌」を名称とした神社は、他にはないようだ。

首《くび》塚《づか》大《だい》明神《みょうじん》

これは脳の病の神様ということで、現在では神経の病、ノイローゼなどに効験があるとして信仰する人が多いようだ。

京都の老ノ坂《おいのさか》峠の「首塚大明神」は大江山《おおえやま》の酒呑童子《しゅてんどうじ》の首を祀《まつ》った社である。

酒呑童子といえば、女性をさらい、人から金品を奪う盗賊の親分だが、もとは花山《かざん》天皇の侍医だったという説もある。

しかし、天皇が脳の病にかかったとき、治すことができずにお払い箱となってしまったので、一族郎党を引き連れて老ノ坂に立て籠もり、山賊になってしまった。

結局は帝の命を受けた源頼光《みなもとのよりみつ》に首を切られてしまったが、そのとき酒呑童子はそれまでの自分が犯した罪を悔い、死んだら脳を病む人々を助けたい、といい残したという。首塚大明神が、脳の病に効験があるとされる所以《ゆえん》である。

毎年四月十五日に行われる祭礼には、遠方からも悩める人がたくさん訪れるという。祈願する人は、自ら酒を断ち、首塚に酒を供えると効果があると伝えられている。

また、面白いことに首塚大明神は最近になって、競輪、競馬に凝る人たちからも信仰されているという。

熊神《くまがみ》

昔のアイヌの人たちには、どんな人にでも、かならず憑神《つきがみ》が一つ、最大で三つ憑いているといわれていた。しかし憑神は、生まれつきその人に憑いているだけではなく、後天的に憑くこともある。次の話はその一つの例である。

ある山へ山菜を採りに行った女性が、山中で熊（の神）とはち合わせになってしまった。女性は驚いたが、熊神は腹ばいになって苦しそうにしている。気を落ち着けてじっと見ていると、喉のまわりにダニが団子になってついているのが分かった。

近寄るのは恐ろしいことだったが、そのままにしておくのは忍びなく、ダニを一つ二つと取りはじめた。熊神は女性にされるがままになり、女性がダニをすべて取り終わると、ムクッと起き上がって山中に消えていった。

女性はほっとして家に帰った。その晩、夢の中に熊神が出てきてお礼をいい、さらに憑神になることを約束した。

以来、熊神は女性の憑神となってくれたらしく、間もなくよき夫を得て、多くの子孫に囲まれながら幸せに年老いたという。

アイヌの人たちは、憑神の数が多いほど有能であるといわれていたようだ。

黒仏《くろぼとけ》

岩手県紫波《しわ》郡のある村で、秘事《ひじ》念仏宗《ねんぶつしゅう》の至尊《しそん》仏を黒仏様という。

やさしい童形になって現れたり、気に入らないと、あちこちへ飛びうつったりする。

この地方では、黒仏は座敷童子《ざしきわらし》のような力を持つものと伝えられている。すなわち、これがいる家は栄えるというものである。

佐藤某という家の黒仏は、火事のときに仏壇から飛んで家の門前の池へ行き、蓮《はす》の葉にくるまっていたので、蓮葉の黒仏様とよばれるようになったという。

この黒仏は江戸時代のカルタに妖怪としての絵が見られる。黒くて愛嬌があるから、崇《あが》める仏様というよりは、土俗神に近いものがある。

いずれにしても、じっと鎮座しているのは苦手のようで、あちこちに姿を現す。

もっとも、形だけあって動きも何もしないものは、妖怪とはいえないから、そういう意味ではこれは生命のある生き生きとした妖怪といえるだろう。

鍬山大明神《くわやまだいみょうじん》

京都府船井《ふない》郡の亀岡《かめおか》盆地には、はるか昔、今の琵琶湖《びわこ》のような大きな湖があり、大蛇が多く潜《ひそ》んでいたといわれる。そこで、黒柄山《くろがらやま》において八柱の神と相談した出雲《いずも》大神は、

「あの浮田の峡《わたり》（保津峡《ほづきょう》）を鍬《くわ》で開削して水路をつくり、山《やま》城《しろ》国に水を流せば、広大な肥沃《ひよく》な土地が現れるだろう」

といった。その結果、現在のような平地が生まれたのだ。

そういう理由から亀岡の人々は、出雲大神を天岡山《あまおかやま》（雨降山）の麓《ふもと》に社《やしろ》を建てて祀《まつ》った。鍬を使用して峡を掘り開いたことから、「鍬山大明神」とよんで崇《あが》めたといわれる。

また、この開削に使用した鍬が山を成したことから、社を鍬山神社と名づけて祀ったとも伝えられており、この社は今も亀岡市上矢田町にひっそりと建っている。

鍬山大明神、つまり出雲大神は、神無月の出雲国での神集には出席せず、かわりに郡内にある八社がこの鍬山神社に会するのだという。というのも、この神がそもそも、出雲国の主神大己貴命であるからで、郡内の八社とは、あの黒柄山で相談した八柱（八人）の神を祀っている、それぞれ八つの神社のことである。

荒神様《こうじんさま》

火の神として、日本全国で信仰されている。

それで、囲炉裏《いろり》の間やカマヤに祀られることも多く、自在《じざい》鉤《かぎ》や囲炉裏に宿る神とも考えられている。

また、祟りやすい神といわれ、女性を嫌うともいわれる。いわゆる荒ぶる神だ。

役行者《えんのぎょうじゃ》が金剛山で修行中にはじめて感得した神だとか、主に修験道《しゅげんどう》と日蓮宗《にちれんしゅう》が祭祀《さいし》した神とも伝えられ、山伏や日蓮行者が各家に持ちこんで普及したとの説もある。

島根県八束《やつか》郡では、荒神様には藁《わら》でつくった蛇を供えるらしい。

ところによっては、牛荒神といって、焼け死んだ牛を荒神様に祀ることがあるという。

福岡県八女郡では、土間の中央の大黒柱と対する柱を荒神柱といって、ここに荒神様を祀るそうだ。

火の神として祀られるだけでなく、屋外で屋敷の守護神として祀られる例もある。

このように、荒神は、火の神として屋内に祀られるもの、屋敷神や集落の神として屋外に祀られるもの、また、牛馬の守護神的存在と、大体三つに分けられる。

ゴマンドサン

岐阜県の輪中《わじゅう》地帯は水害が多い。そういうところでは水神の信仰が盛んである。

福東《ふくづか》輪中の海松新田《みるしんでん》（現・安八《あんぱち》郡輪之内《わのうち》町）にはゴマンドサンとよばれる水神がある。御神体は多度《たど》神と一目連《いちもくれん》さんだ。名前の由来は、神主が祝詞を五万遍もあげて勧請《かんじょう》したとか、一万度のお祓《はら》いが五本立てられたとかの説があるが、定かではない。

ゴマンドサンの境内は、田園から六、七メートル高く盛り土がしてあるので、洪水のときの村の避難所となっている。地元ではこれを助命壇といっている。福東輪中と大吉輪中は、明治初年に統合されたが、それまでこのゴマンドサンは福東輪中の最南端にあり、水防の要所だった。

すなわち、洪水のときは、増水となって堤防が切れ、輪中に入った水を切って落とすところだったのだ。だからこの神社は、輪の内全体の水神さんであり、十月三日はゴマンドサン祭りとよばれる祭礼も行われている。

大垣市の輪中には、堤防に沿って、村ごとに水神さんの小さな祠《ほこら》が祀《まつ》られている。

全国的には、井戸やその他の水使い場に水神の祠を設けていることが多い。

子安神《こやすがみ》

安産を祈願する神で、コヤス様ともいわれる。

また、子供を授かりたいという人の信仰の対象ともなっている。

子安地蔵、子安観音というのもある。

自然石や、石像などが祀られていることが多いが、ところによっては、幼児を抱いた女神が神像となっている場合もあるようだ。

兵庫県有馬（現・神戸市）の有馬神社の前には、子安石という石があって、産期が近づいた婦人は、この石に向かって産をしたと伝えられている。この地域では、産に悩んだことがないのだともいう。

さらに、子安水、または子安清水とよばれるものもあり、愛知県の神社の境内の子安水は、安産の水ともいって、その昔、官女がこの水を飲んで安産したといういい伝えがある。

それで、現在でも、産婦に信仰されているようだ。

ちなみに、タカラガイ科に属する巻き貝の一種にコヤス貝というものがあるが、これは古くから安産のお守りとされたことから、そのような名前が付けられているのだという。

根源様《こんげんさま》

存命中、すでに「経営の神様」とよばれた松下幸之助。その幸之助さんが松下電器の繁栄を祈って、「宇宙の生成発展を司る力」を祀《まつ》ったのが根源様である。

以前、とある新聞のなかで、幸之助さんは、

「創業時の精神をなくすということは、会社の存亡に関わること。そこで私は、その精神を忘れないよう、毎朝のように『根源様、根源様……』と合掌するのです」などと語っておられた。

すなわち、「初心忘れるべからず」という精神を、神様として祀ったということなのだろう。

慢心すると失敗するというのは、昔からよくいわれていることである。

この根源様を祀った社は、松下電器の迎賓館《げいひんかん》といわれる真々庵《しんしんあん》、PHP研究所、本社の創業の森の三カ所にあり、本社内では総務部によって毎月五日例祭が営まれている。

スーパー経営者の幸之助さんが目を光らせているのだから、会社霊としては最強。

不況で苦しむ会社はあやかりたい？

佐助稲荷《さすけいなり》

かつて武家政治の中心地だった鎌倉に、隠れ里とよばれる小高い山に囲まれた土地がある。そこに佐助稲荷が祀《まつ》られているのだ。

鎌倉幕府の初代将軍である源　頼朝《みなもとのよりとも》は、幕府を開く以前、平治の乱に敗れたために、伊豆《いず》の蛭ヶ小島《ひるがこじま》に流されていた。

流人となった頼朝は、源氏《げんじ》の再興を日々考えていた。そんなある夜のこと、夢枕に一人の老僧が現れた。その老僧は、

「有志を募《つの》って兵を起こし、朝敵（平家方）を滅ぼすのは今しかない。私は鎌倉に鎮座する稲荷の神霊である。時節が到来したのを知らせにきたのだ」

といって消えてしまった。

頼朝はこれを機に兵を挙げた。稲荷の神霊の加護《かご》を受けた頼朝は、見事に平家を討ち滅ぼして、鎌倉の盟主となったのである。

このときの神霊を祀るために、畠山重忠《はたけやましげただ》に命じて、銭洗い弁天《ぜにあらいべんてん》の近くに稲荷の社を造営させた。これが佐助稲荷の由来である。頼朝の肩書である前右兵衛佐を助けたことから、佐助稲荷とよばれるようになったという。

歴史を動かすくらいの人物には、どういうわけか、神様たちが応援してくれるものらしい。

山神《さんじん》

ぼんやり講談社の『本』という小冊子をめくっていると、高橋喜平という方が「山の神のこと」というエッセイを書いておられた。

それによると、昔、林業試験場の山形分場に勤務しておるころ、友人の一人が大切な時計を山の中へ落としたという。「惜しいだろうけれどもあきらめろよ」と話していると、職員の一人が、「そんなの、わけはないよ。山の神様にお願いすればかならず見つかる」という。

そこで、その職員を連れて失った山に入った。彼は小高いところに行くと小便をやりながら、「山の神様、大事な時計を落としましたから、探して下さい」といってあたりを見まわしていた。

「あ、あった」と叫んで二十メートルばかりのところを指した。私は夢ではないかと彼の指す方向を見るとちゃんと時計があった——。

そのとき高橋氏は、山の神の不思議さに感動しながら、これはけっして偶然ではない、何かを感じたのである、と記されている。

山の神でも妖怪でも「何かが」感応するのだと思う。

獅《し》子《し》頭《がしら》様《さま》

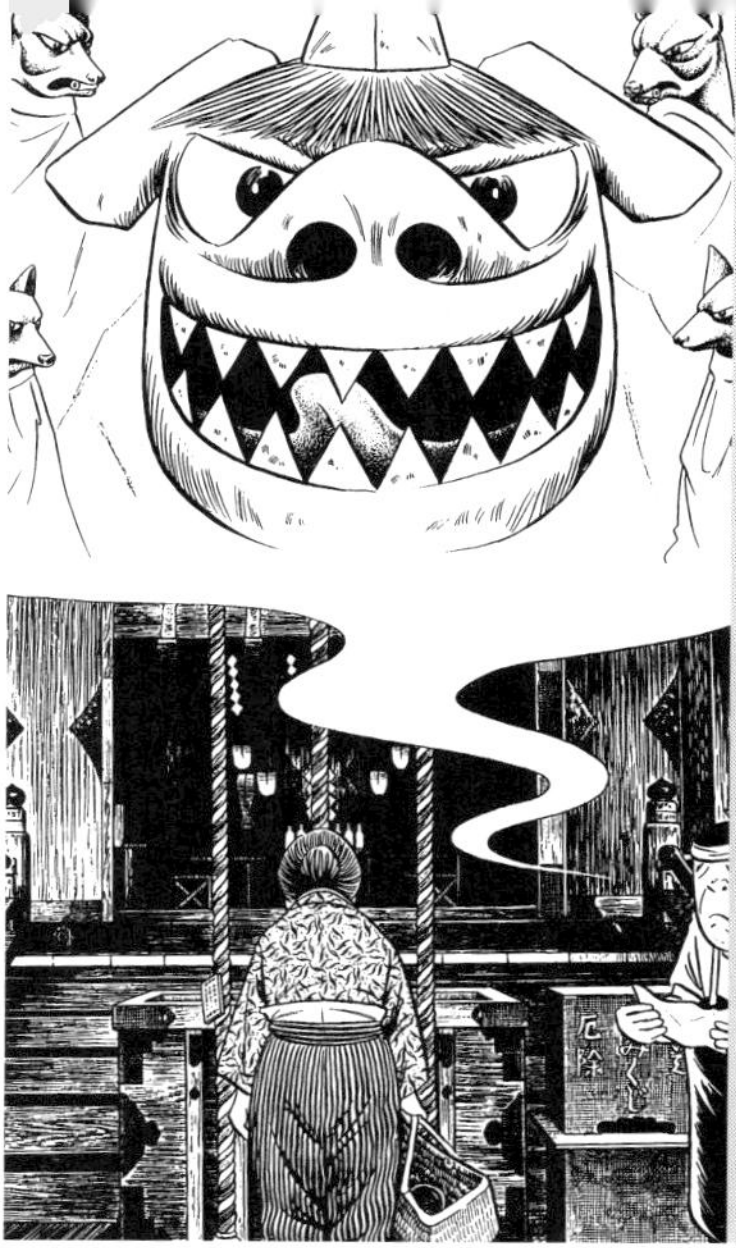

稲荷《いなり》の御神体が海を鎮《しず》めたという、東京築地の波除《なみよけ》神社。その社宝の中に、日本一の「厄除天井大獅子」がある。江戸時代に一度焼失したものだが、樹齢三千年の黒檜《くろべ》の原木を用い、現代の名工が甦らせた。

獅子頭の形を成したのは新しいが、何しろ樹齢三千年を数える霊木だ。パワーでは「大家」のお稲荷さんに匹敵するかもしれない。波除神社が築地魚市場の一郭にあることから、魚の供養と漁業の安全を守護する。

獅子頭にまつわる不思議な話は、各地に色々と伝わっていて興味が尽きない。

東京都葛飾区柴又にある柴又八幡神社には、三つの獅子頭が奉納されている。柴又の名主の家に代々秘蔵されていたものだが、あるとき、夜な夜なこの獅子頭が動きまわり、米倉の米を食い荒らすようになった。気味が悪いので江戸川に投げ捨てたところ、三つの獅子頭は流れを遡って土手まで這い上がってきた。そこで獅子頭の霊威を感じた主人が、八幡神社に奉納したのだという。疫病が流行ったとき、この獅子頭で獅子舞をすると、病人がたちどころに治り、疫病の流行も収まったそうで、今では疫病除けに利益があるとされている。

地蔵憑《じぞうつ》き

福島県相馬郡《そうま》、石川郡あたりでは、病人が出たときや紛失物があったときなど、女たちが集まって、その中心に御幣《ごへい》を持たせた子供を立たせる。

そして女たちが一斉に、「南無地蔵大菩薩《なむじぞうだいぼさつ》　おつきやれ地蔵さん」といって責め立てる。

すると子供は催眠作用からか御幣を震わす。このときに薬の処方や医者のいる方角、紛失物が見つかるかどうかなどを尋ねることを地蔵憑きといっている。

同地方では、これと似たことを子供同士でもやっていて、こちらは地蔵遊びという。

一人の子供に、親指を隠して南天《なんてん》の葉を握らせ、顔にあてて座らせる。その子供を取り巻いて他の子供たちがぐるぐるまわりながら、「南無地蔵大菩薩」と唱えると、その子供の持つ南天の葉が揺れだす。

すると、「それ、地蔵様がのり移った」ということになって、やはり失ったものなどのことを尋ねるのだという。

地蔵憑きでは、地蔵を憑ける人は子供だけとはかぎらないようで、娘や老婆の場合もあったそうだ。

柴神《しばがみ》

柴折神《しばおりがみ》、または柴取《しばと》り神ともよばれ、この神に柴をあげると旅の疲れが治るという。

主に西日本でいう通行の安全を守る路傍《ろぼう》の神で、祠《ほこら》や自然石、古木などの目印がある場合が多いそうだ。

たとえば、山道を歩いているとき、急に疲労感が出たり、飢えを感じたりすることがある。それはヒダル神や餓鬼《がき》が憑《つ》いたためかもしれないが、そんなときでも柴神に柴を捧げると治ってしまうといわれていた。

土佐《とさ》(現・高知県)では、左からきたのであれば左側にある木の枝、右からきたのであれば右側にある木の枝を捧げるものだといわれている。

足の疲れが治り、足が軽くなることから、足軽様という名でよぶ地方もある。

福岡県では、この柴神は山の神とも考えられており、山に狩りに入って獲物があると、獲物の心臓の端を切りとって柴神に供えるという。

『日本民俗事典』によれば、この柴神信仰は、古代の自然崇拝や精霊崇拝などで、山を聖地とする考え方や畏敬の観念といったものが、後世に残ったものではないかと指摘している。

ショウキサマ

疫病神《やくびょうがみ》と貧乏神を追い払う神として信仰されている。福島県西会津《にしあいづ》地方や新潟県東蒲原《ひがしかんばら》地方では、ショウキサマの祭礼は、村をあげての行事となっており、ショウキサマはみなでつくるのだという。

このとき、藁《わら》の束に、身体の悪い部分を書いて持っていき、ショウキサマをつくるときに同じところに使うとよくなるといわれている。

東蒲原郡大牧《おおまき》では、昔はショウキサマには男女一体ずつあり、明治の中期に悪い病気が流行り、川下に祀《まつ》っていた女のショウキサマを川に流したという話が伝えられている。

現在、ショウキサマつくりは三月二日、祭礼は三月八日となっているようだ。

ショウキサマが完成すると、その前で直会《なおらい》が行われ、それからショウキサマをみなでかついでお堂まで行く。

東蒲原郡の別の村では、村の上下の境にある杉の木に、男女のショウキサマを立てて厄除《やくよ》けとしているそうである。

ちなみにショウキサマとは鍾馗様のことで、本来は中国の民間信仰の神様である。

シロマタ

シロマタは、沖縄各地で行われるプール祭、つまり豊年祭に登場する神である。この祭りにはシロマタの他に、アカマタ、クロマタという神が登場するが、土地によってはその登場する数が異なるという。

西表島《いりおもてじま》の古見では、そのうちのクロマタの由来を説く伝説がある。

昔、ある家の息子が、猟に出たまま戻らないことがあった。息子は死んだのだと、母親があきらめていると、しばらくした嵐の晩、家の外から息子の声がした。母親が驚いて話しかけると、息子は、

「私は神になりました。会いたければ、六月はじめの壬の日にどこそこへきて下さい」

といった。母親がいわれた日にそこへ行くと、わずかな時間ではあったが、息子の姿を見ることができたのである。

以来、豊作の年は村の近くに、凶作の年は遠くに息子が現れるようになった。村人たちは、何とか村の近くにきてほしいと考え、神（息子）が豊作を約束してくれるように願った。これが豊年祭のはじまりだという。この息子こそがクロマタという神で、シロマタ、アカマタはその神の子供だという。

神鹿《しんか》

鹿は神の依代《よりしろ》であると、古くから伝えられており、肥前《ひぜん》（現・佐賀県、長崎県）の神島《かみしま》では、そこに棲息《せいそく》する鹿は神様の使いであるとして猟師でも捕らえることをしなかった。

ところがあるとき、ある男が神威を信じず、銃を携《たずさ》えて神島へ出かけて行った。

すると、間もなく一頭の鹿が目の前に現れたので、一発を急所に向けて放った。しかし、確かに命中したはずなのに、鹿は苦しむ様子を見せない。男はさらに第二弾を撃った。それでも鹿は平気な様子でいる。

いまいましい奴めとばかりに三発目を撃とうとして銃をかまえたところ、山の中から無数の鹿が現れ出て、男を二重三重に取り囲んだ。これにはさすがの男も恐ろしさを感じ、銃を負ったまま、足にまかせてかろうじて逃げ帰ってきた。

このとき友人らは、男の様子を怪しんで、

「神島ではどんなことがあったか」

と尋《たず》ねた。男は平静を装って、別に大したこともなかったと答えたが、顔色がただごとではないのは誰の目にも明らかである。そこでみなが問いつめたところ、男はようやく白状したが、男の話を聞いて、みなその神威の著《いちじる》しさに舌を巻いたという。

神農《しんのう》さん

武田薬品工業など、大手製薬会社の密集する大阪の道修町に、少彦名神社がある。少彦名命は日本の薬の神様だが、その少彦名命とともに祀《まつ》られているのが、神農氏なのである。

　どういうわけか、市民には少彦名神社という名前よりも、「神農さん」の名で親しまれ、毎年十一月二十二日、二十三日の神農祭は、張り子の虎のついた笹を求める人で大変な賑わいを見せる。この笹は、病気除けのお守りになるという。神農氏というのは中国の伝説上の帝王で、野山を歩いて薬草を見つけた漢方の祖であるという。その姿は、人身牛首といわれ、口に薬草をくわえている。

　副作用を隠して薬を売るような会社には天誅を加えるが、地道な研究を続ける会社には守り神として経営を助ける。神農さんが降りてきて取り憑き、思わぬ幸運を授かることもあるから、日ごろの信心こそ大切なのかもしれない。

　江戸時代以前には、薬の販売は固定の店舗を持たずに露天で商売をする大道商人が行っていたという。大道商人は香具師のことでもあるので、神農さんは香具師の守護神としても信仰されている。

水神様《すいじんさま》

水を司る神で、井戸やその他の水まわりに祠《ほこら》を設《もう》けたりする。

水の事故が多いところでは、ナスやキュウリなどを供えることもある。

生まれた子供を「水神様参り」といって井戸神に連れて行って参ることも行われているようだ。

神奈川の横須賀では、生後十一日目に参るという。穢《けが》れを払うためらしい。

東京の新島《にいじま》では、水神柱とよばれる柱があって、そこに水神様を祀《まつ》るという。ここでの水神様は、主婦の祀るべき神だといわれ、正月には鏡餅を供え、これは主婦が食べるものだとされているようだ。

同じく東京の水天宮《すいてんぐう》は、水神のみならず、安産の神として、参拝者を集めている。

水車とか貯水池を村共同で持つところでは、「水神講」なるものがあり、水神の祭りを共同で行ったりするらしい。

水は人間が暮らしていく上では欠かせないものだから、その水を司る神様に対して、昔の人々は特別な敬意をはらってきたのだろう。そのため、水辺にはかならずといっていいほど、水神様が祀られている。

スネカ

スネカは岩手県の陸中《りくちゅう》海岸寄りの土地で、正月十五日に現れる。

怠け者の証拠とされる脛《すね》に生じた火斑《ひはん》を剥《は》ぎ取るというもので、今は年中行事ともなってしまった有名な秋田県男鹿《おが》半島の生剥《なまはげ》も、本来は同種のものである。

生剥は元々ナモミハゲというものであって、「ナモミ」というのは秋田の方言で、やはり長いこと火にあたってばかりいるものの皮膚《ひふ》に生ずる斑紋《はんもん》のことである。だから、手にはそれを剥ぎ取る包丁を持っているのだろうが、本物がそんなものを使ったかどうかは定かではない。

岩手でもスネカというのは南部だけであって、これが北部になるとナゴミとかナゴミタクリとかいうようである。

宮古市では、ナゴミは水木の小枝でつくった笛を吹きながらやってきて、戸をがらがらと鳴らして、庭から、「泣く子はいねえかあ、セッコキ（怠け者）はいねえかあ」とどなって入ってくるという。

スネカというのは「脛《すね》かっちゃぎ」の略ではないかといわれている。

北陸などに出るアマメハギというのも同じ系統のものだろう。

スネカの行事《ぎょうじ》

岩手県の主に沿海の村々で、正月十五日の晩、怠け者を懲《こ》らしめにやってくる者をスネカという。

恐ろしい木の面を被り、家々をまわって、脛《すね》の火斑《ひはん》を引き剝《は》ぐといわれている。

家を訪れるときは、戸をガタガタと揺らしたり、または爪でひっかいたりする。

中に入るとその家の子供と、「おとなしくするか」などと問答をするので、子供からは恐れられている。

岩手県気仙《けせん》郡吉濱《よしはま》（現・大船渡市）では、二、五、七にあたる年を厄年と定め、この厄年にあたる男たちが木の鬼面や蓑《みの》を着てスネカに扮するという。

このときに使う面の材料は、何でもいいというわけではなく、山奥で発見した気味の悪い形をした木を使ってつくるという。

この面はそれ自体が魔除《まよ》けとなるそうで、人々は大切に保管するそうである。

スネカには子供たちが扮することもあり、その場合は各自がボール紙に色を塗って鬼の面をつくる。

銭洗《ぜにあら》い弁天《べんてん》

鎌倉の隠れ里とよばれる場所に、銭洗い弁天がある。

正しくは銭洗弁財天宇賀福《うがふく》神社で、四方を崖で囲まれ、洞窟を潜らないと辿り着けない。隠れ里とは、よくいったものである。

ここの境内に洞窟があり、その中でこんこんと清水が湧いている。その清水で金を洗うと御利益があるというので、銭洗い弁天の名があるのだという。

人間の運命も不思議なかぎりであるが、とくに金運というのか、意味もなく金がバカバカと入るのと、意味もなく金が消えて行くのでは大いに違う。

金運というヤツも、よく考えてみると、かならずしもリクツだけでは割り切れないところがある。

そうした不安感みたいなところを巧みについたのが、この鎌倉に祀《まつ》られる銭洗い弁天なのだろう。

とにかく株券でも札束でも、この水に浸すと三倍、五倍に膨れ上がるというのだから、善男善女があとを絶たないのも無理からぬことである。

私がお参りしたときは、ものすごい線香の匂いと煙とでまず驚かされたものだが、それにしても摩訶《まか》不思議な水ではある。

蒼前神《そうぜんがみ》

馬の保護あるいは守護神。主に東北地方で多く信仰されている。

馬を飼っている家では、馬小屋の入口に、馬を描いた札などが貼ってある。

岩手県九戸郡地方では、十二月九日が蒼前の日といわれ、馬のみならず牛を飼っている家でも、かならずお供えものをするらしい。

また、農家によっては、お蒼前様を台所の隅に祀《まつ》っているところもあるという。

岩手県滝沢《たきざわ》市の駒形《こまがた》神社には、次のような伝説がある。

旧暦五月五日には、代掻きをしてはならぬといわれていたが、ある農民がその禁を破ってしまった。

すると馬が暴れ出して、鬼越峠で立ったまま死んだ。

それを峠から少し下がった場所に葬って蒼前として祀った、というものだ。

盛岡の観光行事として知られる「チャグチャグウマコ」も、もとは守護神から霊力を受けるための信仰行事だったという。

ソキサマ

秋田県山本《やまもと》郡峰浜《みねはま》村大信田《おおしのだ》（現・八峰《はっぽう》町）では、ソキサマは村に疫病などが入ってこないように守ってくれる神だという。六月の田植えが終わると、このソキサマをつくる。それが毎年の習慣のようだ。

ソキサマは、自然木や藁を用いてつくられるが、高さは三メートル以上という、かなり大きなもので、目は鮑の貝殻で、髭には馬の尻尾が使われるという。

時代とともに、こうした人形神の性格も変わってくるのか、近年ではソキサマは交通安全の神としての信仰が篤いようだ。

だから、入学式のときに、もう一体つくるのだという。

このソキサマは、鍾馗《しょうき》様のことだと思われる。

もともと鍾馗は中国の道教系の神様で、日本では室町時代あたりから、災いをもたらす鬼や疫病神を追いはらう神として信仰されたという。

現代でも、五月の節句のときに、鍾馗の人形やその姿を描いた幟《のぼり》を飾るが、これも悪鬼や病気除けの意味がある。

東日本では、村の境などに大きな魔除けの藁《わら》人形を作る風習があり、それを様々な名前でよんでいる。ソキサマもそうした名前の一つになるようだ。

袖《そで》もぎ様《さま》

袖もぎ様という神は、路傍の神の一つで、この神のいる前をうっかり通ると袖をもぎ取られてしまうという。

また、この神のいる前で転んだときは、後に災いがくるのを避けるため、片袖をちぎって供えなくてはならないとされていた。

徳島県には、袖もぎ様を祀《まつ》る祠《ほこら》があり、そこではとくに転ばなくても、前を通るときは片袖を取って供えなければならないとされている。

香川県三豊郡（現・三豊市）では袖モジキとよばれ、旅人がこの神に木の枝を折って手向けるという習わしがある。

こうした性格は、むしろ行路の安全を祈って柴や草を手向ける柴神と同じであるようだ。

この他にも、日本全国にはソデモギやソデキリとよばれる地名が多くある。

千葉県成田市の旧成田街道には袖切坂とよばれる坂が、静岡県浜松市都田町には袖切橋があるが、もしこの坂や橋で転べば、かならず袖を切り捨てなければならなかった。そうしないと、後に災厄にあうからだという。

このような坂や橋も、袖もぎ様を祀った場所なのだろう。

田《た》県《がた》神《じん》社《じゃ》

日本は生殖器崇拝が珍しくなかったようで、日本全国あちこちにそうしたモノを祀る場所がある。

岩手県遠野市では金精《こんせい》様なる巨大な石製の一物が祀られているし、鳥取県の大山町では木の根神社といって、男根そっくりの木の根っこを祀っている。

いずれも、夫婦円満や子孫繁栄などの願いを叶えてくれるという。

以前、私は愛知県の田県神社に行ってみて、驚いたことがある。それは巨大な一物が祭られていたからだ。

奉納された一物の形は様々であり、木とか石とかでつくられたものや、絵がたくさんおいてあった。

それは大昔から「霊力」があるとされ、しかも多産の原動力だから、崇められるのも当然だと思った。

また、話は変わるが、近くの町を案内した女性の運転手さんは、道の真中にある奇妙な木について詳しく話してくれた。

すなわち、その木を切ろうとすると、死んでしまうというのである。今まで三人死んだので、そのまま道の真中に生やしてあるという。その木はある種の「霊力」があるのだろうと、私はその不思議な木を撫でまわしてみたが、別段、普通の木と変わってはいなかった。

だきつきばしら

会津若松の郊外の恵隆寺に古い千手観音がある。その脇に大きな柱がある。

これは一名「だきつきばしら」ともいって、これに抱きつくと、「ぽろりと枯れ葉が落ちるように、何の苦しみもなく往生できる」というので、昔からたくさんの老人が抱きついて、柱は黒光りしている。

柱のまわりには、身についた苦しみを観音様に納めると称して「櫛」だらけである。

そこへ女の霊の籠もった大切な髪なども捧げられており、私はその異様な光景に驚き、しばし立ちつくした。

一千年以上を経た黒光りする柱を見て、目に見えない何かを感じた。いや、確かに形はないけれども、不可解な「気」に満ちていた。

苦しまずにあの世に行けるという御利益は、少なからず需要があるのだろう。

そのため、「ぽっくり寺」などと称する寺もあり、お参りをすれば苦しまずにぽっくり往生できるというので、これがなかなか繁盛しているようである。

滝霊王《たきれいおう》

鳥山石燕は『今昔百鬼拾遺』に滝霊王という不動明王によく似た精霊を描いている。そこには、「諸国の滝壺よりあらわるるといい、青流疏（京都の青龍にあたる鴨川上流域）に、一切の鬼魅諸障を伏すという」と書かれている。どうやらこれは、次の伝説がモデルになっているようなのだ。

不動明王の御姿を見たいと願う比叡山東塔無動寺の相応という僧が、安曇川に清滝を見つけて修行をしていた。すると一人の老翁が現れ、こんな場所に何をしにきたのかと尋ねた。相応が、

「私は不動明王の御姿を拝したいと願って修行にきた」

と答えると、老翁は感歎し、この一帯の地を相応にゆずり、相応をこの山の領主にしたいといいだした。さらに老翁は、

「以後私が仏法の修行者をお守りいたします。私は信興淵大明神と申します」

といって姿を消した。

その後、滝の中に炎に包まれた不動明王の姿を見た相応は、滝に飛びこみそれを抱きあげ、石の上に安置して拝すると、炎は消えてそこにあるのは樹木だった。後にそれを尊体とし、葛川息障明王院を開いたという。

焼《たく》火《ひ》権《ごん》現《げん》

古くから海上安全の神として信仰されている島根県隠岐の焼火神社には、次のような由来が伝わっている。

その昔、承久の乱（一二二一）で後鳥羽上皇が隠岐に配流されていたときのことである。

漁に出た後鳥羽上皇だったが、途中で暴風に遭ってしまい、進退きわまってしまった。そこで上皇は歌を詠んで祈念したところ、波風はおさまり、さらに海中より神火が現れて船を誘導したので、無事に陸へと戻ることができた。喜んだ上皇は「灘ならば藻塩焼くやと思うべし　何を焼く藻の煙なるらむ」と詠んだ。すると、見知らぬ翁が近よって、

「さきほどの歌、『藻を焼く』といえば、もう『何を』と問いかける必要はないと思われます。あれはただ、『何を焼く火の』と詠めばよいのではないでしょうか」

と語った。上皇が驚き、思わず名を問うと、

「私はただ、ここに久しく住んでいる者です。今後も海船を守護しましょう」

といって、姿を消してしまった。そこで上皇は、この地に祠《ほこら》を建て、空海が刻んだという薬師仏を安置したという。

今でも旧暦十二月二十九日になると、海中より神火が現れ、境内の灯籠に入るといわれる。

蛸神様《たこがみさま》

昔、草刈りをしていた女が蛸を見つけ、八本足のうち一本を切ってしまった。

そのときの七本足の蛸を祀ったのが、岩手県九戸郡野田村米田の蛸神様である。

海辺には八大龍王がすんでいるといわれている沼があり、そこの傍らに蛸神様の祠がある。

毎年九月十九日は蛸神様の祭礼が行われるが、その日の前後には、決まって海が荒れるそうだ。

荒波によって沼から流れだす川が塞き止められると、そこは大沼と化す。すると、沼の一部が気味悪いほど青白く濁る。

村人たちはそれを見届けると、「蛸神様が沼に入られた」といって、祭りをはじめるのだという。

このあたりでは蛸は神様であるわけで、漁師たちの間では漁の守護神ともされている。当然、氏子たちは蛸を食べないそうだ。

蛸を神様とするのは、他にも愛媛県にあるが、こちらはイボを取ってくれる神様だという。

イボが取れると、お礼に蛸の絵を奉納するのが通例になっている。

七夕神《たなばたがみ》

七夕神は農夫の神であると、相模国（現・神奈川県）ではいわれているようだ。

七月七日に七夕祭りをするのは（日にちが違う場合もあるが）一般化しているが、同地方では、七月八日の朝に、七夕の笹を田の水口に立てるという。これは、害虫などの除災の呪いであるといわれている。

埼玉県では、真菰の葉を干したもので「タナバタウマ」というものをつくるが、これは七夕様の乗る馬と伝えられる。

東京の北多摩では、こうした馬の下に背負い籠を伏せ、その上にうどんと饅頭を入れた重箱を載せて供えるという習慣があるようだ。

こうした馬を、七夕様の乗り物だとするところは多い。

また、徳島県三好郡では、七夕様は初物が好きだから、七月七日に供える畠物は、どこから取ってきてもよい、などといわれている。

神奈川県で農夫の神とされる七夕神の素性はよく分からないが、一般的に七夕神といえば、織姫の名で知られる棚機津《たなばたつ》女《め》になるようだ。

多爾具久《たにぐく》

多爾具久という神様について『古事記』には次のように記されている。

大国主命《おおくにぬしのみこと》が出雲（現・島根県）の美《み》保埼《ほのさき》にいるとき、小さな神が小さな舟に乗ってくるのを見た。大国主命が供の者に聞いたが、誰にも分からない。そこへ、多爾具久が進み出て、

「きっと久延毘古《くえびこ》が知っているだろう」

といった。久延毘古を呼んで聞いたところ、「少名毘古那神《すくなびこなのかみ》である」

と答えた。そこで大国主命と少名毘古那神は兄弟の契りを結び、国作り、国固めをされた。この多爾具久とは、蟾蜍《ひきがえる》のことである。

昔から蟾蜍すなわち蝦蟇《がま》は山の精を食べているので、「人これを食すれば、仙人たるべし」などといわれ、また蝦蟇は神通力があり、これを殺すと、憑いたり、祟ったりするといわれる。

蝦蟇に憑かれると、耳をくすぐられたり、場合によっては耳の中で甘酒をかもされる。とくに気の荒い蝦蟇にかかると、目や耳を悪くされるといわれる。また、髪の毛をむしり取るものもある。いまでも福岡県久留米地方には、そういういい伝えが残っている。

田《た》の神《かみ》

これは稲を司り、豊かな実りをもたらす神であると信じられている。だから、どこの土地でも田の神は信仰の対象となっている。

能登半島の珠洲地方では、田の神の祭りがとくに盛んで、田の神は長い間土の底にいて目が悪いからといって、食べ物をいちいち説明して供えるところもあるという。

また、鹿児島県の方では、他の村の田の神を盗んでくると、霊験あらたかだというので、こっそり田の神の石像をかついでくる。そのあとには、落とし文と称するものを置いておき、数年たって威儀を正して、村と村との間に、この石像の返却式が行われるという。

九州地方にはこの田の神の像が田の畔などに多く見られ、祭礼も盛んに行われている。

稲作期間が終わると、田の神は山に入って山の神になり、また春になると山から帰ってきて田の神になるなどということも、全国的に多くいわれていることである。

しかし、ここでいう山の神というのは、山で生活する人たち、すなわち猟師や炭焼きたちが信仰する山の神とは、また少し違ったもののようである。

杖立様《つえたてさま》

高知県では山の旧道の峠道に祀る杖立様というものがあり、峠を越す人が持っている杖を供える風習があった。杖立様は柴折神のように通行人の守り神ともいわれるが、その由来は柴折神とは異質なものである。

吾川郡名野川村（現・仁淀川町）を通る旧道には、杖立様あるいは杖立地蔵とよぶ石が立てられており、それはある落武者の霊を祀ったものと伝えられている。

高岡郡の横倉山から別府村（現・仁淀川町）に通う間道にある杖立様は、道端の大岩の上に祀られているが、その由来は次のような話である。

昔、ある者が、旅の座頭を大岩の上から突き落として殺し、所持していた金を奪い取った。するとその座頭の祟りで、盗人の一家はみな死に絶えた。それ以来その殺された場所の大岩を座頭岩とよんで、ここを往来する村人が供養のために杖を供えるようになったという。

このように杖立様の信仰には、一種の死霊信仰の趣があるが、人に害する存在とは考えず、十分供養された後、人々を守護する神に変容したものであるようだ。

憑神《つきがみ》

かつてアイヌの人たちは、すべての人に憑神が憑いているとし、その異なる憑神によって人の性格も異なるのだといわれていた。憑神というのは、その人が生まれるときに世話をした神々なのだそうで、蛇や、熊、鼬、コウモリ、蜂などと様々である。

先天的に憑いている憑神と、後天性の憑神があるそうで、人を守護するものもあれば、害をなすものもあるらしい。

先天的に憑いている憑神は、複数の場合も珍しくなく、数が多いほどその人は有能であるという。同時に、守護霊的な役割も果たす。

また、後天性で人を守護する憑神といえば熊神が、同じく後天性で害をなす憑神はコシュンプがある。

日高沙流川あたりでは、体の弱い女性は、丈夫になるために蛇の憑神を授けてもらうという。

古老が荷縄か柳の削りかけで蛇の形をつくり、火の神に願ってから穀物の殻を捨てる糠捨て幣場（ムルクタスサ）に行って、守り神である蛇から魂を受け取る。それを病弱な人の肩においてお祓いをすると、それまでその人の健康を損ねていた魔物が蛇神に追い出され、改めて蛇神が憑神となって憑くのだという。

手《て》足《あし》の神《かみ》

よく地方の村々を歩いていると、歯痛の神だとか、頭痛の神だとかいう不思議な神様に出会うことがある。この手足の神というのは、手足の怪我や病気を治してくれる神様なのだ。

私は秋田県南秋田郡若美町（現・男鹿市）での手足の神を見たことがあるが、そこには木や石でつくった手足が山になっていて、驚いたことがある。

おそらく神経痛とか、手足の病気の人が手足の形をつくって、名前を書いてもっていくと、何かの御利益があるということで、様々な手足の山となったのだろう。

神様はどんな形をしているのだろうかと、石でできた小さな祠を覗いてみたが、中の方には何も入っていなかった。

岡山の方では、足の神様ともいうべき足王様というのがあり、足を病んだ者が木や石でつくった足を供えて祈願するのだという。

岡山県阿哲郡上刑部村（現・新見市）では、足を病んだ者が「足王様　何の年　某」と書いた杖を道端に立てておくと、通りすがりの者が順送りに足王様のもとへ届けてくれるといったシステムもあったらしい。

道通様《どうつうさま》

この妖怪、いや、神様は、島根県ではトンバイ、広島県ではトウビョウとよばれる一種の蛇で、頸部に白、または薄黄色の輪のある黒色の小さい蛇で、それがひどく人間に祟ったり憑いたりする。

妖怪と神様の中間に位置する妖怪神ともいうべきもので、この道通様の場合は、それを管理する祈禱者すなわち巫女の活動によって生々しく活躍するわけである。

以前、私が岡山県の笠岡市の道通神社に行ったとき、小人の家のような道通様の家を見て驚いた。まるで小人の町みたいに集落をなしており、蛇の好きな卵などが供えられているのである。

蛇は昔から鼠の天敵として、人間にはかりしれない利益をもたらしたことから、かなり感謝され尊敬もされていた。

いつしかその蛇たちが神通力みたいなものを持っているとされ、信仰の対象となると、その摩訶不思議な力が逆に人間に害を与えるなどと想像されたようだ。

神社などでさも本当らしく蛇の魔力を説かれると、触らぬ神に祟りなしで、卵の一つも供えたくなるわけである。

トキの神《かみ》

鹿児島県および熊本、宮崎両県南部では、トキと称して、伝染病が流行したり、火災があったりしたときなど、村民が集まって行う行事がある。

また月々とか一年に一回とか二回とか日を定めて、村の全戸が仕事を休み、団子や餅などをつくって会食する。これもトキといっている。

鹿児島県曽於郡末吉町（現・曽於市）南之郷や高田では、旧暦四月三日にトキを行い、餅をついて藁苞に入れ、箸を添えて木戸に吊る。

これはトキの神である鳥に供えるためで、鳥は凶事などを告げ知らせ教えるといわれる。

かつてこの鳥の予言を無視してトキをしなかった者が、洪水で田を失ったという。

さて、それではトキの神とは一体何なのか、ということになるが、前出の末吉町では烏をトキの神としているものの、烏は山の神の使いであるとするのが一般的のようだ。

トキという言葉は祭礼そのものをいうらしいから、トキの神とはいっても、そのような神がいるのではなさそうである。

トシドン

トシドンは年神様と伝えられ、鹿児島県の西の島では正月様の別名とされて、普段は天道にすむという。

下甑島瀬々野浦では大晦日の晩になると、首切れ馬に乗り、鈴を鳴らして付近の山に降り、そこからやってくると信じられている。トシドンは天狗のように長い鼻を持ち、白髪の老人の姿であるという。

下甑島では今でも大晦日の晩に現れる。といっても、祭礼行事でのことだ。子供のある家では、あらかじめトシドンに扮装する人を頼んでおいて、天狗のような仮面と藁蓑を着け、シュロやソテツの葉の髪の毛を振り乱した姿で、晩方にきてもらうのである。

トシドンは家々をまわって、悪い子を懲らしめ、改めるよういい聞かせる。それから歳餅（年玉の餅）という餅を与えて帰って行く。この餅は年を一つ取ることができる餅といわれ、貰わぬと年を取れぬと信じられている。歳餅はいわゆるお年玉である。

先のトシドンの場合、大晦日の晩に首切れ馬に乗ってやってくるといわれるが、徳島県の夜行さんとよばれる妖怪も同じ出現の仕方をする。多分夜行さんはこのトシドンの零落した姿なのかもしれない。

土用坊主《どようぼうず》

神奈川県津久井郡青根村（現・相模原市）で、土用になると邸地内に現れるといわれている。

その間は、土いじりも草むしりもしてはならない。それは土用坊主の頭を引っかくことになるからだという。

すなわち土用坊主は（少なくともその間は）土地の霊ということになるのだろう。

土地にそれぞれ土地神がいて、その土地神に無断で土を動かしたりすると、災いが起こると信じられているから、あらかじめ地鎮祭などを行うわけであるが、土用坊主も一種の土地神だといえる。

ところで、土用というのは一年間で四回ある周期的な定期間のことで、春、夏、秋、冬のそれぞれ季節の終わり（陰暦で立春、立夏、立秋、立冬の前）の十八日間のことである。『和漢三才図会』の金神の条によれば「金神という怖しい神があり、土用の期間にこの神を祀らず、造作して土地を犯すと、たちまち祟りにあって家族ともども七人が死に、人数が足らぬと隣人をまきこむ」とある。

おそらく土用坊主はこの金神の類なのだろう。

なまず神《がみ》

鯰《なまず》を神として祀っている土地があるかどうか分からないが、多くの場合は水神などの眷属として扱われているようである。

熊本県玉名郡では、鯰は氏神大津阿蘇神社の一族だから食べてはならず、また、食べるとなまず（皮膚病の一種）ができるといわれている。

佐賀県でも、淀姫神社の使いは鯰で、氏子が鯰を食べると、腹痛を起こして死ぬという。

鯰を食べると皮膚病のなまずができると信じられているのは、熊本ばかりでなく他の地方でもあるが、これは鯰を神格化していることにもよるようだ。

昔は、よく地震が起こるのは、地中の鯰が暴れているからだなどといわれていたが、一説によると、鯰は地震前の地電流に敏感に反応し、騒ぐのではないかという。

地方によっては、鯰が多く捕れるときは地震があるとか、髭にあぶくが生じるときは、地震の前ぶれだとかいう。

そんな昔の人たちの自然観察が、地震と鯰を関係づけていったのだろうか。

生団子《なまだんご》

長野県の各郡に、生団子仏という仏像を本尊にしている家がある。

その仏像は、片足が素足で、片手に草履の片方を持っているという、ちょっと変わった姿をしている。長野市松代町の大英寺の墓地には、この生団子像があるという。

また、上水内郡のある村には、生団子という掛け物があり、これは生団子仏と似ているが、笠を被った仏像で、片足は素足、片足は破れ草履を履き、破れ衣を着て、半分折れた杖を持っているという。

仏とはいうものの、随分みすぼらしい姿である。

しかし、この掛け物があると、お金が貯まるといわれている。

この生団子仏に、進ぜるために団子を茹でると、かならず一つだけ生のものができるといわれ、それが生団子という呼称の由来であるという。

これらは、いわゆる家筋というもので、本来の憑き物と少し違った感じだが、やはり憑き物の一種だろう。

「憑き物は社会の緊張点に集中した社会秩序の弱点に生じる」という学者がいる。私は、その通りであると思う。

ナマトヌカナシ

奄美大島の瀬戸内町加計呂麻島では、かなり妖怪性の強い「奈麻戸奴加奈之（カナシは敬称）」という牛神が信仰されている。その姿は牛に似て牛より大きく、八角八足八尾と奇怪で、尾と腹部と腿とには白い星の斑があり、かなり不気味である。

『奄美史談』によると、ナマトヌカナシが出現するのは雨期のころ、二月初壬の日のオムケ（お迎え祭り）と四月の初壬の日のオホリ（お送り祭り）という二回のネリヤ・カナヤの神の送迎祭の折で、耳をつんざくほどの大きな声をたてるという。また『南島雑話』によると、その声はチャルメラの音のようで、篝火の光の中を徘徊するという。

牛神は耕作の神であり、出現すれば人々は頭を地につけ拝む。ところが恐れられている一方で、実はこの神がつくりもので、島民はこれをつくりものだと本土の人にいわれるのを嫌がり、見せるのを忌むのだともいう。

こうした牛神の信仰や伝承は、おそらく隼人族によるものだろう。隼人族は東南アジアに起源をもつ牛馬の牧畜、潜水漁労、焼き畑農法を日本に伝えた民族である。牛神の信仰分布もまた、古代隼人族の居住分布に関連しているようである。

生剥《なまはげ》

生剥というのは、秋田県の年中行事として有名であるが、その由来というのはあまりよく分かっていないようである。ただ、地元ではこれを厳粛な儀式と考え、正月十五日の夜に、村の純良な青年が、恐ろしい面をかぶり、大声を出して家々を訪れる。

ケラミーという蓑を着て、大きな木製の刃物の他に箱の中に小さな刃物を入れて、カラカラと鳴らしてくる。

また、生剥には唱え言葉があって、

「ナモミコはげたか、はげたかよ」

「庖丁研げたか、研げたかよ」

「小豆こ煮えたか、煮えたかよ」

などという。すなわちこれは、刃物を持ってナモミ（長い間火にあたっているとできる痣）を剥ぎ、小豆の煮たのをつけて食ってしまうという威嚇だったのである。つまり、冬中少しも動かずに火にあたっている怠け者の、皮を剥いで食うといった鬼で、正しくはナマハギなのかもしれない。

秋田県男鹿市の生剥は三組に分かれ、一番の生剥は男鹿の本山から、二番は太平山から、そして、三番目は八郎潟の氷を渡って次々にくるという。

仁王《におう》さん

一般に塞の神といわれるものだが、秋田県湯沢市近辺では仁王さんとよばれている。

村境の小高い丘の上に、境の外に向かって大きな藁人形を立てかける。この人形を仁王さんといっている。

右手に薙刀のようなものを持ち、村に入ろうとする悪鬼や病魔、はたまた悪人などを威嚇するのである。もし入ってきても、この仁王さんの霊力で、その難は防いでもらえると信じられている。

村に伝染病などが発生したりすると、村ごとに仁王さんの前に並び、その力を発揮してくれと頼む。

昔、夜間に悪い者が村に入りこもうとしたら、村の道が迷路のようになっていて分からず、ぐるぐるまわっているうちに明け方になってしまい、逃げようとしたら仁王さんの前で倒れたといったような話もある。

毎年四月八日には、若者たちによって藁衣の着せかえが行われるそうだ。

カミサマというのは目に見えないものだから、どうかここにきて下さいという宿、すなわち依代をつくって、きてもらうという考え方が、日本には古くからある。だから仁王さんはきっと、カミサマが取り憑く目印でもあるのだろう。

ニンギョウサマ

秋田県でニンギョウサマというと、大きな男神と女神であるが、福島県石川郡のニンギョウサマは、七十センチメートルほどの小麦藁製である。これを、丘から丘へと張り渡した綱に吊す。

人形は、腰に篠竹の刀を差し、この下を疫病や災難が通ろうとすると、刀を抜いて退治してくれるという。すなわち、疫病送りの行事であるわけだ。

これは、旧暦六月一日に行われ、長い綱は全長九十尋(約百六十三メートル)もあり、村全戸(九戸)で十尋ずつの縄を持って集まりつくる。

同じ福島県でも、地域によってニンギョウサマの形は異なるし、そのやり方も違うが、疫病送りというところは共通しているようだ。

大沼郡では、人形は、納豆をつくった藁を集めて、男女をつくり、村堺に外を向けて立てておくという。これは、悪魔のくるのを防ぐのだという。

こうした魔除けの大人形は、東日本に多く見られるもので、鍾馗様、鹿島様、仁王様、ダイダラボッチなどと様々によばれている。

盗人神《ぬすびとがみ》

これは、盗人が信仰する神だとも、そうではなく、盗人というのは、親方の技を盗むという意味であるともいわれている。

また、兵庫県の苅野神社は、祭神が盗人で大山の神に追われたという。同神社では、神々が出雲（現・島根県）に集まる旧暦十月十日の祭りは、盗人祭というらしい。

さらに神奈川県の青木明神社（現在は青木神社）は、「盗人宮」とよばれている。

それは、盗人が境内に隠れると、捕らえられることがないからだという。いわば盗人の守護神だ。

ヌスビトミヤとよばれている社は他にもあり、岡山県の戸隠神社もそうらしい。かつて、盗賊がここに隠れて助かり、礼として二本の松を植えた、という話も伝えられている。

千葉県市原市武士にある建市神社も盗人の守護神で、ここに逃げこんだ盗人は、神の加護によるものか、姿が見えなくなってしまうという。そのため、追いかけてきた方は、捕まえることができなくなるというのである。

こんな感じで、神社に隠れて追手を逃れた話は各地にあるようだ。

ハカセサマ

東京の利島で、誕生から七歳までの子供の守護神といわれている。

ハカセババとよばれる助産婦が、ハカセというものをつくり、神棚に供えるのである。これは、半紙に真竹の葉五枚を包んだもので、正月には餅を供えるという。これが、子供が七歳になるまで続けられる。

だから、七歳まではハカセサマがついているから、危険な場所に行っても大丈夫などともいわれている。

こんな話もある。

あるとき、子供が夜泣きをしているので困った。家の中を調べてみると、ハカセが倒れていた。夜泣きの原因はこれだったのか、というわけである。

ハカセババには、子供が七歳になるまで正月には餅を持っていったという。

新島では助産婦をハカシバアというらしい。

「七歳までは神のうち」という言葉があるように、子供の魂は不安定で、この世にしっかりと定着していないから死にやすいと、昔は信じられた。そこで七歳まで守護してくれるのが、ハカセサマなのである。

パントゥ

沖縄県宮古島市の平良島尻と上野野原に伝承されているパントゥとは、秋田県の生剝のような来訪神である。

旧暦九月戊の日から二日間、日暮れになるとパントゥは集落に現れる。これは地元の青年が扮するわけだが、親パントゥ、中子パントゥとよばれるそれぞれの仮面をつけた三神が各家を駆け歩くのである。

パントゥは頭からシイーキカヅラを全身に巻きつけた上にヘドロを塗っているので、泥足のまま座敷へ上がりこむことになるが、パントゥに抱きつかれてヘドロをつけてもらうと健康になると信じられており、子供はもちろん大人も喜んでパントゥに抱きつかれるし、新生児もヘドロをつけてもらう。人だけでなく、新築した家にもヘドロを塗り、村を清めると、海岸の闇に消え去る。

パントゥは鬼神ではあるが、悪疫、災害などを払う神と信じられているのである。

島尻のパントゥの歴史は古く、昔、クバマという海岸に、クバ（檳榔樹）の葉に包まれた仮面が漂着したことから祭祀がはじめられたと伝えられている。

パントゥは、アカマタ、クロマタ祭祀と並んで、沖縄県の代表的な草装神祭祀である。

はんぴどん

確か宮崎県だったか、随分前にはんぴどんを見に行った。何でも半人前しかできないカミサマらしい。やっとの思いで石仏を見つけた。

田の神というのも見かけたが、これは面白い形で、福の神に似たのもいた。

はんぴどんは、おそらくとぼけた妖怪に近い、頼りない神様なのだろう。魚が一匹供えられていた。

村人たちはやたらに談笑していたが、このわけの分からない「安らぎ」みたいなものにはんぴどんも関係しているのだろう。

民間信仰をバカにしてはいけない。色々と不可解な謎が秘められていると、私は見ている。

九州地方には、他の地方には見られないような民間神が多くあって、このはんぴどんもそのうちの一つなのである。愛嬌があって面白い。

ちなみに、大分の吉四六《きっちょむ》、熊本の彦一などと同じように、宮崎で語られたとんち話の主人公としても、はんぴどんは知られているようである。

ビジンサマ

ビジンサマは山にすんでいるもので、これが通るとされる日になると、人々は山仕事をやめる。

信州（現・長野県）の奥山で、これを見た人の話では、黒雲に包まれた丸い玉で、下に青や赤色のビラビラがぶら下がっていたという。大きさは両手でかかえられないくらいのもので、木の唸るような音を立てていたそうだ。

また、晴れた日の午後二時ごろ、これと同じものを蓼科山《たてしなやま》で見た人もいる。

要するに山の神なのだろうが、それにしても不思議な姿をしている。

一口に山の神といっても、その山々を支配している神の姿というものは、一様ではないことが分かる。

このビジンサマが通る日は、山仕事をやめるというのも、神を崇《あが》めるという気持ちのあらわれなのだろう。

山には、この他にも山の神にまつわる様々なタブーがある。

それにしても、本来は目に見えないカミサマが、目に見える姿で現れるのは、とても珍しいケースといえる。

一言《ひとこと》主《ぬし》神《のかみ》

一言主神は奈良の葛城山の神で、葛城神、葛城一言主神などともよばれる。その名が示すように、一言の願いであれば何でも聞き入れてくれると、古くから信じられている神である。また、その逆に、吉凶を一言でいい放つ託宣神ともいわれている。

雄略天皇の時代（四五六〜四七九）のことである。雄略天皇が葛城山に狩猟に出かけたとき、背の高い人物が見下ろしているのに出会った。その顔は天皇に瓜二つだった。天皇は、すぐにその人物が神であることが分かった。しかし念のため誰かと問うと、

「自分は現人神であるが、まず御名を名のり給え。しかる後に答え奉ろう」

という答えが返ってきた。そこで天皇が、

「朕は幼武尊である」

というとはじめて、

「自分は一言主神である」

といった。そのあと、神と天皇は一緒に狩りに行ったが、お互いに譲り合って、一匹の鹿にも矢を放つことができなかった。一言主神の様は、あたかも仙人のようで、天皇還御のときには、久米川まで天皇を見送ったということである。

枚方《ひらかた》の御《み》陰《かげ》の神《かみ》

応神天皇の御世（二七〇～三一〇）に、神統不明の出雲の御陰の神が、枚方の里（現・兵庫県揖保郡太子町佐用岡平方あたり）の神尾山にいて、近くを通る者の行く手をはばみ、十人のうち五人は取り殺し、また五人のうち三人は殺害した。

この神は女神で、いつのころかこの地にいた出雲の人たちが祀《まつ》っていたものだが、なかなか気難しい神で、鎮まることがなかった。そのため旅人は恐れていたのである。

そのころ、伯耆国（現・鳥取県）の小保弖、因幡国（現・鳥取県）の布久漏、そして出雲国（現・島根県）の都伎也という三人の者が、お互いにこの惨状に心を痛め、その一部始終を朝廷に申し上げた。

朝廷はただちにその問題を解決すべく、額田部連久等らを派遣して、その祟り神に向けて祈願させた。

神の御座所の屋形を屋形田というところにつくり、神饌の神酒をかもすための酒屋を佐々山につくって、御陰の神を祀った。

やがて、それぞれの者たちが川を下りながら呪いをし、御陰の神を鎮圧したのである。それ以来、その川は神を圧したことから圧（意此）川とよぶようになったという。

びんずる尊者《そんじゃ》

「おびんずる様」あるいは「撫で仏」などともよばれ、病に悩む人が、その患部とびんずる尊者の同じところをさすると治るという信仰がある。

栃木県芳賀郡益子町の西明寺には、二体のおびんずる様が祀られているが、どちらも身体中びっしりと、髪止めのピンが刺さっている。

これはどうやら、願かけをする人々がさする代わりにピンを刺していったのだろう。

撫で仏に相当するものは西洋にもあり、あるマリア像の足は、長年人々にさすられてもうつるつるだ。

埼玉県川越市の蓮馨寺のおびんずる様は、同じようにつるつるになってしまったのか、化粧直しをしたようである。

びんずるは、漢字では賓頭盧と書き表し、元々は釈迦の弟子だったという。

十六羅漢（仏法護持を釈迦に誓った十六人の弟子）の一人として神通力を持っていたが、その神通力をみだりに用いたため、釈迦の怒りに触れて涅槃を許されなかったなどの話が伝わっている。

福《ふく》の神《かみ》

岩手県紫波郡にこんな話がある。

旅の宿で知り合った男二人は、お互いの妻が出産間近であることを知った。

「うちが男で、お前さんのところが女の子だったら、二人を夫婦にしようじゃないか」

というと、もう一人も賛成した。果たして家に帰ってみると、一方は男の子で、もう一方は女の赤ちゃんが生まれていた。二人はやがて大きくなり、親の約束通り夫婦になった。

女の方が生まれながらに福運を持っていたおかげで、家は栄え、人の出入りも多くなった。ところが男の方はこれを嫌い、ある古老に、次のような知恵を授けられた。

「朝早く、蔵の屋根に向かって、うつぎでつくった弓で蓬の矢を放てばよい」

そこで男は弓と矢を用意し、朝早く起きて蔵を見上げた。そこには小さな老翁が座っていて、四方を招いている。男はためらいもなく矢を射た。しばらくして女が蔵に入ると、さきの老翁がいて、

「私は福の神だが、矢を射られたからこの家を出て行く」

といって去っていった。その後、家は落ちぶれてしまい、女も家を出ていってしまったという。

フサマラー

八重山諸島の波照間島では、旧暦七月のお盆の日に、ムシャーマという祭礼が行われる。この行事の仮装行列に、南方特有の来訪神であるフサマラーが出るのだ。フサは草を、マラーは稀に訪れてくる人を意味しているといわれ、要は東北でいう生剝やアマミハギなどの来訪神と親戚筋にあたるわけだ。

このフサマラーに扮するのは、地元の小中学生だそうで、手製の仮面を顔につけて、手にマーニ（ヤシ科の植物）を持ち、全身につる草を巻きつけた姿で登場するという。

このフサマラー、元々は雨乞いの神で、以前まではアミニゲー（雨乞い）の祭りにも登場していたという。琉球列島は夏期を中心に水不足になりがちだが、それは波照間島でも同じだった。そのため、とくに雨乞い行事は大切な祭礼だったのである。

同じ八重山諸島の西表島では、旧暦六月の壬（水の兄）、癸（水の弟）の水にちなんだ日を豊年祭の第二日目にあて、稲作の豊饒をもたらす守護神であるアカマタ・クロマタの二神を招く儀礼が行われるが、この神の別名をフサマラーとよぶそうだ。フサマラーの名は水神としての面を強調した名称であるといわれる。

船玉様《ふなだまさま》

船玉様は船乗りたちの信仰する神で、船魂様、船霊様とも書き表し、漁船にはかならず祀られているものである。

船玉様にまつわる話は不思議なものが多く、中でも「船玉様がいさむ」とか、「船玉様がしげらっしゃる」といわれるものがある。これは船玉様が音を立ててお告げをするという意味で、雀の鳴き声のようにチュンチュンと聞こえるなど、地方や船によってその音に違いがある。この音が聞こえたときは、不吉（時化や遭難など）か吉事（大漁など）のどちらかの前兆であるといわれ、これを聞き分けるのは長年の経験が必要だという。

前兆を知らせるだけでなく、船玉様に助けられたという話も少なくない。

愛知県知多郡の日間賀島では船玉様をじん八様とよび、次のような話がある。

明治の初年ころ、ある男が遠州灘で嵐にあった。もはやこれまでと、じん八様に、「この命助けてくだされ。どんなに文明になっても、チョンマゲ切りません」と念じた。すると嵐の中、じん八様が空中に舞い上がり、しばらくして、何とか窮地を脱することができたという。

船玉様は現在でも信仰され続けている。

箒神《ほうきがみ》

箒といえば、塵やゴミを掃き出す道具だが、これは付喪神のようなものではない。いわゆる民間に信仰される神様なのだが、なぜかこれを祠に祀ったりするという話はあまり聞かない。

長居する客を早く追い出したいとき、箒を逆さに立てておくという呪いがあるが、これは客を掃き出すという意味で、呪具に使われたのである。これと同じ意味で、お産を軽くしたいと願うとき、産室の片隅に箒を置いておくこともあるという。

そんなことから、箒神はお産のときに立ち会う神だと、想像されたのだろう。

ある地方では、産婦が箒をまたぐと難産するといわれ、戒められている。そして産気づくと急いで箒を逆さに立てて安産を祈願するという。他に産婦の腹を箒で撫でたり、産婦の枕元や床に箒を祀ったりして安産祈願するところもあるようだ。

あるいは、箒を捨てるときには、結び目を解いて捨てないと難産するともいう。

ちなみにお産に立ち会う神は、箒神の他にも山の神や産土神、便所神、杓子神などがあるという。

疱瘡神《ほうそうがみ》

疫病を蔓延させる神である。昔は、疫病というと、疱瘡、麻疹、咳病、赤痢などが主で、なかでも疱瘡はもっとも恐ろしいものだったという。

ある浪人の妻は、五十近くになってもまだ疱瘡にかかったことがなく、疱瘡が流行するたびに恐れていた。

あるとき、疱瘡にかかって治ったという近所の子供が遊びにきて、一緒に遊んでいたのだが、妻はにわかに寒気を覚えて、やがて寝こんでしまった。

夢うつつでぼんやり目を開けると、傍らに小さな婆がいる。そして、

「我は疱瘡の神なり」

という。さらに、

「ここに灯明を灯し、神酒を捧げれば、やがて回復する」

と告げて去っていった。

妻は主人にこの不思議な話をし、召し使いの男に命じて神酒の用意をさせ、婆からいわれた通りのことを行うと、やがて熱も下がって回復したのである。

このような話が、根岸鎮衛の『耳袋』に記されているが、疱瘡神の姿は、他にも童子だとか坊主だとか色々と伝わっている。

方相氏《ほうそうし》

目が四つあって、頭に角が生えている鬼のような方相氏は、人間の目には見えない疫鬼を退散させる鬼神だった。これは外見が、秋田県でいわれる生剝に似ている。

元々方相氏は追儺という中国の儀式で悪鬼や悪疫を追い払う役目のことで、役人が黄金の四つ目の仮面をかぶり、黒衣と朱色の裳を着て、戈を取り、楯を上げ、疫病神を追い払う儀式を行っていたという。

四つの目は、絶えず四方に気を配り悪鬼の出現を許さないため、というわけである。

日本にもこうした儀式が伝えられ、古い神社で行われる追儺の行事に、この方相氏が登場することがある。

また唐代の中国で書かれた『酉陽雑俎』には、魍魎という死者の肝を好んで食べる妖怪による害が予想されるとき、方相氏が葬式のときに柩に先立って墓に行き、柩を納める穴に入って、戈で四隅を打ちながら魍魎を狩り立てたとある。

同書には、人はこの方相氏を険道神ともよんだと書かれており、気持ちや表情が荒だってとげとげしい神様だとされていたようである。

ボゼ神《しん》

鹿児島県のトカラ列島、悪石島《あくせき》に伝わる一種の精霊。

盆の終わりの七月十六日に出現するという。

ボゼに扮するのは青年で、仮面をかぶり、ビロウの葉を身に着ける。

すべて手づくりなわけだが、どうしたことかこのボゼづくりは、女性や子供にはけっして見せてはならないとされている。

そして、テラとよばれる墓場付近の広場での盆踊りがすむと、ボゼマラという一メートルくらいの棒を持ったボゼが現れ、女性や子供を追いかけたり、脅かしたりするのである。

しかし、ボゼマラの先に赤い泥水がついていて、これには悪霊を祓うという意味があり、女性がこれをこすりつけられると、子宝に恵まれるといわれているから、ただ脅かしているわけではないようだ。

このボゼは、昔は同じトカラ列島の中之島でも伝えられていたそうだが、現在は悪石島だけになってしまったという。

このような来訪神の行事は、南の島々に多く残されているようだが、秋田の生剥《なまはげ》や北陸のアマメハギも、同じ来訪神の行事といえる。

ホットンボウ神《しん》

東京の伊豆七島、新島にはホットンボウ神とよばれる石の神がある。

これは、海から引き揚げられたもので、楕円形をしており、各氏神様の境内に祀られている。

石の前には、御幣が立てられ、石神として島で信仰されているようだ。

なぜホットンボウ神とよぶか、ということに関しては諸説あるようだが、柳田國男翁などは「ホウデン」すなわち、御幣形のものと関係があるのではないかと述べている。

八丈島では、霊地に、やはり浜から拾った丸い石を積み上げ、まわりには木を植えて、祭祀場とする習慣があるらしいが、これも「ホウデ」「ホウデン」などといわれる。

また、奥羽の南部から関東にかけて、藁の小さな祠を屋敷神とするところが多く、これもホウデンとよばれているようだ。

ちなみに、御幣のことを修験道の行者などは、梵天とよんでいる。仏教の守護神・梵天とは関係なく、その語源はホウデンと同じで、目立つという意味の「秀でる」なる古語に由来するといわれている。

マユンガナシ

沖縄県（ことに石垣市川平）に伝えられている来訪神である。

海の彼方から現れ、各家を訪れ、幸福、繁栄、豊作、長寿を与えると信じられている。

旧暦九月ごろの戊戌の日が来訪する日にあたり、この日は、笠とクバの蓑に身を包んだ若者たちが二人一組になって家々をまわる。

彼らはその家の主人に歓待され、祝詞の神口を唱える。この神口には、穀類の成長法の次第が盛りこまれているという。

訪問するのはかならず夜、それも暗夜と決まっている。

川平では、当日はこうして各家をまわるが、二日目は奉納芸能、三日目は獅子舞、四日目はニランタ大親神送りという日程で、市内最大の祭りとなっている。

昔、川平の村のはずれにあった南の屋（バイヌヤ）にその神が出現して、豊かな世を恵み与えたとのいい伝えもある。

マユンガナシは、南島に多く見られる来訪神の一種であり、波照間島のフサマラー、宮古群島平良島尻のパントゥの他、東北地方でいう生剝やスネカなども、来訪神ということからいえば、同じものだといえる。

水《みず》の神《かみ》

水は人間が生きていくには、必要不可欠なものである。その水を司るのが、水の神なわけだ。日本全国、どこの地方でもこの神を祀らない土地はないほどだが、名前やその神様の性質は、その土地ごとに多少の違いがある。

ただ単に、水神とよぶところもあれば、蛇を水の神の姿として龍王様とか龍神様とかいうところもある。

よく田んぼの水口に御幣が立っているのを見かけるが、あれも水の神を祀ったものなのだ。

また、田の神や山の神とも親類にあたることから、それらの神様たちに習合されて祀られることも珍しくない。

『民俗学辞典』によれば、元々水の神は一つしかなかったものが、生活が多様化するにつれ、田の神とか井戸の神とか、色々と細分化されたようだ、などということが書かれている。確かに、井戸も水が溢れるところだから、そこに祀られるのも水の神のはずだ。けれども、井戸では井戸の神と普通はよんでいる。

一説には、河童も元々は水の神だったそうだが、いつしか信仰されなくなったので、妖怪になったとかいわれている。

メンドン

鹿児島県の硫黄島では、旧暦八月一日の収穫祭に太鼓踊りが奉納されるが、この太鼓踊りの最中に、異様な仮面をかぶったメンドンなるものが乱入するという。

踊りの邪魔をしたり、見物していた女性や子供を追いまわし、手にした柴で叩いたりして暴れまわるのである。

メンドンの仮面（メン）は、まるで漫画のミッキーマウスのような大きな耳をしており、赤と黒色の渦巻状になっている。顔の中央には顔の大半を覆うかのような、これまた大きな鼻がついており、赤と黒色の格子文様になっている。そしてマユ形をした目玉は、またまた大きくて顔の外まではみ出し、その目の下に六角形の突起状の頰がある。

メンドンの名は面を尊称して殿（ドン）とよんだ面殿という意味のようだ。

硫黄島では、数え年で十四歳になった少年が、竹籠を台として前記のような面をつくり、身体には茅蓑をまとってメンドンに扮装するそうである。

メンドンとは本来は十五夜の満月に出現するという草木神で、硫黄島の島村がその神を具体的な姿に表現したのが、この異様な扮装だったようだ。

森《もい》殿《どん》

森殿という名は森（モイ）に殿（ドン）という敬称をつけたもので、古い民間信仰の聖地または神名そのものである。その分布は南九州一帯におよび、大隅半島ではモリヤマともよばれ、鹿児島県下では百箇所をこえている。

森殿は神社としての建物を持たず、そのほとんどがかならずといっていいほど古くて大きな木を御神体とし、シイ、タブ、クス、アコウなどの常緑広葉樹が多いというのが特徴で、神社がおこる以前の古い信仰の姿を今なお残している貴重な存在である。

日置郡市来町川上（現・いちき串木野市）では、旧暦十一月三日に赤飯、シトギを供えて祀るが、この森の木の葉一枚でも持ち帰ったり、燃やしたりすると、ただちに祟りがあるという。

森殿には祟りやすい性格があるといい、森殿の樹の枝を折ったり薪にしたりすると、腹痛がしたり、カサブクレ（ひどい皮膚炎症）になったりする。木に触れただけでも祟るといわれ、村人は祭日以外には近づかないのが普通だった。

こうした祟る性格が妖怪あるいは原始的な精霊神の存在を思わせる。

モーモードン

どうやらこれは、田の神以前に信仰されていた「牛神様」のようだ。

薩摩半島の加世田市（現・南さつま市）では、田の刈り上げのすんだ旧暦十月亥の日を中心に、モーモードンとよばれる牛の神を招いて祀《まつ》る。

田にワラット（藁苞）を立て、子供らがそのまわりを「モーモー、畑もよかれ、田もよかれ、いっしゅまーき（一升まき）に十三俵あれ」と唱えながらめぐり、また、牛の舌のような餅をくわえて、引っ張り合ったりするという。

これが、豊作を感謝するとともに来年への祈りの行事であるといわれ、モーモーというのは、いうまでもなく牛の鳴き声である。

すなわち、子供らが牛神になるわけだ。

同日の深夜に、別の地区では丑の時参りという、田の神のお祭りがあるそうだ。

牛神は九州地方ではあちこちで祀られており、熊本県天草市五和町御領に祀られている牛神は、寝静まった夜になると各戸をまわって歩き、「シッシッ」という声を出すという。その声を聞くと、翌日には、死人や火事があるといわれている。牛神様が災難を事前に知らせているのだという。

厄抜《やくぬ》け戒壇《かいだん》

以前、四国八十八カ所の高知県土佐市にある清滝寺に行ってみた。そこは神秘的に石が配置されていて、何となく異様な気持ちにさせられた。頂上らしきところには、大きな仏像が立っていて、そこには奇妙な婆さんがいた。

「百円出せ」というので払うと、秘密の通路らしきところに案内された。穴の中は真っ暗で、しばらくすると、ほのかな光の中に仏様らしきものが、安置されているのが分かった。しばらくその方向を見つめていると、急に私の背中をさすってくれる人がいる。見ると、さっきの婆さんだった。手は背中から下へと動き、どうなることかと思っていると、手が止まり、

「これで厄が払われました」

といわれた。やっと出口と思われるところを指さされ、慌てて外に出た。

その時は参る人もあまりなく、不気味な感じがした。その婆さんが出口から出てくると、何事もなかったように、先ほどと同じ定位置で、次の客を待っている様子だった。

私は、それが何となく妖怪風に見え、しばらくの間眺めていた。実際、何事もなかったのだが、妙に神秘的な気持ちになって山を下りた。

八咫烏《やたがらす》

神武天皇が熊野へ上陸して間もなく、不思議な夢を見た。天照大神が現れ、

「天神の御子よ。この地から奥へ入ることは、はなはだ危険であるから見合わせた方がよい。なぜなら、この奥地には恐るべき邪神が多いからである。ついては私から一羽の八咫烏を遣わすゆえ、この鳥の導きにしたがうがよい。御子がこの鳥のあとについて軍を進めたなら、安全に目的地まで達することができるだろう」

ということだった。

天皇は目覚めてから空を仰いで待っていた。すると、大神から遣わされた八咫烏が翼をゆさゆさと振って舞い降りてきた。そこで夢のお告げ通りに、この鳥のあとについて全軍を進めて行くと、何の抵抗もなく、大和国（現・奈良県）の吉野川の末流へとたどり着くことができた。

以上は『古事記』からの引用であるが、鳥を神の使いとする信仰は、日本だけでなく東南アジアにも広く行われているようである。

宮城県刈田郡では、変事があるときは、熊野様が烏を鳴かせて、教えてくれるという。

藪神《やぶがみ》

主に中国、四国地方や九州西部などで信仰されている民間の神である。村や屋敷の一隅の藪の中に祀られ、しばしば人に激しく祟るという。

奈良県南大和地方のように、藪から出て子供を驚かす魔物のようにいわれている例もあるが、ほとんどの場合、目に見えない霊の一種とされ、いきなり祟りをあらわすことでその存在が知られる。

愛媛県の大三島では、十一月十五日に風が吹くと「藪神の荒れ」といい、六月二十八日の山の神祭のときに藪神を祀る。藪神は地主さんとか塚神さんともよばれ、そこの森の木を伐ることは、厳重に禁じられていたという。

南九州の矢房神（ヤブサドン）も、藪神に関係があるようだ。

ヤブサは八房八大龍王の「八房」で、天台系山伏によって伝道された龍神（水神）だったが、荒神としての性格から藪神の信仰と習合したものらしい。

矢房神は、戦の神として八幡太郎義家を祀ったものともいう。

元々祟る御霊を祀り上げて、村の鎮守とした藪神もなかなか多いようである。

ヤマドッサン

山の神と田の神、年の神の性格を持つといわれ、淡路島では一月九日の夜に家の裏山から蓑笠姿で訪れてくるといわれる神である。

この神を迎えるために、その家の主人は家の各所を清め、供物を用意する。

ヤマドッサンは、色が黒くて鬚もじゃであるとか、夫婦神で器量が悪いなどといわれているが、大体土俗神の類に美形はないようである。

ヤマドッサンを迎えると、年男がその蓑笠を着て豊穣を祈願し、翌朝、供物を下げて雑炊にし、家族全員でこれを食す。すると農作業は順調に進み、秋には多くの収穫が得られると信じられている。

この神に関するタブーは、島の中でも地域によってあったり、なかったりし、またその内容も違っている。たとえば、島北部の山間部の農家に正月に訪れてくるこの神の供物については、家によっては食べると器量が悪くなるとか、縁遠くなる、鬼を生む、大きな目の子を産むなどといわれ、ことに若い者が食べることを嫌っている。

ヤマドッサンにかぎらず、土俗神なるものに捧げた供物を食べてはいけないとの禁忌は、どこの地方にもあるようだ。

山《やま》の神《かみ》婆《ばばあ》

岐阜県武儀郡下牧村矢坪（現・美濃市）では、十一月七日に山の講（山の神を祀る信仰集団）を行うが、この日、地元の人々は絶対に山に登らない。

それは、山の講の日に山へ行くと、山の神婆に出会うことがあるからだという。

もし山の神婆に遭遇すると、山の神婆はかならず自分に逢ったことを人にいうなと忠告する。もし神婆との約束を破って誰かに他言すれば、ただちに死ぬといわれている。

山の神は全国の山々で信仰されているものだが、それを男神とするか女神とするかは、土地によって異なっている。

山の神が女性とされる場合、祭祀に女性の参加を嫌うのが一般的である。

山の神に供えた餅を女性が食べると、生まれる子供は気が荒いと信じられている地方もある。女神が人間の女性に嫉妬するというのが、その理由であるという。

山の神婆とは、こうした女性神といわれている山の神のことで、神聖な姿形を語ることを禁句（タブー）とした信仰の現れなのだろう。

雷神《らいじん》

その名の示す通り、雷電を起こす神である。

鬼のような形相で、虎の皮の褌を身に着けている。雷雲に乗って、背負っている太鼓とばちで雷を落とすという。

日本では古くから、各地で雷神祭なるものも行われており、福島県のある地方では、毎月六日をその日として、休日にしていたとも伝えられる。また雷神祭は、昔、落雷のあった日を記念するために設けられたといわれているところもある。

茨城県では、ことに山間部で、落雷によって枯れた木を「雷神様の木」と称して、伐ることを慎むという。

昔、といっても五十年ばかり前の話だが、雷は雲の上に乗っており、音がするのは雷が太鼓を叩くからだと思われていた。また、雷が落ちるときは、人間のヘソを取りに落ちると信じられていたから、夏などに子供がヘソを出していると、「それっ、雷にヘソを取られるぞーっ」といって、大騒ぎになったものである。

だから雷を避けるには音がしたらヘソを隠し、蚊帳の中に入って、線香を立てるのが、よいとされていた。

六所《ろくしょ》大《だい》明神《みょうじん》

愛知県岡崎市の六所大明神にまつわる話である。

あるとき、村人たちは祭礼の準備として、境内にある舞台の増築工事をしていた。そのとき、ある者が壁土をこねる水を用便桶で運び、その水で壁を塗ったのだが、そのことは誰も気づかずにいた。

やがて舞台は完成、若者らは踊りの稽古をはじめていた。しかしその夜から、怪しい出来事が続くようになった。舞台に打綿のようなものが現れたり、大きな火の玉が現れて、舞台一面を転げまわったりしたのである。

ただ事ではないと思った村人は、話し合っているうちに、工事で不浄桶を使用したことをつきとめた。

そんな三日目の夜中、村人たちが集まっていると、六所山のあたりから荒々しい物音が響きはじめた。と、不安に怯える村人の前に、右手に榊、左手には大きな蠟燭を持った三メートルもある巨人が現れたのである。そして巨人は怒りの形相で村人たちを睨みつけるのだった。

その巨人こそ六所大明神で、祟りを恐れた村人らは、心からお詫びしたという。

普通、神の怒りは祟りなどであらわされるが、直接姿を現したとなると、それほどまでに激しい怒りだったのだろう。

本書は、『図説　日本妖怪大全』（講談社＋α文庫より一九九四年六月刊行）と『図説日本妖怪大鑑』（同二〇〇七年七月刊行）をあわせて、再編集し、改題したものです。

編集部注：本書の記述のなかには、現代では差別表現ととられかねないものがありますが、著者の長年にわたる研究を尊重し、やむをえざる部分のみ、それをそのままに致しました。著者および編集部ともに、差別を助長する意図はありません。読者の方々のご賢察をお願いいたします。

|著者|水木しげる　1922年生まれ。鳥取県境港市で育つ。太平洋戦争時、激戦地であるラバウルに出征。爆撃を受け左腕を失う。復員後紙芝居作家となりその後、漫画家に転向。1965年、別冊少年マガジンに発表した『テレビくん』で第6回講談社児童まんが賞を受賞。代表作に『ゲゲゲの鬼太郎』『河童の三平』『悪魔くん』などがある。1989年『コミック昭和史』で第13回講談社漫画賞を受賞。1991年紫綬褒章、2003年旭日小綬章を受章。同年、境港市に水木しげる記念館が開館。2007年、仏版「のんのんばあとオレ」が仏アングレーム国際漫画祭最優秀賞を受賞。2008年、仏版「総員玉砕せよ！」が同漫画祭遺産賞を受賞。2010年、文化功労者顕彰。2015年11月、逝去。

決定版《けつていばん》　日本妖怪大全《にほんようかいたいぜん》　妖怪《ようかい》・あの世《よ》・神様《かみさま》

水木《みずき》しげる

2014年2月14日第1刷発行
2025年7月24日第24刷発行

発行者──篠木和久
発行所──株式会社　講談社
東京都文京区音羽2-12-21　〒112-8001
電話　出版（03）5395-3510
　　　販売（03）5395-5817
　　　業務（03）5395-3615

Printed in Japan

講談社文庫
定価はカバーに
表示してあります

KODANSHA

デザイン──菊地信義
本文データ制作──講談社デジタル製作
印刷──株式会社KPSプロダクツ
製本──加藤製本株式会社

ISBN978-4-06-277602-8

講談社文庫刊行の辞

二十一世紀の到来を目睫に望みながら、われわれはいま、人類史上かつて例を見ない巨大な転換期をむかえようとしている。

世界も、日本も、激動の予兆に対する期待とおののきを内に蔵して、未知の時代に歩み入ろうとしている。このときにあたり、創業の人野間清治の「ナショナル・エデュケイター」への志を現代に甦らせようと意図して、われわれはここに古今の文芸作品はいうまでもなく、ひろく人文・社会・自然の諸科学から東西の名著を網羅する、新しい綜合文庫の発刊を決意した。

激動の転換期はまた断絶の時代である。われわれは戦後二十五年間の出版文化のありかたへの深い反省をこめて、この断絶の時代にあえて人間的な持続を求めようとする。いたずらに浮薄な商業主義のあだ花を追い求めることなく、長期にわたって良書に生命をあたえようとつとめるところにしか、今後の出版文化の真の繁栄はあり得ないと信じるからである。

同時にわれわれはこの綜合文庫の刊行を通じて、人文・社会・自然の諸科学が、結局人間の学にほかならないことを立証しようと願っている。かつて知識とは、「汝自身を知る」ことにつきていた。現代社会の瑣末な情報の氾濫のなかから、力強い知識の源泉を掘り起し、技術文明のただなかに、生きた人間の姿を復活させること。それこそわれわれの切なる希求である。

われわれは権威に盲従せず、俗流に媚びることなく、渾然一体となって日本の「草の根」をかたちづくる若く新しい世代の人々に、心をこめてこの新しい綜合文庫をおくり届けたい。それは知識の泉であるとともに感受性のふるさとであり、もっとも有機的に組織され、社会に開かれた万人のための大学をめざしている。大方の支援と協力を衷心より切望してやまない。

一九七一年七月

野間省一

講談社文庫　目録

三國青葉　福　猫　屋〈お佐和のねこかし〉
三國青葉　福　猫　屋〈お佐和のねこわずらい〉
三國青葉　母上は別《べっ》式《しき》女《め》
三國青葉　母上は別式女 2
宮西真冬　誰かが見ている
宮西真冬　首　の　鎖
宮西真冬　友　達　未　遂
宮西真冬　毎日世界が生きづらい
南　杏子　希望のステージ
南　杏子　ア　ル　ツ　村〈閉ざされた楽園〉
嶺里俊介　だいたい本当の奇妙な話
嶺里俊介　ちょっと奇妙な怖い話
溝口　敦　喰うか喰われるか〈私の山口組体験〉
三谷幸喜　松野大介　三谷幸喜　創作を語る
三嶋龍朗　協力　小泉徳宏　小説　父と僕の終わらない歌
水庭れん　うるうの朝顔
村上　龍　愛と幻想のファシズム (上)(下)
村上　龍　村上龍料理小説集
村上　龍　新装版　限りなく透明に近いブルー

村上　龍　新装版　コインロッカー・ベイビーズ
村上　龍　歌うクジラ (上)(下)
向田邦子　新装版　眠　る　盃
向田邦子　新装版　夜中の薔薇
村上春樹　風の歌を聴け
村上春樹　1973年のピンボール
村上春樹　羊をめぐる冒険 (上)(下)
村上春樹　カンガルー日和
村上春樹　回転木馬のデッド・ヒート
村上春樹　ノルウェイの森 (上)(下)
村上春樹　ダンス・ダンス・ダンス (上)(下)
村上春樹　遠　い　太　鼓
村上春樹　国境の南、太陽の西
村上春樹　やがて哀しき外国語
村上春樹　アンダーグラウンド
村上春樹　スプートニクの恋人
村上春樹　アフターダーク
村上春樹　佐々木マキ　絵　羊男のクリスマス
村上春樹　佐々木マキ　絵　ふしぎな図書館

村上春樹　糸井重里　夢で会いましょう
村上春樹・文　安西水丸・絵　ふ　わ　ふ　わ
U・K・ル＝グウィン　村上春樹　訳　空　飛　び　猫
U・K・ル＝グウィン　村上春樹　訳　帰ってきた空飛び猫
U・K・ル＝グウィン　村上春樹　訳　素晴らしいアレキサンダーと、空飛び猫たち
U・K・ル＝グウィン　村上春樹　訳　空を駆けるジェーン
T・ファリッシュ著　B・ルート絵　村上春樹　訳　ポテト・スープが大好きな猫
村山由佳　天　翔　る
睦月影郎　密　通　妻
睦月影郎　快楽アクアリウム
向井万起男　渡る世間は「数字」だらけ
村田沙耶香　授　乳
村田沙耶香　マ　ウ　ス
村田沙耶香　星が吸う水
村田沙耶香　殺　人　出　産
村瀬秀信　気がつけばチェーン店ばかりでメシを食べている
村瀬秀信　それでも気がつけばチェーン店ばかりでメシを食べている
村瀬秀信　地方に行っても気がつけばチェーン店ばかりでメシを食べている
虫　眼　鏡　東海オンエアの動画が6.4倍楽しくなる本〈虫眼鏡の概要欄　クロニクル〉

2025年6月13日現在